Johannes Scherr

Von Achtundvierzig bis Einundfünfzig

Eine Komödie der Weltgeschichte

Johannes Scherr

Von Achtundvierzig bis Einundfünfzig
Eine Komödie der Weltgeschichte

ISBN/EAN: 9783743326156

Hergestellt in Europa, USA, Kanada, Australien, Japan

Cover: Foto ©ninafisch / pixelio.de

Manufactured and distributed by brebook publishing software
(www.brebook.com)

Johannes Scherr

Von Achtundvierzig bis Einundfünfzig

Von

Achtundvierzig bis Einundfünfzig.

Eine Komödie der Weltgeschichte.

Von

Johannes Scherr.

Zweiter Band.
Erste Hälfte.

Leipzig

Verlag von Otto Wigand.

1868.

Inhalt.

II.

Die Verwickelung.

Quivi sospiri, pianti, ed alti guai
Risonavan . . . .
Diverse lingue, orribili favelle,
Parole di dolore, accenti d'ira,
Voci alte e fioche, e suon di man con elle
Facevano un tumulto, il qual s'aggira
Sempre in quell' aria senza tempo tinta,
Come la rena, quando il turbo spira.

Dante, Inf. III, 22.

I.

Das „wilde" Parlament.

1.

Weltschlange Zeit beißt sich bekanntlich in den eigenen Schwanz. Daneben ist sie in einem beständigen Häutungsprozesse begriffen, aber Stoff und Färbung der Schlangenhaut bleiben doch ewig dieselben. Ob ein Tacitus zürnend oder ein Rabelais lachend sie schreibe, die „Comoedia humana" ist immer die nämliche und sie verläuft mit der langweilig-erhabenen Monotonie, womit unser Sonnensystem im unendlichen Raume sich umwälzt.

Als am 20. März von 1848 die Bürger von Köln die schwarzrothgoldene Fahne auf den Dom ihrer Stadt steckten, da mochte der alte Geselle sich erinnern, daß er vor Zeiten ja auch die französische Trikolore getragen. So ein Dom hatte sattsame Gelegenheit, die Ueberzeugung sich anzueignen, daß es mit dem strohfeurigen Glauben an solche ketzerische Dreifarbigkeiten nicht weit her sei, daß es die orthodoxe Dreifaltigkeit Krone, Kapuze und Kanone doch immer wieder über jene davontragen und die schwarze Fahne der Unvernunft allzeit die größte Bekennermasse um sich versammeln werde.

Ja, die Schlange häutet sich, aber Stoff und Färbung der Schlangenhaut bleiben dieselben. Des Unsinns süße Gewohnheit

war schon vor Jahrtausenden gerade so mächtig, wie sie nach Jahr=
tausenden noch sein wird. Scheinbar grellste Gegensätze und
Widersprüche sind in Wahrheit nur leicht modulirte Variationen
des Thema's Menschenthorheit, welches unstillbar ist wie bairischer
Bierdurst und dehnbar wie eine Schafsehne oder wie die Ueber=
zeugungstreue eines deutschen Liberalen von der Sorte 1866.
Wo ist denn der Unterschied zwischen den Sansculotten und
Ohnehembinnen von 1793, welche in Notre=Dame um den Altar
der „Déesse de la raison" herumkankanirten, und ihren Enkeln
und Enkelinnen, welche in der zweiten Hälfte des 19. Jahrhun=
derts vor der schwarzen Göttin von Mariä=Einsiedeln scharen=
weise knierutschten? Die Formen ändern sich, die Dummheit
bleibt; Dekorationen und Kostüme wechseln, das Spiel ist immer
das gleiche: — Sisyphusarbeit, Danaidengeschäft, Schattenspiel
an der Wand. Wir stoßen und quälen uns eine Weile herum
auf dieser schönen Erde, und nachdem wir das bißchen Leben
einander möglichst sauer gemacht haben, wischt uns der Tod alle
mitsammen weg, wie man Müll wegkehrt. Milliarden haben es
so vor uns getrieben, Milliarden werden es nach uns so treiben,
bis einmal etwa ein unversehens unsern Ball antaumelnder
Komet das kleine Erdennichts im großen Universalnichts ver=
schwinden macht. . .

Vorderhand jedoch laßt uns den Vorschritt unserer weltge=
schichtlichen Komödie mitansehen.

Die gute Stadt Köln am Rhein ist von jeher ein bevor=
zugter Raritätenkasten gewesen. Sind darin doch nicht nur drei
heilige Könige, sondern auch elftausend heilige Jungfern und
zwar auf e i n e m Haufen zu sehen gewesen. Eine richtige Rari=
tät konnte man in Köln auch am 22. März von 1848 erblicken,
falls man sich mit den beiden neuestgebackenen Befehligern der
neugebackenen Bürgerwehr der Stadt, mit den Herren Wittgen=
stein und Raveaux in das „Kommandanturgebäude" begab, allwo
der Herr Graf, Divisionsgeneral und Festungskommandant von

Kaniz residirte. Die Beiden kamen, den General zu ersuchen, daß er befähle, die Bürgerwehr mit Gewehren aus dem Staatszeughause zu versehen — ein ungeheuerliches Gesuch in den Ohren eines Generals des absoluten Soldatenstaats Preußen. Die Gesuchsteller fanden das Haus öde und verlassen und hatten Mühe, jemand aufzufinden, welcher sie dem Festungskommandanten meldete. Endlich trat der Herr Graf in voller Uniform in das Zimmer, wo die zwei Bürgerwehroffiziere seiner harrten. Gegenseitige stumme Begrüßung. Der Herr Graf und General scheint nur für etwas Gesicht und Sinn zu haben: für das schwarzrothgoldene Band, welches die Besucher im Knopfloche tragen. Was, die Farben der Revolution, das Ordensband der Rebellion so zu sagen, sogar hier, im Quartier des Kommandanten einer königlich preußischen Stadt und Festung offen zur Schau getragen? Spiegelfechterei der Hölle! Die hochbeleibigten, geradezu attentäterisch behelligten Augen des Generals wollen vor Verwunderung und Entsetzen schier aus ihren Höhlen springen. Er lehnt sich mit dem Rücken an eine Spiegelkonsole und stützt sich dabei mit den flachen Händen auf dieselbe. Die Beiden beginnen ihren Sermon. „Als neugewählte Befehliger der neuen Bürgerwehr kommen wir, Sie, Herr General, aufzufordern, uns etwa 4000 Gewehre aus dem Zeughause verabfolgen zu lassen." Der arme Herr von Kaniz, stupifizirt, petrefizirt, schnappt nach Luft. „So? So? Ja wohl! So? So?" stößt er endlich mühsam heraus. Der Blick, womit er unverwandt auf die schrecklichen dreifarbigen Bänder starrt, wird stier, fahle Blässe überzieht sein Gesicht, krampfhaft klammern sich seine Hände an die Konsole; dann bricht er plötzlich zusammen und stürzt lautlos der ganzen Länge nach rücklings zu Boden, stürzt zu Boden wie eine an die Wand gelehnte Mumie, welche unversehens ein heftiger Windstoß getroffen hat. ....

Die Mumie war die deutsche Fürstenmacht, welche der Märzsturm von 1848 umgeworfen hatte. Starrkrampfgelähmt, wehr

1 *

los lag sie am Boden. Der Liberalismus hob sie auf, bestrich
ihr die Schläfen mit Eau de mille servilités, brachte sie wieder
in eine anständige Stellung, leimte ihr die Maschine der konsti=
tutionellen Doktrin an die Hinterseite und setzte diese Maschine
mit Vertrauensdampf in Bewegung. Etliche Monate darauf
war die Mumie glücklich wieder zu solcher Lebenskraft gelangt,
daß sie hoch herab zum dienstbeflissenen liberalen Muley Hassan
sagen konnte: „Erinnern Sie sich gefälligst, daß es in Deutsch=
land noch Fürsten gibt!"

Ein wissender Mann hatte im Wonnemond des liberalen
Schwindels gut reden: „Eine rechte Revolution muß entweder
die moralische Ordnung der Dinge ändern, d. h. die Religion,
oder aber die materielle, d. h. die Eigenthumsverhältnisse." Mit
andern Worten: eine rechte Revolution muß eine solche sein, wie
das Christenthum, oder eine solche, wie die Völkerwanderung sie
gemacht hat. Wie hätte man aber der deutschen Gemüthlichkeit
auch nur die blasse Idee einer solchen Radikalkur zumuthen dürfen,
geschweige die rothbackige That? Die Nerven der modernen Ge=
sellschaft halten überhaupt so etwas gar nicht mehr aus.

Statt einer ganzen wurde demnach eine halbe Revolution
beliebt: — die dümmste der Dummheiten! Denn eine halbe Re=
volution rüttelt an allem, ohne etwas umzuwerfen, bringt alles
ins Schwanken und beseitigt nichts. Sie reizt und erbittert
durch ihre Zerstörungsgelüste die Nutznießer des Bestehenden;
aber sie kann nichts schaffen, weil sie nichts zu zerstören wagt.
Eine halbe Revolution ist nur eine ganze Insolenz und Impotenz.
Der deutsche Liberalismus hat im Frühling von 1848 den armen
Schiller so häufig, bis zur Mißhandlung häufig citirt; aber
gerade an b a s beste Wort, welches der große Idealiker wie vor=
ahnend gesprochen, dachte der Liberalismus nicht, an den präch=
tigen Wahrspruch: —

„Leicht bei einander wohnen die Gedanken,
    Doch hart im Raume stoßen sich die Sachen.

Wo Eines Platz nimmt, muß das Andre weichen;
Wer nicht vertrieben sein will, muß vertreiben;
Da herrscht der Streit und nur die S t ä r k e siegt."

Es sind vollwichtige Gründe zu der Annahme vorhanden,
daß die Liberalen, von ihrem Scheinsiege berauscht, einfältig ge=
nug gewesen, ihre Scheinstärke für eine wirkliche, ihre März=
ministerschaft für eine dauernde zu halten. Viele von diesen
Eisen= und sonstigen Biedermännern, Schwachköpfe von Haus
aus, waren auch schon in die Kindschaft des Alters eingetreten
und nicht mehr zurechnungsfähig, also unzweifelhaft zu dumm,
um die Unmöglichkeit zu begreifen, daß die alten Dynastien „auf=
richtig konstitutionell" werden könnten. Anderen verwehrte ihre
angestammte Knechtschaffenheit, es für möglich zu halten, daß
ein „deutscher Mann" sich als etwas Anderes denn als Unter=
than fühlen und denken könnte. Dritte — und diese bildeten
die überwiegende Mehrzahl der liberalen Leithämmel — schlossen
mit Bewußtsein, mit kühlem Vorbedacht ihren Bund mit der
heiligen Dreifaltigkeit Krone, Kapuze und Kanone. Sie sagten
zu der werdenden Demokratie: Ah, du willst nicht gleich uns so
thun, als hieltest du die Chimäre Montesquieu's für eine Wirk=
lichkeit? Du erkühnst dich, uns hindern zu wollen, daß wir, die
Herren von der Börse, vom Korpus Juris und vom Katheder,
uns nach der Weise der englischen zur deutschen Oligarchie
machen? Bedenke wohl, was du thust! Man muß nur das
Mögliche anstreben. Die Linie, auf der w i r stehen, zu erreichen
ist möglich. D i e s e Linie einhaltend sind nämlich w i r möglich,
d. h. hier können wir Kommerzien=, Justiz=, Konsistorial=, Hof=,
Geheime= und andere Räthe werden, ordentliche Professoren,
Staatssekretäre, Gesandte, Minister. Was also über u n s e r e
Linie hinausliegt, nur einen Schritt, nur eine Spanne weit
hinausliegt, das ist Utopie, Anarchie, Felonie, Blasphemie.
Daher hübsch die Linie des liberalen Möglichseins eingehalten!
Wo nicht, so rufen wir: Vivat Absolutismus! . . .

In dem Volke sahen diese Best= und Biedermänner nur
eine wissen= und willenlose Schafheerde, welche höchstens drehend,
nicht aber verständig und menschlich gemacht werden könnte.
War nun das Volk wirklich eine solche Heerde, so würde sie ja
wohl ihren liberalen Leithämmeln auch in die Republik hinein
nachgesprungen sein. Aber die Leithämmel hüteten sich sorgsam,
nach jener Richtung hin zu wandeln. Sie wußten ja, daß es
dort keine Titel und Orden, keine hochbesoldeten Aemter, keine
liebenswürdigen Sinekuren, keine fetten Pensionen für junge
Greise, keinen zweierleituchenen Müßiggang, keine Versorgung
von Vettern und Basen auf Staatskosten gäbe, und hätten sie
das einmal vergessen wollen, so würden sie von ihren holden Leit=
schäsinnen alsbald sehr daran erinnert worden sein. Es kommt
hiebei in Betracht, daß die Hauptsitze des liberalen Hammelthums
die Residenzstädte der deutschen Mittel= und Kleinstaaten gewesen
sind, zu jener Zeit Brutnester aller Gemeinheit und Niedertracht.
Der Weichselzopf höfischer Lakaienschaft verzweigte sich pestilenzisch
über diese Orte und es gab nur noch ein Gemeineres als diese Re=
sidenzler, nämlich die Residenzlerinnen. Solchem Geziefer, Männ=
lein und Weiblein, von Menschenwürde und Bürgertugend sprechen,
hieß Vierfüßlern die Schönheit einer rasael'schen Madonna,
eines göthe'schen Liedes oder einer beethoven'schen Symphonie
begreiflich machen wollen.

Daß diese Pest der Bedientenhaftigkeit auch die liberalen
Matadore, wenigstens in ihrer überwiegenden Mehrzahl, nicht
unberührt lassen konnte, liegt am Tage. Daher war für schärfere
Augen hinter der oppositionellen Grimasse der Herren die ange=
borene, anerzogene, mit der Luft eingeathmete Fürstenfurcht und
Unterthänigkeit leicht erkennbar. Dazu kam bei vielen, sehr
vielen derselben noch eine dicke Unwissenheit, namentlich eine fast
unglaubliche Unkenntniß der Geschichte. Eine Folge hievon ist
unter anderen die gewesen, daß die Lügen=Jeremiaden über die
große französische Revolution, welche die Rückwärtser warnend

berschluchzten, nicht allein von Schafen, sondern auch von Leithämmeln geglaubt wurden. Wir wissen z. B. ganz bestimmt,
daß verschiedene der von ihren Parteigenossen und mehr noch von
ihnen selbst als „Staatsmänner" hochverehrte liberale Größen
überzeugungsvoll die kläglichdumme Lüge nachplapperten, der
französische Konvent sei kommunistisch gestimmt gewesen und habe
das Eigenthum abschaffen wollen: — derselbe Konvent, welcher
im August von 1793 jenes berühmte Gesetzbuch („code civil")
annahm, das ihm nachmals Bonaparte schamlos gestohlen hat,
um es für s e i n Werk auszugeben, jenes Gesetzbuch, welches die
Eigenthumsbestimmungen des römischen Rechts so streng und
strikt adoptirte, — derselbe Konvent, welcher den Robespierre
mit Beifall überschüttete, als dieser am 24. April von 1793 den
Kommunismus als ein Phantom brandmarkte, welches Spitzbuben
erfunden hätten, um damit Dummköpfe zu ängstigen *).

Apostaten, Renegaten und Verräther hat man die liberalen
Führer, wenigstens die Mehrheit derselben, mit Unrecht gescholten.
Sie hatten früher nur gethan, was sie auch später thun wollten,
nämlich unter Anwendung aller juristisch=möglichen Vorsichts=
maßregeln gefahrlos auf dem schlaffen Seile des Konstitutionalis=
mus gaukeln, und falls sie in ihren Deklamationsübungen hie
und da über dieses Seil linkshin weggesprungen waren, so war
es ja nicht i h r e Schuld, daß man diese Deklamationssprünge
für Ernst gehalten hatte. Wenn sie aber ihren als Seilgaukler
und Deklamirer gewonnenen Ruf und Einfluß zu verwerthen
trachteten und demnach damit dort, wo Anno 1848 Nachfrage

---

*) „Vous devez savoir, que cette loi agraire, dont vous avez tant
parlé, n'est qu'un fantôme créé par les fripons pour épouvanter les im-
béciles; il ne fallait pas une révolution pour apprendre à l'univers que
l'extrême disproportion des fortunes est la source de bien des maux et
de bien des crimes. Mais nous n'en sommes pas moins convaincus que
l'égalité des biens est une chimère. Il s'agit bien plus de rendre la
pauvreté honorable que de proscrire l'opulence. " Rede Robespierre's
vom 24. April 1793.

nach dieser Waare war, d. h. an den Höfen haufiren gingen, so
könnte ihnen das nur verübeln, wer thöricht genug wäre, zu verlangen, daß die Diftel Trauben tragen sollte.

Dagegen trifft die liberalen Beftmänner deutscher Nation,
wenn auch ebenfalls wieder nur der großen Mehrzahl nach, d e r gerechte Vorwurf, daß sie, nachdem sie einmal als Schutzschilde vor
die Throne sich gestellt und das Umfallen dieser Möbeln verhindert
hatten, dennoch sich nicht schämten und scheuten, aus jämmerlicher
Popularitätshascherei noch für eine geraume Weile die Chimäre
von der Volkssouveränetät dem armen Michel als Narrenseil
durch die Nase zu ziehen, um ihn daran in dem Nebelheim ihrer
„Staatsmännischkeit" herumzuführen, beziehungsweise den guten
Vertrauensbuseler unvermerkt in den Zwangstall des Polizeistaats zurückzugängeln. Oder sollte die Stumpfheit der „Edelsten
und Beften" s o w e i t gegangen sein, daß sie die Unsittlichkeit
ihrer Volkssouveränetätslüge gar nicht fühlten? Vielleicht. In
diesem Falle wären aber auch wieder weniger die Liberalen als
der Liberalismus anzuklagen. Denn diese Doktrin der richtigen
Mittelmäßigkeit hat etwas Nivellirendes, ja geradezu etwas Ver-
dummendes, Versimpelndes, und daher ist es nur logisch, daß der
richtige liberale Biedermann alles und alle, was und welche im
Anschauen, Fühlen und Denken über das allerheiligfte Mittel-
maß, über das Ordinäre hinausreicht und hinwegragen, mit
giftigem Argwohn, mit blindem Hasse betrachtet, verlästert und
verfolgt. Weil diese „Staatsmänner" nie und nimmer die große
Göttin Begeisterung geliebt, sondern stets nur mit der kleinen
Aeffin derselben, mit der Phrase gebuhlt hatten, wußten sie nicht
und wollten nicht wissen, daß nicht der klugfeige Rechner Egoismus, sondern der sorglose Held Enthusiasmus immer und überall
auf Erden die großen Dinge, die wahrhaft großen, Welt- und
Menschengeschicke beftimmenden Thaten vollbracht hat und voll-
bringt. Wäre der proletarische Rabbi Jesus ein Realpolitiker
von dem allermodernsten Kleiderordnungsschnitte gewesen, so

hätte er es wohl bis zum Leibleviten beim Kaiphas oder zum Hof=
rath beim Herodes gebracht. Als der radikale Idealpolitiker,
der er war, wurde er von den „besten und edelsten" Männern
Judäa's, sonst auch Pharisäer und Sabduzäer genannt, als Uto=
pist, Anarchist, Blasphemist und Atheist, als Hochverräther und
Rebell verfolgt, verklagt, an den Galgen gebracht; aber von
seinem Kreuze herab hat er eine Welt aus ihren Fugen ge=
hoben.....

Auf der andern Seite unterliegt das kleine Fähnlein der
deutschen Republikaner von 1848 dem ernsten Tadel, daß auch
sie wie gedankenlose Knaben durch die liberale Taschenspielerei
mit dem Worte Volkssouveränetät sich täuschen und zu närrischen
Hoffnungen bethören ließen. Und doch hätten sie nur die Augen
aufmachen dürfen, um die ernüchternde Wahrnehmung zu machen,
daß diesem blauen Wortdunste die stehengebliebenen Throne als
greifbare Thatsachen gegenüberstanden. Wir hatten ja in dem
Märzsturme keines unserer angestammten Kleinodien verloren.
Ja —

> „Wir hatten auch nicht einen
> Zaunkönig eingebüßt"...

nicht einen einzigen Meisenherzog, keinen Spatzenfürsten. Wir
konnten die Häupter unserer geliebten Landesväter dutzendweise
zählen und, siehe, es fehlte keines der theuren, mit Ausnahme
des Selbstherrschers aller Reußen, Lobensteiner und Ebersdorfer,
welchen unterhaltlichsten seiner Herren Kollegen leider eine
„Sturmpetition" aus allen 6 Quadratmeilen seiner sämmtlichen
Staaten hinauskatzenmusizirt hatte*). Wenn der revolutionäre

---

*) „Der Fürst von Doppelhasensprung
Saß wüthend vom Altane,
Daß dicht vor seiner Nase hung
Die schwarzrothgoldne Fahne.

Sturm die Throne nicht weggefegt hatte, wie konnte man wähnen,
der flaue Wind des Parlamentarismus würde dieselben zur Be-
deutungslosigkeit herabfächeln? Nur Deutschlands „edelste und
beste" Männer konnten so vernagelt sein, zu wähnen, die deutschen
Fürsten würden mit sich handiren lassen, als wären sie nur noch
ausgebälgte, statt leibhaftige und lebende zu sein.

Als der deutsche Republikanismus merken mußte, wie der
Liberalismus eigentlich die Volkssouveränetät verstand und verstanden wissen wollte, hat er freilich — wir werden es mit ansehen — dieser liberalen Realpolitik gegenüber Versuche einer
wirklichen und wahrhaftigen, einer radikalen Idealpolitik gemacht.
Aber —

> „Was man von der Minute ausgeschlagen,
> Bringt keine Ewigkeit zurück" . . .

und was zu Anfang des März hätte gelingen können, mußte,
wie die Sachen lagen, zu Ende Aprils fehlschlagen. Um so gewisser, als die republikanische Idealpolitik keinen Träger fand,
der das Zeug gehabt hätte, sie mit genialer Kraft und todver-
achtender Entschlossenheit über die dumpfe Atmosphäre der Alltäglichkeit in jene Flammenregion emporzuheben, von wo herab
das elektrische und elektrisirende Fluidum der Leidenschaft
die Menschen überschauert und sie unwiderstehlich mitfortreißt.

Das eben ist der große Jammer von 1848 gewesen, daß
nirgends ein Held und Heiland aufstand; weder in Deutschland,
noch in Frankreich, noch in Italien, nirgends! Die liberale
Doktrin hatte ihre demoralisirende Wirkung gethan: der feige,
blasirte, impotente Ungeist der Mittelmäßigkeit, Philisterei und
Biedermaierei hielt alles in seinem Bann und Zwang. Nirgends

> Doch wie er nun mit eigner Hand
> Am Kloben zerrt und reißt,
> Da läuft sein Volk ins Nachbarland,
> Von wo es Steine wutentbrannt
> Ihm in die Fenster schmeißt" u. f. w. Demiurgos, II, 85.

ein Nummer-Eins-Mann, nirgends ein souveräner Genius,
nirgends ein überwältigender Koloß. Ueberall nur Mittelgut
und ordinärer Zuschnitt. Die wunderbar große Gelegenheit
fand erschreckend kleine Menschen vor.

2.

Der deutsche Liberalismus hatte am 5. März von 1848,
wo er, durch seine Spitzen vertreten, in Heidelberg die Zeitlage
verhandelte und zuvörderst ein „Vorparlament" zu berufen beschloß
(vergl. Bd. I, S. 266), sehr merklich mit der nicht hoffähigen
Frau Revolution kokettirt. Aber so ein Kokettiren paßte eben
damals in seinen Kram und verhalf auch nebenbei zum Karrière-
machen. Das letztere den liberalen Matadoren verübeln zu
wollen, wäre ganz einfältig. Warum sollten sie, nachdem sie sich
— etliche allerdings unanständig plötzlich — entschlossen hatten,
das Lied der Monarchie zu singen, nicht auch das Brot der
Monarchie essen? Die heidelberger Versammlung hatte einen
Ausschuß von Sieben bestellt, um ihre Beschlüsse zur Ausführung
zu bringen, und von diesen Sieben fanden drei sofort Gnade vor
allerhöchsten Augen: Herr von Gagern wurde noch am 5. März
selbst darmhessischer, Herr Römer am 8. würtembergischer Minister, Herr Welcker am 14. badischer Bundestagsgesandter.
Streng genommen, wären solche hiemit eingeleitete Personen-
wechsel in den deutschen Ministerien freilich nicht vonnöthen gewesen. Denn selbst die urreaktionärsten vormärzlichen Minister
betheuerten und bewiesen eine wahrhaft rührende Bereitwilligkeit,
dem „Zeitgeist" von 1848 zu huldigen und zu gehorchen, so
lange derselbe in der Mode wäre, und gerade so haben es, wie
jedermann weiß, die Herren Märzminister ihrerseits auch gemacht.

Man wird bei Betrachtung dieser Personalveränderungen recht deutlich an die alte Sesselgeschichte erinnert: „Steh' du auf, damit ich sitzen kann" — oder auch daran, daß Göthe in seinem „Ewigen Juden" von der Reformation gesagt hat: —

> „Sie nahm den Pfaffen Haus und Hof,
> Um wieder Pfaffen 'nein zu pflanzen,
> Die nur, in allem Grund der Sachen,
> Mehr schwätzen und Grimassen machen."

Der Siebener-Ausschuß ließ die Einladungen zu einem „Vorparlament", welches zu Frankfurt a. M. zusammentreten sollte, auf den 31. März ergehen. Sie sollten zunächst an Solche gerichtet werden, welche Mitglieder einer gesetzgebenden Versammlung waren oder gewesen waren. Da aber gerade in den beiden deutschen Großstaaten bislang gesetzgebende Versammlungen nicht bestanden hatten — den Vereinigten Landtag in Preußen wird niemand eine solche nennen wollen — so ergab sich schon hieraus, daß die Zusammensetzung des sogenannten Vorparlaments eine ganz willkürliche sein mußte und war. Haben doch Herr von Gagern und seine Handlanger schließlich ganze Schocks beliebiger Philister aus Darmhessen und Nassau verschrieben, um mittels solcher Stimmen die konstitutionellen Beschlüsse in der Versammlung durchzudrücken. Daß von einem nationalen Mandat dieser Versammlung gar keine Rede sein konnte, beweisen schon die Ziffern ihrer Zusammensetzung: — es waren da 2 Oestreicher, aber 141 Preußen (der Mehrzahl nach Rheinländer und „Stadtverordnete"); 9 Hannoveraner, aber 84 Darmhessen; aus dem Königreiche Sachsen und aus den sächsischen Herzogthümern mitsammen 47, aber aus Baden 72, aus den vier „freien" Städten 26, aus Würtemberg 52, aus Schleswig-Holstein 7, aus Kurhessen 26, aus Baiern 44, u. s. w. Summa: 574. Der Zusammentritt des Vorparlaments war ganz unzweifelhaft ein revolutionärer Akt. Die Versammlung hatte gar keine Vollmacht außer der, welche sie selber sich gab.

Man konnte als Abgeordneter von Ständen, von Vereinen, von Volksversammlungen, man konnte auch als sein eigener Abgeordneter am Vorparlament sich betheiligen. Es war nichts als eine Volksversammlung im Cylinder statt in der Mütze und im Schlapphut. Willkürlich und zufällig zusammengesetzt, schlecht geleitet und tumultuarisch verlaufen, ist diese Versammlung nicht unpassend das „wilde“ Parlament genannt worden. Es war der würdige Vorschwatz zum nachfolgenden jammerseligen Hauptklatsch.

Zwei Gegensätze von übler Vorbedeutung klafften dabei sogleich auf: der Gegensatz zwischen Liberalismus und Radikalismus und der zwischen Süd- und Norddeutschen. Jener hätte sich von geschickten Händen — wenn welche da gewesen wären — noch leichter überbrücken und übertünchen lassen als dieser. Es stellte sich als eine leibige Thatsache heraus, daß die Norddeutschen in politischer Anschauung und Bildung unverhältnißmäßig weit hinter den Süddeutschen zurückgeblieben waren. Diese schleppten freilich noch auf Schritt und Tritt die Eierschalen des zerbrochenen Polizeistaats mit sich herum, aber jene das Halseisen des Feudalismus. Das Volks- und Freiheitsbewußtsein in Süddeutschland war erst ein Kind, aber in Norddeutschland war es noch ein Embryo.

Denkende Menschen hätten schon aus diesem Umstand einen übeln Ausgang der ganzen deutschen Bewegung prophezeien müssen. Allein erstens gab es dazumal sehr wenige denkende Menschen und zweitens würde man ihre Prophezeiungen als Narretheien verlacht haben. Die liberale Staats- und Biedermännischkeit trug eine Zuversicht zur Schau, welche den Philister — dessen Zahl Legion hieß — entzückte und ihn in jedem einen Tollhäusler oder gar einen Frevler an dem kretinischen Dogma „Revolution auf gesetzlichem Boden“ erblicken ließ, welcher die gloriosen „Märzerrungenschaften“ das nannte, was sie waren, Spielzeug für politische Kinder, welches man denselben wieder

wegnehmen würde, sobald sie in ihrem Vertrauensrausch einge=
buselt wären. Die Dummheit war, ist und wird stets das
Mächtigste auf Erden sein. Wenn sie einmal so recht in Zug
und Fluß, ist es ganz eitel, ja lächerlich, gegen sie anzu=
kämpfen.

Die gute Stadt Frankfurt, die es in ihrer Art recht ehrlich
mit der nationalen Sache meinte — diese alte Kaiserstadt mit ihrer
intelligenten, thätigen und gastfreien Bevölkerung, in deren Mitte
die erste Landsgemeinde deutscher Nation tagen sollte, schwamm
in Immergrün und Festjubel. Ueberall Freiheitsbäume, Ehren=
pforten, schwarzrothgoldene Fahnen und Flaggen, überall Vater=
landsworte, hochsinnige Losungen, hoffnungshelle Begrüßungen,
Freudenschüsse, freiheitlicher Sang und patriotischer Klang.
Durch die Straßen der Stadt wandelnd, befeuert durch die
freudestralenden Blicke schöner Frauen= und Mädchenaugen, mit=
trunken in der allgemeinen Trunkenheit konnte man wenigstens
für Augenblicke wähnen, alles müßte und würde gut gehen. Es
war der letzte Märztraum.

3.

Dieser Traum mußte schon in den Vorversammlungen zum
Vorparlament zerrinnen; wenigstens bei allen, welche überhaupt
den Willen und die Kraft hatten, sich die Träume aus den Augen
und den Rausch aus dem Schädel zu wischen. Denn die seit
einem Monat bis zum Ekel hergeleierte Litanei von der deutschen
Einigkeit und Brüderlichkeit verschwand wie Rauch und unter
schneidenden Dissonanzen hob der Babelthurmbau des deutschen
Verfassungswerkes an.

Die Frage, die auf allen Zungen zitterte, sprang sofort

hervor: — Republik oder Monarchie? Heutzutage muß es uns
wunderlich, ja urkomisch erscheinen, daß sie überhaupt noch auf=
geworfen werden konnte; denn sie war ja thatsächlich bereits ent=
schieden. Der heidelberger Siebener=Ausschuß hatte sie zum
voraus zur Entscheidung gebracht, indem er als Wegleitung für
das Vorparlament ein Programm mit nach Frankfurt nahm, worin
die Grundlinien der späteren Reichsverfassung mehr oder weniger
deutlich vorgezeichnet waren. Nur vom Kaiserthum oder gar
vom preußischen Kaiserthum war darin noch keine Rede. Die
künftige Verfassung Deutschlands sollte diesem Programm zufolge
den lockeren deutschen Staatenbund in einen festgegliederten
Bundesstaat umwandeln, an dessen Spitze ein „Bundesober=
haupt" mit verantwortlichen Ministern gestellt würde. Die
Nation sollte ihre konstitutionellen Rechte ausüben mittels eines
Parlaments in zwei Kammern (Senat der Einzelstaaten und
Volkshaus; letzteres durch Urwahlen zu bestellen, so daß je auf
70,000 Seelen 1 Abgeordneter käme). Die einzelnen Staaten
sollten durch Verzichtleistung auf die meisten ihrer Souveräne=
tätsrechte die Bundesmacht und Reichsgewalt erhöhen und kräf=
tigen, so zwar, daß Deutschland fortan nur ein Heerwesen, nur
eine Vertretung gegenüber dem Auslande, ein nationales
System des Handels, des Verkehrs= und Zollwesens, der Wasser=
straßen, Eisenbahnen und Posten, ferner die Einheit von Maß,
Gewicht und Münze besäße. Ebenso müßte die gesammte Civil=
und Strafgesetzgebung, sammt dem Gerichtsverfahren verein=
heitlicht und ein höchster Nationalgerichtshof („Bundesgericht")
geschaffen werden. „Die Freiheitsrechte" der Nation müßten mit
festen Bürgschaften versehen werden — (aus welcher Redensart
dann die unendliche Schraube der Grundrechtedebatte hervor=
wuchs). Schließlich zeichnete das Programm dem Vorparlament
dessen Bestimmung und Aufgabe vor. Diese sollte sein, auf
Grundlage der angegebenen Bestimmungen die Einberufung einer
konstituirenden Nationalversammlung zu beschließen. Die Ein=

berufung selbst müßte aber durch die bisherige Bundesbehörde, d. h. durch den Bundestag geschehen, welcher jedoch durch „Vertrauensmänner" zu verstärken wäre. Außerdem sollte das Vorparlament einen Ausschuß bestellen, welcher, zu Frankfurt in Permanenz tagend, die Vollziehung der Beschlüsse der Versammlung zu überwachen hätte, so zu sagen dem Bundestag, welcher zwar nicht so klug, aber doch so schwerfällig wie ein Elephant war, als lenkender und stachelnder Kornak auf den Nacken gesetzt werden sollte. (Das arme Biest hat dann auch richtig ganz gelehrig die von ihm verlangten Kunststücke gemacht.) ·

Man wird zugeben müssen, daß der Grund-, Um- und Aufriß des babylonischen Thurms, d. h. das Programm der Sieben, gar nicht übel sich ansah. Leider hatte das Ding die bedenklichste Aehnlichkeit mit dem berühmten Pferde von Ariosto's verrücktem Roland, welches bekanntlich alle vortrefflichen Eigenschaften besaß, nur war es todt. Das Fundament von dem liberalen Reichsverfassungsthurm sollte und mußte ja der gute Wille, der erleuchtete Freisinn, die patriotische Opferfreudigkeit der deutschen Fürsten sein. Auf was das in Wirklichkeit bauen hieß, darüber konnten sich nur die „besten und edelsten" Männer deutscher Nation verblenden und täuschen. Soweit konnte man nur kommen, wenn man vor lauter Klugheit ganz dumm geworden war. Aber die Herren wollten ihren Willen haben. Da half keine Erinnerung, keine Thatsache. Der ganze Verlauf der deutschen Geschichte lieferte den Gegenbeweis — und was für einen schmerzlichen Gegenbeweis! — von dem, was die Best- und Biedermaier glaubten und glauben machen wollten; aber was hatte das zu sagen? Vergeblich war es auch, diesen Mattherzen unter anderen Argumenten das entgegenzuhalten, die Tausende, die Hunderttausende, die Millionen von deutschen Handwerkern und Bauern fänden sich drüben in Amerika doch immerhin sehr leicht und rasch in das erschreckliche Unglück der Fürstenlosigkeit; sie

wollten aus naheliegenden Gründen in diesem Unglück den
Weltuntergang sehen und logen sich selbst und anderen vor, die
deutschen Fürsten hätten gar keine andere Wahl und auch keinen
anderen Willen mehr, als nach ihrem, der Best- und Biedermaier, konstitutionellem Dudelsack zu tanzen. Die Folge ist
gewesen, daß die als so bereitwillig vorausgesetzten Tänzer,
d. h. in Wahrheit Nichttänzer den Dudelsack ergriffen und
denselben den Musikanten unsanft um die Vertrauensduselköpfe
schlugen.

Das prophezeiten den Herren Liberalen die Sprecher, welche
der Radikalismus in Frankfurt vorschickte, um die Sache der
Republik zu führen, schon am 29. Märzabend im „Weidenbusch",
in dessen großem Sal auch etliche Bundestagsgesandte unter der
bunten Menge von „Volksvertretern" sich herumdrückten. Diesen
armen Schluckern von Diplomaten muß, als sie die Frage:
Monarchie oder Republik? in sehr undiplomatischen Tischreden,
d. h. von den Tischen herab erörtern hörten, ungefähr zu Muthe
gewesen sein, als wandelten sie durch ein Märchen von Kallot-
Hoffmann. In der Vorderreihe der Republikaner redeten
Gustav von Struve und Friedrich Hecker, welche beide in den
Oppositionskämpfen ihres Heimatlandes Baden sich die Sporen
verdient hatten; jener mehr als Publizist, dieser als Klubb- und
Kammerredner. Daß Struve und Hecker Männer von Ehre,
Aufrichtigkeit und Ueberzeugungstreue waren, haben selbst ihre
giftigsten Feinde, d. h. ihre früheren badischen Mitrepublikaner
und späteren monarchischen Gegner nicht zu bestreiten gewagt.
Beide waren aber auch, was Schillers Philipp von Spanien
„sonderbare Schwärmer" zu nennen pflegte, obzwar sie auf verschiedenen Wegen zu ihrer Schwärmerei gelangt waren: Struve
auf dem Wege logischer Abstraktion, Hecker auf dem Stege phantastischer Intuition. Wunderlicher Weise überphantasirte der
trockene Abstraktor Struve, welcher von Pflanzenkost lebte wie
ein indischer Jogi, dann doch wieder den Heißsporn Hecker, in

welchem, physisch und moralisch angesehen, das Ideal eines flotten Burschen, der Typus eines Korpssenior ohne Furcht und Tadel verkörpert war. Seine Begeisterung für die Republik gab sich als eine glühende und sie war es; aber — und das vollendet das Bild des Romantikers — durch die rothen Rosen seiner Rede schlängelte sich häufig und plötzlich die blasse Skepsis. Struve, welcher in dem Glauben an sein Ideal ganz aufging, bis zum Fanatismus aufging und bis in seine Fingerspitzen hinaus über- zeugt war, daß das Vorparlament die deutsche Republik nicht allein dekretiren müßte, sondern auch mit vollem Erfolge dekre- tiren könnte, ist viel weniger auf der Erde und unter den Menschen heimisch gewesen als Hecker, der aus einem Bürger von Wolkenkukuksheim ohne allzu große Bemühung mitunter wieder ein scharfsichtiger mannheimer Advokat wurde, welcher nicht an- stand, zu sagen, daß es ein eitel und vergeblich Wagen, den deutschen Philister zum Republikaner machen zu wollen. Er hat sich auch nur so zwischenhinein der Illusion hingegeben, daß vom Vorparlament ein Wahrspruch zu Gunsten der Republik zu erwarten sei, oder der Hoffnung, daß jetzt, zu Ende des März, in Deutschland für das republikanische Prinzip überhaupt noch etwas Belangreiches zu thun sei. Aber er hielt es für seine Pflicht, unter diesen und unter allen Umständen für sein Ideal einzu- treten, und dieses Pflichtgefühl, welches mit einer erklecklichen Dosis von Eitelkeit recht wohl sich vertrug, hat ihn dann zu jener verspäteten republikanischen Schilderhebung getrieben, deren Erfolglosigkeit er selber vielleicht so deutlich voraussah wie irgendeiner.

Unendlich viel besser als Hecker und Struve eignete sich zu einem Führer und Leiter der Demokratie auf parlamentarischem Boden Robert Blum aus Leipzig, der häßlichste Mann seiner Zeit und zweifelsohne einer der besten — natürlich nicht im Sinne der Best= und Biedermaier. Diese haßten in Blum den geborenen Tribun, haßten ihn um so mehr, als sie wußten, daß

er alle die liberalen Kniffe und Pfiffe aus dem Grunde kannte,
und die „Besten und Edelsten" haben dann auch bei seiner Ermordung ihre Befriedigung, ja ihr Entzücken nur schlecht oder
gar nicht verhehlt. Blum verband mit dem Aussehen und Gebaren des Proletariers die Anschauungen und Ueberzeugungen
der demokratisch gestimmten Fraktion des deutschen Bürgerthums.
Ueber das Durchschnittsmittelmaß, welches die Menschen von
1848 kennzeichnete, ragte auch Blum nicht empor; aber wenn
man die herben Hindernisse bedenkt, welche sich diesem Proletarier-
kind auf seiner Lebens- und Bildungsbahn entgegengestellt hatten,
so wird man namentlich den feinfühligen und feinhörigen Takt
bewundern müssen, womit er sich in dem Getriebe der Politik zu-
rechtfand. Seine Rednergabe war sehr bedeutend; nicht ganz
phrasenlos, aber doch immer so, daß sie ein gebildetes Ohr ansprach,
den erfahrenen Verstand beschäftigte und zugleich das Volksherz
sympathisch berührte.. Republikaner aus Neigung und Ueberzeugung, glaubte er den Konstitutionellen von vornherein das
Zugeständniß machen zu müssen, daß die Republik, wenn überhaupt erreichbar, nur auf konstitutionell-monarchischen Umwegen
zu erreichen sei. Für seinen Werth als Mensch und Bürger, für
seine Treue und Hingebung zeugt unwidersprechlich sein Grab in
der Brigittenau. Selbst Fürst Windischgrätz, welcher doch gar
nicht nahe dabei gestanden, als das Pulver erfunden worden,
begriff, daß er in der Person Blums einen Hauptmann um-
bringen zu lassen Gelegenheit habe.

Wie die drei genannten radikalen Führer redliche Männer
waren, so könnte nur die Parteiverbohrtheit bestreiten wollen,
daß auch die Führer der Liberalen der Mehrzahl nach redlich
und uneigennützig gesinnt gewesen seien. Der Mehrzahl nach!
Denn es gab welche darunter, welche ihre Staatsmännischkeit
doch sehr privatgeschäftlimacherisch betrieben und es sehr gut verstanden, die arme Patria zu einer volleuterigen Privatmilchkuh
zu machen. Auf den Platz des ersten Führers der Konstitutio-

2 *

nellen haben beim Zusammentreten des Vorparlaments die Umstände den Herrn Heinrich von Gagern gestellt, Sohn jenes
Herrn Hans von Gagern, welcher als „deutscher Patriot" berühmt
geworden, weil er beim wiener Kongresse seinem damaligen Dienst-
herrn, dem König von Holland, möglichst viel deutsches Land zu-
zuschanzen eifrigst beflissen gewesen war. Herr Heinrich von
Gagern konnte nach Begabung, Bildung, Stimmung und Haltung als der vollendete Ausdruck des patentirten Liberalismus
gelten, welchen er aber vornehm zu repräsentiren verstand. Hinter
diesem vornehmen S ch e i n war des Mannes S e i n das der
entschiedensten Alltäglichkeit und Großes ist niemals an ihm gewesen, ausgenommen seine Augenbrauen. Zum „großen" Mann
hat ihn vornehmlich der deutsche Professorenrespekt vor seinem
freiherrlichen Titel und Wappen gemacht. Der liberale Philister
sodann war allum ganz glücklich darüber, dieses Großmanns-
patent anzuerkennen und das stattliche Urbild seines eigenen
Wesens als ben „Allerbesten und Alleredelsten der Besten und
Edelsten" verehren zu sehen und geräuschvoll mitverehren zu
dürfen.
     Das Selbstvertrauen des Herrn Heinrich von Gagern und
damit die An- und Aufspannung seiner an sich bescheidenen Kräfte
mußte natürlich unter dem Anhauch des unermeßlichen Vertrauens,
welches seine Partei in ihn setzte, beträchtlich zunehmen, und so
w a r er eine Zeit lang, wofür er galt. Er gebärdete sich als
General und man gehorchte und folgte ihm. Der Erste, welcher
ein Stück Land einzäunte und zu den Andern sagte: „Das ist
mein!" hat ja bekanntlich auch Narren gefunden, die ihm glaubten. Die ganze Kunst, Menschen zu beherrschen, besteht darin,
den Kommandostab mit einer Zuversichtlichkeit zur Hand zu
nehmen, als sei die Berechtigung dazu selbstverständlich. Diese
Kunst verstand Herr von Gagern aus dem Fundamente. Im
Uebrigen gereicht es ihm zur Ehre, daß er wenigstens daheim und
im Hauskleide den großen Mann nicht spielte. Am 2. April

Morgens 9 Uhr schrieb der alte Herr Hans von Gagern von
Frankfurt aus an seinen ältesten und bedeutendsten Sohn Friedrich: „Im Ganzen sind die Söhne (Heinrich und Max) mit dem
Gang von gestern zufrieden; jeder in seiner Art. Heinrich, sich
waschend, sehr ruhig, kam ex abrupto zu der Aeußerung: „„Welche
Zeiten! Welche Armuth, daß ein so mittelmäßiger Kopf wie ich
zu solcher Rolle kommt!"" Widerspruch wäre unhöflich, volle
und herzliche Zustimmung demnach. Aber es zeugt für die
ursprünglich gute und gerade Sinnesweise des Mannes, daß er
dieses aus redlicher Selbsterkenntniß erflossene Armuthszeugniß
in einem von ihm herausgegebenen Buche zu veröffentlichen nicht
anstand*). Oh, das geschah nur, um den Widerspruch heraus-
zufordern, spottlacht Mephisto. Nein! und diese ehrliche Selbst-
bezeugung seiner Nichtgröße ehrt in den Augen von Urtheils-
fähigen Herrn von Gagern mehr, unendlich viel mehr, erweis't
unwidersprechlicher den „vir integer", als es die einfältigen
Schmeicheleien seiner Fartcatchers thaten, deren Unverstand den
liberalen Freiherrn recht hoch hinaufschraubte, damit weithin
sichtbar würde, wie geringfügig seines Lichtes Leuchtkraft sei. Nun,
er hat den leckſten seiner „kühnen Griffe", d. h. die Selbstüber-
hebung, mehr vorstellen zu wollen, als er zu sein vermochte, schwer
gebüßt. Er, der eine Weile für den ersten Mann seiner Nation
gegolten hatte, sah sich schließlich im Falle, von einem Dalwigk
mit dem Sinekürchen eines darmhessischen Gesandtschaftspöstleins
sich beschenken zu lassen. Ach, das Leben mit seinen gemeinen
Anforderungen ist ein harter Treiber und in unserem Zeitalter
einer bequemen Realpolitik, die alles anzunehmen und alles zu
rechtfertigen weiß, ist es nicht mehr Mode, daß öffentliche Charak-
tere auch dann, wann sie zu glänzen aufgehört haben, noch als
Gold sich erweisen. Das horazische: —

---

*) Das Leben des Generals Friedrich von Gagern, von Heinrich von
Gagern, II, 668.

„Et cuncta terrarum subacta
Praeter atrocem animum Catonis" —

ist heutzutage unseren realpolitischen Gelehrten unverständlicher
als die altpersische Keil- und die altperuanische Quipus-Schrift,
und arme „Prinzipienreiter" wie Demosthenes und Kato sind in
den Augen einer ebenfalls realpolitischen Jugend nur noch lächerliche Figuren. Herr von Gagern hat demnach recht gethan, wenn
er die Lächerlichkeit der „Prinzipienreiterei" nicht an und auf sich
kommen, sondern vielmehr für seine Verdienste um das deutsche
Vaterland von Herrn von Dalwigk sich zum Gesandten machen
ließ. Hornau ist nicht Kalauria und Darmstadt ist nicht Utika.

4.

Im Kaisersale des „Römer" wurde am 31. März das
„wilde" Parlament unter dem Alterspräsidium des bremer Bür-
germeisters Smidt frühmorgens eröffnet. So die Bilder der
alten Kaiser rings an den Wänden hätten fühlen und reden
können, sie würden zu den Versammelten gesagt haben: „Gebt
euch keine Mühe! Ihr bringt ja doch nichts zu stande, wie wir
zu unserer Zeit auch nichts zu stande gebracht haben. Germania
confusione regitur."

Die deutsche Konfusion offenbarte sich auch richtig sofort,
als es galt, das Bureau der Versammlung zu bestellen. Herr
Smidt schlug den Herrn von Gagern zum Vorsitzer vor. Murren
links: „Wollen keine Minister!" Bemerkung rechts: „Die
Siebener sind übereingekommen, daß keiner von ihnen den Vorsitz übernehmen dürfe." Höchst unerquickliches Wahlgeschäft
überhaupt, die Abstimmungsversuche mittels Rechts- und Links-
tretens in dem nicht sehr geräumigen Sale ganz wirrsälig, endlich mit Ach und Krach Herr Mittermaier zum Präsidenten und

die Herren Itzstein, Blum, Dahlmann und Jordan zu Vicepräsi=
denten gewählt. Mittermaier war ein vortrefflicher Professor,
welcher, wenn er dornige oder übelduftende Partieen des Kri=
minalrechts zu erörtern hatte, eine frische Rose mit auf's Katheder
zu bringen und damit, während er mörderische Bestimmungen
der Karolina citirte, anmuthige Schwenkungen auszuführen
pflegte. Auch ein guter Mensch und Patriot war er, aber ein
schlechter Präsident. Als solcher würde er, wo möglich, seine.
Sache noch schlechter gemacht haben, hätte ihm nicht der einzige
seiner Beiständer, welcher so ein Geschäft verstand, zeitweilig
helfend unter die rathlosen Arme gegriffen, Robert Blum.

Gegen 10 Uhr zog das „Stegreifparlament", wie man es
ebenfalls passend genannt hat, vom Römer durch die Reihen der
Frankfurter Bürgerwehr unter Glockengeläute und Geschützdonner,
unter Halloh und Hurrah zu seinem eigentlichen Sitzungsort, in
die säulenumsäumte, hochbekuppelte, schwarzrothgolden geschmückte
Rotunde der Paulskirche, allwo Herr Mittermaier, ein feiner
Kathedermann mit Silberhaar und Silberbart, seinen Vorsitzer=
spruch that. Darin war viel vom „Riesen Volksgeist", mehr
von den „Millionen unserer deutschen Brüder", am meisten von
der „Freiheit" und von den „Volkswünschen" die Rede, aber von
den Fürsten gar nicht. Das mißfiel sichtbarlich der Mehrheit der
Versammlung und verstimmte sie gegen den Präsidenten, was für
diesen sein schwieriges Amt noch bedeutend schwieriger machte.
Die liberalen Leiter der Mehrheit hatten unter sich abgekartet,
daß vor allem die brennende Frage: Monarchie oder Republik?
gelöst werden müßte. Die Anwesenheit der Halseisenmänner
aus dem Norden und der rheinländischen Lebemänner aus dem
Westen, sammt der massenhaften Einfuhr darmhessischer Angst=
philister, verbürgte ihnen die Durchsetzung ihrer monarchischen
An= und Absicht.

Die radikale Minderheit in der Versammlung führte als=
bald die Gelegenheit hierzu herbei, indem sie ihr Programm,

das republikanische, vorbrachte, als der Vorsitzende das monarchische Programm des Siebener=Ausschusses auf die Tagesordnung
setzte. Struve betritt die Rednerbühne und entwickelt das in
15 Punkte gefaßte Manifest der Demokratie, welches an Bestimmtheit und Deutlichkeit so ganz und gar nichts vermissen läßt,
daß jedes Mitglied der Mehrheit, zumal jedes norddeutsche mit
dem frommen Helden Virgils im 2. Gesange von sich sagen kann:

> „Schrecken befällt mich, aufbäumt sich das Haar und die Stimme
> versagt mir".

Denn die Essenz des struve'schen Antrags ist keine andere als die,
die halbe Revolution zu einer ganzen zu machen, die Monarchie
abzuthun und Deutschland in eine Föderativrepublik umzuschaffen,
womit sofort der praktische Anfang gemacht werden sollte und
zwar dadurch, daß das Vorparlament bis zum Zusammentreten
eines „frei gewählten" Parlaments in Frankfurt beisammenbliebe
und so zu sagen als deutscher Konvent die Führung der öffentlichen
Angelegenheiten in die Hand nähme, namentlich mittels der
Wahl eines „Vollziehungs=Ausschusses".

Es war Sinn, Logik und Folgerichtigkeit in diesem Programm, gar keine Frage. Aber einen solchen Antrag und zwar
hoffnungsvoll vor eine Versammlung bringen, deren ungeheure
Mehrheit von vornherein entschlossen gewesen ist, die Monarchie,
d. h. die deutschen Fürstenherrschaften zu halten, weil sie dabei
nicht nur persönlich vielfach interessirt war, sondern auch, weil
sie die Republik aufrichtig fürchtete — das hieß denn doch als
einen richtigen Wolkenkukuksheimer sich darstellen und ausweisen.
Gegenüber einer solchen Nebelei waren diejenigen badischen Republikaner, welche gemeint hatten, statt nach Frankfurt zu gehen,
sollte man lieber versuchen, die Republik in Freiburg oder Offenburg oder Mannheim auszurufen, immerhin noch praktische Leute
gewesen. Hecker selbst war in jenen Tagen doch wieder Phantast
genug, wunderwas vom Vorparlament zu hoffen. „Was zum
Teufel — hatte ihm zu Offenburg einer der wenigen süddeutschen

Demokraten gesagt, welchem der Märzsturm das Gehirn nicht
wirbelig gemacht — erwarten Sie denn von einer Versammlung,
deren Mehrzahl aus Hof= und andern Unräthen, Professoren,
Mandarinen und Bonzen zusammengesetzt sein wird? Wie
können Sie von solchem Geziefer etwas Mannhaftes, von solchen
Philistern etwas Revolutionäres hoffen?“ — „Ich werde sie
terrorisiren,“ hatte Hecker geantwortet.

Terrorisiren? Was sich die Menschen nicht alles einbilden!
Da bildete sich nun ein gemüthlicher Mannheimer ein, er hätte
das Zeug zu einem Wohlfahrtsausschüßler à la 1793. Terro=
risiren? Wenn Hecker und Struve alles, was von Terrorismus
in ihnen, zusammengethan hätten, es würde nicht ausgereicht
haben, auch nur einen Floh zu terrorisiren . . .

Herr Schaffrath aus Sachsen beantragte einen Ausschuß
zur Prüfung des republikanischen Programms. Die Fürsten=
fürchtigen merkten, daß damit gemeint sei, dieses Programm sollte
dem monarchischen als ein gleichberechtigter Berathungsgegen=
stand gegenübergestellt werden. Die „brennende“ Frage brannte
also wieder auf wie ein rechter Feuerteufel. Herbei mit den
Löschgeräthschaften! Se. Excellenz von Gagern führte nicht unge=
schickt sein Minister=Wendrohr, um daraus das kalte Angstwasser
des Liberalismus auf den struve'schen Antrag zu spritzen. Er
dokumentirte sich recht als einen Mann nach dem Herzen der Bour=
geoisie, indem er mit Nachdruck betonte, daß die Verkündigung
von Grundsätzen, wie Herr von Struve sie entwickelt habe, un=
möglich zur „Wiederhebung des Kredits“ beitragen könnte.
Daneben verschlug es ihm aber auch nichts, ein bißchen volks=
thumfarbig zu schillern. Mit jenem Biedermaier=Pathos, in
welchem er stark war, beschwor er schließlich die Versammlung:
„Sprechen Sie es aus, daß wir an der Monarchie festhalten.
Sagen Sie, daß es sich beim struve'schen Antrag nur um Vor=
schläge seitens einer Minderheit handelt, die nach Problemen
hascht und unerreichbare Dinge anstrebt. Sprechen Sie es aus,

daß wir zwar eine Versammlung bilden, welche die Freiheit will
und um des Volks und der Volkssouveränetät willen besteht,
aber dem Prinzip der Monarchie im Staate treu bleibt und zu=
gleich der Nothwendigkeit der Durchführung einer Einheit huldigt."
Liberalismus locutus est. Zwar schlägt der gesunde
Menschenverstand ob dieser Staatsmännischkeit die Hände über
dem Kopfe zusammen und fragt voll Staunen: Wie kann ein
Mensch von fünf richtigen Sinnen in e i n e m Athem von Volks=
souveränetät und von Monarchie reden? Dieser darmhessische
Minister schwatzt ja genau wie jener darmhessische Bauer: —
„Republik wollen wir und unsern Großherzog wollen wir auch."
Aber was thut das? Wer hat sich bei solchen Vorfallenheiten um
so ein Ding, wie der arme gesunde Menschenverstand ist, zu
kümmern? Eine richtige Realpolitik hat nicht auf die Klugheit,
sondern auf die Dummheit zu spekuliren. Tiefster Blödsinn wird
höchste Weisheit, wird Offenbarung, sobald die Menschen daran
g l a u b e n. Vgl. die christliche und andere Dogmatiken. Die
Mehrheit des Vorparlaments und mit ihr die ungeheure Mehr=
heit deutscher Nation glaubte an den gagern'schen Gallimathias,
folglich hatte Herr von Gagern recht und war ein großer Mann.
Hatte recht und war ein großer Mann in den Augen eines Volkes,
welches sich „mit wenig Witz und viel Behagen" als eine „Nation
von Denkern und Kritikern" anschmeicheln läßt. Stünde diese
ganze Volkssouveränetäts= und Monarchie=Geschichte nicht akten=
mäßig fest, man müßte sie für ein albernes Märchen halten. Im
„tollen" Jahre ist eben alles möglich gewesen, nur nichts Ge=
scheites.

Neben dem Herrn von Gagern sprachen mit besonderer Er=
hitzung noch die Herren Welcker und Eisenmann für die Monarchie.
Der letztere brachte in Erinnerung, daß die konstitutionelle Mo=
narchie ihn schnödwiderrechtlich 15 Jahre lang im Kerker fest=
gehalten habe, und rief dann begeistert aus: „Ich lebe und sterbe
für die konstitutionelle Monarchie!" Schade, daß die konstitutio=

nelle Monarchie diesen Mikrokephalos nicht noch durch weitere
15 Kerkerjahre von ihrer Vortrefflichkeit zu überzeugen fortfuhr.
Wie lange war es denn aber her, daß Herr Welcker in Heidelberg
in einem Anfall demokratischer Wuthekstase geschrieen hatte:
„Herunter müssen die Kerle von ihren Thronen, herunter jetzt
gleich!"? Oh, gar nicht lange war es her. Aber so konnte
Anstands halber doch ein neukreirter Herr Bundestagsgesandter
nicht mehr reden. Vogt aus Gießen wollte in höflichster Weise
auf diese Unmöglichkeit hinweisen, indem er anhob: „Der Herr
Abgeordnete oder vielmehr der Herr Bundestagsgesandte Welcker"
— — Wilder Tumult, gemischt aus lachender Zustimmung und
grollendem Tadel. Wahrheit wirkt bekanntlich auf Parteien wie
Scharlach auf Bullen. Die fürstenfürchtige Mehrheit im „wilden"
Parlament wüthete daher aus Leibeskräften gegen die Anspielung
Vogts auf das liberale Windfahnenthum. Der Präsident mußte
dem Wirrwar nur dadurch zu steuern, daß er die Sitzung für eine
halbe Stunde aufhob. Bei der Wiedereröffnung sprach Blum
wohlgewogene versöhnliche Worte, die Versammlung zum Bewußtsein ihrer Stellung und zur Wahrung ihrer Würde zurück-
rufend. Die kühleren Köpfe unter den Radikalen suchten einer
sofortigen Entscheidung der Hauptfrage vorzubeugen. Vogt hatte
bereits beantragt, daß für schleunige Berufung des wirklichen
Parlaments gesorgt und demnach von dem Vorparlament vor
allem der Wahlmodus berathen und festgestellt werden sollte.
Wesendonck führte das näher aus: — „Es ist gleich verwerflich,
dieser Versammlung die Republik oder die Monarchie aufzwingen
zu wollen. Wir haben gar kein Mandat, die eine oder die andere
zu dekretiren. Die wirkliche, vom ganzen Volke gewählte Nationalversammlung wird diese Frage entscheiden. Stellen Sie daher
den ersten Paragraph des Siebener-Programms einstweilen bei
Seite. Man kann doch nicht den Bau mit dem Dache beginnen,
nicht die Fürstenrechte vor den Volksrechten berathen. Also vor
allem die Nationalversammlung. Will diese dann die Republik,

so nehmen wir sie an; will sie die Monarchie, so nehmen wir sie ebenfalls an. Denn darüber wenigstens werden wir wohl einig sein, daß wir unsere persönlichen Ansichten dem durch die National=verſammlung repräsentirten Willen des deutſchen Volkes unter=werfen müſſen."

Dieſe Anſchauung drang durch, inſofern beſchloſſen wurde, daß die Geſtaltung der konſtituirenden Nationalverſammlung der erſte Berathungsgegenſtand ſein ſollte. Bei Anhandnahme der Berathung malte die deutſche Gemüthlichkeit allerlei Phan=tasmagorieen auf den phraſenblauen Hintergrund weltbürger=licher Illuſionen. Doch zeugte es dafür, daß der Märzhauch auch in der Bruſt der Liberalen noch nicht ganz erſtorben war, wenn die Verſammlung zu erklären beſchloß: — „Die Theilung Polens iſt ein ſchmachvolles Unrecht. Die Verſammlung aner=kennt die heilige Pflicht des deutſchen Volkes, zur Wiederher=ſtellung Polens mitzuwirken." Schließlich kam man zu dem Beſchluſſe, daß je 50,000 Deutſche 1 Vertreter zum National=parlament abordnen, ſowie daß die Bewohner von Schleswig, Oſt= und Weſtpreußen, welche Länder bislang nicht im deutſchen Bundesverbande geweſen waren, dies ebenfalls thun ſollten.

Der Geſammteindruck der erſten Sitzung auf Urtheilsfähige war unzweifelhaft dieſer, daß die Republik verſpielt und die Monarchie gewonnen habe. Es war demnach eine bare Thor=heit, daß die entſchiedenen Republikaner, welche ihr Ideal unter allen Umſtänden und um jeden Preis verwirklichen wollten, noch fernerweit an einer Verſammlung ſich betheiligten, von welcher ſie nach den Erfahrungen vom 31. März nichts mehr erwarten konnten. Wenn ſie überhaupt thun wollten, was ſie nachher thaten, ſo mußten ſie es auf der Stelle thun. Allein am Abend und in der Nacht brachten die Huldigungen, welche jubelnde Turnerſcharen und feurigblickende Schifschen in der „Main=luſt" und anderwärts der Republik und den republikaniſchen

Führern zollten, brachten die Worte von Arndts Vaterlandslied
und die Weise der Marseillaise, brachten urdemokratische Schop=
penstecherreden von seiten frankfurter Couponsschneider und ur=
urdemokratische Händedrücke von seiten sachsenhäuser Proletarier,
brachten rother Ingelheimer und weißer Niersteiner, brachten
Fahnenschwenken und Fackelschwingen die guten Bürger von
Wolkenkukuksheim zu dem Wahnglauben, sie würden ihre am
31. März erlittene Niederlage am 1. April rächen und gutmachen
können. Am 1. April? Es ist das, wie bekannt, der große Fopp=
tag für alle, die sich foppen lassen.

————

5.

Zuvörderst ließ sich jedoch dieser 1. April nicht übel an.
Des „wilden" Parlaments embryonisch=chaotischer Zustand schien
überwunden zu sein und die zur 10. Morgenstunde eröffnete
zweite Sitzung in zahmer Regelrichtigkeit verlaufen zu wollen.
Es herrschte an diesem Vormittag eine recht angenehm=frische
Temperatur in der Versammlung, als wäre eine demokratische
Zugluft aus den ersten Märztagen bis heute irgendwo hängen
geblieben und von dort unversehens in die Paulskirche hineinge=
schlüpft. Man verhandelte die Frage, wie zur Nationalversamm=
lung gewählt werden sollte, und rasch und merkwürdig glatt und
leidlich einmüthig folgten einander die Beschlüsse. Oberster
Grundsatz: Direkte Wahl. Die Wahlart sei dem Ermessen der
einzelnen Staaten anheimzugeben, jedoch unter diesen bindenden
Bedingungen: Wahlberechtigt und wählbar jeder nach dem Ge=
setze seines Heimatlandes Volljährige, die Wählbarkeit gänzlich
unabhängig von Glaubens=, Standes= und Vermögensverhält=
nissen; der zu Wählende braucht nicht dem Einzelstaat anzu=
gehören, in welchem er gewählt wird; endlich sollen die politischen

Flüchtlinge, welche heimkehren und ihr heimisches Bürgerrecht ansprechen wollen, wahlfähig und wählbar sein. Durchweg freisinnig und national, diese Erledigung der Parlamentswahl- frage.

Aber am Nachmittage knisterte die „brennende" Frage doch wieder auf, nicht zu zündenden Flammen ausschlagend, son- dern die Paulskirche nur mit häßlichen Qualm und Rauch erfüllend.

Einmüthig hatte man noch beschlossen, daß die Stadt Frank- furt der Sitz des konstituirenden Parlaments sein und dieses im Mai, wo möglich am 1. Mai, zusammentreten sollte. Alles gut soweit. Weiterhin jedoch kamen häkelige Dinge zur Sprache. Die Liberalen wollten so rasch als möglich mit dem „wilden" Parlament ein Ende machen. Daher sollte aus der Mitte dessel- ben ein Ausschuß von 15 oder 50 Mitgliedern bestellt und dieser Ausschuß mit dem Bundestag in Beziehung gesetzt werden, um gemeinschaftlich mit demselben die oberste Leitung der nationalen Angelegenheiten bis zur Eröffnung der Nationalversammlung zu handhaben. Der Bundestag, argumentirten die Royalisten, sei ganz handirlich und manierlich, auch gar nicht mehr „gefährlich", da die „Epuration" desselben bereits begonnen hätte und ihm auch von seiten der Regierungen gesandte „Vertrauensmänner" — Ludwig Uhland war ein solcher — als Ueberwacher zur Seite ständen. Die Absicht der Liberalen hiebei war klar: sie wollten ihren Kretinismus „Revolution auf gesetzlichem Boden" prakti- ziren, indem sie sich der Bundestagsmaschine bedienten. Und zwar zu zweierlei Zwecken: denn erstens sollte diese Maschine dem Parlament eine „legale" Basis bereiten; zweitens sollte die Ver- wendung dieser Maschine den Fürsten und ihrem gesammten Anhange die Garantie geben, daß der Liberalismus voll unter- thänigen Respekts vor allem Bestehenden sei. Diese ganze Machenschaft machte es nun auch handgreiflich, daß alle die Zugeständnisse, wozu die Mehrheit des Vorparlaments in der

Wahlfrage sich herbeigelassen hatte, nur eine spanische Wand waren, hinter welcher man schon jetzt die Lahmlegung der Souveränetät der Nationalversammlung vorbereitete, indem man dieselbe als einen Ausfluß der bisherigen Bundesverfassung, so zu sagen als eine Schöpfung des Bundestags erscheinen ließ. Also die Leitung der deutschen „Revolution" der Rückwärtserei in die Hände zu spielen, dem Parlamentskindlein den Bundestag zur Amme zu geben, — es war rührend unverschämt.

Die Radikalen, hinsichtlich der Anzahl und Stimmung ihrer Gegner noch immer nicht gehörig aufgeklärt, verwarfen die Absicht, den Bundestag wieder zu Ehren zu bringen, mit der gebührenden Verachtung und stellten der Ausschuß-Idee den Antrag entgegen, das Vorparlament solle sich permanent erklären, um bis zur Eröffnung der Nationalversammlung die Geschicke Deutschlands zu leiten. Es lag darin die Hoffnung ausgesprochen, daß es auf diesem Wege gelingen könnte, die vergedte deutsche Bewegung doch noch ins rechte Geleise zu bringen.

Natürlich fröstelte der Antrag auf Permanenzerklärung den sämmtlichen Best- und Biedermaiern der Versammlung schauerlich den Rücken hinauf. Auch empfindsamen Ein- oder Zweiachtelsdemokraten von der Farbe Venedey kam es so vor, als sollte mit diesem Antrag ein Schreckensregiment à la Konvent inaugurirt werden und als hörten sie in der Ferne schon die Mordkläpse des fallenden Guillotinemessers.

Die Liberalen schickten den Herrn Welcker vor, um ihre An- und Absicht zu begründen, und er that es mit solchem Eifer, als wäre er nicht erst seit 17 Tagen, sondern seit doppelt so vielen Jahren Bundestagsgesandter. Gegen seine Behauptungen sprachen mit besonderem Feuer der alte Itzstein, Hecker, Raveaux und Jakobi aus Königsberg — der letztere all sein Leben lang auch so ein „beklagenswerth-steifer Prinzipienreiter", welcher Rank und Schwank zur Apostasie nicht finden kann, wann seine rückgratbeweglichen und leichtfüßigen Parteigenossen hurtig in dieselbe hineinspringen. Raveaux warf der liberalen Mehrheit die Wahrheit ins Gesicht: „Sie sind eine revolutionäre Versammlung!" und meinte, diese müßte doch den Willen und den Muth haben, die Konsequenzen ihrer eigenen Existenz zu ziehen. Hecker schloß seine feurige Begründung des Antrags auf Permanenzerklärung damit, daß er den Konstitutionellen zurief: „Wer Alpha gesagt hat, muß auch Omega sagen!" Darin irrte er. Dem Hexeneinmaleins des Konstitutionalismus — verdammt sei der Bandwurm von Wort! — zufolge muß, wer A gesagt hat, keineswegs B, geschweige Z sagen; denn dieses Hexeneinmaleins macht es ja auch glaublich, daß 2 mal 2 nicht gleich 4, sondern gleich 3 oder 5 oder 7 sei. Von der absoluten Unlogik muß man keine Folgerichtigkeit verlangen oder erwarten. Gegen Welckers Darlegung, daß der vom Vorparlament zu bestellende Ausschuß recht wohl des Bundestags als eines „bestehenden Organs" sich bedienen könnte, bemerkte Hecker: „Wenn der Ausschuß eine der besten Maßregeln in Vorschlag bringt und der Bundestag sanktionirt sie oder er geht Arm in Arm mit dem Ausschuß, so ist die beste Maßregel nicht bloß verdächtigt, sondern geradezu in die Acht erklärt." Auch das war ein Irrthum. Der arme gute Michel begehrte ja in seiner Vertrauensseligkeit nichts sehnlicher als allem und jedem zu vertrauen, was seine „besten und edelsten" Männer ihm als vertrauenswürdig bezeichneten. Romantiker Hecker sollte bald genug zu seinem eigenen Schaden erfahren, wie sehr das deutsche Volk auf die Weisung seiner „Besten und Edelsten" hin sogar dem mehr oder weniger „epurirten" Bundestage vertraute. Herr von Gagern gab schließlich den Ausschlag wider die Permanenz, welche mit 368 Stimmen gegen 143 abgeworfen wurde.

Die Radikalen waren also an diesem 1. April, auf welchen sie gestern thörichte Hoffnungen gesetzt hatten, so recht in den April geschickt. Sie hätten jetzt ihr Bündel schnüren können und sollen, falls sie sich nicht unbedingt dem Willen der Mehrheit unterordnen wollten. Aber sie blieben, klammerten sich noch an einen letzten Hoffnungsstrohhalm und wunderlicher Weise sollten sie zu allerletzt von seiten der Konstitutionellen noch eine Koncession oder Scheinkoncession erhalten, welche man unbegreiflich finden müßte, so man nicht wüßte, daß eben Logik ein Ding ist, welches für den Konstitutionalismus nicht existirt.

6.

Es ist sogar von liberaler Seite her zugestanden worden, daß, nachdem der Mehrheitsbeschluß: „Ein Ausschuß von Fünfzig soll mit dem Bundestag ins Vernehmen treten und denselben bei Wahrung der nationalen Interessen berathen" — herauswar, die Mehrheit ihren Sieg „weder großmüthig noch staatsmännisch" zu benutzen verstand. Sie konnte und mußte den Riß zwischen Liberalismus und Radikalismus verkleistern und letzteren sogar nöthigen, ihr Geschäft mitzuthun, indem sie seine „gefährlichsten" Häuptlinge unter die Fünfzig einreihte. Statt dessen verfuhr sie mit der gewohnten Ausschließlichkeit herrschender Parteien, indem ihre Führer die — später wieder halb zurückgenommene — Losung ausgaben, die Minderheit sei bei der Ausschußwahl nicht zu berücksichtigen. War das bloß eine liberale Dummheit oder wollte man boshaft-pfiffig mittels dieser brutalen Herausforderung die Heißsporne der Demokratie zu verzweifelten Schritten treiben, um aus diesen die Berechtigung zu ziehen, allen Hindernissen der liberalen Herrlichkeit rasch und gewaltsam ein Ende zu bereiten? Die Frage ist mit Bestimmtheit weder zu bejahen noch zu verneinen; doch ist zu sagen, daß nachmals in Frankfurt die Sage ging, die Herren Mathy und Bassermann, welche in der 2. Hälfte des März von 1848 aus dem radikalsten Radikalismus in den treuunterthänigsten Liberalismus sich hinüberge-

maufert hatten und bei denen in den ersten Apriltagen schon der
erste Flaum des Minister- und Staatssekretäre-Gefieders an-
setzte, — ja, die Herren Mathy und Bassermann hätten Gagern
und Konsorten den Rath gegeben, die „Eitelkeit" Heckers durch
Nichtberücksichtigung bei der Ausschußwahl tödtlich zu beleidigen
und dadurch die „Heckerlinge" zu irgendeinem tollen Streiche
aufzureizen, damit man die „ganze republikanische Blase" mit
einmal zerdrücken könnte. Protokolle pflegen über derartige
Machenschaften bekanntlich nicht aufgenommen zu werden und so
müssen wir diese Sage als ungreifbar in ihre Nebelregion zurück-
flattern lassen.

War die Schlinge wirklich gelegt, so zeigte die dritte Sitzung
des Vorparlaments in ihrem Verlaufe, daß die, welchen sie
gelegt war, wohl hineingehen würden. Die übelberathenen
Radikalen machten einen Versuch, in parlamentarischen Kniffen
und Pfiffen mit ihren Gegnern zu wetteifern, indem sie durch
Zitz aus Mainz den Antrag einbringen ließen: „Die Versammlung möge erklären, bevor der Bundestag die Angelegenheit
der Gründung einer konstituirenden Nationalversammlung an die
Hand nehmen kann, soll sich derselbe von den verfassungswidrigen
(karlsbader und wiener) Ausnahmebeschlüssen lossagen und aus
seiner Mitte die Leute entfernen, welche zur Hervorrufung und
Ausführung solcher Beschlüsse mitgewirkt haben." Die Absicht
dieses Antrags ging deutlich genug dahin, entweder die Mehrheit zu nöthigen, eine neue Bundesbehörde zu fordern, oder
aber die Mehrheit als mit dem alten Bundestag einverstanden
dem öffentlichen Abscheu zu signalisiren.

Herr Bassermann unternahm es, den Sinn des gestellten
Antrags zu eskamotiren mittels eines jener Taschenspielerstückchen,
welche der konstitutionellen Gaukel- und Schaukeldoktrin immer
bequem zur Hand sind. „Keine Hexerei, pure Geschwindigkeit!"
Diese pure Geschwindigkeit bestand an diesem 2. April darin,
daß Herr Bassermann vorschlug, den zitzischen Antrag anzu-

nehmen, aber an die Stelle des Wörtchens „bevor" das Wört=
chen „indem" zu ſetzen und an die Stelle der Worte „nehmen
kann" das Wort „nimmt". Bürger Kapp aus Heidelberg, der
alte ehrliche Kapp, welcher vordem den romantiſchen Dunkeler
Schelling aus der Philoſophenmaſke herausgeprügelt hatte, merkte
die Abſicht und wurde ſo verſtimmt, daß er wurzelmänniſch=rück=
ſichtslos den „ſogenannten Bund und Bundestag als ein Ver=
bündniß wälſchen Hochverraths mit ruſſiſchem Knutenthum" be=
zeichnete, „mitten im Herzen Deutſchlands vom Ausland ge=
ſchmiedet", und, wider alle diplomatiſche Kleiderordnung rebel=
lirend ausrief: „In dieſer Frage wird ſich zeigen, wer es mit
Lichte hält oder mit der Teufelei." Die Herren Liberalen lächel=
ten aus der Höhe ihrer Staatsmänniſchkeit herab mitleidig über
den „alten Polterer", welcher von der edeln Kunſt, ſich möglich
zu machen, augenſcheinlich nicht die entfernteſte Vorſtellung hatte.
Der Freiherr von Kloſen aus Baiern meinte, er „kämpfe nicht
gerne mit Todten. Der metternichtige Bundestag ſei in den
Märztagen von Wien geſtorben." Was der gute Freiherr wohl
am 2. September von 1850, als der in den „glorreichen März=
tagen" von 1848 metternichtig verſtorbene Bundestag ſchwarzen=
bergiſch wieder auferſtand, für ein Geſicht gemacht haben mag?
Auf die Möglichkeit einer ſolchen Wiederauferſtehung wies Blum
propheiſch=warnend hin, aber ſelbſtverſtändlich war ſeine ahnungs=
volle Weisheit in den Augen der biedermaier'ſchen Dahl= und
Dufelinge nur ſchwarzſichtige Thorheit. Viel mehr Gehör und
Anklang fand das blonde Votum des Herrn Venedey: „Der Bun=
destag wird unſer Briefträger werden und darum haben wir ihn
nöthig." Bürger Struve traf den Nagel auf den Kopf, als er
ſagte: „Der baſſermanniſche Antrag unterſcheidet ſich von dem
ziziſchen wie das Wort von der That. Wir verlangen eine That.
Wir haben bittere Erfahrungen genug gemacht, um uns nicht
wieder mit Worten beſcheiden zu laſſen." Aber es war kindlich,
von der liberalen Biedermaierei eine „That" zu verlangen,

3*

welche ja nur eine revolutionäre sein konnte; und es war noch
kindlicher, die ohnehin schon siegesbewußte liberale Mehrheit
noch siegesbewußter zu machen mittels der leeren Drohung:
„Der Antrag von Zitz ist der letzte von unserer Seite gemachte
Versuch, ob wir noch weiter mit dieser Versammlung zusammen=
bleiben und wirken können." Balladenmeister Uhland sprach
vertrauensvoll-dichterisch für das bassermannische „Indem", ver=
wies auf die „glühend im Osten (in Wien) aufgestiegene Morgen=
röthe" und schloß: „Ich glaube, daß, wenn der Frühling Sprossen
treibt, das alte Laub von selbst abfällt". Wohl, Meister Ludwig
wird nach Verfluß von 14 Monaten und etlichen Tagen recht
sicht= und merkbar erfahren, von welcher Sorte Laub das nach
dem Abfall des „alten" aufgesproßte liberale 48ger Laub, das
Märzministerlaub eigentlich war. Herr von Gagern erinnerte,
die „Epuration" des Bundestags habe ja bereits begonnen,
indem mehrere der mißliebigsten Gesandten von ihren Regierungen
abberufen und durch vertrauenswürdige Männer ersetzt worden
seien. Gegen diesen Beschwichtigungsversuch redete dann Hecker
mit schneidender Leidenschaftlichkeit. Den während der Verhand=
lungen dieses Tages von seiten der Liberalen ausgeworfenen
Köder, man müsse Männer von allen politischen Farben in den
Fünfziger=Ausschuß wählen trat er mit Füßen. „Wir wollen
nicht gewählt sein um den Preis, daß man Männer von der
republikanischen Partei neben die alten Bundestagsgesandten
setzt und damit das Volk fangen will." Aber der greise Itzstein
erkannte mit der richtigen Witterung des wohlerfahrenen De=
batters, daß das taschenspielerische „Indem" mit ungeheurer
Mehrheit obenauf sei, und wollte daher, indem er sich selber für
dieses unvermeidliche Indem erklärte, seinen Parteigenossen eine
abermalige Abstimmungsniederlage ersparen. Der sehr deutliche
Wink wurde nicht verstanden oder nicht beachtet. Die Abstim=
mung fand statt und hatte ein leicht vorauszusehendes Resultat:
das „Bevor" wurde mit großer Mehrheit verworfen. Die

Zusammenberufung der „konstituirenden" Nationalversammlung war demnach in die Hände des Bundestags gelegt und
die Reinigung desselben dem Zufall und dem Belieben anheim-
gegeben.

Sowie der Beschluß herauswar, ging ein großer Rumor
in der Paulskirche los. In der Versammlung wogte und brausete
der Zorn der geschlagenen Minderheit, auf den Galerieen
rasaunete und trampelte die „öffentliche Meinung". Hecker und
Struve standen auf und führten ihr Fähnlein hinaus, — eben
nur ein Fähnlein; denn es wurde nun handgreiflich offenbar,
wie sehr das sogenannte „wilde" Parlament im Grunde ein
zahmes: den republikanischen Generalen folgte eine Armee von
ganzen 40, höchstens 50 Mann. Es wäre doch ein gar zu starkes
Stück Wolkenkukuksheimerei gewesen, so sich Hecker und Struve
eingebildet hätten, die Mehrheit der Versammlung oder auch nur
eine bedeutende Anzahl von Mitgliedern mit sich hinausreißen
zu können. Wenn sie aber schlechterdings austreten wollten, so
hätten sie, nachdem sie einmal draußen waren, auch draußen
bleiben sollen. Es war geradezu knäbisch, durch einen Mehrheitsbeschluß erst zu einem „Jetzt thun wir nicht mehr mit!"
sich verstimmen und hernach mittels Phrasen, von welchen die
Radikalen ja wissen mußten, daß es nur Phrasen, zu einem
„Jetzt thun wir wieder mit!" sich umstimmen zu lassen. Heute
der lächerlichen Illusion nachgeben, man könnte mittels eines
barschen Austritts Berufung an das „Volk" einlegen, mittels
des „Volkes" den ganzen vorparlamentarischen Schwindel wegblasen, die fürstenfürchtige Mehrheit in alle Winde zerstäuben,
an deren Stelle als ein Quasi-Konvent sich aufthun, und dann
morgen, auf eine Versicherung von Seiten des Bundestags hin
— ja, des Bundestags! — den parlamentarischen Schwindel
wieder mitschwindeln, was war denn das für eine Politik?
Die Politik solcher, von denen geschrieben steht: „Puerilia
tractant!"

Die Blum, Itzstein, Jakobi, Raveaux und Vogt waren zu
gescheit, als daß sie das Austrittsmanöver ihrer Gesinnungsge=
nossen mitgemacht hätten. Die beiden erstgenannten bemühten
sich eifrig und geschickt, den Wiedereintritt derselben zu vermitteln,
weil sie guten Grund zu der Befürchtung hatten, das Beharren
bei der Secession würde nur die Machtlosigkeit der Secessionisten
aufdecken. Mitten in dem Trubel, welcher durch die Austritts=
scene veranlaßt worden, ist eine Frage zur Sprache gekommen,
deren Behandlung denkenden Leuten klarmachen mußte, daß es
der Liberalismus bei seinen parlamentarischen Evolutionen, jetzt
und später, durchaus nur auf den Schwatz, nicht auf die That
abgesehen habe. Der Mainzer Glaubrech brachte nämlich den
Antrag vor, die Versammlung wolle beschließen, daß der von ihr
zu bestellende Ausschuß als eine seiner ersten Aufgaben die Her=
stellung einer vollständigen Volksbewaffnung zur Hand nähme.
In diesem Vorschlag prägte sich der ganz richtige Gedanke der
Demokraten aus, der Parlamentsidee die solide Unterlage einer
organisirten Volkswehr zu geben oder, mit anderen Worten, den
durch die künftige Nationalversammlung repräsentirten idealen
Willen des deutschen Volkes zu einer realen Macht zu gestalten.
Jedem, der nicht ein liberaler Plattschädel und eine doktrinäre
Dreipfennigseele war, mußte der praktische Werth, mußte die ab=
solute Nothwendigkeit einleuchten, daß, wenn aus der deutschen
Reform etwas werden sollte, schlechterdings eine Waffenmacht
geschaffen werden müßte, welche den Heerkräften, die man ja den
Fürsten zur Verfügung gelassen hatte, die Stange halten könnte.
Aber was half es, dämischen und dünkelhaften Doktrinären, welche
mit den Spinngeweben der konstitutionellen Theorie die drei ge=
waltigen Ismen, Partikularismus, Dynasticismus und Absolutis=
mus, fesseln zu können wähnten, Vernunft, Praxis und Muth zu
predigen? Als Glaubrech seinen Antrag ganz sachgemäß be=
gründet hatte, ließ sich die erwähnte blonde Fistelstimme vernehmen:
„Das Nothwendigste ist, eine Erklärung der Rechte des deutschen

Volkes zu erlassen. Alles andere kann dann später kommen.“
Der dümmste in der Paulskirche sitzende Schwabe seinerseits
greinte: „Nehmen wir den Antrag Glaubrechs an, so handeln
wir als provisorische Regierung, was gewiß nicht gerechtfertigt
wäre.“ Ein Herr Aßmann aus Braunschweig weinte: „Leitet
der Ausschuß Volksbewaffnung ein, so entreißt er den Fürsten
das wichtigste Recht, das noch in ihren Händen ist, das Recht, die
Ordnung in Deutschland von sich aus herzustellen.“ Man sieht,
der Wackere trug sein Knechtshalsband mit Bewußtsein. Der
Liberalismus benahm sich übrigens auch bei dieser Gelegenheit
echtliberal: er kaufte sich mit Worten von der Verpflichtung, zu
handeln, los. Die Mehrheit beschloß nämlich, der Ausschuß
solle auf Volksbewaffnung in allen deutschen Landen hinwirken —
und damit war die Sache abgethan. Erwähnenswerth aber ist
um der historischen Gerechtigkeit willen, daß bei dieser Gelegenheit die Stimme des Herrn Mathy im Sinne seines vormärzlichen besseren Selbst zum letzten mal erscholl, indem er für die
„Beschleunigung der so nothwendigen und dringenden Volksbewaffnung“ sprach. „Wir müssen die Volksbewaffnung haben,
wie nach außen, so auch als die einzig-sichere Garantie gegen
Reaktion im Innern.“

Wenn in der Volkswehr-Debatte der vulgäre Liberalismus
seinen Unverstand und seine Feigheit breit und dick sehen ließ, so
ließ er seine Unwissenheit und Herzlosigkeit glänzen, sobald die
Verhandlungen über den Umkreis der Schablone liberaler Politik hinaus und in das Gebiet der sozialen Fragen hinein streiften.
Dies konnte nicht ausbleiben, als die durch Herrn Jaup aus
Darmstadt im Namen von 68 Mitgliedern beantragten 12 Punkte
einer deutschen „Volkscharte“ hin- und hergeworfelt wurden.
Blum und andere nahmen sich warm der arbeitenden Klassen,
der „armen Leute“ an und empfahlen, in den Entwurf der „Grundrechte“ aufzunehmen „ein volksthümliches Kreditsystem mit Acker-
bau- und Arbeiterkassen; Schutz der Arbeit durch Einrichtungen

und Maßregeln, um Arbeitsunfähige vor Mangel zu bewahren,
Erwerblosen Beschäftigung zu verschaffen, die Verfassung des
Gewerbe- und Fabrikwesens den Bedürfnissen der Zeit anzupassen;
Schulunterricht für alle Klassen, Gewerbe und Berufe aus Staats-
mitteln." Der Liberalismus, als politischer Ausdruck der Bourgeoisie im schlechtesten Sinne des Wortes, suchte einstweilen
mittels der allzeit bereitwilligen Springstange der Phrase über
die unbequeme Kluft, welche die sozialen Fragen vor ihm auf-
thaten, hinwegzukommen. Dabei war es freilich fatal, daß er
selbst so viele Jahre hindurch, alle die Zeit von 1815 her die
Arbeiter, die Proletarier im Namen der Freiheit und Gleichheit,
im Namen des Naturrechts und des Hungers gegen die bestehenden Gewalten aufgehetzt und aufgerufen hatte. Aber der
Liberalismus, der nichts von Logik weiß, wußte sich zu helfen.
Der Herr Minister Römer aus Stuttgart erschien auf der Rednerbühne und sprach: „Meine Herren, Sie alle theilen gewiß die
Sympathie für diese Leute und ich bitte durch Aufstehen den Beweis zu geben." Der Liberalismus stand auf wie 400 von einem
Draht gezogene Marionetten und damit — Punktum. Die soziale Frage war in seinen Augen gelöst ... „Diese Leute!" So
lange es gegolten hatte, die Wälle und Mauern des Feudalstaats
und des absoluten Polizeistaats niederzuwerfen, damit über die
Trümmer hin die liberalen Matadore den Weg zu den Regierungs-
sesseln finden könnten, da hatten die Proletarier den liberalen
Best- und Biedermaiern „liebe Brüder" und „wackere Mitbürger" geheißen. Jetzt aber, als sich die lieben Brüder und wackeren
Mitbürger hinter den zerrissenen Wällen und zertrümmerten
Mauern in voller Leibhaftigkeit aufrichteten und zu fragen begannen: „Wo sind denn unsere Märzerrungenschaften?" da
waren sie für den Liberalismus nur noch „diese Leute", welche
man mit wohlfeiler, durch „Aufstehen" kundzugebender „Sympathie" abspeisen wollte, unter Vorbehalt, daß, wenn diese Ab-
speisung nicht klecken sollte, die Bajonnette und Kartätschen des

Belagerungszustandes gegen die weiland „lieben Brüder" und „wackeren Mitbürger" zur Hilfe gerufen werden müßten. ....

Inzwischen hatte der „hohe" Bundestag ganz so erbärmlich sich benommen, wie es von dieser „erlauchten" Behörde erwartet werden mußte. Noch am Abend vom 2. April hielt er Sitzung in jenem thurn- und taxis'schen Palast in der eschenheimer Gasse, welcher das Ziel unzähliger Flüche gewesen ist. Das Resultat der Berathung war ein so schmachvoll-feiges, daß es allein schon hinreichte, zu beweisen, wie schändlich der Liberalismus sich besudelte, indem er mit einer solchen Spott- und Dreckgeburt von Behörde Arm in Arm ging. Der Herr Graf Kollorebo, dazumal Bundestagspräsident, hinterbrachte Herrn Mittermaier, daß die Bundesversammlung den Beschlüssen des Vorparlaments sich fügen und den Fünfziger-Ausschuß anerkennen werde; sowie, daß diejenigen Gesandten, welche fühlten, der vom Vorparlament am 2. April gefaßte Beschluß zielte auf sie, ihre Entlassung bereits genommen hätten oder doch unverzüglich nehmen würden; endlich, daß sämmtliche Gesandtschaften ihren Regierungen bringlichst gerathen hätten, den Bundestag ungesäumt so neuzubilden, daß derselbe das allgemeine Vertrauen erweckte.

Bei Eröffnung der Sitzung vom 3. April gab der Vorsitzer dem Vorparlamente diese Schlußnahmen der Herren im thurn- und taxis'schen Palaste kund. „Papa" Itzstein, welcher sich gestern schon abgemüht hatte, die Ausgetretenen wieder in die Versammlung zurückzuführen, knüpfte an diese Präsidialeröffnung die Bemerkung, daß die vernommenen Bundestagsbeschlüsse „jeden Grund aufheben, welcher jene Männer veranlaßt hat, aus unserer Mitte zu scheiden". Aus dem wirren Hin- und Herreden, welches folgte, glaubte Itzstein das Ergebniß ziehen zu dürfen, daß ihn die Versammlung, obzwar nicht ausdrücklich, bevollmächtigte, die Secessionisten zum Wiedereintritt einzuladen. So faßte auch Hecker die Sache, als er, durch Itzstein gerufen, mit seinen Parteigenossen wieder in der Paulskirche erschien und von der Redner-

bühne herab erklärte: „Weil die Versammelten den Beschluß gefaßt haben, uns einzuladen, an der Versammlung wieder theil-
zunehmen, und weil die seit gestern erfolgten Beschlüsse des
Bundestags den Grund unseres Austritts hinwegräumten, haben
wir uns um des Vaterlandes willen für verpflichtet erachtet, in
die Versammlung wieder einzutreten.“

Diese hatte die Wiederkehr der Demokraten mit Beifall begrüßt; aber sei es, daß die Mehrheit an der allerdings etwas
selbstgefällig lautenden Erklärung Heckers sich stieß, sei es aus
bloßem Partei-Unverstand, genug, die Liberalen machten den
dummen Streich, bei der jetzt erfolgenden Wahl des Fünfziger-
Ausschusses die Heißsporne des Radikalismus zu übergehen, statt
dieselben mit in diesen Ausschuß einzuwickeln und dadurch ebenso
„unschädlich“ zu machen, wie sie, den früher gefaßten Vorsatz,
die Minderheit bei der Wahlhandlung gar nicht zu berücksichtigen,
pfiffiger Weise aufgebend, die eigentlichen Strategen und Taktiker
der Demokratie, die Blum, Itzstein, Raveaux und Jakobi, durch
Einwickelung in den Ausschuß „unschädlich“ machten. Hecker
kam mit knappen 171 Stimmen als der Einundfünfzigste, Struve
mit nur 100 Stimmen als der Zweiundsechzigste aus der Wahl-
urne hervor. Den leicht erregbaren Hecker muß es wie der bit-
terste Spott getroffen haben, gerade als der Einundfünfzigste der
Fünfzig gewählt worden zu sein. Es ist, wie die Menschen im
Allgemeinen nun einmal sind und wie der Fritz Hecker im Besonderen war, sehr fraglich, ob o h n e diesen Spott der Fritz jemals
Veranlassung gegeben hätte, daß von ihm gesungen würde:

„Hecker blus im hellen Zorn
In sein großes Putscher-Horn.“

Wunderlich kontrastirte mit der feindseligen Ausschließlichkeit, welche die liberale Mehrheit bei der Ausschußwahlhandlung
gegen die „urchigen“ Demokraten kundgab, der scheinbar scharf-
demokratische Windstoß, welcher plötzlich in die Verhandlungen
dieser 4. und letzten Sitzung des Vorparlaments vom 3. April

hereinbraus'te, noch dazu losgelassen von Einem, welcher sich ebenfalls gleich verschiedenen anderen seiner badischen Landsleute in
diesen Tagen aus dem verpönten Radikalismus in den patentirten
und brevetirten Liberalismus hinübermauserte. Herr von Soiron
aus Mannheim nämlich, welchem es in seinem keimenden neuen
Gefieder noch nicht recht behaglich war und dem auch die Erinnerung im Kopfe spuken mochte, daß er erst vor 14 Tagen
noch, am 19. März, zu Offenburg feurige Toaste auf die Republik ausgebracht hatte, — Herr von Soiron beantragte nämlich: „Die Versammlung wolle erklären, daß die Berathung und
Beschlußnahme über die künftige Verfassung Deutschlands einzig und allein der vom Volke zu erwählenden Nationalversammlung zu überlassen sei." Fehlte etwa noch etwas zur Deutlichkeit dieses Antrags, so that es die Motivirung des Antrag-
stellers sofort hinzu. „Ich bin — sagte er — der Ansicht, daß
endlich das deutsche Volk auf sich vertrauen muß und vertrauen
darf in dieser kritischen Lage. Ich bin der Ansicht, daß wir heute
laut und offen vor dem deutschen Volke den Grundsatz der Volkssouveränetät im höchsten Maße aussprechen sollen." Ein ehrlicher Halsbandträger aus Hannover, Herr Siemens, entsetzte
sich, wie billig, über diesen revolutionären Vorschlag, von welchem
er sagte, derselbe „passe nicht für Norddeutschland. Für uns
paßt nur, was auf Vereinbarung zwischen Fürst und Volk beruht." Herr Aßmann aus Braunschweig stellte den Gegenan-
trag: „Die konstituirende Nationalversammlung hat die Grund-
züge der deutschen Verfassung zu entwerfen und über deren Annahme mit den Fürsten Deutschlands zu unterhandeln."
So war dem Prinzip der Volkssouveränetät das Vereinb-
barungsprinzip deutlich gegenüber gestellt. Herr Welcker wollte
in seiner täppischen Weise den Gegensätzen die Spitzen abbrechen
und verstieg sich bis zu der Lächerlichkeit, zu sagen: „Das sind
Dinge, um die sich nur die Gelehrten streiten." Er machte aber
damit das Wirrsal nur hitziger und die Versammlung brodelte

und strubelte wieder einmal recht anarchisch durcheinander. Herr von Soiron erschrak, vergaß in seinem Schrecken seine offenburger Toaste vom 19. März gänzlich und beeilte sich, den Beweis zu liefern, daß sein erschrecklicher Antrag, genau angesehen, weiter nichts sei als eine zweideutige Phrase von der patentliberal-pausbackigen Sorte. „Ich bitte Sie — erläuterte er — übersehen Sie nicht, daß es in meinem Antrage heißt, der Nationalver- sammlung sei die Berathung und Beschlußfassung einzig und allein zu überlassen, und denken Sie sich das Wort ü b e r l a s s e n mit ganz großer Schrift gedruckt. Sie werden dann finden, daß dieser Antrag keinen Zwang gegen die Nationalversammlung üben will, sondern ihr durchaus ü b e r l ä ß t, nachdem sie mit ihrem Geschäfte fertig geworden ist, darüber Verträge mit den Fürsten abzuschließen oder nicht." Der ganze Lärm war demnach ein Streit um des Kaisers Bart, eine liberale Schnurre, eine konstitutionelle Spiegelfechterei. Mit d i e s e r Motivirung konnte selbst der ausbündigste Rückwärtser dem Antrage zustimmen und die Zustimmung der Versammlung erfolgte denn auch unter großem Hallohen und Jubiliren. Die Menschen sind ja unge- heuer froh, wenn sie mit Anstand sich als erbärmlich erweisen können.

Um 4 Uhr Abends that Herr Mittermaier seine Abschieds- rede und schloß die Sitzungen des „wilden" Parlaments.

7.

Einer der schärfstzangigen Krebse, welche in dem Partei- geklüfte der Paulskirche damals und später aus- und einschlüpften, Herr Jürgens aus Stadtoldendorf, hat geurtheilt: „In der Be- rufung und dem Verhalten des Vorparlaments war Sinn und

Konsequenz nur dann, wenn es entweder durch Einsetzung einer
provisorischen Regierung eine Revolution im großen Stile be=
gann oder aber sich fest und unentweglich den gesetzlichen Ge=
walten zur Seite stellte."

Das ist ganz unbestreitbar richtig. Was wollte, was that
statt dessen die Mehrheit im Vorparlament, wie später in der
Nationalversammlung? Sie wollte zwischen diesem Entweder
und diesem Oder einen Mittelweg ausfindig machen und wandeln,
einen Mittelweg, welchen eben nur die liebe liberale Mittelmäßig=
keit für den besten Weg halten konnte. Sie wollte den Pelz
waschen, ohne ihn naß zu machen; sie wollte ein Messer ohne
Heft handhaben, dem die Klinge fehlte; sie wollte ihren Kretinis=
mus verwirklichen: eine Revolution zu machen ohne Revolution.

Daher das schnöde, unheilvolle, die ekelhafte Unsittlichkeit
des Konstitutionalismus handgreiflich veranschaulichende Lug=
und Trugspiel, in welches die Liberalen sich verstrickten.

Sie spielten mit Legalität und Illegialität, mit Volksrechten
und Fürstenprivilegien wie Jongleurs mit Gummibällen. Sie
proklamirten die Volkssouveränetät laut und wisperten den
Fürsten, Junkern und Pfaffen leise zu: Das ist nur Spaß, nur
façon de parler. Sie verletzten die Fürsten durch großwortige
Befehle und ließen den Verletzten alle Mittel, sich zu rächen.
Sie thaten so, als führten s i e das Kommando in Deutschland,
und ließen doch den Fürsten die Verfügung über die Heere und
die Finanzen. Sie schalten den Bundestag einen Leichnam, ge=
statteten aber demselben, weiter zu handiren, und traten mit ihm
in Geschäftsverbindung. Kurz, eine solche Verlogenheit und Un=
redlichkeit, wie der Liberalismus sie im Vorparlament und später
entwickelte, eine solche aus Unverstand und Anmaßung zusammen=
gemantschte Monstruosität, ein solcher Rattenkönig von Dünkel
und Ohnmacht, von Pfiffigkeit und Blödsinn, von Pralhanserei
und Feigheit hat fürwahr selten die Augen denkender Menschen
beleidigt.

Aber auch die radikale Minderheit des Vorparlaments trifft der Schuldigspruch der Geschichte. Die Komödie des Austretens und Wiedereintretens war kindisch. Da aber in dieser Komödie selbst die Anerkennung der Berechtigung der Versammlung lag, so durfte, nachdem sie einmal gespielt und der Wiedereintritt der Republikaner geschehen war, diese Berechtigung nicht sofort wieder in Frage gestellt werden, — auch dann nicht, als die Häuptlinge der „urchigen" Demokratie in dem Fünfziger-Ausschuß keinen Platz gefunden hatten. Hecker vor allen hätte seines eigenen Wortes vom Alpha und Omega sich erinnern sollen. Wer parlamentarisch A gesagt hatte, mußte auch parlamentarisch B sagen u. s. w. bis zum Z. Wer den Parlamentarismus anerkannt hatte, durfte nicht, wenn der Parlamentarismus that, wie es seine Natur und Art war, vom Parlamentarismus an den Putschismus appelliren. Das war nicht ehrlich, es war auch nicht politisch, sondern, mildest gesagt, knäbisch-launenhaft, burschikos-romantisch.

Es geschah aber doch und zwar hauptsächlich deßhalb, weil Hecker kein Charaktermann, sondern ein Stimmungsmensch war, welcher sich als solcher auch noch viel später, noch in seinen alten Tagen manifestirte, da er nach den Ereignissen von 1866 keinen Anstand nahm, zur heiligen Zündnadel zu beten. Er war unzweifelhaft rein und edel von Natur, voll Seelenschwung und durchpulf't von inniger Vaterlandsliebe. Nie, selbst im Traume nicht, hätte er die Möglichkeit begriffen, daß man, um Minister zu werden, an seinem besten Freunde zum Mouchard werden könne, oder daß man, um eine ordentliche Professur oder Dergleichen zu ergattern, über eine besiegte und gestandrechtete Partei, welcher man früher selber angehörte, unter dem Titel von „Denkwürdigkeiten" mit schlechtverhehlter Freude über die Standrechtsmorde ein serviles Lästerbuch zu schreiben im Stande ist. Aber ebenso wenig wie diese Möglichkeit vermochte er die Unräthlichkeit zu begreifen, den Maßstab der eigenen hochgestimmten, sturm-

und drangvollen Persönlichkeit an die Durchschnittsmenschen — und d i e s e machen die menschliche Gesellschaft aus — zu legen. Wer sich zu einem Führer unter den Menschen aufwirft, muß diese kennen; das ist seine verdammte Pflicht und Schuldigkeit. Hecker kannte sie nicht. Mit einer wahrhaft verblüffenden Naivetät hat er nach dem Mißlingen seiner Schilderhebung erzählt: „Täglich langten (zu Anfang Aprils) Briefe, Adressen, Deputationen bei Hecker und Struve an, von welchen man überzeugt war, daß sie nicht bloß zu reden, sondern auch zu handeln entschlossen seien. Man forderte sie auf, die Republik auszurufen und mit den Waffen in der Hand vorwärts zu rücken. Stündlich mehrten sich die feierlichen Zusagen entschlossener Mitwirkung von seiten der Bürger und Soldaten; stündlich manifestirte sich der Volksunwille energischer und wurde erklärt, daß, wenn sich jene nicht an die Spitze stellten, das Volk für sich handeln werde, da es nicht länger zurückzuhalten sei. Und — sollte man es glauben? — von jenen Adressanten, Briefschreibern und persönlich erschienenen Aufforderern zogen sich die meisten im Momente des Handelns feige zurück oder arbeiteten geheim und offen der Erhebung entgegen" ... All' ihr Götter, als ob d a s verwunderlich wäre? Dieser naive Mensch hatte doch schon jahrelang in einer Deputirtenkammer gesessen, hatte jahrelang den konstitutionellen Humbug mitgemacht und wußte noch nicht, daß derselbe die Menschen und die Völker demoralisirt; wußte auch noch nicht, daß vom Worte zur That, vom Wünschen zum Handeln ein unendlich weiter Weg ist, welchen die ungeheure Mehrzahl der Leute gar nicht zurücklegen kann, ja nicht einmal zurücklegen will. Man sieht, Hecker war ein Träumer und Illusionär, und diese sind nicht zum weltgeschichtlichen Handeln gemacht. Dazu sind die großen Helden und die großen Spitzbuben da, was Beides sie häufig, meistens sogar in einer und derselben Person vorstellen.

Während der Struveltage des Vorparlaments hatte sich

das um Hecker und Struve gescharte Fähnlein der „Urchigen", deren ganze Politik in dem Zauberworte „Losschlagen" sich zusammenfaßte, durch fortwährende Reibung unter einander und mit der liberalen Staatsmännischkeit mehr und mehr erhitzt. Nach geschehener Wahl des Fünfziger-Ausschusses war vollends im „Wolfseck", dem Hauptquartier der Losschlägerei, gar kein Zweifel mehr, daß es jetzt „losgehen" müßte. Wer in den vertrauten, vertrauteren und vertrautesten Berathungen der „Heckerlinge" und „Struvelpeter", wie die Best- und Biedermaier die Anhänger der Republik verunnamseten, einiges Bedenken gegen den Wahn, bei Aufpflanzung der republikanischen Fahne im Felde würde sich in Südwestdeutschland das „Volk" massenhaft für dieselbe erheben, lautwerden ließ, mußte schon als ein in der Wolle gefärbter Republikaner bekannt sein, um nicht scheel angesehen zu werden. Als in einer dieser Berathungen die Frage aufgeworfen wurde, wo man zuerst losschlagen sollte, wurde Würtemberg genannt. Ein anwesender Schwabe glaubte seinen Ohren nicht trauen zu dürfen. Er setzte, um sein Heimatland wenigstens vor diesem Schwabenstreiche zu bewahren, auseinander, daß und warum es in Würtemberg unmöglich „losgehen" könnte. Seine lieben Landsleute seien gerade vollauf damit beschäftigt, an dem vergoldeten und verzuckerten Firlefanz der „Märzerrungenschaften" sich zu erlustiren wie Kinder am Christbaumströdel. Sie befänden sich im höchsten Stadium, im Delirium so zu sagen des Vertrauens zu ihren neugebackenen „Märzministern". Eine republikanische Schilderhebung in Würtemberg würde und müßte unfehlbar schmählich vergecken; denn — schloß der Mann aus Schwaben — „meine lieben Landsleute merken es gewöhnlich etwas spät, wenn sie angeführt und angeschmiert werden, und es wird deßhalb noch etliches Wasser den Neckar hinabfließen, bevor sie dahinterkommen, was es mit Märzerrungenschaften und Märzministern eigentlich für eine Bewandtniß habe".

Daraufhin lautete die Fragestellung: „Soll die republikanische

Fahne im Odenwald oder aber im badischen Seekreis erhoben
werden?" Die Entscheidung fiel für den Seekreis und allerdings
war diese Landschaft die geeignetste Stätte, falls es nämlich für
einen von Anfang an hoffnungslosen Versuch überhaupt eine geeignete Stätte gab. Denn dort, in dem an der Schweizergränze
langgestreckt sich hinziehenden badischen Seekreise war schon seit
längerer Zeit im republikanischen Sinne der Mann thätig gewesen, welcher die Volksbearbeitungskunst in ganz Deutschland
am besten verstand und diese Kunst mittels des Wortes und der
Schrift mit ganzer Hingebung und höchster Ausdauer übte.
Joseph Fickler, ein geborener „Wühler", der, falls seine An-
schläge gelungen wären, jetzt ein großer Mann heißen und von
denselben verstandesdürren und herzenstrockenen Propheten
der richtigen Mittelmäßigkeit, welche jetzo von ihm nur weg-
werfend als von einem „Wirthshausagitator" reden, als ein
großer Mann gepriesen würde, — Joseph Fickler besaß einen
scharfen Verstand und ein warmes Herz. Es hat im ganzen Be-
reiche der deutschen Bewegung keinen zweiten Mann gegeben,
welcher im Fühlen und Denken, im Reden und Thun so ganz
und gar volksmännisch war wie er. Aus der Anschauung und
Sinnesweise des Volkes heraus wirkte er auf dasselbe von seinem
Wohnort Konstanz aus durch seine „Seeblätter", sowie durch seine
häufigen Missionsreisen. Seine Popularität im ganzen Seekreise, im Schwarzwalde, bis hinab ins Wiesenthal und hinüber
in den Breisgau, war eine außerordentliche. Wenn die beabsichtigte republikanische Schilderhebung irgendeine Aussicht auf
Erfolg haben sollte, so mußte die oberste Führung bei Fickler sein,
welcher hiefür ganz andere Eigenschaften und Fähigkeiten mitgebracht hätte, als sie dem Romantiker Hecker und dem Doktrinär
Struve zu Gebote standen. Der gescheite Ueberläufer Mathy
wußte daher recht wohl, was er that, als er seinen Freund und
Wohlthäter Fickler an die großherzogliche Polizei verrieth und
überlieferte, zur Stunde, als der Verrathene von Karlsruhe nach

Konstanz heimkehren wollte, um — was ihm freilich nachmals, nach dreizehnmonatlicher Haft und Prozedur vor Gericht nicht bewiesen werden konnte — die mit seinen Parteigenossen verab= redeten Rüstungen zum Aufstand ernstlich in die Hand zu neh= men. . . . .

Ziehen wir, nochmals nach Frankfurt zurückblickend, die Summe der Verhandlungen des Vorparlaments, so ergibt sich: — Konfusion. Diese Versammlung hatte nicht gewollt, was sie gekonnt, und sie konnte nicht, was sie wollte. Ihre rechte Seite wollte den Liberalismus und Konstitutionalismus über den Feu= dalismus, Absolutismus und Klerikalismus triumphiren machen, d. h. unter Vorschützung demokratischer Phrasen der Bourgeoisie zu dauernder Herrschaft verhelfen, und das alles, indem sie mit den Fürsten, dem Adel und der Geistlichkeit sich verband. Die linke Seite wollte die von ihren Gegnern proklamirte „Revolution auf gesetzlichem Boden" zu Gunsten der Demokratie wenden und merkte nicht, daß sie sich dadurch zur Mitschuldigen eines volks= betrügerischen Kretinismus machte. Die linkste Seite endlich hatte durch ihre bis zuletzt fortgesetzte Betheiligung an der Ver= sammlung anerkannt, daß diese die legale Volkssouveränetät repräsentirte, und doch wollte sie jetzt an eine illegale appelliren. Konfusion! Konfusion! Konfusion!

II.

Putſch-Idyll.

1.

Am Abend vom 7. April hatten die Leute von der badiſchen
Landtagsoppoſition in ihrem gewohnten Kneiplokal zu Karlsruhe
zum letzten mal geſellig beiſammen geſeſſen. Die heute noch in
ſüddeutſch-leichtlebiger, ſtudentiſch-geräuſchvoller Weiſe mitſam=
men getrunken, geraucht und geplaudert hatten, ſollten ſich morgen
ſchon als Todfeinde gegenüberſtehen.

Unzählige ſolcher Riſſe ſind zu jener Zeit gewaltſam durch
die deutſche Geſellſchaft gegangen. Menſchen, welche noch im
März einander achteten und herzlich liebten, haben ſchon im April
einander wie wilde Beſtien angeknurrt. Der politiſche Parteihaß
nahm ſo ganz die giftige Form des religiöſen an, daß man leicht
hätte glauben können, man befände ſich unter lauter Pfaffen und
vernähme den fanatiſchen Zank um das Nichts katholiſcher oder
proteſtantiſcher Dogmen, das Gepfauche, Gegeifer und Gezeter
der Meßbuchleviten und der Bibelbonzen. Hüben und drüben
tummelten ſich die gemeinſten Inſtinkte, die bösartigſten Leiden=
ſchaften. Falls die Lügen, Leumundfälſchungen und Läſterungen,
welche die Parteiwuth damals erfand und ausgehen ließ, zu
einem Berge aufgethürmt werden könnten, der Berg würde bis
zum Sirius emporreichen. Und das alles „um Hekuba“! Um

4*

Personen, um Meinungen, um Farben, um Formeln, um Worte, um Buchstaben, um nichts, — wenn nämlich die menschliche Dummheit nichts wäre. Ja, die Menschheit würde sicherlich ein recht nettes Ding sein, wäre sie nur nicht aus Menschen zusammengeplätzt ...

Die Gesellschaft im „Pariser Hof" brach auf. Die Mehrzahl ihrer Mitglieder war schon zur Thüre hinaus, als ein Mann von gedrungenem, untersetztem Gliederbau, auf dessen breitem Nacken ein runder Kopf mit dunkeln Augen und energischem Gesichtsausdruck saß, etliche der noch Anwesenden in eine Fenstervertiefung zog. „Ich muß heute noch fort," sagte er rasch. — „Warum denn?" — „Ei, habt ihr denn nicht bemerkt, wie mich der Mathy von der Thürschwelle des Nebenzimmers aus ansah, bevor er wegging? Sag' euch, das war ein Judasblick! Der Mathy wird mich verrathen." — „Bah, bah! Nicht auch vollends! Was denkst du doch? Der Mathy ein Judas? Chimären! Geh' zu Bette und schlaf' deinen närrischen Argwohn aus." Fickler ließ sich bereden; allein schon im Begriffe, in's Bett zu steigen, sagte er noch einmal zu den Freunden, welche ihn auf sein Zimmer begleitet hatten: „Und ich sag' euch, es wäre, beim Stral! gescheiter, wenn ich heute noch abreis'te."

Als er am folgenden Morgen auf den Bahnhof kam, um mit dem um 8 Uhr nach dem Oberlande gehenden Zug abzureisen, war Herr Mathy schon dort. Fickler saß bereits im Waggon, als der verrätherische Freund mit Polizisten und Bahnhofbediensteten an den Schlag herantrat und seine Begleiter aufforderte, den „Landesverräther" zu verhaften. Die Leute weigerten sich, zu gehorchen. „Wo ist der gerichtliche Verhaftsbefehl?" fragten sie. Herr Mathy hatte auch auf diesen Zwischenfall sich vorgesehen. Militär war in der Nähe. Er holte es herbei. „Auf meine Verantwortung als Mitglied der Abgeordnetenkammer, verhaftet diesen Mann. Er ist ein Landesverräther!" Dies

Wort that seine Wirkung. Fickler wurde aus dem Wagen geholt und als Gefangener in den Rathhausthurm abgeführt.

Daß Herr Mathy mit diesem Stücklein das Beste für das Mißlingen der republikanischen Schilderhebung gethan hat, unterliegt keinem Zweifel. Die geschichtliche Wahrhaftigkeit fordert auch, daß gesagt werde, es habe ihm an einem gesetzlichen Vorwand, den Sbirren zu spielen, nicht gefehlt. Das Hofgericht in Bruchsal hatte nämlich eine Untersuchung gegen Fickler angeordnet, weil derselbe die am 2. April zu Achern tagende Volksversammlung zur Verjagung der Fürsten aufgefordert, sowie mit den Deutschen in Frankreich und in der Schweiz, welche einen bewaffneten Einfall in Deutschland beabsichtigten, Beziehungen unterhalten hätte. Der mathy'sche Gesetzlichkeitseifer konnte seinem Lohne nicht entgehen. Wenige Tage darauf hatten die Demokraten Veranlassung, zu sagen: Der Herr Minister Mathy kann sich bei dem Mouchard Mathy bedanken. Gegenüber dieser Verdammung erhoben die Liberalen Mathy's Sbirrenthat bis zu den Wolken. Der liberale Philister in ganz Süddeutschland jubelte darüber hochauf. Er votirte Herrn Mathy eine Bürgerkrone, er pries ihn als einen „antiken Charakter", welcher, um das Vaterland vor Anarchie und Bürgerkrieg zu bewahren, seinen theuersten Gefühlen Zwang angethan habe.

Nachdem Fickler hinter Schloß und Riegel, eilte der neugebackene „antike Charakter" und hoffnungsvolle Ministerkandidat in seine Heimatstadt Mannheim hinüber, um die Bürgerkrone in Empfang zu nehmen. Der Ruf seiner Großthat war ihm vorausgeflogen, allein das pfälzisch-lebhafte Volk in Mannheim verstand dieselbe leider so, daß es ernstlich Miene machte, den Thäter in Stücke zu reißen. Die ganze Bürgerwehr mußte aufgeboten werden, ihn und seine Wohnung zu schützen; auch wurden zu diesem Zwecke Truppen aus Karlsruhe requirirt. Unter dem Schutze der bewaffneten Bourgeoisie versuchte Herr Mathy vom Rathhausbalkon herab sich zu rechtfertigen. Auch der

Verrath hat seine Logik, und wer A gesagt hat, muß B sagen.
Herr Mathy that also seinen theuersten Gefühlen noch einmal
Zwang an und redete best= und biebermännisch auf dem mannheimer
Marktplatz hinab: „Fickler war ein Landesverräther! Er hat
mit den Fremden, mit den Franzosen konspirirt, um sie zu einem
bewaffneten Einfall in Baden zu veranlassen. Ich habe die
Aktenstücke, welche dies unzweifelhaft darthun, bei Mittermaier,
dem Präsidenten der Abgeordnetenkammer, eingesehen". Natür=
lich wurde jetzo dem muthigen Vaterlandsretter die Bürgerkrone
feierlich aufgesetzt. Aber — oh, unbegreifliche Querköpfigkeit
eines deutschen Professors! — Präsident Mittermaier ging her
und erklärte in öffentlichen Blättern, Herr Mathy habe gelogen;
er, Mittermaier, wisse nichts von den erfabelten Aktenstücken.
Diese „taktlose" Wahrheitsbezeugung erregte den Ingrimm des
Herrn Best=, Bieber= und Bassermann, welcher dem unglück=
lichen Professor und Präsidenten auf die Stube rückte und so grob
auf denselben hineinschimpfte, daß der also in der Staatsmännisch=
keit Unterwiesene vor Aerger alles Ernstes erkrankte.

Zu seiner Vaterlandsrettungsrede war Mathy wahrschein=
lich begeistert worden durch die frische Erinnerung an die vortreff=
lich=rückwärtsige Wirkung, welche der sogenannte „blinde Fran=
zosenlärm" — in der Nacht vom 25. auf den 26. März aus=
geborsten — im südwestlichen Deutschland gethan hatte. Männer
mit sehenden Augen und hörenden Ohren waren schon damals
überzeugt und haben es laut ausgesprochen, daß dieser dumme
Lärm, dem zufolge die Franzosen massenhaft über den Rhein ge=
gangen sein sollten, um Deutschland mit Brand und Raub und
Mord heimzusuchen, von Feinden der deutschen Bewegung in
Scene gesetzt worden sei, um mittels dieses Phantoms von fran=
zösischem Ein= und Ueberfall, welches in dem ganzen Lande zwi=
schen Rhein und Donau ein so lächerliches Reiten, Rennen und
Rumoren veranlaßte, dem Stadt= und Landphilister Angst zu
machen und den armen Michel schon jetzt mit Sehnsucht nach der

Ruhe und Ordnung der guten alten frommen Polizeistaatszeit
zurückblicken zu lassen. Herr Bekk, der badische Hauptminister
dazumal, hat die Wahrheit gesprochen, wenn er in seiner Schrift
über „die Bewegung in Baden" sagte, der „blinde Franzosen-
lärm" sei amtlich aus Würtemberg nach Baden hinübergetragen
worden; in der That, er war im erstgenannten Lande fabrizirt.

Die erste Idee dazu mag der Umstand gegeben haben, daß
nach der Februarrevolution die Deutschen in Paris, vorweg die
deutschen Arbeiter, unter dem Vorsitze von Georg Herwegh zu
einem demokratisch-republikanischen Vereine sich zusammengethan
und dann militärisch sich organisirt hatten, zu einer 2 Bataillone
starken Legion, welche den „Brüdern in Deutschland" zu Hilfe
ziehen sollte und wollte. Wunderlicher Weise waren die Hauptmacher dieser Freischärlerei mit Ausnahme Herweghs lauter
Herren „von": — Herr Adalbert von Bornstedt, Herr Reinhart
von Schimmelpennink, Herr Otto Julius Bernhart von Korwin.
Während der Flitterwochen der Februarrepublik ist in Paris viel
Völkersolidaritätspolitikschwindel geschwindelt worden und so
unterstützte denn auch die provisorische Regierung das Projekt der
Deutschen in Paris, wobei i h r Neben- oder vielmehr Hauptzweck
gewesen ist, eine hübsche Anzahl beschäftigungsloser Arbeiter aus
Paris und aus Frankreich abzuschieben. Die Regierung ließ
durch den Mund ihres Mitglieds Flocon den Hauptleuten das
nöthige Geld zur Ausrüstung der deutschen Legion anbieten und
Herwegh beging die märchenhafte Bescheidenheit, nicht mehr als
2000 Francs zu fordern, worüber sein praktischerer Begleiter
Korwin als über eine kolossale „Dummheit" sich entsetzte. Denn
— meinte er mit Recht — „Herweghs Abneigung, überhaupt
Geld von der französischen Regierung zu nehmen, hatte zwar in
einer ehrenhaften Regung ihren Grund; allein da er sich einmal
entschloß, überhaupt etwas zu nehmen, so mußte es doch dem Zweck
entsprechen." Mit 2000 Francs eine Legion von mehr als
1000 Mann ausrüsten zu wollen, war allerdings sehr dichterisch.

Indessen, die Leute hatten guten Willen und thaten für ihre Aus=
rüstung das Meiste selber, so daß in den letzten Märztagen die
Legion in zwei Scharen von Paris nach Straßburg abrücken
konnte. Schon auf dem Marsche machte sich die gänzliche Un=
fähigkeit und Unerfahrenheit der meisten Führer, wie nicht minder
die disziplinlose Handwerksburschenbummelei der Mannschaft so
unangenehm bemerkbar, daß der klägliche Ausgang des ganzen
Unternehmens mit Bestimmtheit vorherzusehen und vorauszusagen
war. In Straßburg angelangt, erfuhr die Legion sofort, daß
die französische Regierung sich ganz und gar nicht mehr um sie
bekümmerte. „Hätten die Straßburger sich unser nicht freund=
lich angenommen — klagt der Homer dieser traurigen Odyssee,
Herr von Korwin — wir hätten in dieser Stadt verhungern
müssen.“

Die badische Regierung hatte natürlich alsbald ihre Augen
auf diesen in Straßburg angesammelten „republikanischen Hor=
den.“ Sie blickte mit derselben Angst auch nach der Schweiz
hinüber, allwo, wie die Rede ging, in Bern und Biel deutsche
Arbeiter ebenfalls zu einer Legion sich scharten, welche sich dem
Bürger Hecker als Obmann der badischen Volksvereine oder
auch dem Kommando der von Paris herkommenden Freischar
zur Verfügung stellen sollte. Die liberale deutsche Angstphilisterei
offenbarte sich in der kindischen Furcht vor diesen „Legionen“,
welche in der Wirklichkeit so dünn und dürftig aussahen, in ihrer
ganzen Länge und Breite und ihr gegenüber hatte Herwegh ganz
recht, zu sagen: „Ist es möglich, ein solches Geschrei zu erheben
um ein paar Tausend Deutsche“ — (es waren lange nicht so
viele) — „die aus der Fremde in ihr Vaterland zurückkehren
wollen und die zu diesem Zwecke und im Interesse der Ordnung
thun, was alle Welt jetzt thut, d. h. sich vereinigen, um, wie sie
zusammen gelitten haben, nun auch in der Heimat, nicht g e g e n
die Heimat zusammen zu kämpfen? Ihr wollt sie mit Flinten
und Kanonen, mit Feuer und Schwert empfangen, weil sie

bewaffnet erscheinen? Edle Sprache der jungen deutschen Frei=
heit! Entweder ist es euch ernst mit der allgemeinen Volksbe=
waffnung und dann könnt ihr keinen eurer Brüder davon aus=
schließen, oder ihr fürchtet das bewaffnete Volk und dann seid
ihr Heuchler, die nur von Volksbewaffnung reden, um einer
schwankenden Popularität wieder auf die Beine zu helfen.“
Natürlich war es so. Die „Volksbewaffnung“ ist nur eine Phrase
gewesen, die von Seiten der Liberalen gehandhabt wurde wie alle
ihre übrigen großbrockigen Phrasen. Wirklich bewaffnet sollte neben
den Soldaten und Polizisten nur noch der Angstphilister selber
sein und die bis an die Zähne bewaffneten Gevatter Hof= und
Geheimräthe, Hofschneider und Hofköche haben denn auch unbe=
dingt mit zu den heitersten „Gestalten“ des tollen Jahres gehört.
Heulen war ihr Paßwort und Zähneklappern ihr Feldgeschrei.

Daß die Rückwärtser die Angst der städtischen und länd=
lichen Bourgeoisie vor dem Freischarenwesen bis zur höchsten
Potenz steigerten, ist begreiflich; es entsprach das ganz ihrer
Taktik. Daß man aber auf demokratischer Seite, wo man doch
den jämmerlichen Ausgang der noch dazu unter den günstigsten
Umständen zur Sonderbundszeit in der Schweiz unternommenen
Freischarenzüge noch ganz frisch im Gedächtniß haben mußte, von
der Freischärlerei etwas Bedeutendes oder überhaupt nur etwas
erwarten konnte, würde unbegreiflich sein, so man nicht wüßte,
daß gegen die Dummheit bekanntlich selbst Götter vergeblich
kämpfen, geschweige einzelne hellsichtige Menschen. Wer zu jener
Zeit verdammt war, in demokratischen Versammlungen als Demo=
krat gegen den souveränen Unverstand ankämpfen zu müssen, wird
Ja und Amen dazu sagen.

Die badische Regierung hatte auf i h r e m Stand= oder viel=
mehr Wackelpunkte vollauf Ursache, beim Bundestag in Frank=
furt und anderwärts die Freischarengefahrtrommel so heftig zu
rühren, wie sie eben that. Sie konnte sich weder auf das stehende
noch auf das sitzende Heer, weder auf ihre Beamten noch auf ihre

Soldaten verlassen. „Die gesetzliche Autorität war durch die
Aufregung und Agitation fast überall gelähmt, in vielen Gegen=
den beinahe ganz wirkungslos", bezeugt klagend der Herr Mini=
ster Bekk. Das Armeewesen war verrottet, die Bildungslosig=
keit des Offizierskorps mußte und wollte nur den Kamaschendienst=
schlendrian, die im Heere von oben herab gepflanzte und begün=
stigte Junkerei und Flunkerei hatte die Soldaten erbittert und
den von demokratischer Seite kommenden Belehrungen und
Lockungen sehr zugänglich gemacht. Die badische Regierung sah
sich demzufolge anderweitig nach Hilfe um. Sie erwirkte in
Frankfurt den Bundestagsbeschluß, daß das 7. und 8. Korps der
Bundesarmee (Baiern, Würtemberger, Darmhessen und Baden=
ser) mobil gemacht würden, um nach Bedarf im südwestlichen
Deutschland verwendet zu werden. Der Beschluß kam zur Aus=
führung und demnach waren schon in den ersten Tagen des April
Truppenaufstellungen getroffen, welche mehr als hinreichend ge=
wesen sind, jedes von „Putsch und Kompagnie" unternommene Ge=
schäft sofort zu einem bankerotten zu machen. Die karlsruher
Regierung, auf die Nullität ihrer eigenen, den Soldaten ver=
haßten Generale aufmerksam gemacht, trug auch Sorge, das
Kommando über die badischen Truppen einem Nichtbadenser zu
übertragen, welcher für einen Mann von Talent und Energie
galt, nämlich dem Herrn General Friedrich von Gagern, der
bislang in holländischen Diensten gestanden hatte.

2.

Illusionär Hecker war derweil am 8. April von Karlsruhe
heim nach Mannheim gegangen, an demselben Samstag also,
wo Herr Mathy vom Rathhausbalkon herab den guten Mann=
heimern eine Bürgerkrone abgel...ickert hatte. Die Stadt

schwamm in triumphirender Angstmaierei. Keine angenehme
Temperatur demnach daselbst für Einen, der die Fahne der Re-
publik aufzupflanzen im Begriffe war. Quer, diese Mathy-
Atmosphäre, sehr quer! Der Plan der badischen Republikaner
war gewesen, daß Fickler im Seekreis und Schwarzwald, Struve
im Breisgau, Hecker in der Rhein- und Neckarlandschaft den
Aufstand entfachen und kommandiren sollte. Nun saß aber
Fickler hinter Schloß und Riegel und die Stadt Mannheim
sammt Umgegend war zur Stunde ein Boden, auf welchem ein
Mann in einer republikanischen Bluse, mit Flößerstiefeln an den
Beinen und mit einer rothen Feder auf dem „Heckerhut" nicht
ungefährdet stehen konnte.

Daher — erzählt uns Hecker*) — „verabschiedete ich mich

---

*) Hecker: Die Erhebung des Volkes in Baden für die deutsche Re-
publik, 2. Aufl. Straßburg 1848. Wo weiterhin im Text Aeußerungen
Heckers angezogen werden, sind sie diesen seinen Aufzeichnungen entnommen.
Um das vorliegende Kapitel zu schreiben, habe ich mich durch einen ganzen
Haufen von ungedruckten Privatmittheilungen und von gedrucktem Quellen-
material hindurchgearbeitet, wie solches von beiden Parteien über den April-
gang der badischen Republikaner geliefert worden ist. Die werthvollsten
Berichte von dieser Seite sind die, welche Hecker, Struve, Sigel und Mögling unmittelbar nach dem Scheitern der Insurrektion niedergeschrieben
haben. Auf Möglings Relation und auf seine Denkwürdigkeiten („Briefe
an meine Freunde", Solothurn 1853) lege ich ein sehr großes Gewicht,
weil ich den braven „Hannes" all sein Lebenlang als einen durch und durch
wahrhaftigen Mann gekannt habe. Auch Korvins Bericht (über die herwegh'sche Expedition von 1848, wie über den badischen Aufstand von 1849)
ist von Belang („Aus dem Leben eines Volkskämpfers," Amsterdam 1861,
Bd. 3). Den weitaus wichtigsten Beitrag zur Geschichte der „Bewegung in
Baden 1848—49" (Mannheim 1850) von royalistischer Seite her hat unter
diesem Titel der badische Minister J. B. Beff geliefert. Auch das „Leben
des Generals Friedrich von Gagern" von seinem Bruder Heinrich von
Gagern (Bd. 2, Abthlg. 2) ist zu Rathe zu ziehen. Die „Denkwürdigkeiten zur Geschichte der badischen Revolution" von L. Häusser (Heidelberg
1851) sind die grelle Parteischrift eines „liberalen" Professors. Im

Sonntags am 9. April mit Tagesanbruch von meinem Weibe, welches in Freud' und Leid treu und innig bei mir gestanden, bei der ich in ungetrübtem häuslichem Glücke so oft Ruhe und Ersatz nach den Kämpfen des öffentlichen Lebens gefunden, drückte einen

---

Uebrigen bleibe ich meinem im 1. Bande durchgeführten Entschlusse, dieses mein Buch nicht mit Noten-Ballast zu belasten, getreu und werde daher, wo nicht ein zwingender Grund, eine Ausnahme zu machen, vorhanden, nur die dem schweizerischen Bundesarchiv entnommenen Originalmittheilungen unter dem Texte anführen. Wissende und rechtliche Urtheiler werden auch ohne Beifügung von Belegen und Citaten erkennen und anerkennen, daß ich gewissenhaft Wahrhaftigkeit und Gerechtigkeit erstrebte, unwissende und unehrliche dagegen würden auch durch Quellenangaben, Belege und Citate weder weiser gemacht noch zu einem redlichen und gerechten Verhalten gegen den Verfasser vermocht werden. Ich kenne meine lieben „Liberalen".

Es ist sonst bekanntlich nicht meine Art, mit meinen Gegnern mich herumzuzanken, weil ich es nicht der Mühe werth halte und meine Zeit besser benützen kann. Da mir aber, während ich obenstehende Note schrieb, gerade einer so recht täppisch zwischen die Beine lief, so will ich mich doch einmal bücken, um den Angreifer ein bißchen zu streicheln.

Ein gewisser Herr von Hellwald aus Wien, „Mitglied der geographischen und zoologischen Gesellschaft" daselbst, hat sich bemüßigt gefunden, ein zweibändiges Buch über „Maximilian I., Kaiser von Mexico" (Wien, Braumüller'sche Hofbuchhandlung, 1869) herauszugeben, welches eine Verherrlichung des mexikanischen Kaiserschwindels bezweckt. An vielen Stellen dieses byzantinischen Machwerks zieht der Urheber desselben die Gelegenheit an den Haaren herbei, gegen meine zu Anfang des Jahres 1868 erschienene und ausdrücklich als solche bezeichnete Studie „Ein Trauerspiel in Mexiko" zu wüthen, weil ich in derselben besagtem Kaiserschwindel sein historisches Recht anthat, ohne dabei, wie jeder redliche und urtheilsfähige Leser wird anerkennen müssen, der Schonung zu vergessen, welche dem Unglück gebührt. Zu welcher Gattung von Vögeln das genannte ehrenwerthe Mitglied der wiener zoologischen Gesellschaft gehört, erkennt man schon an der Feder, womit es in der Vorrede einen Hymnus auf den Bonapartismus schrieb, an der Feder, womit es daselbst den Deutschen den Vorwurf machte, daß sie gegen Napoleon den Dritten mißtrauisch sich verhielten. Wer entweder gar keine Ahnung hat, wie furchtbar Frankreich durch das Regiment

Kuß auf die Stirnen meiner drei ſchlafenden Kleinen und ver=
ließ mit der Zuverſicht, welche der Glaube an eine gerechte Sache
gewährt, ein glänzendes Loos, getragen und gehoben von der
Idee, zu kämpfen, zu ſiegen oder unterzugehen für die Befreiung

---

vom 2. Dezember korrumpirt und demoraliſirt worden iſt, oder wer ſcham=
los genug, ſich zu ſtellen, als hätte er keine Ahnung davon, ſowie von
dem nur allzu gerechtfertigten Mißtrauen Deutſchlands nach jener Seite hin,
der mag auch der paſſende Skribent ſein, dem von A bis Z unſittlichen und
faulen mexikaniſchen Kaiſerſchwindel mit ſeiner Geneſis von Miramon'ſchen
Mördereien, Zecker=Anleihen u. ſ. w. ein angeblich „hiſtoriſches“ Mäntel=
chen umzuthun. Der Herr von Hellwald hat in ſeinem glücklich bis zum
Narrenhausreifegrad gediehenen Dünkel dekretirt, meine Schrift ſei ein
„Pamphlet“. Nun wohl, wenn das Wort in ſeinem urſprünglichen
griechiſchen Sinne genommen wird, habe ich gar nichts dagegen einzuwenden.
Ja, mein Büchlein iſt ein Pamphlet, es hat gewiſſe Leute gebrannt,
ſchmerzlich gebrannt, mit dem rothglühenden Eiſen der Wahrhaftigkeit.
Daraus erklärt es ſich, daß der Herr von Hellwald, ſei es aus eigenem
Antrieb, ſei es in „höherem“ Auftrag, ſich gedrungen fühlte, zwei Bände
entlang waſchweibiſch mich anzukeifen. Was würde wohl dieſer Herr
ſagen, wenn ich ſein Buch eine Speichelleckerei in 2 Bänden nennen
wollte? Darum ſo nennen wollte, weil er zu jener Menſchenſorte ge=
hört, die ſich behaglich die Hände reibt, wenn die Republikaner nieder=
geſchoſſen werden; dagegen in Zorngichter verfällt, wenn die Repu=
blikaner mal ſo frei ſind, ihrerſeits ebenfalls zu ſchießen ... Das ehren=
werthe zoologiſche Mitglied erlaubte ſich, mir „wahrſcheinlich abſichtliche
Irrthümer“ vorzuwerfen. Irren kann jeder und zur Zeit, wo ich meinen
Eſſay ſchrieb und drucken ließ, waren viele ſeither für das Thema deſſelben
aufgeſchloſſene Quellen noch gar nicht vorhanden, konnten alſo auch nicht
von mir benützt werden. Wer mich aber „abſichtlicher“ Irrthümer zeiht,
dem ſtoße ich dieſe infame Lüge in ſeinen Verleumberhals hinunter. Der
Herr von Hellwald begnügte ſich aber nicht damit, mich zu verleumden,
ſondern er ſchrak in ſeinem edeln Eifer auch nicht davor zurück, mir eine ko=
loſſale Dummheit anzufälſchen. Ich hatte nämlich am Schluſſe des Vor=
worts zu meiner Studie geſagt: „Ich ließ ſie drucken, weil ſie ſchon in ihrer
embryoniſchen Form als Vortrag den Fartcatchers des Cäſarismus wind= und
wehgemacht hat, wie ich zu meiner großen Befriedigung erfuhr“. Dieſe Stelle
hat der ehrenwerthe Herr von Hellwald dahin gefälſcht, ich hätte mich

unseres herrlichen Volkes und mitzuwirken bei seiner Erlösung aus tausendjähriger Knechtschaft." Gewiß glaubte der Mann an das, was er sagte, und seine Absicht war ehrlich und edel. Ueberhaupt hat nur stupide Parteiwuth den Demokraten von 1848—49

gerühmt, „dem Tuilerien-Kabinett wind- und wehgemacht zu haben". Das ist so frech gelogen, daß ich vollauf berechtigt bin, zu sagen: Mein sehr ehrenwerther Herr von Hellwald, ziehen Sie gefälligst den Fälscherbalken aus Ihrem Auge, bevor sie den angeblichen Irrthumsplitter in den Augen anderer verdammen! Mit der Ihnen, wie so eben gezeigt worden, eigenen Redlichkeit beschuldigen Sie mich auch ohne weiteres, das berüchtigte Blutdekret des „Kaisers" Maximilian vom 3. Oktober 1865 nicht gelesen zu haben, und dann faseln Sie weiter ins Blaue hinein, ich hätte dieses Dekret mit einem andern verwechselt. Sie haben also nicht Verstand genug, zu begreifen, daß die räumliche Oekonomie eines auf wenige Bogen angelegten Essay eine andere sein muß als die eines mehrbändigen Buches? Ich stellte an der betreffenden Stelle in bündigster Kürze die Maßregeln zusammen, welche der Erzherzog zur angegebenen Zeit gegen die mexikanischen Patrioten getroffen hat, und ich hatte um so weniger Grund, das sehr weitschichtige Dekret vom 3. Oktober abdrucken zu lassen, als es mir nur auf die Essenz desselben, d. h. auf Art. 1, ankam. Ist diese Essenz von mir etwa irrig angegeben? Den Umstand, daß der Erzherzog das Dekret mit eigenen Händen geschrieben, sowie den weiteren, daß er dasselbe, wie überhaupt die damals von ihm beschlossenen Maßnahmen, vorher mit seinen Ministern berathen habe, entnahm ich allerdings Kératry. Und warum denn nicht? Noch jetzt bin ich der festen Ansicht, daß ohne die Enthüllungen, welche Kératry in der „Revue contemporaine" gegeben, NB. unter dem kaiserlich französischen Preßregiment gegeben, eine Geschichte des mexikanischen Kaiserschwindels gar nicht möglich wäre. Die bonapartistische Presse würde sich sicherlich beeilt haben, Herrn Kératry zu widerlegen, wenn sie es vermocht hätte. Uebrigens habe ich Herrn Kératry keineswegs blindlings geglaubt, wie der Herr von Hellwald zu fabuliren geruht. Ich will ihm aber sagen, was in seinen und der übrigen „Fartcatchers des Cäsarismus" Augen das unverzeihliche Verbrechen Kératry's ist. Nichts anderes als daß dieser weder für Napoleon III. noch für Maximiliano I. von Bewunderung überfließt . . . Was das fatale Dekret vom 3. Oktober angeht, so muß es dem Verherrlicher des mexikanischen Kaiserschwindels nothwendig „wind- und wehmachen". Es ist ein gar unbequemer Stein des Anstoßes. Kein Wunder,

Lauterkeit und Uneigennützigkeit abzustreiten gewagt. Allerdings war der Bodensatz der Partei trübe — ach, sehr trübe! — aber wo und wann hat es denn jemals, seit es Parteien gibt, eine gegeben, welche keinen trüben Bodensatz gehabt hätte? Selbst

daß der Herr von Hellwald alle möglichen Wendungen und Windungen gebraucht, um das Verbrechen, — ja das Verbrechen, die rechtmäßigen Vertheidiger ihres heimischen Bodens gegen eine mittels eines schnöden Kom=plotts importirte Usurpation in Acht und Bann gethan zu haben, herabzu= mindern und zu beschönigen. Natürlich hat man hinterher die Opfer dieses Blutdekrets amtlich für lauter „Räuber" und „Mörder" erklärt, gerade wie man 14 Jahre früher in Frankreich die Patrioten, welche, wie es nicht nur ihr gesetzliches Recht, sondern auch ihre gesetzliche Pflicht war (s. Art. 68 der französischen Konstitution von 1848) dem Staatsstreich vom 2. Dezem= ber mit den Waffen in der Hand zu widerstehen versuchten, hinterher amt= lich zu „Jacques" und „brigands" gemacht hat. . . . Wenn weiterhin der Herr von Hellwald mich beschuldigte, ich hätte den mexikanischen Republi= kanismus in allen seinen Erscheinungsformen so zu sagen glorifizirt so hat er damit wieder nur gethan, was seines Amtes. Wer aber das 3., „Anarchie" überschriebene Kapitel meines „Trauerspiels in Mexiko" lies't, wird, falls er nicht ein Hellwälbler, zugeben müssen, daß mir ein so unge= schichtliches, geradezu abgeschmacktes Verfahren nicht im Traume eingefallen ist. Auch die Mißgriffe des im Uebrigen von mir mit Recht hochgestellten Juarez habe ich keineswegs verschwiegen, und wie ich überhaupt von dem Ver= hältniß Mexiko's zur republikanischen Staatsform dachte und denke, mußte einem redlichen Urtheiler schon der S. 44 meines Essay von mir aufgestellte Satz zeigen: „Mexiko hätte nach Erlangung seiner Unabhängigkeit eines er= leuchteten Despoten bedurft, welcher mit dem Genie, mit der Vaterlandsliebe und Pflichttreue Krommells die eiserne Hand Napoleons des Ersten ver= einigte. Statt dessen fand es nur eine Reihe von Intriganten, deren Mehrzahl auf der alleruntersten Sprosse der sittlichen Leiter stand." . . . . Der Herr von Hellwald hat ferner sich erdreistet, mir eine „bodenlose Un= kenntniß mexikanischer Zustände" schuldzugeben, weil ich es als eine bare Un= möglichkeit bezeichnet hatte, daß der Erzherzog, nachdem er hatte erkennen müssen, mit dem Kaiserschwindel sei es aus, sich nur so mir nichts dir nichts zum Präsidenten der Republik Mexiko hätte wählen lassen können. Mag sie dem Herrn von Hellwald gefallen oder nicht, diese bare Unmöglichkeit war doch eine Thatsache. Denn das Dekret vom 3. Oktober hatte einen der gemeinste Lump unter den Demokraten hatte übrigens noch weit bis zu jener Gemeinheit der Selbstsucht und Eigennützigkeit, worin sich mehr als ein Führer der liberalen „Respektabilität" hervorgethan hat. Diese Respektabilität hat es vielfach ganz vortrefflich verstanden, ihre Vaterlandsliebe zu einem guten Geschäfte zu machen. Wenn doch einmal diese Sache zur Sprache kommen soll, so darf man billig fragen: Was und wo waren denn die persönlichen Vortheile, welche die Führer der Demokratie davongetragen haben? Ihr Theil waren Standrechtstod, Prozeß= qual, Kerkerpein, Verbannung, Verleumdung und Beschimpfung, Mühsal und Entbehrung, Kummer und Noth aller Art. Die Herren Liberalen haben sich wohl gehütet, ihren Patriotismus bis zu einem Grade zu spannen, wo Risiko oder gar Gefahr ein= trat. Sie wußten „utile cum dulci" zu verbinden, wohlbe= soldete und angesehene Aemter mit dem Hochgefühle, die „besten und edelsten Männer" zu sein. Ihr Theil waren Minister=,

---

blutgefüllten Graben zwischen Maximilian und den mexikanischen Patrioten gezogen, und zu glauben, daß diese, ihres Sieges schon völlig gewiß, auf eine Eröffnung des Erzherzogs: „Da ich euer Kaiser nicht mehr sein kann, will ich euer Präsident sein" — mit Ja geantwortet haben würden, ist ausge= machter Unsinn. Der ehrenwerthe Herr von Hellwald mag als guter östreichischer Unterthan sich für konkordatlich verpflichtet halten, wie an verschiedenen anderen Unsinn so auch an diesen zu glauben; uns anderen liegt eine solche Verpflichtung nicht ob .... Wenn endlich der Herr von Hellwald mir meine Produktivität zum Vorwurf macht, so finde ich das ganz in der Ordnung. Die Impotenz, je flagranter sie ist, giftelt und geifert überall und allzeit nur um so heftiger gegen die Potenz. Es ist die alte Geschichte vom Fuchs und den zu hoch hängenden Trauben, es ist die ewig neue Fabel vom unfruchtbaren Baume, welcher seinem Nachbar=Baum dessen Blüthen und Früchte vorwirft.

Hiemit stelle ich den Herrn von Hellwald der zoologischen Gesellschaft in Wien zurück. Meine Leser aber bitt' ich um Entschuldigung, daß ich mir auch einmal ein Privatvergnügen gestattete, welches für ihre Geduld zu lange gedauert haben mag. Es soll nicht wieder geschehen.

Staats- und Hofräthestellen, Staatsſekretariate, Präſidentſchaften
und Geſandtſchaften, Profeſſuren und Akademieſeſſel, ſchamlos
hohe Diätenanſätze, Sinekuren und Penſionen. Doch warum
ſich ereifern? Es war ja ganz in der Ordnung, daß es die
Pfiffigkeit über die Begeiſterung und die Falſchheit über die Treue
davontrug. Es iſt das ein Paragraph der Magna Charta des
Menſchendaſeins.

Heckers Verblendung war ſo harthäutig, daß ihm ſelbſt der
klägliche Ausgang ſeines Unternehmens nicht den Staar zu
ſtechen vermochte. Er ſchrieb dieſen Ausgang einzig und allein
den Machenſchaften ſeiner ins Regierungslager übergelaufenen
ehemaligen Parteigenoſſen auf Rechnung und beharrte dabei, daß
er zur rechten Stunde losgeſchlagen, daß er die Sachlage richtig angeſehen habe, als er, am 9. April von Mannheim aus
ſeitwärts in die bairiſche Pfalz ſich wendend und dann durch den
Elſaß und die Schweiz gen Konſtanz hinauffreiſend, überzeugt
war, daß „der rechte Moment gekommen ſei, welcher nicht
vorübergelaſſen werden dürfe“, und der „feſten Zuverſicht lebte,
daß es keines Schwertſtreichs, keines Schuſſes bedürfen, daß
der Zug ein wahrer Feſtzug ſein und ganz Deutſchland dem Bei-
ſpiele Badens, das immer vorangegangen, folgen würde.“ Was
ſind alle „Phantaſieſtücke“ des Kater-Murr- und Meiſter-Floh-
Hoffmanns gegen dieſes? Und doch mußte das ganze tolle
Nebelbild, daß es möglich ſein würde, die republikaniſche Fahne
auch nur vom Bodenſee bis nach Karlsruhe ungefährdet zu tragen,
vor Heckers Augen zerrinnen, wenn er ſie nach ſeiner am 11. April
erfolgten Ankunft in Konſtanz aufthun und Dinge und Menſchen
anſehen wollte, wie ſie waren. Ja, er mußte erkennen, daß es
in der alten Koncilſtadt ausſah, wie anderwärts, d. h. ſo, daß
der deutſche Philiſter ſtets bereit war, hundert und ſogar tauſend
Freiheitsſchlachten auf der Bierbank oder am Weintiſch ſchoppen-
mörderiſch mitzuſchwatzen, nicht aber, im freien Felde auch nur
eine mitzuſchlagen.

Hecker traf im „Bablſchen Hof" zu Konſtanz ſeine Freunde und Mitunternehmer Struve, Willich, Mögling, Sigel, Bruhn und Doll ſchon ſeiner harrend und man ging noch am Abend des 11. Aprils friſch ins Zeug, „obgleich ich — erzählt er — die Stimmung in Konſtanz nach den öffentlichen Blättern, nach mündlichen und ſchriftlichen Aufforderungen, nach dem Seekreiſe zu kommen und die Fahne der Republik aufzupflanzen, feuriger und begeiſterter erwartet hatte". Natürlich! Jetzt, wo man, was man ſo häufig phraſeologiſch gethan hatte, thatſächlich thun ſollte, haperte und hinkte es ſofort jämmerlich. Hier in Konſtanz, wie allenthalben, gab es eine neue Variation des weltberühmten Thema's vom „Krapülenski und Waſchlapski". Amüller wollte mitthun, wenn Bemüller mitthäte, Cemüller wollte mitgehen, wenn Demüller mitginge, und —

> „Und weil keiner wollte leiden,
> Daß der andere ohn' ihn ginge,
> Ging dann keiner von den beiden."

Am folgenden Morgen reiſ'te Struve nach Ueberlingen ab, um dort und weiterhin zu Engen und Donaueſchingen Volksverſammlungen zu veranſtalten und die Bevölkerung zu mahnen, dem republikaniſchen Banner bewaffnet zuzuziehen. Nach Struve's Abreiſe hatten Hecker und Genoſſen zunächſt eine Zuſammenkunft mit den Mataboren der konſtanzer Demokratie und dieſe, die Herren Hüetlin, Würth, Kuenzer, Peter, Zogelmann und Vanotti, bemühten ſich, die Unmöglichkeit des Gelingens einer republikaniſchen Schilderhebung klarzulegen. Hecker, welcher glaubte, in den Genannten nur feige Abtrünnige vor ſich zu haben, ſagte: „Das Volk iſt beſſer und tapferer als ihr. Auf Wiederſehen in der Volksverſammlung heute Nachmittag." Dieſe Volksverſammlung fand wirklich um 4 Uhr Nachmittags ſtatt. Die dabei von Hüetlin und Kuenzer gegen die Zweckmäßigkeit des beabſichtigten Unternehmens vorgebrachten Einwürfe konnten gegen das von

Hecker mit dem ganzen Feuer seiner Beredtsamkeit angestimmte republikanische Kredo nicht aufkommen. Die Fahne der deutschen Republik ward demnach aufgepflanzt und die bewaffnete Volkserhebung dafür unter dem jubelnden Zuruf der Menge beschlossen. Selbstverständlich jubelte sie auch der Ankündigung des Redners zu, am folgenden Tage mit den Waffen in der Hand von Konstanz auszuziehen, überall das Volk zum Zuzug aufzufordern, vorwärts zu dringen und so, von Tag zu Tag verstärkt, „mit ungeheurer Masse und vielleicht ohne Schwertstreich in der Hauptstadt anzukommen."

Wie viele Hoch und Heil der also auf dem Marktplatz von Konstanz zur Welt geborenen Homunkula von deutscher Republik am Abend jenes Tages in der Stadt ausgebracht, wie viele Schoppen auf ihr Gedeihen ausgeblasen worden sind, ist nicht einmal annähernd festzustellen. Das aber ist aktenmäßig festgestellt, daß am folgenden Morgen, Donnerstags den 13. April, der Bannerherr besagter Homunkula, Bürger Friedrich Hecker, an der Spitze von 57 Mann, General und Offiziere eingerechnet, — sage an der Spitze von ganzen 57 Mann aus dem Thore von Konstanz zog, über die Rheinbrücke und Wollmadingen zu.

„An einem trüben regnerischen Morgen — berichtet Mögling, der ehrliche „Hannes" — zogen wir, 57 Mann stark, unter Trommelschlag von Konstanz weg, begleitet von einer Menge Volks, welches mit Staunen das kleine Häuflein betrachtete. Ich muß gestehen, ich betrachtete mich selbst mit Verwunderung." Er hatte Grund dazu, der arme Hannes. Hecker selbst meldet: „Donnerstags den 13. wurde in der Frühe Generalmarsch geschlagen. Die Bewaffneten stellten sich auf dem Marktplatz auf; aber viele derselben, die noch Tags zuvor gewaltig entschlossen sich gebärdet hatten, schlichen davon, andere versprachen nachzukommen, wieder andere schützten vor, man müsse erst die Ausschußmitglieder des Vaterlandsvereins zusammenkommen und über die Sache abstimmen lassen, auf manche übte auch das

5 *

Regenwetter einen lähmenden Einfluß. Die Frauen und Mädchen zeigten sich muthiger und begeisterter als die Männer." Summa: es stemmten nur 57 Mann ihre tapfere Brust dem Morgenwind und den „Thrannenknechten" entgegen. Auf den nächsten Dörfern empfing eine biderbe Bauersame das republikanische Freischärlein mit der Frage: „Ja, wo sind denn die Konstanzer mit ihren Bürgerwehrkanonen? Die Konstanzer müssen vorangehen." Als dies immer wiederkehrte, hat ein munterer Bursche, der mitzog, lachend die urklassische Stelle aus dem schwäbischen Stammepos angestimmt:

> „Hansele, gang Du vora,
> Du hast die längste Wasserstiefel a,
> Daß bi der Has nit beiße ta."

Derweil hatten Wind und Regen nachgelassen und guten Muthes marschirten die Siebenundfünfzig am rechten Ufer des Untersee's hinab, dem Höhgau entgegen. Dem Romantiker Hecker wurde erzromantisch zu Sinne: — „Der blaue Himmel lachte aus den zerrissenen Regenwolken, zur Seite der klare herrliche See, vor uns Hohenstoffeln, Hohenhöwen, Hohenkrähen und Hohentwiel, eine Welt voll alter Lieder und Sagen lag vor uns und wir zogen aus mit dem Banner der deutschen Republik, wir wollten vertilgen die despotischen Reste des Mittelalters und gründen den freien Volksstaat."

Also hob das April-Idyll des Heckerputsches an. Grün, sehr grün!

3.

Der Frühlingsföhn, welcher in den Alpen Lawinen zusam-
menballt und ins Rollen bringt, daß sie, alles vor sich nieder-
werfend, mit Donnergebrause zu Thale gehen, streicht zwar über
den Rhein und den Boban auch nach Schwaben hinüber, aber
nur, um daselbst auf dem letzten Loche zu pfeifen, beim Anblick
der deutschen Zöllner und Gensdarmen polizeistaatlich zahm
geworden.

Der Freiheits- und Vaterlandsbegeisterungsföhnsturm von
1848 machte es nicht anders. Er hatte seine Kraft schon im
März vertobt und vermochte im April da droben im Seekreis
und im Schwarzwald keine Volkslawine mehr zusammenzuballen
und ins Rollen zu bringen. Die „ungeheure Masse", welche
sich Heckers am 12. April zu Konstanz gethaner Prophezeiung
zufolge um das republikanische Panier scharen und auf Karlsruhe
loswälzen sollte, blieb Schnee, Schnee in des Wortes schneeigst-
kalter Bedeutung, spröder Schnee, der sich schlechterdings nicht
ballen wollte. Alle die verschiedenen Freischärlerharste, welche
unter der Führung von Hecker, Sigel und Weißhaar da und dort
sich sammelten, machten, die deutsch-republikanische Legion in
Straßburg dazu gezählt, noch lange keine 10,000 Mann aus.
Und diese Stärke wechselte buchstäblich wie Sonnenschein und
Regen. So stieg, wie Mögling bezeugt, die Anzahl der Leute
bei der hecker'schen Kolonne bei gutem Wetter bis auf 2000
Mann, schwand aber bei schlechtem sofort wieder bis auf 800
zusammen. Den höchsten Stand hatte die Kolonne Sigels,
welcher für einen Soldaten vom Handwerk gelten konnte, da er
badischer Leutnant gewesen. Den Kern dieser Kolonne, welche
bis zu 3000 Mann anschwoll, bildeten Bürgerwehrmänner von
Konstanz, von welchen denn doch zwei Tage nach Heckers Auszug eine gehörige Anzahl gutgerüstet und mit 2 Kanonen unter
Sigels Kommando ausmarschirt war. Ein löbliches Gefühl

von Scham, Ehre und Parteitreue hatte sie den Vorausgezogenen nachgetrieben. Es waren meist behäbige Bürger und der An= blick solcher bürgerlichen Behäbigkeit zog denn auch die hablichen Seekreis= und Schwarzwaldbauern in die Reihen. Die Kolonne, welche Weißhaar, der stattliche Posthalter von Lottstetten, sam= melte, hatte ebenfalls ganz das Aus= und Ansehen bäuerlicher Hablichkeit. Diese beiden Kolonnen waren auch am besten mit Waffen gerüstet und mit Proviant versehen. Die hecker'sche Kolonne, welche den beiden andern um 1½ Tagemärsche voraus und zumeist aus jungem Volk zusammengesetzt war, bildete so zu sagen die Vorhut. Ihre Ausrüstung war die dürftigste und ihre militärische Uebung gleich Null. Dem ganzen Unternehmen fehlte überhaupt strategische Planmäßigkeit und taktische Zucht. Keiner der Führer erwies militärisches Talent; am meisten militärischen Instinkt zeigte der gute „Hannes“, obzwar er bislang ein friedlicher Oekonomierath zu Hohenheim gewesen war und die Seideraupenzucht betrieben hatte (daher sein nom de guerre „Seidehannes“). Allein Mögling war viel zu phlegmatisch und gutmüthig, als daß er seine Ansicht, die gar oft als die richtige sich herausstellte, der Autorität Heckers und der übrigen badischen „Größen“ gegenüber hätte zur Geltung bringen können. Am unglücklichsten ging die Sache, wenn Abstraktor Struve sich be= rufen fühlte, den General zu spielen. Eine himmelschreiende Ungeschicklichkeit aber ist es gewesen, daß die Freischarenführer nicht alle Nerven und Muskeln anspannten, um — was ganz gut möglich war — bei guter Zeit ihre verschiedenen Harste zu vereinigen, statt sie verzettelt zu halten und die verzettelten durch überlegene militärische Streitkräfte angreifen, schlagen und zer= sprengen zu lassen. Diese Verzettelung machte den Mangel eines Oberkommando's, welches wirklich ein solches war, so recht fühl= und greifbar.

Wenn später die Meinung geltend gemacht worden ist, die badische Regierung habe den Hecker=Putsch absichtlich zu einiger

Bedeutung gelangen laſſen, um für die Rückwärtſerei einen an=
ſtändigen Vorwand] zu ſchaffen, ſo muß das als eine Parteian=
ſicht abgewieſen werden, die ſich hiſtoriſch nicht halten läßt.
Dagegen iſt hiſtoriſch, daß die Inſurrektion nicht einmal d e n
geringen Umfang, welchen ſie wirklich gewann, zu gewinnen ver=
mocht hätte, falls die großherzogliche Beamtenſchaft nicht ſo über
alle Maßen unfähig und feige geweſen wäre, wie ſie durchſchnitt=
lich war. Nachmals, im Herbſte von 1849, hat ſie ſich dann
mittels ſerviler Tücke und herzloſer Rohheit an ihrer in den
Frühjahren von 1848 und 1849 an den Tag gelegten Erbärm=
lichkeit gerächt. Mit dieſer Erbärmlichkeit auf monarchiſcher
Seite konnte ſich auf republikaniſcher nur der phantaſtiſche Leicht=
ſinn meſſen, womit eine ganz mittel=, hilf= und ausſichtsloſe
Schilderhebung in einem Winkel Deutſchlands vollzogen wurde,
zu einer Zeit vollzogen wurde, wo außerhalb dieſes Winkels der
Parlamentsſchwindel überall mit unwiderſtehlicher Macht graſſirte
und die deutſche Philiſterſchaft ihre politiſche Nullität, ihre gänz=
liche Unfähigkeit, aus den „Märzerrungenſchaften“ etwas zu
machen, hinter dem geräuſchvollen Eifer verſteckte, womit ſie die
ſchäfige Vertrauenslitanei: „Märzminiſter, denkt und handelt
für uns!“ herblökte.

Wäre bei dem Aprilgang von Hecker und Kompagnie kein
Blut gefloſſen, wären nicht ſo viele Menſchen dadurch unglücklich
geworden, hätte das Putſch=Idyll vom April 1848 nicht mit ſo
viel Tragik ſich verſetzt, man wäre ſtark verſucht, die ganze Ge=
ſchichte in der Manier von Butlers „Hubibras“ zu behandeln.
Hecker ſelbſt, durch deſſen Romantik, wie wir wiſſen, ein humor=
riſtiſch=ſkeptiſcher Zug ſich ſchlängelte, iſt ſich ſelber ſicherlich
manchmal urkomiſch vorgekommen, wie er ſo an der Spitze ſeiner
abenteuerlichen Schar dahinſchritt in ſeinem abenteuerlichen Anf=
zug, mit langem rothblondem Bart, in blauer Bluſe, Piſtolen
im Gurt, einen Schleppſäbel umgeſchnallt, die Hahnenfeder auf
dem grauen Schlapphut: —

„Seht, da geht der große Hecker,
    Eine Feder auf dem Hut,
Seht, da geht der Volkserwecker,
    Lechzend nach Tyrannenblut:
„„Thut euch schnell zusammenraffen,
Gebt mir Mannschaft, Pferde, Waffen,
    Oder ich bring' alles um"" —
Rumbibibum, bumbumbumbum."

Von Stockach aus erließ Hecker am 14. April verschiedene
Dekrete, um „die Republik zu organisiren". Die Regierung des
Seekreises wurde für aufgelös't erklärt und durch eine republikanische Statthalterschaft ersetzt, mit welchem Amte mittels sanften
Zwanges der bisherige Regierungsdirektor Peter bekleidet ward.
Auf 24 Stunden, maßen die also zu Konstanz „organisirte" Republik eine Eintagsfliegenrepublik im wörtlichen Sinne gewesen
ist. Als am Tage nach ihrer „Organisirung" die Nachricht
kam, daß bairische Bundestruppen im Anzuge seien, hub sich der
arme Statthalter Peter von dannen nach der Schweiz, allwohin
er nur etliche Schritte weit zu gehen hatte. Gleich kläglich-kurz
verlief die Republikanisirung der Stadt Offenburg. Erwähnenswerth sind diese Versuche nur, weil sie darthun, welche Wirkung
die Thatsache oder auch nur der Schein amtlicher Autorität auf
die Menschen übt und vollends auf die Deutschen. Denn es
unterliegt keinem Zweifel, daß die unter amtlichen Formen und
Siegeln ergangenen Aufforderungen zum Zuzug, welche Hecker
„im Namen der provisorischen Regierung" von Stockach und
Geisingen, sowie die republikanischen Eintagsbehörden von Konstanz und Offenburg aus erließen, dem Aufstand etwas auf die
Beine halfen und die Zuzüge zur Rebellenfahne von Seiten Einzelner wie von Seiten der Gemeinden zahlreicher machten.
Wunderlichst kontrastirte es dann freilich wieder mit der angehobenen offenen Rebellion, daß Gewaltsamkeiten von den Re-
bellenführern mit einer bis zum Komischen gehenden Aengstlichkeit

vermieden wurden. Wenn man das hyperhumane Gebaren an-
ſieht, welches die Heckerlinge gegen widerhaarige Beamte, gegen
heimtückiſche Gegner, gegen notoriſche Spione eingehalten haben,
ſo kann man ſich des Eindrucks nicht erwehren, daß auch dieſe
gemüthlichen Putſcher im Grunde ihres Herzens zu dem kretiniſchen
Krebo: „Revolution auf geſetzlichem Boden!“ ſich bekannten.
Mit geſetzlichen Mitteln macht man aber bekanntlich keine Revolution und mit Gemüthlichkeit macht man keinen Putſch. Nachdem man ſich einmal entſchloſſen hatte, zu putſchen, ſo mußte man
auch recht putſchen, unerbittlich ein- und durchgreifen und, wo
immer es noththat, geradezu terroriſiren. Das hätte nicht nur
den Halb- und Ganz-Rückwärtſern die gehörige Furcht eingejagt,
ſondern hätte auch den Maſſen imponirt und dieſelben viel mehr
für den Aufſtand gewonnen als alle Milde, Schonung und Großmuth; denn — ſo hat einer der vielen in ihrem Vaterlande nicht
beachteten deutſchen Propheten tiefſinnig geſagt: —

„Denn es ehret der Knecht nur den Gewaltſamen;
An das Göttliche glauben
Die allein, die es ſelber ſind“ —

und Kraft zieht die Menge an wie der Magnet das Eiſen, ganz
gleichgiltig, ob die Kraft das Gute oder das Böſe wolle und
ſchaffe. Alle die kräftigen Wütheriche der Weltgeſchichte ſind
von den Völkern geehrt, beſtaunt, geliebt und vergöttert worden;
denn die Menſchen wollen nicht belehrt, ſondern belogen, nicht
emanzipirt, ſondern tyranniſirt ſein, und wer ſie beherrſchen will,
muß ſie verrathen und mißhandeln. Der Hecker-Putſch war eine
kraftloſe Halbheit: das iſt das härteſte Verdammungsverdikt,
welches denſelben treffen kann.

Während des Vormarſches von Stockach nach Engen und
während des Halts in dieſem Städtchen wurden die dünnen
Reihen der Freiſchar dichter, wurden ſogar bis zur Stärke von
1800 Mann verdichtet. Hier, in Engen, ſuchte nun Willich
einige militäriſche Ordnung in das Ding zu bringen. Die Mann-

schaft wurde in „Banner" von 120 bis 200 Mann eingetheilt, welche sich sodann ihre Führer wählten. Auch mit Geschütz ver= sah man sich an diesem Orte, nämlich mit 2 kleinen Karthaunen, welche unterwegs im Schlosse eines Bastards des höchstseligen Großherzogs Ludwig „requirirt" worden waren. Was die Ka= vallerie betrifft, so bestand sie — meldet Mögling — „aus einem einzigen Pferde, welches sein Eigenthümer ritt". Derweil also in Engen „organisirt" wurde und die Freischärler auf den bergi= gen Gassen des Höhgaustädtchens wohlgemuth sangen:

> „Fürsten, gebt die großen
> Purpurmäntel her!
> Daraus macht man Hosen
> Für das Freiheitsheer" —

meldete sich eine fremde Dame im Hauptquartier und gab sich dem General als Frau Emma Herwegh zu erkennen, welche von Straßburg herübergekommen war, um zu sagen, daß die im Elsaß angelangte deutsch=republikanische Legion nur auf einen Befehl von Hecker warte, um den Rhein zu überschreiten und ihre Vereinigung mit seiner Schar zu bewerkstelligen. Unglaub= licher Weise hatte der Rebellengeneral Struve, diesen Befehl zu geben, und gab ihn auch wirklich nicht, um alle die Angstmaier im Lande, welchen man die Leute der herwegh'schen Legion als eine Räuber=, Mörder= und Nothzüchtigerbande geschildert hatte, nicht noch mehr zu ängstigen. Frau Herwegh mußte demnach mit dem Kanzleibescheid abziehen, Hecker werde den verlangten Be= fehl erlassen, sobald er selbst mit seiner Kolonne in der Nähe des Rheins angelangt sein würde.

Der Weitermarsch der Freischar, welche am 15. April Mit= tags Engen verließ, sollte in westnördlicher Richtung schwarz= waldwärts und zwar zunächst auf Donaueschingen gehen, wo man massenhafte Verstärkungen vorzufinden erwartete. Allein daraus wurde nichts. Eine starke würtembergische Truppenmacht hielt die Schwarzwaldpässe besetzt und die Würtemberger kamen den

Freiſchärlern auch mit der Beſetzung von Donaueſchingen zuvor. „Als wir noch eine halbe Stunde von dem Städtchen entfernt waren — berichtet Mögling — ſahen wir würtembergiſches Mi= litär einrücken. Nach kurzer Berathung, ob wir Donaueſchingen angreifen oder umgehen ſollten, gewann letztere Anſicht die Ober= hand, wodurch für die Einſichtigeren das Mißlingen unſeres ganzen Unternehmens ausgeſprochen war". Ein höchſt beſchwer= licher Nachtmarſch bei heftigem Schneegeſtöber brachte die Frei= ſchar mühſälig nach Riedböhringen, wo ſich am folgenden Morgen die Thatſache herausſtellte, daß von den 1800 Streitern für die Republik, welche geſtern von Engen ausgezogen, nur noch etwa 800 vorhanden waren. Die, welche es nicht vorzogen, ſich ſtill zu verziehen, hatten beim Weglaufen geſagt: „Das Wetter iſt uns zu ſchlecht; wird es beſſer, kommen wir wieder".

Da der Schwarzwald verſperrt war, beſchloſſen die Führer der hecker'ſchen Schar, dieſe aus dem Gebirge nach der Rhein= ebene hinabzuführen, was ſchon darum räthlich erſcheinen mochte, weil man dort unten nur auf landsmänniſch=badiſche Truppen zu ſtoßen hoffte, von welchen man ſchlaffen Widerſtand, ja vielleicht ſogar Unterſtützung erwarten zu dürfen glaubte. In ſehr an= ſtrengenden und ziemlich planloſen Kreuz= und Querzügen ging es bei meiſt ſehr ſchlimmer Witterung nach Stühlingen und von da über Bonndorf nach Lenzkirch. In Bonndorf verließ Struve die Schar, zu welcher er bei Donaueſchingen geſtoßen war, und machte ſich zu der Kolonne Weishaars auf, welche er aus den Bezirken Jeſtetten, Waldshut und Säckingen zur Vereinigung mit der hecker'ſchen in der Rheinebene heranbringen ſollte. Hecker beabſichtigte, von Lenzkirch aus einen Verſuch auf Freiburg zu machen; allein die Würtemberger verlegten den Weg durch's Höllenthal, und ſo mußte die Freiſchar von Lenzkirch weg ſeit= wärts ſich wenden, um über rauheſte Bergpfade nach der Glas= hütte zu gelangen und von da über Bernau die Richtung nach dem Wieſenthal zu gewinnen. In der Nähe von Menzenſchwand

wurde die Kolonne von einem reitenden Boten aus Lenzkirch ein=
geholt, welcher meldete, es seien am letzteren Orte zwei Abge=
ordnete des in Frankfurt sitzenden Fünfzigerausschusses angelangt,
welche mit Hecker zusammenzukommen verlangten. Diese Zu=
sammenkunft hat dann am Abend des 17. Aprils im Gasthause
zu Bernau stattgefunden. Die Freischarenführer, welche ihre
durchnäßten Kleider mit Anzügen vertauscht hatten, wie die Garde=
robe des Wirthes und seiner Knechte sie zu liefern vermochte,
saßen beim Brot und Wein, als die Herren Fünfzigerausschüß=
linge Spatz und Venedey hereintraten, etwas verlegen über ihre
Sendung und über die Scene vor ihnen, welche im Katechismus
des patentirten Liberalismus nicht vorgesehen war. Nachdem
der Wunsch der beiden Sendboten, mit Hecker unter vier Augen
zu verhandeln, fehlgegangen war, brachten sie ihr Sprüchlein vor
und eröffneten, daß sie im Namen und Auftrag des Fünfziger=
ausschusses die Mahnung an die Insurgenten brächten, abzustehen
von der Rebellion und von der waffenhaltenden Revolution zur
rebenhaltenden zurückzukehren. In diesem Falle sicherte ihnen
der Fünfzigerausschuß — woher nahm denn dieser Vollmacht
und Recht hiezu? — für das Geschehene volle Amnestie. Hecker
gab zur Antwort, eine Gefälligkeit sei der anderen werth und
darum wollten sie, die Republikaner, ihrerseits im Namen des
deutschen Volkes den 34 Landesvätern volle Amnestie zusichern,
falls sich dieselben binnen 14 Tagen, wohlausgestattet mit Geld
und Gut, in das stille Glück des Privatlebens zurückziehen würden.
„Im Uebrigen — fügte er hinzu — wär' es das Gescheiteste,
ihr bliebet, statt drunten in Frankfurt Stroh zu dreschen, gerade
hier und zöget mit uns. Das würde und müßte auf ganz Deutsch=
land eine kolossale Wirkung thun, wenn es hieße, der Spatz und
der Venedey hätten die Freischärlerbluse angethan. Was meint
ihr, he?" Den Herren Ausschüßlern schien es bei dieser Zu=
muthung „etwas unheimlich werden zu wollen" und darum warf,
den Spaß weiterführend, einer der Freischarenhäuptlinge die

Bemerkung hin: „Wie wär' es, wenn wir die beiden Herren als Geiseln bei uns behielten?" — „Ja, das würde ganz praktisch sein", sagte Hecker lachend; „aber ich fürchte, wir sind für die Herren Staatsmänner nicht patent genug. Nun, nun, macht keine so langen Gesichter! Kommt her, stoßt mit uns an auf das Heil der Republik und dann geht hin, woher ihr gekommen". So endete dieser Versuch, den Aprilgang der süddeutschen Republikaner aufzuhalten.

Am folgenden Morgen brach, während der Nacht durch einen Zuzug stattlicher schwarzwälder Bauernbursche verstärkt, die Freischar von Bernau auf, stieg auf steilen Pfaden nach Breg hinab, um von dort das Wiesenthal entlang über Schönau und Zell nach Schopfheim zu marschiren. In Schönau und Zell wurden die Freischärler herzlich begrüßt, in Schopfheim, dem reichen Fabrikort, mit einer aus Abneigung und Furcht gemischten Zurückhaltung. Doch bewillkommte und bewirthete der Fabrikant Gottschalk, früher Kollege und Gesinnungsgenosse Heckers in der badischen Abgeordnetenkammer, den Freischarenhauptmann und dessen Offiziere in seinem Hause und beschwor die Männer flehentlich, von ihrem Unternehmen abzustehen. Er war dem Hecker aufrichtig zugethan und bedauerte, daß derselbe Stellung und Existenz an einen Versuch wagte, welchen der nüchterne Rechner und Geschäftsmann als einen verfehlten erkennen mußte.

Wie hätte auch bei dieser elenden Organisation und Leitung des Unternehmens der Fehlschlag ausbleiben können? Die drei Freischaren standen einander ganz nahe und keine richtete sich nach der andern, keine wußte genau von der andern. Während Hecker auf Schopfheim zog, marschirte Sigel gen Sankt Blasien und Tobtnau und kamen Weißhaar und Struve längs des Rheins gegen Lörrach und Steinen zu. Die Vereinigung der drei Scharen war demnach ganz leicht zu bewerkstelligen; denn der Feind, d. h. der General von Gagern, stand weiter westnördlich, zwischen dem Blauen und dem Rhein, und zog mit 2 badischen und einem hessischen Bataillon, etlichen Schwadronen Reiterei und einem Halbdutzend Kanonen in der Richtung auf Schliengen und Kandern das Rheinthal aufwärts. Statt in Schopfheim stehen zu bleiben und die Verbindung mit der sigel'schen und weißhaar'schen Kolonne anzustreben und zu erwarten, beschlossen aber die Führer der Heckerschar, auf Kandern zu marschiren. Allerdings wurden zugleich an Sigel und Weißhaar Boten gesandt, um sie aufzufordern, in Eilmärschen heranzukommen; allein man unterließ, sich zu vergewissern, ob diese Botschaften an ihre Adressen gelangten. Sie gelangten auch wirklich nicht an dieselben, wenigstens nicht zur rechten Zeit. Sigel, der Führer des Hauptharstes, erfuhr erst am Abend des 20. April in Gschwend, daß die hecker'sche Kolonne von Schopfheim gen Kandern marschirt sei, und zugleich mit dieser Nachricht traf die Hiobspost von der Zersprengnng der Kolonne ein.

Mittwochs den 19. April um 2 Uhr Nachmittags brach die Heckerschar in der Stärke von höchstens 900 Mann von Schopfheim auf und rückte über Steinen gegen Kandern vor. Jenseits des ersteren Ortes, wo die Freischärler gastlich bewirthet, der Hauptmann jedoch abermals durch einen alten Freund und Kammerkollegen, Scheffelt, dringend von seinem Abenteuer abgemahnt wurde, — jenseits Steinen also steigt die Straße bergan bis hinauf zum waldigen Rücken der „Scheideck", von wo sie durch den Wald steil gen Kandern sich hinabsenkt. Die Absicht des Marsches auf diesen Ort war, von da weiter nach Schliengen zu ziehen, um dort ins Rheinthal herauszukommen und sich den Thalweg nach Freiburg zu öffnen. Als die Freischar die Steige von der Scheideck abwärts rückte, kamen ihr Leute von Kandern entgegen, um die ungern gesehenen Gäste mittels der Nachricht, daß Truppen im Orte lägen, zur Umkehr zu bewegen. Eine durch Mögling und Doll ausgeführte Erkundung erwies aber die Falschheit dieser Angabe und die Freischar zog in das Städtchen ein, um Nachtquartier daselbst zu nehmen. Der in Schliengen stehende General von Gagern erhielt noch am Abend des Tages hievon Meldung und beschloß, am folgenden Morgen eine An= griffsbewegung auf Kandern zu machen und zwar mit seinen 3 Infanteriebataillonen, seinen 3 Dragonerschwadronen und seinen 6 Geschützen, mitsammen an 2400 Mann. Ein viertes, eiligst auf der Eisenbahn von Freiburg herangezogenes badisches Ba= taillon sollte als Reserve in Schliengen stehen bleiben. Der General hatte demnach eine nahezu dreifache Uebermacht zur Verfügung, welcher gegenüber die Hilfsmittel der durch mühselige Kreuz= und Querzüge im Gebirge hart mitgenommenen, unge= übten und unzulänglich bewaffneten Freischärler wahrhaft kläg= lich gewesen sind.

Hecker war kaum in Kandern angelangt, als Frau Emma Herwegh abermals bei ihm erschien, um von ihm einen Befehl auszuwirken daß die herwegh'sche Freischar von Straßburg her= über kommen sollte. Hecker, welcher die allgemein in Baden verbreitete, obzwar durchaus verlogene Meinung theilte, eine große Anzahl, ja sogar die Mehrzahl dieser „deutsch=republikani= schen Legion" bestände aus Franzosen, weigerte sich wiederum, den verlangten Befehl auszufertigen, und die muthige Frau Frei= schärlerin fuhr unverrichteter Dinge in der Nacht ab. Hierauf wurde Kriegsrath gehalten; denn man hatte aus dem Munde von zwei durch die Feldwachen gefangen eingebrachten badischen Dragonern über den Stand der Sachen vorwärts in Schliengen Kunde erhalten. Kennzeichnend für den idyllischen Charakter des Heckerputsches ist, daß der „Terrorist" Hecker, obgleich er einsah, daß „man die Pferde und Waffen der beiden Gefangenen recht gut hätte brauchen können", die Dragoner mit Speise und Trank erquicken und hierauf mit Pferden und Waffen zu ihrer Schwadron nach Schliengen zurückkehren ließ, in der wolken= kukuksheimischen Ueberzeugung, mittels solcher Großmuth „die Sympathieen der Truppen" noch mehr anfachen zu können. Während des Rathschlags langte eine Depesche von Sigel ein,

welcher meldete, daß er mit seinem Harst im Wiesenthal ange-
komme und die Kolonnen Weißhaars und Struve's in seiner Nähe
sei. Er, Sigel, rathe und wünsche demzufolge, daß Hecker
schleunig umkehre, damit die Vereinigung der sämmtlichen drei
Freischaren dort vollzogen würde —

> „Wo mit lieblichem G'sicht aus tief verborgene Chlüfte
> D'Wiese luegt und check go Todtnau aben ins Thal springt.“

Es blieb nur übrig, diesem Rath und Wunsch Folge zu
leisten; denn unmöglich konnte die Heckerschar allein den Durchbruch bei Schliengen erzwingen oder das Vorgehen der Badenser
und Hessen nach und über Kandern verhindern, so sie nicht etwa
das Defilée hinter dem Städtchen zu Thermophlen machen wollte.
Thermophlen passen aber nicht recht zu den idyllischen Oertlichkeiten,
welche Hebels allemannische Muse durchwandelt hat, und Ther-
mophlenkämpfe sind mit anderen nichtsnutzigen Kuriositäten, wie
z. B. Idealpolitik, Ueberzeugungstreue und Prinzighaftigkeit, in
einen dunkeln Winkel der Weltgeschichte-Rumpelkammer ver-
wiesen. Leider drückte Hecker seinen Vorschlag, schon um 2 Uhr
Morgens den Rückzug auf Steinen anzutreten, nicht kräftig durch.
Hätte er es gethan, so würden die am folgenden Tage nach Kandern vorbringenden Truppen die Guerrillas daselbst nicht mehr
eingeholt und würde demnach das Gefecht auf der Scheideck nicht
stattgefunden haben.

4.

Zur achten Morgenstunde setzte sich am 20. April die Heckerschar von Kandern nach rückwärts in Marsch, gegen Steinen zu,
die zur Scheideck aufsteigende Steige hinan. Hecker selbst und
Willich, Mögling und Bruhn marschirten mit der Vorhut und

dem Mitteltreffen, während der Nachtrab unter Kaiſer und Doll noch im Orte zurück war, beſchäftigt, die zwei kleinen Geſchütze und das Gepäck fortzuſchaffen. Als endlich die hiezu nöthigen Pferde mit Mühe erlangt worden, begann auch Kaiſer mit ſeinen Leuten abzuziehen. Es war die höchſte Zeit; denn frühmorgens hatte der General von Gagern ſeine Streitmacht von Schliengen gen Kandern in Bewegung geſetzt und die Spitze ſeiner Kolonne erreichte die weſtliche Seite des Ortes in demſelben Augenblicke, wo die Freiſchar zur öſtlichen hinausmarſchirte. Den Truppen voran eilte der badiſche Regierungskommiſſär Stephani, durch einen heſſiſchen Trompeter als Parlamentär ſignaliſirt. Er trat den Nachhutführer Kaiſer an mit dem Begehren, den Hecker zu ſprechen. „Der iſt ſchon vorausmarſchirt", ſagt Kaiſer. — „So? Darf ich zu Ihren Leuten' reden?" — „Nach Be-lieben". — Der Herr Regierungskommiſſär ſtellt ſich in Poſitur, verließt die Aufruhralte und ruft den Freiſchärlern zu: „Ihr ſeid dem Geſetze verfallen; aber ihr ſeid zum Aufruhr verleitet, ſeid nur Verführte. Alles wird gut gehen, ſo ihr ſofort die Waffen niederlegt. Wollt ihr?" — „Nein!" — Mit dieſer einmüthig abgegebenen Weigerung ſchwenkten die Nachhütler und marſchirten ihren vorangezogenen Kameraden nach.

Dieſe waren derweil hinter dem Städtchen jenſeits der Kanderbachbrücke auf beiden Seiten der waldumſäumten Steige durch Willich in eine Art Schlachtordnung geſtellt worden, um den Aufgang zur Scheideck zu vertheidigen. Die Bundestruppen debouchirten aus Kandern und ordneten ſich zum Angriff. Nur ein Zwiſchenraum von wenigen hundert Schritten trennte ſie noch von der Freiſchar. In der Vorderreihe ritt ein ſtattlicher Mann von edelm Geſichtsſchnitt in braunem Bürgerrock und grüner Feld-mütze gegen die Brücke heran: — der General Friedrich von Gagern, wohl werth, für eine beſſere Sache zu fechten und zu fallen; mehr werth auch als von einer ſo jammerſeligen Re-gierung, wie die damalige badiſche war, nach ſeinem Tode da-

durch glorifizirt zu werden, daß man ihn offiziell zu einem Opfer
„republikanischer Meuchlertücke" log, während er, wie die ehrenhaften seiner Offiziere selbst bezeugt haben, einen „ehrlichen Sol-
datentod" starb. Friedrich von Gagern war ein Mann von
Geist, Kenntnissen, Erfahrung und Vaterlandsliebe. Er galt
für einen geschickten Kriegsmann und durfte den Anspruch erheben,
auch in der Literatur mitzuzählen *). Aber an jenem 20. April
von 1848 war er nicht an seinem Platze; denn seinem Wesen
ging der versöhnliche Zug ab, welcher einen blutigen Zusammenstoß abzuwenden vermocht hätte. Um so leichter, als die Freischärler, wie gar keinem Zweifel unterstehet, ihrerseits einen
solchen Zusammenstoß zu vermeiden suchten und in keinem Falle
denselben hervorzurufen wünschten. Herr von Gagern hatte sich
aber in der Reitschule und auf den Exercirplätzen jenen poltern-
den Kasernenton und Korporalstil angewöhnt, wie sie nun einmal zum Soldatenhandwerk zu gehören scheinen, und dieser Stil
und Ton stach den Republikanern nicht sehr angenehm in die
Ohren. Es kommt ja unter Menschen bekanntlich immer und
überall nicht so fast darauf an, was gesagt, als vielmehr darauf, wie es gesagt wird.

Der General machte einen löblichen Versuch, Blutvergießen
hintanzuhalten; freilich in seiner Weise. Er entsandte den
Dragonerleutnant Kieffer über die Brücke und gegen die Stellung
der Freischaren zu mit dem Auftrag, den Hecker zu einer Unterredung zu laden, welche auf der Kanderbachbrücke stattfinden
sollte. Hecker empfing diese Meldung, seitwärts am bewaldeten
Abhange vor der Front eines der Freischarenbanner stehend,
und entsprach derselben sogleich. Er trat auf die Straße heraus

---

*) Unter seinen schriftstellerischen Versuchen findet sich ein meisterlich
gelungener, das „Journal meiner Reise nach Rußland i. J. 1839", mit-
getheilt im „Leben d. Generals Fr. v. G." III, 336 fg. In keiner Sprache
ist über Rußland zur Zeit des Czaren Nikolaus Besseres geschrieben worden
als dieses Tagebuch.

und ging dieselbe abwärts, begleitet von Willich, Mögling und
Kaiser. Etwa 20 Schritte vor der Brücke ließ Hecker seine Begleiter zurück und ging allein vorwärts. Dies that auf der an-
dern Seite auch der General, indem er seinen Stab, worunter
der Oberst Hinkeldey und der Major Kuntz sich befanden, halten
ließ, vom Pferde stieg und auf die Brücke zuschritt. Auf der
Mitte derselben trafen die Beiden zusammen. „Sie müssen
die Waffen niederlegen und Ihre Scharen auflösen! Wollen
Sie denn die Größe der deutschen Bewegung durch ein solches
Attentat kompromittiren? Ich fordere Sie auf, sofort die
Waffen niederzulegen." So der General, worauf Hecker dieses
Ansinnen „natürlich ablehnte", wie er erzählt. Und wieder
Gagern: „Herr Hecker, Sie sind ein gescheiter Mann, ein braver
Mann, aber ein Fanatiker." — „Herr General, wenn die Hin-
gebung für die Befreiung eines großen Volkes Fanatismus ist,
dann mögen Sie diese Handlungsweise also bezeichnen; es gibt
aber auch einen Fanatismus auf der andern Seite, dem Sie
dienen. Uebrigens bin ich nicht hier, um hierüber zu streiten.
Haben Sie mir sonst noch etwas mitzutheilen? —" „Nur dieses,
daß ich sogleich mit aller Strenge gegen Sie einschreiten werde." —
„Wohl, wir werden einem Angriffe zu begegnen wissen. Im Uebrigen werden Sie mich und meine Offiziere doch wohl ungefährdet
zu unseren Leuten zurückkehren lassen?" — „Allerdings, ich gebe
Ihnen 10 Minuten Zeit." Als Hecker sich zum Gehen wandte,
rief ihm der inzwischen zur Brücke herangetretene Major Kuntz
noch die Worte zu: „Ich beschwöre Sie, stehen Sie ab!"

Während diese unersprießliche Verhandlung vor sich ging,
stand die Nachhut der Freischar ungefähr 80 Schritte weit östlich
von der Brücke. Weiter zurück war die Masse der „Rebellen"
zu beiden Seiten der hohlwegartigen Straße an den Hochwald-
hängen vertheilt. Westlich von der Brücke hatte zuvörderst das
hessische Bataillon als Avantgarde der Bundestruppen Stellung
genommen. Dahinter waren, gegen die Brücke Front machend,

6*

die zwei badischen Bataillone in Linie formirt und rechts von
ihnen hielten die Dragonerschwabronen und die reitende Artillerie
mit 2 Stücken Geschütz. Die Hessen hatte der General ins
Vorbertreffen gestellt, damit eine unmittelbare Berührung zwischen
den badischen Truppen und ihren freischärlichen Landsleuten ver=
mieben würde.

Auf seiten der Insurgenten gab sich nach der resultatlosen
Unterredung auf der Brücke der Mangel einer straffeinheitlichen
und allgemein respektirten Leitung sofort wieder einmal recht auf=
fällig kund. Willich nämlich, welcher so zu sagen Oberst war,
befahl den Rückzug die Steige und den Wald aufwärts, während
etliche der Führer, namentlich Mögling, das Aufgeben ihrer der=
zeitigen Stellung für durchaus unräthlich hielten und dem wei=
teren Vorschreiten der Truppen zur Stelle und Stunde Wider=
stand entgegensetzen wollten. Erst den wiederholten Befehlen
Willichs — (Hecker spielte in den folgenden Auftritten keine vor=
tretende Rolle mehr) — fügten sie sich mißmuthig und so zog sich
der Freikorps langsam zur Scheideck hinauf. Sobald die von
ihm bewilligte Zehn=Minutenfrist herum, setzte der General
seinerseits die Truppen, die Hessen immer voran, in Marsch.
In einer Entfernung von 150 bis 160 Schritten folgte die Spitze
ihrer Vorhut, die Schützenkompagnie des hessischen Bataillons,
dem Nachtrab der Freischar die Steige und den Waldabhang
hinan, die Soldaten rauchend, plaudernd und lachend, der Ge=
neral in der zuversichtlichen Meinung, daß die „Rebellen" jeden
Gedanken, standzuhalten, aufgegeben hätten. Er hatte daher
seiner Avantgarde ausdrücklich verboten, unter sothanen Umstän=
den von der Schießwaffe Gebrauch zu machen. Als aber die
Avantgarde an den Höhenkamm der Scheideck bis auf ungefähr
600 Schritte herangekommen war, bemerkte der die Zugspitze
führende Offizier, Leutnant Becker, daß die Freischar Halt machte,
sich rechts und links vom Wege zum Treffen ordnete und ihre
Kanonen (d. h. Böller) schußgerecht herrichtete.

Die „Rebellen" wollten also doch standhalten? Ja, so wollten sie. Denn als die Freischar den kleinen freien Raum auf der Paßhöhe erreicht hatte, von wo der Weg gen Steinen zu abzufallen beginnt, legten Mögling und andere Führer gegen die Fortsetzung des Rückzugs Protest ein, welchen sie damit begrün-deten, daß der Feind, so derselbe erst die Scheideck besetzt hätte, von der Höhe hinab mit unwiderstehlicher Kraft auf den republi-kanischen Rückzug drücken und denselben bald in eine Flucht verwandeln könnte. Der So-Zu-Sagen-Oberst Willich konnte hiergegen mit seinen Bedenken, die kleine Freischar einem Angriff von Seiten der großen militärischen Uebermacht bloßzustellen, nicht aufkommen und ordnete demnach, obzwar widerwillig, die Mannschaft zum Gefecht. In Wahrheit nicht ganz so ungeschickt, wie man ihm lange schuldgegeben hat. Auf den rechten Flügel wurden die von Mögling und Willmann befehligten Schützen-fähnlein postirt, das Centrum bildete ein Banner Musketire unter Bruhn. Vor dem Centrum waren zwei Böller aufgefahren, links vom Centrum, etwas zurück stand ein Banner Sensen-männer, welche nach den ersten Salven hervorbrechen und auf den Feind eindringen sollten. Die Führung des aus Musketiren und Scharfschützen gebildeten linken Flügels hatte der Doktor Kaiser. Heckers Stellung und Betheiligung im und am Gefecht auf der Scheideck erscheint nach seiner eigenen und sämmtlichen übrigen Relationen ganz unbestimmbar und nebelhaft. Ver-muthlich hat er, auch als man sich bereits zum Schlagen fertig gemacht hatte, noch immer der Phantasie gelebt, die zweierlei-tuchenen „Brüder", welche da zum Angriffe den Berg herauf-rückten, würden sich mittels etlicher Phrasen von den fürstlichen Fahnen zur republikanischen herüberziehen lassen.

Dieses „Vermuthlich" abgerechnet, ist in der Geschichte des Tages bis dahin alles bestimmt und klar. In dem Wirrwar jedoch, welcher augenblicklich losbrach, als der wirkliche Zusam-menstoß der beiden Parteien erfolgte, fällt der leitende Faden

unzweifelhaft feststehender, d. h. von beiden Seiten übereinstim=
mend gemeldeter Thatsachen zu Boden und ist nicht wieder auf=
zuraffen. Darum ist es z. B. aller aufgewandten Mühe ungeachtet
unmöglich, festzustellen, wer auf der Scheideck zuerst geschossen
habe, die Republikaner oder die Royalisten. Beide haben ein=
ander hartnäckig beschuldigt, es gethan zu haben. Das Wahr=
scheinlichste aber dürfte sein, daß von hüben und drüben im
gleichen Augenblicke geschossen wurde. Hohe Herrin Historia,
wie oft schiebt sich dir das Kindermädchen Fabula als Doppel=
gängerin unter oder vor! Wenn man schon daran verzweifeln
muß, die Reihenfolge der Vorgänge im Gefechte bei Kandern am
20. April 1848 mit mathematischer Genauigkeit zu bestimmen, was
können wir dann über jahrhunderte= und jahrtausendealte Dinge
zweifellos Genaues wissen? Napoleon hatte doch wohl einigen
Grund, zu sagen, die Weltgeschichte sei eine „fable convenue“.
Wäre nur die gute Fabula im Falle, dem alten Kinde Menschheit
anderes vorzuplaudern als die ewige Litanei von Blut und Thrä=
nen, das wüste Einerlei von thörichter Schuld und fruchtloser
Sühne . . . . ·

Leutnant Becker ließ nach rückwärts dem General melden,
daß die Freischärler auf der Paßhöhe zum Gefechte sich bereit=
stellten, worauf Herr von Gagern die Spitze seiner Kolonne noch
weiter vorgehen ließ, bis sie im Begriffe war, auf das kleine
Plateau zu debouchiren. Hier, also hart vor der Linie der Frei=
schar, ließ er halten. Die Truppen eine Gefechtstellung nehmen
zu lassen, scheint er für überflüssig erachtet zu haben. Er mochte
glauben, mittels des bloßen Vorwärtsbewegungsdruckes seiner
Marschsäule den schwachen Gegner umwerfen zu können.

„Schießt nicht, deutsche Brüder! Kommt in unsere Reihen!“
riefen die Republikaner den hart an sie herangerückten Soldaten
entgegen. Diese stutzten. Das deutsche Blut regte sich doch in
ihnen und auch sie hatten ja davon fernher läuten hören, was

alles die da drüben flatternde ſchwarzrothgoldene Fahne zu bedeuten hätte.

Ganz vorn, die ganze Breite der Straße füllend, ſtand
der Halbzug des Leutnant Becker. Dahinter zunächſt die
Schützenkompagnie deſſelben heſſiſchen Bataillons unter Hauptmann Reim, ebenfalls in Halbzugs-Marſchkolonne formirt. Dicht
angeſchloſſen folgten dann die früher namhaft gemachten Trup-
pengattungen, Infanterie, Kavallerie und Artillerie.

Einer der Adjutanten Gagerns, der Oberleutnant Heisler,
will das Geſchrei der Freiſchärler zuerſt für „eine Nachahmung
des altdeutſchen Schlachtrufs" gehalten, ſodann den Ruf „General vor!" unterſchieden und zu dieſem geſagt haben: „Herr
General, man ruft Sie!" Wirklich ſtieg Gagern vom Pferde
und ging, begleitet von dem Hauptmann Reim, bis zur äußerſten
Spitze der Truppen vor. Im ſelben Moment machte der Stabschef des Generals, Major Kuntz, mit einer Kompagnie des badiſchen Leibinfanterieregiments eine Bewegung von der Straße
nach rechtshin, um die Republikaner zurückzubrängen und eine
freundliche Berührung derſelben mit den badiſchen Soldaten zu
verhindern.

Möglich weit aus den Reihen der Republikaner vortretend,
kam der Doktor Kaiſer in ſeiner blauen Bluſe dem General und
dem Hauptmann entgegen und rief laut nicht ſo faſt den Beiden
als vielmehr den Soldaten zu: „Schießet nicht auf eure Brüder!
Schießt nicht! Wir wollen ja das Gleiche, was eure Väter und
eure Brüder wollen; ihr würdet noch als Greiſe euch die grauen
Haare ausraufen." Darauf der General kurz und barſch: „Legt
die Waffen ab und geht nach Hauſe!"

Die Zurufe der Freiſchärler an die Soldaten werden allgemeiner, lebhafter, bringender und den Offizieren kann es nicht
entgehen, daß ſelbſt in den Reihen der Heſſen Ungewißheit und
Schwankung einzureißen beginnen. Der General erkennt, daß
raſch gehandelt werden müſſe. Er geht zu der heſſiſchen Schützen-

kompagnie zurück, wo der Hauptmann Reim zu ihm sagt: „Die Kerle halten Stand. Was befehlen Sie nun?" Worauf Gagern: „Nun, in Gottes Namen, vorwärts!"

Wunderlich, so oft die Menschen dazu verschreiten, einander massenhaft todtzuschlagen, ermuntern sie sich zu diesem löblichen Geschäfte „im Namen Gottes". Oder vielmehr, das ist gar nicht wunderlich, sondern ganz regelrichtig. Hat ja die arme Menschheit seit vielen Jahrtausenden vergeblich sich abgemüht, einen halbwegs anständigen Gottesbegriff sich anzuschaffen, und immer und überall noch thront Baal-Moloch als Obergott auf dem Blutopferaltar . . . .

Der Major Kuntz kommt auf die Straße zurück, gerade als der General sein Pferd wieder bestiegen hat. Auch e r fragt, was nun zu thun sei. Der General zieht den Säbel, treibt sein Pferd an und befiehlt: „Vorwärts!" Der Hauptmann bemerkt: „Herr General, Sie exponiren sich." Worauf Gagern zum Major: „Lieber Freund, wir gehören hierher."

Sofort ließ der Hauptmann seine Kompagnie antreten und führte sie zum Angriff vor. Seine Aussage über das, was folgte, lautet so: — „Bis auf 25 Schritte an die Aufstellung der Rebellen gekommen, zog ich den Degen, kommandirte: Fällt's Gewehr! und die Kompagnie ging lebhafter vor. In diesem Augenblicke ließ Oberleutnant Becker die Scharfschützen des Bataillons rechts Kette bilden. Ich war nun bis auf 8 Schritte an die Rebellen herangekommen und mit Leutnant Becker vor die Bajonnette getreten, um möglichst zu verhindern, daß die Mannschaft, gegen den Befehl des Generals, früher als die Rebellen feuerte. Diese riefen mir zu: „Halt, wir weichen nicht!" Auf diesen Zuruf antwortete ich: Ich habe Befehl, vorzudringen, und diesen Befehl befolge ich — und nun bis an die Bajonnette der Gegner herangekommen rief ich: die Waffen ab! und entriß denen, die mir zunächst die Bajonnette entgegenhielten, die Gewehre. Da fiel der erste Schuß rechts von mir aus den Reihen

der Rebellen und traf meinen linken Oberarm. Zugleich hörten
wir noch einige Schüſſe links von uns. Ich vermuthe, daß der
General von Gagern durch dieſe Schüſſe tödtlich getroffen wurde.
Jetzt, nachdem Leutnant Becker und ich uns in das erſte Glied
unſerer Leute hatten aufnehmen laſſen, feuerte die vordere Abtheilung unſerer Schützen und die ganze Kolonne der Rebellen
fing an zu ſchwanken, ſich aufzulöſen und theilweiſe eiligſt zu entfernen. Wir drangen nun ein und durch den weiteren Angriff
mit Degen, Bajonnett und Kolbe wurden die Rebellen in vollſtän-
digſte Flucht gejagt. Während dies im Centrum vorging, hatte
es Oberleutnant Becker auf dem linken Flügel des Feindes, der
aus Senſenmännern und Jägern beſtand, gleichfalls zu ſchnellſter
Entſcheidung gebracht."

Dieſem ehrenwerthen Zeugen, welcher klärlich darthut, daß
der General nach ſchon begonnenem und zwar auf ſeinen Befehl
ſeitens der Truppen begonnenem Gefechte getroffen, alſo keineswegs, wie man amtlich lügen ließ, vor dem Gefechte und während
des Parlamentirens „verrätheriſch" erſchoſſen wurde, — dieſem
ehrenwerthen ſoldatiſchen Zeugen ſtellen wir einen ebenſo ehrenwerthen freiſchärlichen gegenüber, in der Perſon von Mögling,
welcher, was er übrigens verſchweigt, mitten im Trubel des
Treffens auf der Scheideck Gelegenheit fand, ſeine nie ſich ver-
leugnende Gutherzigkeit zu erweiſen. Es war nämlich zufällig
eine arme Bauersfrau aus der Umgegend mitten in dieſen Trubel
hineingerathen und der brave „Hannes" ſuchte ſie mit ſeinem
rieſigen Körper gegen die Kugeln zu decken, wovon er ſeitens
ſeiner Freunde den Kriegsnamen „die lebendige Barrikade" erhielt.

Die Ausſage Möglings lautet ſo: „Kaum war unſere Auf-
ſtellung vollendet, als die Royaliſten auf der Höhe, Scheideck
genannt, erſchienen. Wir Führer gingen ihnen ſogleich entgegen
und forderten ſie auf, gemeinſchaftliche Sache mit uns zu machen,
da es ſich hier um die Freiheit des ganzen Volkes handle. Die
Soldaten hielten zuerſt überraſcht ſtill, dann löſ'ten ſich die

vorderen Reihen auf, wir gaben den einzelnen Leuten die Hand und suchten sie mit uns zu vereinigen. In diesem entscheidenden Momente bestieg Gagern sein Pferd, hieß die Offiziere ihre Leute zurückreißen, so daß wir uns einen Augenblick um die Soldaten rissen, und rief Unteroffiziere und Freiwillige vor. Diese drängten die Soldaten zurück, ein Adjutant Gagerns stellte sich an ihre Spitze und drang mit gefälltem Bajonnette gegen unser Centrum vor, welches sie ebenfalls mit gefälltem Bajon= nette erwartete. Die beiden Parteien standen, mit den Bajon= netten sich beinahe berührend, einander gegenüber; keine wollte angreifen, denn wir hatten einfältigerweise unserer Mannschaft streng eingeschärft, nicht zuerst anzugreifen, weil uns viele Sol= daten erklärt hatten, wenn wir irgendwo zusammenträfen und wir nicht zuerst angriffen, würden auch sie von ihren Waffen keinen Gebrauch machen. Jetzt führte Gagern durch rasches Handeln eine schnelle und blutige Entscheidung herbei. Als er die Unent= schlossenheit seiner Leute sah, feuerte er, hinter ihnen haltend, sein Pistol auf unser Centrum mit dem Ausruf ab: „Was Brü= der? Gesindel seid ihr!" Sein Adjutant hieb zu gleicher Zeit auf einen unserer Artilleristen ein und die Soldaten, den Schuß hörend, gaben Feuer, welches der großen Nähe wegen eine außer= ordentliche Wirkung hatte. Sogleich stürzten gegen zwanzig der Unserigen. Wir erwiderten natürlich das Feuer mit großer Leb= haftigkeit. Ich selbst hatte nie geglaubt, daß kein Kampf erfolgen werde, und hatte gleich bei unserer Aufstellung meinen Leuten eingeschärft, sowie das Feuer begänne, hauptsächlich auf die Offiziere zu feuern. Zwei gute Schützen hatte ich an meiner Seite und sagte ihnen, auf den General zeigend, der in Civil gekleidet war: Jener dort in dem braunen Rocke und der grünen Mütze ist der General, haltet nur auf diesen! Kaum hatte das Feuern begonnen, als auch wirklich der General, von einem meiner Schützen in die Brust getroffen, schwankte. Sein Pferd bäumte sich in Folge scharfen Anziehens des Zügels und erhielt

ebenfalls einen Schuß in die Bruſt. Mit dem Ausruf: Gerechter Gott! ſtürzte Gagern mit ſeinem Pferde zuſammen. Alle
dieſe Ereigniſſe waren das Werk einiger Sekunden und gingen
raſcher vor ſich, als ich ſie erzählen kann. Die Wirkung des
erſten Feuers war großartig und für mich, der ich das erſte Mal
ein Treffen geſehen, ſehr überraſchend. Gleich nachdem der erſte
Pulverdampf verflogen, ſah ich einen großen Menſchenknäuel auf
dem Boden liegen, Republikaner und Royaliſten durcheinander.
Der General lag zu meinen Füßen unter ſeinem Pferde; ich
fühlte ihm ſogleich den Puls, dieſer hatte jedoch zu ſchlagen aufgehört. Von den zu Boden liegenden Wehrmännern und Soldaten ſtanden jedoch die meiſten wieder auf. Auf der einen Seite
liefen die Royaliſten, auf der andern unſere Leute, beſonders die
Senſenmänner, davon. Dieſe hatten nämlich die volle Salve
eines Pelotons bekommen, die Kugeln waren aber zu hoch gegangen, hatten bloß die Senſen getroffen, ein großes Geräuſch
verurſacht und dadurch ihre Träger ſo erſchreckt, daß dieſe nicht
nur ihre Senſen wegwarfen, ſondern auch entweder ſich zu Boden
legten oder direkt davonliefen. Für einige Augenblicke entſtand
auf dem Kampfplatz ein kleines Getümmel und Handgemenge
zwiſchen den ſich Aufraffenden und nach verſchiedenen Seiten
Davongehenden. Ich war an der Leiche des Generals ſtehen
geblieben und dabei ſo in das Handgemenge gekommen, daß ich
einem Royaliſten ſeine Muskete entreißen und einem anderen,
der mir unterdeſſen mit ſeinem Bajonnett ein Loch in meinen
Burnus riß, dafür einen tüchtigen Säbelſchlag über ſeinen
Tſchako geben konnte. Bald trat ein Hauptmann der Royaliſten
vor, winkte mit einem weißen Tuche und rief mir zu, wir möchten
das Feuern einſtellen*). Ich erwiderte, wir ſeien bereit dazu,

---

*) Dieſer „Hauptmann der Royaliſten“ war der Hauptmann Keim,
welcher ſeiner eigenen Relation zufolge nach eingetretener Kataſtrophe den
Inſurgenten zurief: „Hört auf zu feuern; es hat Opfer genug gekoſtet und
hilft euch doch nichts.“

wenn sie es auch einstellten. Er gab sofort den Befehl dazu, ich auch. Darauf trat er wieder vor und sagte, es sei Blut genug geflossen, wir wollten uns trennen; sie, die Royalisten, hätten nur Befehl, bis hierher auf die Scheideck vorzubringen; sie wollten nun zurückkehren und wir sollten unsern Marsch ebenfalls fort= setzen. Ich erklärte ihm, damit zufrieden zu sein. Nun wünschte er die Leiche des Generals zurückzuhaben, welche auf unserem Terrain lag. Dies sagte ich sogleich zu, als mir einer unserer Hauptleute sagte, in dem Handgemenge habe ein Royalist dem Fahnenträger unserer Sensenmänner die Fahne entrissen, worauf ich die Zurückgabe der Leiche des Generals an die Bedingung der Zurückgabe der Fahne knüpfte. Nur ungern gab der Soldat die Fahne zurück und warf sie im Unmuth auf den Boden. Ich erklärte sogleich, auf diese Art nähmen wir die Fahne nicht zu= rück; der Soldat mußte sie aufnehmen und ein Unteroffizier übergab sie einem unserer Wehrmänner, worauf wir die Leiche des Generals zurückgaben *). "

---

*) „Briefe an meine Freunde", S. 87 fg. Mögling hat diese seine Aussage unter Umständen abgegeben, wo es sich für ihn um Leben oder Tod handelte, nämlich vor dem preußischen Standgerichte, vor welches der bei Waghäusel durch eine preußische Kugel zum Krüppel Geschossene am 20. Ok= tober 1849 zu Mannheim geschleppt wurde. Sein in dieser Lage erstatteter Bericht über das Gefecht auf der Scheideck machte so ganz den Eindruck der Wahrheit, daß der Vorsitzer des Kriegsgerichts, der preußische Major Baez= low, dem braven „Hannes" erklärte, derselbe „solle versichert sein, das ganze Standgericht sei von der Wahrheit aller seiner Aeußerungen so vollkommen überzeugt, daß es die bereitgehaltenen Zeugen gar nicht vorrufen würde, wenn dies nicht der Form wegen nöthig wäre." Mögling ließ sich vor dem Kriegsgericht mit aller Entrüstung seiner ehrlichen Seele darüber aus, daß „die großherzoglich badische Regierung den Herrn Oberst Hinkeldey veran= laßt hatte, die grobe Verleumdung gegen Hecker zu verbreiten, als habe dieser den General Gagern während einer friedlichen Besprechung meuchlings niedergeschossen." „Wir hatten zwar sogleich — erzählt er — in allen uns zugänglichen Blättern die Unwahrheit dieser ehrlosen Verleumdung nachge= wiesen; da aber die großherzogliche Regierung den Oberst Hinkeldey nicht

Was ist nun Wahrheit? würde Angesichts dieser beiden Zeugnisse der selige Pontius Pilatus wieder einmal fragen. Wer aber nicht wie Se. Excellenz der weiland Oberpräsident von Judäa zu träge und gleichgiltig ist, die Wahrheit zu suchen, wird dieselbe aus den angeführten beiden Zeugnissen unschwer heraus=finden. Denn diese Bezeugungen decken sich in allem Wesentlichen vollständig. Das Wesentliche aber ist, daß General Gagern in dem durch ihn angehobenen Kampfe gefallen und daß nach seinem Fall ein kurzer Waffenstillstand mit beiderseitiger Einwilligung eingetreten ist.

Das Resultat des Zusammenstoßes auf der Waldhöhe hinter Kandern war eine nicht so sehr militärische als vielmehr politische Niederlage der Republikaner. Denn das kurze Treffen auf der Scheideck ergab um den Preis von einem Dutzend Menschenleben das Facit, daß es mit der Illusion, die Soldaten der fürstlichen Heere zur Fahne der Republik herüberzuziehen, futsch und fertig sei. Die denkträge Gewohnheit militärischer Disciplin erwies sich nicht weniger mächtig, als sich in dem Volke die gedankenlose Gewohnheit des monarchischen Köhlerglaubens mächtig erwies.

---

nur an der Spitze seines Dragonerregiments ließ, sondern auch das ge= sammte badische Offizierskorps fortwährend einen Mann unter sich duldete, dem in öffentlichen Blättern nachgewiesen war, daß er wissentlich sein Ehren= wort falsch gegeben hatte, so hielt ich es für nothwendig, hier vor mehreren hundert Zeugen die Wahrheit als Augenzeuge und Veranlasser des besproche= nen Ereignisses zu bekräftigen. Viele großherzogliche Offiziere waren an= wesend, keiner wagte meinen Behauptungen zu widersprechen. Beschämt schlugen sie die Augen nieder und wagten weder den Blicken ihrer preußischen Kameraden, in denen auch nichts weniger als Achtung lag, noch den meinigen zu begegnen, als ich die Vorgänge auf der Scheideck erzählte." Selbst Leib= historiker und Leibpublizisten des Liberalismus haben es nicht gewagt, Mög= lings mannhaftes Gebaren vor dem Kriegsgerichte zu leugnen; aber sie suchten es mit gewohnter Ehrlichkeit todtzuschweigen. Auch dem Gegner gerecht zu werden, das liegt über dem Niveau "liberaler" Plattköpfigkeit und Lederherzigkeit.

Das Volk machte gar keine Miene, geschweige irgendeine Anstalt, in Masse für die Republik sich zu erheben, und die Soldaten ihrerseits schossen, sobald sie dazu kommandirt wurden, unbedenklich auf die Republikaner. Die Voraussetzungen, unter welchen der Hecker-Putsch phantastischer Weise unternommen worden, hatten sich demnach als irrige herausgestellt und damit war die ganze republikanische Schilderhebung unwiderstehlich verdeckt und verloren.

5.

Bei solchen studentischen Improvisationen, wie der April-gang der deutschen Republikaner i. J. 1848 eine gewesen ist, kommt alles auf das Gelingen oder Mißlingen des ersten Streiches an. Wäre der erste Streich gelungen, d. h. hätten die Republikaner auf der Scheideck die hessischen und badischen Truppen in ihre Reihen hinüberzuziehen oder aber dieselben entscheidend zu schlagen vermocht, so würde die Sache ein ganz anderes Gesicht bekommen haben. So jedoch, wie es auf der Scheideck hergegangen, hatte der erste Fehlschlag einen zweiten, dritten, vierten zur natürlichen Folge. Einer dummen oder schlechten Sache thut eine anfänglich erlittene Niederlage wenig oder gar nichts; denn die Menschen, ohnehin schon aus Wahlverwandtschaft sympathisch für sie gestimmt, springen ihr nun auch noch aus Mitleid bei. Eine vernünftige und gute Sache dagegen erholt sich von anfänglichem Mißgeschicke nur äußerst selten, weil sich durch ein solches jeder schäbige und schäfige Philister, also das liebe „Publikum", für bevollmächtigt hält, ihr auch seinerseits einen Fußtritt zu geben, um sie weiter bergab zu stoßen. . . .

Der, von welchem der ganze Putsch den Namen trägt, muß bei Kandern zu der unwidersprechlichen Selbsterkenntniß gelangt sein, daß er nicht die Spur eines Schattens von Feldherrnberuf in sich habe. Er verlor sich mit den fliehenden Sensenmännern von der Walstatt, verirrte sich in den Wäldern und wurde in der nächsten Nacht durch einen hilfreichen Bauer glücklich über den Rhein auf schweizerischen Boden hinüberbugsirt. Als richtiger Sanguiniker, der er war, sprang er in Folge der Ereignisse vom 20. April plötzlich zum vollständigen Melancholiker um, welcher über die Befähigung des deutschen Volkes, Revolution zu machen, grämliche Witze riß, die jedem besser anstanden als ihm, der noch vor wenigen Tagen an diese Befähigung mit wahrhaft kindlicher Zuversicht geglaubt hatte. Im Uebrigen that Hecker, nachdem er zu Muttenz in Baselland die Unerquicklichkeit des Flüchtlingslebens eine Weile gekostet hatte, das Klügste, was er unter sothanen Umständen thun konnte: er verzichtete auf die undankbare Rolle, den Republikanisator der fürstenfürchtigen Deutschen zu machen, und ging nach Amerika, um im „fernen Westen" Farmer zu werden. Er paßte nicht in das ordinäre Maß der deutschen Unterthanschaft; ganz in der Ordnung daher, daß Deutschland ihn ausstieß. Im folgenden Jahre, 1849, ließ er sich ehrenhafter, aber unkluger Weise noch einmal durch einen Irrlichtschein für etliche Tage nach Europa herüberlocken und später hat er sich in dem glorreichen Kampf der Union gegen das Sklavenjunkerthum als Kriegsmann verdient gemacht um sein neues Vaterland, um sein wirkliches und rechtes: — omne solum liberum libero patria. . . .

Das Verschwinden Heckers von der Scene machte dem Putsch=Idyll ein Ende mit Schrecken. Seine Persönlichkeit war doch das zusammenhaltende Band des ganzen Unternehmens gewesen. Als jenes fehlte, fiel dieses auseinander.

Die Auflösung der Heckerschar hatte schon auf der Scheideck begonnen. Was noch zusammenhielt, zog sich gen Steinen, um sich mit der theilweise daselbst eingetroffenen weißhaar=struve'schen Kolonne zu vereinigen. Die Bundestruppen, unter dem Ober=

befehl des an Gagerns Stelle getretenen Obersts Hinkeldey,
rückten nach. Ihr Vortrab schoß sich eine kurze Weile bei Steinen
mit den Freischärlern herum, deren Führer mitten in diesem
Plänklergefecht durch die Meldung überrascht wurden, Bürger
Struve habe mit den Royalisten also kapitulirt, daß diese unge=
stört gegen das Rheinthal hinab und die Republikaner hinter die
Wiese sich zurückziehen sollten.   Damit barst die helle Anarchie
in der Freischar aus.   Mißmuth und Mißtrauen machten die
weishaar'sche Kolonne auseinanderrinnen wie Regenschauer den
Aprilschnee.   Auf dem Fluchtweg nach der Schweiz fiel Struve
in die Hände des Oberamtmanns von Säckingen, welchem der
Umstand, daß eine Schwadron württembergischer Ulanen in dem
Städtchen lag, den Muth gab, seinen Gefangenen festzuhalten.
Als aber der wackere „Hannes" den Unfall Struve's erfahren
hatte, wußte er durch eine artige, sehr geschickt in Scene gesetzte
Kriegslist dem württembergischen Rittmeister eine ungeheuer lange
Nase zu drehen und die Freigebung Struve's zu bewirken.   Der
also Befreite wandte seine Schritte der Kolonne Sigels zu, nicht   .
zum Heile derselben.   Denn der begeisterte Optimist und ge-
wissenhafte Pflanzenkostesser brachte es trotz des besten Willens
während des ganzen Aprilputsches nur dazu, die Rolle des
Konfusionarius Konfusionariorum zu spielen.   Auch sein Befreier
aus den Krallen der Säckinger, der thatkräftige Mögling, machte
sich zur sigel'schen Schar auf, deren Banner immerhin noch mehr
als 3000 Bewaffnete zusammenhielt.

Sigel hatte am 20. April mit seinem Harste gerade die
Nachtquartiere in Todtnau und Umgebung bezogen, als ihn die
Meldung von dem auf der Scheideck Geschehenen erreichte.   Der
Bote bat zugleich dringend um Unterstützung der, wie er aussagte,
auf Zell zurückgegangenen Heckerschar und Sigel ließ sich, obzwar
überzeugt, daß ein rascher Vormarsch auf Freiburg das Gerathenste
wäre, hierdurch zu einem Rückmarsch auf Schopfheim und Zell
bewegen, allwo man doch nur die Auflösung der hecker'schen und

der weißhaar'ſchen Kolonne erfuhr. Dieſe Neuigkeit, verbunden
mit den Einwirkungen eines vielſtündigen Eilmarſches bei furcht-
barem Regenwetter, konnte das Vertrauen zu einer ohnehin ſchon
völlig problematiſch gewordenen Sache nicht eben ſtärken. Außerdem gab die Wiederabwendung von dem wichtigen Zielpunkt
Freiburg den fürſtlichen Truppen Zeit und Raum, von allen
Seiten zur Wegnahme dieſer Stadt herbeizukommen, deren
Bürgerſchaft zwiſchen Republik und Monarchie ſchwankte wie
Buridans bekannter Eſel zwiſchen ſeinen zwei Heubündeln, die
aber durch eine enthuſiaſtiſche Jugend, die Turnerſchaft voran,
im Sinne der republikaniſchen Schilderhebung gehalten wurde.
Schon lagerten ſich jedoch überlegene fürſtliche Streitkräfte vor
der Stadt, badiſche, naſſauiſche und heſſiſche Truppen, etwa
3000 Mann Fußvolk, 1 Reiterregiment und Artillerie mit 4 Ge-
ſchützen. Auch die hinkeldey'ſche Kolonne wandte ſich von Lörrach
rheinthalabwärts auf Freiburg. Vom Schwarzwald rückten
die Würtemberger durch das Albthal und das Höllenthal ebenfalls gegen dieſe Stadt herab.

Sigel, von Schopfheim nach Todtnau zurückgeeilt, empfing
hier am Nachmittag des 22. April Meldungen, welche ihm über
das Verzweifelte einer Angriffsbewegung auf Freiburg wenig
Zweifel laſſen konnten. Aber als muthiger Mann wollte er
dieſe Bewegung dennoch wagen, um wenigſtens noch einen Schlag
für die Republik zu thun und dann auch, weil er die Parteigenoſſen in Freiburg, welche die Stadt gegen die fürſtliche Truppenmacht verbarrikadirt hatten, nicht hilflos der Rache ihrer
Feinde preisgeben mochte. Sowie demnach ſeine verſchiedenen
„Banner" von Zell und Schopfheim her nach und nach wieder
bei ihm eintrafen und ſobald die durchnäßten und abgehetzten
Leute ſich nothdürftig erholt und ihre Kleider und Waffen ge-
trocknet hatten, ſetzte er ſie abermals in Marſch, über die be-
ſchneiten Bergkämme hinweg und Freiburg zu.

Am Oſterſonntag dem 23. April ſtand in den erſten Nach-

mittagsstunden der republikanische Vortrupp, Sigels 1. Banner,
bei welchem Struve sich befand, beim Dorfe Güntersthal, also
etwa noch 1 Stunde von Freiburg entfernt, während der Nachtrab noch in Todtnau zurückwar und zwischen diesen beiden
Punkten die übrigen Banner im Marsche begriffen waren. Sigel,
welcher einen sachgemäßen Angriffsplan entworfen und demnach
alle verzettelten Vorwärtsbewegungen entschieden untersagt hatte,
wollte ganz verständiger Weise nicht nur seine eigenen Streitkräfte sämmtlich heranhaben, sondern auch die Scharfschützenzüge
der hecker'schen und weishaar'schen Kolonne, welche, nach den
Gefechten bei Kandern und Steinen versprengt, jetzt — so war
ihm gemeldet worden — durch Becker und Bruhn, Doll und
Mögling wieder gesammelt und ihm zugeführt wurden. Er
hatte daher der Vorhut den gemessenen Befehl zukommen lassen,
in keinem Fall über Güntersthal hinaus vorzugehen, bevor er
mit den andern Bannern herangekommen wäre.

Da spielte das Eingreifen Struve's dem Freischarengeneral
einen übeln Streich. Sei es von der fixen Idee befangen, auch
in ihm stäke ein verkanntes Feldherrngenie, sei es von der noch
fixeren beherrscht, mittels Parlamentirens zum Fraternisiren mit
den zweierleituchenen „lieben Brüdern" zu gelangen, genug, der
gute Fleischkostverächter gab dem Vortruppbanner Marschbefehl
und unglücklicher Weise fand er Gehorsam. So führte er das
Banner mitten im Thale auf offener Straße gegen Freiburg
zu. Die unausweichlichen Folgen dieses Geniestreiches traten sofort ein. An der Mündung des Thals, beim Gasthaus zum
Waldhorn, stieß die Schar auf die in Schlachtordnung aufgestellten Truppen, badische Infanterie und hessische Artillerie.
Dem armen Struve, der heftig sein weißes Tuch schwenkte, wurde
nicht einmal gegönnt, seine Bruderschaftslitanei herzusagen. Der
badische General Hoffmann jagte den von Struve vorgesandten
Parlamentär Kuenzer zurück mit den Worten: „Fort, du Hund!"
und gleich darauf prasselten die hessischen Kartätschen in die

Reihen der Freischärler. Das Banner stob auseinander, mit
Ausnahme der Schützenkompagnie, welche, am Saume des Ster-
nenwaldes Stellung nehmend, die Flucht der Sensenmänner zu
decken suchte. General Hoffmann führte seine Truppen bis
Güntersthal vor, hier aber wurde er durch den inzwischen mit
einem frischen Banner herangekommenen Sigel, welcher das Gefecht herzhaft aufnahm, im weiteren Vorbringen gehemmt und
fand für gut, den Rückzug nach Sankt Georgen anzutreten. Derweil ist auch ein schwächlicher Versuch der Republikaner in der
Stadt, aus dieser hervorzubrechen und den Truppen in den Rücken
zu fallen, mißlungen. Struve's verkanntes Feldherrngenie hatte
allen Plan und Zusammenhang in den Operationen der Republikaner zerstört.

Sigel verbrachte die Nacht in dem Dorfe Horben rückwärts
von Güntersthal, um den Zuzug Möglings abzuwarten, welcher
dann auch richtig daselbst eintraf. Die ganze Freischar betrug
jetzt aber kaum noch ein Sechstel ihres gestrigen Bestandes.
Trotzdem unternahmen Sigel und Mögling am folgenden Morgen (24. April) noch das Wagniß, ihren Parteigenossen in Freiburg, welches an diesem Tage von den fürstlichen Truppen berannt
wurde, Hilfe zu bringen. Es gelang ihnen, in Horben 5—600
Mann zusammenzuraffen. Damit drangen sie durch den Sternen-
wald bis vor das Schwabenthor der Stadt. Allein diese war
nach einem von der Handvoll freiburgischer Republikaner unter
dem Kommando des Studenten Langsdorff sehr wacker, besonders am Zähringerthor und am Breisacherthor wacker gekämpften
Barrikadenkampfe von den Truppen genommen worden und so
wurde die anrückende sigel'sche Schar vom Schwabenthor aus
mit fürstlichen Kartätschen- und Musketenkugeln begrüßt. Sie
trat unter der Führung von Doll den Rückzug an und verlief sich
dann im Gebirge. Sigel, Mögling und vier ihrer Leute konnten,
zu weit vorgedrungen und abgeschnitten, diesem Rückzuge nicht
sich anschließen und hätten schlechterdings gefangen werden müssen,

falls die Führung der Truppen nicht auch an diesem Ostermon-
tag, wie überhaupt im ganzen Feldzug, eine so erbärmliche
gewesen wäre, wie sie war. Mögling und Sigel konnten es
sogar wagen, über die unbewachte Stadtmauer zu klettern, um,
wie der tapfere „Hannes" sich ausdrückte, „zu sehen, ob in der
Stadt nicht vielleicht noch etwas zu machen sei." Da drinnen
war aber schlechterdings nichts mehr zu machen und die Freunde
mußten froh sein, mit heiler Haut wieder herauszukommen. Sie
wandten sich in die Berge, um die herwegh'sche Kolonne aufzusuchen, von deren Rheinübergang sie hörten. Es gelang aber
nicht und nach Bestehung von allerhand Nöthen und Gefahren
retteten sich die Beiden auf einem Schmugglerkahn über den
Rhein an das französische Ufer.

Durch die Straßen des eroberten Freiburg ging die soldatische Siegesfurie und machte ihrem Hochgefühl, für Thron und
Altar gefochten zu haben, durch Brutalitäten und Grausamkeiten
Luft, welche zu vertuschen oder ganz zu leugnen die fürstliche Leib-
historiographie natürlich sorgsam bemüht gewesen ist. Wüßte
diese Dirne, was Scham ist, sie hätte sich diese Mühe nicht zu
geben gebraucht. Sie hätte frischweg die Thatsachen anerkannt
und diesen Trumpf darauf gesetzt: — Für den Sieger gibt es
kein Gesetz und der Macht ist alles erlaubt! ... In Wahrheit
so war es, so ist es und so wird es sein vom Anfang bis zum
Ende der Tage. Denn der Durchschnitts-Mensch, dessen Anzahl
sich zu der des Ausnahme-Menschen verhält wie 1 zu 1000 —
der Durchschnitts-Mensch ist eine wesentlich niederträchtige Kreatur, die es durchaus regelrecht und ordnungsmäßig findet, daß die
Völker in der Knechtschaft stumpfer Gewohnheit verharren und
mit schäfiger Ergebung alles hinnehmen, was die Gewalt über
sie zu verhängen geruht. Fällt in diesen Blödsinn der Sklaven-
haftigkeit dann und wann ein „lichter Moment", so zerbrechen
wohl die Nationen ihre Fesseln und zertrümmern ihre Bastillen.
Aber sowie ihnen die scharfe Luft der Freiheit ins Gesicht bläs't,

ſehnen ſie ſich in die dumpfe Baſtillenluft zurück und bieten ihre
Hände zum Wiederfeſſeln dem nächſten beſten Räuberhauptmann
dar, welcher ſich mit dieſem Geſchäfte befaſſen will.

Aber, ſagt ihr, man muß die Beſtie mit Gewalt aus dem
Menſchen treiben; man muß die Völker, wie zu jedem Vorſchritt,
ſo auch zur Freiheit zwingen. Wirklich? Muß man? Schade
nur, daß das Müſſen unendlich viel leichter betretirt als das
Können effektuirt iſt — —

„Sklavenhändler ſelber können m i r ein Joch vom Nacken heben,
Aber das vermag kein Freier, Sklave, Freiheit d i r zu geben.“

Die Begriffe Freiheit und Zwang ſchließen einander ſo un=
bedingt aus, daß ihre Zuſammenkoppelung der pure, blanke
Wahnwitz. Was dabei herauskommt, die Geſchichte der franzö=
ſiſchen Terroriſten lehrt es. Einer der wenigen denkenden Fran=
zoſen, die es ſeit der Byzantiniſirung Frankreichs durch das
zweite Empire noch gibt, hat das triftige Wort geſprochen: „Das
iſt eine der großen Schwierigkeiten oder, wie andere ſagen
werden, der großen Schwachheiten der Freiheit, daß ſie ſchlechter=
dings human ſein muß (qu'elle est obligée d'être humaine).
Sie kann ſich nicht aller und jeder Mittel bedienen, wie die
Thranneien und die Religionen es können (elle ne peut se ser-
vir de tous les moyens, comme les tyrannies et les reli-
gions). Darum iſt ſie ſo ſelten auf Erden, darum haben ſo
wenige Nationen ſie erlangt. Der Despotismus beſitzt zwanzig
Hilfsmittel, wo der Freiheit nur ein einziges zu Gebote ſteht.“
Sehr wahr! Und dieſes einzige Hilfsmittel? Es heißt Selbſt=
befreiung des Individuums. Wer ſich nicht ſelbſt erzieht,
bleibt ewig unerzogen. Wer ſich nicht ſelbſt befreit, wird nie ein
Freier, und da die Durchſchnitts=Menſchen, die Völker, die
Maſſen (die „gebildeten Stände“ miteingeſchloſſen) ſchon vor
der Kühnheit des bloßen Gedankens der Selbſtbefreiung, ge=
ſchweige vor der Arbeit und Mühſal derſelben zurückbeben, ſo
war, iſt und wird ſein das Verhältniß der Freien zu den Knechten

allzeit das einer winzigen Minderzahl zu einer erdrückenden Mehrheit.

6.

Die deutschen Republikaner vom April 1848 machten es in Baden genau wie die Preußen Anno 1806 bei Jena.' Sie griffen mit einem ihrer Regimenter nach dem andern an, statt ihre sämmtlichen Kräfte zu Massenstößen zusammenzuthun und darum ist es ihnen von Rechtswegen gerade so ergangen wie weiland den Preußen bei Jena.

Auf dem Standpunkt eines „Rebellen" war es kindisch ge= handelt, daß Hecker nicht bei guter Zeit und möglichst rasch die herwegh'sche Legion aus Straßburg rheinherüber berufen hatte. In solchen Fällen auf die Anschauungen der Philister Rücksicht nehmen heißt seine Unfähigkeit zum Revolutioniren und Rebel= liren glänzend darthun. Weil ein Dutzend französischer Blusen in der herwegh'schen Kolonne mitmarschirten, wurde die recht= zeitige Herbeiziehung dieser Verstärkung verschmäht. Das war wieder einmal so recht eine „Schwachheit" des Freiheitsprinzips. Haben Staatsstreichler und Despoten jemals sich besonnen, Kor= sen, Turkos, Kassuben, Baschkiren und Sereschaner auf die Völker loszulassen? Ach, Jungfrau Libertas wird stets eine un= praktische Idealistin sein!

Als endlich am 23. April eine von Sigel und Mögling erlassene direkte Aufforderung zum Zuzug nach Straßburg ge= langte, war es zu spät und konnte der herwegh'schen Schar nur beschieden sein, was zuvor dem hecker'schen, dem weißhaar'schen, dem sigel'schen Harste nacheinander beschieden gewesen. Sie konnte, wie die Umstände lagen, nur noch den letzten Akt des ins Tragische gewendeten Putsch=Idylls abspielen.

In der Nacht vom Oſterſonntag auf den Oſtermontag ging die Legion auf Kähnen über den Rhein und betrat das deutſche Ufer zwiſchen den Dörfern Rheinweiler und Kleinkembs. Sie zählte, als ſie nach der Landung in Reih' und Glied trat, nicht mehr als ungefähr 650 Mann, ſehr ungleich und unzulänglich bewaffnet und überhaupt ſchlecht ausgerüſtet. Börnſtein und Korwin ſollten, quaſi als General und Generalſtabschef, die militäriſche Oberleitung haben. Das „Regiment" befehligte Löwenfels und die 4 „Bataillone" kommandirten Schimmel-pennink, Bornſtedt, Hörter und Delaporte (ein Franzoſe). Her-wegh war „vorläufig politiſcher Miſſionär ohne Beſchäftigung". Was bei Kandern vorgefallen war, wußten die Führer bereits ; von den Vorgängen bei Güntersthal und in Freiburg konnten ſie aber noch keine Kunde haben und hofften, an der auf die ge-nannte Stadt zielenden republikaniſchen Unternehmung ſich be-theiligen zu können. Als die Schar nothdürftig geordnet, auf-brach, um ſo raſch wie möglich quer durch die Rheinebene in die Schwarzwaldberge hinüberzukommen, fügte es der Zufall, daß der Freiſchärler, welcher an der Spitze der Vorhut marſchirte, Herrgott hieß. Das wurde lachend als ein gutes Vorzeichen begrüßt, erwies ſich aber ſo trügeriſch wie nur jemals irgendein Omen.

Der Marſch der Freiſchar, in welcher die Landbevölkerung alsbald keine „franzöſiſchen Mordbrenner", ſondern gutartige Landsleute erkannte und herzlich begrüßte, auch nach Kräften mit Speiſe und Trank erquickte, — der Marſch richtete ſich zuvörderſt auf Kandern und von da gen Todtnau. Unterwegs, im erſten Nachtquartier, das in den Dörfern Vogelbach und Marzell genommen wurde, traf ein Sendling der franzöſiſchen Regierung im Hauptquartier ein, um zu erſpähen, wie ſich das Unternehmen anließe. Das Verhalten der proviſoriſchen Re-gierung der franzöſiſchen Republik von 1848 zu dieſem Frei-ſcharenzug zeigt im Kleinen und Beſonderen dieſelbe Jämmer-lichkeit auf, welche die Majorität dieſer Regierung im Großen und Allgemeinen kennzeichnete. Diese Halbmänner, voran das lyrische Zuckerrohr Lamartine, wollten halb und halb die Re-publikanisirung Deutschlands, wagten aber nichts dafür zu thun, sondern lagen nur auf der Lauer, das Unternehmen zu appro-biren, falls es gelänge, oder aber zu besavouiren, falls es miß-länge.

Am folgenden Tage erhielten die Führer der bis Mutten vorgerückten Legion sichere Nachrichten über das gänzliche Miß-lingen des sigel'schen Anschlags auf Freiburg. Sigel sollte zwar noch an der Spitze von 3000 Mann am nahegelegenen Berge Storen stehen, allein dieser Trost erwies sich bald als mythisch. Dadurch nicht wenig verblüfft, durch die Marschstrapazen bei schlechter Witterung arg mitgenommen und mit schon beträchtlich gelockerter Ordnung gelangte die Schar von Mutten nach Wieden, wo sie unwidersprechlich vergewissert wurde, daß sie ganz und gar auf sich selbst angewiesen sei, weil die anderen Freiharste völlig zersprengt waren. Die republikanische Fahne konnte nicht länger im Felde gehalten werden, das war klar; wenigstens für jeden mit fünf gesunden Sinnen Versehenen. „Bei unserer numerischen Schwäche, dem mangelhaften Zustande der Ausrüstung und dem Geiste der Unordnung, die in der Legion eingerissen war — be-richtet Korwin — konnte es mir nicht entfernt in den Sinn kommen, ein Gefecht herbeiführen zu wollen. Die Aufgabe, die ich mir stellte, war im Gegentheil diese, die Legion durch alle Feinde hindurch über die schweizer Gränze zu bringen, ohne mit den Truppen einen Schuß zu wechseln. Diese Aufgabe war um so schwieriger, als das Militär, unsere Schwäche jetzt sicherlich kennend, uns aufsuchte und, nicht mehr durch andere Insurgen-tenscharen gehindert, in größeren Massen gegen uns anrücken konnte." Demnach Beschluß, über den Belchen nach Zell im Wiesenthale zu marschiren, um sich den Weg nach der Schweiz zu öffnen.

Gegenüber den schändlichen Verleumdungen, womit die

Afterhistoriker der Rückwärterei und des Liberalismus die republikanischen Freischaren überschüttet haben, muß scharf betont werden, daß der „Geist der Unordnung", von welchem wir einen Mitdabeigewesenen so eben sprechen hörten, nur im technisch-militärischen Sinne zu verstehen ist. Die durchnäßten und durchfrorenen, müdegehetzten und halbverhungerten Freischärler haben auch auf ihrem Rückzuge noch gegen die Bevölkerung ein Betragen eingehalten, welches wahrhaft musterhaft genannt werden darf. „Ich muß — erzählt unser Gewährsmann, welcher in seinem Berichte weit mehr g e g e n als f ü r seine Schicksalsgenossen Partei nimmt — ich muß es unsern Leuten zu ihrem Ruhme nachsagen, daß sie allem Hunger zum Trotz nicht einen Augenblick das Gelüste hatten, plündernd in die Häuser zu brechen, und als ein Marodeur mit einigen gestohlenen Broten auf dem Bajonnett sich seines Diebstahls rühmte und die andern aufforderte, es ebenso zu machen, verlangten diese von mir, ich sollte den Mann auf der Stelle erschießen lassen, wie es in Paris während der drei Februartage mit Dieben geschehen war."

Unter allerlei Fährlichkeiten gelangte die Schar, sehr zusammengeschmolzen, am 26. April nach Zell und von da mittels eines mühsäligen, die Leute bis zum Umfallen erschöpfenden Nachtmarsches am folgenden Morgen nach Niederdossenbach, welches Dorf etwa eine Wegstunde weit vom Rhein abliegt. Frau Emma Herwegh hat in ihrem Bericht über den Zug die Stimmung der Freischärler am Morgen des 27. April kurz und gut so gezeichnet: „Bei dem größten Theile der Mannschaft hatte sich das Bedürfniß der Ruhe bis zu wahrer Leidenschaft gesteigert. Sie wollten schlafen, nichts als schlafen; alles andere war ihnen im Moment völlig einerlei." Korwin jedoch, von der Nähe würtembergischer Truppen unterrichtet, traute dem Frieden nicht und trieb energisch zum Wiederaufbruch, um den rettenden Gränzstrom zu gewinnen.

Ungefähr 10 Minuten hinter Dossenbach beginnt ein Wald, von welchem ein breiter Streifen bis an den Rhein hinunter= läuft. Als die Freischar diesen Streifen passirt hatte, ließ Kor= vin auf einer großen Lichtung, an deren linker Seite der Fahr= weg sich hinzieht, Halt machen, um die Nachzügler heranzuziehen und den Weitermarsch zu ordnen. Die meisten der Leute warfen sich auf den Boden nieder, um sofort einzuschlafen, andere zogen ihr zerschlissenes Schuhwerk aus, um ihre kranken Füße zu untersuchen. Da krachten Schüsse vom Dorfe her und ver= sprengte Blusen stürzten durch das Gehölz auf die Lichtung mit dem Rufe: „Die Würtemberger sind da!"

Dieser Ruf machte alle „nur zu lebendig", wie Korvin sich ausdrückt. „Jeder vergaß seine wunden Füße, seinen Hunger und seine Müdigkeit, um — fortzulaufen? Oh nein! Es macht mir Freude, anzuerkennen, daß trotz all der niederdrückenden Umstände der Muth der Leute sich in diesem Augenblicke be= währte. Mit lautem Jubelgeschrei griffen sie zu den Waffen und stürzten durch den Waldstreifen, den wir durchschritten hatten, auf das freie Feld, dem von Dossenbach anrückenden Feind ent= gegen. Alles Rufen war vergeblich; die Leute waren so erbittert und kampfbegierig, daß viele die Offiziere zu erschießen drohten, welche sie aufzuhalten suchten, um Regelmäßigkeit in die Ver= theidigung zu bringen."

Ja, an Muth fehlte es den Blusenmännern nicht, mit Aus= nahme des „Generals" Börnstein, der sich ganz jämmerlich be= nahm. Aber was konnte dieser ordnungslose Muth gegen einen Ueberfall ausrichten, welcher durch den würtembergischen Haupt= mann Lipp an der Spitze seiner 300 Mann starken, wohlausge= ruhten, gutgerüsteten und gutdiszjplinirten Kompagnie mit Eifer und Geschick geleitet wurde? Offenbar so viel wie nichts. Dennoch hielten die Freischärler, von denen etliche dreißig ge= tödtet oder tödtlich verwundet wurden, das Gefecht anderthalb Stunden lang, also gerade so lang, als ihr Schießbedarf aus=

reichte. Heldiſch ſtritt und ſtarb vor allen andern Reinhart von Schimmelpennink. Einen Trupp von Senſenmännern gegen die Würtemberger vorführend, ſah er ſich, nur noch von etlichen ſeiner Leute gefolgt, auf Gewehrlänge den Feinden gegenüber. Er ſchwankt einen Augenblick, ob er ſich wohl ergeben ſollte, und ruft den Soldaten zu: „Wird man nach Kriegsgebrauch mit mir verfahren?" Schimpfworte und Schüſſe antworten ihm. Da ſtürzt er ſich mit geſchwungenem Säbel in die feindlichen Reihen, den Anführer ſuchend. Der Hauptmann Lipp iſt auch ein tapferer Mann und läßt ſich gerne finden. Die Beiden kreuzen zum Zweikampfe die Waffen. Schimmelpennink iſt aber der Stärkere und Gewandtere. Er verwundet ſeinen Gegner an der Hand und iſt im Begriffe, denſelben zuſammenzuhauen, als ihm eine Musketenkugel die linke Bruſt durchbohrt. Er fällt und dem im Todeskampf am Boden Zuckenden ſtößt ein Soldat das Bajonnett in den Mund.

Korvin that das Menſchenmögliche, die Verwundeten auf die Gepäckwagen ſchaffen zu laſſen und dann, als das Geſecht nicht mehr zu halten war, einen geordneten Rückzug in den Wald zu veranſtalten. Allein ſeine Bemühungen konnten nur einen geringen Erfolg haben, um ſo geringern, als die Würtemberger Verſtärkung erhielten, worunter auch Reiterei. Das Loos der Freiſchar war entſchieden. Sie wurde bei Doſſenbach unrettbar zerſprengt; ihre Splitter gingen auf der Flucht zu Grunde, ertranken im Rhein oder wurden gefangen. Nur einer Minder-zahl gelang es, an das ſchweizeriſche Ufer ſich hinüberzuretten, zum Theil unter Abenteuern, welche, objektiv angeſehen, komiſch genug ausſahen, ſubjektiv beſtanden jedoch keineswegs die Lach-muſkeln reizten. Herwegh und ſeine Frau entkamen als Bauer und Bäuerin, Korvin als Schmiedgeſelle verkleidet, andere in anderen Masken über den Gränzſtrom.

So endigte das Putſch-Idyll 1848 mit einer Maskerade. Und warum denn nicht? Ihr ſagt: Freiheitshelden in derlei

Vermummungen Fersengeld gebend, das ist doch zu niedrigkomisch, zu lächerlich! Wirklich? Ei wie, sah es sich denn erhaben an, wenn in demselben Jahre Helden des Despotismus und der Korruption dasselbe thaten? Warum habt ihr denn nicht auch gelacht, als Don Guizot am 24. Februar in Weiberkleidern davonging, als Haus-, Hof- und Staatskanzler Metternich am 14. März durch seine Frau Gemahlin wie ein Waarenballen durch die Linien von Wien geschmuggelt wurde und als am 25. November der Statthalter Christi den Finkenstrich nahm, als Kammerlakai oder gar als Kammerzofe auf dem Kutscherbock der Gräfin Spaur kauernd? Ah, darüber lachtet ihr nicht und zwar beßhalb nicht, weil euere angeborene, anerzogene und ausgebildete Niedertracht euch keine Aeußerung der Schadenfreude dann gestattet, wann Despoten und Despotenknechte im lächerlichen Lichte erscheinen. Hätten etwa Herwegh und seine Frau zur Vermehrung der liberalen Biedermaierfreude im Walde von Dossenbach stehen bleiben und sich von ihren lieben würtembergischen Landsleuten fangen, verhöhnen, mißhandeln oder gar todtschießen lassen sollen? Ja, verhöhnen, mißhandeln oder gar todtschießen, versteht ihr? Korvin erzählt: „Die Würtemberger waren durch ihren ziemlich bedeutenden Verlust erbittert und benahmen sich mit einer Grausamkeit, die mir bei den sonst gutmüthigen Schwaben sehr auffallend war. Der eine Wagen mit den Verwundeten fiel in ihre Hände. Sie ermordeten nicht nur diese, sondern auch den armen Bauer, welcher sie fuhr, und stachen sogar die Pferde todt."

Aber die Flüchtlinge von Dossenbach würden als Märtyrer ihrer Sache doch ganz anders genützt haben denn als Flüchtlinge? Larifari! Die Ersprießlichkeit des Martyriums ist auch so ein ausgebälgtes Ammenmärchen. Ueberall und allzeit, wo und wann die Verfolgung recht durchgegriffen hat, ist sie siegreich gewesen; denn immer und allwärts fügen sich die Völker feige der entschlossenen, thatkräftigen und konsequenten Tyrannei. Zur

Reformationszeit ließen sich in Italien, in Spanien, in Frankreich, in Belgien Tausende, Hunderttausende für die Idee der
Kirchenreform martyrisiren. Hat darum in diesen Ländern die
religiöse Stupidität etwa abgenommen, ist die alleinseligmachende
Kirche besiegt oder ist nicht vielmehr der Bleidruck des Joches
der Römelei noch verschärft worden? Ah, die italischen und
spanischen Inquisitoren, König Philipp der Zweite, der Herzog
von Alba, Katharina von Medici und ihre Söhne, nicht weniger
der Dragonnaden-Louis, sie alle haben die Eitelkeit des Mär-
thyrerthums unwidersprechlich dargethan. Wollt ihr für diese
Eitelkeit einen weiteren Beweis? Tausende, Hunderttausende
von Polen sind für die Wiederherstellung ihres Vaterlandes zu
Märthyrern geworden. Hat ihr stromweise vergossenes Blut
den wüstliegenden Acker des Gewissens der Menschheit befruchtet?
Nein! Der Kosak kniet auf der röchelnden Brust der verstümmelten Polonia, um der in gräßlicher Agonie sich Windenden
die Zunge, die Seele, die Muttersprache aus dem Leibe zu
reißen, und Europa sieht dem Gräuel gleichgiltig zu. Ja, jeder
entschlossenen und energischen Thrannei fügen sich feige die
Völker und jede durchgreifende Verfolgung triumphirt.

III.

Batrachomyomachia.

1.

Der schluderig geplante, schwächlich begonnene und energielos geführte Versuch, auf deutschem Boden das Banner der
Republik aufzupflanzen, war also gescheitert. Der Konstitutionalismus nahm den wohlfeilen Sieg über diesen Versuch als sein
spezielles Verdienst in Anspruch und brach in einen Jubel aus,
welchen man mitangehört haben muß, um sich eine Vorstellung
machen zu können, bis zu welcher Tiefe der Infamie die Menschen hinabzusteigen vermögen, so es gilt, eine verlorene Sache
zu schmähen.

Damals, wie überhaupt vom Jahre 1848 ab, hat sich auch
die Bedientenhaftigkeit, welche in der deutschen Literatur allzeit
einen so breiten Raum einnahm und einnimmt, wiederum sehr
mausig gemacht. Am widerlichsten trieben es um- und abgestan-
dene Dintericke vom weiland „Jungen Deutschland", von denen
mehrere mit e i n e m Satz aus dem Radikalismus in den Säbel-
brutalismus hinübersprangen. Es wurde auch offenbar, wie hohl
und verlogen die „politische Poesie" der 40ger Jahre großentheils
gewesen. Denn so ziemlich alle die lyrischen Prutzer und Trutzer,
die widerköniglichen Wütheriche in Versen und die Tyrannen-
fresser in Prosa wurden im Handumbrehen zu Judassen am

republikanischen Krebo und tanzten, sangen und räucherten vor
dem zweischlächtigen Bovist der „Monarchie auf breitester demo=
kratischer Basis". Alle die literarischen Oppositionsbummler,
Festeschmarotzer und Trinksprüchesprecher fühlten sich in ihren
Gewohnheiten gestört und in ihren Interessen verletzt, als die
That Miene machte, an die Stelle der Phrase zu treten. In
weibischer Angst schrieen sie nach der Polizei, damit diese sie vor
Geistern schützte, welche heraufzubeschwören sie jahrelang Dinte,
Druckerschwärze und Papier vernutzt hatten. Die schamlosesten
Lohnschreiber des Absolutismus und die geschicktesten Affektirer
des Demokratismus lagen in rührender Eintracht bäuchlings an=
betend mitsammen vor dem genannten Bovist. Die Salons=,
die Kontor= und die Dorfnovelliftik machten jetzt gleich eifrig in
Konstitutionalismus und Arm in Arm forderten sie die Republik
in die Schranken.

Thöricht übrigens, wer diese Charakterlosigkeit der deutschen
Literaten tadeln wollte. Die Literatur ist und war damals schon
durchaus nur noch ein Geschäft. Das Geschäft will und muß
aber „machen", unter allen Umständen und um jeden Preis. So
lange die Revolution in nebelgrauer Ferne und im phrasee=
logischen Stadium gewesen war, hatte man in republikanischer
Lyrik und demokratischer Novelliftik ganz einträglich machen ge=
kount; denn die „Söhne und Töchter gebildeter Stände" waren
auf den Einkauf solcher Waare förmlich erpicht gewesen. Bald
nach dem An= und Ausbruch des „tollen Jahres" merkten aber
die Fabrikanten von republikanischer Blechlyrik und demokratischer
Zwillichnovellistik, daß die Nachfrage vollständig aufhörte.
Warum? Das Volk kaufte und kauft überhaupt keine Bücher
und die Bourgeosie ihrerseits wollte keine Bücher mehr kaufen,
welche mit der Revolution und Demokratie kokettirten. Das
Literaturgeschäft — erst das Geschäft, dann das patriotische Ver=
gnügen! — verlegte sich daher auf andere Zweige der Fabrikation
und machte in Liberalismus, Legitimismus, Korporalismus,

Obskurantismus und **Philistrismus.** Es mußte so sein; denn
die Nachfrage regelt den Markt und nur Bürger von Utopia
konnten etwas dagegen haben, daß die Autoren schrieben, wie ihre
Käufer verlangten. Wie sollten sie so unpolitisch sein, Charakter
haben zu wollen? Wußten sie doch, daß der gebildete wie der
bildungslose Pöbel alles, namentlich auch die Talentlosigkeit,
eher verzeiht als Charakter und Konsequenz.

Wolkenwandler aus Utopia waren es auch, welche, durch
den ganzen bisherigen Gang der Bewegung verstimmt, von dieser
sich abkehrten und eilenden Fußes in das Gebiet der Hagia Eiro-
neia sich hinüberwandten, von wo aus sie den weiteren Verlauf
der Ereignisse nur noch mit bitterhumoristischen Glossen begleiteten. Beim Anblick der, doch ganz regelrichtigen Thatsache,
daß, nachdem der Republikanismus dem Konstitutionalismus er-
legen war, die Massen dem Sieger zufielen, sagten sie zu den
Demokraten: Da habt ihr euer Volk! In abstracto ein Ideal,
ist es in concreto nichts als Pack. Später sagten sie fast gar
nichts mehr, sondern beschränkten sich auf Achselzucken und Spott-
lächeln. Nur der genialste der Ironiker enthielt sich nicht des
Sprechens, sondern fuhr ohn' Unterlaß fort, aus seiner „Ma-
tratzengruft" im Faubourg Poissonière in Paris seine höhn-
prasselnden, in den prächtigsten Farben spielenden Witz- und
Blitzraketen rheinherüber zu werfen, um auch als „sterbender
Aristophel" noch die Bewohner von Deutsch-Philistäa geziemend
zu ärgern.

Diese waren aber jetzt obenauf, einstweilen so ziemlich un-
bestritten, wie schon der Ausfall der Wahlen zum Parlament
deutlich zeigte. Denn die aus den Wahlurnen hervorgegangene
Mehrheit war unzweifelhaft der Ausdruck der liberalen Bourgeoisie, deren Vertreter die demokratische Minderheit um so
leichter niederstimmen konnten, da sie in allen widerfreiheitlichen
und unvolksthümlichen Fragen auf die feste Bundesgenossenschaft

einer zweiten, aus Junkern und Jesuiten, Absolutisten und Pietisten
bestehenden Minderheit rechnen durften.

Der Absolutismus und Partikularismus, das Junkerthum,
die Mandarinen- und Bonzenschaft, kurz die ganze Rückwärtserei
nahm den Siegesjubel und die Zuversicht, welche der Liberalismus kundgab, schweigend und scheinbar ergeben hin. Sie fand
es gerathen, sich einstweilen todt zu stellen, mausetodt, um den
konstitutionellen Kretinismus, wie derselbe in den Märzministerien
gipfelte, nicht vorzeitig merken zu lassen, daß und wie sehr er
ihr Geschäft verrichtete, daß er nur für sie arbeitete. Unter
der Hand und hinter der Wand wurde jedoch schon jetzt von den
höfischen, bureaukratischen, hierarchischen und muckerischen Kreisen
aus eifrig gemunkelt und gemantscht, die liberale Herrlichkeit zu
unterwühlen. Daß hiebei selbst die unsaubersten Ränke nicht
verschmäht, selbst die unsittlichsten Mittel in Anwendung gebracht
wurden, konnte nur Ideologen befremden, welche nicht bedachten,
daß die Vertheidiger von Thron und Altar von Uraltersher das
Privilegium der Unsittlichkeit besitzen.

Völlig übersehen konnten aber die Liberalen diese von Seiten
Derer, welchen sie zum Schutz und Schirm gedient hatten und
noch dienten, gegen sie heimlich ins Werk gesetzten Wühlereien
doch nicht. Aber ihre Eitelkeit verwehrte ihnen, einzugestehen,
daß sie sich in den „charmanten" Leuten bei Hofe, so wie in den
über Nacht patriotisch und konstitutionell gewordenen Machthabern
der Kirchen, Kanzleien und Kasernen sehr geirrt hätten, und ihre
Bornirtheit und Volksfurcht verbot ihnen, große und durch-
schlagende Gegenmittel in Anwendung zu bringen, welche — noch
immer war es Zeit dazu — ausgereicht hätten, ihnen neben dem
bloßen Schein und Namen auch das Sein und Amen der Macht
zu verschaffen. Dem kleinen Zuschnitt ihrer Intelligenz und
ihres Charakters gemäß wähnten sie, der Intrike mittels der Intrike Meister werden, die im Dunkeln gegen sie vorgetriebenen
Minen mittels Gegenminen unschädlich machen zu können. Statt

große Schläge zu thun, unterhielten sie einen jammerseligen
Froschmäusekrieg. In den Kniffen und Künsten des Froschmäuse-
krieges waren ihnen aber die Höflinge und Mandarinen, die
Bonzen und Mucker weit überlegen und so kam es, daß dem Liberalismus, während er für die Erhaltung von Thron und Altar
gegen das lächerliche Gespenst der „rothen Republik" ankämpfte,
durch die Inhaber und Nutznießer der Throne und Altäre der
Boden unter den Füßen weggeschaufelt wurde.

Bei ihren Vorbereitungen, das Verderben ihres treugehor-
samen Schaffners Liberalismus herbeizuführen, sobald derselbe
mit der Demokratie aufgeräumt hätte, kam der Rückwärtserei
vieles zu statten. Vor allem im nördlichen Deutschland die er-
schreckende politische Unkultur des Volkes und im südlichen die
wuselnde Begriffsverwirrung in den Köpfen. Jene Unkultur
und diese Begriffsverwirrung sicherten namentlich auch den Saaten
des Pietismus und des Ultramontanismus eine reiche Ernte.
Sodann war die materielle Noth nicht klein und trat die Sorge
für die nächsten Lebensbedürfnisse den ideellen Anschauungen und
Forderungen überall sehr störsam und hemmend in den Weg. Das
Kapital zog sich zitternd in die Tabernakel der Banken zurück
oder barg sich bebend in Privatschlupfwinkeln. Demzufolge
traten Gewerbestillstand und Handelsstockung ein und drückten
schwer in erster Linie auf das Proletariat, in zweiter auch auf
den Mittelstand. Der rückwärtigen Proselytenwerberei war da
ein ergiebiges Feld aufgethan, und wer sich nicht gerade zum Absolutismus bekehren lassen wollte, der ließ sich doch zur liberalen
Angstpolitik verlocken. Auch der ärgste Ruheheuler und stupideste
Ordnungsfanatiker konnte sich ja noch immer schmeicheln, zur
Partei der „besten und edelsten Männer" zu gehören.

Sehende Augen mußten frühzeitig erkennen, daß aus der kläglichen Halbheit, in welcher die deutsche Bewegung stecken geblieben
war, unmöglich etwas Rechtes und Ganzes, unmöglich die Wiedergeburt, Befreiung und Einigung der Nation hervorgehen könnte.

Die Deutschen waren ja der Veränderung überdrüssig, bevor
dieselbe recht begonnen hatte, und das Volk, soweit es überhaupt
in Betracht kam, hatte sich durchweg mit Scheinerfolgen zufrieden
gegeben. Die Kleinheit der Anschauung und die Lahmheit der
Thatkraft setzten überall, links und rechts, hüben und drüben an
die Stelle der Revolution die Batrachomyomachia, den Froschmäusekrieg, in welchem Menschen und Parteien ganz in der Manier der pseudohomerischen Helden Lautquacker und Leckmann,
Pausback und Sumpflieb, Vielschrei und Kriechloch, Frißlauch
und Käsnag einander bekämpften.

—————————

2.

Auch in Wien und Berlin wüthete diese Batrachomyomachie.
In der Hauptstadt der buntzusammengepläßten Despotie,
welche man Oestreich nannte, währte der kindliche, um nicht zu
sagen, kindische Jubel über die gelungene Revolution, welche gar
keine war, den ganzen März hindurch und bis in den April hinein
fort. Erreicht war im Grunde nichts als der Sturz und die
Flucht Metternichs, welchem seine zwei getreuesten Handlanger,
der Polizeiminister Sedlnitzky und der wiener Bürgermeister
Czapka, nachgeschickt wurden. Aber der entflohene Staatskanzler
hatte die Metternichtigkeit hinter sich zurückgelassen; denn es gab
ja in Oestreich keine andere staatsmännische Schule und Anschauung, keine andere Regierungsroutine als eben die metternichtige. Woher hätten denn die Männer kommen sollen, welche
im Stande gewesen wären, die „neue Zeit", das „neue Oestreich",
von welcher und von welchem so viel gesungen, gesagt und gefaselt wurde, aufzurichten und aufrecht zu erhalten? Etwa aus
dem Hauptquartier der vormärzlichen Opposition, aus dem „ju-

ribifch=politifchen Lefeverein"? An die Thüre deffelben hatte frei=
lich, als es um die Bildung eines neuen, eines „verantwortlichen"
Ministerium sich handelte, der wiener Witz das Plakat angeheftet:
„Hier sind gute Minister zu erfragen"; aber als später „hier"
wirklich Nachfrage geschah und der Herr Alexander Bach zum
Minister gemacht wurde, ist es deutlich geworden, konkordätisch
deutlich, daß in dem Chef der vormärzlich=liberalen Opposition
ein ärgerer Rückwärtser steckte als der alte Metternich jemals einer
gewesen war.   Die Früchte des vormärzlichen Liberalismus in
Oestreich haben sich überhaupt als von der faulsten Sorte er=
wiesen; denn die Bach, Pillersdorff, Schmerling und Konsorten
haben ja unwidersprechlich gezeigt, daß ihr ganzes Schauen und
Begreifen über den engen Kreis eines pappelhölzernen Bureau=
kratismus nicht um einen Zoll weit hinausreichte.

Während man auf den Straßen Wiens die „Freiheit", von
welcher niemand recht wußte, was sie war und was man daraus
machen sollte, in allen möglichen Tonarten besang und begassen=
hauerte, war man bei Hofe schlüssig geworden, ein „verantwort=
liches" Ministerium einzusetzen, da man doch etwas thun und,
weil es mit dem absolutistischen Despotisiren für den Augenblick
aus war, in Gottes= oder in Teufelsnamen „konstitutionell" re=
gieren mußte.   Aus der hochseligen „Staatskonferenz" nahm
man den Grafen Kolowrat herüber und machte ihn zum Premier=
minister, die Finanzen übergab man dem Baron Kübeck, die
Justiz dem Grafen Taaffe, das Aeußere dem Grafen Ficquelmont
und das Innere dem Freiherrn von Pillersdorff.   Etwas später
übertrug man das Unterrichtsministerium dem Herrn von Som=
maruga und das Kriegsministerium dem General Zanini, hinter
welchem Strohmann aber bald als wirklicher Minister der Graf
Latour hervortrat, als es galt, die inzwischen gereiften Pläne des
Hofes zu verwirklichen.   Kolowrat und Kübeck gingen in Bälde
ab und der letztere wurde durch den Herrn von Krauß ersetzt,
welcher sehr geschickt auf seinem schwindeligen Posten balançirte,

bis der wieder zu Kräften gekommene Absolutismus die konſti=
tutionelle Marionettenbude in Trümmer ſchlug.

Aber wer regierte denn eigentlich an höchſter Stelle? Die
Wahrheit zu ſagen, in den erſten Tagen und Wochen nach dem
14. März eigentlich niemand. Von dem armen Epileptiker Fer=
dinand konnte natürlich keine Rede ſein. Der kranke Kaiſer war
nach den fieberhaften Aufregungen der Märztage in ſeinen ge=
wohnten Dämmerzuſtand zurückgefallen und ſeine Geiſtes= oder
Ungeiſtesthätigkeit war wieder ſo wie vor Jahren, als er zum
Profeſſor Endlicher, welcher die kaiſerliche Majeſtät mit Botanik
von ſtaatswegen „wiſſenſchaftlich“ unterhalten mußte, eines Tages
geſagt hatte: „ Schauens, der König Ernſt Auguſt von Hannover
gefallt uns gar nit, gar nit. Aber ſagens, wo liegt denn eigent=
lich Hannover?“ Selbſt der kühnſte Aufſchwung des monarchiſchen
Köhlerglaubens konnte ſich demnach nicht bis zu der Fiktion ver=
ſteigen, daß Kaiſer Ferdinand regierte, obzwar derſelbe, wenigſtens
noch den April hindurch, verhältnißmäßig geſunde und lichte
Momente hatte, während deren Dauer er an den Aeußerlichkeiten
des konſtitutionellen Weſens eine kindliche Freude bezeugte*).
Der Erzherzog Ludwig ſeinerſeits fand, daß ſeine knöcherne Zähig=
keit dem Freiheitstrudel doch nicht gewachſen ſei, und da er auch
zu unbiegſam war, dem wehenden Märzwinde, wie andere thaten,
mit ſcheinbarer Reſignation einſtweilen ſich zu beugen, ſo zog er
ſich zurück. Es waren jedoch ſchon zwei Hände da, welche nach
den oberſten Enden des Staatsleitſeils begierig langten, Frauen=
hände. Die Erzherzogin Sophie, eine entſchloſſene Dame,

---

*) Depeſche Effingers vom 12. April 1848 : „Die Miniſter beſtreben
ſich, nach beſtem Wiſſen und Vermögen die Grundſätze der konſtitutionellen
Regierungsweiſe in Ausführung zu bringen. Hiebei iſt ihnen der Kaiſer
ſelber ungemein behilflich, der an dem konſtitutionellen Gepränge mit Fahnen,
Vivatrufen u. ſ. w. Gefallen findet und mehrmals geäußert haben ſoll, er
ſei früher irregeleitet geweſen und habe erſt durch die Bürger von Wien die
Wahrheit erfahren.“ S. B. A.

mußte es als Mutter des präsumtiven Thronerben in ihrem
eigensten Interesse finden, die oberste Staatsleitung an sich zu
bringen, und das ist ihr denn bekanntlich für eine gute Weile
gelungen.

Die Erzherzogin, eine bairische Prinzessin, also in dickkatho=
lischer und breitabsolutistischer Atmosphäre herangewachsen, fühlte
als die thatkräftige, mit einer zum Austheilen von Ohrfeigen
sehr fähigen und willigen Hand ausgestattete Hausfrau, welche
sie war, den Beruf in sich, die Dynastie Lothringen=Habsburg
auf alten Grundlagen neu zu befestigen. Sie hatte den Erz=
herzog Ludwig und Metternich gehaßt, nicht wegen ihres Re=
gierungssystems, sondern weil diese Herren regierten, statt sie,
die Erzherzogin, regieren zu lassen. Jetzt, als i h r e Zeit ge=
kommen, griff sie rüstig die Aufgabe an, das in allen seinen
Planken krachende und zitternde Staatsschiff Oestreichs über den
tosenden Revolutionsstrudel hinweg und in den Hafen eines
straffen Mandarinenthums zurückzulenken. Nur sollte dieses mit
noch mehr Pfaffismus durchsäuert und auch mehr feudal=romantisch
aufgeputzt werden, als die franz=metternichtige Staatspraxis hatte
leiden wollen. Man hat um dieses ihres Wünschens und Wollens
willen die Prinzessin von liberaler, geschweige von demokratischer
Seite her hart angefeindet, was sehr thöricht war. Auch Prin=
zessinnen können ja nicht aus ihrer Haut heraus und in der Haut
der Erzherzogin steckte nun einmal eine von dem Gottes=Gnaden=
thums=Märchen als von einer Wahrheit und Wirklichkeit fest
überzeugte, dabei leidenschaftliche und herrschgierige Frau,
welche ganz korrekt so handelte, wie es von ihr erwartet werden
mußte.

Demzufolge sammelten sich um die Erzherzogin, als um ihre
Seele und Impulsgeberin, alle priesterlichen und soldatischen,
alle aristokratischen und bureaukratischen Elemente der Rück=
wärtserei und versuchten und stärkten ihre Kräfte vorderhand in
einem wohlorganisirten Froschmäusekriege gegen das werdende

Neue, bis die Zeit gekommen wäre, die dünne und doch so lästige
Maske des Konstitutionalismus abzuthun und bei Seite zu
werfen.

3.

Wer in Oestreich mit einem politischen Denkapparat versehen
war und denselben in Bewegung setzen wollte, mußte von vornherein verzweifelnd sich sagen, daß der Neubau des Staates auf
freiheitlich-moderner Basis, daß die „Konstitution des Vaterlandes", wie die Nebelphrase in der kaiserlichen Proklamation
vom 15. März lautete, ungeheuer schwierig, wenn überhaupt
möglich sei. Denn kaum war der gemeinsame Luftpumpedruck
des franz-metternichtigen Systems von den widerhaarigen Völker-
bestandtheilen des Staates hinweggenommen, als die natur-
widrige Zusammensetzung desselben, durchaus nur auf dem mittelalterlichen Faust-, Kauf- und Heiratsrecht fußend, centrifugalisch
offenbar wurde und zweierlei Hauptsünden der Lothringer-
Habsburger, von weiteren und weiterher datirenden gar nicht zu
reden, sich furchtbar rächten.

Erstens die Sünde, alle die Bemühungen des aufgeklärten
Despoten Joseph des Zweiten, Oestreich aus dem Mittelalter in
die Neuzeit herüberzuführen oder herüberzureißen, aufgegeben, ja
vernichtet oder in ihr Gegentheil verkehrt zu haben. Zweitens
die, mit allen möglichen Mitteln den befruchtenden Strom der
deutschen Kultur von den östreichischen Gebieten ferngehalten zu
haben. Wären diesem Strome die Wege gebahnt oder wäre
demselben auch nur freier Lauf gelassen worden, so hätte sich in
der Zeit von auch nur einem Jahrhundert die Germanisirung
der ungeheuren Mehrzahl der Bewohnerschaft Oestreichs mit
Naturnothwendigkeit vollzogen und wäre die deutsche Civilisation,

wären die deutsche Sprache, Anschauungsweise, Literatur und
Kunst zu einem unzerstörbaren Kitt der Reichseinheit geworden.
Statt aber als eine Dynastie von deutschem Stamm und Namen
diese ihre Verdeutschungspflicht und Germanisirungsschuldigkeit
zu thun, haben erst die Habsburger mittels spanisch-italischen
Jesuitismus die deutsche Kultur in Oestreich unterdrückt und
haben dann die Lothringer, immer Joseph den Zweiten ausgenommen, alle die verschiedenen halb oder ganz barbarischen
Völker ihres Reiches gegen den deutschen Kulturgeist zu Hilfe gerufen, gestachelt und gehetzt, um eben mit Hilfe der Barbarei
die auf den Fittigen der deutschen Literatur nach Oestreich hinein-
getragenen modernen Ideen abzuhalten oder die nicht abzuhal-
tenden zu knebeln.

Wie kurzsichtig und unheilvoll dieses Verfahren gewesen,
ist in dem gränzenlosen Wirrsal, welches nach den Märztagen in
Wien und Oestreich einriß, sinnbethörend kundgeworden. Jetzt
merkten in Wien alle, welche überhaupt etwas merkten, die Politik nicht mit der Intrike verwechselten und nicht allein an morgen
und übermorgen, sondern auch an die Zukunft dachten, — jetzt
merkten sie, daß Oestreichs Weltstellung doch ganz wesentlich auf
seinem Deutschthum beruhte. Aber was half diese Einsicht der
wenigen Denkenden und Redlichen? Die Sünden einer langen
Vergangenheit ließen sich nicht ungeschehen machen, sondern
mußten gebüßt werden.

Die Masse der wiener Bevölkerung und die Masse der
Deutsch-Oestreicher überhaupt begriff wenigstens instinktmäßig,
daß es bei der in Aussicht gestellten „Konstitution des Vaterlandes" um das Sein oder Nichtsein ihrer Nationalität sich handelte. Die Deutschen in Oestreich machten daher den „innigen
Anschluß an das gemeinsame deutsche Vaterland" zu einem Haupt-
artikel des Märzkredo und ihr Verlangen, im deutschen Nationalparlament vertreten zu sein, fand auch im Ministerium und sogar
bei Hof einen lebhaften Widerhall und eine günstige Aufnahme.

Selbstverständlich nicht aus deutschpatriotischen oder freiheitlichen Gründen, wohl aber aus dynastischen und großmachtpolitischen. Man wollte in diesen Kreisen Oestreichs Stellung, Oestreichs obherrschende Stellung zu und in Deutschland nicht aufgeben und diesem Wollen verlieh die Eifersucht auf Preußen einen Sporn mehr. Hatten doch die droben in Berlin schwankend und schwächlich kundgegebenen Begehrnisse Friedrich Wilhelms des Vierten, die Hegemonie über Deutschland an sich zu nehmen, drunten in Wien in den Gemächern der Hofburg wie in den Vorstädtekneipen gleichermaßen Zorn und Widerstandsneigung hervorgerufen. (Vgl. Bd. I, S. 412.)

Die Betonung ihrer Deutschheit durch die Deutsch-Oestreicher rief aber nun sofort von Seiten der Magyaren, Czechen, Polen, Kroaten, Serben und Slovaken die lebhaftesten Proteste hervor. Die Ungarn pochten auf die verfassungsmäßige Autonomie ihrer heiligen Stephanskrone; die Böhmen schrieen laut nach der Wiederherstellung der Selbstherrlichkeit ihrer mindestens ebenso heiligen Wenzelskrone; die Polen meinten, jetzt endlich sei die Zeit gekommen, das große Verbrechen der Theilung ihres Vaterlandes zu sühnen; die Südslaven wollten von der drückenden Zusammengehörigkeit mit Ungarn erlöst sein. Allen slavischen Völkerschaften Oestreichs mitsammen wurde von Prag her, von der Studirstube Palacky's aus, die Losung gegeben: Wir Slaven sind die weitaus zahlreichste Nationalität Oestreichs, folglich müssen wir die herrschende und muß Oestreich ein slavischer Staat sein. Zwischen diese Ansprüche der Deutschheit, des Magyarismus und des Slaventhums eingeklemmt, stand das „verantwortliche" Ministerium wie auf Nadeln und suchte sich einstweilen mit Redensarten zu helfen. Als „achtbarste" Männer den Grafen Ficquelmont um eine Erklärung angingen, welche politische Stellung die Regierung einzunehmen gedächte, da gab der Minister — wie er in seinen „Aufklärungen über die Zeit vom 20. März bis zum 4. Mai 1848" berichtet — folgende

„beftimmte" Erklärung: „Die Regierung Oeftreichs ift von jeher eine deutfche gewefen; fie foll diefen Charakter nicht ab= legen. Da jedoch der öftreichifche Staatskörper von ganz eigen= thümlicher Natur ift, muß fich die Regierung bei den Verände= rungen, die jetzt in Deutfchland vor fich gehen werden, ver= wahren, daß die politifche Vereinbarung mit Deutfchland nicht die Stellung des Kaifers zu feinem eigenen Reiche gefährde. Wir follen Deutfche bleiben und nicht aufhören; Oeftreicher zu fein." Der letzte Satz ift einer von jenen, im „tollen" Jahre fo häufig ausgegebenen Orakelfprüchen —

> „Drinn das Hohle mit dem Leeren
> Sich fo angenehm verbindet."

Jedoch barg fich in einem Winkel diefer Wortpauke deutlich ge= nug die Velleität, die deutfche Bewegung möglichft von Oeftreich fernzuhalten. Hof und Minifterium fahen namentlich die Be= theiligung der deutfchen Bundesländer Oeftreichs am frankfurter Parlamente mit fehr fcheelen Augen an und hätten diefelbe gern verhindert, wenn nur nicht — wie fich der Herr Graf Ficquel= mont ausdrückte — „ein folcher freiwilliger Abfall von Deutfch= land als unwiderrufliche Trennung gedeutet worden wäre", und wenn nur nicht, hätte er hinzufügen können, Preußen die Wahlen zum Nationalparlament bereits zugeftanden und angeordnet hätte. Da mußte man von öftreichifcher Seite natürlich auch mitthun.

Am 9. April ordnete das Minifterium die Vornahme der Wahlen zum deutfchen Parlament in fämmtlichen deutfchen Bundesländern Oeftreichs an. Freilich war das in der Vor= ausfetzung gefchehen, das Dekret des Bundestags vom 30. März, kraft deffen „die Wahlen von Nationalvertretern in allen deut= fchen Bundesftaaten auf verfaffungsmäßigem Wege vor fich gehen follten" und ferner diefe Nationalvertreter „das deutfche Ver= faffungswerk zwifchen dem Volke und den deutfchen Regierungen vereinbaren follten", würde Geltung erlangen und behalten.

Das war aber bekanntlich nicht der Fall, weil der Fünfzigeraus=
schuß, sein jesuitisches Falschspiel mit dem Dogma der Volks=
souveränetät weiterspielend, dieses Bundestagsdekret verwarf
und der hierüber in Angstschweiß ausbrechende Bundestag am
7. April einen neuen Beschluß faßte, kraft dessen der konsti=
tuirende Charakter des deutschen Palaments ausdrücklich an=
erkannt und die Wahlberechtigung zur Nationalversammlung für
unabhängig von ständischen Vorrechten oder Censusbestimmungen
erklärt war. Das östreichische Ministerium konnte, wie die
Sachen einmal lagen, nicht umhin, in diesen sauren Apfel zu beißen
und setzte die Wahlen zur deutschen Nationalversammlung auf den
29. April fest. Die zum deutschen Bunde gehörigen Provinzen
Oestreichs sollten 190 Abgeordnete nach Frankfurt senden, welche
Zahl aber nie erreicht wurde, schon darum nicht, weil die Czechen
in Böhmen nicht nur der Wahl sich weigerten, sondern auch unter
den Deutschböhmen das Wahlgeschäft vielfach zu vereiteln wußten.

Im Uebrigen brachte die Wahlbewegung es deutlich zu Tage,
daß auch in den Kreisen der östreichischen Liberalen das Schwarz=
gelb vor dem Schwarzrothgold kam. Die weit überwiegende
Mehrzahl der Parlamentskandidaten wollte von einem Aufgehen
Oestreichs in Deutschland schlechterdings nichts wissen und be=
kannte sich zu dem Satze: „Die Souveränetät und Integrität
Oestreichs kann und darf durch den Anschluß an Deutschland
nicht aufgegeben werden". Auf Grund dieses Glaubensbekennt=
nisses wurde auch die weit überwiegende Mehrheit der östreichischen
Abordnung zum Parlament wirklich gewählt und dieser Ausfall
der Wahlen war mit solcher Bestimmtheit vorherzusehen gewesen,
daß das Ministerium sich ermuthigt fühlte, schon am 21. April
in der „Wiener Zeitung" amtlich zu erklären: „Von dem Wunsche
des innigen Anschlusses an Deutschland durchdrungen, wird Oest=
reich jeden Anlaß freudig ergreifen, welcher seine Anhänglichkeit
an die gemeinsame deutsche Sache zu bethätigen vermag. Es
kann aber nie ein gänzliches Aufgeben der Sonderinteressen seiner

verschiedenen, zum deutschen Bunde gehörigen Gebietstheile, eine
unbedingte Unterordnung unter die Bundesversammlung, ein
Verzichten auf die Selbstständigkeit der inneren Verwaltung mit
seiner besonderen Stellung vereinbarlich finden und muß sich die
besondere Zustimmung zu jedem von der Bundesversammlung
gefaßten Beschlusse unbedingt vorbehalten. Insofern letzteres mit
der Wesenheit eines Bundesstaats nicht vereinbarlich erkannt
würde, wäre Oestreich nicht in der Lage, einem solchen beizu=
treten".

Es ist leicht begreiflich, daß die östreichische Regierung im
April von 1848 so sprechen konnte, so sprechen mußte. Aber
ohne Phrase hieß das doch nur erklären: Wir sind deutsch und
gehen mit Deutschland, solange es in unseren östreichischen Kram
paßt; keine Minute länger.

<hr />

4.

Dies war jedoch dem in der Hofburg gottesgnadenthümlich=
hochjunkerlich=loyolaitisch thätigen Wohlfahrtsausschuß immer
noch bei weitem nicht genug. Denn für diese „Kamarilla" war
deutsch und revolutionär gleichbedeutend und das Schwarzroth=
golb die Leibfarbe religiöser sowohl als politischer Ketzerei. Aber
man mußte sich vorderhand gedulden, selbst die fromme Ungedulb
der Erzherzogin Sophie und der Kaiserin Anna mußte sich vorder=
hand gedulden. Lombardo=Venetien abgefallen, Ungarn nur
noch durch ein dünnes Band mit der Dynastie verknüpft, die
Slaven mit Rebellion drohend, die Deutschöstreicher konstitutionell
— in Wahrheit, die Sachlage war nicht dazu angethan, sich so=
fort wieder auf den höchsten Gaul der kirchlichen und politischen
Orthodoxie zu setzen. Man mußte in Wien wie in Pesth den

verhaßten Konstitutionalismus einstweilen seine Hanswurstsprünge
machen laffen und sich bescheiden, über ihn hinweg die Fäden der
Rückwärtserei da anzuknüpfen, wo sich die sichersten Haft- und
Haltpunkte darboten.

War ein solcher Haft- und Haltpunkt die Armee? Sie
wurde im Verlaufe des Sommers in Folge der italischen Siege
Radetzky's zum ersten und festesten, allein im April und noch im
Mai schien auch sie ganz aus Rand und Band gehen zu wollen.
Es war noch nicht die Zeit gekommen, wo schwarzgelbe Poeten
mit Fug dem greisen Marschall zujubeln konnten: „In deinem
Lager ist Oestreich!" Vorerst hielt er sich, das rathlose Ministerium um Mannschaft, Waffen und Geld bestürmend, nach
seinem Abzug aus Mailand mühsam hinter dem Mincio und der
Etsch, weit mehr noch als der eigenen Geschicklichkeit und Stand-
haftigkeit, weit mehr noch auch als der Tapferkeit und Beharrlichkeit seiner Truppen der offenkundigen Unfähigkeit und Energielosigkeit des Sardenkönigs Karl Albert es verdankend, daß die
schwarzgelbe Fahne nicht gänzlich aus Italien wegschwinden
mußte.

Mit dem Magyarenthum war augenscheinlich von Seiten
der Kamarilla nicht zu machenschaften. Das mußte man, sobald
man konnte, auf Leben und Tod bekämpfen; denn Ungarn war
seit dem 10. April thatsächlich unabhängig und nur noch dynastisch
durch die Personalunion mit Oestreich verbunden. An dem genannten Tage hatte Kaiser Ferdinand als König von Ungarn die
Beschlüsse des ungarischen Reichstags, welcher zum letzten mal
in Preßburg getagt, feierlich bestätigt, — wahrhaft revolutionäre
Beschlüsse. Denn die wichtigsten derselben gewährleisteten die
jährliche Wiederkehr der Sitzungen des Reichstags, die Bildung
des Deputirtenhauses durch ein quasi allgemeines Wahlrecht, die
Aufhebung der Feudallasten und der grundherrlichen Gerichts-
barkeit, die Vereinigung Siebenbürgens mit Ungarn und endlich
die Einsetzung eines eigenen, unabhängigen, nationalungarischen

Ministeriums. Das letztere, in welchem Kossuth, Batthyányi und Szechenyi als Hauptleute die verschiedenen magyarischen Parteien vorstellten, trat am 14. April in Funktion. Allerdings nun war die neue ungarische Verfassung, wie die ungarische Bewegung überhaupt, auch dann und da, wann und wo sie äußerlich in demokratischen Farben spielte, durchaus aristokratischer Natur und allerdings haßten die Magyaren, aller gelegentlich von Kossuth und andern Ungarn losgelassenen Verbrüderungsphrasen ungeachtet, das Deutschthum von ganzem Herzen. Aus beiden Gründen, so könnte man glauben, hätte sich demnach der wiener Hofburg die Möglichkeit geboten, mit den Ungarn zu traktiren und zu paktiren. Allein es ging nicht an, weil der magyarische Aristokratismus in den Augen der wiener Kamarilla unendlich viel zu freiheitlich aussah. Die Ungarn, so kalkulirte man, würden sich allenfalls unter lohnenden Umständen dazu brauchen lassen, den konstitutionellen Schwindel in Deutsch-Oestreich vernichten zu helfen; aber auf der Erhaltung und Erweiterung ihrer eigenen Errungenschaften würden sie nur um so fester bestehen. Wir, die Kamarilla, müssen uns daher nach anderen Bundesgenossen und Helfershelfern umsehen, nach solchen, welche man, nachdem sie ihre Dienste gethan, unschwer um i h r e n Antheil an dem Ertrage der gemeinsamen Aktion prellen oder sonstwie unterkriegen kann.

Sollte vielleicht mit den Polen etwas zu mantschen oder zu pantschen sein? Nein! Diese Polen haben allzeit nur die Wiederherstellung ihrer polnischen Republik im Sinne und schon der bloße Gedanke daran könnte uns bei dem Großmeister unserer und aller Petrefizirungspolitik, bei dem Czar in übeln Geruch bringen. Ist es doch schon schon widerwärtig genug, daß dieser verbrecherische Gedanke hier in Wien, sogar in offiziellen Kreisen, lebhafte Sympathie gefunden hat *).

---

*) Depesche Effingers vom 2. April: „Die galizischen Deputirten, den Fürsten Georg Lubomirsky an der Spitze, sind seit mehreren Tagen in Wien.

Der große Petrefizirer an der Newa, der Hort und Heiland
der Stabilitätsreligion, sah freilich seine Stellung und Aufgabe
etwas anders an als die Köhlergläubigen des Czarismus in
Wien, Berlin und anderwärts in Deutschland. Auch er nämlich
fühlte sich als Träger der russischen Staatsidee, wie sie durch
Peter den Ersten geschaffen und durch Katharina die Zweite großgezogen worden war; auch er glaubte sich berufen, an dem
Werke einer moskowitischen Universaldespotie weiterzubauen.
Darum schien ihm jetzt, nachdem der gewaltige Frühlingsorkan
Mittel-, West- und Südeuropa in Verwirrung geworfen hatte,
die Gelegenheit günstig, von langeher vorbereitete Ernten ein-
zuheimsen und ein Geschäft im Stile Peters und Katharina's zu
machen. Zunächst mit der Türkei, d. h. gegen sie. Warum sollte
man dem „kranken Mann" nicht wieder einmal etliche Gliedmaßen
amputiren, z. B. die Donaufürstenthümer, welche man ja in
St. Petersburg schon lange für russische Provinzen anzusehen
gewohnt war? Die dermalige Lähmung Oestreichs, welches
sogar zu der Zeit, wo Herr von Metternich unter dem Titel,
die Kosten seiner Korrespondenz mit dem Czaren zu decken, eine
russische Pension bezogen, der auf die unteren Donauländer gerichteten russischen Verschluckungsgier sanften Widerstand geleistet
hatte, konnte dem Czaren nur gelegen kommen. Es sind aber
starke Anzeichen vorhanden, daß die in Wien während des März
und April von 1848 umgegangene Besorgniß, der Czar beabsichtigte nicht etwa nur eine Wegnahme der Moldau und Walachei,
sondern auch eine gewaltsame Einmischung in die Angelegenheiten
Deutschlands und mehr noch Oestreichs, keineswegs eine grundlose gewesen sei. Ist es doch Thatsache, daß, während das
russische Kabinet durch seinen Gesandten in Wien die bestimm-

---

Die Wiederherstellung eines kräftigen, wohlorganifirten Polens, das Rußland von Europa abtrennte, würde auch in Wien als ein Glück betrachtet
werden." S. B. A.

teſten Verſicherungen von ſeinen friedlichen und freundlichen Ge-
ſinnungen abgeben ließ*), zahlreiche ruſſiſche Agenten in den
öſtreichiſchen Gränzlanden, ſowie und am auffallendſten in Krakau,
das Geld mit vollen Händen verſtreuten, um revolutionäre Regungen hervorzurufen, welche den Vorwand zur militäriſchen
Einmiſchung der Moskowiter liefern ſollten.

Plötzlich jedoch machte die czariſche Politik ganze Wendung.
Es zeigte ſich nämlich, daß es dem wahnwitzigen Hochmuth des
Selbſtherrſcherbewußtſeins zum Trotz, wie ſolchen Hochmuth
Nikolaus in ſeinem Ukas vom 26. März kundgegeben hatte
(vgl. Bd. I, S. 423), — mit den Angriffsmitteln Rußlands
nicht ſehr weit her war. Um ſo weniger weit her, als ungeachtet
aller Um- und Vergitterung der ruſſiſchen Gränzen mit Koſaken
und Baſchkiren der große Frühlingsſturm von Weſten her da
und dort, allen amtlichen Ableugnungen zum Trotz, doch auch
über dieſe Gränzen hinwegfuhr und die Wipfel der Wälder Rußlands bis gen Kaſan hinüber rührte. Auf den Flügeln dieſes
Sturmes wurde zu den Ohren der ruſſiſchen Bauern die Kunde
getragen, was für überſchwänglich reiche Gaben da drüben in den
„Heidenländern“ im Weſten der März ihren bäueriſchen Schick-
ſalsgenoſſen gebracht hätte, und die Folge hievon waren Bauern-
rebellionen in verſchiedenen polniſch-ruſſiſchen und reinruſſiſchen
Statthalterſchaften, welche Aufſtände nur mittels Aufbietung
bedeutender Militärkräfte niedergeknutet werden konnten. Man
hatte alſo im eigenen Hauſe hinlänglich zu thun. Sodann wurde
der ſlaviſche Haß, die moskowitiſche Todfeindſchaft gegen das
Deutſchthum ein Agens der ruſſiſchen Politik, welches derſelben
eine andere Richtung gab. Der Czarismus erkannte unſchwer,

---

*) Depeſche Effingers vom 15. April: „Der ruſſiſche Geſandte Graf
Medem äußert ſich auf's beſtimmteſte, daß der ruſſiſche Kaiſer durchaus keine
Intervention in die Angelegenheiten Deutſchlands beabſichtige, und ſolange
er ſelber nicht angegriffen werde, die bisherigen friedlichen Beziehungen zu
ſeinen Nachbarn aufrecht zu erhalten geſinnt ſei." S. B. A.

daß es eine Lebensfrage für seine Zukunft, die Wiederherstellung des Reiches deutscher Nation zu verhindern und schon der Einleitung zu dieser Wiederherstellung, d. h. der preußischen Hegemonie über Deutschland, mit allen Mitteln entgegenzuwirken. Um aber Preußen und Deutschland aus der czarischen Vasallenschaft, wie solche seit 1815 anerkannt bestanden hatte, nicht herauskommen zu lassen, mußte ein Handinhandgehen mit Oestreich, d. h. mit dem Wohlfahrtsausschuß in der wiener Hofburg, als das wirksamste Mittel erscheinen. Die östreichische Kamarilla ging natürlich dem Czaren mehr als halbwegs entgegen und so kam jener Bund schöner Seelen zu Stande, welcher i. J. 1849 zur Intervention Rußlands in Ungarn geführt hat, also zur Rettung Oestreichs, welche Rettung freilich nicht aus czarischer Großmuth erflossen ist, sondern aus den angegebenen widerdeutschen Motiven, verbunden mit der in St. Petersburg sehr gefühlten und wohlverstandenen Nothwendigkeit, das ungarische Feuer ersticken zu müssen, damit dessen Flammen nicht über die Karpathen herüber und nach Polen, ja in's „heilige" Rußland selber zündend hereinschlügen. . . .

Die wiener Hofburg konnte sich zunächst auf die in der Wolle gefärbten „Schwarzgelben" verlassen, welche in Wien selbst ziemlich zahlreich vorhanden, obzwar vorderhand sehr still waren. Diese Bekenner der strikten Observanz des Absolutismus fanden sich in der Armee, in der Klerisei, im Adel, im Brozenthum und in der Beamtenwelt. Sie waren aber dermalen nur eine Hoffnung für die Zukunft, noch keine Stütze für die Gegenwart. Mehr schon versprachen das zu sein die von der Pest des Denkens noch wenig oder gar nicht heimgesuchten Tiroler, allzeit bereit, ihren kindlichen Glauben an die rothen Hosen ihres „Kaisers" durch Vivatjodeln und durch Schießen mit dem Stutzen zu bethätigen. Allein man bedurfte nicht nur defensiver Stützen, man bedurfte einer offensiven Macht, um dem „Freiheitsschwindel" in Deutsch-

Oestreich und der Selbstständigkeit Ungarns an Leib und Leben
gehen zu können.

Eine solche Macht war noch nicht zur Hand; aber die
Kamarilla verzweifelte nicht daran, sich dieselbe zu schaffen,
hinter den Kulissen zu schaffen, während sie v o r denselben
das „verantwortliche" Ministerium seine unfruchtbaren kon=
stitutionellen Kapriolen machen ließ. Als Material boten sich
ihr dar die Czechen und die Südslaven und das Werkzeug,
womit sie dieses Material für ihre Zwecke bearbeitete, war
der wilde Czechenhaß gegen das Deutschthum und der nicht
weniger wilde Südslavenhaß gegen den Magharismus. Die
slavischen Politiker fühlten bald heraus, welcher gemeinsame
Haß sie mit der wiener Hofburg verbände, und mit der ganzen
Schlauheit ihrer Raffe beschlossen sie das zwischen ihnen und
der Kamarilla sich anspinnende Bündniß dahin zu benützen, das
Slaventhum in dem ganzen Donaureich zur herrschenden Gewalt
zu machen. Daß als letztes Endziel, bewußt oder unbewußt, den
slavischen Führern ein panslavistisch=czarisches Universalreich
vorschwebte, kann gar keinem Zweifel unterliegen. Spätere Er=
eignisse haben dies unwiderlegbar dargethan. Die ganze slavi=
sche Welt sollte sich schließlich in die Arme der Mutter Moskavia=
Panagia stürzen, wie Ströme in den Ozean. Im Frühjahr von
1848 hatte man es jedoch mit näherliegenden Zielen und Zwecken
zu thun, und fand es demnach für die Interessen der Slaverei
am förderlichsten, die aus einem Hinterfenster der Hofburg lockend
hervorgestreckten Hände zu ergreifen. Der dynastische Kulturhaß
machte Hochzeit mit der Halbbarbarei.

Ueber den Einleitungen und Anschickungen zu diesem Bunde
liegt noch dichtes Dunkel, das vielleicht nie ganz gelichtet werden
kann. Es ist auch höchst wahrscheinlich, daß anfänglich weder
von der einen noch von der andern Seite nach einem festen Plane
vorgegangen wurde. Allein die Verhältnisse selber führten die
Hofburg und die Slaven — bei diesen von den Polen immer

abgesehen — einander näher und einzelne Data und Fakta gewähren denn doch Stützpunkte für die Ansicht, daß schon im
Monat März, obzwar vielleicht vorerst mehr nur instinkt= als
planmäßig, an der Herstellung eines gegen die Deutschen und
die Magyaren gerichteten Einverständnisses zwischen der Dynastie
einerseits und den Czechen und Südslaven andrerseits gearbeitet
wurde. Am 13. März gab der anerkannte oberste Häuptling
der Czechen, gab Palacky zu Prag im böhmischen Nationalaus=
schuß, dessen deutsche Mitglieder, wie durchschnittlich die Deutschen
in Böhmen den czechischen Anmaßungen gegenüber überhaupt,
„um des lieben Friedens willen" ganz erbärmlich sich benahmen,
die Losung „Schwarzgelb!" aus, indem er feierlich erklärte:
„Wahrlich, existirte der östreichische Kaiserstaat nicht schon längst,
man müßte im Interesse Europa's sich beeilen, ihn zu schaffen!"
und 10 Tage darauf, am 23. März, wurde mittels kaiserlichen
Kabinettschreiben der Gränzer=Oberst Joseph Jellacic zum Ba=
nus von Kroatien ernannt. Man begann in der wiener Hofburg,
in Prag und in Agram einander gegenseitig zu verstehen.

5.

Die Wahrheit zu sagen und gerecht zu sein, wer im März,
April und Mai von 1848 in der Lage gewesen ist, in der Hof=
burg von Wien wohnen zu müssen und zwar mit dem Bewußtsein
des Gottesgnadenthums im Leibe, der hatte ausreichende Gründe,
sogar nach Böhmaken, Hannaken, Slovaken und Kroaten als nach
Helfern und Erlösern die Hände auszustrecken.

Denn der revolutionäre Froschmäusekrieg nahm in der
Donaustadt allmälig sehr unerquickliche Formen an und enthüllte
die grüne politische Unreife und Unbildung der Bevölkerung in
einer Weise, welche aus dem Genre des Naiven bald sehr ent=
schieden in den des Absurden und Gemeinen hinüberrückte.

Freilich, wer war schuld an dieser Unreife und Unbildung und allem hieraus mit Nothwendigkeit hervorgehenden Absurden und Gemeinen? Doch gewiß ohne Frage das Regierungssystem der Habsburger und Lothringer, welche seit Jahrhunderten ein gutartiges, mit trefflichen natürlichen Anlagen ausgestattetes Volk mittels Pfafferei, Soldaterei und Kanzleiflegelei methodisch hinter der Zeit zurückgehalten hatten. Im Frühjahr von 1848 sind in Oestreich nur die Saaten aufgegangen, welche das "patriarchalische" Regiment ausgestreut hatte.

Alle die Sünden der Franz-Metternichtigkeit schlugen jetzt zu revolutionären Giftblüthen aus. Der Druck der Schafschurpolitik hatte seit Menschenaltern den Volksgeist so unerbittlich zusammengepreßt und niedergewuchtet, daß er jetzt, plötzlich freigegeben, unmöglich über das Niveau kindischer Phantasmagorien, dunkler Instinkte und unklarer Vorstellungen sich zu erheben vermochte. Der ganze Bodensatz von Unverstand, Rohheit, Bosheit und Zuchtlosigkeit, welchen das „System" angehäuft hatte, kochte und brodelte auf in wüster Gährung und schleuderte nach allen Seiten hin seinen eckelhaften Schmutz, seine pestilenzialischen Miasmen. Wie diese aufstanken in der Presse und in der Klubb- und Ecksteinrednerei! Klubbs und Zeitungen schoßen wie Pilze aus dem Boden und wucherten wanzenhaft. Wien hatte seine hundert Blätter und Blättchen und alle wurden von gierigen Lesern förmlich verschlungen. In dieser Stadt, welche ein infames „System" zu einem Orte gemacht, von welchem sein genialster Bewohner, Franz Grillparzer, gesagt hatte:

> „Schön bist du, doch gefährlich auch
> Dem Schüler wie dem Meister;
> Verderblich weht dein Sommerhauch,
> Du Kapua der Geister!" —

ja, in diesem Wien, das noch vor wenigen Wochen die Lieblingsheimat denkträger Musikdudelei und geistloser Theaterspektakelei

gewesen war, eine Stätte, auf welche alle Freßkünstler und Un=
zuchtvirtuosen Europa's schmunzelnd den horazischen Vers:

„Ille terrarum mihi praeter omnes angulus ridet" —

anwandten, in demselben Wien war über Nacht die Befriedigung
einer zügellosen politischen Hör= und Leseruth zum Hauptver=
gnügen für alle Volksklassen geworden. Es war nicht anders,
als sollten und wollten die armen Wiener binnen wenigen Tagen
und Wochen einholen, was sie so viele Decennien hindurch hatten
versäumen müssen. Die Beschäftigung mit den öffentlichen An=
gelegenheiten, von welchen sie mittels List und Gewalt Jahr=
hunderte lang ferngehalten worden, wurde ihnen zu einem täg=
lichen und stündlichen Bedürfniß, zu einem Fieber, zu einer
Sucht.

Und aus was alles für Schüsseln, Krippen, Futtertrögen
und Jauchebehältern schlangen sie die langentbehrte politische Nah=
rung! Um eine Vorstellung davon zu bekommen, muß man das
schweinische Gegrunze anhören, das ein Mahler in seinem „Frei=
müthigen" losließ, welches Blatt es bis zu 60,000 Abonnenten
brachte, oder muß man mitansehen, wie ein Häsner den Jakobi=
nismus karikirend, in seiner „Konstitution" blutbengelte. Aller=
dings gab es auch geistvolle, reichgebildete, scharf und fein stili=
sirende Publizisten: von den Jellinek, Becher, Stifft, Engländer
und Heller bis hinab zu den vorhin Genannten war ein weiter Weg,
ein gerade so weiter, wie, was die Volksredner und Klubbmacher
betrifft, von einem Tausenau bis hinunter zu einem Schütte und
Chaises; wenn man aber, hoch greifend, etwa ein Dutzend der
damaligen wiener Journalisten, Straßen=Mirabeaus und Kneipen=
robespierres ausnimmt, so sind die Uebrigen sammt und sonders
unbedenklich in die Rubrik Gesindel zu werfen, und zwar in des
Wortes gesindelhaftester Bedeutung. Bemerkenswerth ist auch,
daß zwei volle Drittel dieses Gesindels dem Hause Israel ange=
hörten. Diese Juden — (Juden in dem gäng und gäben schlim=
men und schlimmsten Sinne) — warfen sich in die wiener Be=

wegung, nicht nur racheburstig, sondern auch geschäftehungerig. Sie betrieben die Politik wie ein Schachergeschäft, entwickelten dabei die bekannte rastlose jüdische Betriebsamkeit, ebenso aber auch die nicht weniger bekannte jüdische Keckheit, und sie haben zu der Verjudung der deutschen, der europäischen Presse viel beigetragen, von welcher Verjudung seither so großer Lärm gemacht worden ist, natürlich nur von seiten des christlichen Neides.

An ihnen lag es auch nicht, wenn die „friedliche Anarchie", welche seit dem 15. März in Wien herrschte, vorderhand noch ihren gutmüthigen Charakter behauptete*). Die Schärfe jüdischen, im Feuer jahrhundertelanger Verfolgung gehärteten Hasses vermochte das östreichische Phlegma und die wienerische Harmlosigkeit nicht sattsam zu durchdringen. Die Straßen- und Kneipenpolitik war zwar sehr verschwenderisch mit Blutphrasen, sie mußte jedoch erst den Giftbrodem rückwärtsiger Machenschaften einathmen, um sich von Blutphrasen zu Blutthaten fortreißen zu lassen.

Dermalen noch war die wiener „Freiheit" ein toller, ausbündig toller Fasching; sehr krakehlerisch, tumultuarisch und störsam zwar, aber doch nicht eben bedrohlich und gefährlich. Diese Freiheit boll fürchterlich, biß aber nicht. Freilich, der Lärm und Trubel war arg, für zartgebaute Ohren geradezu unerträglich. Jeder Tag gebar eine neue Ungeheuerlichkeit, wenn auch nur in Worten. Der Cynismus war Trumpf und der nachgemachte Sansculotismus zog in Wien auch noch das Hemd aus. Die Aula machte Weltgeschichte und das Volk der Phäaken schwelgte in Straßenaufläufen und Katzenmusiken, wie es vordem in Backhändln und straußischen Walzern geschwelgt hatte.

---

*) Effingers Depesche vom 12. April: „In Wien herrscht Dank der Gutmüthigkeit der Wiener eine friedliche Anarchie." S. B. A.

6.

Und wie sah es derweil in der preußischen Hauptstadt aus? Im Einzelnen weniger chaotisch, weniger cynisch, civilisirter, reinlicher; aber im Ganzen doch nicht viel besser. Der berliner Märzphilister überwog an politischer Einsicht den wiener nicht um ein Haar. Als Franz Raveaux am Abend des 19. März eine Anzahl von „ausgezeichneten Kapacitäten" der berliner Bürgerschaft aufmerksam machte, daß es nöthig sei, bestimmte Bürgschaften für das Wesentliche der Volksrechte zu fordern und zu erlangen, gaben ihm diese „Kapacitäten" wörtlich zur Antwort: „Wir haben ja alles, was wir wollen. Wir selbst sind jetzt am Regiment und wer soll uns denn unsere Freiheit wieder nehmen?" Gegen solchen Siegesdünkel und solches Weißbier-trinkerbewußtsein würden Götter selbst vergebens angekämpft haben.

Die Klubbsucht und die Zeitungensintflut, die Maulbiarrhöe und die Pamphletblattern grassirten selbstverständlich in Berlin wie damals überall. Jedoch ist die Batrachomyomachie gegen das Bestandene oder Bestehende an der Spree merklich viel zahmer geführt worden als an der Donau. Es wurde bald offenbar, daß der beschränkte preußische Unterthanenverstand vor der er mußte nicht wie ihm angeflogenen Kühnheit, ein Revolutiönchen gemacht zu haben, im Innersten sich entsetzte und zerknirscht die Umkehr in die Geleise treugehorsamer Unterthänigkeit suchte. Die Frage, ob Republik, ob Monarchie? ist in Berlin kaum ernstlich aufgeworfen und jedenfalls zu keiner belangreichen Diskussion gebracht worden. Das Königthum war den Preußen so nachhaltig einexercirt, daß von einer Infragestellung desselben keine Rede sein konnte. Um in Berlin von Abschaffung der Monarchie zu sprechen, mußte man in der That ein „ausländischer Emmissär", ein „fremder Bösewicht" oder ein „Jude" sein. Die

Eingeborenen waren monarchisch bis ins Mark ihrer Knochen, und wenn man die röthesten Demokraten, wie z. B. den talent= vollsten, beliebtesten und einflußreichsten Klubbredner, den roth= rauschbärtigen Held, aufgeschnitten hätte, so würde man ihr Herz mit dem königlich preußischen Wappen gestempelt gefunden haben. Demzufolge hat denn auch unter den neueröffneten Schwatz= anstalten der „Konstitutionelle Klubb" rasch die erste Stelle gewonnen.

Im Uebrigen ist die Durchblätterung der Akten des berliner Froschmäusekriegs vom Frühling 1848 mitunter ergötzlich genug. Der berliner Witz ließ schon dann und wann die künftigen Hel= denthaten des „Klabberabatsch" errathen. In der Breiten Straße war in der Nacht vom 18. auf den 19. März in einer Brunnen= säule eine Kanonenkugel stecken geblieben und unter diese Kanonen= kugel klebte der Volkshumor die königliche Proklamation: „An meine lieber Berliner". Das war freilich der beste dieser schlechten Witze. Die politische Dichterei, wie sie sich zur Feier des „Volkssieges" lautmachte, war fürchterlich. Auch Damen ergossen ihres Busens überwallende Gefühle in Flugblättern, angefüllt mit Versen, Ausrufungszeichen und Gedankenstrichen. Eine Dichterin, „die an den Barrikaden gekämpft hat", Lucia Lenz, besang die Studenten also:

> „Wer es geseh'n, wie diese Heldenknaben
> Beim Morgenroth nach jener blutigen Nacht
> Den Männern aus dem Volk die Hände gaben,
> Der glaubt an der Verbrüderung künftige Pracht" —

und der Schneider Gustav Worch fertigte sich selber ein Adels= patent aus und manifestirte seine Kühnheit: —

> „Ja, freier Sinn, das ist mein Adel;
> Kühn blick' ich so den Stärksten an".

Auch Offiziere mischten beifällig ihre Stimmen in das große Volkssiegjubelkoncert. So z. B. der Artillerieleutnant Oelze, welcher seinen Kameraden zurief: „Das war keine Emeute! Das

war der Sturm eines sich großartig erhebenden Volkes! Einst
wurde das schwarzrothgoldene Band in bedrohter Heimlichkeit
geküßt, jetzt weht dasselbe hoch vom königlichen Schloße und aus
jedem Hause. Das begeisterte Volk wogt durch die Straßen. Ist
das etwa Canaille? Wehe uns, wenn wir es versuchen wollten,
dem Strome der Zeit entgegenzutreten. Lassen wir den steifen
alten militärischen Dünkel dahinfahren und schließen wir uns
der Bewegung willig an!" Diesen Anschluß haben verschiedene
jüngere Offiziere wirklich und aufrichtig versucht, sind aber übel
dabei gefahren.

In dieses hohl- und wohlgemeinte Verbrüderungsgeleier
und Versöhnungsgedudel hinein schnitt dann und wann ein Ton,
welcher an die wirkliche Sachlage erinnerte. Denkende Menschen
gaben ihrer Ueberzeugung Worte, daß alles, was von Vermittelung und Versöhnung zwischen Bürgerthum und Soldatenthum
geleiert und gedudelt wurde, barer Afterwitz wäre, so lange es
einen Soldatenstand gäbe. Daran ist ja in Preußen wie
überall die Bewegung von 1848 gescheitert, daß man in der
Siegesstunde diesen Stand nicht sofort und gründlich beseitigte.
Stehendes Heer und Volksstaat sind nun einmal Dinge, welche
einander absolut ausschließen, und es ist eines der vielen Merkmale der Verlogenheit und Heimtücke des Liberalismus, daß er
über diese Wahrheit, die sich ihm doch Schritt und Tritt auf-
drängte, beharrlich hinwegzuschielen sich bemühte.

Auch die Kluft zwischen Bourgeoisie und Proletariat mußte
nothwendig zum Klaffen kommen. In einem Artikel der „Zeitungshalle" vom 23. März legte Julius den Finger auf diese große
Wunde der modernen Gesellschaft, indem er unter anderem sagte:
„Die Wahrheit ist, daß auch bei uns, so gut wie in Frankreich
und in England, der Bruch zwischen der Bürgerklasse und der
Arbeiterklasse schon vollendet ist. Nicht zwischen dem Königthum
und der Republik ist Krieg, sondern zwischen den Besitzenden und'
den mit ihrer Arbeitskraft zum Besitze Drängenden. Unsere Bür-

ger fühlen dies gar wohl und darum beginnen sie schon jetzt,
schon nach dem ersten Tage unserer glorreichen Revolution aus
allen Kräften rückwärts zu ziehen". In der That, die Angstphilisterei gab sich zwischenhinein bereits wimmernd und winselnd
kund und wie zur Bestätigung des letzten der so eben angeführten
Sätze rief schon am 2. April ein Ruheröchler in der „Spener'-
schen Zeitung" den Ministern zu: „Katilina ist vor euren Thoren
und ihr schlaft? Katilina, das ist: der schlimmste Feind, das
gedenkbar böseste Prinzip ist nicht bloß vor euren Thoren, nein,
bei weitem schlimmer, er wüthet in euren Straßen, euren Gassen,
euren Häusern, in allen Familien, er wüthet in allen Zweigen
eurer Verwaltung und ihr schlaft? Dieser schlimmste Feind, dem
seit 14 Tagen alles, alles mehr anheimfällt, ist die blindrasende
Anarchie, die je leichter sie alles zerstört, um so weniger etwas
neu zu gründen oder das Alte in bessere Form umzugestalten
vermag".

Wenn Wimmerle und Kompagnie schon jetzt in der Hauptstadt selbst also winselten, wie mußte die „glorreiche Revolution"
in den Provinzen angesehen werden, insbesondere in den sogenannten „alten"? Zwar die Städtebevölkerungen haben in ganz
Preußen mit ungeheurer Mehrheit den vielversprechenden Um-
schwung sympathisch begrüßt; aber auf dem flachen Lande, wo
ja der Feudalismus noch ungeschwächt florirte, konnte das Junker-
und Pfaffenthum sofort seinen gemeinsamen Krieg gegen die Bewegung beginnen. Die „Zeitungshalle" brachte schon vom
29. März an eine besondere Rubrik „Die Reaktion in den
Provinzen" und machte unter anderen Auslassungen dieser
Reaktion eine Adresse namhaft, welche im Magdeburgischen cir-
kulirte und hochherab loswetterte auf den „nichtswürdigen Pöbel
der Hauptstadt, welcher, von Polen, Juden und Franzosen verführt und angeführt, gegen unsern Herrn und König sich empört
hat. Wir sind jetzt in Gefahr, der Willkür dieses Pöbels preisgegeben zu werden. Unser Leben und Eigenthum, unser Vater-

land und unser Glaube ist auf's höchste bedroht. Aber Berlin ist nicht Preußen; wir wollen nicht, daß Berlin mit seinen Franzosen, Polen und Juden uns beherrscht und knechtet; wir wollen auch mitsprechen!"

Auf derartige Schatten, welche die Zukunft vor sich herwarf, achtete man jedoch vorerst in der preußischen Hauptstadt wenig oder gar nicht. Der einfältige Siegesjubel ging daselbst noch eine gute Weile fort, um so ungestörter, als die Rückwärtser für gut fanden, vorderhand sich zu ducken, zu schweigen oder gar in den Siegespsalm miteinzustimmen. So raspelte z. B. der Pietist Krummacher zu Ehren der Barrikadenkämpfer frommes Süßholz (vgl. Bd. I, S. 417). Ehrlicher und ehrenwerther benahm sich der lutherische Erzbonze und orthodoxe Hauptkampfhahn Hengstenberg, welcher Farbe hielt und in seiner „Evangelischen Kirchenzeitung" die Umwälzung, welche „nach französischem Vorbilde in der preußischen Hauptstadt vollendet worden", mannhaft als das „Produkt des Unglaubens" bekämpfte und zur Sühnung des Frevels die „Abhaltung eines allgemeinen Buß, Bet und Fasttags durch das ganze Land" vorschlug. Solcher Muth war jedoch eine Ausnahme. Die Masse der Nutznießer des für etliche Wochen gestürzten Mandarinen und Soldatenstaats zog es vor, ihren Protest gegen das Geschehene in die schweigsame Form der Emigration zu kleiden. Potsdam wurde demzufolge das preußische Koblenz. Die Schildhalter des gefallenen Systems, die Bodelschwingh, Eichhorn, Savigny und Konsorten, verzogen sich unmerklich und auch die Doktoren des christlichgermanischen Schwindels, die Stahl, Huber und Mitromantiker, schüttelten den Staub der sündigen Hauptstadt von ihren Füßen, um in der feudalen Stille der Provinz das Mirakeldekokt der wissenschaftlichen Umkehr oder umgekehrten Wissenschaft zu präpariren.

7.

Das fieberhaft bewegte Berlin zeigte in echtpreußischen Augen dennoch eine auffallende Leere und Oede. Eine Menge von schönen Wohnungen stand leer, das Ballet feierte, Equipagen wurden mehr und mehr zur Seltenheit, es fehlten die Mandarinenknöpfe, es fehlten die Uniformen, es fehlte vor allem die „Farbe". Ein „farbeloses" Berlin war gar kein rechtes Berlin mehr. Wenigstens behaupteten das die vereinigten Mägde und auch noch andere feurige Patriotinnen. Zwar that die Bürgerwehr alles Bürgerwehrmögliche, um zu zeigen, daß noch zweierlei Tuch in der Welt und bewaffnete Macht in Berlin sei. Allein die gute Bürgerwehr ging alles Exercirens, Patrouillirens und Paradirens ungeachtet schon frühzeitig dem Stadium der „Kläterigkeit" entgegen. Das Spiel mit der Walfischtonne Bürgerbewaffnung (vgl. Bd. I, S. 400) war eben Spiel geblieben und das Institut der Bürgerwehr schon in seinem Entstehen zur bloßen Polizeianstalt umgefälscht worden. Man braucht die keineswegs ganz grundlose Behauptung, von seiten der Rückwärtserei sei mittels überflüssigen und fortwährenden Alarmschlagens der Bürgerwehr ihr Dienst und Dasein verleidet worden, nicht einmal zu Hilfe zu rufen, um zu begreifen, daß die Vorhersagung von Höflingen und Offizieren, die Bürger würden „das Soldatenspielen bald satt bekommen", in Erfüllung gehen mußte.

Es war ja gar kein ernstlicher Versuch gemacht worden, dem Soldatenthum ein Ende zu bereiten; wie hätte also die Hauptstadt eines Soldatenstaats in die Länge oder auch nur in die Kürze ohne Soldaten existiren können? Die Sehnsucht nach der Rückkehr des Militärs machte sich auch sofort geltend und ein erster Versuch, zwischen der über ihre „ungerechte Demüthigung" und die ihr „nicht durch eigene Schuld widerfahrene Schmach" grollenden Soldatenschaft und der „glorreichen berliner Revolution" eine Versöhnung zu stiften, wurde schon am 24. März

gemacht. An diesem Tage fand nämlich die Beerdigung der im
Straßenkampfe gefallenen Soldaten auf dem Invalidenkirchhofe
statt und Abordnungen des Studentenkorps und der Bürgerwehr
wohnten der Feierlichkeit an. Als am Schlusse derselben der
General von Natzmer im Namen der Armee für die unge-
heuchelte Theilnahme der Bürgerschaft dankte, brachten die
anwesenden Bürger in aller Form ein „Hurrah dem Heere"
aus.

Bis zur Garde nach Potsdam hinüber scheint dieser Ver-
söhnungsruf noch nicht gedrungen zu sein. Wenigstens fand der
König am folgenden Tage für gerathen, nach Potsdam zu fahren,
das gesammte Offizierskorps der Garde ins dortige Schloß zu
befehlen und diese Versammlung also anzusprechen: „Ich bin gekommen, um meinen lieben Potsdamern den Frieden zu bringen
und ihnen zu zeigen, daß ich in jeder Beziehung ein freier König
bin; den Berlinern aber auch zu beweisen, daß sie von Potsdam
aus keine Reaktion zu befürchten haben. Was ich gegeben und
gethan habe, das habe ich aus vollster und freier Ueberzeugung
gethan. Die großen Ereignisse haben nur den Abschluß des
längst Vorbereiteten beschleunigt und keine Macht kann und wird
mich nun bewegen, das Gegebene zurückzunehmen. Auch habe
ich die Ueberzeugung gewonnen, daß es zu Deutschlands Heil
nothwendig, mich an die Spitze der Bewegung zu stellen. In
Berlin herrscht ein so ausgezeichneter Geist in der Bürgerschaft,
wie er in der Geschichte ohne Gleichen ist. Ich wünsche daher,
daß auch das Offizierskorps den Geist der Zeit ebenso erfassen
möge, wie ich ihn erfaßt habe, und daß Sie alle von nun an
ebenso als treue Staatsbürger sich bewähren mögen, wie Sie sich
als treue Soldaten bewährt haben."

Die Herren von der Garde nahmen diese königliche Ansprache „mit stiller Resignation" hin. Sie mochten denken:
Erst muß Se. Majestät wieder „stramm" gemacht werden; dann
läßt sich weiter reden oder vielmehr handeln.

Zuvörderst lag ein willkommenes Auskunftsmittel nahe zur
Hand, den Truppen, welche in Berlin gekämpft hatten, eine
glänzende „Rehabilitation" zu verschaffen: der Krieg gegen
Dänemark, in welchem sich „Papa" Wrangel die Lorbeern holte,
womit geschmückt er der Held der Epoche des „Bruches mit der
Revolution" und der „rettenden Thaten" werden sollte. Dieser
Krieg, schon durch das bekannte Schreiben Friedrich Wilhelms
des Vierten an den Herzog von Schleswig-Holstein-Augusten-
burg vom 24. März angezeigt, ist freilich von der preußischen
Militärpartei mit sehr gemischten Gefühlen und mit sichtlich süß-
saurer Miene mehr zugelassen als unternommen worden. Sehr
begreiflich; denn der Absolutismus und Militarismus mußte,
was in der Nacht vom 23. auf den 24. März in Kiel geschehen
war, für eine Revolution und Rebellion ansehen. Unbefangen
betrachtet, gehörte das Ding freilich ganz entschieden mehr in die
froschmäusekriegerische als in die revolutionäre Kategorie. Hat
doch überhaupt die schleswig-holsteinsche Angelegenheit vom Anfang bis zum Ende neben ihrer höchst ehrenwerthen nationalen
Lichtseite für sehende Augen auch eine krähwinkelige, aus Junkerthum und Philisterei höchst widerlich gemischte Kehrseite gehabt
und diese Kehrseite ist schon in der erwähnten Nacht, allwo ohne
Krach, aber mit vielem Ach der Abfall von Dänemark und eine
provisorische Regierung, bestehend aus den Herren Beseler und
Schmid, dem Grafen Reventlow und dem Prinzen von Schleswig-Holstein-Noer, zuwegekamen, deutlich genug hervorgetreten*).
Der Abfall und Aufstand der Herzogthümer hatte in Folge der
Unfähigkeit, Uneinigkeit und Unentschiedenheit ihrer provisorischen
Regierung zunächst schlechten Fortgang. Die Dänen handelten
rasch und energisch. Sie überfielen mit Uebermacht das kleine

---

*) Man lese, was Otto Fock in seinen „Schleswig-Holsteinischen Erin-
nerungen" (1863) als Augenzeuge und Mithandelnder von dieser Kieler
Haupt- und Staatsaktion erzählt, und halte damit die bezüglichen Stellen
in den „Aufzeichnungen" (1864) des Prinzen von Noer zusammen.

schlechtgerüstete und schlechtgeführte schleswig-holsteinische Heer
am 8. April bei Bau und brachten demselben trotz seiner tapferen
Gegenwehr — besonders das Kämpfen der freiwilligen Jäger,
Studenten und Turner war ein heldisches — eine schwere
Niederlage bei. Nun mußte doch wohl etwas Nationales für die
Schleswig-Holsten geschehen, mußte ihr Hilferuf in Frankfurt
und in Berlin vernommen werden. Um so mehr, als die
dänische Regierung am 19. April ihre Marine anwies, alle
deutschen Schiffe aufzubringen. Der deutsche Bund schritt ein,
preußische und andere deutsche Bundestruppen, das 10. Armeekorps, rückten in die Herzogthümer, am 23. April erstürmten
die preußischen Garden in glänzendem Anlauf das Dannewirke
bei Schleswig und am folgenden Tage wurden die Dänen auch
von den Hannoveranern unter Halkett bei Oversee geschlagen.
Am 18. Mai überschritt Wrangel die Gränze von Jütland und
gebärdete sich mit Drohungen und Kontributionenheischungen
als ein ganzer Marschall „Druff". Niemand dachte, daß die
ganze Sache so bald eine so klägliche Wendung nehmen würde,
ausgenommen Die, welche im Schlosse zu Berlin oder Potsdam
diese Kläglichkeit planten und in Scene setzten.

Zur selben Zeit, wo preußische Truppen in den Elbeherzog-
thümern für eine nationale Erhebung fochten, wurden ihre Kameraden befehligt, eine andere in Posen niederzuschlagen. Die hoch-
fliegenden Hoffnungen der polnischen Bevölkerung dieser Provinz
waren bald in Verzweiflung umgeschlagen. Das nationale Wünschen, Wollen und Wirken der Polen ließ sich mit den Interessen der
500,000 deutschen Bewohner der Provinz nicht vereinbaren und
viel weniger noch mit den Rücksichten des preußischen Hofes auf
Rußland. Der König hatte auf den letzteren Punkt schon am
23. März in seiner Ansprache an eine polnische Deputation, an
deren Spitze der Erzbischof Przyluski von Posen stand, offen hingewiesen mit den Worten: „Ich bin den Kaiser von Rußland
mit flehentlichen Bitten angegangen, daß er nicht einschreite, und

ich habe die Versicherung erhalten, daß er dies vor der Hand
nicht thun wolle. Auf sein Wort kann ich mich fest verlassen;
denn sein Entschluß ist unerschütterlich, er ist ein Mann von
eisernem Willen, von dem edelsten und festesten Charakter, der
mächtigste, weiseste, der alleinige unter den Souveränen Europa's
der seine Macht mit unerschütterlicher Kraft aufrecht zu erhalten
weiß. Sein Wort ist ja, ja; nein, nein. Wenn aber mit oder
ohne meinen Willen eine freie nationale Entwickelung im Großherzogthum Posen versucht werden sollte, die auf seine polnischen
Provinzen von Einfluß und mit Gefahr für dieselben verbunden
wäre, so würde er, hierdurch gereizt, zum Schutze seines eigenen
Reiches sofort seine Truppen in Posen einrücken lassen." Dann
erinnerte Friedrich Wilhelm an den unglücklichen Ausgang der
polnischen Erhebung von 1830, was ein Mitglied der Abordnung,
Kraszewski, zu der Aeußerung reizte, ja damals habe der Vor-
fahr Sr. Majestät durch seine Hilfeleistung an Rußland der polnischen Sache den Todesstoß gegeben. "Uebrigens — fügte der
Sprecher hinzu — haben wir auch im Jahre 1831 unglücklich
gestritten, so haben wir doch gezeigt, daß der russische Koloß
thönerne Füße habe." Wogegen der König: „Ich bin anderer
Meinung und glaube, daß der Koloß eiserne Füße habe." Und
wiederum Kraszewski: „Nun, die neuesten Ereignisse haben uns
bewiesen, daß auch manche andere eiserne Füße zu thönernen
werden können."

Einstweilen erwiesen sich jedoch die Füße der Preußen eisern
genug, um die polnische Insurrektion in Posen rasch niederzu-
treten. Die Sendung des Generals Willisen, welcher vom
preußischen Ministerium zu Anfang Aprils nach Posen entsandt
wurde mit der Vollmacht, mit dem daselbst zusammengetretenen
polnischen Nationalkomité eine Vereinbarung dahin zu treffen,
daß eine nationale Reorganisation des Großherzogthums unbe-
schadet der preußischen Oberhoheit und mit Sicherstellung der
deutschen Bewohner der Provinz angebahnt und durchgeführt würde,

— dieſe Sendung brachte gar nichts Nachhaltiges zuwege, weil
ja die „Konvention von Jaroslawic" nur dazu diente, jeder der
beiden bewaffneten Parteien Vorwände zu der Behauptung zu
geben, die eine oder die andere habe die Bestimmungen derſelben
gebrochen. Denn ſchon waren hüben und drüben die nationalen
Leidenſchaften zur wildeſten Glut entflammt. Der polniſche
Adel, in der vergeblichen Hoffnung, ſeine unter ruſſiſcher und
öſtreichiſcher Herrſchaft ſtehenden Landsleute ebenfalls mitfort=
zureißen, bewaffnete ſeine Bauern, ſtieg zu Pferde und machte
unter der oberſten Leitung von Mieroslawski, welcher erſt am
20. März aus ſeinem Gefängniß in der berliner Hausvogtei ent=
laſſen worden war, den Deutſchen im Großherzogthum den offenen
Krieg. Die Polen konnten aber gegen die preußiſchen Truppen
das Feld nicht lange halten und ſenkten am 9. Mai mittels der
Kapitulation von Schroda die Fahne der Inſurrektion, an wel=
cher die Maſſe der polniſchen Bevölkerung der Provinz gar nicht
ſich betheiligt hatte.

Demokratiſche Phantaſten innerhalb und mehr noch außer=
halb Preußens gaben ihrem Erſtaunen Ausdruck, daß, wie der
Krieg in Schleswig-Holſtein und die Niederwerfung des Auf=
ſtands in Poſen zeigten, die preußiſche Heermaſchine noch ſo gut
arbeitete und daß von einem in Wolkenkukuksheim als unaus=
weichlich vorausgeſetzten „Abfall" der Soldaten überall Nennens=
werthes nicht zu ſehen war. Die guten Erſtauner und ſchlechten
Soldatenkenner mußten eben nicht, daß der preußiſche Militärdienſt
für viele Tauſende von armen und ärmſten Teufeln ein Zuſtand
des Behagens war und iſt. Dieſe bäuerlichen Proletarier aus
Lithauen, Poſen, Kaſſubien, Oſt= und Weſtpreußen, aus Pommern
und den Marken ſogar, welche vielleicht ihr Leben lang noch nie
ein gutgebackenes Stück Brot oder ein wohlzubereitetes Stück
Fleiſch genoſſen und noch nie in einem guten Bette geſchlafen
hatten, ſie fanden in den Kaſernen eine Exiſtenz vor, welche ihnen
vielfach geradezu als eine paradieſiſche erſcheinen mußte und in

ihnen allmälig das Gefühl erregte, daß sie doch so zu sagen auch
Menschen seien. Zu wähnen, daß auf solche Leute die Stichworte Freiheit, Gleichheit, Brüderlichkeit u. s. w. eine Wirkung
üben könnten, war eine jener demokratischen Kindischkeiten, die in
der Chronik von Krähwinkel und in den Annalen von Schöppen-
städt beim Jahre 1848 massenhaft verzeichnet stehen . . . .

Jn den Augen der Mehrheit der berliner Bürgerschaft war
es übrigens durchaus überflüssig und reiner Luxus, daß das
Militär, bevor es wieder in Berlin einrückte, vorher in Schleswig oder Posen oder sonstwo sich „rehabilitirte". Schon am
27. März waren 14,000 Unterschriften von berliner Bürgern
beisammen, welche die Rückkehr der Truppen wünschten und verlangten. Diese Tausende bestanden theilweise aus Gewerbetreiben-
den, Wirthen und Krämern, deren Geschäfte durch den Wegzug
des Militärs empfindlich gelitten hatten, und theilweise aus
reichen Zähneklapperern, welche die Angst vor dem „rothen Gespenst" nicht mehr schlafen ließ, bis sie sich und ihre Kassetten
wieder unter dem Schutze von wirklichen und ordonnanzmäßigen,
nicht bloß nachgemachten, dilettantischen und bürgerwehrlichen
Bajonnetten wußten.

Man darf dies der Hoch-Bourgeoisie und Börsenbaron-
schaft nicht übelnehmen. Jhr Reichsein ist nur ein „Hangen
und Bangen in schwebender Pein". Es sind Parvenus, die
niemals jenes Gefühl der Sicherheit des Besitzes haben, welches
alter Grundbesitz verleiht, sondern in ewiger Aufregung und
Furcht auf ihren Werthpapieren sitzen, immer zitternd, dieselben
könnten ihnen plötzlich unter dem Podex weggezogen werden.
Bei Tag und Nacht raunt ihnen ihr papierener Reichthum in die
Ohren: Der Schwindel hat mich gegeben, der Schwindel kann mich
wieder nehmen. Sie fühlen sich unbehaglich in all ihrem Luxus,
weil der Triebsand, auf welchem die ganze Herrlichkeit ruht,
stets unter ihren Füßen zittert und knistert. Ein Wort, ein
Hauch, ein Nichts erschreckt sie. Selbst aus dem geringsten

politischen Geräusche heraus hören sie den Ton der Posaunen
Josua's, welche die Mauern von Börsen-Jericho umzublasen
drohen. Ihre Feigheit macht dieses Spülicht von Menschen
argwöhnisch, die Angst macht sie grausam. Sie athmen Furcht
ein und Niedertracht aus. Der Korporalismus ist ihr Ideal
und ihre ganze Moral und Politik faßt sich in den Satz zusam=
men: Ruhe um jeden Preis, damit wir ungestört weiterschwin=
deln können!

Es bedurfte gar nicht der weitschichtigen Machenschaften des
Herrn von Minutoli, des „Volksmanns" Urban und anderer
Macher, um das Verlangen nach der Wiederherbeiziehung von
Militär als einen Gesammtwunsch Berlins erscheinen zu lassen.
Dieses Verlangen lag ja in der preußischen Luft, welche durch
den Märzorkan wohl ungewöhnlich bewegt, nicht aber in ihren
Bestandtheilen verändert worden war. Man ließ ohne viel
Mühe die Hauptleute der Bürgerwehr „Namens ihrer Bezirke"
den Wunsch nach Militär aussprechen; am 28. März that dies
der Magistrat von Berlin ebenfalls, am 29. folgte die Stadt=
verordnetenversammlung nach. Der „politische" Klubb rednerte
zwar ein bißchen gegen das Hereinholen der Truppen, aber nur
gegen ein „vorzeitiges" und sein Gerede ging im Lärm der allge=
meinen Zustimmung verloren. Später haben Mouchards, die Ohm
und Mithalunken, gefabelt, die Demokraten hätten sich vergeb=
liche Mühe gegeben, das Volk gegen den Wiedereinzug der Trup=
pen „aufzuwiegeln". Wahr ist nur, daß eine am 30. März bei
den Zelten stattgehabte Volksversammlung nachträglich gegen die
„übereilte Wiedereinführung von Militär" einen Protest beschloß,
also eine läppische Formalität.

Die militärische Umgebung des Königs konnte natürlich
nicht so hartherzig sein, der petitionirenden Stimme von Magistrat,
Stadtverordneten und Bürgerschaft der Hauptstadt widerstehen
zu wollen. Schon am Nachmittag des 30. März rückte das
24. Infanterieregiment in Berlin ein, festlich eingeholt von

Bürgerwehr- und Arbeiterkorps. Beim botanischen Garten erwiderte der Oberst des Regiments, Erhardt, die seinen Leuten
von Seiten der Berliner geworbene freundliche Begrüßung mit
den Worten: „Freunde, wir kommen zu euch, um mit euch gemeinschaftlich Ruhe und Ordnung zu wahren und den neuen
Geist sich entwickeln zu helfen" — welche Worte darthun, daß
auch Regimentsoberste in die seit etlichen Tagen mobisch gewordene façon de parler leidlich sich zu finden wußten. Am folgenden Tage zogen 2 Bataillone vom 9. Regiment ein und am
1. April folgte das 3. Ulanenregiment.

Die Soldaten waren wieder da: Preußen hatte sich wieder-
gefunden.

IV.

Ein König gestrammt und ein Kaiser entführt.

1.

Die Geschichte des preußischen Märzministeriums, auch „Beschwichtigungsministerium" genannt (vgl. Bd. I, S. 398), in welches im April noch Herr von Patow als Handelsminister eintrat, ist bald geschrieben. Sie lautet: Wenig Talent und kein Charakter, viel Geschrei und wenig Wolle, große Worte und kleine Thaten.

Diese Herren Minister vom 29. März waren ganz unzweifelhaft vortreffliche Privatleute: nur leider waren sie nicht solcher Zeug, aus welchem eine große Zeit große Staatsmänner macht. Sie konnten sich alle mehr oder weniger Liberale nennen und ihre Politik war demnach jenes Amalgam von doktrinärem Dünkel und serviler Praxis, von Allerweltsaugendienerei im Reden und einseitiger Parteilichkeit im Handeln, welches man Liberalismus heißt. „In omnibus aliquid, in toto nihil". Bis zu welcher Beschränktheit des preußischen Unterthanenverstandes dieses Ministerium es im Nothfalle bringen könnte, war schon dadurch angedeutet, daß ein Mitglied desselben, der „liberale" Herr Graf von Schwerin, wenige Wochen vor Ausbruch der Märzbewegung bei Gelegenheit der Strafgesetzberathung durch die Ausschüsse des Vereinigten Landtags eine Bestimmung begeistert vertheidigt und

auch glücklich durchgebracht hatte, welche Zuchthausstrafe auf Beleidigung v e r s t o r b e n e r Mitglieder der königlichen Familie
setzte. Schade, daß der „liberale" Graf nicht im mittelalterlichen
Byzanz lebte; er hätte verdient, Minister des erlauchten Hauses
der Paläologen zu sein.

Man hat als von etwas Großem, in den Annalen Preußens
Unerhörtem, man hat als von einer thatsächlichen Anerkennung
der Revolution durch die Krone davon geredet, daß die beiden
bürgerlichen Herren Kamphausen und Hansemann „aus ihren
Kontoren über alle Köpfe der erstaunten preußischen Bureaukratie hinweg in das Ministerum Friedrich Wilhelms des Vierten
getragen worden seien". Wenn aber, wie geschah, die Herren
Kamphausen und Hansemann als viel zu unfähig und unent-
schlossen sich erwiesen, den starren Bann und eisernen Zwang
des preußischen Bureaukratismus und Militarismus zu brechen,
ja wenn sie vor diesem Bann und Zwang anbetend auf den
Knieen lagen, wie gläubige Katholiken vor der Monstranz, so
muß der gesunde Menschenverstand sagen, die beiden Herren
wären besser in ihren Kontoren zu Köln und Aachen sitzen geblieben. An der Spitze des preußischen Märzministeriums —
denn sie standen an der Spitze desselben — haben sie nur die
traurige Unfähigkeit der Bourgeoisie dargethan, Großes groß
zu fassen und zu führen.

Mit der ganzen Selbstgefälligkeit, welche dem Liberalismus
zu eigen, hat Herr Kamphausen das Ministerium, dem er vorsaß,
in einer am 26. Juni in der preußischen Nationalversammlung
gehaltenen Rede ein solches genannt, welches „nach seiner persönlichen Zusammensetzung geeignet war, den Staat ohne lebens-
gefährliche Zuckungen über die Kluft, welche das alte System
von dem neuen trennt, hinüberzuführen". Aber wurde denn
der Staat wirklich über diese Kluft hinübergeführt? Nein. Ist
wirklich ein neues System an die Stelle des alten getreten?
Abermals nein; denn die Herren Kamphausen und Konsorten

werden doch keinen Menschen, ihre liberalen Mitbourgeois natürlich ausgenommen, glauben machen wollen, daß die Verbrämung
und Umflitterung des a l t e n Systems mit etwelchem konstitutionellen Firlefanz ein n e u e s System begründet hätte? Es geht
doch wahrlich nichts über die Eitelkeit der Impotenz, welche in
der Politik, gerade wie in der Literatur, zu schaffen glaubt, weil
sie vom Schaffen schwatzt. Es ist ja allzeit und überall das
Kennzeichen der Halbheit, schlechterdings ein Ganzes vorstellen
zu wollen.

Herr Kamphausen und seine Kollegen ließen bei jeder Gelegenheit oder auch Nichtgelegenheit emphatisch merken, daß sie
sich vor allem dazu berufen glaubten, als Schilde vor den Thron
sich zu stellen. Das war freilich eine ebenso leichte als dankbare
Aufgabe. Denn wem ist es denn in dem durch und durch monarchischen Preußen jemals ernstlich eingefallen, den Thron zu bedrohen?
Es ist ein Anblick von großer Komik gewesen, diese sonst erzprosai-
schen preußischen Märzminister, diese halb- oder ganzliberalen
Junker und Handelsbarone als richtige Don Quijotes mit der Lanze
der Legitimität gegen die Windmühle des Antiroyalismus anrennen
zu sehen. Allerdings war diese Tapferkeit eine sehr ungefähr-
liche. Gefährlicher wäre es schon gewesen, statt für das unbe-
drohte Königthum donquijotisch sich zu erhitzen, für die sehr bedrohten „Märzerrungenschaften“ ernstlich einzutreten.

2.

An schönen Phrasen hat es natürlich nicht gefehlt. In der
Rede, womit der Herr Ministerpräsident Kamphausen den wieder-
versammelten Vereinigten Landtag am 2. April eröffnete, hieß
es: „Das preußische Volk, indem es die freie Berathung seiner
wichtigsten Angelegenheiten in der Presse und in öffentlichen Versammlungen angetreten hat, darf nicht verkennen, daß nur im

Kampfe der Ansichten die Wahrheit durchbricht, daß zur Wahrung
der Freiheit jede Meinung mit voller Berechtigung und ungehindert sich muß äußern dürfen".

Wie verhielt sich nun zu dieser liberalen Theorie die liberale
Praxis? Wie gewöhnlich.

Um der Wahrheit zum Durchbruch zu verhelfen und die
Ansichten und Wünsche des preußischen Volkes zu vertreten, wurde
vom Ministerium Kamphausen der ganz und gar feudale Vereinigte Landtag noch immer für fähig und bevollmächtigt angesehen. Daß die preußischen Märzminister an der Berufung
dieser Versammlung festhielten, welche n a c h den Märztagen
nur noch die Bedeutung einer historischen Kuriosität haben konnte,
daß sie diese Ausgeburt der mittelalterlichen Marotten des Königs
jetzt noch als Nationalrepräsentation gelten lassen wollten, bezeugte unwidersprechlich ihre Unfähigkeit, die Märzbewegung zu
begreifen, ihre Feigheit, die Resultate derselben anzuerkennen,
und ihre Unlust, die Konsequenzen dieser Resultate zu ziehen.

Freilich, der Vereinigte Landtag machte es, wie ähnliche
Versammlungen in Deutschland damals überall es gemacht haben,
d. h. er stimmte nicht nur dem liberalen Ministerium in allem
und jedem zu, nachdem der Herr von Vincke mit seinen westphälischen Junkersporen etwas weniges antidemokratisch gerasselt
hatte, sondern er überliberalisirte sogar noch den märzministerlichen Liberalismus. Der Landtag amendirte nicht bloß den
„Entwurf eines Wahlgesetzes" für die zur Vereinbarung der
preußischen Staasverfassung zu berufende Versammlung" in einer
freisinnigeren Art und Weise, als den Ministern lieb war, sondern
er votirte auch mit ungeheurer Mehrheit — von der Minderheit
vertrat nur Herr von Bismarck-Schönhausen in mannhafter und
Herr von Thadden-Trieglaff in grotesker Weise die altpreußisch-
feudalen Anschauungen — eine Adresse an den König, welche
neben dem zwar die indirekte Wahlart festhaltenden aber doch
auf Urwahlen gegründeten Wahlgesetze noch forderte Preßfreiheit,

freies Versammlungs- und Vereinsrecht, Habeas-Korpusakte, Unabhängigkeit des Richterstandes, Aufhebung des eximirten Ge-
richtsstandes, Oeffentlichkeit und Mündlichkeit der Rechtspflege
mit Geschworenen in Straffachen, Gleichberechtigung der Bekenner aller Religionen in Staat und Gemeinde, allgemeine
Volksbewaffnung mit freier Wahl der Führer, beschließende
Stimme der Volksvertretung in Betreff der Gesetzgebung und
des Staatshaushalts, Ministerverantwortlichkeit, Beeidigung des
Heeres auf die Verfassung, endlich die Umwandelung Deutschlands
aus einem Staatenbunde in einen Bundesstaat mit Volksvertretung bei dem Bunde. „Mein Liebchen,“ was willst du noch
mehr?“

Die Abgötterei, welche in jener Zeit seitens einer gedanken-
losen Straßendemagogie mit dem Abstraktum Volk oder auch mit
dem Konkretum Proletariat getrieben wurde, war ekelhaft. Aber
noch ekelhafter war doch die Blitzgeschwindigkeit, womit in Preußen,
wie in Oestreich, wie im übrigen Deutschland, servilste Kreaturen,
obstinateste Rückwärtser sich anstellten, als wären sie über Nacht
zu Schnellläufern des Vorschritts geworden. So ein Pracht-
exemplar von einem im Nu vollständig Umgewandelten war z. B.
der Herr Oberpräsident von Meding, welcher, wie er im Vereinigten Landtage erklärte, seine „abweichenden persönlichen Ansichten dem unterwarf, was er als den Willen des Königs und
des Landes erkannte“, hinzufügend: „Ich hänge daher für meine
Person dem konstitutionellen System freimüthig und offen an und
werde dies thun, so lange Se. Majestät der König und das Vaterland es angemessen finden, sich meiner Dienste zu bedienen“.

Und durch die traurige Komödie einer solchen Bekehrung zu
den neuzeitlichen Ideen, wie die Mehrheit des Vereinigten Landtags sie kundgab, ließen sich die Kamphausen und Hansemann in
ihrer Verblendung stärken und steifen, doch ja nur vom bestehenden „Rechtsboden“ aus diesen Ideen zu bescheidener Geltung
verhelfen zu wollen, — eine Thorheit, welche märchenhafter wäre

als irgendein Märchen von 1001 Nacht, falls sie nicht aktenmäßig feststünde.

Aber ihr Meisterstück im Gewerbe angstphilisterhafter Staatsmännischkeit machten die preußischen Herren Märzminister doch mittels der Art und Weise, wie sie den Vollzug der Wahlen zum deutschen Parlament behandelt wissen wollten. Am 3. April brachten sie im Vereinigten Landtag eine königliche Proposition ein, welche auf Grund des Beschlusses der Bundesversammlung vom 30. März die „Wahlen von Nationalvertretern" anordnete, die „am Sitze der Bundesversammlung in einem möglichst kurzen Termine zusammenzutreten haben, um zwischen den deutschen Regierungen und dem Volke das deutsche Verfassungswerk zu Stande zu bringen", und demzufolge die Mitglieder des Vereinigten Landtags und zunächst die in demselben sitzenden Abgeordneten der zum deutschen Bunde gehörigen Provinzen aufforderte, die „für letztere zu der Versammlung der deutschen Nationalrepräsentation abzuordnenden 113 Vertreter unverzüglich zu wählen".

Die Abgeordneten Preußens zu einer deutschen Nationalversammlung, welche auf wesentlich moderner, ja geradezu revolutionärer Grundlage die Neugestaltung Deutschlands vollbringen sollte, durch eine vormärzlich-mittelalterlich-feudalistische Versammlung wählen zu lassen, das war wirklich die schlaueste der liberalen Schlaumaiereien, das war der Superlativ von Märzministerei. Dieser Blödsinn hatte augenscheinlich in der zappelnden Furcht seinen Grund, es könnte in Frankfurt eine demokratische, ja eine „revolutionäre" Mehrheit zuwegekommen. Er mußte aber, wie in der Regel der Blödsinn, auch diesmal seinen Verlauf haben; denn am 6. April wählten die Mitglieder des Vereinigten Landtags aus den preußischen Bundesländern, nach Provinzialständen gesondert, richtig Parlamentsabgeordnete. Dabei fielen sie aus der ihnen so plötzlich angeflogenen Vorschrittsrolle und trafen Wahlen wie die des in einen fanatischen

Christgermanen verwandelten Juden Stahl und die des Herrn von Keller, welcher sich aus einem züricher Radikalen in einen Farkcatcher der altpreußischen Staatsjunkerei umsophistisirt hatte. Weiter ging jedoch die schnöde Machenschaft nicht. Alles, was von revolutionären Impulsen in Berlin noch vorhanden war, lohte auf gegen diese Parlamentswahlprozedur, welche übrigens durch die Bundesbeschlüsse vom 7. April annullirt wurde. Hierdurch sah sich die preußische Regierung aufgefordert, „die Wahl der Abgeordneten zur deutschen konstituirenden Versammlung sofort lediglich nach Maßgabe der Beschlüsse des Vorparlaments anzuordnen", und sie fügte sich dieser Aufforderung, sicherlich mit im Hinblick auf die Thatsache, daß zur Zeit die Temperatur in Berlin und sämmtlichen größeren Städten der Monarchie für die „Umkehr" doch noch keine so recht angenehme und einladende war.

In den Tagen vom 1. bis zum 10. Mai wurde in Berlin und in ganz Preußen die erste große Wahlschlacht geschlagen, welche dieses Land gesehen hat. Am 1. Mai traten die Urwähler zusammen, um die Wahlmänner zu erkiesen; am 8. Mai wurden durch die Wahlmänner die Abgeordneten zur preußischen konstituirenden Versammlung, am 10. Mai die Vertreter Preußens im deutschen Parlament ernannt. Diese Wahlen, insbesondere die für das preußische Abgeordnetenhaus, gaben dem März-ministerium keineswegs ein Vertrauensvotum. Die bürgerlichen Mittelklassen hatten in weit überwiegender Mehrzahl i h r e Kan-didaten durchgesetzt und diese Wahlen legten unwidersprechliches Zeugniß ab, daß die Stimmung in diesen Volkskreisen zur Zeit weit mehr eine radikale als eine liberale war. Mit anderen Worten, die bürgerlichen Mittelklassen in Preußen, dazumal noch nicht müde, mißtrauisch und memmenhaft geworden, wie sie es später wurden, zeigten durch ihr Wahlvotum dem Ministerium, daß sie den Neu-Aufbau Preußens und Deutschlands anders und entschiedener an Hand genommen wissen wollten, als bislang

geschehen war. Sie gaben durch ihr Wahlvotum deutlich zu erkennen, wie sehr sie wünschten, das Märzministerium möge sich
nicht länger zum Narren und Handlanger der Hofkabale hergeben,
sondern im Sinn und Geist der Märztage vorgehen und die klägliche Zweiächselei fahren lassen.

Was gaben nun die Herren Kamphausen, Hansemann und
Konsorten auf diese Mahnung zur Antwort? Nur einen neuen
groben Mißgriff, welcher zugleich ein Frevel an Deutschland
war. Schon durch die Wahlergebnisse stupifizirt, ließen sich die
Minister durch höfische Ohrenbläsereien so verblenden, daß sie
hüben in Berlin schon den leibhaftigen Teufel der Anarchie und
drüben in Frankfurt des Teufels leibhaftige Großmutter, die
Revolution, vor ihren Augen herumtanzen sahen. Die einge-
bildete Gefahr zu beschwören, kamen sie auf den Einfall, den
Teufel durch seine Großmutter zu bekämpfen und umgekehrt, d. h.
Berlin durch Frankfurt und Frankfurt durch Berlin zu paralysiren, das deutsche Parlament mittels des preußischen und das
preußische mittels des deutschen zur Ohnmacht herabzuquängeln.
Einen andern Sinn konnte der Beschluß des Ministeriums, daß
die preußische „Nationalversammlung" zur gleichen Zeit mit der
deutschen tagen sollte, gar nicht haben. Dieser Beschluß, welcher
dem deutschen Parlament einen seiner besten Lebensnerven,
vielleicht geradezu d e n Lebensnerv durchschnitt, war ein schnöder
Verrath an der Nation. Aber die Herren vom Ministerium
Kamphausen, sagt man, haben die unselige Tragweite dieser
thörichten Schlußnahme nicht vorhergesehen. Mag sein; Leute
jedoch, welche so sehr aller Vorhersicht bar und ledig sind, sollten
nicht die Anmaßung haben, einen Staat lenken zu wollen, und
wenn behauptet worden ist, die Minister hätten sich auch in
dieser Sache, wie in vielen anderen, ihrer besseren Einsicht entgegen den Antrieben der Hofkabale gefügt, so mildert das, falls
es wahr, die Strenge des Urtheils über diese Märzministerei
nicht, sondern verschärft dieselbe nur noch.

Die volle Wahrheit aber dürfte sein, daß die Herren Kamp= hausen und Hansemann als richtige Parvenus den Ursprung ihrer Ministerschaft vergessen und vergessen machen wollten und daß sie für die Rückwärtserei um so eifriger ins Zeug gingen, als ihnen ihr Gewissen fortwährend die Thatsache vorhielt: Es war doch nur die Revolution, welche euch an den Ministertisch emporgetragen hat!

Im Uebrigen ist diese ganze Angelegenheit kaum einer Erörterung und jedenfalls ist sie keiner Ereiferung werth. Denn das ganze Thun und Lassen der preußischen Märzminister war ja nur ein Vorhang, hinter welchem das wahre und wirkliche Preußenthum sein n damaliges Hauptgeschäft verrichtete, das Geschäft, den König wieder zu „strammen", um dann später, wann die Zeit gekommen wäre, den Vorhang bei Seite zu schieben, den wiedergestrammten König hervortreten und sagen zu lassen: So will ich's haben und so muß es sein! Fort mit Schaden! Gegen Demokraten helfen nur Soldaten. Ich kommandire und ihr gehorcht! Sela.

3.

Die am 22. Mai eröffnete preußische Nationalversammlung bildete auch nur ein Stück Vorhang.

Charakteristisch genug hatte diese Konstituante Preußens kein eigen Dach und Fach, sondern mußte zur Miethe wohnen und zwar in der Singakademie, womit symbolisch angedeutet sein konnte, der Konstitutionalismus möge sich die Zeit mit Singen und Sagen vertreiben, derweil der Absolutismus seine Wieder= strammungskur durchmachte.

Die Eröffnungsfeierlichkeit, sehr dürftig und kahlmäuserisch zugeschnitten, ging im Weißen Sale des königlichen Schlosses vor sich. Es müssen recht peinliche Gefühle gewesen sein, womit Friedrich Wilhelm der Vierte von seinem Throne herab diese Versammlung der Vertreter des preußischen Volkes ansah. Schon der bloße Anblick dieser bürgerlich gekleideten Männer, von denen — gruselig zu melden! — sehr viele nicht einmal weiße Halsbinden und Westen angethan hatten, mußte dem Könige sagen, daß es mit dem geliebten Mittelalter aus und mit der theuren Romantik vorbei sei. Drückten sich doch in einem Winkel des Prachtsals sogar struppelbärtige Kerle herum, bäuerische Abgeordnete aus Posen und der schlesischen Wasserpolakei, angethan mit Wämmsern und Hosen von ungebleichter Leinwand. Wie stach das alles so mißfällig ab gegen den feudalen Pomp, womit weiland der Vereinigte Landtag eröffnet worden war! Wie hatte damals in diesem Sal alles mittelalterlich geflimmert und geschimmert, wie hatte es christlich-germanisch gerochen! Damals hatte Friedrich Wilhelm die famose Phrase von dem „beschriebenen Blatt Papier" fliegen lassen; damals hatte er in seiner Königschaft hochschwellendem Gefühle sich vermessen, keiner Macht der Erde sollte es gelingen, so ein Blatt Papier, so eine Konstitution aufzurichten zwischen ihm, dem Gesalbten des Herrn, und seinem Volke. Und jetzt? Jetzt war das verabscheute Blatt dennoch da; der Herr Ministerpräsident, ein b ü r g e r l i c h e r Ministerpräsident — eleleu! ototototoi! — hatte es schon in der Tasche: den Konstitutionsentwurf.

Die Ironie der Geschichte ist mitunter von wahrhaft diabolischer Bosheit. In solchen Augenblicken vernehmen hörende Ohren das Hohnlachen aller Dämonen der Höllen Dante's und Milton's.

Die Thronrede, welche der König aus der Hand Camphausens entgegennahm, war so nüchtern gehalten und so geschäftsmäßig stilisirt, daß man ihr leicht anmerkte, sie sei nicht das Werk dessen, welcher sie vorlas. Die große deutsche Frage war darin ganz bettelhaft knapp behandelt und mit der kühlen

Redensart abgespeis't: „Die Einheit Deutschlands ist mein
unverrückbares Ziel, zu dessen Erreichung ich Ihrer Mitwirkung
mich versichert halte". Die ganze Eröffnungsscene brachte keinen
versöhnenden und erhebenden, sondern vielmehr einen trennenden
und erkältenden Eindruck hervor. Man fühlte, der Monarch und
die Versammlung standen einander, wenn nicht geradezu feindlich, so doch fremde gegenüber.

Die Versammlung konstituirte sich provisorisch unter dem
Alterspräsidium des Herrn von Schön, einer ehrwürdigen Ruine
aus Preußens großer Zeit von 1808—15; dann definitiv unter
dem Vorsitz des Herrn Milde, eines breslauer Fabrikherrn.
Vicepräsidenten wurden die Herren Esser und Waldeck. Die
Berathungen trugen übrigens von Anfang an einen tumultuarisch
anarchischen Charakter, welcher vorhersehen ließ, daß das ganze
Ding ein schlimmes Ende nehmen würde. In demselben Maße,
in welchem es dem Ministerium an Muth und an Vertrauen zum
Volke gebrach, fehlte der überwiegenden Mehrheit der preußischen „Nationalversammlung" jener politische Instinkt und Takt,
welcher die mangelnde Erfahrung einigermaßen zu ersetzen vermag. Es kam in den Verhandlungen dieser Konstituante
denn doch gar häufig eine grasgrüne Unreife zum Vorschein,
welche Solchen rechtgab, die da meinten, das preußische Volk sei
überhaupt nicht zum Selfgovernment befähigt, sondern nach wie
vor zum Kommandirtwerden und zu „strammer" Subordination
bestimmt. Bei sothaner Sachlage war es dann doppelt widerlich,
daß die gassendemagogische Volksvergötterung auch in den
Räumen der Singakademie grassirte und man daselbst noch
immer mit dem 18. und 19. März renommirte und bramar-
basirte, während draußen der Märzsturm bereits grünblich ver-
rauscht war.

Es untersteht keiner Frage, daß der Mangel an freiem
Blick, großem Wurf und kräftiger Initiative, welcher das Ministerium Kamphausen kennzeichnete, an der rasch eintretenden Ebbe

der berliner Bewegung mitschuld gewesen ist. Denn es ging
auch in Preußen, wie überall in Deutschland, d. h. als das
Volk sah, wie sehr es seinen obersten Führern, den Oppositions=
chefs der vormärzlichen Zeit, an Talent, Muth und Selbst=
vertrauen fehlte, jetzt, nachdem sie zur Macht gelangt waren,
ihren Ideen zur Verwirklichung, ihren Grundsätzen zur Geltung
zu verhelfen, da begann das Volk diese Ideen und diese Grund=
sätze, sowie ihre Träger, erst mit Gleichgiltigkeit und dann mit
Verachtung anzusehen und wieder mit verdoppeltem Respekt zu
Denen aufzublicken, welche Entschlossenheit genug besaßen, die
halbverlorene Gewalt zurückzuerobern und von der zurückeroberten
energisch Gebrauch zu machen, wäre es auch im rückwärtsigen
Sinne. Hierzu trat aber noch, die Kraft der Bewegung nament=
lich in den bürgerlichen Mittelklassen erst zu schwächen und end=
lich ganz lahmzulegen, als weiteres Motiv die unleugbare Wir=
kung, welche das durch den Phrasenblasbalg halb oder ganz
verrückter Schwätzer glücklich aus einem Zicklein zu einem Tiger
aufgeblasene Schreckgespenst des Kommunismus auf die bürger=
liche Welt übte. Man merkte diese Wirkung insbesondere auch
in den Reihen der berliner Bürgerwehr, auf welches Institut
man anfangs so überstiegene Hoffnungen gebaut hatte und das
unter dem Kommando des Generals von Aschoff, dem man
schuldgab, ein gefügiges Werkzeug rückwärtsiger Kabalen zu sein,
richtig immer „kläteriger" wurde. Summa: im Mai war die
Situation in der preußischen Hauptstadt schon so, daß Herr
Friedrich von Raumer — damals noch nicht die lächerliche Figur,
welche er später als Parlamentsmitglied in Frankfurt und vollends
gar als „Reichsgesandter" in Paris machte — am 17. schreiben
konnte: „Bis etwa 14 Tage nach dem 18. März war überall
fast nur die Rede von den unsterblichen Barrikadenhelden, die
ihres Gleichen in der ganzen Weltgeschichte nicht hätten, gegen
welche Leonidas und seine 300 Spartaner nur jämmerliche
Stümper wären, denen man in Marmor und Erz ewige Denk=

male errichten müsse u. s. w. Seit 4 Wochen aber nimmt keiner
mehr das Wort Barrikade und Barrikadenheld in den Mund,
der 18. März wird zum noli me tangere und in vertrauteren
Gesprächen wünscht man die Helden der „glorreichen“ Nacht
zum Teufel. So ändern sich die Zeiten und es ist für ein Glück
zu achten, wenn die höchlich erzürnten Bürger nicht die Proletarier
nächstens niederschießen müssen, um Ordnung herzustellen.“

4.

Der von dem Ministerium vorgelegte Verfassungsentwurf,
in der Hauptsache selbstverständlich der englischen Schablone
nachgepinselt, bezeugte klärlich, was für einen blassen Schemen
von Scheinkonstitutionalismus zu wollen und zu fordern schon im
Mai der Hof wiederum sich stark genug fühlte und wußte. In den
Augen der altpreußischen Staatsjunkerei war jedoch auch dieser
Schein und Schemen noch ein heftiges Aergerniß, dessen Weg-
wischung sofort mit allen Mitteln eifrigst angestrebt wurde. Nach
der entgegengesetzten Richtung hin konnte natürlich der Entwurf
auch nicht befriedigen und so wurde die arme Mißgeburt verachtungsvoll zwischen den Parteien hin- und hergestoßen, bis ihr
kurzdärmiges Scheindasein zu Ende war.

Die berliner Bürgerwehr sollte der ministeriellen Ver-
fassungsvorlage so zu sagen zu Gevatter stehen, sollte den miß-
schaffenen Balg aus der Taufe heben und zwar mittels der auf
den 23. Mai angesetzten sogenannten „Vertrauensparade“. Sie
fand wirklich statt, fiel aber dünn und unerquicklich aus. Verschiedene Abtheilungen der Bürgerwehr hatten sich gar nicht zur
Aufstellung unter den Linden eingefunden. Andere, schon aufgestellt, verließen grollend und schimpfend ihren Platz wieder,
nachdem sie über einzelne Bestimmungen des Konstitutionsent-

wurfs Näheres erfahren hatten. Der König erschien in militäri=
scher Gala, umgeben von einer dicken Wolke von Generalen und
Adjutanten. Er machte die Sache schweigsam und im Galopp
ab. Offenbar war alles darauf angelegt, dem bewaffneten Bürger=
thum gegenüber den Glanz und Prunk des königlich preußischen
Militarismus zu schneidend gegensätzlicher Anschauung zu bringen.
Lächerlich war der Herr General von Aschoff anzusehen, welcher,
dem Könige zur Seite reitend, mit Blick, Gebärde und Degen=
wink die verdrossenen Bürgerwehrmänner zum Hoch= und Hurrah=
rufen anzufeuern strebte, und für eine nicht gerade günstige
Vorbedeutung mußte es gelten, wenn die Ulanenmusikbande,
welche an der Schloßbrücke bei der berittenen Bürgerwehr auf=
gestellt war, den König mit den Klängen der russischen National=
hymne empfing. Während unter den Linden diese kühle Ver=
trauensparade vor sich ging, welche eigentlich eine gegenseitige
Mißtrauensparade gewesen ist, demonstrirte ein Theil der aka=
demischen Jugend anderweitig, indem sie „als Zeichen der Trauer
über den Verfassungsentwurf" eine schwarze Fahne auf den
Balkon des Universitätsgebäudes pflanzte.

Daß die leitende Partei bei Hofe schon um diese Zeit zu
den „rettenden Thaten" entschlossen war, welche sie dann im
Spätherbste vollbringen ließ, untersteht keiner Frage. Dagegen
ist es zweifelhaft, ob der nachmals in Vollzug gesetzte Plan da=
mals schon auch Friedrich Wilhelm dem Vierten vorschwebte,
und wäre es auch erst in dämmernden Umrissen. Gewiß ist
jedenfalls, daß der König im Mai noch lange nicht genug
„gestrammt" war, um die entschiedenen Umkehrleute zu einem
ein= und durchschneidenden „Bruch mit der Revolution" zu
autorisiren.

Starke Anzeichen sprachen dafür, daß Friedrich Wilhelm
einen ehrlichen Anlauf genommen hatte, mit der neuen Ordnung
oder, wenn man will, mit der Unordnung der Dinge voranzuschreiten.
Dieser Anlauf hatte gerade so lange gewährt, als die staunens=

werth Schlag auf Schlag herangestürzten Ereignisse die Phantasie des Königs erregt und beschäftigt hatten. Als aber an die
Stelle der Ueberraschungen und Aufregungen die trockene Ge=
schäftsmäßigkeit des Konstitutionalismus trat und durch ihre
eintönige Regelrechtigkeit den Monarchen zu langweilen begann,
da erwachten alle Antipathieen des Romantikers und Absolutisten
wieder und vergifteten den in seiner Seele zurückgebliebenen
Stachel der Erinnerungen aus den Tagen und Nächten des März.

Die Flüsterblicke und Wisperworte seiner Umgebung thaten
das Uebrige; besonders dann, als der König, aus dem „revolu=
tionären" Berlin nach Potsdam übergesiedelt, wieder ganz in
der höfisch = absolutistisch = pietistischen Atmosphäre athmete. Es
war einer der größten Fehler, eine der verhängnißvollsten
Schwächen des Ministeriums Kamphausen, daß es diese Ver=
potsdamung des Monarchen zugelassen hat. In Potsdam war
es, wo das Werk der Wiederstrammung Friedrich Wilhelms so
recht ungestört mit Bedacht, Methode und Eifer betrieben wurde,
und ein unbefangener Urtheiler muß zugeben, daß die Hof=,
Militär=, Bonzen= und Mandarinen=Rückwärtserpartei dieses
Geschäft mit vollendeter Geschicklichkeit verrichtete. Der Punkt,
von welchem sie dabei ausging, war der bekannte Mythus von
der „Rotte fremder Bösewichte, Franzosen, Polen und Juden",
welche die berliner Revolution gemacht hätte. Hatte man erst
den König — wie es ja wirklich glückte — zum unerschütterlichen
Glauben an diesen Mythus gebracht, so vermochten ihn die
Hände, welche das Strammmachungsgeschäft besorgten und unter
denen sehr weiße, weiche und weihwasserfeuchte waren, unschwer
von Stufe zu Stufe zu der Ueberzeugung hinaufzuhätscheln, daß
es seine königliche Schuldigkeit und patriotische Pflicht sei, sein
angestammtes Land und Volk aus den revolutionären Teufels=
krallen der besagten bösewichtigen Rotte zu erlösen.

Während Friedrich Wilhelm der Vierte schon manche zu
dieser Ueberzeugung führende Wegstufe zurückgelegt hatte, wiegte

11*

sich der gute Herr Kamphausen, dessen Ministerpräsidentschaft für seine eigene Person nur ein Martyrium war, welches das aufrichtigste Mitleid verdiente, noch in dem Thorenwahn, durch fortgesetzte Nachgiebigkeit und Schonungsübung nach oben den Hof mit dem Neuen zu versöhnen und die Anhänger des Alten zu beschwichtigen. Da kannte doch die alte derbwahre und wahrderbe Pfälzerin, Elisabeth Charlotte b'Orleans, die Menschen und die Parteien anders und besser. „Es ist gar einfältig — hat sie gesagt — zu glauben, daß man die Höflinge und die Pfaffen durch Milde und Sanftmuth gewinnen könne; denen muß man den Daumen gleich recht fest aufs Auge drücken."

5.

Wenn nicht verschwiegen werden darf, daß in der Spreestadt die Lumpagogie rührig genug war, um in den höfischen, bureaukratischen und sogar in den bürgerlichen Kreisen, in der eleganten wie in der frommen Welt, der Sehnsucht nach „Umkehr" stets neue und willkommene Nahrung zu bieten, so konnte sie sich an Geltung und Gewalt doch lange nicht mit der Krakeelokratie messen, welche in der Donaustadt den Ton angab. Auch in Berlin zwar wußte man von der Macht, welche der Katzenmusik innewohnt, zu sagen und zu klagen; aber in Wien war die Katzenmusik eine Weile geradezu souverän.

Die wüste Spektakelei, welche in der deutschen Bewegung von 1848 überhaupt einen so breiten Raum gewann, mag allerdings einestheils mit Fug dem vormärzlichen Polizeistaat auf Rechnung geschrieben werden, weil derselbe die politische Erziehung des Volkes mit allen Mitteln verhindert hatte. Die so lange gestreute absolute Bevormundungssaat ging jetzt als Skandal- und Krawallunkraut auf. Allein anderntheils hatte diese Spektalelsucht doch noch einen tieferen Grund: sie wurzelte in dem deutschen Kneipenhumor, welcher mitunter recht liebenswürdig sein kann, aber, weil er jahraus jahrein obenauf sein will, leicht ins Triviale und Absurde fällt. Die ewige Wirthshausbummelei — bekanntlich ein Nationallaster der Deutschen von Anfang an*) — läppert die Menschen in eine fade und falsche „Gemüthlichkeit" hinein, entwöhnt sie des strengen und logischen Denkens und gewöhnt sie an eine frivole Fassung und Führung auch der ernstesten Dinge, so daß sie unschwer dazu kommen, die öffentlichen Angelegenheiten vom Standpunkte des „Vive la bagatelle!" aus zu betrachten und die Politik für einen „Jux" anzusehen, welcher vor allem einen recht vergnüglichen Zeitvertreib gewähren müsse. Weit mehr, als eine oberflächlich-vornehme Betrachtung der Ereignisse von 1848 anzunehmen geneigt sein möchte, hat zu dem jammerseligen Verlauf der deutschen Bewegung der Umstand beigetragen, daß eine Menge von „Kneipgenies" sich plötzlich zu Volksführern berufen fühlte und in dieser Rolle anerkannt wurde. Es wirkte das auf der einen Seite ebenso unheilvoll wie auf der andern die Thatsache, daß sämmtliche deutsche Professoren wähnten, über Nacht zu „Staatsmännern" geworden zu sein. . . .

Der Zerfall des Staates, die Auseinanderbröckelung der Regierungsmaschine, der allgemeine Wirrwar und Durcheinander, die Rath-, Zucht- und Zügellosigkeit war in Wien ohne Frage noch größer als in Berlin und in demselben Verhältnisse auch die Stellung des Ministeriums Ficquelmont-Pillersdorff schwieriger als die des Ministeriums Kamphausen. Dieses hatte es doch nur mit der Hofkabale, mit den Munkelern und Muckern, mit den militärischen Darabiridatumbaribessen und mit den demokratischen Horribilikribifaxen, sowie ebenfalls noch mit den Dänen und Polen zu thun; aber jenes mit dem Hofe, mit der Hierarchie

---

*) „Diem noctemque continuare potando nulli probrum." Tacitus, Germ. 22.

und Bureaukratie, mit der Firma Wühlhuber wie mit der Firma
Heulmaier, und außerdem mit Italienern, Magyaren, Polen,
Czechen, Kroaten, Rumänen, Ruthenen, Serben, Slovaken,
Slovenen und mit der „Akademischen Legion", welche sich als
Hochwächter und Hauptschirm der „Errungenschaften" betrachtete
und, von der Bevölkerung Wiens gestreichelt und gehätschelt,
dem Ministerium wie eine Bombe, die von Minute zu Minute
platzen konnte, auf dem Nacken lag.

Die „Aula" war eine gute Weile der bestimmende und aus-
schlaggebende Faktor im östreichischen Staatschaos, das unterliegt
gar keinem Zweifel, und da in die akademische Legion notorisch
auch Nichtöstreicher eingereiht waren, so hatte die Sage von den
„Fremden, welche die Revolution gemacht haben", in Wien weit
mehr Sinn als in Berlin*). Es zeugt von der gränzenlosen
Hilflosigkeit des ersten „verantwortlichen" Ministeriums in
Oestreich, daß es sich die studentische Diktatur so lange gefallen
lassen mußte oder wenigstens gefallen ließ. Natürlich mußten
demzufolge die jugendlichen Diktatoren zum Vollbewußtsein gelangen, sie seien das Salz der Erde oder wenigstens Oestreichs
und berufen, den aus seinen Fugen gegangenen Staat wieder
einzurenken, — in i h r e r Weise, versteht sich, und keineswegs
so skrupelig wie der bekannte Prinz von Dänemark, welcher in
Wittenberg studirt hatte.

Ja, sie fuhren recht burschikos drein und drauf los, die
dunkelblauröckigen Enthusiasten und Phantasten von der Legion.
Als Pillersdorff, um einem allerdings sehr dringenden Bedürfniß
abzuhelfen, am 31. März ein provisorisches Preßgesetz erließ,
verdonnerte Doktor Giskra dasselbe in der Aula, diese wallte auf
und erklärte, studentisch zu reden, das Gesetz als ein „freiheits-

---

*) Depesche Effingers vom 8. Mai: „Mancher Vorgang erklärt sich
aus dem Umstande, daß in das akademische Korps nicht allein Studirende
der Universität und des Polytechnikums eingereiht sind, sondern auch die
Künstler, letztere größtentheils Ausländer." S. B. A.

mörderisches" in „Verschiß". Der arme Minister des Innern
nahm das verd ... ehmte Ding alsbald zurück und die seit dem
15. März eingerissene Preßanarchie ras'te und rasaunete weiter.
Natürlich trug diese namenlose Schwäche der Regierung ihre
Früchte. Der „Studentenausschuß", welchen die akademische
Legion aus ihrer Mitte bestellt hatte, war thatsächlich die oberste
Exekutivbehörde der Hauptstadt, welche Exekutivbehörde in alles
und jedes hineinregierte, ja hineinregieren mußte, da sich bei der
Lahmheit und Feigheit der städtischen und staatlichen Behörden
alle Welt in allen möglichen Angelegenheiten an die Herren von
der Aula wandte. Wurden doch sogar Ehezwiste zur Austragung
vor den Studentenausschuß gebracht.

Derweil hatte das Ministerium die versprochene „Konsti=
tution des Vaterlandes" an Hand genommen, d. h. Herr von
Pillersdorff hatte nach belgischem Muster eine Verfassung zu=
sammengeplätzt, welche, nachdem der kaiserliche Familienrath sie
gutgeheißen, am 25. April feierlich verkündigt wurde. Dieses
Staatsgrundgesetz für Oestreich ist auch nur eines der vielen
lebensunfähigen Aprillaunenkindlein von 1848 gewesen. Die
souveräne Katzenmusik schrie das arme Ding todt. Sie schrie
auch den Ministerpräsidenten Ficquelmont, welchen in der zweiten
Hälfte Aprils alle Preßjauchespritzen Wiens zu einem ihrer Lieb=
lingsziele nahmen, von seinem Posten weg. Die Ernennung des
ihm nahe verwandten Grafen und Generals Latour zum Kriegs=
minister, welche am 30. April bekannt wurde, gab ihm den Rest.
Der neue Kriegsminister war als Aristokrat von der strikten
Observanz gehaßt, als fähiger und energischer General gefürchtet.
Ficquelmont sollte die, wie es hieß, auf s e i n Betreiben geschehene
Ernennung büßen. Am Abend vom 2. Mai präludirte die
souveräne Katzenmusik vor der Wohnung des Ministerpräsidenten;
am folgenden Abend legte sie fortissimo los. Es war eine unsäg=
lich widerliche Pöbelei, nur um so widerlicher, als sich auch
Nationalgarden und Studentenlegionäre daran betheiligten. Ein

paar beliebige Kerle ernannten sich selber zu „Volksgesandten",
drangen in die Staatskanzlei und erklärten dem Ministerpräsiden=
ten, daß er abdanken müßte, „weil er das Vaterland verrathen
habe". Der arme, alte, geängstigte und erschöpfte Mann that
in der zweiten Stunde nach Mitternacht den angeblichen „Volks=
gesandten" ihren Willen, worauf Herr von Pillersdorff am
5. Mai den Vorsitz im Ministerrathe und Herr von Lebzeltern
die Leitung der auswärtigen Angelegenheiten erhielt. Die Auf=
tritte vor und in der wiener Staatskanzlei in der Nacht vom
3. auf den 4. Mai gehörten zu den schmählichsten des „tollen"
Jahres. Die Herren Kollegen des Grafen Ficquelmont, die sämmt=
lichen Magistrate, endlich alle besseren Elemente der Nationalgarde
und der Aula haben sich durch ihr unthätiges Zuschauen und jäm=
merliches Geschehenlassen dieser Pöbelschmach mitschuldig gemacht.

6.

Das Ministerium glaubte durch Verstärkung mit populären
Kräften sich fester zu stellen. Um die czechische Agitation zu be=
schwichtigen, wurde dem „Patriarchen der Czechen," Palacky in
Prag, das Ministerium des Unterrichts angeboten, aber umsonst,
weil der gelehrte Slave nur dann ins Kabinett treten zu wollen
erklärte, wenn die Regierung das Föderativprinzip in ihr Pro=
gramm aufnähme. Auch mit Herrn Bach, welcher damals noch
den Radikalen spielte, ist wegen Uebernahme einer Ministerschaft
vergeblich verhandelt worden, weil der Herr Doktor sich nicht
vorzeitig vernutzen wollte. Nur den Herrn Doblhoff, einen vormärz=
lich-liberalen Fabrikherrn, konnte man zur Uebernahme des Han=
delsministeriums vermögen und er galt dann neben Pillersdorff
für den Hauptmacher in der Regierung.

Gleichzeitig mit der theilweisen Reorganisation des Mini=
steriums gab sich aber auch der revolutionäre Sturm und Drang

eine umfassendere und wirksamere Organisation. Es geschah
dies mittels Schaffung eines politischen „Centralkomité", welches,
aus Abgeordneten des Studentenausschusses und der Nationalgarde zusammengesetzt, am 9. Mai sich konstituirte. Ob dabei,
wie behauptet worden, eine unwillkürliche oder gar eine absicht-
liche Erinnerung an die in der Nacht vor dem 10. August von
1792 mittels Abordnungen der Sektionen von Paris geschaffene
„Kommune" mitgespielt habe, ist weder mit Sicherheit zu bejahen
noch mit Bestimmtheit zu verneinen. Jedenfalls taugen dergleichen Reminiscenzen selten etwas. Das wiener Centralkomité von 1848 verhielt sich zur insurrektionellen pariser Kommune von 1792 ungefähr so, wie sich der „Marschall Druff"
von 1848 zum „Marschall Vorwärts" von 1813 verhält. Nachdruck auf Packpapier, druckfehlervoll, ordinär, nichts als Nachdruck, Abklatsch.

Die ungeheuerliche Begriffsverwirrung, welche in den
Köpfen rumorte, sprang wieder einmal ganz lächerlich zu Tage,
indem das Centralkomité an den Premierminister sich wandte,
um von diesem die Anerkennung als einer „legalen" Behörde zu
erwirken. Natürlich mußte Herr von Pillersdorff dieses wahrhaft wahnwitzige Gesuch zurückweisen und natürlich konnte das
Ministerium diese zweite oberste Regierung, welche ihm zur Seite,
ja ihm zu Häupten sich aufthun wollte, nicht dulden und gewähren
lassen. Aber freilich fragte es sich, ob das Ministerium in sich
selbst so kräftig sei, seinen Widerstand durchzuführen, und ob es
auch die materiellen Mittel besitze, seinem Willen Nachdruck zu
geben. In beiderlei Beziehung sah es kläglich aus. Herr von
Pillersdorff und seine Kollegen waren nicht die Leute, in der
Bresche standzuhalten, so lange noch Athem in einem von ihnen
war. Auch der Herr Graf und General Latour erwies sich bei
dieser Gelegenheit keineswegs als ein Held, ja sein Gebaren
zeigte etwelche Absonderlichkeiten auf, welche argwöhnische Leute
auf die Vermuthung bringen könnten, der Kriegsminister hätte

dem Unheil freien Lauf lassen wollen, kalkulirend, erst müßte es
in Wien ganz schlimm werden, bevor es besser werden könnte.
Allerdings waren die Militärkräfte, worüber der General zu ver=
fügen hatte, geringfügig genug. Die Garnison der Hauptstadt
war schwach und auch aus der Nähe waren keine irgendwie be=
deutenden Verstärkungen herbeizuziehen, weil eben keine in der
Nähe sich befanden.

Nicht etwa in Folge der Sorglosigkeit des Kriegsministers.
Latour ist wahrlich kein lässiger Mann gewesen, sondern im
Gegentheil ein sehr thätiger und ein weitschauender. Seine
Ueberzeugung war, daß die Rettung des alten, des kaiserlich=
absolutistischen Oestreichs, welchem er mit ganzer Seele ange=
hörte, auf der Armee beruhte. Die Rettungsthaten, welche die
Armee thun sollte, müßten aber zunächst in Italien, auf der
lombardischen Ebene gethan werden. Dort läge, meinte der
Kriegsminister ganz richtig, die Entscheidung. Gelänge dem
Marschall Radetzky ein großer Schlag, so würde derselbe gewal=
tig auf Wien zurück und über ganz Oestreich, ja über ganz Europa
hin wirken. Selbstverständlich im Sinne der Restauration. Im
Vergleich also zu der Wichtigkeit, den Radetzky in die Verfassung
zu setzen, einen solchen Schlag thun zu können, sei es von ganz
untergeordneter Bedeutung, was derweil in Wien vorginge, aus=
genommen immer die Erhaltung der Dynastie, wofür sich ander=
weitig sorgen lassen würde. Dieser seiner Ansicht gemäß handelte
Latour und zwar mit höchster Folgerichtigkeit und Energie, indem
er jeden Nerv anspannte, um das Heer am Mincio zu verstärken
und mit allem Nöthigen auszustatten. Die Folge hat glänzend
bewiesen, wie richtig Latours Rechnung, obzwar seine Maß=
nahmen, welche die Besatzung von Wien so geschwächt hatten, daß
ein erfolgreicher Kampf mit empörten Volksmassen kaum denkbar,
für jetzt eine Sachlage herbeiführen halfen, welche für Wien
und die kaiserliche Dynastie einen 10. August befürchten ließ.

Allein das wiener „Centralkomité" brachte keinen 10.

August zuwege, sondern nur eine zweite Auflage der Flucht nach Varennes, und zwar eine verbesserte, eine sehr verbesserte.

— — — —

7.

Am 13. Mai ließ der Kommandant der Nationalgarden von Wien, Graf Hoyos, einen Tagsbefehl ausgehen, kraft dessen das Centralkomité für mit dem Wesen der Nationalgarde unvereinbar erklärt wurde; denn diese könne weder als Gesammtheit noch mittels Repräsentanten politische Geschäfte besorgen.

Sofort eilten Abordnungen zum Ministerpräsidenten, um die Zurücknahme dieses Tagsbefehls, dessen selbstverständliche Konsequenz die Auflösung des Centralkomité war, zu erwirken. Pillersdorff sprach am Abend des 14. Mai ein etwas verbrämtes, aber doch immerhin verständliches Nein, wozu ihn wohl hauptsächlich d e r Umstand ermuthigte, daß ihm bekannt, der „ruhige" Bürger sei von der Schaffung des Nationalkomité, in welchem der „ruhige" Bürger eine Art Kommune oder Wohlfahrtsausschuß wittere, keineswegs erbaut und überhaupt sei der „ruhige" Bürger, welcher den gewohnten Geschäftsgang wie den gewohnten Vergnügungsgang schmerzlich vermißte, nachgerade der Freiheit und Gleichheit, der Revolution und der Errungenschaften sehr satt und überdrüssig. Der Minister durfte sich demnach einbilden, mehrbesagter „ruhiger" Bürger, welcher ja in der Nationalgarde vorwog, würde nöthigenfalls eifrig die Hand bieten, etwaige Krawallgelüste niederzuhalten. Es kam aber ganz anders. Der „ruhige" Bürger ließ sich, wie gewöhnlich bei solchen Gelegenheiten, entweder gar nicht sehen oder aber er verwandelte sich aus purem Nachahmungsschlendrian aus einem ruhigen sehr in einen unruhigen.

Das von Pillersdorff gesprochene Nein brachte die Aula
alsbald in eine so wuselige Bewegung, daß noch am Abend
desselben Tages ein Ausbruch bevorzustehen schien. Deßhalb
Generalmarsch und Besetzung der inneren Stadtthore durch
Truppen und Nationalgarde. Wäre nun die Regierung noch in
der Nacht thatkräftig und rücksichtslos weiter vorgegangen,
namentlich mit Verhaftungen, so würde sie am folgenden Morgen
des Platzes Meister gewesen sein. Weil sie aber den rechten
Moment zum Drein- und Durchgreifen verpaßte, ließ sie ihren
Gegnern Zeit, die Massen in Bewegung zu setzen, und nachdem
diese einmal auf den Plan gebracht waren, konnte das Spiel der
Regierung für verloren gelten.

Während der Nacht vom 14. auf den 15. Mai erhitzten sich
die revolutionären Leidenschaften, insbesondere auch an der Abends
gemachten Wahrnehmung, daß das Gebaren der Nationalgarde
und sogar das der Truppen ein keineswegs sehr kampflustiges
gewesen sei. Zweifelsohne hat auch das deutsche Gefühl der
Wiener ein großes Scheit in das aufschlagende Feuer geworfen;
denn die bei Gelegenheit der fehlgeschlagenen Berufung Palacky's
ins Ministerium kundgewordene Streichelung und Schmeichelung
des deutschfeindlichen Czechenthums, welches noch dazu fortwährend sehr wegwerfende Auslassungen gegen die wiener Bewegung verlauten ließ, hatte eine tiefe Verstimmung erzeugt.
Weiterhin bot die verkündigte Verfassung Handhaben zur Agitation genug und kehrte sich diese insbesondere gegen das provisorische Wahlgesetz zum östreichischen Reichstag, welches die indirekte Wahlart festsetzte und das Wahlrecht von einem Census
abhängig machte. Alle diese Motive haben den großartigen
Krawall vom 15. Mai veranlaßt, welcher Krawall aber keineswegs nach Plan und Methode, sondern ganz naturalistisch-instink-
tiv sich entwickelte und abspielte.

Das Spiel begann am 15. Mai in der Aula, wo an die
Stelle der Präsidentenglocke zur Regelung der Diskussion eine

Trommel getreten war und die an Heftigkeit sich überbietende Rednerei so zu sagen nach Pulver roch. „Illegal nennt man das Centralkomité?" rief der Student Hrczka aus. „Ja wohl; aber ist denn nicht alles, was seit dem März geschehen, illegal? Sind nicht auch die Minister illegal? Ei freilich sind sie es, aber nur beßhalb, weil die Majorität des Volkes wider sie ist." Ein anderer Redner hatte hierauf den sehr verständigen Einfall, zu sagen: „Was sollte die Abdankung der gegenwärtigen Minister nützen? Oestreich ist zu impotent, als daß wir tüchtigere Männer finden könnten." Die breitmäulige Debatte schien harmloser Selbstzweck werden zu wollen, da kein irgendwie bestimmter Be- und Entschluß gefaßt wurde, als draußen die Trommeln gingen und die Nachricht hereinkam, die Truppen nähmen abermals, wie gestern Abend geschehen war, Stellung an den inneren Stadtthoren. Nun schlugen aus dem wildwogenden Wirrsal wüthende Wehr- und Waffenrufe auf: — „Das bedeutet einen Angriff!" — „Man will uns von unsern Brüdern, den Arbeitern in den Vorstädten, abschneiden!" — „Zur Burg! Zur Burg!"

Die Regierung hatte offenbar durch ihr Aufgebot von Truppen der Krakeelokratie imponiren wollen, wie ihr das, so schmeichelte sie sich, am Abend vorher gelungen war. Aber sie täuschte sich. Die Erscheinung der bewaffneten Macht gab der im Werden begriffenen Demonstration erst rechtes Leben, so viel Leben, daß die Demonstration nicht allzu weit davon entfernt war, eine Revolution zu werden.

8.

Gegen den Abend zu trug Wien eine Physionomie, welche mit der vom Morgen des 15. März eine bedenkliche Aehnlichkeit hatte. Die akademische Legion hatte ihre Waffen aufgenommen

und hielt sich marschfertig. Sendboten eilten nach den Vorstädten, um die „Arbeiterbrüder" aufzurufen. Der Generalmarsch entbot die Nationalgarden und sie kamen, obzwar nicht
eben in dichten Reihen und keineswegs entschlossen, der Regierung eine verläßliche Hilfehand zu reichen. Der vielberufene
„ruhige" Bürger blieb entweder zu Hause oder that selber mit,
nämlich „demonstriren".

Abends 7 Uhr machte sich eine Abordnung von der Aula
nach der Burg auf, wo der Ministerrath saß, um diesem die
„Volkswünsche" kundzuthun. Dieselben bestanden vorläufig in
der Anerkennung und Bestätigung des Centralkomité, in der
Modifizirung des Wahlgesetzes und der Zurückberufung der
Truppen in ihre Quartiere. Der Ministerpräsident suchte Zeit
zu gewinnen, indem er, was freilich unter den gegebenen Umstän-
den komisch genug sich anhörte, eine schriftliche Eingabe verlangte.
Den Absendlingen der Deputation währte aber das Ausbleiben
derselben zu lange. Die Legion trat an und rückte, Gewehr im
Arm und mit aufgestecktem Bajonnett, auf den Hof und auf die
Freiung, um sich den Bescheid der Minister selber zu holen.
Bedrohliche Gerüchte flogen ihr voran und hintendrein. Schon
seien die Arbeiter in den Vorstädten in Bewegung, um ihren
„Aulabrüdern" zu Hilfe zu eilen; in der Brigittenau ständen
sie zu Tausenden geschart. Da und dort flammte grelles Fackel-
licht in den Straßen auf, anderwärts sah man Anschickungen zum
Barrikadenbau. Schlottermaier wollten sogar gehört haben, daß
„Hoch die Republik!" gerufen worden sei, und trugen das
Schreckenswort in die Hofburg.

Dort grassirte in den Vorzimmern und in den Gemächern
der kaiserlichen Familie dieselbe Rath- und Thatlosigkeit wie
zwei Monate früher in der Nacht vom 14. auf den 15. März.
Auch jetzo wieder ganz dasselbe zwecklose Reden und Rennen,
dasselbe resultatlose Zappeln, Zetern und Zittern der Hofleute.
Einer rieth dieses an, ein anderer jenes ab; eine schalt den

armen Pillersdorff einen Berräther, eine andere brachte den Plan
einer kleinen Palastrevolution auf's Tapet: die Abdankung des
Kaisers zu Gunsten seines Bruders, wozu jedoch eine dritte halb-
laut den Spottsenf gab: „Da wäre viel gewonnen, wahrhaftig!"
Auch das Wort „Flucht" wurde geraunt, fiel aber in dem Wort-
staubwirbel vorderhand wirkungslos zu Boden — vorderhand.
Natürlich kam bei alledem nichts heraus, nicht einmal ein ge-
scheites Wort, geschweige eine tüchtige That.

Drüben im Berathungszimmer des Ministeriums dieselbe
trostlose Geschichte. Sollte man nachgeben? Wollte man widerstehen? Freilich wollte man das, aber womit? Quomodo?
quibus auxiliis? „Excellenz" — sagt der Herr Ministerpräsident
zum Kriegsminister — „Ihre Meinung ist die entscheidende.
Was, rathen Sie, ist zu thun?" Der Herr Kriegsminister be-
sinnt sich eine Weile, dann zuckt er die Achseln und erwidert:
„Excellenz, Sie wissen, daß Wien von Truppen entblößt ist und
warum. Ich habe nicht Leute genug, um einen Straßenkampf
riskiren zu können; um so weniger, als die etlichen Bataillone,
die zur Hand, nicht einmal alle zuverlässig sind. Ein ungarisches
Grenadierbataillon hat heute geradezu verlangt, nach Ungarn
heimgesandt zu werden; ein anderes hat sich einer über dasselbe
verhängten Disziplinarstrafe widersetzt." Darauf allgemeines
Achselzucken, welches einer der Herren in die Worte übersetzte:
„Wir können nichts thun als nachgeben. Das Volk ist auf dem
Burgplatz, es ist in den Höfen, es ist schon in den Korridoren
und Vorzimmern. Denken Sie an die Sicherheit Sr. Majestät
des Kaisers und der kaiserlichen Familie. Wir haben wahrlich
keine Zeit zu verlieren." „Wahr — warf ein Kollege des
Sprechers ein — aber bedenken Sie doch, diese unseligen Men-
schen verlangen ja nichts Geringeres, als daß wir unser eigenes
Werk, die Aprilverfassung sammt Zubehör, vernichten sollen.
Ihre Forderungen haben sich von Stunde zu Stunde, fast von
Minute zu Minute gesteigert. Wie und wo soll das alles enden?"

— „Ja, wer das wüßte — gab der Ministerpräsident zur Antwort — der dürfte sich einen klugen Mann nennen. Uebrigens hat
ja neulich einer, der auch nicht zu den dummen gehören soll, in
Berlin gesagt, in Zeiten der Bewegung müsse man der Bewegung immer um eine Stunde voraus sein. Versuchen wir es
einmal damit."

Wenn wirklich, wie berichtet wird, Herr von Pillersdorff
diese Schlußnahme mit einem „matten Lächeln" begleitet hat, so
gehörte dieses Lächeln sicherlich nicht in die Kategorie des frivolen,
sondern in die des krampfhaft schmerzlichen, des sardonischen.
Der arme Freiherr war mit seinem Witz wie mit seinen physischen
Kräften zu Ende. Er mußte nichts mehr zu thun als mit zittern-
den Händen ein Blatt Papier — die binnen wenigen Minuten
redigirten Gewährungen des Ministeriums — in die wildeinher-
brausenden Wogen der Ereignisse zu schleudern und mochte dabei
denken: Ein Stück Papier mehr oder weniger, was hat das zu
bedeuten in solcher Zeit?

Aber trüb- und drangsalvolle Augenblicke hatte der Herr
Ministerpräsident zu bestehen, als er gegen Mitternacht zu das
mit Herren und Damen vollgestopfte Vorzimmer zum kaiserlichen
Kabinett durchschritt, um sich für das erwähnte neueste Blatt
Papier des guten Botanikers Ferdinand Sanktion und Unter-
schrift zu holen. Die Hofleute ließen ihren rath- und thatlosen
Grimm an dem Minister aus. Von allen Seiten her flogen ihm
mehr oder weniger laut ausgestoßene Beschuldigungen und Be-
schimpfungen ins Gesicht. Aus dem Munde von Herren und
Damen — die letzteren geiferten und zeterten nach Art erboster
Angehöriger des schöneren und zarteren Geschlechtes am ärgsten
— mußte er Süßigkeiten wie „Schlechter Rath!" — „Aufwieg-
ler!" — „Verräther!" — „Verderber des Monarchen und der
Dynastie!" hinnehmen. Gedrängt jedoch von seinen beiden
Kollegen Latour und Doblhoff, sich zu beeilen, durfte er keine
Zeit mit Rechtfertigungen verlieren, welche ja doch eitel gewesen

wären. Der fouveräne Unverstand des Vorzimmers ist gerade
so unmöglich zu bestreiten wie der fouveräne Unverstand der
Gaffe.

Die kaiferlich-königliche Majestät unterschrieb unverweiger=
lich und möglichst flink. Das also gefertigte Manifest, mehrbefagtes
Stück Papier, wanderte fofort in die Staatsdruckerei und etliche
Monate fpäter in das Makulatur=Magazin der Weltgeschichte,
welches in Folge des „tollen“ Jahres beträchtliche Erweiterungen
nöthig hatte und erfuhr. Volkshaufen belagerten die Staats=
druckerei, bis das beglückende Aktenstück um 2 Uhr Morgens rich=
tig gedruckt war. Damit hatte das Spektakel ein Ende, jedoch
nicht ohne den komischen Epilogschnörkel, daß der arme, bis zum
Umfallen müde Pillersdorff beim Nachhaufegehen fich von einem
lärmenden Menschenschwarm begleiten und von dem Kneipen=
Mirabeau oder Eckstein=Danton der wiener Demokratie, dem
Sprachlehrer Taufenau, über freies Staatswefen im Allgemeinen
und über die konstitutionellen Bedürfniffe Oeftreichs im Befon=
deren unterrichten laffen mußte.

— · —

9.

Mit Tagesanbruch wurde das „kaiferliche“ Manifest in der
Stadt bekannt. Es lautete der Hauptfache nach, daß der Tages=
befehl vom 13. Mai zurückgenommen fei, daß von jetzt an die
Wachtposten an den Thoren und an der Burg vom Militär und
von der Nationalgarde gemeinfam befetzt werden follten, fowie
daß erfteres nur auf Verlangen der letzteren aufgeboten werden
follte. Weiterhin hieß es: „Diefen Beschlüffen fügen Wir noch,
um alle übrigen Anläffe zu Mißvergnügen und Aufregung zu
befeitigen, bei, daß die Verfaffung vom 25. April vorläufig der

Berathung des Reichstages unterzogen werden soll. Damit die
Feststellung der Verfassung durch die konstituirende
Reichsversammlung auf die zuverlässigste Weise bewirkt werde,
beschließen wir ferner, für den ersten Reichstag nur eine Kammer
wählen zu lassen, wonach also für die Wahlen gar kein Census
bestehen und jeder Zweifel einer unvollkommenen Volksvertretung
entfallen wird".

Wiederum also ein ganzer Sack voll „Errungenschaften"!
Die guten Wiener waren im ersten Augenblick über diesen „Embarras de richesses" ganz verblüfft. Selbst das Centralkomité stutzte. Hof und Ministerium waren ja wahrhaftig der
Bewegung um eine gute Wegstunde voraus. Die Verblüffung
wuchs noch, als Abends die amtliche „Wiener Zeitung" die Nachricht brachte, das Ministerium habe zwar, um den Thron und
die Einheit der Monarchie zu retten, dem Kaiser das Patent vom
heutigen Tage angerathen und übernehme die Verantwortlichkeit
dafür; aber es fühle sich außer Standes, der Krone fernerhin
eine Stütze zu sein, habe deßhalb seinen Rücktritt angeboten und
werde die Geschäfte nur noch bis zur Bildung eines neuen Kabinetts fortführen.

Das Centralkomité bewies jetzt handgreiflich, daß es beileibe keine „Commune" und kein „Comité du salut public".
Es begann dermaßen zu schlottermaiern, daß sein eigener Präsident auf Selbstauflösung antrug, welcher Antrag zwar für heute
noch abgeworfen, drei Tage später aber zur Thatsache wurde.
Dagegen beschloß das Centralkomité mit 100 gegen 10 Stimmen,
ein Vertrauensvotum an das Ministerium zu richten, und eine
Petition an den Kaiser, den Rücktritt des Kabinetts nicht zu genehmigen. Zugleich wurden allerlei Brimborien zur Entschuldigung der „Sturmpetition" vom vorigen Tage vorgebracht,
wobei übrigens der Name des Komité „mißbraucht" worden sei.

In der Hofburg aber fand man nicht für gut, noch ferner-

weit der offenkundigen Hilflosigkeit des Ministeriums zu ver=
trauen oder gar auf den guten Willen des Centralkomité zu
bauen, und faßte in fliegender Eile den Entschluß zur Flucht.
Sehr begreiflich! So begreiflich, daß nur Leute, welche rechte
Prinzip= und Parteimänner zu sein wähnen, wenn sie sich jedes selbst=
thätigen Schauens und jedes selbstständigen Denkens entwöhnen,
diesen Fluchtentschluß absonderlich oder gar verwerflich finden
können. Es ist schlechterdings nicht bewiesen, daß die Entführung
des Kaisers durch seine Umgebung — denn daß es keine selbst=
gewollte Flucht, sondern eben eine Entführung gewesen, darüber
braucht kein Wort verloren zu werden — auf Grund eines tief=
angelegten Plans der Rückwärtserei, der absolutistischen Hof= und
Pfaffenpartei, ins Werk gesetzt worden sei, um damit den re=
volutionären Gang der Dinge zu lähmen und die gewaltsame
Reaktion einzuleiten. Im Gegentheil ist es höchst wahrscheinlich,
daß nur die bare blanke Furcht die Mutter des Gedankens ge=
wesen, den Kaiser und die kaiserliche Familie aus den Bedroh=
lichkeiten der Hauptstadt hinweg und ins „allzeit getreue" Tirol
zu retten. Diese Furcht der kaiserlichen Familie und der Hof=
leute wurde ins Maßlose gesteigert durch die bevorstehende theil=
weise Uebernahme der Burgwache seitens der Nationalgarde, —
ein Umstand, welcher wohl die Erinnerung wachrufen konnte,
daß die Bewachung der Tuilerien durch die Bürgerwehr für
Ludwig den Sechszehnten und Marie Antoinette mit Gefangen=
schaft gleichbedeutend gewesen sei. Endlich entwickelte seit dem
15. Mai die Gassen= und Kneipendemagogie Wiens eine solche
Rührigkeit, daß nothwendig die finstersten Gerüchte von empöre=
rischen Plänen und mörderischen Absichten in die Burg dringen
und den Hof zu raschem Handeln spornen mußten. Haben doch
selbst außerhalb der Burg geübte und unbefangene Beobachter
in jenen Tagen Merkmale wahrgenommen, welche darauf hin=
zuweisen schienen, daß die Demokraten, obzwar gegen den Willen
der Mehrzahl der Bevölkerung, einen Hauptschlag zu thun be=

absichtigten*). Summa: die Entführung Ferdinands des Ersten hatte nichts von dem Planmäßigen und Systematischen der Uebersiedelung Friedrich Wilhelms des Vierten nach Potsdam, was freilich nicht hinderte und auch in Wahrheit nicht hindern konnte, daß man in Wien die Entführungsidee auf bestimmte Personen zurückführte und zwar auf Personen mit Damenhänden**).

Am 17. Mai unternahm die kaiserliche Familie eine ihrer gewohnten Spazierfahrten nach Schönbrunn. Dort wurden die Kutscher zu ihrer nicht geringen Ueberraschung bedeutet, sofort die Straße nach Sankt Pölten einzuschlagen. Von da ging die Entführungsfahrt weiter über Ens, Wels und Salzburg nach Insbruck. Unterwegs wurde ein Kammerherr nach Wien zurückgeschickt mit der Meldung an den Kriegsminister, daß „der Kaiser aus Gesundheitsrücksichten zu einer Reise in die Gebirge Tirols sich entschlossen hätte und die kaiserliche Familie Se. Majestät nicht allein lassen wollte". Deutlicher schon wurde nach der glücklichen Ankunft in Salzburg gesprochen, in einer von dem Grafen von Bombelles entworfenen Proklamation, worin der 15. Mai verurtheilt und gesagt war: „Unter den Gewaltschritten einer solchen ungesetzlichen Bewegung beschloß Se. kaiserlich-königliche Majestät, nicht länger mehr in ihrer Residenz zu weilen,

---

*) Depesche Effingers vom 17. Mai: „Es ist kein Zweifel, daß es nach dem 15. Mai nur noch e i n e s Schrittes bedarf, um in Wien die Dynastie zu entsetzen und die Republik auszurufen. Weder das eine noch das andere liegt aber in dem Wunsche der unendlichen Mehrzahl der Bewohner Wiens". S. B. A.

**) Effinger am 20. Mai: „Der Umstand, daß der Kaiser keine Willenserklärung zurückließ, bekräftigt die in Wien vorherrschende Meinung, daß die Flucht der kaiserlichen Familie von der regierenden Kaiserin und der Erzherzogin Sophie geleitet wurde". In derselben Depesche äußert der Gesandte: „Wäre übrigens am 15. Mai durch Zufall ein Gewehr losgegangen, so hätte selbst die Universität nicht vermocht, die Burg vor dem Andrang der zur Plünderung und zum Todtschlag aufgestachelten, auf dem Glacis zusammengerotteten Proletarier zu schützen". S. B. A.

und hat sich nach Innsbruck begeben". Hier langte der Entführungszug am 19. Mai um Mitternacht an. Die allzeit getreuen und glaubenseinigen Tiroler spannten ihrem „Koaser" die Pferde aus und zogen seinen Wagen jubelnd und jobelnd nach der Burg. Von da an ist dann allerdings die zunächst nur durch die Angst diktirte Entführung des Schein= und Schattenmonarchen ein reaktionäres Kapital geworden. Denn es untersteht keinem Zweifel, daß während des innsbrucker Aufenthalt des Hofes die rückwärtsigen Zettelungen desselben mit den Slaven ernster als bisher betrieben wurden.

Es müssen sich doch noch am Abend des 17. Mai dumpfe Gerüchte von dem Geschehenen in der Hauptstadt Oestreichs verbreitet haben. Denn die amtliche Wiener Zeitung fand sich veranlaßt, denselben zu widersprechen und im Orakeltone zu verkündigen: „Des Kaisers Abreise wäre die Flucht Ludwigs des Sechszehnten, der letzte Tag des Hierseins Sr. Majestät würde auch der erste Tag der Republik sein". Dieser Artikel erschien am Morgen vom 18. Mai, als schon an der Flucht des Kaisers gar kein Zweifel mehr sein konnte.

Der Orakelspruch machte aber gräulich Fiasko. Die Wiener waren bei weitem keine Parifer von 1791, welche die Flucht des Königs bekanntlich ganz kalt gelassen hatte. Die Republik zu proklamiren fiel niemand ein, mit Ausnahme von zwei jämmerlichen Subjekten, dem knirpsigen, buckligen, heiseren Zeitungsschmierer Häfner, eigentlich Hutmachergeselle und dermalen eine schlechte Parodie Marats, und seinem ebenbürtigen Kollegen Tuvora. Diese zwei Lumpe forderten in der Vorstadt Mariahilf die Arbeiter auf, in die Stadt zu ziehen und die Republik auszurufen; das Volk aber nahm sie beim Kragen und wurde — man ist versucht, zu sagen: leider! — nur mit Mühe abgehalten, diesen Menschenkehricht zu lynchen, wegzuwischen. Allerdings ist uns glaubwürdig bezeugt, daß die Bestürzung der Bevölkerung über die Entführung des Kaisers zunächst in Be=

schimpfungen und Verwünschungen sich Luft machte, welche ohne
eine feine Wahl der Worte auf die gesammte Dynastie geschleu=
dert wurden. Allein das Höchste, wozu Angesichts der Bürger=
scha't Bewegungsleute ungehindert und ungestraft sich versteigen
konnten, war der Ruf nach Einsetzung einer provisorischen Re=
gierung mit dem Erzherzog Johann an der Spitze. Im Uebrigen
verhinderte die feste Haltung der Studenten und der National=
garden die Krakeelokratie, weiter sich maußig zu machen *).

Und dann schlug die Stimmung der großen Mehrzahl der
Bürgerschaft ganz entschieden ins Unterthänige um. Wie vor=
her blind ins Blaue hinein krawallt worden war, so wurde jetzt
schäfig ins Schwarzgelbe hinein zu Kreuze gekrochen. Die Frei=
heitsmaske fiel und die „gemüthliche" wiener Philisterei, für
welche die „kaiserlose, die schreckliche Zeit" mit dem Weltunter=
gange gleichbedeutend war, kam voll und ganz zum Vorschein.
Das Centralkomité, welches so viel Lärm verursacht hatte, fiel
dem loyalen Unwillen zum Opfer: es mußte sich auflösen. Wenig
auch fehlte, daß es der akademischen Legion ebenso ergangen wäre.
Es gehört mit zu den tollsten Unbegreiflichkeiten des „tollen"
Jahres, daß die wiener Bürgerschaft ausdrücklich für das Fort=
bestehen der Legion eintrat, ausdrücklich dafür eintrat und den
Fortbestand erwirkte in derselben Zeit, wo sie selber in ihrer
Mehrzahl der Bewegung den Rücken kehrte, um sich als „gut
kaiserlich" zu manifestiren.

---

*) Depesche Effingers vom 18. Mai: „Heute früh durchlief die uner=
wartete Nachricht die Stadt, daß der Kaiser Wien verlassen habe. Die Be=
stürzung war allgemein. Man hörte auf den Straßen Verwünschungen
gegen das gesammte Kaiserhaus ausstoßen und mußte auf die ärgsten Scenen
der Unordnung gefaßt sein. Indessen verhinderte die feste Haltung der
Studenten und Nationalgarden einen Ausbruch. Jedoch haben mehrere
Versuche stattgefunden, durch Maueranschläge und Rufe eine provisorische
Regierung mit dem Erzherzog Johann an der Spitze zu proklamiren".
S. B. A.

Denn so that sie. Der beschränkte Unterthanenverstand offenbarte sich auch in der Donaustadt in seiner ganzen Länge und Breite. Dem Ruhheuler zur Seite zeterte der Ordnungsfanatiker. „Alle Welt patrouillirte und wachte und spielte Polizei und — wechselte in der Bank die Papiernoten um". Alle Welt, auch die weibliche, entsandte Deputationen nach Innsbruck, die Rückkehr des Kaisers zu erbitten. Fürwahr, es bedurfte vieler Unvernunft und Ungeschicklichkeit, es bedurfte großer Falschheit, Treulosigkeit und Tücke von seiten einer unverbesserlichen Kamarilla, um eine so treuunterthänige und leichtzuhandhabende Bevölkerung abermals auf die Bahn der Empörung zu drängen.

V.

Paulskirchenhistorien.

1.

An demselben 18. Mai von 1848, welcher in Wien einen revolutionären Kataklysmus herbeiführen konnte, aber nur dem deutschen Unterthanenbewußtsein zum Wiederdurchbruch verhalf, an demselben Maitag ging Mittags um 3 Uhr zu Frankfurt am Main ein Schauspiel in Scene, auf welches die Augen von Millionen begeistert und hoffend gerichtet waren als auf eine der größten Thatsachen des Jahrhunderts: — die Eröffnung des ersten deutschen Parlaments.

Heute spricht man von diesem Parlament nur noch als von einem der größten Schwindel des 19. Jahrhunderts, als von einem Schwindel, der unter dem begeisterten Zujauchzen der Nation mit Trompeten und Pauken anhob, um nach Jahresfrist sang- und klang- und ruhmlos zu enden, unter der vollendeten Theilnahmlosigkeit derselben urtheilslosen Menge, desselben gebildeten und ungebildeten Pöbels, welche und welcher 13 Monate zuvor der beginnenden „Reichsversammlung" zugejubelt hatten.

Natürlich! Das Parlament hatte ja keinen Erfolg. Damit ist ihm, wie die Moral unserer besten der Welten — die wirkliche, nicht die Katechismus-Moral — nun einmal beschaffen, das Verdammungsurtheil gesprochen und die Frage überhaupt

abgethan. „Le succès justifie tout", hat Napoleon befretirt.
Folglich ist der Nichterfolg absolut verdammlich, gibt die Welt
zur Antwort. Zum Henker also mit dem deutschen Parlament!
Laßt es weggewischt sein aus unserer Erinnerung!

Närrische „Ideologen" indessen, welche die „unpraktische"
Gewohnheit haben, dem Warum des Warum nachzugrübeln,
geben sich damit noch nicht zufrieden, sondern meinen: Das
Parlament konnte keinen Erfolg haben, weil es ein hölzernes
Eisen, ein Messer ohne Stiel, dem die Klinge fehlte, ein Wider=
spruch in sich selbst gewesen ist. Es konnte keinen Erfolg haben,
nicht allein um der Art und Weise seines Vorgehens oder Nicht=
vorgehens willen, sondern schon seiner Zusammensetzung wegen.

Zwei Wege lagen vor dem Parlament, der eine nach links=
hin, der andere rechtswärts führend. Es konnte erstens ver=
suchen, Konvent zu spielen, die auf der Sandbank der Halbheit
sitzen gebliebene deutsche Revolution wieder flott und zu einer
ganzen zu machen, alle vorwärts treibenden und drängenden
Kräfte um sich zu versammeln, alles einzusetzen, um alles zu ge=
winnen, und in einem Anlauf auf Leib und Leben das Größte,
die volksmäßige Wiedergeburt Deutschlands, zu erreichen. Ein
ausgesprochener Feind und Hasser der Deutschen, der Czechen=
häuptling Palacky, hatte den Nagel auf den Kopf getroffen, als
er in seinem berühmten Schreiben an den Fünfzigerausschuß
sagte: „Alle Projekte zu einer Reorganisirung Deutschlands auf
Grundlage des Volkswillens sind unausführbar und in die Länge
unhaltbar, wenn Sie sich nicht zu einem echten Kaiserschnitte ent=
schließen, zur Proklamirung einer deutschen Republik. Alle ver=
suchten Vorschriften von Theilung der Gewalt zwischen halb=
souveränen Fürsten und dem souveränen Volke erinnern an die
Theorieen der Phalanstère, die gleichfalls von dem Grundsatze
ausgehen, die Betheiligten werden wie Ziffern in einem Rechen=
exempel sich verhalten und keine andere Geltung in Anspruch
nehmen, als welche die Theorie ihnen anweis't". Denkt man

sich diese Worte Palacky's nun an die Mehrheit der deutschen
Nationalversammlung gerichtet, so klingen sie wie ein schneidender Hohn. Denn diese Mehrheit bestand ja aus Liberalen, geradezu aus der Blüthe des deutschen Liberalismus, und diesem
einen solchen „echten Kaiserschnitt" zuzumuthen, würde ungeheuer naiv gewesen sein, falls es nicht so diabolisch gewesen
wäre.

Oder das Parlament m u ß t e — maßen ihm sein liberales
Mittelmäßigkeitswesen alles nach linkshin liegende große Wagen
verwehrte — zweitens offen und ehrlich und von vornherein den
Weg nach rechtshin einschlagen, d. h. es mußte das schnöde Kokettiren mit der Volkssouveränetät aufgeben, die Gleichberechtigung von Fürsten und Volk anerkennen und demnach sein ganzes
Werk, die Schaffung einer Bundesstaatsverfassung für Deutschland, auf die Basis einer Vereinbarung zwischen den Regierungen
und ihm stellen. Dieser Weg war ja, nachdem die Masse des
Volkes die Niederwerfung der republikanischen Schilderhebung
in Baden thatlos mitangesehen und in seinem stumpfen Unver-
stande sogar beklatscht hatte, schon noch der einzig mögliche. Um
so mehr, als die beiden deutschen Großstaaten deutlich erklärt
hatten, sie wollten denselben eingehalten wissen, und mit mathematischer Bestimmtheit vorauszusehen war, daß sämmtliche
Mittel-, Klein- und Kleinstfürsten, bis zum Herzog von Minia-
turlingen und bis zum Fürsten von Hahnenschrittheim herab,
sobald ihnen der Kamm wieder hinlänglich gewachsen wäre, dem
Vorgange Oestreichs und Preußens nachfolgen würden.

Trotz alledem tiftelte und doktrinarisirte der durch die Parlamentsmehrheit vertretene liberale Dünkel an der Auffindung
eines angeblich zwischen links und rechts liegenden Mittelweges
herum, welcher gar nicht vorhanden war, sondern eben nur in
der Einbildung verhockter Kathekrarier existirte. Daraus ent-
sprang ein halbes Wollen und ein ganzes Nichtkönnen, daraus ein
anmaßliches Hinwegsehen über die realen Verhältnisse und im

nächsten Augenblicke wieder ein feiges Zurückbeben vor einem
Zusammenstoß mit denselben, daraus eine Parteiverbohrtheit,
welche sich im Alleinbesitze aller Weisheit wähnte, mit doktrinärem
Hochmuth auf Andersdenkende herabsah und doch sofort treu-
gehorsam ersterbend auf dem Bauche lag, sobald die Machthaber,
welche man im Spinnwebnetz einer lächerlichen Theorie gefangen
zu halten glaubte, den Drohfinger hoben.

Diese Halbheit und Heuchelei, dieses Tifteln und Tasten,
dieses Fliegen und Kriechen, kurz, dieser Liberalismus hat zweifelsohne das jämmerliche Mißlingen des ersten deutschen Parlaments
in erster Linie verschuldet.

Was die demokratische Minderheit der Versammlung angeht, die „rohe" Linke, wie die liberalen Best- und Biedermaier
sie schalten, so muß ihr ohne Frage das Verdienst zuerkannt
werden, den Kreis des Blödsinns, in welchem die Mehrheit sich
herumdrehte wie ein Affe in einer Drille, sogleich erkannt und
aufgedeckt zu haben. Aber auch die demokratische Minderheit
hatte ihren Circulus vitiosus: — das vom Vorparlament herüber-
gekommene faule Kompromiß zwischen Legalität und Illegalität.
Dieses Kompromiß hat der Linken ihre besten Lebenssäfte aus-
gesogen; um so mehr, als, was von gesunder Thatkraft in ihr
war, durch die in der Paulskirche grassirende „Staatsmännischkeit" ebenfalls bedenklich genug angekränkelt wurde. Die große
Sünde der Linken sodann ist gewesen, daß sie, auch nachdem die
gänzliche Fruchtlosigkeit des paulskirchlichen Nationalschwatzes
für jeden Einsichtigen handgreiflich geworden, dennoch fortfuhr,
denselben mitzuschwatzen, statt mittels massenhaften Austritts
wenigstens dem Volke die klägliche Parlamentsposse zeitig zu
verleiden.

Freilich, es lebte sich gar so angenehm in der gemüthlichen
Mainstadt. Wie viele alte Kneipbruderschaften ließen sich da
erneuern, wie viele neue schließen! Auf diesem Gebiete konnte
man sogar mit der „Rechten" nationale Beziehungen anknüpfen,

obzwar keine dauerhaften. Denn wo drei Deutsche beisammen-
stehen, haben sie sicherlich vier Meinungen. So aber einer von
ihnen sagt: Kommt, laßt uns kneipen gehen! werdet ihr sie auf
der Stelle einig werden und einig bleiben sehen, nämlich so lange,
bis sie den ersten Schoppen hinter sich haben. Sodann war es
für die jüngeren und selbst für ältere Herren von der Linken auch
nicht bitter, als große Freiheitsredner sich bewundern zu lassen
von den mehr oder weniger schönen Müssiggängerinnen, welche
die Damengalerie anfüllten und für die es gesunder gewesen
wäre, wenn sie daheim ihre Hausfrauen- und Mutterpflichten
erfüllt hätten, statt in der Paulskirche zu gaffen und sich begaffen
zu lassen, auf daß erfüllt werde, was der alte, gewiß nicht un-
galante Ovidius vorahnend von ihnen gesungen: —

„Spectatum eunt, ut spectentur et ipsae".

Ja, als gute Hausfrauen und verständige Mütter hätten sie
sicherlich mehr für das Vaterland zu thun vermocht, denn als
„Parlamentsfliegen", und würde ihnen solche zwar weniger
glänzende, aber desto mehr frommende Thätigkeit immerhin noch
Zeit genug übriggelassen haben, dann und wann über des Nach-
denkens werthe Dinge nachzudenken, z. B. darüber, ob es für
deutsche „Patriotinnen" auch schicklich sei, jede Geschmack-
oder Schamlosigkeit, jede Frivolität oder Barbarei, welche das
nächste beste, d. h. schlechteste pariser Moremensch aushckt, als
ein unverbrüchliches Gebot anzuerkennen und zu befolgen. Sicherlich gehört es mit zu den widerlichsten Erscheinungen der 2. Hälfte
des 19. Jahrhunderts, daß Weiber, solche Weiber, welche sich
niemals über die Intellekts-, Bildungs- und Thätigkeitsstufe
einer Aeffin erhoben haben, über die schwierigsten Probleme und
wichtigsten Angelegenheiten mitsprechen wollen. Ihr könnt
darauf schwören, daß das Kontingent der Weiber, welche sich
unberufener Weise in die Oeffentlichkeit drängen, entweder aus
häßlichen und hysterischen alten Jungfern — denen es aus phy-
siologischen Gründen verziehen sein mag — oder aus Saloppen

Hausfrauen und pflichtvergessenen Müttern bestehe, deren Haus-
haltsbücher — wenn sie überhaupt welche führen — in Unordnung, deren Stuben, Küchen, Speisekammern und Weißzeug-
schränke im Tohuwabohu-Zustand, deren Modistinnenrechnungen
groß, aber unbezahlt und deren Kinder physisch und moralisch
ungewaschen sind.

<hr />

2.

Die Wahlen für das Parlament waren in die Zeit gefallen,
wo nach Niederwerfung des Hecker-Putsches der Liberalismus in
Südwestdeutschland das große Wort unwidersprochen führte.
Trotzdem sandte das südwestliche Deutschland neben den Wort-
führern des Liberalismus eine sehr erkleckliche Anzahl von Demokraten nach Frankfurt und die demokratische Abordnung des
Südwestens wurde verstärkt durch zahlreiche Wahlen in Sachsen,
Thüringen, Deutsch-Oestreich, in Rheinpreußen und durch spora-
dische im deutschen Norden und Osten. Der parlamentarische
Haupthaufe, in den Centren geschart, diente jedoch, wie schon erwähnt, unter der liberalen Fahne und schob seine Außenposten
in spärlicher Zahl nach links vor, in beträchtlicher zur Rechten
hinüber. Denn dehnbarerer Kautschuk als der liberale ist bekanntlich nie gewachsen. Die bläßlichste Verschimmerung des
Liberalismus und Deutschpatriotismus ins Junkerlich-Parlamen-
tarische und ins Mystisch-Absolutistische repräsentirten auf der
Rechten als typische Figuren einerseits der Herr von Vincke und
andererseits der Herr von Radowitz. Im Uebrigen fanden sich
auf der Rechten östreichische und preußische Mandarinen vom
schwarzgelben und vom schwarzweißen Knopf, katholische und pro-
testantische Jesuiten von der langen und von der kurzen Robe,

brutale Säbelraſſeler und giftige Korpusjurisbeuteler, grunzende
Ultramontane und winſelnde Pietiſten brüderlich zuſammen.

Die deutſche Pietät war bei den Wahlen ebenſo augen=
ſcheinlich als unpolitiſch zum Vorſchein gekommen. Die Wähler
hatten die nationale Notabilitäten= und Raritätenkammer ſo ziem=
lich geleert, um den ganzen Inhalt nach Frankfurt zu ſchicken.
Daß es dort der Männer, der handelnden Männer, nicht aber
der wohlmeinenden Greiſe und ſelbſtgefälligen Invaliden bedurfte,
war ja Nebenſache. Einen friſchen Kranz hat ſich aber ein ein=
ziger der berühmten Grauköpfe in der Paulskirche geholt: Ludwig
Uhland, neben welchem als Ehrengreiſe mit jugendfriſchen Herzen
und von unentwegbarer Volksmannheit nur noch Itzſtein aus
Baden, Schott aus Schwaben und Mohr aus Heſſen genannt
zu werden verdienen. Es war unſäglich unerquicklich anzuſehen,
wie der „Vater" Jahn mit ſeinem ſchmutzigen Hemdkragen ſchön=
that und wie „Vater" Arndt mit ſeinem „Weißkopf" kokettirte.
Als der letztere in der zweiten Sitzung des Parlaments das
platteſte, konfuſeſte Zeug von der Rednerbühne herunterplauſchte,
ging ein unwilliges Erſtaunen durch die ganze Verſammlung und
man mußte dieſelbe, um eine unliebſame Demonſtration zu ver=
hindern, daran mahnen, der Sprecher ſei der Mann, welcher das
deutſche „Vaterlandslied" — ein ebenſo langes als langweiliges
Ding übrigens — gedichtet habe. Ach, es iſt ein Jammer, wenn
die Menſchen nicht merken, daß ihre Zeit vorüber und daß man,
ſo man auch in alten und älteſten Tagen ſich noch gedrungen
fühlt, etwas für das Vaterland zu thun, am beſten thut, für das
Vaterland zu ſchweigen.

Es waren in der deutſchen Nationalverſammlung ſo ziem=
lich alle Stände=, Vermögens= und Berufsklaſſen vertreten. Es
gab da Fürſten und Handwerker, Millionäre und Habenichtſe,
Fabrikanten, Kaufleute und Landwirthe, Offiziere und Beamte,
Prälaten, Stadt= und Dorfpfarrer, Literaten, Advokaten und
118 Profeſſoren — — Schauder!

Schauder! sagten und sagen die, so da saßen und sitzen auf den Sitzen der Spötter — 118 deutsche Professoren, unusquisque cathedram suam posteriori affixam secum portans ... Schauder! zum dritten mal. Das hindert aber nicht, den Spöttern ins Gesicht die Thatsache zu behaupten, daß kaum jemals eine parlamentarische Versammlung so viel Geist und Wissen in sich vereinigt habe wie dieses erste deutsche Parlament, und zwar in sich vereinigt habe wesentlich durch die Anwesenheit der schauderhaften 118 Professoren. Es könnte auch nur einem Parteisimplicissimus einfallen, zu glauben und glauben machen zu wollen, daß diese 118 Professoren in ihrer Mehrzahl oder auch nur in einer Minderheit mit unlauteren Absichten nach Frankfurt gekommen seien. Kann doch nicht ein Schatten von Zweifel daran aufkommen, daß — um die am meisten typisch gewordene Erscheinung des paulskirchlichen Professorenthums namhaft zu machen — ein Dahlmann in jeder Fiber seiner Seele ein Sohn seines Vaterlandes und ein Freund seines Volkes gewesen ist.

Und dennoch, trotz alledem und allediesem, würde es nicht nur kein Schaden, sondern vielmehr ein Glück gewesen sein, wenn die sämmtlichen 118 Professoren des Parlaments zu Hause und ihren wissenschaftlichen Forschungen und Arbeiten getreu geblieben wären. Denn um die Aufgabe mitlösen zu helfen, zu deren Lösung sie von ihren Wählern berufen waren, fehlte ihnen — eine verschwindend kleine Minderzahl kann nicht in Betracht kommen — nicht viel weniger als alles: Unbeugsamkeit nach oben und persönlicher Opfermuth, Kenntniß der Anschauungen, Gefühle und Bedürfnisse des Volkes, Verständniß für das ungeheure Mißverhältniß zwischen ihrem politischen System und der volkswirthschaftlichen Praxis, endlich das praktische Geschick, das Wesentliche vom Zufälligen, das Nothwendige vom Willkürlichen zu scheiden. Sie sind übrigens für alle ihre Mängel und Mißgriffe persönlich kaum oder gar nicht verantwortlich. Diese

Mängel und Mißgriffe entflossen ihrer vom Liberalismus durch-
freffenen Doktrin und ihrer Lebensstellung.   Der deutsche Gelehrte ist in der Regel von Haus aus arm und hat in der Regel
einen mühsamen, mit Disteln bepflanzten und mit Dornen be-
streuten Weg zurückzulegen, bevor er mit schon entschwundenem
Jugendmuth zu einer gesicherten Lebensstellung gelangt.   Dann
heiratet er und zeugt als zärtlicher Gatte in der Regel eine
erkleckliche Anzahl von Kindern, welche „standesgemäß" erzogen
sein wollen.   Davon, daß die liebenswürdigen Gelehrtenfrauen
in der Regel der Meinung sind, Frau Hofräthin oder Frau
Geheimräthin klänge schöner als Frau Professorin, sei gar nicht
gesprochen, obzwar dieser kleine Umstand, wie böse Zungen meinen,
mitunter ein ziemlich großer sein dürfte.   Soll nun aber in demselben Deutschland, wo — zur Schande der Nation sei es gesagt! — die geistige Arbeit, falls sie nicht vom Staate besoldet
wird, von allen Arbeiten verhältnißmäßig die undankbarste und
uneinträglichste ist, der mühsälig in eine gesicherte Stellung, zu
Amt und Würden gekommene Gelehrte, falls seine oder seiner
Partei Prinzipien mit dem Wollen und Thun der Regierungen
in Konflikt kommen, Stellung, Amt und Würden, das Behagen
der Familie und die Zukunft seiner Kinder ohne weiteres auf's
Spiel setzen und preisgeben?   Wie hätte er sich denn auf seiner
Laufbahn, auf einer deutschen Gelehrtenlaufbahn die hierzu
nöthige Mannhaftigkeit und eine allen Prüfungen gewachsene
Charakterstärke aneignen können?   Der deutsche Philister, selbst
zugegeben, daß sich ihm der Dünkel mancher Kathedrarier, und ihre
Einbildung, alles allein zu wissen, das Allesbesserwissenwollen
oft unangenehm genug fühlbar machen mögen, nein, er hat wahrlich nicht einen Schatten von Recht, von gelehrter Charakterlosigkeit und professorlichem Servilismus zu reden.   Das ganze
deutsche Volk hat kein Recht dazu, denn es selber soll Charakter-
kraft und Opfermuth im Großen erst noch erweisen.

3.

Am 18. Mai versammelten sich zur 3. Mittagsstunde im Kaisersal des Römers in Frankfurt die bislang dort eingetroffenen Mitglieder der Nationalversammlung, 330 an der Zahl, welche Zahl aber schon nach Verfluß einer Woche auf nahezu 550 gestiegen war. Der greise Schott, ein so braver Mann, als jemals einer in schwäbischen Schuhen stand, leitete die Ausmittelung eines Alterspräsidenten, und da der 73jährige Baier Behr, das gebrochene Opfer des „teutschen" Kunstkönigs und Pola-Sängers Ludwig, die Ehre des Vorsitzes ausschlug, wurde dieselbe dem 70jährigen Hannoveraner Lang zuerkannt. Unter seiner Führung zogen dann die Abgeordneten entblößten Hauptes vom Römer über den Römerberg und die Neuekräme zur Paulskirche.

Der bei solchen Haupt- und Staatsaktionen bräuchliche Apparat war in Thätigkeit: Glockengeläute, Kanonendonner, Blumenkränze, Fahnenschwenken, Tücherwehen, Vivatschreien, wie gewöhnlich. Die Menge muß Spektakel haben, um zu glauben, daß etwas Ungewöhnliches vorgehe in der Welt. Unter den Tausenden, die sich zu jener Stunde freudevoll und hoffnungsreich auf den Straßen von Frankfurt drängten, ist sicher keinem auch nur die entfernteste Ahnung gekommen, daß alle die stolzen Hoffnungen dieses 18. Maitags keine andere Erfüllung finden würden als jenen schmachbedeckten 18. Junitag von 1849, wo ein „Märzministerium" die letzten Eid-, Ehre- und Pflichtgetreuen vom deutschen Parlament in Stuttgart durch Lanzenreiter zersprengen ließ.

Keine Frage, in diesem vom Römer zur Paulskirche gehenden Zuge ist viel vom Besten vertreten gewesen, wessen die Nation sich rühmen darf; aber auch viel vom Schlechtesten, wessen sie sich zu schämen hat. Zur Stunde wurde jedoch das Schlechte sicherlich vom Guten überwogen. Es lag in der Thatsache, daß

zum ersten mal, seitdem der deutsche Name existirte, Vertreter
der ge sammten Nation, des ganzen Volkes zusammentraten,
um die Geschicke Deutschlands zu bestimmen, etwas so Erheben=
des, daß selbst gemeine Seelen davon ergriffen und emporge=
tragen werden mußten. Allerdings kann d a r a n nicht gezweifelt
werden, daß die Parlamentsidee von Anfang an tieferblickenden
Absolutisten, Partikularisten und Hierarchen als eine Handhabe
erschien, bei welcher die deutsche Bewegung zu packen und sachte
nach rückwärts zu drehen sei. Aber bei Eröffnung der Reichs=
versammlung ist es wohl selbst den feinsten oder verhärtetsten
Chefs der vaterlandslosen Römelei, ist es selbst einem Döllinger
oder Ketteler nicht eingefallen und selbst den schlauesten und
strupellosesten Partikularisten und Bevormundungssystemlern, ja
vielleicht sogar einem Herrn von Schmerling nicht zu Sinne
gekommen, gerade die schönste Hoffnung der Nation zu ihrem
Verderben ausschlagen zu machen. Sobald dann freilich die
Verhandlungen im Gange, sobald klar geworden, daß die Mehr=
heit der Versammlung ihre Stellung und Aufgabe nicht begriff
und nicht begreifen wollte, sondern zwischen theoretischer Keckheit
und faktischer Feigheit, zwischen überreizten Machtgelüsten und
kläglichen Ohnmachtbekenntnissen haltlos hin und her schwankte,
ja dann ging die Rückwärtserei mit Bewußtsein und Absicht
daran, in i h r e m Sinn und zu i h r e m Vortheil die Parlaments=
maschine zu handhaben.

Sie wußte daraus binnen Kurzem das zu machen, was man
im Mühlespiel eine Zwickmühle nennt. Sie legte nämlich den
Vorschritt der Bewegung in den Einzelstaaten durch das Parla=
ment und den Vorschritt des Parlaments durch die Regierungen
der Einzelstaaten lahm. Drängte die Demokratie in den Einzel=
staaten die Regierungen, endlich Ernst zu machen mit den
„Errungenschaften", d. h. das unbrauchbar gewordene Alte durch
neue Organisationen zu ersetzen, so erklärten die märzminister=
lichen Marionetten der Realtion: Das geht nicht; wir müssen

abwarten, bis das Parlament den Reichsverfassungsrahmen fertig hat, in welchen sich die Verfassungen und Einrichtungen der einzelnen deutschen Staaten einzufügen haben. Drängte dagegen die Demokratie im Parlament die Mehrheit, den Reichsverfassungsrahmen fertig zu machen, so hieß es: Ja, leider geht es nicht; die Regierungen der einzelnen Staaten legen uns zu viele Hindernisse in den Weg. Damit verstrich die Zeit und jeder nutzlos vergeudete Tag kam den inneren und äußeren Feinden Deutschlands zu statten. Die Zwickmühle arbeitete demnach vortrefflich.

4.

Die erste Sitzung des Parlaments verlief in Folge der altersschwachen Unbeholfenheit des Vorsitzenden so wirrsälig, daß sie an eine frankfurter Judenschule alten Stils oder an polnische Reichstage erinnerte. Man darf jedoch dieses auch später häufig genug tumultuarisch sich gebarende Parlamentiren nicht allzu strenge beurtheilen. Hätte etwa der parlamentarische Schick und Takt plötzlich vom Himmel in die Paulskirche herabfallen oder woher hätte er denn sonst kommen sollen? Auch hatten ja die armen Deutschen seit etlichen Jahrhunderten mit Vorlegeschlössern an den Mäulern herumgehen müssen, was Wunders, daß jetzt, nachdem diese Schlösser entfernt waren, jeder sich gedrungen fühlte, nach Herzenslust zu sprechen, zu singen oder zu pfeifen, wie ihm eben der Schnabel gewachsen war?

Dem frommen Bischof Müller von Münster war der Schnabel so gewachsen, daß er seinen Antrag, vor allem eine kirchliche Feier zur Eröffnung der Nationalversammlung anzuordnen, mit dem Bibelspruche begründete: „Wenn der Herr das Haus nicht baut, so bauen die Bauleute vergebens". Dem

weniger frommen Franz Raveaux aus Köln dagegen so, daß er
diesen Antrag bekämpfte mit den Worten: „Auch ich will einen
Spruch anführen: — Hilf dir selbst und Gott wird dir helfen!"
Die Bourgeoisie ist bekanntlich nicht gerade fromm, sondern thut
nur so, wenn es ihr in den Kram paßt. Die Mehrheit des Parlaments war der Ausdruck der Bourgeoisie: sie beklatschte den
weniger frommen der beiden Sprüche und ging über den bischöf-
lichen hinweg. Ein Loth Unglauben und ein Pfund Unkirchlichkeit
gehören mit zur „Bildung", denkt bekanntlich der Liberalismus.

Das Bedürfniß einer festeren Leitung der Versammlung
machte so gebieterisch sich geltend, daß schon am folgenden Tage
zur Wahl eines wirklichen Präsidenten verschritten wurde. Sie
fiel mit 305 Stimmen von 397 auf den Freiherrn Heinrich von
Gagern, welcher unter der Hand erklärt hatte, daß er dieser
Stellung seine darmhessische Ministerschaft zum Opfer bringen
würde. Der Gewählte war zur Stunde zweifelsohne nicht allein
der angesehenste Mann in der Versammlung, sondern auch der
zum Vorsitzer geeignetste. Zu seinem Stellvertreter wurde Herr
von Soiron auserkoren, dessen Abfall vom Republikanismus
eine Belohnung verdiente. Herr von Gagern übernahm sein
Amt mit einer Rede, welche historisch merkwürdig bleibt, weil sie
urkundlich darthut erstens, daß der Liberalismus sein unsittliches
Spiel mit der Volkssouveränetät, welche er doch im Geheimen
schon verrathen und verleugnet hatte, öffentlich noch immer weiter-
spielte, und zweitens, daß der Liberalismus in seiner Unklarheit
und Unlogik eine Verquickung und Vermantschung des Souve-
ränetätsprinzips mit dem Vereinbarungsprinzip für möglich
hielt oder wenigstens für möglich zu halten vorgab.

Der Präsident der Nationalversammlung sagte nämlich am
Schlusse seiner Rede: „Wir haben die größte Aufgabe zu
erfüllen. Wir sollen eine Verfassung schaffen für Deutschland,
für das gesammte Reich. Der Beruf und die Vollmacht
zu dieser Schaffung sie liegen in der Souveränetät der

Nation. Den Beruf und die Vollmacht, dieses Verfassungswerk zu schaffen, hat die Schwierigkeit in unsere Hände gelegt,
um nicht zu sagen die Unmöglichkeit, daß es auf anderem Wege
zustandekommen könnte. Die Schwierigkeit, eine Verständigung
unter den Regierungen zustandezubringen, hat das Vorparlament
richtig vorgefühlt und uns den Charakter einer konstituirenden Versammlung vindizirt. Deutschland will Eins sein, ein
Reich, regiert vom Willen des Volkes, unter der Mitwirkung aller seiner Gliederungen. Diese Mitwirkung auch
den Staatenregierungen zu erwirken liegt mit in dem
Berufe dieser Versammlung."

Also wieder die alte Leier: das Volkssouveränetätsprinzip
wollen wir, aber das Vereinbarungsprinzip wollen wir auch.
Wenn das Volk souverän war, wozu bedurften dann bei
Schaffung der Nationalverfassung die Mandatare des Volkes die
Mitwirkung der „Staatenregierungen", d. h. der Fürsten?
Wenn hingegen der Wille des Volkes von dem so zu sagen Ober-
willen der Fürsten abhängig war, wie konnte, durfte, mochte man
dann von Volkssouveränetät schwatzen? Niemand konnte den Herrn
von Gagern und seine Adepten für so einfältig halten, daß sie
im Ernste geglaubt hätten, als „staatsmännisch" eingeseifte
Kameele durch das Nadelöhr dieses Widerspruchs schlüpfen zu
können. Nein, das glaubten und hofften sie nicht. Aber sie
wollten vor allem Zeit gewinnen, sie wollten die letzten Wogen
der Märzflut vollends verlaufen lassen und sie halfen sich einstweilen mit Redensarten. Sie kannten ja die Macht der
Phrase; sie wußten, daß die unklarste, ja die geradezu sinn-
loseste Phrase am meisten Gewalt über die Menschen gewinnt,
wenn man es mittels unaufhörlicher Wiederholung glücklich dazu
bringt, sie zu einem Gemeinplatz zu machen, der in jedem Munde
oder wenigstens in möglichst vielen ist. Sie haben es auch wirklich dazu gebracht. Allein sie hätten sich hüten sollen, ihre Gegner, die Demokraten, der Wolkenwandelei zu bezichtigen. Denn

so herausgefordert, konnten die Bezichtigten nicht anstehen, ihrem
Feinde, dem Liberalismus, im Hinblick auf seine Zwitterhaftigkeit im Allgemeinen und im Hinblick auf den Umstand im Beson-
dern, daß er einen gar nicht vorhandenen Vermittelungs- und
Vermantschungsweg in den Wolken suchte, das Citat aus Göthe
ins Gesicht zu werfen: —

> „Kennst du den Berg und seinen Wolkensteg?
> Das Maulthier sucht im Nebel seinen Weg"...

————

5.

„Die ehrlichste Politik ist immer die beste." Auch so ein
Axiom, welches stets neu und blank bleibt, weil es in der Putz-
stube der Moral ungebraucht unter einer Glasglocke liegt. Die
Politiker aller Parteien weisen bei Gelegenheit auf das Prunk-
Putzstück hin, jeder läßt es aber, wo es ist, unter der Glas-
glocke.

Von seiten der liberalisirenden Mehrheit der Nationalversammlung wäre die ehrlichste und folglich auch die beste Politik
unstreitig gewesen, wenn sie an die Stelle der vernebelten und
verschwiemelten Bestimmung der Kompetenz des Parlaments,
wie sie Herr von Gagern in seiner Antrittsrede gab, die klare
und bestimmte gesetzt hätte: Wir können und wollen ohne die
Fürsten nichts machen. Die Throne sind aufrecht geblieben; wir
müssen uns also an dieselben anlehnen, sonst stehen wir in der
Luft. Demzufolge ist unsere Versammlung keine konstituirende,
sondern nur eine berathende und höchstens eine mit beschließende.
Das Richtige ist demnach, die hohlbäuchige Phrase von der
Volks- oder Nationalsouveränetät ein für allemal bei Seite zu
stellen und vor allem und so rasch, wie möglich, einen festen
Grund- und Unterbau für das deutsche Verfassungswerk dadurch
herzustellen, daß wir eine bestimmte Vereinbarung mit den Für-

sten zum Ausgangspunkte unserer Berathungen machen. Thun wir dies nicht, so bauen wir nur eine deutsche Nephelokokkygia mehr in die Wolken.

Sie thaten es aber nicht und das neue Nubikukulien wurde dann richtig fertig gebaut.

Auch die linke Seite des Hauses ist von dem Vorwurf des Nebelns und Schwiemelns keineswegs ganz freizusprechen. Auch die von der Linken machten es mitunter wie die von der Rechten, welche des Glaubens lebten, ein Stück Diplomatie, d. h. Unehrlichkeit gehörte nothwendig mit zum Gepäcke der „Staatsmännischkeit". Die Diplomatie der Linken bestand aber darin, daß sie sich erstens anstellte, als glaubte sie an die Phrase von der Volkssouveränetät als an eine Thatsache, aus welcher die selbstverständlichen Folgerungen zu ziehen seien; und daß sie zweitens jede sich darbietende Gelegenheit ergriff, um auf Umwegen zu erreichen, was auf geradem Wege nicht hatte erreicht werden können, d. h. die Umschaffung des Parlaments aus einer bloß berathenden Versammlung in eine handelnde, in einen die demokratische Neugestaltung Deutschlands nicht allein bekretirenden, sondern auch vollziehenden Konvent, welches historische Wort die Sache nun doch einmal am richtigsten bezeichnet. Daher das frühzeitig begonnene und eifrig fortgesetzte Bemühen der Linken, die Nationalversammlung nicht allein zu einer Wortmacht, sondern auch zu einer Thatmacht zu machen, welche ihren Beschlüssen den nöthigen materiellen Nachdruck zu geben im Stande wäre. Natürlich wurden alle auf Schaffung eines Parlamentsheeres, auf Organisirung einer wirklichen, nicht bloß gemalten Volkswehr zielenden Anregungen und Strebungen der Linken durch die hochnäsige Bornirtheit, durch die Knechtschaffenheit und Feigheit der liberalen Mehrheit beharrlich vereitelt. Leute wie Herr von Vincke und Konsorten riefen der Nationalversammlung, so oft sich dieselbe zu einem kräftigen Vorgehen ermannen wollte, allzeit höhnisch zu: „Ihr habt ja keine Exeku-

tiomacht!" Gerade die Vincke aber und die ganze Bande der mehr
oder weniger liberalthuenden Herren Von und Nichtvon sie
waren es, welche mit wahrem Fanatismus dem Parlamente jede
Möglichkeit, eine Exekutivmacht zu bekommen, benahmen . . .

Schon die ersten Sitzungen der Versammlung gaben den
Parteien ausgiebige Veranlassung, ihre Kräfte zu messen. So,
als der Bürgerwehroberst Zitz aus Mainz die blutige Rauferei
zur Sprache brachte, welche in der genannten Stadt zwischen der
Bürgerwehr und der preußischen Besatzung am 21. Mai stattgefunden hatte, und auf Resolutionen antrug, deren Spitzen in erster
Linie gegen den preußischen Vicegouverneur der Bundesfestung
und in zweiter gegen den Militarismus überhaupt gerichtet
waren. Die Mehrheit witterte aus diesen Resolutionen sogleich
eine erste Zumuthung, Konvent zu spielen, heraus und beschloß
den Uebergang zur Tagesordnung. In der Debatte trat zum
ersten mal ein Spieler auf die parlamentarische Bühne, welcher
von da an als der raufluftigste und schlagfertigste Heißsporn der
Rechten in Sankt Paul viel Lärm gemacht hat, der Fürst Felix
von Lichnowsky, zweideutigen Andenkens vom berliner 19. März
her (vergl. Bd. I, S. 399), — ein Spieler, dessen Verschwinden
von der Bühne des Parlaments und der Welt eine der beklagenswerthesten Episoden des Jahres 1848 werden sollte. Nicht um
der Person des Fürsten willen*), sondern weil seine Ermordung

---

*) Am schonungslosesten ist der Fürst von Lichnowsky nicht etwa von
seinen demokratischen Gegnern, sondern von einem Standes- und Ge-
sinnungsgenossen, vom Herrn Alexander von Sternberg („Erinnerungs-
blätter", II, 138) beurtheilt worden: — „Wenn man (in Berlin in den
ersten 40ger Jahren) zur Gräfin Hahn kam, fand man immer den uner-
träglichen Flegel vor, den Fürsten Lichnowsky. Dieser herumtreibende
Fürst war damals noch zu keinerlei Bedeutung gelangt, obgleich er auf alle
Weise strebte, in die Mäuler der Leute zu kommen. Zunächst wußte er
dazu kein geeigneteres Mittel, als auf solche Weise unverschämt und toll-
dreist frech überall aufzutreten, daß Männer kaum durch ein anderes Organ

durch eine rasende Pöbelrotte der Rückwärtserei willkommenes
Material bot, ein neues und zwar einheimisches Schreckgespenst
vor angstphilisterlichen Augen aufzurichten, und weil Mord
unter allen Umständen Mord bleibt, d. h. ein scheußliches, bestia=
lisches Thun.

Noch früher als die mainzer Vorfälle debattirt wurden, war
(am 19. Mai) durch Raveaux eine Frage zur Sprache gebracht
worden, welche den Schaden, an dem das Parlament von Anfang
an kränkelte, nachdrucksam schmerzlich berührte, d. h. die Unbe=
stimmtheit und Unsicherheit seiner Stellung, die Unklarheit seiner
Kompetenz, die Fiktion von seiner Oberherrlichkeit, welche doch
auf Schritt und Tritt mit der thatsächlichen Macht des Partiku=
larismus unsanft zusammenstieß. Raveaux forderte nämlich
einen Beschluß, daß die verschiedenen deutschen Ständeversamm=
lungen sich nicht mit einzelstaatlichen Verfassungsfragen sollten
beschäftigen dürfen, bevor die Nationalversammlung das deutsche
Verfassungswerk zum Abschlusse gebracht hätte. Der obenauf
liegende Sinn dieses Antrags war ein handgreiflich praktischer:
es sollten dadurch Widersprüche zwischen der Reichsverfassung
und den Verfassungen der Einzelstaaten von vornherein unmög=
lich gemacht werden. Die Tragweite des Antrags ging aber
noch weiter. Derselbe wollte nämlich eine feierliche Er=
klärung hervorrufen, kraft welcher das Parlament den Beschluß

---

mit ihm zu verkehren wußten als durch die Degenspitze und den Pistolen=
lauf, Frauen kein anderes Mittel kannten, ihn fern zu halten, als ewig ver=
schlossene Thüren und abweisende Diener, die er jedoch über den Haufen
rannte und dennoch eindrang. Frech und zügellos in jedem Worte, war
er es ebenso in jeder Miene und Bewegung. Alles, was vornehme und
nicht vornehme Laster heißt, hatte er seinem jungen Körper zugemuthet und
war dennoch leiblich davongekommen. Nicht so gut war es seinem Beutel
gegangen; der war fast bis auf das letzte Goldstück geleert und er wurde
für seine Gläubiger eine sehr anziehende Person. Es fehlte nicht viel, daß
er ein gefesselter Prometheus wurde. Dies zu verhindern, trat später die
bekannte befreiende Gottheit auf."

des Vorparlaments: „Die Berathung und Beschlußnahme über
die künftige Verfassung Deutschlands steht einzig und allein der
vom Volke zu erwählenden Nationalversammlung zu" — förm=
lich zu dem seinigen machte. Die Linke hoffte damit eine feste
Basis zur Beseitigung des Vereinbarungsprinzips zu gewinnen,
vermochte aber nicht durchzubringen. Von der Rechten her red=
neten Herr von Vincke und Genossen gar von dem „begründeten
Vertrauen", daß sämmtliche deutsche Regierungen sich herbeilassen
würden, die Bestimmungen der Partikularverfassungen deren der
Nationalverfassung unterzuordnen. Wie „begründet" so ein Ver=
trauen war, hatte die ganze deutsche Geschichte gezeigt. Ein
solches Vertrauen zu predigen war demnach knäbische Unwissen=
heit oder bewußter Verrath. Oder wäre das „begründete" Ver=
trauen" des westphälischen Junkers vielleicht ein Drittes gewesen,
nämlich der erste an das Prinzip der Nationalsouveränetät ge=
richtete Absagebrief des preußischen Partikularismus? Sehr
möglich, sehr wahrscheinlich sogar; denn der raveaur'sche Antrag
war ja mitveranlaßt worden durch die Schlaumaierei von Kamp=
hausen und Kompagnie, neben der deutschen in Frankfurt eine
preußische „Nationalversammlung" in Berlin aufzuthun. Die
Rechte vermochte indessen ihren Antrag auf Uebergang zur Tages=
ordnung ebenfalls nicht durchzubringen. Sie hatte ihre rück=
wärtsigen Gefühle im Allgemeinen und die partikularistisch=
preußischen Junkergelüste im Besonderen durch ihre Redner so
unverschämt kundgeben lassen, daß die Versammlung den Robert
Blum, welcher die Argumente dieser Redner zu Staub zerrieb,
mit Beifall überschüttete. Schließlich wurde dann einer jener
Vermittelungsanträge, welche noch niemals einen Pelz gewaschen
haben, weil sie niemals einen naß zu machen wagten, mit großer
Mehrheit angenommen, der Antrag: „Die Nationalversamm=
lung erklärt, daß alle Bestimmungen einzelner deutscher Ver=
fassungen, welche mit dem von ihr zu gründenden allgemeinen
Verfassungswerke nicht übereinstimmen, nur nach Maßgabe des

letzteren als giltig zu betrachten sind, ihrer bis dahin bestandenen Wirksamkeit ungeachtet."

Die Liberalen feierten diese Abstimmung vom 27. Mai Abends in ihren Klubbs mit Entkorkung vieler Rheinwein- und Champagnerflaschen als einen glänzenden Sieg. Mit Recht! Die Fiktion von der Oberherrlichkeit des Parlaments war ja gerettet und die Welt um eine Phrase bereichert. Nicht vom Standpunkt best- und biedermaierischer Staatsmännischkeit aus betrachtet, gab das Resultat dieser Debatte freilich keine Veranlassung zur Flaschenentkorkung und zu anderen Freudebezeugungen, sondern vielmehr zu der Ansicht, die Paulskirche sei nur eine Schwatzbude und werde nie etwas Besseres sein.

In Wahrheit, dieser 27. Mai hätte müssen der Tag sein, wo das Parlament für ein später nicht mehr mögliches Entweder — Oder fest und energisch sich entschließen und bestimmen mußte. Das Entweder war, das Vereinbarungsprinzip ehrlich zu bekennen und offen zu proklamiren und demzufolge alles aufzubieten, um wenigstens mit den mächtigsten deutschen Regierungen zu einem ehrlichen und festen Abkommen zu gelangen. Das Oder war, über die noch lange nicht wieder zu ihrer Vollkraft gelangten Fürsten hinweg dem Volke offen und redlich die Hand zu bieten, die nationale Bewegung wieder in vollen Fluß zu bringen und zu solcher Spannkraft zu steigern, daß sie jeden dynastischen und partikularistischen Widerstand gegen das deutsche Verfassungswerk hinwegzuschwemmen vermocht hätte.

Das Parlament in seiner Mehrheit war zu liberal, d. h. zu dünkelhaft für das Entweder und zu liberal, d. h. zu feige für das Oder. Das „Maulthier" rutschte also weiter auf seinem Wolkensteg.

6.

Wenn in den Debatten vom 26. und 27. Mai die Partei-
zerklüftung in der Paulskirche schon ihre dunkelsten Schlünde aufgethan hatte, so schlossen sich dieselben vorübergehend wieder
während der Verhandlung über die Schaffung einer deutschen
Kriegsflotte, deren Mangel der Krieg mit Dänemark neuerdings
so schmerzlich fühlbar gemacht hatte. Um einen Anfang zu
machen, erhob sich die Versammlung fast einstimmig für die vorläufig beantragte Bewilligung von 6 Millionen Thalern. Das
Werk wurde dann rüstig an Hand genommen und hatte einen
erfreulichen Fortgang, um, wie bekannt, den allerjämmerlichsten
Ausgang zu finden. Selbst das neidgrüne England wäre nicht
auf den grausamen Spott verfallen, die kaum gebauten und bewaffneten Kriegsschiffe, von deren Gaffeln zum ersten mal die
schwarzrothgoldene Flagge wehte, so zu entehren, wie der durch
Oestreich und Preußen wieder vom Scheintod erweckte Bundestag sie entehren ließ, indem er sie unter den Auktionatorhammer
des Herrn Hannibal Fischer warf. Daß die Deutschen auch
d i e s e n Bubenstreich ruhig hinnahmen, beweist unwiderleglich,
daß gar nichts auszusinnen ist, was dieses Volk von seiten der
„angestammten" Machthaber sich nicht gefallen ließe.

Nur 5 Tage nach dem 14. Juni, an welchem die einmüthige
Flottenberathung gepflogen worden, klaffte das parlamentarische
Parteigelüfte schon wieder breit und tief und häßlich auf, als
am 19. Juni die Schaffung einer provisorischen Bundesexekutive
oder, wie das Ding benamset wurde, einer provisorischen Centralgewalt auf die Tagesordnung kam. Das Klubbwesen war schon
so bestimmend und entscheidend geworden, daß die Verhandlungen
in der Paulskirche nur noch der Widerhall der Klubbdebatten
waren. Die Linke hatte unter der Leitung von Blum und nach
dessen Ermordung unter der Führung von Vogt ihr Hauptquartier im „Deutschen Hof" aufgeschlagen. Eine Auszweigung der

Partei, die sogenannte äußerste Linke, saß, erst von Ruge, dann von Ludwig Simon geleitet, im „Donnersberg". Das unterscheidende Merkmal der beiden Fraktionen ist gewesen, daß die Deutschhöfler zwar zur Zukunftsrepublik sich bekannten, für die Gegenwart aber mit der „demokratischen Monarchie" — unter welchem mondkalbischen Staatsbegriff sich jeder denken konnte, was er mochte — sich begnügen wollten, während dagegen die Donnersberger die Umgestaltung Deutschlands in eine Föderativrepublik verlangten. Ein Ableger der Linken nach rechtshin, die sogenannte gemäßigte Linke, deren Vormänner Raveaux, Heinrich Simon und Schoder waren, klubbte in der „Westendhall". Wieder mehr rechtswärts neigte der Klubb im „Würtemberger Hof", in welchem Riesser, Robert Mohl, Biedermann, Herrmann, Giskra und Kirchgeßner den Ton angaben. Diese Fraktion des linken Centrums ging mit der des rechten Centrums in allen Hauptfragen einig und die beiden Centren mitsammen machten den Gewalthaufen der Mehrheit aus.

Die Herren vom rechten Centrum, deren Klubblokal das „Kasino", hatten zum Hauptboktringeber den durch Stenzel, Droysen, Waitz, Beseler und andere Adjutanten sekundirten so zu sagen Erz- und Oberprofessor Dahlmann und zu Hauptmachern Mathy, Bassermann und Jürgens. Das Kasino war die Geburtsstätte und blieb die eigentliche Heimat des vielberufenen Reichsprofessorenthums, einer Species des Genus Homo, von welcher kein Buffon oder Blumenbach sich etwas hatten träumen lassen. Der „Reichsprofessor" ist ein zoologisch erst noch zu bestimmender Zweifüßler. Poetisch ist er vorläufig bestimmt oder, waidmännisch zu reden, so recht „bestätigt"[*]) und sein Name ist eingetragen für allzeit in das „Goldene Buche von Schilda".

Die Fraktion des Kasino, zu welcher ja auch Herr von

---

[*]) Und zwar in des leider zu früh in ein amerikanisches Grab gelegten Reinbolt Solger „Reichsprofessor", bei weitem der besten, ja bislang der einzigen politischen Komödie, welche die deutsche Literatur besitzt.

Schmerling zählte, stand zeitweilig in intimen Beziehungen zum Klubb der spezifischen Rechten, welcher zuerst im „Hirschgraben", dann im „Steinernen Haus", endlich im Kaffee „Milani" saß. Die Orakelsprecher waren hier Herr von Radowitz und Herr von Vincke, hier polterte das preußische Junkerthum, hier gaben einander der süddeutsche Jesuitismus und der norddeutsche Pietismus den Seraphinenkuß, hier ging der Ultramontanismus eines Lasaulx mit dem Brozenthum eines Merck einig. Der Klubb Milani hatte auch seinen Hofnarren, und zwar einen, wie kein anderer eines solchen sich rühmen konnte, den buckeligen Detmold aus Hannover, einer der schlimmsten Unheilstifter von damals, aber der witzige Autor der „Abenteuer des Herrn Piepmaier". Witz und Humor hat überhaupt das Parlament viel produzirt und konsumirt, nur allzu viel. In dem von beiden Seiten mit großer Ausdauer unterhaltenen Zerrbilder-, Spottverse- und Schimpfprosakrieg ist viel Talent und Zeit verbraucht worden. Neben dem „Piepmaier" mögen von derartigen Auslassungen noch namhaft gemacht sein die von rechtsher kommenden „Epistolae novae virorum obscurorum", von linksher die „Epistolae virorum dextrorum" und die „Reimchronik des Pfaffen Mauritius".

<hr>

7.

Maßen die Nationalversammlung sich nicht der Vollziehungsgewalt bemächtigen wollte, so mußte ein Organ geschaffen werden, durch dessen Vermittelung ihre Beschlüsse zur Ausführung gebracht würden. Auch sollte diese provisorische Centralgewalt die oberste Leitung des Heerwesens haben und gegenüber dem Auslande das „einige" Deutschland repräsentiren.

Diese Angelegenheit war schon im Fünfzigerausschuß verhandelt und daselbst das Projekt der sogenannten „Onkelei" auf's

Tapet gebracht worden. Nämlich es sollte ein Bundesdirektorium geschaffen werden, bestehend aus einem östreichischen, einem preußischen und einem bairischen Prinzen: Erzherzog Johann, Prinz Wilhelm und Prinz Karl, von welchen der erste ein Oheim des Kaisers von Oestreich, der zweite ein Oheim des Königs von Preußen und der dritte der Oheim des Königs von Baiern war. Darum hieß man sie mitsammen die drei „Onkel". Nach dem Zusammentritt des Parlaments hätten die Rückwärtser von der striften Observanz am liebsten den Bundestag als provisorische Exekutive beibehalten; das ging aber doch nicht, weil der Bundestag in den Nasen der Liberalen, geschweige der Demokraten, ein zu mißfälliger Ruch war.

Am 3. Juni bestellte das Parlament einen Fünfzehnerausschuß, welcher über die eingegangenen 16 Anträge betreffs der Errichtung einer provisorischen Centralgewalt — später kamen noch 23 Abänderungsvorschläge hinzu — berathen und berichten sollte. Der Beginn der Verhandlung selbst war auf den 17. Juni angesetzt und hatten sich nicht weniger als 189 oder gar 223 Redner einschreiben lassen. Wenn der Boden von Sankt Paul steril war und blieb, konnte das jedenfalls nicht dem Mangel an Bewässerung schuldgegeben werden.

Diesmal hatte Herr von Vincke das Richtige getroffen, wenn er viele Tage vor dem Beginn der Debatte verlangte, man sollte den verzwickten Knoten frischweg durchhauen; wenn er schon am 31. Mai im Hirschgrabenklubb forderte, daß dieser an die Spitze seines Programms „die Nothwendigkeit eines sogleich auf Preußen zu übertragenden erblichen Kaiserthums" stellen müßte*). Ja, die Sache vom monarchischen Standpunkt angesehen, war das unzweifelhaft das Richtige. Der Mehrheit der Nationalversammlung schwebte ja doch als letztes und höchstes Ziel ein preußisches Kaiserthum vor und durch die sofortige

---

*) Raumer, Briefe aus Frankfurt und Paris, I, 37.

Uebertragung der deutschen Centralgewalt an das Haus Hohen=
zollern wäre wenigstens die in jeder Beziehung über alles Maß
unersprießliche Reichsverweserei des Johann Ohneland ver=
mieden worden. Aber wäre diese Uebertragung angenommen
worden? Diese Frage aufzuwerfen oder gar zu verneinen
waren zur Zeit, wo die feierliche Erklärung Friedrich Wilhelms
des Vierten, daß er sich an die Spitze Deutschlands stellen wollte
und daß Preußen in Deutschland aufgehen sollte, noch so neu,
noch so frisch, jedenfalls die Zehntels=, Fünftels=, Halb= und
Ganzliberalen gar nicht berechtigt, da sie ja sammt und sonders
im Vertrauensspittel lagen und im Fieber der Fürstenfürchtigkeit
delirirten. Auch heißt eines der wenigen ganz wahren Sprich=
wörter „Bis dat qui cito dat!" und die Summe der Wahr=
scheinlichkeitsrechnung ist, daß die Krone, welche im April von
1849 in Berlin zurückgewiesen wurde, im Mai oder Juni von
1848 in Potsdam angenommen worden wäre; angenommen mit=
sammt dem berühmten uhlandischen „Tropfen demokratischen
Salböls", welcher daran hing.

Es erging aber dem Herrn von Vincke in diesem Falle, wie
es Parteiführern nicht selten zu ergehen pflegt. Schlagen sie
Einfältiges, Zweckwidriges, geradezu Sinnloses vor, so dürfen
sie 99 mal von 100 mal auf die Zustimmung ihrer Leute zählen;
wollen sie aber Treffendes, Richtiges und Zweckmäßiges, so wer=
den sie damit 9 mal unter 10 mal ganz durchfallen oder doch
nur auf verwickelten Umwegen ihr Ziel erreichen. Selbst die
ergebensten Knappen des westphälischen Ritters fanden seinen
Vorschlag zur Zeit gar nicht vorbringbar, geschweige durch=
bringlich. Es ist wahr, die schwarzweißen Zitteraale à la Fried=
rich von Raumer, welche, wie der Genannte selber erzählt, das
„Kaiserthum für Preußen zu erstreiten bei den unleugbar hierüber
in jenem Augenblicke noch vorherrschenden Ansichten für ganz
unmöglich hielten", schienen zunächst rechtzuhaben. Es ist wahr,
daß einem naiven Hinterpommer, Herrn Braun aus Köslin, als

er am 18. Juni in der Paulskirche die Uebertragung der provi=
sorischen Centralgewalt an Preußen beantragte, von allen Seiten,
ja fast von allen Bänken her ein schallendes Gelächter entgegen=
schlug; ein so schallendes, daß der Antragsteller zuletzt selber
mitlachen mußte; ein so schallendes, daß es bis nach Potsdam
hinaufscholl, allwo es sofort ad Notam genommen und dreimal
schwarz unterstrichen wurde. Am 3. April im folgenden Jahre,
als die Parlamentsabordnung die deutsche Kaiserkrone ins Ber=
liner Schloß trug, hat dann Friedrich Wilhelm der Vierte für
dieses Paulskirchengelächter vom 18. Juni 1848 seine vollwich=
tige Rache genommen.

Aber trotzdem bleibt es ebenfalls wahr, daß es für die kon=
servativen und liberalen Kaiserlinge wie die ehrlichste so auch die
beste Politik gewesen wäre, wenn sie schon im Mai und Juni von
1848 das preußische Kaiserthum offen auf ihre Fahnen ge=
schrieben hätten. Wer, beim Styx, würde denn damals, sobald
der König von Preußen Ja und Amen gesagt hätte, etwas
Nennenswerthes gegen dieses von der preußischen Armee gehal=
tene deutsche Kaiserthum haben aufbringen können? Oestreich?
Das lag in Todeswehen. Rußland? Die thönernen Beine
würden unter dem Koloß eingeknickt sein, sowie er sich in Marsch
gesetzt hätte. Frankreich? Das hatte alle Hände voll zu thun,
um sich zur Junischlacht im eigenen Hause zu rüsten. England?
Ja, wenn siegelhafte Times=Artikel Schwerter wären. Die
deutschen Fürsten? Oh, die wären froh gewesen, wenn der
preußische Kaiser seinen Mantel schützend um ihre Civillisten,
Domänen und Apanagen geschlagen hätte. Die deutsche Demo=
kratie? Kanonen und Bajonnetten gegenüber sind Worte nur
Wind. Das deutsche Volk? Das hat niemals einen Willen ge=
habt, sondern stets nur „fromme Wünsche", und würde, mit
einigem Takt dazu kommandirt, seinem Kaiser zugejubelt und
die Pferde ausgespannt haben, wie die Tiroler dem ihrigen thaten.

8.

Die Mehrheit der Fünfzehnerkommission hatte den Antrag formulirt: Es soll ein aus drei Personen bestehendes Bundes-direktorium bestellt werden zur Leitung aller gemeinsamen Ange-legenheiten der Nation. Die drei Mitglieder sind von den deutschen Regierungen zu bezeichnen und nach erfolgter Zu-stimmung seitens der Nationalversammlung, welche jedoch über die vorgeschlagenen Persönlichkeiten nicht in Berathung gehen darf, zu ernennen. Das Bundesdirektorium habe seine oberste Vollziehungsgewalt durch Minister zu üben, welche der National-versammlung verantwortlich seien*). Seine Amtsführung solle mit dem Abschlusse des deutschen Verfassungswerkes, an welchem eine Mitwirkung ihm nicht zustehe, zu Ende sein.

Die beiden Fraktionen der Linken waren in dem Funfzehner-ausschuß nur durch Blum und Adolf von Trützschler vertreten, beide Sachsen, beide zu Blutzeugen der Demokratie bestimmt; der eine Proletarier und Arbeiter von Geburt, der andere Edel-mann und Millionär, beide für ihre Ueberzeugung so gestorben, daß nur höfische und liberale Jämmerlinge, nicht aber Männer von jeder politischen Anschauung den Märtyrern ihren Nach-ruhm bestreiten können. Blum und Trützschler machten den Ver-such, die Theorie von der Oberherrlichkeit der Nationalversamm-

---

*) Die „Verantwortlichkeit der Minister" ist auch so ein Paradepferd des Konstitutionalismus, welches, genauer angesehen, als ein ganz ordi-närer Esel sich darstellt. Wann und wo ist denn die Phrase von der Ministerverantwortlichkeit zur Wirklichkeit geworden innerhalb des konstitu-tionellen Systems? Wann und wo hätte die Unverantwortlichkeit des Monarchen die Verantwortlichkeit der Minister nicht zu einer Illusion ge-macht? Strafford allerdings wurde 1641 und Polignac 1830 zur Verant-wortung und Strafe gezogen. Aber that dies der Konstitutionalismus? Nein, die Revolution.

lung als des Organs der Nationalsouveränetät in Praxis zu
verwandeln, und sie brachten daher den Minderheitsantrag ein:
Die konstituirende Nationalversammlung wählt mit absoluter
Stimmenmehrheit eines ihrer Mitglieder zum Obmann eines
Vollziehungsausschusses. Dieser Obmann gesellt sich nach
freier Wahl 4 Kollegen zu. Der also gebildete Vollziehungsausschuß hat Deutschland nach außen zu vertreten, hat die Beschlüsse des Parlaments auszuführen, ist demselben verantwortlich, kann von ihm aufgelöst und durch einen neuen ersetzt
werden. Der Vollziehungsausschuß vertheilt nach eigener Wahl
seine verschiedenen Geschäfte unter seine Mitglieder und bleibt
so lange in Thätigkeit, bis durch die Nationalversammlung eine
definitive Bundesgewalt errichtet ist.

Von seiten der äußersten Linken kam zu diesem Antrag ein
Abänderungsvorschlag ein, des Inhalts, der Bundestag habe sofort seine Amtirung einzustellen, habe aufzuhören und sei durch
eine provisorische, aus 5 Mitgliedern bestehende Regierung zu
ersetzen, welche durch die Nationalversammlung und aus der
Mitte derselben erwählt, mit der obersten Vollziehungsgewalt
über ganz Deutschland betraut und dem Parlament verantwortlich
gemacht werden soll.

Die Erinnerung an den Konvent und den Wohlfahrtsausschuß lag in diesen Anträgen der Linken allerdings klar zu Tage.
Wenn jedoch die Prämisse von der Nationalsouveränetät, die ja
Herr von Gagern im Namen des Liberalismus ausdrücklich anerkannt hatte, einen Sinn haben sollte, so war gegen diese daraus
gezogene demokratische Schlußfolgerung von seiten der Logik
schlechterdings nichts einzuwenden. Aber bekanntlich wird die
Welt nicht von der Logik regiert, sondern von der Konvenienz,
und diese machte der Parlamentslinken bald fühlbar, daß
es unzukömmlich sei, weil zu spät, noch zu Ende Juni's von
1848 mit so demokratischen Wünschen und Forderungen hervor-
zutreten.

14 *

Am 17. Juni erstattete Dahlmann im Namen der Kommis-
sionsmehrheit seinen Bericht und die große Wortschlacht hob an,
um volle acht Tage zu währen und gar viele Kämpfer zu Boden
zu strecken. Die Thaten der Sieger und der Besiegten schlafen
den historischen Schlaf in den Gewölben der bekannten Chufu-
Pyramide der stenographischen Parlamentsprotokolle. Mögen sie
ruhen im Frieden! Den ersten Preis im Redestreit gewannen in
diesen Tagen unfraglich Blum und Radowitz, einen zweiten Raveaux; aber das entscheidende Wort sprach Herr von Gagern am
24. Juni. Er that da seinen berühmten „kühnen Griff", wozu
ihm der Antrag von Mayern, in Gemeinschaft mit den Regierungen
einen „Reichsverweser" aufzustellen, die erste Handhabe geboten
haben mochte, nachdem die Debatte in ihrem Vorschritte gezeigt
hatte, daß zwar die Anträge der Linken keine Aussicht auf Annahme hätten, daß aber auch der Mehrheitsvorschlag der Fünf-
zehner auf keine oder wenigstens auf keine starke Majorität zählen
könnte. Unzweifelhaft war die Wirkung der Rede Gagerns vom
24. Juni der Höhe- und Glanzpunkt im öffentlichen Leben des
Mannes. „Wer soll die Centralgewalt schaffen?" fragte er.
„Ich würde es bedauern, wenn es als ein Prinzip gälte, daß die
Regierungen in dieser Sache gar nichts sollten zu sagen haben;
aber vom Standpunkte der Zweckmäßigkeit aus ist meine Ansicht
wesentlich eine andere als die der Majorität im Ausschusse. Ich
thue einen kühnen Griff und sage Ihnen: wir müssen die provi-
sorische Centralgewalt selbst schaffen." Das war eine Einräumung
an die Linke, welche von dieser natürlich sofort angenommen wurde.
Der Redner plädirte nun für die Einheit und gegen die vorge-
schlagene Dreiheit der Vollziehungsgewalt und fuhr dann fort:
— „Wollen wir der Mehrheit nach Einen, so ist ein hochstehender
Mann gefunden, der sich der höchsten Stelle werth gezeigt hat.
Es gibt keinen Privatmann, der unter solchen Umständen das
Amt übernehmen könnte. Es wird auch keine Aufgebung des
Prinzips der Souveränetät der Nation darin gefunden werden

können, wenn etwa meine Meinung, wie ſie es wirklich iſt, d i e
ſein ſollte, daß die hochſtehende Perſon ein Fürſt ſein müſſe;
was auch Sie" — (zur Linken gewendet) — „einräumen können,
nicht w e i l es, ſondern o b g l e i ch es ein Fürſt iſt." Dieſes der
Volksſouveränetät geſchickt gemachte Kompliment erregte einen
ungeheuren Beifallsſturm.

Am folgenden Tage wurde dann das Geſetz über Errichtung
einer proviſoriſchen Centralgewalt zur Abſtimmung gebracht. Es
beſtimmte im Weſentlichen: Die vollziehende Gewalt ſoll die Oberleitung der geſammten bewaffneten Macht der Nation haben und
die völkerrechtliche und handelspolitiſche Vertretung Deutſchlands
ausüben. Dieſe Gewalt wird einem unverantwortlichen Reichsverweſer übertragen, welchen die Nationalverſammlung wählt und
welcher ſeine Befugniſſe durch von ihm ernannte, aber dem Parlament verantwortliche Miniſter bethätigt. Mit dem Eintritt
der Reichsverweſung hört der Bundestag zu exiſtiren auf. . . .
Das ganze Geſetz gelangte mit 450 Ja gegen 100 Nein zur Annahme. Die Hauptzahl der Verneiner gehörte der äußerſten
Linken an, doch waren auch vom linken Centrum viele dabei. Von
der äußerſten Rechten fielen nur 3 Stimmen gegen das Geſetz.
Für die Demokratie iſt die Annahme deſſelben inſofern eine große
Niederlage geweſen, als der Nerv des ganzen Entwurfes, der
Zuſatz zum 2. Paragraphen: „Die proviſoriſche Centralgewalt
hat die Beſchlüſſe der Nationalverſammlung zu verkündigen und
zu vollziehen" — mit 277 Stimmen gegen 261 durchgeſchnitten
worden war.

Um aber da von einem Nerv oder Nichtnerv zu reden, muß
man ſchlechterdings vom Geſichtspunkte der parlamentariſchen
Fiktion ausgehen. Denn ohne Illuſion angeſehen, handelte es
ſich auch hier wiederum, wie immer in der Politik, nicht um eine
Rechtsfrage, ſondern nur um eine Machtfrage. Die große Wort-
ſchlacht um die proviſoriſche Centralgewalt war demnach ein
Streit um des Kaiſers Bart. Macht war ja ſchließlich weder

bei der Nationalverſammlung noch bei der Reichsverweſung.
Mutter Ohnmacht hatte alſo am 25. Juni eine Tochter geboren,
welche Impotenz hieß.

9.

Am 29. Juni, Nachmittags 3 Uhr war in der guten alten
Reichsſtadt am gelben Mainſtrom wieder einmal Feſtglocken-
geläute, Freudegeſchützknallen und Lebehochrufen, kurz Jubelſpek-
takel höchſter Potenz los: — der Erzherzog Johann von Oeſtreich
war ſo eben in Sankt Paul zum Reichsverweſer gewählt worden,
mit 436 Stimmen. Herr von Gagern hatte 52, Itzſtein 32
Stimmen erhalten; 27 Mitglieder von der äußerſten Linken
hatten die Abſtimmung unterlaſſen.

Der Erzherzog Johann hatte, wenn auch in zahmſter Weiſe,
gelegentlich die Rolle eines Frondeur gegen die Franz-Metternichtigkeit geſpielt, insbeſondere mittels eines kleinen gegen den
Oberpolizisten Sedlnitzky geführten Witzkrieges, und er war von
ſeinem Bruder, dem Kaiſer-Tartuffe Franz, bitterlich gehaßt
worden. Darauf gründete ſich ſein Ruf als „liberaler" und
deutſchpatriotiſch geſinnter Prinz. Weiter wußte man von ihm
nur noch, daß er durch ſein höchſt wahrſcheinlich abſichtliches
Zuſpätkommen bei Wagram den Verluſt der Schlacht verurſacht
hatte und daß er dann ſpäter, im September von 1842, an der
Banketttafel des Königs von Preußen am Rhein den (übrigens
halbmythiſchen) Toaſt ausgebracht habe: „Kein Preußen und
kein Oeſtreich! Ein großes, einiges Deutſchland, feſt wie ſeine
Berge!" Doch halt, man wußte noch etwas von ihm, nämlich
daß er im Jahre 1828 ein „Mädchen aus dem Volk", eines
Poſthalters ſchöne und ſittſame Tochter zu ſeiner rechtmäßigen

Ehefrau gemacht hatte, statt sie zu seiner Maitreffe zu machen. Das rechnete man ihm unendlich hoch an, das „lupfte", schweizerisch zu reden, die gemüthlichen Deutschen. So sehr hatte die affenschändliche Maitressenwirthschaft so vieler seiner Fürsten unserem Volke das sittliche Gefühl verwirrt, daß es einen Prinzen, welcher ein ehrbares Bürgermädchen heiratete statt dasselbe zu Grunde zu richten, wie ein Wunderthier bestaunte, ja geradezu für einen großen Mann hielt.

Das ist nun freilich der Erzherzog Johann in keiner Weise gewesen. Er war ein leiblich unterrichteter, wohlmeinender, leichterregbarer Stimmungsmensch, der nach Art der Stimmungs= menschen selber an das glaubte, was er gerade sagte, um das Gesagte in der nächsten Stunde zu vergessen. Wenn er über= haupt ein Prinzip hatte, so war es entschieden kein höheres als das lothringisch=habsburgische Interesse. Ob er überhaupt nur nach Frankfurt gegangen, um für dieses Interesse zu sorgen? Gewiß nicht. Er übernahm sicher die Reichsverwesung mit dem guten Vorsatz, sein Bestes für Deutschland zu thun. Allein der Gang der Ereignisse brachte es nothwendig mit sich, daß der Reichsverweser sehr bald merken mußte, er sei doch eigentlich ein östreichischer Erzherzog. Die an sich unhaltbare Doppelrolle des Prinzen hätte sich auch von einem weit bedeutenderen Talent und einem viel thatkräftigeren Charakter nicht in die Länge durch= führen lassen. Für Oestreich, d. h. für das Haus Lothringen= Habsburg, spielte der Erzherzog seine Rolle leiblich gut. Aber für Deutschland ist seine Reichsverwesung ein großes Unglück gewesen. Schon darum, weil, trotz der offiziellen Zustimmung von Berlin her, die Reichsverweserei des Lothringer=Habsburgers es war, welche dem Altpreußenthum in Potsdam wieder festen Halt gab und den hohenzollerisch=preußischen Partikularismus zu doppelt strammem Auftreten reizte. An dem preußischen Partikularismus konnte sich dann der bairische, würtembergische, hannoversche u. s. w. wieder zu seiner ganzen Höhe aufrichten.

Warum denn nicht — man ist gezwungen, wiederum darauf
zurückzukommen — warum denn nicht, wenn man doch einen
Fürsten haben wollte und mußte, geradezu den mächtigsten, den
König von Preußen, küren? Was konnte denn, auch die
besten Absichten und die ehrlichste Beharrung vorausgesetzt, ein
Johann Ohneland ausrichten? Was konnte ein Reichsverweser vollbringen, der vom ersten Augenblick an durchaus
von dem guten oder bösen Willen der deutschen Regierungen abhängig war?

Summa: Herr von Gagern, der kühne Greifer, hat am
24. Juni von 1848 fehlgegriffen und diese ganze Greiferei sieht
einer Schmerlingelei so ähnlich wie ein faules Ei dem andern.
In Wahrheit, man glaubt den östreichischen Herrn Ritter und
Bundestagspräsidialgesandten leibhaftig vor sich zu sehen, wie
er, das ganze Reineke-Gesicht ein Hohnzug, aus dem Dunkel
der Intrike hervor dem armen übertölpelten Gagern zu dessen
„kühnem Griffe" die Hand führt. Die ganze Mehrheit, welche
für die Reichsverwesung des Erzherzogs stimmte, lief am schmer-
lingischen Gängelbande. Aber am ärgsten waren doch die weiland
Burschenschafter aus Preußen genasführt, welche in gutem
Glauben diese Mehrheit machen halfen. Von seinem, d. h.
vom östreichisch-partikularistisch-bureaukratischen Standpunkt aus
hatte übrigens Herr von Schmerling vollkommen recht, wenn er
alle die „Staatsmänner" und „Reichsprofessoren" der Paulskirche zu überlisten trachtete. Warum waren sie so gemüthlich,
sich überlisten zu lassen?

Aber was lag am Ende aller Enden daran, ob die Entscheidung so oder anders fiel? Die Paulskirche war ja doch nicht
der Ort, wo die Geschicke Deutschlands und Europa's entschieden
wurden. Während in der Mainstadt Redensarten fielen, fiel in der
Seinestadt der eiserne Schicksalswürfelwurf. Während dort mit
Worten um des Kaisers Bart gefochten wurde, ward hier mit

Eisen und Blut um das Sein oder das Nichtsein der alten Gesellschaft gekämpft.

Ja, in denselben Tagen, wo in Frankfurt die große Wortschlacht lärmte, tos'te in Paris die furchtbare Thatschlacht des
Juni und spielte auf der alten Revolutionsbühne der erste Akt
eines welthistorischen Trauerspiels, dessen letzten wohl erst das
20. Jahrhundert sehen wird.

Der moderne Spartakus, das Proletariat, schlug und verlor seine erste offene Schlacht. Die alte Gesellschaft siegte, aber
um welchen Preis!

Das Sturmglockengeheul der pariser Junikampftage war
das Grabgeläute des europäischen Völkerfrühlings von 1848.

Und doch — seltsam zu sagen! — war die Zungengefechts-
erhitzung in der Paulskirche so heftig, daß das Ungeheure, was
während dieses Zungengefechts in Paris vor sich gegangen, anfangs wenig gewerthet, ja kaum beachtet wurde. Paulskirchliche
„Staatsmänner" und „Reichsprofessoren" schenkten dieser
„neuesten pariser Emeute" nur eine sehr flüchtige Aufmerksamkeit und hatten, im Hochgefühl ihrer eigenen unendlichen Wichtigkeit, nur Sinn für den „unendlich wichtigen Augenblick", für
„die erste große That" des deutschen Reichstags, d. h. für die
Annahme des Centralgewaltgesetzes und die Wahl des Erzherzogs
Johann zum Reichsverweser.

Und nicht allein diese oder jene Persönlichkeit, nicht allein
diese oder jene Fraktion, nein, die große Mehrheit der National-
versammlung hatte für das, was im Juni in Paris und was im
Juli auf den Walstätten der Lombardei geschah, durchaus kein
Verständniß oder wollte keines haben. Sie ging daher mit einer
Selbstgefälligkeit und Zuversicht, als ob die sämmtlichen Götter
aller Religionen der Schwatzbude in Sankt Paul eine ewige
Dauer verbürgt hätten, daran, die endlose Schraube der
Grundrechts- und Reichsverfassungsberathung zu drehen; ging

daran mit einer Zuversicht und Selbstgefälligkeit, welche den
Spottzorn des Dichters vollauf berechtigten, auszurufen: —

> „Fünfhundert Narrenschellen
> Zu Frankfurt spielen die Melodie:
> Das Schiff streicht durch die Wellen
> Der deutschen Phantasie."

VI.

Die Junischlacht.

1.

Wer von den Zeitgenossen im Sommer von 1848 schon in einem denkfähigen Alter stand und von seiner Denkfähigkeit Gebrauch machen wollte, wird des eigenthümlich düsteren Eindrucks sich erinnern, welchen die Botschaften von dem Beginn, Verlauf und Ausgang der furchtbaren dreitägigen pariser Straßenschlacht vom 23., 24. und 25. Juni hervorbrachten.

Die Republikaner fühlten, daß in diesem Kampfe die Republik besiegt worden sei; die Rückwärtser, daß der bornirte Soldat Cavaignac für s i e gesiegt habe und demnach jetzo die Zeit gekommen sei, mit allen Februar- und März-Illusionen ein Ende zu machen. Allein die Trauer von jenen und die Freude von diesen trat doch zunächst vor einer noch stärkeren und zwar gemeinsamen Empfindung in den Hintergrund. Es war, als hätte vor den Füßen beider Parteien mit Donnergetöse ein ungeheurer Abgrund plötzlich sich aufgethan, bereit, beide zu verschlingen und überhaupt alles Bestehende, die ganze europäische Gesellschaft in seine schwarze Tiefe hinabzureißen.

Dieses Gefühl starrenden Entsetzens findet seine ausreichende Erklärung darin, daß der Juni-Aufstand ein wesentlich neues Phänomen gewesen ist: — der erste Stoß eines moralischen Erdbebens, welches über kurz oder lang unsern Erdtheil unfehlbar heimsuchen wird und zwar mit voller Explosivkraft und mit einer

Wirkungsmacht, womit verglichen die bisherigen p o l i t i s ch e n
Revolutionen als wahre Kinderspiele, als harmlose poetische Stilübungen zum Vorschein kommen werden. Ja, die Insurrektion
vom Juni 1848 war beßhalb ein weltgeschichtlicher Akt, war
darum geradezu phänomenal, weil sie das soziale Schisma der
modernen Zeit zum ersten Mal völlig blank und bloß auf die
Weltbühne stellte, weil sie auf dieser Bühne die Gegensätze von
Reich und Arm, Kapital und Arbeit, Prozenthum und Proletariat,
„zahlungsfähiger Moral" und hungernder Verzweiflung aller
Phrasenverhüllungen entkleidet und nach bewußter und wohlbe-
dächtiger Schärfung und Zuspitzung zu mörderischem Ringen
gegen einander antreten ließ.

Der Besitz hatte und behielt recht, weil er der Stärkere
war. Wo die Macht, da ist das Recht! dozirt Doktorin Historia,
mag es auch in Kompendien und Rathsälen, auf Kathedern und
Kanzeln des Dekorums wegen anders lauten. Die Junirebellen
wurden geschlagen, folglich hatten sie unrecht, waren strafbar und
wurden „von Rechtswegen" bestraft. Ob mit zu viel Grausamkeit oder nicht? ist eine ganz müssige Frage. Sieger hatten zu
allen Zeiten das Recht, grausam zu sein; denn sie hatten ja die
Macht dazu. Es ist auch gar nicht daran zu zweifeln, daß, falls
die hungernde Verzweiflung gesiegt hätte, sie ihrerseits der „satten
Tugend und zahlungsfähigen Moral" auch recht fühlbar gezeigt
haben würde, was die vielgepredigte, vielbesungene und vielbe-
leierte „Menschenbruderschaft" eigentlich für ein Ding sei. Der
Mensch ist und bleibt immer ein nur halbgezähmtes Thier, ob er
nun in einem Frack oder in einer Bluse stecke.

Der erste, wie zur Warnung vorangeschickte Stoß der Erdbeben-
geburt einer „neuen Gesellschaft" wurde also von der „alten Gesellschaft" im Juni von 1848 glücklich parirt. Und nicht nur das. Denn
nicht allein die „verbrecherischen Tendenzen" der Sozialisten, sondern auch alle die im Frühling von damals aufgeblühten „Freiheits-
chimären" wurden durch die heilige Allianz der Kronen, Meßbücher,

Bibeln, Kurszettel und Kanonen mit Macht und folglich mit Recht
Annis 1848—51 in Strömen von Blut ersäuft. Wirklich ersäuft?
Täuscht euch nicht! Man tödtet keine Idee. Die Scheintodten
werden wiederkommen und ein „Wehe!" wird ausgerufen werden
vom Aufgang bis zum Niedergang, wie noch keines gehört worden,
selbst in der „Offenbarung Johannis" nicht.

Und nachher? Nachher, d. h. nach wieder überwundenem
Chaos wird es im Ganzen und Großen abermals gerade so sein,
wie es vorher gewesen. Selbst unser großer Prophet des Idealis-
mus wußte keinen besseren Trost: —

> „Die Welt wird alt und wird wieder jung
> Und der Mensch hofft immer Verbesserung".

2.

Einer der Gährungsstoffe, welche die rothe Blase der Insurrektion vom Juni emporgetrieben haben, ist zweifellos der Sozialismus gewesen. Dieser zu allen Zeiten stets wieder auf's
neue und in neuen Formen geträumte Traum vom „tausend-
jährigen Reiche" des Friedens und der Freude mußte das pariser
Proletariat um so mehr berücken und bestricken, als die drei Monate „Hunger", die es der Republik zur Verfügung gestellt hatte,
herumwaren, ohne daß die im Februar in Aussicht gestellte
„gerechtere und vernunftgemäßere Organisation der Gesellschaft"
zuwegegebracht worden wäre. Je mehr diese Neuschöpfung als
eine Unmöglichkeit sich herausstellte, um so gieriger verlangten
die nothleidenden Massen danach. Der Hunger überlegt nicht
so ruhig, denkt nicht so maßvoll, rechnet nicht so umsichtig wie
die „satte Tugend und zahlungsfähige Moral".

Die provisorische Regierung vom 24. Februar hatte wenigstens guten Willen und sympathische Worte für das Volk ge-

habt, die Exekutivkommiſſion, welche von der am 4. Mai zuſam=
mengetretenen Nationalverſammlung an die Stelle von jener
geſetzt worden, hatte nicht einmal mehr guten Willen und gute
Worte. Von den fünf Mitgliedern dieſer Kommiſſion — Arago,
Garnier=Pagès, Marie, Lamartine, Ledru=Rollin — hat ſich
eines unfähiger erwieſen als das andere. Es war eine Re=
gierung, d. h. Nichtregierung der Impotenz, durch die Freimaurerei
der Mittelmäßigkeit mit den gleichzeitigen deutſchen März=
miniſterien auf die gleiche Linie geſtellt. Dieſe Freimaurerei,
welche überall und allzeit, wo ſich Menſchen verſammeln, eine
Loge aufthut, gab im Jahre 1848 allenthalben den Grundton
an, ſchweſterlich akkompagnirt von der offiziellen Francmaçonnerie,
welche ja in der 2. Hälfte des 19. Jahrhunderts zu einem aner=
kannten Werkzeuge der Rückwärtſerei herabgeſunken iſt. „Vernunft
wird Unſinn, Wohlthat Plage". Von „Großen Orienten",
deren Großmeiſter bonaparte'ſche Prinzen und Marſchälle ſind,
werden ſicherlich keine neuen Lichtaufgänge zu erwarten oder zu
befürchten ſein. Der alles vergemeinernde und verknechtende
Ungeiſt unſerer Zeit hat auch an dieſem urſprünglich ſo edlen
Inſtitut ſeine Korruptivkraft erwieſen . . . .

Die überwiegende Mehrheit des Proletariats wollte Ernſt
gemacht ſehen mit dem von der proviſoriſchen Regierung im
Namen der Nation garantirten „Recht auf Arbeit". Dieſe
braven Bluſenmänner, welche im Februar eine beiſpielloſe Groß=
muth, eine Selbſtbeherrſchung und Enthaltſamkeit bewieſen hatten,
die ſogar den verhärtetſten Brözen, den kriechendſten Höflingen
und ſchamloſeſten Jeſuiten laute Bewunderung abzwang, wollten
arbeiten und nur von ihrer Arbeit leben. Allein ſie überſahen,
daß das „Recht auf Arbeit" von Anfang an eine inhaltsloſe
Narrethei geweſen. Wenn der Citoyen Trélat, in dem durch die
Exekutivkommiſſion eingeſetzten Miniſterium Miniſter der öffent=
lichen Arbeiten, in einem Aufſchwung edler Begeiſterung an die
Nationalverſammlung den Zuruf richtete: „Ihr müßt die Arbeit

dekretiren, wie vormals der Konvent den Sieg dekretirt hat!" —
so war das von dem wackeren Manne ganz aufrichtig gemeint.
Vor den Konsequenzen seines Satzes würde er sich aber sicherlich
entsetzt haben. Man konnte im Nothfalle allerdings den Sieg
dekretiren, d. h. der Konvent hatte seine Generale so lange in die
Arme der „sainte vierge Guillotine" gestoßen, bis sich welche
gefunden, die zu siegen verstanden. Sollte man es nun mit den
Kapitalisten auch so machen, bis sie sich dazu verstanden, Arbeit
zu schaffen? Unsinn! Die Arbeit, d. h. das Wechselverhältniß
von Erzeugung und Verbrauch, von Nachfrage und Angebot, läßt
sich nicht dekretiren, weil sie ganz wesentlich auf dem Vertrauen
beruht, welches seinerseits so wesentlich freiwillig ist, daß ein er-
zwungenes Vertrauen gerade so denkbar wie unbefleckte Empfäng-
nisse und dergleichen theologische Raritäten mehr.

Wohl — sagten die Arbeiter zur Exekutivkommission —
die Bourgeois-Kapitalisten wollen die Geschäfte nicht wieder
aufnehmen; also schafft i h r uns Arbeit! — Wo denkt ihr hin?
entgegnete die Regierung. Erstens hab' ich bekanntlich kein
Geld und kann euch also keinen Lohn verbürgen; zweitens wüßte
ich nicht, was mit euren Erzeugnissen anfangen und an wen dieselben verkaufen; drittens, falls ich dies auch könnte, wäre damit
nicht geholfen, denn die Folge würde nur sein, daß die Privatin-
dustrie unsere Staatskonkurrenz nicht aushielte und in Folge dessen
die Gesammtmasse der Arbeiter uns auf den Hals käme. — Wohlan,
so übernehmt die gesammte Industrie, den ganzen Verkehr und
sogar die Landwirthschaft! — Oh, Himmel, das wäre ja der
reine Kommunismus, und d e n sollten wir einführen Angesichts
einer Nationalversammlung, deren große Mehrheit royalistisch
und jesuitisch gesinnt und gestimmt ist? — Nun, so gebt uns doch
wenigstens Kredit, streckt uns Kapitalien vor! — Wir haben,
wie schon gesagt, kein Geld, und hätten wir auch, wo wären
eure Unterpfänder? — Ei was! Macht Papiergeld, wir nehmen
es und werden dafür sorgen, daß auch die anderen es nehmen. —

Assignaten? Mit Zwangskurs? Ihr lieben Leute, binnen drei
Monaten würde euer Papiergeld entwerthet und folglich euer
Elend noch größer geworden sein. — Ihr könnt und vermögt
also nichts? Die Februarrevolution hat keine Bedeutung? Wir
müssen zu Grunde gehen dafür, daß wir sie gemacht haben?
Arme Blusen, in Wahrheit ihr mußtet dafür zu Grunde
gehen. Der Staat konnte euch nicht halten, was er euch am
25. Februar versprochen hatte. („Die provisorische Regierung
der französischen Republik verpflichtet sich, die Existenz des Ar-
beiters mittels der Arbeit zu gewährleisten. Sie verpflichtet
sich, allen Bürgern Arbeit zu verschaffen".) Auf diese Utopie
hattet ihr euren Hungerwechsel ausgestellt, mit dreimonatlicher
Sicht. Er war jetzt verfallen, wurde aber nicht eingelös't.

- Es hat jedoch in der Exekutivkommission, im Ministerium,
in der Nationalversammlung nicht an Wohlwollenden gefehlt,
welche Einlösungsversuche vorschlugen. Man sprach hin und
her über die Herstellung eines Systems von Hilfe- und Unter-
stützungskassen, über die Organisation von Arbeiter-Associationen,
über die Kolonisirung unbebauter Landstrecken in Algier. - Aber
das waren weitaussehende Dinge, deren Anhandnahme nicht bewirken konnte, was die Mehrheit der Nationalversammlung als
Ausdruck der Bourgeoisie zunächst bewirkt haben wollte und zwar
rasch, nämlich die Entleerung der Nationalwerkstätten von ihren
100,000 Insassen. Nicht etwa die Kosten dieser unfruchtbaren,
von Anfang an unseligen Anstalten trieben zur Auflösung derselben, sondern es stachelte hiezu die ganz richtige Ueberzeugung,
daß diese Werk-, d. h. Nichtwerkstätten die eigentlichen Bollwerke
sozialistischer Tendenzen und die 100,000 Insassen so recht die
schlagfertigen Streiter der „Utopisten" seien. Der Herr Kapital
war demnach vollständig in seinem Rechte, wenn er von zornigem
Eifer brannte, diese Armee des Sozialismus zu beseitigen und
mit den Nationalwerkstätten abzufahren. Alle Nießbraucher,
Mißbraucher und Schmarotzer der bisherigen Gesellschaftsordnung

waren hierin mit der hohen Bourgeoisie einverstanden. Die „honetten" Republikaner zogen vorn, die Royalisten drängten in der Mitte, die Jesuiten schoben hinten. Die Bornirtheit der Ersten, die Rachelust der Zweiten und die Tücke der Dritten ver= einigten sich zu dem Wuthschrei: „Man muß ein Ende machen!" Höchst wahrscheinlich ist, daß der Gewalthaufe der Rückwärtser mit der Hoffnung sich trug, nach Beseitigung der Nationalwerk= stätten, d. h. nach Niederwerfung, Knebelung und Zerstäubung des Proletariats, mit der Exekutivkommission, d. h. mit der „honetten" Republik leichtes Spiel zu haben, so leichtes, daß man mit der ganzen „republikanischen Farce" vielleicht abfahren könnte, noch bevor die Verfassung der Republik zur Berathung oder zum Abschlusse käme.

Zuvörderst wagte man es aber noch nicht, zu den Insassen der Nationalwerkstätten zu sagen: „Weg mit euch! Wir werfen euch ohne weiteres auf die Gasse!" sondern man versuchte, sie zum Gehen zu bewegen, indem man ihnen zwei Wege aufthat. Entweder sollten sie sich für die stehende Armee anwerben lassen oder nach der Sologne ziehen, um dort zu Entsumpfungsarbeiten verwendet zu werden. Sehr begreiflich, daß diese Art von Ar= beitschaffung namentlich den Kunst= und Luxusarbeitern (ouvriers-artistes) nicht zukömmlich und annehmbar erschien. Die Ver= weisung auf Entsumpfungsarbeiten in der Sologne galt geradezu für eine Anweisung auf den Tod am Sumpffieber jener Gegend, während die Soldaterei mit Sklaverei gleichbedeutend war. Na= türlich mußte die Weigerung des Proletariats, also seinen Drei= Monate=Hungerwechsel honoriren zu lassen, den Grimm und Groll der Bourgeoisie noch bedenklich steigern, bis zu jener Höhe des Hasses steigern, auf welcher sie später, im Juni, mit der Be= richterstattung über die Nationalwerkstätten den Hauptjesuiten und Erzfanatiker der Rückwärtserei, den Lobpreiser der In= quisition betraute, Monsieur de Falloux.

Zu diesem Exceß reaktionärer Leidenschaft hätte sich jedoch

die Nationalversammlung kaum hinreißen lassen ohne die tolle
Herausforderung und Beschimpfung, welche der Sozialismus ihr
am 15. Mai anthat, unter dem Vorwand einer Sympathiebe=
zeugung für Polen die Mannschaften seiner verschiedenen Sekten
auf die Straßen rufend. Es zeigte sich aber hiebei, wie jeder=
mann weiß, daß von Einheit und Plan in der Vorschrittspartei
nicht entfernt die Rede war. Sogenannte rothe Republikaner,
schwärmende Sozialisten und krasse Kommunisten meinten und
wollten mit diesem 15. Maitag ganz verschiedene Dinge. Keiner
der Führer traute dem andern, sie wollten sich nicht verstehen
und verständigen und konnten demnach einander nur paralysiren.
Ledru machenschaftete gegen Blanc, Blanc gegen Caussidiére,
Caussidiére gegen Barbés, Barbés gegen Blanqui, Blanqui
gegen alle und wiederum alle gegen ihn. So kam es, daß die
riesige Massendemonstration vom 15. Mai, die bei ihrem Beginn
ein wahrhaft erdrückend imposantes Aussehen hatte, in ein wüstes
Wirrsal auseinanderbarst, in eine Hilflosigkeit zersplitterte, welche
der Bürgerwehr von Paris es ganz leicht machte, diesen Tag der
Gefahr in einen Tag des Sieges zu verwandeln, von welchem
für sehende Augen der Untergang der französischen Republik von
1848 datirte. Ihrem Sterben sollte freilich noch ein schrecklicher
Todeskampf vorangehen.

Ja, der 15. Mai war eine Herausforderung, die angenom=
men werden mußte, wenn die alte Gesellschaft sich nicht selber
aufgeben wollte. Denn neben Untergang oder Gegenwehr schien
es kein Drittes zu geben. Selbst starke Geister und furchtlose
Gemüther mußten ja in den Nachmittagsstunden dieses Tages
glauben, die ganze Hölle des rothen Schreckens von 1793 sei
wieder los oder wenigstens im Begriffe, wieder loszubrechen.
Das Eindringen der Volksmassen in den Sal der Nationalver=
sammlung rief Erinnerungen an ähnliche pöbelhafte Scenen von
damals wach. Arme ausgepreßte Citrone von Lamartine! Die
Besiegten vom Februar hatten dich schon bei Seite geworfen,

heute, an diesem 15. Maitag, thaten es auch die Sieger. Im
Sal der „Pas perdus" trat nämlich Lamartine der Menge entgegen mit den Worten: „Ihr dürft nicht weiter, ihr dürft nicht
in den Sitzungssal eindringen!" „Mit welchem Rechte wollten
Sie uns das verwehren?" rief ihm Citoyen Laviron entgegen.
„Wir sind das Volk. S i e aber haben lange genug schöne
Phrasen hergeleiert. Das Volk ist der schönen Phrasen satt und
bedarf anderer Dinge. Es will zur Nationalversammlung, um
derselben seinen Willen kundzuthun".

Die Masse drang ein, überschwemmte den Sal und das
Chaos brodelte in demselben, wie es am Nachmittag vom 24.
Februar gebrodelt hatte. Umsonst strengte Barbès seine Lunge
bis zum Bersten an, das Volk beschwörend, sich zurückzuziehen.
In das Geschrei: „Vive Barbès!" mischte sich der wüthende
Ruf: „Wir wollen Blanqui! Blanqui auf die Tribune!" und der
gefürchtete Verschwörer wurde auf die Rednerbühne hinaufgehißt,
hinaufgeschleudert so zu sagen. Da stand er nun leibhaftig, der
Antichrist der französischen Bourgeoisie, der Belzebub des Angst-
philisterthums, der Großkophta der Wühlerei. Im Uebrigen
ein kleines, schmächtiges, trockenes, hageres Kerlchen mit schwar-
zem Borstenhaar, das düstere Antlitz wie aus gelbem Marmor
gehauen, schwarzbehalstucht, schwarzbehandschuht, den schwarzen
Rock bis unter das Kinn zugeknöpft. Mit harter und schneidender Stimme sprach er: „Das Volk will, daß die Nationalversammlung beschließe, Frankreich werde seinen Degen nicht in die
Scheide stecken, bevor Polen, ganz Polen wieder hergestellt sei".
Hierauf forderte er, daß sich die Versammlung auf der Stelle
(„immédiatement") mit der „Wiederschaffung von Arbeit" be-
fasse, und redete des Breiteren von den Ursachen des sozialen
Elends. Citoyen Sobrier schreit dazwischen: „Darum handelt
es sich jetzt nicht. Sprich von Polen, nur von Polen!" Allein
Blanqui fährt weiter im angeschlagenen Text: eine solche Kanzel,

sein Evangelium zu predigen, hat er ja noch nie gehabt und er
fühlt sich ganz behaglich darauf.

Blanc und Barbès sind in Verzweiflung. Das Volk die
Führerschaft Blanqui's anerkennen lassen heißt so viel als jede
Hoffnung aufgeben, daß die Bourgeoisie doch noch mit der Republik und Demokratie zu versöhnen sein würde. Barbès, welcher
noch dazu in Blanqui einen Elenden, einen Verräther sieht, einen
Schuft, der zur Zeit Louis Philipps der Regierung Geheimdienste
als Späher und Angeber geleistet habe, wähnt ein Aeußerstes
wagen zu müssen, um diesen Blanqui zu überblanquisiren und
dadurch zu nullisiren, nämlich den in die Versammlung geschleuderten Antrag, den sofortigen Marsch einer Armee nach Polen
zu beschließen („de voter le départ immédiat d'une armée
pour la Pologne"), und als er bemerkt, daß diese Ungeheuerlichkeit gar keine Wirkung auf das „Volk" thut, so setzt er noch eine
größere darauf, indem er von der Nationalversammlung fordert,
sie solle beschließen, daß eine Steuer im Betrage von 1 Milliarde
den Reichen aufzuerlegen sei („un impôt d'un milliard sur
les riches").

Da, horch, mitten in seinem Delirium, vernimmt der Redner
Trommelgewirbel von draußen. „Was ist das?" — „Der Generalmarsch". — „Der Generalmarsch? Wozu? Man verräth
uns! Nieder mit den Verräthern! Die Acht über Den, welcher
Generalmarsch schlagen läßt!"

Die wüthende Menge stürzt sich auf das Bureau und tobt
gegen den Präsidenten Buchez an, von welchem sie und zwar ganz
richtig vermuthet, daß er den Befehl zum Generalmarschschlagen
gegeben habe. Man umringt ihn, man wirft ihm Drohungen
und Verwünschungen ins Gesicht. Er behauptet seinen Stuhl,
um so standhafter, als ihm, von draußen gekommen, ein Herr
Degousée in diesem Augenblicke zuflüstert: „Binnen einer Viertel-
stunde wird die Nationalgarde hier sein. Nur noch ein wenig

List, um Zeit zu gewinnen, und die Nationalversammlung ist gerettet".

Ganze Schübe von rasenden Rolanden der Demagogie drängen einander auf die Rednerbühne hinauf und wieder hinab. Man sieht über der Baluſtrade derselben einen wüſten Knäuel von schweißtriefenden Gesichtern, wuthfunkelnden Augen, schäumenden Lippen und geballten Fäuſten hin- und herfahren. „Im Namen des Himmels", ruft der Präsident Buchez dem Wühler Huber zu, welchen er in seiner Nähe erblickt — „erlösen Sie uns von diesen Tollhausscenen!"

Der Angerufene, als hätte er nur auf so ein Stichwort gewartet, schwingt sich augenblicklich auf die Rednerbühne und schreit mit Stentorlauten in das zu seinen Füßen wogende Chaos hinein: „Bürger, maßen die Nationalversammlung keinen Beschluß fassen will, wohlan, so erklär' ich im Namen des von seinen Vertretern getäuschten französischen Volkes: Die National-versammlung ist aufgelöst!"

In demselben Augenblicke schlägt die Uhr des Sales 3$\frac{1}{2}$ Uhr und damit tritt die Wendung ein. So rasch, rund und nett, daß allerdings mit einem starken Anschein von Wahrscheinlichkeit behauptet werden konnte, der ganze 15. Mai sei von der Reaktion ausgeheckt und mittels polizeilicher Künste ins Werk gesetzt worden, um der Bourgeoisie einen unwidersprechlichen Beweis zu liefern, daß man mit den Sozialdemokraten „ein Ende machen müſſe".

Zwar zersprengte Hubers Tollbreistigkeit für eine kurze Weile die Mitglieder der Nationalversammlung aus ihrem Sitzungssale, welcher der tobenden Menge verblieb, die unter dem Vorsitze Lavirons den 24. Februar parobiren, d. h. eine provisorische Regierung von sozialistisch-kommunistischer Mache proklamiren wollte. Allein der Ruf: „Die Mobilgarde kommt!" warf einen panischen Schreck in die tumultirende Horde und ſtäubte sie nach allen Richtungen auseinander. Aehnlich ging

es überall. Nirgends konnte die fehlgeschlagene Demonstration
sich zur Insurrektion umwandeln. Ueberall wich sie wehrlos
vor dem energischen Einschreiten der Bürgerwehr und der Mobilgarde. Auch im Hotel de Ville, wohin Barbès geeilt war und
wo er nur noch Zeit hatte, vom Perron herab zu den Volkshaufen auf dem Gréveplatze die trostlosen Worte zu sprechen:
„Ihr richtet die Republik zu Grunde!" Bevor es Nacht geworden, befand er sich als Gefangener im Fort von Vincennes.
Gleich ihm wurden noch an demselben Tage und an den folgenden
zur Haft gebracht Raspail, Sobrier, Huber, Blanqui und andere
Klubbhäuptlinge. Etliche Klubbs, wie der blanqui'sche und der
Klubb der Menschenrechte, wurden sofort geschlossen. Blanc
mußte sich vor der grollenden Nationalversammlung, welche noch
am Abend des 15. Mai ihre Sitzungen wieder aufgenommen
hatte, von dem Vorwurf einer Betheiligung an der vergeckten
Demonstration siegreich zu reinigen. Einen noch schwereren
Stand hatte Caussidière. Es zog nicht, wenn er sich rühmte,
am 15. Mai verhindert zu haben, daß „die eine Hälfte von
Paris die andere einsperrte", und kecklich behauptete: „Ich habe
mittels der Unordnung die Ordnung hergestellt". Er wurde
aus der Polizeipräfektur ausgetrieben und durch den Bankier
Trouvé-Chauvel ersetzt.

Alles deutete vom 15. Mai ab offen nach rückwärts. So
offen, daß die verschiedenen Bruchtheile der großen Reaktions-
partei es gar nicht mehr der Mühe werth fanden, zu verhehlen,
daß die Beseitigung der Republik durchaus nur noch eine Frage
der Zeit und der Opportunitätspolitik sei. Dieser voreilige
Triumph der Rückwärtserei mußte nothwendig zu einem kochenden
Gift in den Gemüthern der Massen werden und ward es wirklich. Der Sozialismus kam auf den Gedanken, daß er ein
Thor gewesen, von friedlichen Demonstrationen zu erwarten,
was nur mit Gewalt zu ertrotzen sei. Er sammelte, er waff-
nete sich.

Und als satanischer Versucher trat jetzo zu dem Grollenden und Rachebrütenden der Bonapartismus und raunte ihm schmeichlerisch in die Ohren: Ich will dir die Reiche dieser Erde unterthan machen, so du mir huldigst.

Ja, der zweite der Gährungsstoffe, welche die rothe Blase der Insurrektion vom Juni emporgetrieben haben, ist der Bonapartismus gewesen.

3.

„Womit man sündigte, damit wird man gestraft". Mit dem Bonapartismus hatte Frankreich gesündigt, mit dem Bonapartismus sollte es gestraft werden.

Eine Bande von fanatischen Kriegsknechten ausgenommen, welche des bürgerlichen, des gesitteten Lebens überhaupt entwöhnt waren, hatte i. J. 1814 alle Welt in Frankreich den Sturz des Tyrannen Napoleon mit Jubel begrüßt. Begreiflich! Denn niemals war schwereres Leid und Weh über Frankreich heraufgeführt worden, als von Seiten dieses genialen, aber herz- und gewissenlosen Despoten geschehen. Darum wurden auch nicht etwa nur von Junkern und Pfaffen, sondern vielmehr von allen verständigen und redlichen Franzosen die Alliirten wirklich als „Befreier" empfangen, als Erlöser von einem unerträglich gewordenen Joche. Allein die Stupidität der bourbonischen Staats- und Kirchenwirthschaft sorgte bekanntlich dafür, daß diese widernapoleonische Stimmung mälig sich milderte und dann sogar in ihren Gegensatz umschlug. Kaum merkte das der Liberalismus, als er sich beeilte, seine Gedankenarmuth mit napoleonischen Gloirelappen herauszuputzen. Die bonapartischen Erinnerungen wurden zu einem Haupt-, Haus- und Hilfsmittel der Opposition

zugeschnitten und auflackirt. Die Kunst in ihren verschiedenen
Erscheinungsformen — auch hier, wie nur allzu häufig, die Magd
der Mode — lebte und webte im Napoleonismus. Malerei und
Skulptur, Musik, Rhetorik und Poesie wetteiferten, den „großen"
Mann, den Mann par excellence („l'homme") zu verherr-
lichen. Der Hof- und Leibpoet des französischen Volkes, Monsieur Béranger, entwarf in einer Reihe einschmeichelnder Chan-
sons eine Art von napoleonischer Mythologie und machte, die
Nationaleitelkeit äußerst geschickt kitzelnd, den Kultus des Bonapartismus den Massen mundgerecht. Für die Kasernen, die
Schulen, die Bureaux und theilweise auch für die Salons —
nicht zu vergessen Deutschland, das ja jeden ausländischen Schund
mit Begeisterung aufnimmt — that Monsieur Thiers dasselbe,
der ebenso unwissende als freche und schamlose Geschichtsfä...rber,
welcher die Geschichte Napoleons in einen zwanzigbändigen,
brillant geschriebenen Roman verwandelte und mit dieser zwanzigbändigen Lüge unzählige Gimpel geködert hat.

So war in den 20ger und 30ger Jahren in Frankreich der
Boden hergerichtet und zubereitet, auf welchem der dritte Sohn
der Hortense Beauharnais, der „Prinz" Louis Napoleon Bonaparte, den „Neffen des Onkels" spielen konnte. Zwar das De-
but in der Neffenrolle fiel ganz kläglich aus. Die fastnacht-
mummenschänzlich angehobenen Kaiserabenteuer von Straßburg
und Boulogne vergeckten schmählich, gerade so schmählich, wie
früher das Karbonariabenteuer von Bologna vergeckt war.
Allein an der Stärke, welche der Napoleon-Mythus gewonnen
hatte, brach sich sogar die Macht des Lächerlichen. La belle
France fuhr fort, mit dem Bonapartismus zu kokettiren, und
wär' es auch nur, um den kniffigen und pfiffigen Louis-Philippis-
mus zu ärgern. Nun, die alte Kokette hat später den gerechten
Lohn für ihre Buhlerei empfangen.

Der Bonapartismus war in den 30ger und 40ger Jahren
keine Partei, wohl aber etwas Energischeres: — eine Sekte,

deren Apostel mit dem ganzen Fanatismus zugleich auch die ganze
Schlauheit der Sektirerei entwickelten und ein bestimmtes Ziel,
die Wiederherstellung der kaiserlichen Despotie, deutlich ins Auge
faßten. Solche unermüdliche Apostel waren der Ex=Lieutenant
Laity und der Ex=Feldwebel Fialin, welcher sich selber zum Mon=
sieur de Persigny nobilitirte. Dieser Petrus der bonapartistischen
Jüngerschaft hat den Heiland derselben, den Sohn Hortense's
so zu sagen erst entdeckt und zwar bei Gelegenheit eines i. J.
1834 im Schloß Arenenberg im Thurgau gemachten Besuches.
Seither war Herr Fialin der getreueste und unermüdlichste Schild=
halter der „napoleonischen Idee" gewesen. Einen untergeord=
neteren, aber sehr eifrigen und thätigen Agenten hatte dieselbe
geworben in einem gewissen Lahr, welcher zur Zeit, wo der Prinz
Louis Bonaparte nach ins Wasser gefallenem Attentat von Bou=
logne in Ham gefangen saß, als Artilleriesoldat bei der dortigen
Garnison stand, später in Paris einen Weinhandel aufthat,
Bankerott machte, scheinbar Maurer wurde, in Wirklichkeit aber
als bonapartistischer Wühler unter dem Proletariat wirkte, reich=
lich mit Geld versehen.

Nach dem Ausbruche der Februarrevolution hatte die Sekte
die kühnsten Hoffnungen gefaßt und ihre Anstrengungen, diesen
Hoffnungen Raum, Licht und Luft zur Verwirklichung zu schaffen,
verdoppelt und nicht fruchtlos. Größere Verbreitung und Macht,
d. h. mehr Aussicht auf praktische Erfolge in der nächsten Zukunft
gewann das bonapartistische Evangelium jedoch erst nach dem 15.
Mai. Die allgemeine Verstimmung bereitete diesem neuen Fer=
ment des unklarsten Gährungsprozesses eine günstige Aufnahme.

Die Verstimmung nach jenem Maitag war in der That
allgemein. Der Royalismus und die Jesuiterei waren ver=
stimmt, weil sie sich doch noch nicht ganz der Lage Meister fühl=
ten; der „honette" Republikanismus war verstimmt, weil es ihm
nicht gelungen, die Exekutivkommission durch Leute s e i n e r Wahl
zu ersetzen, durch Leute wie Marrast und dergleichen „Honette"

mehr; in der Exekutivkommiſſion waren Lamartine und Ledru
verſtimmt, weil ſie ſich von ihren Kollegen verrathen oder we=
nigſtens verlaſſen ſahen; die Bourgeoiſie im Ganzen war ver=
ſtimmt, weil ſie fürchtete, gegen eine wirkliche Inſurrektion des
Proletariats würden weder die Exekutivkommiſſion noch die
Nationalverſammlung ſie ſchützen können; die Armee war ver=
ſtimmt, weil die Republik ſo gar keinerlei Anſtalt machte, die
franzöſiſchen Heere in Deutſchland, in Italien oder wo ſonſt
immer den Gloire=Kankan von ehemals wieder beginnen zu laſſen;
die Geiſtlichkeit war verſtimmt, weil ſie der Frömmigkeit der Re=
publik doch nicht ganz traute; das „Volk" endlich war verſtimmt,
weil es erkannte oder zu erkennen glaubte, daß es, wie im Juli
von 1830, ſo auch im Februar von 1848 geprellt worden ſei und
daß man mit der „Freiheit, Gleichheit und Bruderſchaft" keinem
Bäcker auch nur einen einzigen Laib Brot aus dem Ofen locke.
Verſtimmung demnach oben, mitten und unten, Verſtimmung
rechts und links, Verſtimmung an allen Ecken und Enden.

Da iſt es denn gar kein ſo großes, ja überhaupt kein Wun=
der geweſen, wenn nicht wenige, ſondern viele Leute in Frankreich
auf den Einfall kamen, zu ſagen: Der Bourbonismus hat uns
geärgert, der Orleanismus hat uns genarrt, die Republik hat
uns geäfft, wie wär' es, ſo wir es zur Abwechſelung wieder mal
mit dem Bonapartismus probirten?

Probirt es, ihr lieben Leute! flötete in den ſüßeſten Tonarten
die bonaparte'ſche Preſſe — denn ſchon gab es eine ſolche — und
die im Solde der Sekte ſtehenden populären Agenten, Lahr und
Kompagnie, verbreiſachten ihre Wühlereien zu Gunſten des
„Prinzen", der aber nicht etwa als „Kaiſer" — Gott bewahre!
— wohl aber als „volksthümlicher Chef der Republik" Frank=
reich retten und das „arme Volk" beglücken ſollte. Man ſtellte
Drehorgeler an, welche die Straßen durchzogen und ein Lied
herleierten, deſſen Kehrreim lautete:

„Napoléon, rentre dans ta patrie;
Napoléon, sois bon républicain!"

An Kreuzwegen deklamirten Eckfteinredner vom Prinzen Louis
Bonaparte als von einem Freunde des Volkes, welcher gerade
als solcher vom Louis Philipp verfolgt worden sei und von der
Bourgeoisie verfolgt werde. Ueberall bedeckten sich Mauern und
Wände mit Plakaten, worauf in riesigen Buchstaben „Louis Bo=
naparte" zu lesen war. Zu Tausenden wurden Steindrucks=
bilder verbreitet, den alten Napoleon darstellend, wie er seinen
„Neffen" Frankreich vorstellte. Man sorgte dafür, daß die In=
fassen der Kaserne durch Soldaten und die Insassen der National=
werkstätten durch Arbeiter zu Gunsten des besagten „Neffen" be=
arbeitet wurden. Selbst unter den Mitgliedern des im Luxem=
burg tagenden „Arbeiterparlaments" predigten bonapartistische
Missionäre die neunapoleonische Heilslehre. Bonapartistische
Missionärinnen durchstreiften die Vorstädte und theilten im
Namen des „Neffen" Almosen in barem Geld und Versprechungen
auf Krebit aus. Man vernachlässigte kein Mittel, von welchem
irgendwie Wirkung auf die Einbildungskraft, die Leichtgläubig=
keit und die Verzweiflung der Menge zu erwarten war. Hat
man doch sogar Somnambulen dressirt, damit sie die bevor=
stehende Wiederkehr Napoleons weissagten.

In den Salons betrieben die Herren Vieillard, Heeckeren,
Abattucci und Ney die bonaparte'sche Propaganda. Der Letzt=
genannte warb auch unter den verabschiedeten Munizipalgarbisten
dafür, während der General Piat unter der Bürgerwehr und der
Bataillonschef Aladenise unter der Mobilgarde weibelten.
Emil Thomas, der Direktor der Nationalwerkstätten, begünstigte
ganz offen die bonapartistischen Zettelungen in denselben. Herr
Fialin aber, sich titulirend de Persigny, ging dem Obercharlatan
aller publizistischen Charlatane, Herrn Emile de Girardin, schmei=
chelnd um den Bart und erneuerte seine alten Beziehungen zu dem
Hauptjesuiten de Falloux. In den Verhandlungen mit d i e s e n

Beiden wurde natürlich der Bonapartismus unter einem andern
Gesichtspunkte gezeigt, als in den Auslassungen der Ecksteinred=
ner geschah, welche angewiesen waren, den „Neffen“ als einen
Mann von „antiker Rechtschaffenheit“ zu preisen, der allein im
Stande wäre, „eine Demokratie ohne Anarchie zu begründen“.
In der Bourgeoisie verfingen jedoch die bonapartistischen
Lockungen dermalen noch nicht, wenigstens nicht in den leitenden
Kreisen. Weder die Konstitutionellen, noch die Royalisten, noch
die Polpolaiten wollten von dem „Neffen“ etwas wissen. Alle diese
klugen und superklugen Herren würden jedem ins Gesicht gelacht
haben, der ihnen von der Möglichkeit einer Präsidentschaft oder
gar einer Kaiserschaft des Gefangenen von Ham gesprochen
hätte. Und doch hieß es hier, wie es unzähligmal oft heißen
kann und muß:

> „Glaub' dreist das Aergste, Dümmste, Widerwärtigste!
> Denn das erfolgt“.

In Wahrheit, schon am 5. Juni geschah ein deutliches Vor=
zeichen, daß es erfolgen würde. Hätten die Auguren des „honet=
ten“ Republikanismus und des Konstitutionalismus nur Augen
dafür gehabt! An dem genannten Tage fanden nämlich in
Frankreich Ersatzwahlen für die Nationalversammlung statt und
die 11 Gewählten bildeten eine sehr gemischte Gesellschaft. Noch
schien die Sozialdemokratie stark zu sein; denn sie brachte ihre
4 Kandidaten Caussibiére, Leroux, Lagrange und Proudhon durch.
Als vom „honetten“ Republikanismus gewählt konnte man Vik=
tor Hugo, Moreau und Boissel ansehen, wogegen die Wahlen
von Thiers und Changarnier ein entschiedener Triumph der
Rückwärtserei waren. Diese hatte jetzt einen parlamentarischen
Leiter und einen General. Aber eine unendlich viel wichtigere
Wahl als alle die genannten war die des Prinzen Louis Bona=
parte. Der „Neffe“ war in Paris und noch glänzender in drei
Departements zugleich gewählt worden. Die bonapartistischen
Wühlereien hatten also in den Provinzen noch kräftiger gewirkt

als in der Hauptstadt, wo doch auch schon davon die Rede war, an die Stelle des gefangenen Barbès den Prinzen zum Oberst der 12. Bürgerwehrlegion zu ernennen, ja sogar eine Abordnung von Arbeitern aus der Vorstadt Villette die Nationalversammlung aufforderte, den „Neffen des Kaisers" als Konsul zu proklamiren, während das Journal „Le Napoléonien" dreist erklärte: „Die Wahl des Prinzen hat eine ganz andere Bedeutung als die Wahl eines einfachen Volksrepräsentanten. Es liegt darin die Hinweisung auf eine höhere Kandidatur".

Der „honette" Republikanismus hat sich bei dieser Gelegenheit im Vollglanze seiner Bornirtheit gezeigt. Er war außer sich über die Erwählung des Tribünegauklers Thiers und achtete die Wahl des „Neffen" für nichts. Und doch konnte man und mußte man wissen, daß neben dem Ruf: „Vive Barbès!" das arme genasführte Vorstädtevolk den Ruf: „Vive Napoléon!" von Tag zu Tag lauter erschallen ließ. Proudhon, welcher, so oft er sich den aus der Graubunstphilosophie des Erzgraubünstlers Hegel abstrahirten Dunst aus den Augen wischte, recht klar zu sehen vermochte, sagte am 7. Juni sehr treffend in seinem Journal „Le représentant du peuple": „Vor acht Tagen war der Bürger Bonaparte noch nichts als ein schwarzer Punkt an dem in Feuer stehenden Himmel; vorgestern noch war er nur ein dampfgeschwollener Ballon; heute ist er eine Wetterwolke, welche Blitz und Donner in ihrem Schooße trägt".

Die Leiter der bonapartistischen Bewegung führten mit großer Emsigkeit und Geschicklichkeit ihre Machenschaften weiter. Am 10. Juni sammelten sich große proletarische Massen beim Palais Bourbon, weil es hieß, der am 5. Juni zum Volksvertreter gewählte „Neffe" würde in die Nationalversammlung eintreten, „begleitet von einem glänzenden Gefolge". Der Erwartete fand aber nicht für gut, zu kommen; er verstand die Kunst, zu warten und auf sich warten zu lassen. Er und seine Säiden wußten gar wohl, daß eine vorzeitige Erscheinung auf der Welt-

bühne Paris alles verderben könnte. Am 12. Juni mußte
sodann der Prinz-Vetter, Napoleon Jérôme Bonaparte, welchen
Korsika in die Nationalversammlung geschickt hatte, von der
Rednerbühne herab einen förmlichen Protest erheben gegen die
„widerrepublikanischen Umtriebe, welche den Namen Bonaparte
als einen Hebel benützen möchten, um damit die Republik zu
erschüttern". Am folgenden Tage kam in der Versammlung die
Frage der Giltigkeit oder Nichtgiltigkeit von Louis Bonaparte's
Wahl zur Verhandlung. Die Exekutivkommission wollte die
Nichtzulassung des Prinzen beschlossen wissen; angeblich, weil
derselbe gesetzkräftig aus Frankreich verbannt sei; in Wirklichkeit,
weil seine Erwählung mit dem Rufe: „Vive l'empereur!"
begrüßt worden sei und weil der Gewählte kein Volksrepräsen-
tant, sondern ein Thronprätendent, welcher die Republik auch
noch gar nicht anerkannt habe. Aber gerade weil die Exekutivkommission und zwar noch dazu durch den Mund des schon ganz
kreditlos gewordenen Lamartine und des als entschiedener Republikaner verhaßten Ledru die Nichtzulassung des Prinzen verlangte, votirte die Versammlung mit Zweidrittelmehrheit die
Giltigkeit der Wahl und die Zulassung des Gewählten, in welchem diese Mehrheit nur den zu Straßburg und Boulogne
lächerlichst gescheiterten „Niais" erblickte, zu deutsch einen
Nichtser. Sie achtete auch nicht darauf, daß, sobald die Entscheidung unter den draußen harrenden Volkshaufen bekannt
geworden, dieselben in den Freudenschrei „Vive Napoléou!"
ausbrachen.

Aber die Apostel und Missionäre des Bonapartismus waren
zu gerieben, um diesen Erfolg zu überschätzen. Die Herren
Fialin und Laity eilten spornstreichs gen London, um den „Prinzen" von unüberlegten Schritten abzuhalten. „Monseigneur —
sagten sie zu ihm — lassen Sie sich durch das Votum vom 13.
Juni nicht täuschen und verlocken. Die Majorität der Nationalversammlung hat keineswegs für Sie, sondern vielmehr nur

gegen die Exekutivkommiſſion geſtimmt. Allerdings will die „Rechte" eine baldigſte Wiederherſtellung der Monarchie; allein die Monarchiſten folgen der Leitung von Thiers und Falloux und jener will die Orleans, dieſer ſeinen Heinrich V. zurück=führen. Für S i e iſt demnach von d e r Seite her nichts zu hoffen vorderhand. Ebenſo iſt Ihr Eintritt in die Verſammlung unzukömmlich und unrathſam. Sie würden da doch nur geduldet, ſogar über die Achſel angeſehen werden. Wollten Sie einen verfrühten Kampf anheben, würden Sie ſicherlich eine Nieder=lage erleiden. Hüllten Sie ſich dagegen in Stillſchweigen, ſo würden Sie ſich in der Menge Ihrer Herren Mitrepräſentanten verlieren und dadurch Ihr ganzes „Preſtige" einbüßen. Folglich heißt unſere Loſung: Abwarten und den Reichsapfel reifen laſſen!" Monſeigneur nickte zuſtimmend, ſetzte ſich hin und ſchrieb an den Präſidenten der Nationalverſammlung einen Brief, worin er erklärte, lieber im Exil verbleiben als geſtatten zu wollen, daß ſeine Erwählung den Vorwand zu beklagenswerthen Wirrſalen und traurigen Irrungen abgäbe („sert de prétexte à des troubles déplorables et à des erreurs funestes"). Sein Name ſei ein Symbol der Ordnung, der Nationalität, des Ruhms und dürfte alſo nicht mißbraucht werden. Der wichtigſte Satz des Briefes war aber dieſer: „Wenn das Volk mir Pflich=ten auferlegen ſollte, würde ich ſie zu erfüllen wiſſen (si le peuple m'imposait des devoirs, je saurais les remplir)".

Der ſcharfe Tabak dieſer nackt=hochmüthigen Prätendenten=phraſe ſtach doch der Nationalverſammlung ſehr unangenehm in die Naſe, als in der Sitzung vom 15. Juni das prinzliche Schreiben vorgeleſen wurde, — um ſo unangenehmer, als man von draußen das Geſchrei der Pöbelrotten vernahm: „Vive l'empereur!" und erfuhr, daß drüben bei den Tuilerien zahl=reiche Schaaren verſammelt ſeien, welche verlangten, daß man den Louis Bonaparte zum Erſten Konſul ausrufen ſollte. Mehrere Deputirte ſprachen ſich ſcharf gegen die bonapartiſtiſchen Wühle=

reien aus und der General Cavaignac machte auf das Charakte=
riftikum aufmerkfam, daß in dem Prinzenbrief das Wort Re=
publik forgfam vermieden fei. „Monfeigneur, fchreiben Sie auf
der Stelle einen gefcheiteren Brief!" telegraphirten die Apoftel
nach London. In Folge diefes Winkes langte, während die
Nationalverfammlung noch rath= und thatlos über die Präten=
fionen des Prätendenten hin und her zankte, abermalen ein
Schreiben an den Präfidenten an, in welchem es unter Anderem
hieß: „Ich wünfche die Ordnung und die Aufrechthaltung der Re=
publik, einer weifen, großen, verftändigen Republik, und weil ich,
fehr wider meinen Willen, die Unordnung begünftige, lege ich,
freilich mit lebhaftem Bedauern, mein Mandat in Ihre Hände
nieder. Bald, fo hoffe ich, wird die wiederhergeftellte Ruhe mir
geftatten, als der einfachfte Bürger (comme le plus simple
des citoyens) nach Frankreich zurückzukehren".

Damit war die Sache parlamentarifch=formell erledigt. In
Wahrheit und Wirklichkeit aber hob fie erft recht an *). Der
Bonapartismus, deffen Fahne jetzt offen aufgepflanzt war, begann
mehr und mehr eine Macht zu werden. Schon fing er auch an,
wie Scheidewaffer auf die Bourgeoifie zu wirken, d. h. er warf in
diefelbe ein völliges Schisma, indem das eigentliche Brozenthum
mit feinem ganzen Börfenfchwindlergefolge fich dem „Neffen des
Onkels" zuzuneigen Miene machte, mit der fchnobbernden Speku=
lationsnafe richtig witternd, daß unter einem defpotifchen Regi=
ment der Ausbeutungsweizen und der Schwindelhaber gedeihen
würde wie noch nie. Der folid=bürgerliche Kern der Bourgeoifie
dagegen fcharte fich um den General Cavaignac, als um das

---

*) Das erkannten unbefangene und urtheilsfähige Beobachter fofort.
So fchrieb der fchweizerifche Gefchäftsträger Barman in feiner Depefche an
den Bundesrath vom 17. Juni: „La démission de Louis Napoléon Bonaparte comme représentant du peuple est venu écarter encore un sujet
irritant; cependant bien des personnes pensent que ce prétendant eût
été moins dangereux vu de près et à l'oeuvre". S. B. A.

von ihr zunächst erkorene Zukunftshaupt des Staates. Bedenk-
licher jedoch als die Hinneigung der Barone der Agiotage mit
ihren Vasallen zum Bonapartismus war der Umstand, daß das
bonapartistische Gift den Massen eingeimpft war und in denselben weiter und weiter um sich fraß.

4.

Die „blauen" Republikaner, die Orleanisten, die Bour-
bonisten und Jesuiten, allesammt wähnten, am 15. Mai für
ihre Rechnung die „Rothen" besiegt zu haben, während sie
doch nur für den Bonapartismus gearbeitet hatten.

Dieser steckte jetzt selber die rothe Maske vor und wüthete
förmlich in seinen Journalen gegen die „Blauen" und überhaupt
gegen die Bourgeoisie. Tag für Tag brachte z. B. der „Napoléon républicain" seit Anfang Juni's die wildesten Wühl- und
Hetzartikel. In der Nummer dieses Blattes vom 11. Juni stand
zu lesen: „Volk, wenn deine Vertreter und Angestellten (tes
commis) ihr Mandat verletzen, so erinnere dich der rothen
Fahne und des Muthes deiner Brüder von 1793!" Die 5 Mitglieder der Exekutivkommission hießen in dem Blatte nur „die
5 Invaliden, deren jeder 20,000 Francs Monatsbesoldung
habe." Die Nummer vom 16. Juni brachte eine Aufforderung
an die Mobilgarde, diese sollte die Soldaten von der Linie
darüber aufklären, daß der Heulmeier-Schrecken („la terreur
bourgeoise") sie, die Soldaten, zu Henkern ihrer Brüder
machen möchte.

In einem andern, von dem notorischen Bonapartisten Cla-
vel herausgegebenen Blatte („L'organisation du travail" —
man sieht, die Kommis der Firma Bonaparte entlehnten vom

Sozialismus ohne weiteres die Stichworte) wurden die Mit=
glieder der Nationalversammlung dem proletarischen Hasse signa=
lisirt als „faulenzende Mandatare mit 25 Francs täglich, die
wenn das Volk Brot verlangt, demselben Steine reichen." Jour=
nale ähnlichen Gelichters riefen schon durch ihre Titel düsterste
Erinnerungen und die lebhaftesten Besorgnisse der Bourgeoisie
wach. So der „Robespierre", der „Père Duchesne", die „Kar=
magnole", die „Janhagel=Zeitung" (Journal de la canaille)
und die „Sturmglocke der Arbeiter". Auch in d i e s e Zeitungs=
nester wußte der Bonapartismus seine Basiliskeneier zu legen.
Und noch wilder und plumper als in Paris wühlte und hetzte er
in den Provinzen. Hier eiferte er insbesondere gegen die von
der provisorischen Regierung eingeführte Fünfundvierzig=Cen=
times=Steuer und verkündete, der „Neffe des Kaisers" würde
dieselbe aus seiner Tasche bezahlen oder auch die Engländer sie
bezahlen machen, was zur Folge hatte, daß vielerorten die Be=
zahlung der Steuer von den Bauern verweigert wurde mit dem
Gebrülle „Vive l'empereur!" Die tollsten Gerüchte sind von
der bonapartistischen Propaganda in Umlauf gesetzt worden, um
die Gemüther zu verwirren und die Volksphantasie zu erhitzen.
Hier hieß es, der „Neffe" sei zum Präsidenten der Republik
ernannt; dort, er sei als Kaiser proklamirt und marschire an der
Spitze einer großen Armee, Wagen voll Geld hintendrein, auf
Paris. Die emsigen Verschwörer wußten alles und jedes ihrem
Zwecke nutzbar zu machen. Als z. B. gerade zu dieser Zeit in
Südfrankreich zu Toulouse und Nimes die alten dummen Zänke=
reien und Stänkereien zwischen Katholiken und Protestanten
wieder ausbrachen, warfen die Missionäre des Bonapartismus
in dieses theologische Gequängel plötzlich die Losung „Vive l'em=
pereur!" hinein, wie um den Leuten einen Weg zu weisen, wel=
cher aus dem unersprießlichen Wirrwar hinausführen könnte und
würde. Die größte Sorgfalt und der vielgestaltigste Eifer ward
jedoch von Seiten der bonapartistischen Propaganda fortwährend

auf das parifer Proletariat verwendet, namentlich auf die In-
saffen der Nationalwerkstätten. Mehrere der Abtheilungsvor-
stände („brigadiers") in denselben waren gekaufte Wühler des
Bonapartismus und mit Geldmitteln wohlversehen. Einer dieser
armen Teufel ließ eines Tages die Summe von 8000 Francs
in Bankbillets sehen und auf die verwunderte Frage, wie er denn
in den Besitz einer solchen Summe gelangt sei, gab er zur Antwort: „Ich diene einem Herrn, welcher freigebiger ist als die
Republik".

Alles zusammengehalten, kann es gar keinem Zweifel unter-
stellt werden, daß die genasführten und gemißbrauchten proletarischen Massen durch das bonapartistische Komplott systematisch
gegen die republikanische und die royalistische Bourgeoisie aufge-
wiegelt, aufgereizt, aufgestürmt und hierauf methodisch einer
Krisis zugehetzt wurden, — einer Krisis, welche — traurig zu
sagen! — die von herzlosen Pickelhäringen des Parlamentarismus wie Thiers und von tückischen Jesuiten wie Falloux verblen-
dete Bourgeoisie ebenfalls herbeiwünschte und herbeirief mit
ihrem grausamen Geschrei: „Man muß ein Ende machen!"
Was nachher kommen sollte, wußte die in sich gespaltene und zer-
fahrene Bourgeoisie nicht, wohl aber der Bonapartismus. Ja,
er wußte ganz genau, was er wollte: — nämlich, aus dem
Grundschlamm der Anarchie, welche seiner Rechnung nach aus
dem von ihm zur äußersten Schärfe zugespitzten Zusammenstoß
zwischen Bourgeois und Proletariern hervorgehen sollte, eine
Kaiserkrone herauffischen.

5.

In der Sitzung der Nationalversammlung vom 15. Juni
erklärte Monsieur Goudchaux als Sprachrohr der Bourgeoisie

16*

von der Rednerbühne herab: „Die Nationalwerkstätten müssen
sofort (immédiatement) verschwinden. Man muß sie nicht
allmälig eingehen lassen, sondern sie müssen sofort und mit ein=
mal weg! Ihr müßt das auf der Stelle beschließen; denn ihr
habt ohnehin schon zu viele Zeit verloren. Der Boden ist ganz
und gar unter euch minirt".

Vergebens beschwor der Minister Trélat die Versammlung,
die Sache nicht zu überstürzen. Vergebens suchte er zu zeigen,
daß die Forderungen der Arbeiter nur gerecht und gar nicht über=
trieben seien, wenn sie verlangten, daß man sie mittels einer
wirksamen Kontrole gegen die Ausbeutung durch die Meister
(„patrons") und Unternehmer schütze, daß man ihnen vom Rein=
gewinnst einen bescheidenen Antheil zuweise und daß man es ihnen
ermögliche, geschäftliche Associationen zu bilden. Die Mehrheit
der Versammlung wollte nicht sehen und hören, sondern schrie
mit dem zum Berichterstatter ernannten Monsieur de Fallouy:
„Man muß ein Ende machen!"

Am 18. Juni richteten die Arbeiter der Nationalwerkstätten
ein Schreiben an Herrn Goudchaux, worin sie sagten: „Nicht
der Arbeitswille fehlt uns, sondern eine nützliche und unseren
Gewerken und Fertigkeiten entsprechende Arbeit. Wir ersehnen
sie von ganzem Herzen. Sie fordern die sofortige Auflösung der
Nationalwerkstätten, aber was soll denn aus den 110,000 Ar=
beitern werden, die zum einzigen Existenzmittel für sich und ihre
Familien ihren kärglichen Taglohn haben? Will man sie
den übeln Rathschlägen des Hungers, den Ver=
lockungen der Verzweiflung preisgeben? Will
man sie den Wühlern zur Beute hinwerfen?"

Umsonst, alles umsonst. „Man muß ein Ende machen!"

Am 21. Juni ließ auf Befehl der Exekutivkommission der
Arbeitsminister ein Dekret ausgehen, kraft dessen die Arbeiter
aufgefordert wurden, sofort in die Armee einzutreten oder aber
sich zum Abgang in die Provinzen bereitzuhalten, wo ihnen

im Akkord zu verrichtende Erdarbeiten angewieſen werden
ſollten.

Dieſes Dekret offenbarte den vollſtändigen Ideenbankerott
des regierenden Liberalismus. Beſonders charakteriſtiſch iſt,
daß er in erſter Linie die Arbeiter zu uniformirten Müſſiggängern
machen wollte. Oder gehörte das Dekret vom 21. Juni mit zu
dem Man=Muß=Ein=Endemachungsplan der Thiers, Falloux und
Kompagnie? War die Exekutivkommiſſion nur von den konſti=
tutionellen Windmachern und den Loyolaiten vorgeſchoben, um
das Proletariat zu einem entſcheidenden Waffengang herauszu=
fordern? Man muß es glauben; um ſo mehr, als unbeſtreitbar
grell d i e Thatſache daſteht, daß man die Herausgeforderten
ihre Vorbereitungen zur Straßenſchlacht recht auffallend unge=
ſtört betreiben und vollenden ließ. Es kann gar nicht bezweifelt
werden, daß man den Kampf in ſeinen Anfängen leicht hätte
erſticken können. Aber man w o l l t e nicht; man ließ ihn erſt
recht großwachſen, damit auch der Sieg um ſo größer, ent=
ſcheidender und vernichtender ſei.

Der Feldherr, welchen die Rückwärtſerei ſich auserſehen
hatte, der General Cavaignac, war ganz der richtige Mann,
dieſen Gedanken ſich einblaſen zu laſſen und denſelben zu ver=
wirklichen. Er paßte, wie die eigentlichen Aushecker des Gedan=
kens, die konſtitutionellen Füchſe und jeſuitiſchen Wölfe kalkulir=
ten, um ſo beſſer dazu, als er für einen Republikaner galt, weil
ſein verſtorbener Bruder Godefroi einer geweſen war. Bekannt=
lich gehörte im Uebrigen Cavaignac zu den „afrikaniſchen‟ Ge=
neralen, deren militäriſcher Ruf über ihr Verdienſt weit, ſehr
weit hinausging. Alle dieſe Herren, die Bugeaud, Changarnier,
Lamoricière, Bedeau, Cavaignac u. ſ. w. reichten, genau ange=
ſehen, über das Normalmaß des richtigen Korporalismus nie
und nirgends hinaus und zudem war die Kriegführung in Algier
jedenfalls keine Schule der Achtung bürgerlicher Freiheit, ſondern
vielmehr nur eine Schule des brutalen Militarismus, in welcher

auch Cavaignac eine nicht geringe Portion von Fühllosigkeit sich
angeeignet hatte. Seine ganze Anschauung war eng und klein,
seine politische Bildung und Einsicht gleich Null, seine Empfin=
dungsweise und sein Gebaren so hart, trocken und hölzern wie
seine Figur und sein griesgrämlich zugeknöpftes Gesicht. Summa:
ein muthiger Soldat von untergeordneter Intelligenz, welcher
sich einbildete, ein selbstständiger Held zu sein, während er nur
ein Hebel, ein Rückwärtshebel in den Händen von pfiffigen und
herzlosen Ränkelern gewesen ist, — ein tapferer Hohlkopf, welcher,
wie glaubhaft versichert wird, wähnte, die gräuliche Junischlacht
für die Republik zu schlagen, während er sie in Wahrheit für die
Tyrannis, für den Bonapartismus schlug . . .

Derweil war der in das Dekret vom 21. Juni eingewickelte
Fehdehandschuh aufgenommen worden.

Noch an demselben Tage, wo er hingeworfen ward, bilde=
ten sich proletarische Ansammlungen in den Straßen und auf
den Plätzen. Die Marseillaise wurde angestimmt, aber zwischen
die Strophen der Revolutionshymne hinein riefen Leute in
Blusen, die aber ganz wie nachgemachte Blusenleute aussahen:
„Vive Napoléon!“ In der Nacht sodann traten Abgeordnete
der Nationalwerkstätten und solche des aufgelös'ten Arbeiterpar=
laments vom Luxemburg zu einer Berathung zusammen und
setzten auf den folgenden Tag eine Massenprotestation gegen das
Dekret fest.

Sie fand am 22. Juni, am Fronleichnamsfeste, Vormittags
gegen 10 Uhr statt. Etwa 1500 Arbeiter zogen mit fliegenden
Fahnen unter Führung des beliebten Klubbpropheten und Eck=
steinredners Pujol zum Luxemburgpalast, wo die Exekutivkom=
mission residirte. Pujol stieg mit vier Delegirten die Treppe
hinauf und verlangte den Bürger Marie zu sprechen. Bei dem=
selben vorgelassen setzt sich der Redner in Positur und legt los:
„Bürger, vor der Februarrevolution“ — „Pardon, unterbricht
ihn Marie; mir scheint, das sei ein wenig weit zurückgegangen.

Erinnern Sie sich, daß meine Zeit kostbar ist." — „Ihre Zeit gehört nicht Ihnen, sondern dem Volke." — „Bürger Pujol, wir kennen Sie schon seit lange und haben ein Aug' auf Sie." — „Thut nichts; seit dem Tage, wo ich mich der Volkssache geweiht, hab' ich mich gewöhnt, vor keiner Drohung zurückzuweichen. Sie drohen mir also ganz umsonst. Wollen Sie uns hören?" — „Da Sie einmal hier, so mögen Sie sprechen." — Pujol entwickelte dann mit hinlänglichem Pathos den Protest der Arbeiter gegen das Dekret vom vorigen Tage. Worauf Marie: „Ich verstehe. Aber, wohlan, merken Sie auf: — Wenn die Arbeiter nicht in die Provinzen abreisen wollen, so werden wir sie mit Gewalt dazu zwingen. Mit Gewalt, verstehen Sie?" — „Mit Gewalt? Recht hübsch das! Wohl, wir wissen jetzt, was wir wissen wollten. Adieu, Bürger."

Ungeduldig hatten drunten die Arbeiter der Rückkehr ihrer Abgeordneten geharrt. Pujol führte die ganze Schar nach dem Saint-Sulpice-Platz, wo er vom Rande des Springbrunnens herab eine Rede hielt, deren kurzer Sinn war: Wir haben von der Regierung nichts zu hoffen und müssen uns demnach selber helfen. „Heute Abend um 8 Uhr beim Pantheon!" schloß er, worauf sich die Menge zerstreute, in tumultuarischen Haufen die Quais hinauf, nach dem Grèveplatz und in die Vorstadt Saint-Antoine ziehend, überall die Rufe „Vive Barbès!" und „Vive Napoléon!" in einander mischend und schon durch diese seltsame Verkuppelung des Sozialdemokratismus mit dem Imperialismus überall Besorgniß und Schrecken erregend.

Die Versammlung auf dem Platze beim Pantheon zur achten Abendstunde zählte schon nach Tausenden. „Arbeit oder Brot!" war die Losung. Dann wurden wilde Drohungen laut. „Da man uns abermals verrathen will, wie man uns 1830 verrathen hat, so soll der Verrath im Blute unserer Feinde erstickt werden." Pujol fragte: „Schwört ihr das?" — „Wir schwören es!" — „Wohlan, morgen früh um 6 Uhr hier zur Stelle!"

Es ist wohlbezeugt, daß diese proletarische Versammlung beim Pantheon ein so zu sagen respektables Aussehen hatte. Zeugen, welche scharfe Augen im Kopfe und wenig Sympathie für das Volk im Herzen hatten, mußten zugeben, daß hier Tausende von ehrlichen Arbeitern beisammen waren, welche durch die Noth, durch die bare, blanke Noth zur Verzweiflung getrieben wurden. Gewiß, die sozialistischen Phantasmen und die bonapartistischen Umtriebe haben zur Herbeiführung der Junikatastrophe viel gethan, sehr viel; aber noch mehr that doch der Hunger. Ja, der Hunger, und es war daher um so niederträchtiger, daß die Sieger der Juni= schlacht nachmals die Besiegten nicht nur erbarmungslos grausam behandelten, was die Aufregung des Sieges wenigstens erklär= lich machte, sondern auch raffinirt grausam verleumdeten und beschimpften. Schon die Angabe, die Anzahl der Insurgenten sei auf 100,000 Mann angestiegen, war eine große Uebertreibung. Dann hieß es, diese Horde von 100,000 Rasenden habe sich plötzlich und nur aus brutaler Gier auf die Reichen gestürzt, um sie zu erwürgen. Oder, diese 100,000 Barbaren, zusammen= gesetzt aus dem Abschaum der menschlichen Rasse, seien auf nichts ausgegangen, als Paris mit Mord, Brand und Nothzucht zu erfüllen. Weiter, es hätten in den Reihen der Aufständischen 20,000 und mehr Galeerensträflinge und Zuchthäusler gefochten, also unter dem „Abschaum" noch einmal Abschaum. Endlich, die Insurgenten hätten unerhört scheusälige Kampfmittel in An= wendung gebracht, mit Vitriol geladene Feuerspritzen, Spendung von vergiftetem Branntwein an die Soldaten u. dgl. m.

Das sind lauter Lügen, zum Theil ganz dumme. Die Zahl der Junikämpfer betrug nicht mehr als 40 oder höchstens 50,000. Daß sich darunter unsaubere Elemente, vielleicht sogar etliche hundert Verbrecher eingeschlichen haben, ist wahr. Aber welcher kämpfenden oder nicht kämpfenden Partei schließen sich denn keine unsauberen Elemente an? Mögen doch einmal das Baronenthum der Agiotage und die Industrieritterschaft des Börsenhumbugs ihre

eigenen Reihen mustern, sie werden dann finden, daß Diebe, Räuber,
Fälscher und andere Bösewichte nicht immer in Gaunerspelunken
und Zuchthäusern, sondern anderswo wohnen, in sehr „respek=
tabeln" Häusern nämlich. Aber die „großen" Diebe henkt man
bekanntlich nicht, und wenn etwa mal da oder dort einer zufällig
an den Galgen kommt, so weint sich die „Respektabilität"
von ganz Europa vor Schmerz darüber die Augen roth. Als
zwei Hauptsünden hat man den Junikämpfern den Tod des Erz=
bischofs Affre und den Mord des Generals Bréa schuldgegeben.
Die erste dieser Sünden haben sie gar nicht begangen, maßen es
erwiesen ist, daß der verehrungswürdige Prälat durch die Kugel
eines Soldaten und nicht durch die eines Insurgenten seine
Todeswunde empfing. Die zweite dieser Sünde, der Mord
Bréa's, ist allerdings und selbstverständlich eine abscheulichste;
aber es wird darauf ein ganz eigenthümliches Streiflicht geworfen
durch die Thatsache, daß in dem Mordspiel der notorische bona=
partistische Agent Lahr eine vortretende Rolle gespielt hat *).

Ein strenggerechter, von der Gehässigkeit der Kastenvor=
urtheile und den Parteileidenschaften unbeeinflußter Wahrspruch
über den Juniaufstand wird dahin lauten, daß dieser ein bewaff=
neter Protest gegen den Bruch der im Februar den Arbeitern
gemachten Versprechungen gewesen ist, sowie, daß der Protest,
ungeachtet der einzelnen Ausschreitungen, welche ihn besudelten,
im Ganzen und Großen mit heldischer Begeisterung und Energie
durchgeführt wurde. Und weiter, daß die Junikämpfer ihrer
ungeheuren Mehrzahl nach keineswegs eine Horde von Barbaren
oder eine Bande von Verbrechern waren. Wären sie das ge=
wesen, so hätten sich nicht etliche Tage lang große Quartiere
von Paris völlig in ihrer Gewalt befinden können, ohne daß

---

*) Seine bonapartistische Agentur hat ihn freilich nicht davor geschützt,
als einer der vier „überwiesenen" Mörder Bréa's am 17. März von 1849
guillotinirt zu werden.

Eigenthum und Leben der Bewohner, sowie die Ehre der Frauen höchlich gefährdet geworden wären. Daß eine solche Gefährdung aber n i ch t vorhanden war, ist eine Thatsache, welche selbst die grausame Siegeswuth der Angstphilister nicht zu leugnen gewagt hat. Nein, nicht Barbaren und Bösewichte waren es, welche den Junikampf anhoben, sondern verzweiflungsvolle Arme, die an das Eisen appellirten, als an den alten Nothbrecher, um ihr keineswegs üppiges, sondern ganz bescheidenes Programm zu verwirklichen, das ihnen einer der Ihrigen, der brave und hoch- begabte Tischlergeselle Gustav Leroy im Februar vorgesungen hatte: —

> „Was wir begehren von der Zukunft Fernen?
> Daß Arbeit uns und Brot gerüstet steh'n,
> Daß unsre Kinder in der Schule lernen
> Und unsre Greise nicht mehr betteln geh'n."

6.

Freitags den 23. Juni waren zur sechsten Morgenstunde etwa 8000 Arbeiter auf dem Pantheonplatze versammelt. Von den Stufen des Peristyls herab redete Pujol sie an: „Bürger, ihr seid heute, die ihr gestern gewesen. Ich dank' euch. Vorwärts!"

Die Menge ordnet sich nach der Weisung von Führern, die ein um den rechten Blusenärmel geschlungenes blauweißrothes Band kenntlich macht, zur Marschkolonne und zieht mit wehen- den Bannern nach dem Bastilleplatze, wo sie den Manen der Kämpfer von 1789 und 1830 eine Art Todtenopfer, eine Ehr- furchtbezeugung darbringt. Dann geht der Marsch weiter, auf die Boulevards hinein und bis dorthin, wo die von der Seine heraufkommende Straße Saint=Denis mündet. „Halt!" Der

Zug steht. Ein minutenlanges Schweigen. Dann: „Zu den Waffen! Auf die Barrikaden!"

Warum aber ließ man alles das, was gestern im Sinne der Insurrektion geschehen war und was heute in demselben Sinne geschah, so ohne alle Abmahnung und Warnung, so ohne alle Hinderung geschehen? Warum? Thörichte Frage! Man w o l l t e dreinkartätschen, füsiliren und deportiren; man wollte „ein Ende machen".

Um 10½ Uhr standen auf dem Boulevard Bonne-Nouvelle schon drei hochgethürmte Barrikaden, auf deren Zinnen dreifarbige Fahnen flatterten mit der Inschrift: „Brot oder Tod!" In demselben Augenblicke, wo der Barrikadenbau hier begonnen hatte, erhoben sich diese Burgen der Empörung auch in der Vorstadt Saint-Martin, in der Vorstadt du Temple, in der Vorstadt Saint-Antoine, in der Vorstadt Poissonière und auf dem Bastilleplatz. Auf dem linken Ufer der Seine war die Insurrektion ebenfalls rüstig an's Werk gegangen. Das Pantheon mit seiner Umgebung, die Vorstadt Saint-Jacques, die Cité, lauter für den Barrikadenkrieg sehr geeignete Quartiere, waren in ihren Händen.

Jetzt erst, um 11 Uhr, wurde Generalmarsch geschlagen, ein erstes Zeichen, daß es etwas wie eine Regierung, eine Sicherheitsbehörde, eine bewaffnete Macht gäbe. Wenn es für die damaligen Machthaber überhaupt eine Entschuldigung dafür gibt, daß sie den Aufstand recht absichtlich groß werden ließen, so mag es diese sein, daß sie wähnten, ausreichende Streitkräfte zur Hand zu haben, um denselben rasch und entschieden niederschlagen zu können. Dem Kriegsminister Cavaignac standen zu unmittelbarer Verfügung die 20,000 Mann Linientruppen, welche die Garnison von Paris bildeten, ferner 16,000 Mann Mobilgarden, 2600 Mann „republikanische" Garden und 2500 Sergeants de Ville. Sobann war vorgesorgt, daß aus den nächstliegenden Garnisonen binnen wenigen Stunden mehr als

15,000 Mann Linientruppen herbeigezogen werden könnten. Endlich hoffte der General, und zwar mit Recht, daß die pariser Bürgerwehr, wenigstens der weit überwiegenden Mehrzahl nach, als die sich erweisen würde, als welche sie am 15. Mai sich erwiesen hatte, d. h. als von Herzen bereit, bei der Ein-Ende-Machenschaft mitdabeizusein.

Hinsichtlich des gegen die vorhergesehene, herausgeforderte und großgezogene Insurrektion anzuwendenden Operationsplans war die Regierung uneinig. Ledru-Rollin, welchem Arago beitrat, verfocht mit Gründen der Menschlichkeit und einer gesunden Politik die Ansicht, daß man es gar nicht zu einem wirklichen Ausbruche des Bürgerkriegs kommen lassen und darum den Barrikadenbau verhindern sollte. Allein Vernunft- und Menschlichkeitsgründe fanden keinen Eingang in den hagebuchenen Korporalsschädel Cavaignacs. In diesem Schädel hatte die Vorstellung, die Würde der Armee sei durch den Ausgang der pariser Straßengefechte vom Juli 1830 und vom Februar 1848 geschädigt worden und müßte jetzt schlechterdings wiederhergestellt werden, zu einer firen Idee sich verknöchert und der General wollte sich daher um keinen Preis die herrliche Gelegenheit entgehen lassen, die Armeefahne von der eingebildeten Bemakelung im Blute der Insurgenten reinzuwaschen. Zu diesem Zwecke durfte man natürlich den Kampf nicht etwa verhindern, sondern mußte vielmehr denselben recht umfassend entbrennen, recht großartig werden lassen, alles „zur größeren Ehre des Säbels".

Cavaignac bestand deßhalb darauf, daß man die Proletarier in den von ihnen besetzten Quartieren vorderhand ganz ungehindert schalten und walten ließe. „Die Nationalgarde — äußerte er mit echtafrikanischer Kriegsgurgelei — mag zusehen, wie sie ihre Häuser und Butiken vertheidige." Und von diesem Urbild der Korporalschaft haben Schwachköpfe gefaselt, daß er das Zeug zu einem französischen Washington gehabt, ja, daß er sich selber für prädestinirt gehalten, der Washington Frankreichs zu werden!

Als ob man aus ſolchem Holze Waſhingtons ſchnitte! Und
überhaupt: ein franzöſiſcher Waſhington? Stupiditas
stupididatum!

Der Plan des Generals war dieſer: — Als Grundſtock
und Rückhalt aller Operationen eine maſſenhafte Truppenzahl in
den Tuilerien, auf dem Konkordeplatz, in den Champs = Elyſées,
auf der Eſplanade der Invaliden und beim Palais Bourbon ver=
ſammelt zu halten, um in jedem Falle die Nationalverſammlung
gegen alle Bedrohung ſicherzuſtellen. Jede Verzettelung der
Streitkräfte ſtrengſtens zu vermeiden. Nur mit gewaltigen Ko=
lonnen zum Angriff auf die Stellungen der Inſurgenten vorzu=
gehen und zwar ſo, daß dieſe Angriffskolonnen immerfort in
durchaus freier und ununterbrochener Verbindung mit der Haupt=
macht wären. Es war alſo auf die Lieferung einer förmlichen
Schlacht abgeſehen, und ob dabei viel franzöſiſches Blut fließen
würde, kümmerte einen traveſtirten Waſhington ganz und gar
nicht, wenn nur ſein Plan ſtrikt eingehalten wurde, was er auch
wirklich ward. Fühlte er ſich doch bereits als Diktator und
konnte er ſich auch als ſolcher fühlen, da von Seiten der „honetten“
Republikaner, welche in Herrn Marraſt ihrer Parteiführer aner=
kannten, bereits am 19. Juni und dann noch bringlicher am 22.
der Exekutivkommiſſion zugemuthet wurde, alle Gewalt in den
Händen des Generals zu vereinigen, — eine im Grunde über=
flüſſige Zumuthung, da ja Cavaignac als Militärchef dieſe Ge=
walt thatſächlich ſchon beſaß.

Hatten die Aufſtändiſchen ihrerſeits einen oberſten Führer?
Hatten ſie einen Schlachtplan? Die erſte Frage iſt unbedingt zu
verneinen. Von Pujol kann gar keine Rede ſein, denn der ver=
ſchwand in der Maſſe, ſowie der Barrikadenbau begonnen hatte.
Aber einen Schlachtplan hatten ſie allerdings und derſelbe iſt
ſyſtematiſch ins Werk geſetzt worden, ſo zwar, daß die Angabe,
weitaus die meiſten Barrikadenhäuptlinge ſeien altgediente Sol=
daten geweſen, keiner Anzweifelung unterliegt. Das Proletariat

hatte sich die dichtbevölkerten ostwärts gelegenen Stadtquartiere zum Kampfplatz auserwählt. Hier konnten die Insurgenten bei der Bewohnerschaft auf Theilnahme und Unterstützung rechnen und hier wurden sie von den labyrinthischen Oertlichkeiten, welche die Entwickelung starker Truppenmassen unmöglich oder doch sehr schwierig machten, höchlich begünstigt. Ihre Absicht war, die Maschen des ungeheuren Barrikadennetzes, wozu sie die östlichen Stadttheile gemacht, allmälig nach Westen auszudehnen, wobei sie zunächst zwei Angriffspunkte im Auge hatten, das Stadthaus und die Polizeipräfektur. Würde es ihnen gelingen, sich dieser beiden Punkte zu bemächtigen, so wollten sie von dort aus auf beiden Ufern des Flusses gegen die Tuilerien und gegen den Palast der Nationalversammlung (Palais Bourbon) vorgehen. Vorderhand waren die vier Hauptstellungen der Aufständischen auf beiden Seiten der Seine gleichmäßig vertheilt. Auf der rechten Seite stand einer ihrer Gewalthaufen im Faubourg Poissonière und im Faubourg du Temple mit dem Hauptquartier im Clos Saint-Lazaire, ein zweiter von der Straße Saint-Antoine bis zur Kirche Saint-Gervais mit dem Hauptquartier auf dem Bastilleplatz; auf dem linken Ufer senkte ein Hauptkorps von seinem im Pantheon aufgeschlagenen Generalquartier durch die Straßen Saint-Jacques und De la Cité bis zu den Brücken Saint-Michel und Petit-Pont sich herab, während ein zweites die Brücke des Hotel-Dieu, den Maubertplatz und die Straße Saint-Viktor besetzt hielt.

Der General Cavaignac schlug sein Hauptquartier in der Wohnung des Präsidenten der Nationalversammlung auf. Etliche Mitglieder der Exekutivkommission waren da bei ihm. Als der Generalmarsch geschlagen wurde und Linie und Nationalgarde auf ihre Sammelplätze eilten, berief Cavaignac die Generale Bedeau, Lamoricière, Damesme, Foucher, Lebreton und andere zu sich, um denselben ihre Rollen in dem beabsichtigten Kampfspiel zuzutheilen. Bedeau erhielt den Auftrag, eine

Division nach dem Stadthause zu führen. Lamoricière ward be=
fehligt, mit einer zweiten Division die Linie der Boulevards vom
Chateau d'Eau bis zur Madeleine zu decken. Damesme, an der
Spitze einer dritten das linke Seineufer, insbesondere den Luxem=
burgpalast, wo ein Theil der Exekutivkommission sich befand, in
Obhut zu nehmen.

So die Vorbereitungen zur unheilvollen Junischlacht.

7.

An zwei Stellen zugleich hob sie an, beim Pantheon und
bei der Porte Saint=Denis.

Ehre dem alten Arago, der als Mitglied der provisorischen
Regierung und der Exekutivkommission sonst wenig oder gar keine
Ehre aufgelesen hat, daß er jetzt einen muthigen Versuch machte,
den Bürgerkriegsgräuel nicht aufkommen zu lassen. Als nämlich
die Insurgenten auf dem Pantheonplatz vier gewaltige Barri=
kaden erbaut hatten, ließ der Maire des Arrondissement den
Generalmarsch schlagen, dem aber nur 30 Bürgerwehrleute Folge
leisteten. Der Maire begann demnach mit den Barrikaden=
männern zu parlamentiren. „Was wollt ihr denn eigentlich?"
— „Wir wollen nicht fort in die Sümpfe der Sologne, aber
wir wollen Arbeit." Derweil erschien der greise Arago, welcher
sich vom Stande der Dinge beim Pantheon mit eigenen Augen
überzeugen wollte, vom Luxemburg her auf dem Platze, gefolgt
von einer Kolonne, welche aus Bürgerwehr und Linientruppen
zusammengesetzt, mit Geschütz versehen und vom Oberst Quinel
befehligt war. Der Maire eilt diesem entgegen und beschwört
ihn, den Kampf nicht anzuheben. Die Truppen machen Halt vor
den Barrikaden, hinter deren Brustwehren die Vertheidiger
erscheinen, die Gewehre schußfertig in den Händen. Der berühmte

Gelehrte tritt vor: — „Warum rebellirt ihr gegen das Gesetz
und gegen die Regierung der Republik? Warum steht ihr auf
Barrikaden?" — „Warum?" ruft es zur Antwort herab —
„darum, Herr Arago, warum Sie selbst Anno 1832 mit uns
auf den Barrikaden gestanden. Erinnern Sie sich des Kampfes
beim Kloster Saint-Merry?" — „Aber ihr habt jetzt keinen
rechtmäßigen Grund zur Empörung." — „Herr Arago, Sie sind
ein braver Bürger und wir hegen hohe Achtung vor Ihnen; aber
Sie haben kein Recht, uns Vorwürfe zu machen. Sie haben nie
erfahren, was hungern heißt; Sie haben nie das Elend kennen
gelernt." — „Die Regierung ist von den besten Absichten beseelt, von dem lebhaftesten Wunsche geleitet, euren begründeten
Wünschen genugzuthun." — „Ja, man hat uns gar viel versprochen, aber nichts gehalten." — „Man that, was man konnte."
— „Das ist nicht wahr!" — „Ihr beschimpft mich? Mit solchen
Leuten will ich nicht länger verhandeln."

Und der cholerische Greis gibt nun selber den harrenden
Truppen das Zeichen zum Angriff, welcher nach heißem Gefechte
und beträchtlichem Verlust auf beiden Seiten damit endigt, daß
die Truppen den Pantheonplatz behaupten und der General Damesme daselbst Stellung nimmt.

Zur gleichen Zeit, wo hier das Gewehrfeuer zu knattern und
die Kanonen zu brüllen begonnen hatten, war auch drüben auf
den Boulevards der Kampf losgebrochen. Die erste der dort
herum aufgethürmten Barrikaden, die auf der Höhe der Porte
Saint-Denis, wird von einem Bataillon der 2. Bürgerwehrlegion im Sturmlauf angegriffen, wirft aber die muthigen Angreifer blutig zurück. Da stürzt der Hauptmann der Barrikade,
welcher hoch auf einem umgestülpten Wagen stehend das Feuer
geleitet hat, tödtlich getroffen zusammen und man wähnt, daß
es mit der Gegenwehr zu Ende. Aber, siehe, ein junges schönes
Mädchen mit fliegenden Haaren eilt zu dem Todten, nimmt die
Fahne, welche er in den Händen gehalten, auf, springt damit auf

die Brustwehr, schwingt sie herausfordernd den Angreifern ent=
gegen und befeuert die Vertheidiger mit Blicken und Worten.
Eine Kugel schlägt dem armen Ding in die Brust, rücklings
stürzt es hinter die Brustwehr. Aber schon ist eine andere Frau
an der Seite der Gefallenen und sucht diese mit der einen Hand
aufzurichten, während sie mit der andern die Fahne abermals
flattern zu lassen sich abmüht. Eine neue Entladung des Batail=
lonsfeuers drunten und die Helferin sinkt todt auf den Leichnam
der Gefährtin. Und mitten in das Pulvergewölke des Mord=
kampfes hinein fällt ein heller Stral heldischen Pflichtgefühls.
Der Bataillonsarzt der Bürgerwehr erklimmt inmitten des sich
kreuzenden Feuers die Barrikade, um den beiden getroffenen
Frauen Hilfe zu bringen, und kehrt erst, nachdem er sich überzeugt
hat, daß beide todt, zu den Verwundeten seiner eigenen Truppe
zurück. Schließlich wird die Barrikade mit Sturm genommen
und flieht der Rest der Vertheidiger gegen den Faubourg Saint=
Denis zu.

Gerade jetzt, Nachmittags $2^{1}/_{2}$ Uhr, bricht die Spitze der
Kolonne, welche Lamoricière führt, von der Madeleine kommend
auf den Boulevard vor. Der General soll den Aufstand in den
Faubourgs Poissonière, Saint=Martin, Saint=Denis und du
Temple bändigen. Eine schwierige Aufgabe, weil in diesen
Quartieren die Insurrektion außerordentlich fest sich verbollwerkt
hat; eine sehr schwierige, weil die aus Linientruppen, Bürger=
wehr und Mobilgarde zusammengesetzte Angriffsmacht, über
welche Lamoricière zunächst verfügt, nicht mehr als höchstens
5000 Mann beträgt. Auf Verstärkungen darf er zunächst gar
nicht rechnen. Weiß er doch, daß Cavaignac hartnäckig an
seinem System hält, seine an den bezeichneten Stellen massenhaft
vereinigte Reserve nicht zu schwächen. Daß dieses „System" die
Rebellion erst recht großgezogen hatte, lag freilich bereits zu
Tage. Hatte ja Cavaignacs Befehl, die letzten 2 Linienbataillone,
welche beim Luxemburg standen, nach dem Palais Bourbon zu

führen, auch jene Stadtgegend auf dem linken Seineufer der Empörung preisgegeben. Vergebens sandten die Maires, ver- gebens verschiedene Kommandanten der Nationalgarde Boten auf Boten und Bitten auf Bitten an den Kriegsminister, ihnen zur Verhinderung der Erweiterung des Barrikadennetzes einiges Militär zu senden. „Ich will meine Truppen nicht verzetteln und bloßstellen“, war die stehende Antwort des Generals.

Dessenungeachtet mußte er sich gegen Abend zu entschließen, das Palais Bourbon und den Eintrachtsplatz für eine geraume Weile von Truppen so ziemlich zu entblößen, um dem schwer bedrängten Lamoricière Hilfe zu bringen. Er führte die Hilfe- kolonne in eigener Person nach den Boulevards, begleitet von Lamartine. Lamoricière hatte sein Hauptquartier in dem Kaffee- haus aufgeschlagen, das den Winkel des Boulevard und der Straße Saint-Denis bildete. Hier gab er dem Kriegsminister Bericht von dem, was er ausgerichtet oder vielmehr nicht aus- gerichtet hatte. Die Insurrektion, sagte er, habe etwas Selt- sames, Mysteriöses; man wisse gar nicht, worauf sie ziele. Man habe bis jetzt keine andere Fahne auf den Barrikaden gesehen als die nationale Trikolore; man höre keinen Ruf, keinen Namen, welcher verriethe, was die Insurgenten eigentlich wollten. Dieses Geheimnißvolle erhöhe nicht wenig die Kraft des Aufstands, wenigstens in den Augen der Soldaten.

Cavaignac sollte sofort von dieser Kraft eine Probe erhalten. Nach seiner Besprechung mit Lamoricière setzte er nämlich die 7 Bataillone, welche er mitgebracht hatte, in Angriffsmarsch, sah aber diesen bald durch eine furchtbare Barrikade oder vielmehr durch ein System von Barrikaden gehemmt, welches die Mündungen der Straßen Saint-Maur, Trois-Couronnes und Trois-Bornes sperrte. Zweimaliges von dem General in Person geleitetes Sturmlaufen der Infanterie richtete nichts aus, und hatte schwere Verluste zur Folge. Erst nach fünfstündigem Ar- tilleriefeuer wird die Verschanzung endlich genommen; aber inzwischen ist es Nacht geworden und der Erfolg kann nicht weiter ausgebeutet werden. Sehr niedergeschlagen kehrte Cavaignac ins Präsidentschaftshotel der Nationalversammlung zurück.

Der General Bedeau hatte derweil die Lösung seiner Aufgabe mit mehr Glück zur Hand genommen. Nachdem er vom Hotel de Ville aus seine Vorbereitungen getroffen hatte, verschritt er um 5 Uhr Abends zum Angriff auf die Cité-Insel. In zwei Kolonnen getheilt, brachen seine Truppen auf die Notre-Dame-Brücke und auf die Arkole-Brücke vor, schufen sich, mittels hartnäckiger Kämpfe freilich nur, langsam Bahn durch die Cité und von dort über den Petit-Pont hinweg in die gegen das Pantheon hinansteigende Straße Saint-Jacques. Weiteres Vorschreiten wurde auch hier durch die hereinbrechende Nacht, sowie durch die Erschöpfung der Truppen verhindert.

Im Ganzen waren demnach die am 23. Juni der Insurrektion abgewonnenen Erfolge nicht eben von Belang und es sollte sich am folgenden Tage zeigen, daß die Empörung über Nacht einen Umfang und eine Energie gewann, wovon man keine Ahnung hatte. Dennoch fehlte es am 23. Juni nicht an einzelnen guten Vorzeichen, daß die gesetzlichen Gewalten schließlich obsiegen würden. Ein solches Vorzeichen war, daß Männer, an deren Republikanismus nicht ein Schatten von Zweifel haften konnte, von allen Seiten herbeieilten, um der Regierung ihre Dienste anzubieten. Ein weiteres und noch sprechenderes Vorzeichen ist gewesen, daß die studirende Jugend nicht auf Seiten der Insurgenten focht und daß in den Reihen der Barrikadenleute namentlich die volksbeliebte Uniform der Polytechniker nicht erblickt wurde. Endlich mußte der Regierung die Sorge, daß die Mobilgarde nicht gegen die Empörung angehen, sondern zu derselben übergehen würde, wie ein schwerer Stein vom Herzen fallen, als diese Sorge eitel sich erwiesen hatte . . .

Während in gemeldeter Weise der Bürgerkrieg an verschiedenen Stellen der Stadt schon seine blutige Ernte zu halten an-

17*

gefangen hatte, war im Palais Bourbon eine wichtige Entschei=
dung eingeleitet worden.

Um 1 Uhr eröffnete die Nationalversammlung ihre sehr be=
wegte Sitzung. Der ganze parlamentarische Mechanismus er=
scheint schon dadurch gestört, daß alle Mitglieder, welche der
Nationalgarde oder der Armee angehören, ungewohnter Weise
die Uniform tragen. Verschiedene Redner lösen auf der Tribüne
einander ab: man sieht sie kaum, man hört sie nicht. Der Prä=
sident Senard blickt düster und weiß nicht, wo aus wo ein. Aber
auf den Bänkereihen und in den Gängen spricht man laut über
die Nothwendigkeit hin und her, die Exekutivkommission zu be=
seitigen und neben der militärischen Macht auch die ganze Civil=
gewalt in den Händen des Generals Cavaignac zu vereinigen,
als müßte die arme Exekutivkommission auch an diesem prole=
tarischen Aufstand schuld sein, welcher übrigens zur Stunde nicht
mehr ausschließlich ein solcher heißen kann. Hat doch in den
von der Insurrektion besetzten Quartieren so ziemlich die ge=
sammte Bevölkerung und ein großer Theil der Bürgerwehr ge=
meinsame Sache mit derselben gemacht. Daraus und nur
daraus erklärt sich die Möglichkeit des furchtbaren Widerstandes,
welchen diese Schilderhebung noch zwei volle Tage lang leistete....
Flocon gewinnt der Versammlung Aufmerksamkeit ab, in=
dem er ein tüchtig Stück Wahrheit von der Rednerbühne herab=
wirft. „Die Wühler wollen die Anarchie. Wenn es gelingt,
die Fäden der Verschwörung zu erfassen, wird man finden, daß
sie von der Hand eines Prätendenten ausgehen. Ich erkläre
laut, auf daß man hier und draußen mich höre: — diese Wühle=
reien, diese Unordnungen, dieser Aufstand, sie haben nur ein
Ziel, die Vernichtung der Republik und die Wiederherstellung
des Despotismus". Aufregung und Tumult. Monsieur de
Falloux erscheint auf der Tribüne, eine Papierrolle in der Hand.
„Aha" — ruft es — „der Bericht, der Bericht über die National=
werkstätten!" — „Ich widersetze mich", ruft Herr Raynal von

seiner Bank aus, „dieser so höchst zeitwidrigen, ja geradezu ge=
fährlichen Berichterstattung". — „Einerlei — schreit es von der
Rechten her — lesen Sie, lesen Sie!" — De Falloux beginnt
also, beginnt mit der Behauptung, in der landwirthschaftlichen,
industriellen und kommerziellen Krisis, welche das Land beun=
ruhige und beschwere, sei das einzige Heil= und Hilfsmittel die so=
fortige Auflösung der Nationalwerkstätten, und schließt mit dem
Antrage, ein Dekret zu erlassen, kraft dessen „dieser Herd einer
unfruchtbaren Agitation auf der Stelle und von Grund aus zer=
stört werden soll". Der Repräsentant Corbon, selbst ein Hand=
werker, legt gegen diesen Antrag, als gegen einen unpolitischen,
grausamen und herausfordernden, Protest ein, welcher jedoch keine
Beachtung findet, um so weniger, als jetzt ein Mitglied der
Exekutivkommission, Herr Garnier=Pagès auf der Rednerbühne
sich zeigt, um zu erklären: „Die Regierung hat energische Maß=
regeln ergriffen; sie wird, so es nöthig, noch energischere ergreifen;
man muß ein Ende machen". Der immerwiederkehrende
Chorgesang der Bourgeoisie in dieser Junitragödie! Considerant
schlägt vor, eine von ihm in Gemeinschaft mit Blanc entworfene
Belehrungs= und Versöhnungsproklamation an die Arbeiter zu
richten. „Nicht nöthig!" schreit Baze. „Laßt den General
Cavaignac machen!" Caussidière, in lebhafter Aufrechthaltung
und Unterstützung des Antrags von Considerant: „Um des Him=
mels willen, verhindert doch, daß Paris sich gegenseitig erwürge.
Wißt, die Klubbs der Verzweiflung sind in Permanenz"... Der
Redner wird niedergeschrieen mit den Worten: „Sie sprechen
wie ein Wühler. Zur Ordnung!" Die Mehrheit der Ver=
sammlung nimmt eine von Senard vorgeschlagene Proklamation
von höchst herausforderndem Inhalt an, worin die notorische,
aber wohlbedachte Lüge: „Der Kommunismus steht auf den
Barrikaden und ruft zum Raub und zur Plünderung auf" —
den Haupttrumpf ausmacht. Das ganze Aktenstück klingt wie
das Zittern und Zappeln und Zetern des Geldsacks in Todes=

ängsten. Um 10 Uhr Abends meldet Cavaignac von der Redner=
bühne herab, daß der Aufstand noch unbezwungen und daß es
nöthig erschienen sei, zur Niederwerfung desselben Truppen und
Nationalgarden aus den Provinzen herbeizurufen. Die Ver=
sammlung geht voll Bestürzung auseinander.

Am folgenden Tage, am 24. Juni, ist sie Morgens um 8
Uhr wieder beisammen. Die Nacht über sind die parlamenta=
rischen Partei=Machenschaften in vollem Getriebe gewesen. Die
Republikaner von der Sorte Marrast, Senard und Bastide haben
mit den Orleanisten, Bourbonikern und Loyolaiten von den Sor=
ten Thiers, Berryer und Falloux gemunkelt und gemantscht; so
zwar, daß man zur Losung: „Belagerungszustand und Militär=
diktatur!" sich vereinbart hat. Unter dem vom rechten Ufer der
Seine — die Insurgenten sind dort zum Angriff auf das Stadt=
haus vorgeschritten — herübertönenden Geschützgebrülle und
Gewehrgeknatter, beantragt Pascal Duprat, die Nationalver=
sammlung möge die Verhängung des Belagerungszustandes über
ganz Paris und die Ernennung des Generals Cavaignac zum
Diktator beschließen. Zur Unterstützung des Antrags heult
Bastide förmlich vor Angst auf der Rednerbühne. Der Antrag
wird mit allen gegen 60 Stimmen votirt. Eine Stunde später
schickt die Exekutivkommission, welcher man seit gestern die Hölle
gehörig heiß gemacht, ihre Entlassung ein, eine überflüssige und
gänzlich unbeachtet gebliebene Formalität.

Wir leben in der Zeit der Elektrizitätsschnelligkeit und der
Dampfkraft. Auch die Geschichte verhandelt mittels Telegram=
men und fährt auf Eisenbahnen. Das geht wie der Wind und
gerade so windig. Die erste französische Republik hatte 8 Jahre
gebraucht, um bis zur Militärdiktatur herabzukommen; die zweite
brachte das binnen 4 Monaten zuwege.

8.

Die Cavaignac'sche Diktatur, an welche man Schwachköpfe von Republikanern als an das Mittel, die Republik zu retten, glauben ließ, war ein Machwerk der Royalisten und Jesuiten. Diese von den Herren Thiers und Fallour geleitete Partei durfte mit alledem, was sie seit dem Februar wieder erlangt und erreicht hatte, wohl zufrieden sein. Sie hatte geschickt und erfolgreich geränkelt. Sie hatte mittels der Exekutivkommission die sozial= demokratischen Elemente der provisorischen Regierung schachmatt gesetzt, sie hatte die Exekutivkommission mittels Cavaignacs ge= sprengt und sie bereitete sich jetzt schon im Stillen darauf vor, den General mittels des Louis Bonaparte zu beseitigen, welcher, wähnte sie, hinwiederum als Eselsbrücke zum bourbonischen der orleanischen Königthum hinüberführen sollte, statt dessen aber die Betrüger zu Betrogenen machte.

Zunächst sorgte der Bonapartismus dafür, in diesen schreck= lichen Tagen nicht vergessen zu werden. Ueberall, wo man in den Unheilknäuel der Junischlacht hineingreift, stößt man auf den schwefelgelben bonaparte'schen Komplottfaden. Kaum hatte der „Prinz" vernommen, was in Paris sich vorbereitete, als er am 22. Juni in London sich hinsetzte und nach Paris an den General Rapatel diese Worte schrieb: „General, ich kenne Ihre Gefühle für meine Familie. Wenn die Ereignisse einen für dieselbe gün= stigen Verlauf nehmen, so sollen Sie Kriegsminister sein". Ra= patel brachte dieses Schreiben am 25. Juni dem Oberstlieutenant Charras zur Kunde, welchen der Diktator Cavaignac zu seinem Stellvertreter im Ministerium gemacht hatte. In den Bedräng= nissen des Tages hatte man keine Zeit, sich mit der Sache zu be= fassen; aber jedenfalls ist das prinzliche Billet ein Beweis mehr für die Thatsache, daß der Bonapartismus schon durch den Blut= strom der Junischlacht hindurch seinen Weg zu den Tuilerien ge=

sucht hat, welchen er freilich erst durch den Blutstrom der Dezemberschlächterei hindurch finden sollte.

Auch die Nacht über hatte der Kampf nie ganz geruht und mit dem Morgen des 24. Juni erhob er sich in neuer Wuth und Stärke. Schon um 4 Uhr in der Frühe thaten die Kanonen ihre brüllenden Mäuler wieder auf. Um 5 Uhr begehrte der Bataillonschef Dupont von der 12. Bürgerwehrlegion Gehör bei dem noch schlafenden Cavaignac. Er wird mit mehreren Bürgern, die ihn begleiten, eingeführt. „Was wollen Sie?" fragt der General, ohne aufzustehen. — „Ich komme, Sie zu bitten, die Truppen, von welchen das 12. Arrondissement starrt, zurückzuziehen. Geschieht das, so bürge ich für die Ruhe des Quartiers". — „Unmöglich. Man muß sich schlagen".

Ja, ohne Zweifel, dieser beschränkte Soldatengeist w o l l t e die Schlacht und er sollte seinen Willen haben. Gegen 10 Uhr begann die Straßenschlacht wiederum heftig zu tosen und zwar an Orten, wo sie schon gestern entbrannt war: — in der Cité, allwo die Insurgenten während der Nacht alle die Stellungen, woraus sie Tags zuvor durch Bedeau verdrängt worden, zurückerobert hatten; dann auf der Höhe der Faubourgs Saint-Denis und Poissonière, sowie auf dem linken Flußufer in den Umgebungen des Pantheon. Um diese Zeit war der Aufstand auch in der Vorstadt Saint-Antoine vollständig Herr und Meister. Hier und in der Vorstadt Villette hat er sich dann am längsten gehalten; gehalten bis zur äußersten Möglichkeit, gehalten, bis er seinen letzten Laib Brot verzehrt und seine letzte Kugel verschossen hatte.

Der rechte Mordzorn ist in die aufständischen Massen erst am Nachmittag vom 24. Juni gefahren; erst dann, als die von der Nationalversammlung gefaßten Beschlüsse kundgeworden. Sie wurden auf und hinter den Barrikaden verstanden, wie sie gemeint waren, als eine Herausforderung zum Kampf auf Leben und Tod. Jetzt erst nahm das Fechten einen furchtbar finsteren

Charakter an. Die dreifarbige Fahne verschwand von den Zinnen
der Barrikaden, die rothe wurde aufgepflanzt. Die düstere
Losung der Insurgenten „Brot oder Tod!" verrieth deutlich, daß
der politische Streit hinter dem sozialen verschwand. Der
Klassenkrieg war erklärt, zum ersten Mal offen und ehrlich
erklärt. Bourgeoisie und Proletariat, Kapital und Arbeit traten
an zum mörderischen Waffentanz.

Beide haben denselben heldisch durchgeführt. Bärenmützen
und Blusen, Bürgerwehr- und Barrikadenleute, Soldaten und
Generale haben sich geschlagen, haben sich tödten lassen, wie es
Männern ziemt, die zum Aeußersten entschlossen sind. Eine
Tragik von schmerzlichster Tiefe liegt in der Thatsache, daß die
Bürgerwehrleute, die hüben und drüben, an der Seite der Insurgenten, wie an der Seite der Truppen fochten, mit Todesverachtung fochten, in ihrer weitaus überwiegenden Mehrzahl aufrichtig glaubten, sie kämpften für die Erhaltung der Republik.
Nicht weniger tragisch ist die Thatsache, daß namentlich die Arbeiter der Vorstadt Saint-Antoine der festen Ueberzeugung waren,
sie schlügen sich für die Republik, welche von den Royalisten angegriffen sei, und deßhalb wurden diese braven Menschen zuweilen
ganz verblüfft und versteinert, wenn die Nationalgarde und die
Mobilgarde mit dem Schlachtruf: „Vive la république!" zum
Sturm auf die Barrikaden vorging.

Die bis zum Berserkergrimm gesteigerte Parteinahme der
Mobilgarde gegen die Insurrektion hat zur Bewältigung derselben sehr bedeutend, ja sogar ausschlaggebend mitgewirkt. Die
Mobilgardisten, diese Bataillone von pariser Gamins, haben wie
Helden gefochten, aber auch wie Tiger gewüthet. Sie waren
vom Pulverrauch und Pulverdampf, wie nicht minder vom mit
Pulver gemischten Branntwein förmlich berauscht, bis zum Wahnsinn berauscht. Etwas wie jene unter der malayischen Bevölkerung des ostindischen Archipels einheimische „Mordwuth" kam
über sie. Wetteifernd mit etlichen Linienregimentern, welche in

Afrika die Schule der Entmenschung durchgemacht hatten, schossen
sie ihre Gefangenen erbarmungslos nieder. Man sah sogar
einen dieser vertigerten Straßenjungen in einer der Gefechts-
pausen plötzlich zu seinem Nebenmann, seinem liebsten Kameraden,
sich kehren und demselben mit den Worten: „Wart' mal, ich
schieße dich todt wie einen Hund!" eine Kugel durch den Kopf
jagen. Im nächsten Augenblick warf er sich schluchzend über den
Todten.

Die Kanibalismen, welche von den „Afrikanern" und Mo-
bilgarbisten während der drei Schlachttage verübt worden sind,
machen die von Seiten der Insurgenten vollzogenen Rachethaten
nicht verzeihlich, aber doch begreiflich. Der Insurrektion schwär-
zeste Unthat, durch deren Schwärze jedoch, wie bereits angedeutet
worden, der bewußte schwefelgelbe Faden sich schlängelte, ist am
25. Juni geschehen, die Ermordung des in Gefangenschaft ge-
lockten Generals Bréa und seines Adjutanten Maugin bei der
Barrière von Fontainebleau. Zur Erklärung dieses Mordstreichs
muß übrigens noch erwähnt werden, daß Tags zuvor in der
Straße Saint-Jacques wenn nicht auf Befehl, so doch unter den
Augen des Generals gefangene Insurgenten ohne Erbarmen erschossen worden waren. Dagegen umfließt eine leuchtende
Gloriole den Opfertod des Erzbischofs Affre, welcher an demselben Tage auf seinem Friedensvermittelungsgange beim Eingang zum Faubourg Saint-Antoine die Kugelwunde empfing, an
welcher er zwei Tage später gestorben ist. Cavaignac hatte den
Prälaten dringend gewarnt, der Gang zu den Barrikaden, mitten
zwischen die Kämpfenden hinein, sei zu gefährlich. Allein der
Erzbischof hatte die Warnung abgelehnt mit einem sehr einfachen
Worte, das aber doch mit zu den besten gehört, die jemals aus
Priestermund gegangen sind: — „Mein Leben bedeutet so wenig
(ma vie est si peu de chose)!" Die Todeskugel, welche den
von den Insurgenten bekanntlich mit tiefer Ehrfurcht empfangenen
Friedensprediger traf, ist nicht aus dem Gewehrlauf eines Barri-

fabenmannes, sondern, allerdings nur in Folge eines Mißgriffs,
aus dem eines Soldaten gekommen. Einer der Begleiter des
Prälaten, sein Generalvikar Jaquemont, hat dies ausdrücklich
bezeugt — („qu'il n'a pas été frappé par ceux qui défen-
daient les barricades").

Die grause dreitägige Straßenschlacht in ihren strategischen
und taktischen Einzelnheiten zu schildern und zu erörtern ist
überflüssig, da hierüber sattsam einläßliche Berichte vorliegen.
Sodann wird es, obzwar in unseren Tagen die scheußälige Botschaft des Militarismus von allen Dächern gepredigt und
von der urtheilslosen Menge auch geglaubt wird, wohl ab-
seits noch eine stille Gemeinde geben dürfen, welche der
Meinung lebt, es gehöre mit zu den übrigen Barbareien unserer
Zeit, breitmäulige Darstellungen, wie die Menschen einander
bestienhaft erwürgen, zu entwerfen oder zu lesen. Genug, das
Hauptergebniß des Kampfes am 24. Juni war, daß den Insurgenten die wichtige Stellung im und beim Pantheon definitiv
entrissen wurde. Dieser Erfolg galt für einen so bedeutenden,
daß man in Regierungskreisen um 4 Uhr Abends wähnte, bereits
Herr der ganzen Sachlage zu sein*). Das war freilich eine
schwere Täuschung und am folgenden Tage zeigte die düstere
Physionomie von Paris, daß die Umstände bedrohlicher als je.
Nachmittags sprach man in den regierenden Kreisen unverholen
davon, daß es, den Aufstand zu bemeistern, nöthig werden dürfte,
die Vorstadt Saint-Antoine in die Luft zu sprengen, wogegen
dann etwas später angezeigt wurde, der letzte Herd des Auf-
ruhrs sei ausgelöscht**). Wiederum voreilig und vorzeitig;

*) Depesche Barmans vom 24. Juni, Abends 4 Uhr: „Le pouvoir
est maitre de la situation, mais il y a beaucoup de sang répandu".
S. B. A.

**) Vom 25. Juni: „L'aspect de Paris est toujours sombre; chacun
comprend qu'il ne s'agit plus d'opinions mais de l'existence, même de
l'ordre social." Um 2 Uhr: „On parait décidé à ne reculer devant

Seinepräfektur Trouvé-Chauvel vorgefetzt. Polizeipräfekt wurde
Ducour. So waren die Rollen ausgetheilt und war alles wohl-
bestellt, d. h. ein Regiment der lieben lahmen langweiligen Mittelmäßigkeit errichtet, welches, unfruchtbar im Innern, nach
außen in wahrhaft stupider Weise die Interessen der Völker nicht
nur preisgab, sondern auch mitverrathen half. Die vollendete
staatsmännische Unfähigkeit Cavaignacs und seiner Mit-Honetten
machte diese episodische Regierung zu einem Vorhang, hinter
welchem Royalismus, Bonapartismus und Jesuitismus in
frechster Weise ihre Vorbereitungen zu einem neuen „Aufzug"
getroffen haben . . . .

Zuvörderst lastete auf Paris eine unermeßliche Trauer.
Die Zahl der in der Junischlacht Getödteten und Verwundeten
ist nie genau erhoben worden. Einem im Oktober vom Polizei-
präfekten Ducour erstatteten Bericht zufolge betrug die Gesammtheit der Todten 1460, wovon 2 Drittel der Armee und der
Nationalgarde angehörten. Sechs Generale waren gefallen,
ebenso zwei Mitglieder der Nationalversammlung, und sechs
Generale hatten Wunden davongetragen. In die verschiedenen
Spitäler der Stadt wurden 2529 Verwundete gebracht, aber
man darf mit Bestimmtheit annehmen, daß eine mehr als doppelt
so große Anzahl von Verwundeten in Privathäusern gepflegt
worden ist. Die Revolutionskämpfe vom Juli 1830 und vom
Februar 1848 waren nicht einmal annäherungsweise so blutig
gewesen. Der Angabe des Generals Lamoricière zufolge sind
zur Junischlacht 2,100,000 Gewehrpatronen an die Soldaten
ausgetheilt und sind während der Kampftage ungefähr 3300 Ka-
nonenschüsse gethan worden.

9.

Mit der 7. Abendstunde vom 26. Juni, wo die letzte Barrikade genommen wurde, verschwand das französische Proletariat
von der Bühne der Revolutionsgeschichte des Jahres 1848.
Die Bourgeoisie hatte vollständig obgesiegt und nur s i e war es,
welche die weitere Entwickelung der Dinge bedingte und bestimmte.

Nach erfochtenem Siege begann das Rachewerk, wie das so
herkömmlich unter Menschen. „Wehe den Besiegten!"

Am 27. Juni und noch etliche Tage länger hatte Paris
ganz das Aussehen einer von Feindeshand mit Sturm genommenen Stadt. Die Verwüstung der Quartiere, in welchen der
Kampf getobt hatte, war furchtbar. Ueberall rauchende Trümmer-
stätten, in der Cité, beim Pantheon, in den Zugängen zum
Stadthaus, bei der Porte Saint-Denis. Die Faubourgs Saint-
Antoine und du Temple, wo das Geschützfeuer am ärgsten gewüthet, glichen vom Erdbeben geschüttelten Städten. Während
der Schlachttage hatte Paris trotz des schrecklichen Getöses den
Charakter einer unheimlichen Veröbung getragen, weil die ganze
Bewohnerschaft, die Kämpfenden ausgenommen, in die Häuser
versperrt war. Auch jetzt noch wagten sich erst nur einzelne
Neugierige hervor und sah man auf den Straßen und Plätzen
nichts als Reiterharste, Geschützzüge, Infanteriekolonnen, Bürgerwehrbataillone und dazwischen Haufen von Hunderten, von
Tausenden von Gefangenen.

Ueberall war an Mauern und Wände folgendes Proklam
angeklebt: „Der Chef der Vollziehungsgewalt an die Nationalgarde und die Armee. Bürger! Soldaten! Die heilige Sache
der Republik hat triumphirt. Euer Eifer, euer unerschütterlicher
Muth hat schuldvolle Absichten vereitelt und traurigen Irr-
thümern ihr Recht angethan. Im Namen des Vaterlandes, im
Namen der Menschheit habt Dank für eure Anstrengungen und

seid gesegnet für diesen nothwendigen Sieg! Während des
Kampfes war euer Zorn rechtmäßig und unvermeidlich; jetzo seid
ebenso groß in der Selbstbeherrschung, wie ihr es in der Tapfer=
keit gewesen. In diesem Paris sehe ich Sieger und Besiegte;
sei mein Name verflucht, so ich darein willigte, auch Opfer zu
sehen. Die Gerechtigkeit wird ihren Lauf haben. Sie handle!
Das ist euer, das ist mein Wille!" General E. Cavaignac.

Wie stimmte, was in Paris am 27. Juni und den zunächst
folgenden Tagen geschah, zu diesen Worten? Wie die Rache zur
Versöhnung stimmt. Ob Cavaignac seine Worte nicht zur
Wahrheit machen konnte, ist fraglich; denn der Angstphilister,
bekanntlich eine der grausamsten Bestien, war los und wollte sich
für die ausgestandene Furcht rächen. Daß der General seine
Worte nicht zur Wahrheit gemacht hat, ist gewiß.

Wenn, wie gar nicht zu bestreiten, während der Hitze und
Wuth der Straßenschlacht mindestens 150 gefangene Insurgen=
ten von den Truppen, der Mobilgarde und Bürgerwehr sofort
erschossen, wenn sogar in diesem gräßlichen Ringen Frauen,
welche ihren kämpfenden Männern Brot zutrugen, und Töchter,
welche für ihre verwundeten Väter Charpie zupften, schonungslos
niedergemacht wurden, so ist das zwar scheusälig genug, aber
doch dem Kampfrausch auf Rechnung zu schreiben. Was soll
man jedoch dazu sagen, daß auch nach beendigtem Kampfe das
Erschießen von Gefangenen in der Ebene von Grenelle, auf
dem Kirchhofe Mont=Parnasse, in den Steinbrüchen des Mont=
martre und beim Kloster Saint=Benoit seinen Fortgang hatte?
Was dazu, daß man 500 Gefangene in ein mit flüssigem Koth
angefülltes Kellergewölbe auf der Wasserseite der Tuilerien zu=
sammenstopfte und daß die draußen postirten Schildwachen, wenn
die dem Ersticken nahen Eingepferchten sich zu den vergitterten
Oeffnungen drängten, um nach Luft zu schnappen, ohne weiteres
ihre Gewehre in den unterirdischen Marterraum hinein losfeuer=
ten? Was endlich dazu, daß am 27. Juni, also im ersten Sieges=

taumel und heißesten Rachegrimm, die Nationalversammlung den
Beschluß faßte, es seien alle der Betheiligung an dem Aufstande
„überwiesenen" Gefangenen — es lagen deren nicht weniger als
25,000 in den Kasematten der pariser Forts — ohne Prozeß
und Urtheil in Masse nach Cayenne zu deportiren, und daß dieser
von wahrhaft ungeheuerlicher Rechtsverachtung und Unmensch-
lichkeit zeugende Beschluß an nahezu 10,000 Gefangenen wirklich
vollstreckt worden ist?

Was man zu alledem sagen soll? „Vae victis!" Sonst
nichts. Die Bourgeoisie vermochte das rebellische Proletariat
zu besiegen und zu bestrafen; folglich fühlte sie sich im Recht. Es
ist immer so gewesen und wird immer so sein.

Auf den 6. Juli veranstaltete die Regierung ein pomphaftes
Bestattungsfest für die gefallenen Vertheidiger der „Sache der
Ordnung". Die Ceremonie war steif, gezwungen, kalt, trotz der
Julihitze kalt bis zum Frieren. Die Bourgeoisie mußte ihre
Siegesfeier für sich und in fast unheimlicher Stille begehen; denn
das Volk glänzte durch seine Abwesenheit. „Man sah" — meldet eine Augenzeugin — „man sah bei diesem Feste wohl noch
republikanische Embleme und Symbole, man las noch allenthalben die Devise: Freiheit, Gleichheit, Bruderschaft! aber
jedermann fühlte, daß dies nichts mehr sei als eine bittere
Ironie."

Ja, die Republik war todt, obzwar die Parteien noch eine
Weile mit der Mumie spielten, als wäre sie lebend, bis hernach
aus den Wickelbändern derselben der Bonapartismus sich einen
Kaisermantel zurechtgeschneidert hat.

Von

Achtundvierzig bis Einundfünfzig.

Eine Komödie der Weltgeschichte.

Von

Johannes Scherr.

Du wirfst nicht, alles bleibt stumpf. —
Sei guter Dinge!
Der Stein im Sumpf
Macht keine Ringe.

Göthe

Zweiter Band.

Zweite Hälfte.

Leipzig

Verlag von Otto Wigand.

1870.

Inhalt.

NB Dem auf S. 76 stehenden Citat aus Horaz fehlt der Nachsatz und damit der Sinn. Es muß heißen:

„Comes minore sum futurus in metu,
Qui major absentes habet,
Ut adsidens implumibus pullis avis
Serpentium adlapsus timet
Magis relictis, non uti sit auxili
Latura plus praesentibus.

(Zur Seite dir bin minder ich in Sorg' und Angst,
Die den Entfernten stärker plagt,
Dem Vogel gleich, der bei der federlosen Brut
Der Schlangen Anschlich fürchtend sitzt,
Und wenn er fern ist, mehr sich ängstigt, ob er gleich
Mit seiner Gegenwart nicht hilft.)"

VII.

Radetzky-Marsch.

1.

In der Morgenfrühe eines Dezembertages von 1845 fand sich im königlichen Palast zu Turin ein Mann ein, welcher nachmals einen berühmten Namen in der Geschichte Italiens gewonnen hat, zur Zeit aber nur als ein mittelmäßiger Maler und breitspuriger Novellist bekannt war: der Marchese Massimo d'Azeglio. Der Sardenkönig hatte ihm die erbetene Audienz gewährt und zwar zur sechsten Morgenstunde, wie es Karlo Alberto's Gewohnheit gewesen ist. Die Stadt schlief noch, der Palast stand hell erleuchtet; draußen und drinnen ahnte jedoch, zwei Personen ausgenommen, niemand, daß diese Stunde eine geschichtliche von großer Tragweite sei.

Signore Massimo hatte nur wenige Sekunden im Vorzimmer gewartet, als ihm der Kammerdiener die Thüre aufthat und ihn durch den Gala-Audienzsal in das Kabinett des Königs geleitete. Karlo Alberto stand am Fenster, erwiderte mit höflichem Kopfnicken die Verbeugung des piemontesischen Edelmanns, hieß ihn sitzen, nahm ihm gegenüber Platz und fragte ihn „mit der dem König ganz eigenthümlich gütigen Weise" nach seinem Befinden. Der gute Massimo, dem seine grausam langweiligen

Romane, sein kenntnißloses Schimpfen auf die Deutschen und
sein Waschlappen-Liberalismus um seiner aufrichtigen Liebe zu
Italien willen verziehen sein mögen, sah sich den langen, magern,
bleichen Monarchen an, dessen Gesichtszüge beim Sprechen einen
„so sanften Ausdruck hatten“ und dessen Stimme „so angenehm“
klang, und die Erinnerung, wie schamlos und schmachvoll dieser
Mensch die italische Sache zweimal verrathen hatte (1821 und
1832), erwachte in dem Patrioten, erwachte mit solcher Kraft,
daß er unwillkürlich zu sich selber sagte: Massimo, traue nicht!*)
„Come sta?“ wiederholte Karlo Alberto. — „Gut, was
meine Person angeht.“ — „Wohl, und jetzt, woher kommen
Sie?“ — „Majestät, ich komme von einer Rundreise in Italien;
ich bin von Stadt zu Stadt gewandert, und wenn ich eine Audienz
nachgesucht habe, so geschah es in der Absicht, Eure Majestät zu
fragen, ob Sie mir gestatten wollten, eine Schilderung der
gegenwärtigen Lage und Stimmung Italiens zu entwerfen und

---

*) Der Name Karlo Alberto's oder vielmehr der des Prinzen
Karignano, denn diesen Titel hatte ja der Verräther von 1821 damals
geführt, war, wie jedermann weiß, in den 20ger und 30ger Jahren geradezu eine Verwünschung im Munde jedes italischen Patrioten gewesen. Am
nachdrucksamsten aber hatte diese Verwünschung ausgesprochen der geniale
und hochgesinnte Romanzendichter Giovanni Berchet in einer Strophe seiner
„Klarina:“

    „Esecrato, o Carignano,
    Va il tuo nome in ogni gente!
    Non v'è clima sì lontano
    Ove il tedio, lo squallor
    La bestemmia d'un faggente
    Non ti annunzi traditor.“
    (Hochverflucht, o Karignan,
    Ist dein Nam' bei männiglich!
    Kein Ort auf der weiten Erde,
    Allwo dich nicht gramverzehrte
    Flüchtlinge mit Grimmgebärde
    Vermaledei'n, Verräther, dich!)

davon zu reden, was ich hinſichtlich politiſcher Anſchauungen ſah
und hörte, ſowie mit Männern von verſchiedenen Lebens-
ſtellungen beſprach und verhandelte."

In Wahrheit, der Marcheſe d'Azeglio kam ſo eben von
einer politiſchen Rundreiſe zurück, welche er im Sinn und Dienſt
des italiſchen Liberalismus unternommen hatte und die von weit-
greifenden Folgen wurde. Es hatte dabei gegolten, der mazzi-
niſch-republikaniſchen Agitation entgegenzuwirken, das allein-
ſeligmachende konſtitutionell-monarchiſche Heil zu predigen, den
Sardenkönig als Heiland Italiens zu proklamiren und eine Verbindung zu organiſiren, welche fünfzehn Jahre ſpäter in dem
deutſchen „Nationalverein" eine Nachahmung fand. Der italiſche Nationalverein, deſſen feſtere Organiſation der Marcheſe
in Terni zuwegegebracht hatte, hieß „La trafila" und die
„Drahtzieher" (trafilatori), die italiſchen Nationalliberalen,
gaben die Loſung aus, es müßten die Italiener ruhig gehalten,
vor jeder Kraftverzettelung in verfrühten und hoffnungsloſen
Aufſtänden bewahrt und auf eine große europäiſche Bewegung
vertröſtet werden, welche Bewegung den einzig-günſtigen Augenblick zur nationalen Erhebung bringen könnte. Sobann müßte
den italiſchen Patrioten die konſtitutionelle Monarchie als künftige Staatsform der Halbinſel und endlich der Sardenkönig als
erſter, ja einziger Anhaltspunkt gezeigt werden. Dieſer letzte
Paragraph des Programms hatte großes Bedenken erregt und
heftige Beſtreitung erfahren. An verſchiedenen Orten hatte der
nationalliberale Weibel und Werber die bitter betonte Frage
hören müſſen: „Wie, auf Karlo Alberto wollt ihr hoffen?"
Worauf der Marcheſe: „Wenn ihr nicht auf ihn hoffen wollt,
ſo laßt es bleiben; dann jedoch müßt ihr überhaupt zu hoffen
aufhören und euch ergeben" — „Aber 1821 und 1832?" —
„Gefallen auch mir nicht. Aber ich will euch ein Gleichniß
ſagen: Falls ihr einem Dieb zumuthet, ein Ehrenmann zu ſein,
und er euch das verſpricht, ſo habt ihr guten Grund, zu zweifeln,

1*

ob er sein Wort halten werde; falls ihr aber einen Dieb zum
Rauben einladet und er verspricht, der Einladung nachzukommen,
so wird er sein Wort halten und ihr habt keinen Grund, daran
zu zweifeln".... Diese für Karlo Alberto nicht gerade schmei=
chelhafte Parabel zeigt drastisch genug, wie der italische Libera=
lismus von seinem „Heiland" eigentlich dachte. Allein was
weiter? Der Liberalismus ist bekanntlich ein praktischer Mensch
und Geschäftemacher; folglich weiß er, daß die weltgeschichtliche
Firma Lump und Kompagnie, von Pessimisten auch Societas
humana genannt, mit Vorliebe Gauner und Halunken als
Kommis anstellt....

„Sprechen Sie nur, es wird mir Vergnügen machen",
sagte der König zum Marchese, worauf dieser auseinandersetzte,
warum und wie die nationalliberale Partei im Gegensatze zur
nationalradikalen sich neuestens organisirt habe. Die Mitglieder
dieser Partei seien überzeugt, daß auf den Wegen, welchen die
patriotische Verzweiflung seit 1814 in Italien eingeschlagen
habe, nichts zu erreichen wäre; sie lebten des Glaubens, daß
ohne Macht nichts ausgerichtet, das Joch der Fremdherrschaft
nicht gebrochen werden könnte. Die Nationalliberalen wüßten,
daß Karlo Alberto allein in Italien Macht besäße, daß man aber
auf diese Macht nicht rechnen dürfte, so lange Europa ruhig
bliebe. Der Sprecher schloß mit den Worten: „Man muß
weiter arbeiten, man muß mittels einer neuen Idee die alte Ver=
zweiflung in Schranken halten und ihr den richtigen Weg vor=
zeichnen. Dafür bin ich umhergezogen, habe verhandelt, ge=
redet, überredet und Resultate gewonnen. An Eurer Majestät
ist es nun, mir zu sagen, ob Sie billigen, was ich gethan, und
ob die Hoffnungen, welche Italien auf Sie setzt, zu erhalten und
zu kräftigen sind."

Ohne Zögern erwiderte der König mit fest auf den Frager
gerichtetem Blicke: „Lassen Sie jene Herren wissen, sie möchten
sich ruhig verhalten, sich nicht rühren, weil dermalen nichts zu

machen ist. Aber thun Sie denselben auch kund und zu wissen, daß ich, sowie sich eine günstige Gelegenheit bietet, mein Leben, das meiner Söhne, mein Geld und meine Waffen, mein Heer und alles für die Sache Italiens hingeben werde". Der Marchese war vom Entzücken über diese unumwundene, entschlossene Antwort tiefgerührt, so sehr, daß er nur eine Wiederholung der vernommenen königlichen Worte hervorzustammeln vermochte: "So werde ich also jene Herren wissen lassen, daß" u. s. w. Karlo Alberto nickte beifällig mit dem Kopfe; dann stand er auf und entließ das Haupt der Trasila mit Umarmung und Kuß. "Diese Umarmung — erzählt Massimo — hatte etwas Gezwungenes, Kaltes, ja Düsteres und in meinem Herzen sprach wieder die mahnende Stimme: Traue nicht!"

Das Bedenken kam aber zu spät, wurde auch rasch verwunden und in jener Wintermorgenstunde ist das Bündniß der italischen Bourgeoisie, zu welcher ein sehr großer Theil, ja wohl die Mehrzahl des Adels gehörte, mit dem Hause Savoyen zum Abschlusse gekommen*). Karlo Alberto, der Lügner von 1821 und 1832, hat 1845 nicht gelogen; nur dachte er sich selbstverständlich unter der "Sache Italiens" die Interessen des Hauses Savoyen. Phrasen müssen aber sein, vollends bei Gelegenheiten, wo Monarchismus und Liberalismus einander zu überschlaumaiern suchen. Im Uebrigen war bei dem im turiner Schlosse festgemachten Pakt eine von den italischen Liberalen stillschweigend gestellte und von Karlo Alberto stillschweigend angenommene Bedingung diese, daß der künftige „Re d'Italia" die konstitutionellen Marionetten tanzen und die parlamentarischen Kreisel surren lassen würde. Der Sardenkönig kam der über-

---

*) Ich brauche kaum zu sagen, daß die sämmtlichen Einzelnheiten des geschilderten Auftritts den Denkwürdigkeiten ("i miei ricordi", 1868), von Massimo d'Azeglio entnommen sind, also einer Quelle, deren Lauterkeit keiner Anzweifelung untersteht.

nommenen Verpflichtung drei Jahre später wirklich nach, indem
er am 5. März von 1848 den „Statuto", das konstitutionelle
Staatsgrundgesetz für sein Land verkündigen ließ.

Die Allianz des italischen Liberalismus mit dem Dynasti=
cismus des Hauses Savoyen hat sich — jedermann weiß es —
dauernd und erfolgreich erwiesen. Was die Wohlmeinenheit von
Männern wie Massimo d'Azeglio angebahnt hatte, vollendete
später die strupellose Pfiffigkeit eines Cavour, — sofern man
nämlich ein Werk ein vollendetes nennen darf, welches, alle
Phrasendraperien bei Seite geschoben, der armen Italia das
lothringisch=habsburgische Joch nur vom Nacken nahm, um ihr
dafür das sogeheißen bonapartische aufzulegen. Indessen —
„die Welt will betrogen sein" und darum kann man ja wohl
dem italischen Liberalismus die Freude lassen, so zu thun, als
hätte er sein Land befreit und geeinigt. Ganz unbestreitbar
wahr ist, daß edelste Begeisterung und selbstloseste Hingebung
dies Werk nicht zu schaffen vermochten und daß die Geschichte der
italischen Revolution — wenn von einer solchen überhaupt die
Rede sein kann — unwidersprechlich darthut, wie ohnmächtig die
idealen Mächte den realen Verhältnissen gegenüber sind und wie
sehr der alte Oxenstjerna mit seinem: „An nescis, mi fili,
quantilla sapientia regitur orbis?" rechthatte.

In Wahrheit, auf der einen Seite die selbstgefällige Be=
schränktheit, das Ordinäre, Mittelmäßige — was alles die Leute
„Mäßigung" zu nennen pflegen — auf der andern Seite die
aalglatte Gaunerei und die bronzestirnig=selbstsüchtige Schurkerei,
sie mitsammen regieren die Welt. Es ist ganz lächerlich, zu ver=
langen oder zu erwarten, daß Wahrheit, Recht, Uneigennützigkeit
und andere Ideale mehr in der menschlichen Gesellschaft, wie sie
nun einmal ist, Erfolg haben sollten oder könnten. Erfolg oder
Nichterfolg sind aber das einzige Kriterium, das einzige Recht
oder Unrecht. Idealismen werden am und im sozialen Bau
allzeit nur eine dekorative Bedeutung haben und der ungeheuren

Mehrzahl der ungefiederten Zweifüßler vollständig unverständlich
und gleichgiltig sein. Denn „aus Gemeinem ist der Mensch gemacht" und demnach muß er sich allem Gemeinen wahlverwandt
fühlen. Ausnahmen gibt es, ja wohl; aber diese Ausnahmen
bezeugen bloß die Herrschaft der Regel. Und wehe den Ausnahmen! Die ganze Weltgeschichte ist nur eine fortgesetzte Verleugnung dieser Ausnahmen, der armen thörichten Idealiker und
Enthusiasten. Von keinem einzigen Träger des Genius, von
keinem einzigen echten und rechten Helden der Menschheit ist gesagt und gesungen:

> „Hat sich ein Ränzlein angemäst't
> Alswie der Doktor Luther" —

welcher Doktor, Dank seiner theologischen Verbohrtheit und
beschränktunterthanverständigen „Mäßigung", bei „Weib, Wein
und Gesang" ein behagliches Dasein führte und bequem in
seinem Bette starb, während die genialen, selbstsuchtlosen und
hochherzigen Herolde des reformatorischen Gedankens, die Savo-
narola, Hutten, Münzer, Zwingli, Bruno und andere viele auf
dem Scheiterhaufen, auf dem Schlachtfeld, im Kerker oder im
Exil zu Grunde gingen und der größte Mann des ganzen Refor-
mationszeitalters, Oliver Kromwell, wenigstens als Leichnam
noch an den Galgen kam. Und wie war es zur Zeit der großen
Revolution? Alle die hochgestimmten und hochgesinnten Enthusiasten von der Gironde und von der Montagne mußten zur
Strafe für ihren Glauben an das Ideal ihre Köpfe auf das
Schaffot tragen; aber die mit Gewissenlosigkeit eingeseiften
Schufte und Schurken, die Talleyrand, Kambacérès, Fouché
und Konsorten, sie wurden Grandseigneurs und Millionäre.
Und nicht genug, daß die wahren Vorturner und Vorfechter der
Menschheit, die „Schwarmgeister", wie der verheiratete Mönch
von Wittenberg sie schimpfte, oder die „Ideologen", wie der
glückliche Verbrecher vom 18. Brumaire sie schalt, verfemte und
verfolgte Habenichtse und Märthrer auf Erden sind, auch die

Nachwelt, an Gemeinheit der Mitwelt ebenbürtig, versagt ihnen
Gerechtigkeit. Nicht genug, daß die Metze Fortuna regelmäßig
nur den Mittelmäßigen und Schlechten, den Gauklern und Gau-
nern sich zuwendet, auch die Golem-Historia, wie sie von Hof-
und Kirchenräthen zusammengeplätzt wird, verdonnert die
„Schwärmer", die „Idealnarren", die „Prinzipienreiter" und
preis't die „Gemäßigten", die Windfahnen, die pfiffigen Witterer
und feigen Zitterer. Das ist der Lauf der Welt und muß es
sein; denn „aus Gemeinem ist der Mensch gemacht".

<hr />

2.

Sothaner Pessimismus hat schon recht; aber mit dem
Rechthaben kommt man bekanntlich nicht weit auf Erden. Rechthaben thut's nicht, wohl aber Gewalthaben.

Kein auch nur halbwegs anständiger Mensch wird leugnen,
daß die italischen Patrioten im Frühling von 1848 das Recht
hatten, gegen die Fremd- und Zwingherrschaft des Hauses
Lothringen-Habsburg und der verschiedenen östreichischen Vögte
auf Italiens Thronen und Thrönchen sich zu empören. Allein
der alte Radetzky erwies in den Disputationen von Santa Lucia,
Custozza und Novara nachdrucksam die Chimärenhaftigkeit dieses
Rechthabens. Der Radetzky-Marsch pfiff, trommelte und
trompetete den Sorgete-Italiani-Hymnus zu Boden.

Der zweiundachtzigjährige östreichische Feldmarschall, Graf
Joseph Radetzky, ein verdeutschter oder wenigstens veröstreichter
Czeche, geboren 1766 zu Trebnitz in Böhmen, macht zweifels-
ohne die bedeutendste historische Figur des „Tollen Jahres".
Aus der dazumal schnatternden Gänseheerde von Schwatzweibern
hob sich dieser greise Thatmann wie ein Koloß empor. Ein
Unglücksmann für Europa, sicherlich! aber doch ein Mann,

ein Können und Thäter, welchen anzusehen für das vom Anblick
so vieler biedermaierisch-impotenter Woller, Wünscher und
Klätscher ermüdete und angeekelte Auge erfrischend und wohl-
thuend ist. Mit der Last von 82 Jahren auf dem Rücken und
unter den ungünstigsten Umständen das aus den Fugen gegangene
Oestreich wiedereinzurenken — was Radetzky durch seine lombardischen Siege gethan hat — das war kein Spaß, sondern eine
verzweifelt ernste Arbeit. Respekt also vor dem resoluten
Hamlet*) oder vielmehr Nicht-Hamlet im weißen Marschallsrock,
Respekt! und thät' es auch allen liberalen und radikalen Maul-
trommeln jenseits und diesseits der Alpen in den Zungenspitzen
weh.... Der Alte hatte 1787 zur schwarzgelben Fahne geschworen als Kürassier-Kadett, hatte zuerst im Türkenkriege von
1789 unter Laudons Kommando Pulver gerochen und dann die
Schule der Kämpfe Oestreichs gegen die französische Republik
und das Empire durchgemacht. Als Rittmeister focht er 1794
unter Klerfayt in Flandern, als Generalstäbler 1799 unter
Melas in Italien, als Kürassieroberst bei Marengo, als Reiter-
general bei Aspern und Wagram. In den schicksalsvollen Jahren
1813—15 hatte er bereits einen großen Stand in der militärischen Welt: er war der Chef von Schwarzenbergs Generalstab,
sowie auch einer der Dreimänner, welche am 10. Juli von 1813
den berühmten widernapoleonischen Kriegsplan von Trachenberg
feststellten (der Oestreicher Radetzky, der Preuße Knesebeck und
der Deutschrusse Toll), jenen Kriegsplan, dessen erfolgreiches
Einhalten von seiten der Verbündeten den Empereur in einem
seiner bestialischen Wuthkrämpfe kreischen machte: „Diese Viecher
haben etwas gelernt (ces animaux ont compris quelque
chose)"! Nun, er hatte sie auch lange genug in der Lehre gehabt, das muß man sagen. Der zu jener Zeit gemeisterte und

---

*) The time is out of joint — O cursed spite,
That ever I was born to set it right! Hamlet, I, 5.

bemeisterte Schlachtenmeister hatte zwar, falls man dem General Jomini glauben darf, keine sehr hohe Meinung von Radetzky's Befähigung zum Generalstabschef („il n'avait pas l'experience d'une pareille charge"), indessen hat der Marschall, welcher, nachdem er kommandirender General in Ungarn und Mähren gewesen, im Jahre 1831 mit dem Oberbefehlshaberstab der östreichischen Armee in Italien betraut worden war, das Examen rigorosum von 1848—49 als Stratey und Taktiker der Art bestanden, daß ihm eine gute Note zu geben wohl auch Napoleon anständiger Weise nicht umhingekonnt hätte. Der Marschall war zu gescheid, um die herandrohende Katastrophe nicht vorauszusehen. Er hatte auch, soweit es an ihm lag, auf dieselbe sich vorbereitet: namentlich dadurch, daß er den Boden, auf welchem er, wie er erwartete, würde schlagen müssen, genau studirte; ferner dadurch, daß er sich einen Kreis tüchtiger Untergenerale heranbildete (Gorzkowsky, Wratislaw, d'Aspre, Thurn, Welden, Nugent), und endlich dadurch, daß er dem von ihm befehligten Heere, vom Oberoffizier bis zum letzten Fuhrknecht herab, ein unbedingtes Vertrauen auf und eine enthusiastische Liebe für den Feldherrn einzuflößen verstand. Radetzky besaß superlativisch jene magische Macht der Persönlichkeit, mittels welcher berühmte Landsknechtebandenführer früherer Zeit, ein Sickingen, ein Frundsberg, die disparatesten Elemente zu einem harmonischen Heerganzen zusammenzubinden vermocht hatten. Darum war die schwarzgelbe Fahne in der Hand des Marschalls ein Palladium, ein Fetisch, dem alle die widerhaarigen Nationalitäten, aus welchen die östreichische Armee zusammengesetzt war — sogar die italische Nationalität nicht ganz ausgenommen — mit religiösem Denknichts-Fanatismus anhingen. Summa: kein gewöhnlicher, sondern ein bedeutender Mensch, ein umsichtiger Politiker und tüchtiger Heerführer, seinem Hauptgegner, dem Sardenkönig, in jeder Beziehung weit überlegen. Auch die Generale Karl Alberts, die Bava, Sonnaz, Salasco, Chioto

und andere, vermochten gegen die radetzky'schen nicht aufzu-
kommen. Die piemontesischen Soldaten sodann waren zwar die
tüchtigsten und geschultesten in Italien und haben sich sehr brav
geschlagen; allein sowie die sardinische Heermaschine einmal
ernstlich arbeiten sollte, erwies sie sich als Flick- und Lotterwerk.
Der Unzulänglichkeit der Führer entsprach die Unzulänglichkeit
der Ausrüstung und eine im Ganzen mangelhafte Organisation
wurde nicht verbessert durch den Mischmasch von Unkenntniß und
Gewissenlosigkeit, welcher im Einzelnen handirte. Die General-
stabsoffiziere erwiesen sich vor dem Feinde alsbald als das, was
sie waren, als unwissende Junker, und von den Subalternoffizieren bis zum Major und Regimentsoberst aufwärts glichen
viele auf's Haar jenen preußischen halbinvaliden und ganzstu-
piden Schmeerbäuchen von Majoren und Obersten, welche Anno
1806 bei Jena zu hauen glaubten, aber gehauen wurden. Sogar
mit der numerischen Beschaffenheit der sardinischen Streitkräfte
sah es anfangs wenig hoffnungsvoll aus. Man hatte zwar die
Kriegsstärke der regulären Armee glücklich bis zur Höhe von
60,000 Mann und drüber hinaufgeschraubt, aber nur auf dem
Papier. Der Zuwachs, welchen das sardische Heer durch die
lombardischen und sonstigen italischen Freischärler erhielt, war
zwar der Zahl nach ziemlich beträchtlich, thatsächlich aber ziemlich
wirkungslos. Der italische Feldzug von 1848 hat, wie die kriegerischen Ereignisse von 1848 und 1849 überhaupt, sehr nach-
druckfam erwiesen, daß Freischaren im ersten Feuer der Revolu-
tionsbegeisterung innerhalb aufgestandener Städte wohl regel-
rechte Truppen bekämpfen und zum Weichen bringen können, daß sie
jedoch, selbst zähe Ausdauer und aufopfernde Tapferkeit auf ihrer
Seite vorausgesetzt, im offenen Felde gegen geordnete und auch
nur halbwegs gutgeführte Truppenmassen nie etwas Nennenswerthes auszurichten vermögen. Die ganze Laufbahn des größten
Freischarenführers unseres Jahrhunderts, die Laufbahn von Giuseppe Garibaldi, illustrirt diesen Satz handgreiflich deutlich.

3.

Als die großen Botschaften von den pariser Februartagen und von den wiener und mailänder Märztagen nach Turin gelangt waren, sagte Karlo Alberto, was Hunderttausende von Italienern damals zu den Sternen hinaufjubelten: „Il gran momento è venuto!" Aber der alte Radetzky, nach seinem Abzug aus Mailand mühselig über die Abba und gegen den Mincio hin retirirend, dachte: Wollen sehen, ob er wirklich gekommen! — nämlich der große Augenblick, wo das Schwarzgelb vor dem Grünweißroth über die Alpen zurückweichen müßte.

Am 22. März noch hatte zwar das konstitutionelle Ministerium Karlo Alberto's dem östreichischen Gesandten auf dessen Beschwerde, daß sich in und um Turin Freischärler mit wideröstreichischem Geschrei großmachten, die schriftliche Versicherung gegeben, daß „die sardinische Regierung von dem Wunsche beseelt sei, alles zu thun, was die freundnachbarlichen Beziehungen zu Oestreich kräftigen könnte;" aber schon am folgenden Tage, Nachmittags, glaubten der König, der Graf Balbo und seine Mitminister die „große Stunde" gekommen, das Kreuz von Savoyen gegen den östreichischen Doppeladler ins Feld zu tragen. Radetzky mit seinen „stupidi Croati" war ja fort aus Mailand. Die mailänder „Trafilatori" hatten Sorge getragen, ihre gewähnte „Spada d'Italia" schleunigst von dieser Thatsache in Kenntniß zu setzen und besagten gekrönten Degen auszufordern, eilends nach der Hauptstadt der Lombardei zu kommen — an der Spitze seiner unbesieglichen Armee, versteht sich — weil sonst zweifelsohne die bösen Mazzinisten die Milch frommer, will sagen monarchischer Denkungsart in das gährende Drachengift des Republikanismus umschlagen machen könnten. Alles war ja möglich in dem gränzenlosen Wirrsal, welches in jenen Tagen die apenninische Halbinsel durchschütterte, erdbebenkrämpfig, vom Mont Cenis bis zur Südspitze von Kalabrien.

Man darf auch, um gerecht zu sein, den italischen Liberalen nicht allzu sehr übelnehmen, daß sie in dieser chaotischen Krisis Dummheit auf Dummheit plätzten und die Sache ihres Landes so schlecht führten, wie sie thaten. Der Liberalismus war eben auch in Italien wie überall. Als die richtige Mittelmäßigkeit, welche er ist, wird er es nie dazu bringen, Großes groß zu fassen und zu führen. Er fühlt sich nur in der dumpfen Atmosphäre der parlamentarischen Schwatzbude daheim. Im scharfen Luftzug des Volkslebens oder gar vom Orkan der Revolution umtobt, wird der arme Halbling von Doktrinär zum Konfusius Konfusiorum, zum perplexen Konfusionasinus, der nach Ruhe um jeden Preis schreit, wie nur je ein Esel nach einer Distel schrie. Endlich muß man den italischen Liberalen zu ihrer Entschuldigung nachsagen, daß sie, wenn sie von seiten des fürchterlichen Mazzini und des fürchterlicheren Mazzinismus eine Gefahr für ihren konstitutionellen Schnickschnack besorgten, wenigstens einen weit realeren Grund zur Furcht hatten als ihre deutschen Mitliberalen, welche, angesichts der drei Dutzend Republikaner, die es Anno 1848 in deutschen Landen gab, mit Kindergeflenn zur Domina Monarchia eilten und sie anschluchzten: Mama, beschütz' uns um Gottes willen vor dem rothen Butzemann!

Noch am Abend des 23. März wurde man in Turin schlüssig, den gekommenen großen Moment zu benützen und die sardische Dynastie zur italischen zu machen, besonders als aus Mailand die Herren Martini und Bimercati angelangt waren und von seiten der dortigen provisorischen Regierung ein förmliches Gesuch um Unterstützung mitgebracht hatten. Das alte Axiom des Hauses Savoyen: „Die Lombardei ist eine Artischoke, die man Blatt für Blatt essen muß" — galt jetzt für antiquirt: man hoffte die Artischoke mit e i n e m Schluck und Druck in den savoyischen Magen befördern und so zu sagen als Sauce Parma und Modena mitlaufen lassen zu können. Nebenbei hat Karl Albert wohl auch gefühlt, daß es schön sein müßte, mit dem Nützlichen das Angenehme zu verbinden, d. h. bei dieser Gelegenheit von dem häßlichen Makel, welchen seine zweimal an der italischen Sache früher begangene Verrätherei ihm angeheftet hatte, sich reinzubrennen. Daß man aber dem dynastischen Zweck den gleißenden Nationalmantel umhängen müßte, verstand sich schon im Hinblick auf die Möglichkeit republikanischer Regungen von selbst. Man beschloß also, in die Lombardei einzubrechen, und rief die gesammte Armee eilends unter die Waffen. Muth ist sonst bekanntlich keine der Eigenschaften des Liberalismus; aber eine Sorte von Muth besitzt er doch in hohem Grade, näm= lich den Muth, sich lächerlich zu machen. Diesen bewährten auch Karl Alberts Minister, indem sie den Kriegsbeschluß gegen Oest= reich damit motivirten, dieses hätte durch seine neuesten Verträge (vom Dezember 1847) mit den mittelitalischen Herzogen sein Machtgebiet rechtswidrig bis an's Mittelmeer ausgedehnt.

Am folgenden Tage (24. März) ließ der König seinem Aufbruch nach der Lombardei ein Manifest voraufgehen, welches besonders durch die darin vorkommende Phrase, Gott — der „liebe“ Gott wird bei solchen Anlässen bekanntlich immer stark behelligt — habe Italien mittels wunderbarer Umwälzungen in den Stand gesetzt, durch eigene Kraft etwas zu werden (wörtlich: sich von selbst zu machen „di fare da se“) — berühmt, ja sprich= wörtlich geworden ist. Zwei Tage darauf rückte bereits eine erste Brigade des piemontesischen Heeres in Mailand ein. Karl Al= bert selbst raffte von seinen sich sammelnden Truppen die zunächst marschfähigen, etwa 24,000 Mann, zusammen, überschritt den Po und zog auf Pavia, woselbst am 29. März Abgeordnete Mai= lands und anderer lombardischer Städte ihn begrüßten. Aber als was? Das ließ man beiderseits in der Schwebe. Der Kö= nig hatte nicht die Energie, sich ohne weiteres als „Re d'Italia“ darzustellen und zu proklamiren, und die Liberalen hinwieder wagten das auch nicht, was beweist, daß der Royalismus doch nicht so selbstverständlich die ungeheuere Mehrheit der Bevöl=

kerung für sich hatte, wie die Signori von der Trasila sich selbst und andere glauben machen wollten.

Kein Wunder übrigens, wenn in den schwirrenden Tumult des Tages weder der schwache Karl Albert noch seine Anhänger den richtigen Weg zu wählen und mit Entschiedenheit zu wandeln wußten. Das Glück war auch gar zu märchenhaft blau vom Himmel auf Italien herabgefallen. Der Abzug der Weißröcke aus der Hauptstadt der Lombardei rief einen Rausch hervor, dem es ganz undenkbar vorkam, daß die schwarzgelbe Fahne jemals wieder vom mailänder Dome wehen könnte. Die Nachricht von der siegreichen Erhebung Venedigs, alle die Mirakelbotschaften aus Parma, Modena, Florenz, Rom, Neapel mußten den Rausch zum Delirium steigern. Wenn man vernahm, daß nicht allein aus allen italischen Landschaften Freischaren gen Oberitalien sich aufmachten — eine neapolitanische unter der Führung der Prinzessin Belgiojoso —, sondern daß auch die italischen Fürsten, soweit sie auf ihren Thronen noch seßhaft, für die italische Nationalsache und gegen Oestreich sich erklärten, ja daß Leopold von Toskana, Papst Pius und Ferdinand von Neapel Truppen nach Oberitalien zu senden sich anschickten, damit dieselben, an der Seite der Piemontesen und Lombarden fechtend, die „deutschen Barbaren" und „weißröckigen Talgfresser" gänzlich vom italischen Boden wegzutilgen mithälfen, wenn man hörte, daß der Statthalter Christi den nach der Lombardei aufbrechenden „Kreuzfahrern", unter welche zwei seiner Neffen sich eingereiht hatten, vom Balkon des Quirinals herab seinen Segen gespendet habe — (obzwar in sehr zweideutigen Ausdrücken) — wenn es vom Fuße des Vesuv heraufscholl, daß der jetzo ja auch „gut italisch und konstitutionell" gesinnte König ein Truppenkorps von 15,000 Mann und zwar unter dem Kommando von Guglielmo Pepe, dem altberühmten „Soldaten der Freiheit", der guten Sache zu Hilfe senden werde: — ja, wenn alle diese glorreichen Neuigkeiten in Ohren hineinfeuerwerkten, welche an ohnehin schon südlich heißen

Röpfen hafteten, so war es ganz in der Ordnung, daß die Köpfe
wirbelig wurden und die Patrioten, auf deren Schultern diese
Röpfe saßen, für das Zunächstliegende und Zunächstnöthige keinen
Sinn und Verstand hatten, sondern als von etwas Selbstverständ-
lichem davon phantasirten und delirirten, es müßten, nun die besagten „Barbaren“ und „Talgfresser“ auf Nimmerwiederkehr
vertrieben seien, sofort auch Istrien, Illyrien, Welschtirol und
Dalmatien zu dem befreiten Italien geschlagen werden.

Zweifelsohne sahen Karl Albert und seine Rathgeber die
Sache etwas nüchterner an. Aber konnte, durfte man in die
hochlodernde Glut der Begeisterung den staatsmännisch-kalten
Wasserstral hineinspritzen, es handle sich für das Haus Savoyen
zunächst und allermeist darum, die erwähnte „Artischoke“ zu verschlucken? Gewiß nicht. Der Sardenkönig stellte sich daher als
den, wie er in einer seiner Proklamationen sagte, „von der Hand
Gottes getriebenen“ Streiter für die Sache Italiens dar und
ließ nur bescheiden, obzwar deutlich, durchblicken, daß er erwarte,
der „Wille der Nation“ werde seiner Zeit ihm zu Willen sein,
d. h. ihm die Krone des künftigen „Regno d'Italia“ aufsetzen.
In derselben Proklamation — von Lodi aus erlassen — prophe-
zeite Karl Albert zuversichtlich: „Italiener, binnen kurzer Zeit
wird unser Vaterland von Feinden frei sein. Meine Waffen
werden den Kampf abkürzen. Euer Sieg ist sicher!“ ... Derartige Prophezeiungen waren im „tollen“ Jahre gäng und gäbe.
Es gab dazumal mehr Propheten als rothe Hunde. Es gab
auch etliche echte, freilich nur sehr wenige, welche weissagten, der
ganze Schwindel werde ein klägliches Ende nehmen. Aber das
glaubte natürlich kein Mensch. Es ist so süß, sich belügen zu
lassen; wie in der Liebe, so auch in der Politik. Wahrheit ist
ein widerwärtig Wesen.

4.

Derweil der Sardenkönig prophetischen Stilübungen oblag, hatte der alte Radetzky sein aus Mailand gerettetes kleines Heer erst hinter die Adda und dann an den Mincio geführt. Am linken Ufer der Abda mit den 20,000 Mann, welche, die Zahl hochgegriffen, der Marschall am 24. März zur Hand hatte, Stellung zu nehmen erwies sich als unthunlich, sobald ruchbar geworden, daß auch Venedig für Oeſtreich verloren gegangen. Zwar vermochte er in den nächsten Tagen durch Heranziehung der Garniſonen an seinem Wege gelegener Städte sich um etliche Tauſende zu verstärken, allein da er den Feind viel stärker glaubte, als derselbe in Wirklichkeit war — der fürchterliche Lärm, womit ringsher die Freiſcharen in's Feld rückten, mochte dieſe Täuſchung mit verurſacht haben — so sah er sich nach einem festen Stützpunkt um und ſuchte und fand denselben in dem schon damals berühmten zwischen dem Mincio und der Etſch gelegenen Feſtungsviereck Peſchiera, Mantua, Verona und Legnago. Dorthin richtete er seinen Marsch, aber er konnte, obzwar in dieſer Stellung für den Augenblick geborgen, über das Verzweifelte seiner Lage sich keineswegs täuſchen. Er hatte, so schien es, ganz Italien gegen sich, mußte von Stunde zu Stunde besorgen, daß ihm seine Rückzugslinie nach den Alpen abgeſchnitten würde, hatte eine leere Kaſſe und nur wenig zahlreiche und noch dazu verzettelte Streitkräfte, mußte auch, da ja daheim die vielgerühmte Blaſe metternichtiger Staatsweisheit ebenfalls zum Platzen gekommen und die bekannte „Rotte von Literaten, Advokaten, Schmuhlen, Mauſcheln und ſonſtigen fremden Böſewichten" in Wien regierte, vorderhand alle und jede Hoffnung, von dorther Hilfe zu erlangen, aufgeben. Da hieß es einen zweiundachtzigjährigen Nacken steif halten und der Alte hielt ihn steif, so prächtig steif, wie zu jener Zeit kein zweiter steifgehalten wurde.

Eine Wahrnehmung mochte ihn vorzugsweise trösten und
in seinem verteufelt verzweifelten Geschäfte stärken. Dem geübten Blicke des Marschalls, welcher ein Kenner der Menschen
und ihrer Erbärmlichkeit war, konnte es nämlich, nachdem der
Eindruck der ersten Ueberraschungen verwunden war, nicht entgehen,
daß an der ganzen Erhebung Italiens viel mehr Geschrei als
Wolle sei. Und so war es wirklich. Die italische Bewegung
von 1848 hat weit mehr Seelenschwung, Kampflust und Aufopfe-
rungsfähigkeit erwiesen als die deutsche; aber sie theilte mit dieser den Grundmangel, daß nicht die ganze Nation mitthat. Es
gab auch dazumal, die Phantasten mögen schwatzen, was sie
wollen, ein ganzes Nationalbewußtsein in Italien so wenig
wie in Deutschland. Die landschaftlichen Verschiedenheiten und
Antipathieen waren jenseits der Alpen mindestens so groß wie
diesseits. Der Neapolitaner stand dem Piemontesen gewiß ebenso
fremd gegenüber, wie der Tiroler dem Friesen, und der Romag-
nole verhielt sich zum Sizilianer sicherlich nicht sympathischer als
der Rheinländer zum Pommer. Die munizipale Spannung zwischen Florenz und Siena, Pisa und Livorno u. s. w. war gewiß
nicht geringer als zwischen irgendwelchen deutschen Krähwinkeln
und Kuhschnappeln. Gerade wie in Deutschland war auch in
Italien der Nationalgeist nicht ein Naturgewächs, sondern ein Kunst-
produkt, geschaffen durch die ruhmreiche Kette von patriotischen
Dichtern und Denkern, welche sich von Dante bis zu Gioberti
herabspannte. Nur der gebildete Italiener fühlte und fühlt
sich als solcher, schon im Mittelalter wie noch heute. Die Pflege
der italischen Einheits- und Freiheitsidee war ausschließlich bei
den gebildeteren Klassen der Städtebevölkerungen gewesen und
diese, nur diese, d. h. das städtische Bürgerthum und der größere
Theil des demselben verbundenen Adels, machten die italische
Bewegung von 1848. Die Masse des Volkes, der Bauer that
nicht mit. Was wußten denn diese in der tiefsten Nacht der Unwissenheit und des Fetischismus vegetirenden, zumeist eigenthums-

losen, in drückenden Pächterverhältnissen bei kärglicher Nahrung
für geile Preti, müssige Nobili und fette Cittadini das Feld be-
stellenden armen Teufel von Bauern, was wußten sie von Italien? Nichts. Was waren ihnen „Unità e Libertà?" Worte
ohne Sinn. Es ist sogar unzweifelhaft festgestellt, daß der italische Bauer, soweit er sich überhaupt rührte, im Jahre 1848
eher zu Gunsten der Oestreicher als der Signori Padroni gestimmt war. Warum? Weil es die bäuerische Schadenfreude
gekitzelt hatte, zu sehen, daß die Signori Padroni von den „Weiß-
kitteln" gerade so geschurigelt wurden wie er selber. Allerdings
ist es wahr, daß die stumpfe Gleichgiltigkeit der Bauern noch
niemals den Ausbruch einer Revolution verhindert hat; aber
nicht weniger wahr ist, daß an dieser stumpfen Gleichgiltigkeit
schon manche Revolution zu Grunde gegangen ist. Der italische
Erhebungssturm von 1848 durchfuhr zwar die Halbinsel
ihrer ganzen Länge und Breite nach, aber er streifte bloß die
Oberfläche, er wühlte die Bevölkerungen nicht in ihren Tiefen auf.
Die Bauern thaten nicht mit, die Massen fehlten. Das merkte
der alte Radetzky und daraufhin kalkulirte er richtig: Kann ich nur
dem ersten Geschrei und Gebrause, Getrommel und Geschieße
standhalten, so will ich den Signori Italiani und Italianissimi
mit dem östreichischen Korporalstock ihre Märzphantasieröcke schon
gehörig ausklopfen.

Zunächst handelte es sich freilich noch nicht um's Klopfen,
sondern höchstens um's Nichtgeklopftwerden. Radetzky wäre es
geworden, meinen Kriegswissenschafter, falls Karlo Alberto mit
allem, was er von Streitkräften aufbringen konnte, südöstlich von
Mantua über den Po gegangen wäre, sich in den Rücken seines
Gegners geworfen und, etwa von Padua aus, alles darangesetzt
hätte, das Festungsviereck abzusperren. Der Sardenkönig ging
aber von der vorgefaßten Ansicht aus, nicht die Rückzugslinie
nach dem Benetianischen, beziehungsweise nach Illyrien, sondern
die nach Tirol müßte den Oestreichern abgeschnitten werden, und

2*

o verfuchte er den Stier bei den Hörnern zu packen, d. h. das
Feftungsvierec in der Front anzugreifen.

Das fchien anfangs gelingen zu wollen, aber es war nur
ein täufchender Schein. An der Brücke des am rechten Ufer des
Mincio gelegenen Städtchens Goito ftieß am 8. April die italifche
Vorhut, Freifchärler aus Genua und Mailand, fowie piemonte=
fifche „Verfaglieri" und Marinefoldaten, auf die öftreichifche
Nachhut, die Brigade Wohlgemuth, welche zum Weichen gezwun=
gen wurde, nachdem die Brücke durch eine einzige Kompagnie
tirolifcher „Kaiferjäger" 4 Stunden lang hochheldifch — zwei
Enkel des Andreas Hofer fielen hier — gehalten worden war.
Diefer erfte, kleine, kaum nennenswerthe Erfolg machte die Ita=
liener ganz toll vor Freude. Viele wenigftens, fehr viele thaten
mit Schreien, Springen und Tanzen, wie drehende Schöpfe
thun. Es gab eine Viktoriaflunkerei, als wäre fchon alles aus
und vorbei und der letzte Weißkittel fliehend hinter dem Kamme
der Alpen verfchwunden. Im Bulletinftil leifteten die italifchen
Zeitungsfchreiber Koloffales. Sie überlogen den erften Napoleon
und kamen an Wahrhaftigkeit nahezu dem dritten gleich. Der
Generaladjutant Radetzky's, General Schönhals, welcher als
„Veteran" diefen Feldzug befchrieben hat, theilt aus einer itali=
fchen Zeitung — (leider fagt er nicht, aus welcher) — als Probe
folchen Bulletinismus diefen Siegesbericht über das Gefecht bei
Goito mit: — „Die öftreichifche Armee hat aufgehört zu fein!
Vierzigtaufend Gefangene haben fich vor dem großen Schwerte
Italiens niedergeworfen. Radetzky, dem beide Beine zerfchmet=
tert waren, ift unter dem Beifallsgefchrei der Armee am Schweife
feines Pferdes fortgefchleift worden. Verona hat fich ergeben; man
hat fich aller Fahnen, Kanonen und Bagagen des Feindes bemächtigt.
Die Zahl der Todten ift unberechenbar." Wie aus dem „Bra=
marbas" des Plautus herausgefchnitten oder aus der „Zenobia"
des Calderon, allwo der große Kapitano Perfius feine wunder=
baren Heldenthaten zum beften gibt. Man muß eben dem Ueber=

schwang südländischer Einbildungskraft etwas zu gute halten. Wahr ist nur, daß die Italiener, soweit sie bei Goito in's Feuer gekommen, sich mit großem Muthe geschlagen haben. Auch, und sogar allen zuvor, die Freischärler. Allein im Uebrigen war die ganze Freischärlerei von unbedeutendem Erfolg. Es fehlte die rechte Organisation, Führung und Zucht. Es gab unter den Freischaren fast mehr Generale, Oberste und sonstige Offiziere als· gewöhnliche Freischärler und das Auftreten der Freischaren war der Massenerhebung, war dem Ausbruch eines „Volkskriegs" mehr hinderlich als förderlich, weil die Zuchtlosigkeit dieser Scharen namentlich den Bauer von einer Betheiligung an der nationalen Sache abhielt. So z. B. im Welschtirol, wohin der Feldmarschall, um sich dort den Rücken und die Verbindung mit den östreichischen Erbländern zu sichern, baldmöglichst von Verona aus 4000 Mann entsandte unter einem Befehliger, auf dessen rücksichtslose Energie er sich verlassen konnte. Es war dies der Oberst Zobel, welcher Trient besetzte und vom dortigen Kastell herunter eine so ganz und gar nicht mißzuverstehende Kanonenmaulsprache führte, daß dort herum Italiani und Italianissimi unterduckten, sehr. Der Mann hatte schon drunten in der Lombardei sich furchtbar genug gemacht. Seine Meldungen waren Blutlitaneien: z. B. „13 im Kastell Dobluno gefangene Deserteure ließ ich gleich erschießen; 7 gefangene wohlhabende Bürger und Gutsbesitzer aus Mailand und Bergamo ließ ich auch erschießen, zum Exempel." Ruhm den Italienern, Ruhm insbesondere den Freischaren, daß sie solches „Exempel" nicht nachahmten! Ehre aber auch dem alten Rabetzky, daß er solche Barbarei oder Zobelei nicht billigte, sondern das Erschießen von Gefangenen, sogar von gefangenen Fahnenflüchtigen verbot und nur überwiesene Spione todtzumachen erlaubte. Der „vielbeschimpfte, aber bewundernswerthe Greis" — so nannte ihn einer seiner urtheilsfähigsten Feinde, der Graf Balbo — hatte überhaupt in betreff des Umbringens wehrloser Gefangenen keineswegs win-

bischgrätzische oder hahnauische Ansichten. Als er im Spätherbst
von 1848 die standrechtliche Ermordung von Robert Blum erfuhr, sagte er laut: „Das schadet Oestreich mehr als eine verlorene Schlacht!"

5.

Nach dem „großen Sieg" bei Goito überschritten, den Oestreichern folgend, die italischen Streitkräfte den Mincio. Ihre
Verstärkungen trafen jetzt allmälig ein, so daß um die Mitte Aprils
der Sardenkönig über ungefähr 42,000 Mann Regulärtruppen
mit 120 Geschützen zu verfügen hatte. Wenig später über nahezu
60,000 Mann, ungerechnet die lombardischen, parmesanischen,
modenesischen Freischaren und die aus dem Kirchenstaat, aus
Toskana, aus Neapel gekommenen Hilfsvölker, welche zusammen
zweifelsohne eine Summe von 25 bis 30,000 Mann ausmachten. Das östreichische Heer war zu dieser Zeit anerkannter-
maßen bedeutend schwächer. Sein Totalbestand bezifferte sich
auf höchstens 57,000 Mann, wovon aber nicht mehr als 18 bis
20,000 Mann auf die eigentliche Feldarmee kamen, indem die
Mehrzahl der angegebenen Gesammtmannschaft entweder Be-
satzungsdienste that oder zu Entsendungen verwandt war. Allein
diese numerische Ungleichheit wurde, abgesehen von der Beschaffenheit der Truppen, vollständig ausgeglichen dadurch, daß die
Oestreicher vom Radetzky und die Italiener vom Karlo Alberto
kommandirt wurden. Der letztere hat sich, wie als Mensch und
Politiker, so auch als General nur als einen Hamlet der Wirklichkeit erwiesen, d. h. als ein Schwäch- und Schwankling, der
immer will und nimmer kann und auf dessen Schultern die Geschichte die Bürde einer Aufgabe gelegt hatte, welcher sie nicht
gewachsen waren. An persönlicher Tapferkeit hat es der Sardenkönig nicht fehlen lassen. Im Gegentheil, er setzte so sich
aus, er ritt bei jeder Gelegenheit so rückhaltlos in's dichteste

Kampfgemenge, daß man geneigt wird, zu vermuthen, der sardische Hamlet habe im peinigenden Gefühle des Mißverhältnisses
zwischen seiner Aufgabe und seiner Kraft einen ehrenhaften Tod
gesucht. Gewiß ist, daß der König gar kein Selbstvertrauen besaß und demnach zum Feldherrn gerade so viel Beruf hatte wie
ein deutscher Professor zum Staatsmann, womit aber nicht gesagt sein soll, daß der letztgenannten Species vom Genus Homo
das Selbstvertrauen mangelte — bewahre!

Noch immer konnte mit Aussicht auf Erfolg dazumal versucht werden, von Osten her das Festungsviereck zu fassen; allein
Karl Albert hatte sich nun einmal in den Angriff von Westen her
verbissen und insbesondere die Wegnahme von Peschiera, der am
Südende des Garrasee's gelegenen Nordwestecke jenes Vierecks
als ein Unternehmen von äußerster Wichtigkeit sich in den Kopf
gesetzt. Auf die gänzliche Einschließung dieser Festung zielten
zuvörderst seine Operationen. Weiterhin war es auf Verona
abgesehen, mit dessen Fall — (aber es fiel nicht!) — allerdings
die östreichische Verbindungslinie mit Tirol höchlich gefährdet
gewesen wäre. Gegen Ende Aprils stand die italische Hauptmacht südlich von Peschiera und suchte zu den angegebenen
Zwecken in nordöstlicher Richtung vorzugehen und sich auszubrei-
ten, während der östreichische General, Verona als den Angel-
punkt seines Thuns und Lassens festhaltend, noch immer auf die
Vertheidigung angewiesen war. Von den letzten Tagen des
Monats wurde jeder durch blutige Zusammenstöße markirt. Am
30. April thaten die Italiener einen herzhaften Anfall auf Pa-
strenge, wo zwei östreichische Brigaden standen. Diese mußten
vor der feindlichen Uebermacht weichen und gelangten nur mit
einem Verlust von 800 Mann vom rechten Ufer der Etsch (Adige)
auf das linke *). Weitere Bedrängnisse der Oestreicher an diesem

---

*) Ich kann für die absolute Richtigkeit der Verlustangaben hüben und
drüben eine Bürgschaft nicht übernehmen, weil es absolut unmöglich ist, in

Tage wurde dadurch verhütet, daß der Marschall von Verona ausfiel und den Vorschritt der Italiener hemmte. Aber das günstige Resultat dieses Tages für die letzteren war, daß sie absperrend zwischen Verona und Peschiera sich festsetzen und die Belagerung der Festung am Gardasee ernstlich anhandnehmen konnten.

Wenn man erwägt, wie leicht und rasch früher, zu Anfang der 20ger und der 30ger Jahre, die nationalen Erhebungsversuche der Italiener durch die Oestreicher niedergetreten worden waren, so darf man es nicht gering anschlagen, daß i. J. 1848 bislang, d. h. bis zum Monat Mai, die italische Bewegung stets im Vorschreiten sich befand und der östreichischen Armee gegenüber nicht nur mit Ehre bestanden war, sondern auch erkleckliche Resultate erlangt hatte. Allein das jetzo bis ins blaueste Blau hinaufsliegende Nationalbewußtsein fand an dem Erlangten kein Genüge. Die entflammte patriotische Phantasie forderte im Stil des großen Horribilikribrifax gethane Thaten. Die „maledetti austriaci" sollten weggeblasen werden von der italischen Erde, wie von einer Windsbraut weggewirbelt. „Große Schläge" mußten geschehen, markerzitternde, erderschütternde. Warum so viele Umstände machen mit den „barbari tedeschi"? Warum sie nicht mit einem heroisch-gewaltigen Anlauf aus dem Festungsviereck hinaus und über die Alpen hinüberwerfen?

---

betreff der beiderseitigen Verluste in diesem — wie übrigens in jedem Kriege — die absolute Wahrheit zu ermitteln. Der Kriegsbulletinismus war vom Anfang der Zeiten ein Erzlügner. Schon die Alten verstanden die bulletinische Kunst, mittels deren den Moskowitern es gelang, während ihrer vieljährigen Kämpfe mit den Tscherkessen in jedem Treffen eine Unzahl Feinde zu tödten und ihrerseits immer nur den berühmten einen todten Russen zu verlieren, aus dem Fundamente. Ich erinnere beispielsweise an das römische Siegesbulletin über die Schlacht bei Magnesia gegen den dritten Antiochos (190 v. Chr.), demzufolge die Asiaten 50,000 und die Römer 324 Mann verloren.

Natürlich wurden derartige Faseleien und Narretheien im piemontesischen Hauptquartiere gewerthet, wie sie es verdienten. Man wußte dort recht gut, daß die Oestreicher sich nicht nur so wegblasen ließen. Man wußte auch, wer die Wegblasungsschreihälse eigentlich waren. Schöne Herrchen nämlich dahinten in Mailand, junge Nobili und Seidenhändlersöhne, welche in den „circoli" Italien und die Welt neu konstruirten, liebäugelnden Patriotinnen die Rachearie des Orovist aus der Norma vorträllerten und in grüner Freiwilligenuniform mit fürchterlichen Schleppsäbeln durch die Straßen rasselten, über das „feige Zaudern" der Piemontesen schimpfend, aber wohl sich hüteten, aus Mailand heraus und gegen die Oestreicher zu ziehen. Glaubwürdige Augenzeugen und Mithandelnde haben uns versichert, daß von 20,000 als Freiwillige eingeschriebenen Lombarden kaum 6000 wirklich ins Feld gegangen seien.

Um das Geschrei solchen patriotischen Kehrichts brauchten sich nun allerdings Karl Albert und seine Minister und Generale nicht zu kümmern, von solchen Windhaspeln brauchten sie sich nicht zur Führung „großer Schläge" aneifern zu lassen. Aber es gab auch viel gewichtigere Aneiferungen, rasche Entscheidungen zu suchen. Erwies sich die sardische Macht nicht ausreichend und thatkräftig genug, die Oestreicher bald aus der Lombardei hinauszutreiben, so konnte und mußte das Verschlucken der „Artischoke" wieder fraglich werden. Denn neben der monarchischen Partei, welche die Vereinigung („fusione") der Lombardei mit Piemont unter Karlo Alberto's konstitutionellem Scepter für selbstverständlich ansah, rührte sich auch die republikanische, welche von dieser Fusion nichts wissen und dem „Verräther von 1821 und 1832" nicht verzeihen wollte. Mazzini war nach Mailand gekommen, um zu sehen, ob für die Verwirklichung des Ideals seines Lebens, für den Aufbau der „República italiana", jetzt endlich dort ein Boden sei. Er mußte bald erkennen, daß kein Boden, wenigstens kein haltbarer, vorhanden. Mit trällernden,

flunkernden, säbelrasselnden Jüngelchen macht man keine Republik:
dazu gehören Männer, wie sie vormals Cromwell und nachmals
Washington unter ihren Fahnen gehabt. Der Philister in Mailand und mehr noch in anderen lombardischen Städten wollte
von der Republik und ihrem Tribun nichts hören, sondern horchte
mit Beifall dem fusionistischen Gepredige des Abbate Gioberti,
welcher, ein Plagiat an dem genasführten Lafayette von 1830
begehend, unaufhörlich versicherte, der konstitutionelle Karlo Alberto sei „die beste der Republiken". Mazzini wäre vielleicht
im Stande gewesen, mit Aufbietung aller Mittel das monarchische
Philistäa niederzustürmen, aber er war natürlich nicht so thöricht,
zu übersehen, daß man ohne die Beihilfe des Sardenkönigs die
Oestreicher nicht aus Italien vertreiben könnte. Er mochte sich
auch nicht dazu hergeben — namentlich in Hinblick auf die Beschaffenheit der sogenannten republikanischen Elemente um ihn
her nicht dazu hergeben, die Zukunft der Republik durch einen
Versuch zu kompromittiren, welcher, wie die Sachen lagen, im
günstigsten Falle nur einen kurzdärmigen Erfolg haben konnte.
So beschied sich denn der Tribun, seine Landsleute zu ermahnen,
„Geduld zu haben und einträchtig zu sein", maßen doch vor Beendigung des Krieges alle Anstrengungen, Italien so oder so zu
konstituiren, eitel wären. Man sieht, Mazzini rechnete mit den
gegebenen Verhältnissen. Das darf aber ein richtiger Prophet
und Apostel nicht thun, wenn er Glück haben will. Ein richtiger
Prophet und Apostel muß allzeit dumm genug sein, das, was er
prophezeit und predigt, und wären es auch Dogmen von der
Dreieinigkeit und von der unbefleckten Empfängniß, selber zu
glauben. Mazzini glaubte im Frühling von 1848 nicht an die
Möglichkeit einer italischen Republik: damit war die Frage einstweilen entschieden und der Tribun konnte wieder hingehen, woher er gekommen. Das 19. Jahrhundert ist durchaus das Jahrhundert der Bourgeoisie, im guten wie im schlimmen Sinne, und
deßhalb wird es vor Ablauf desselben die Republik in Europa

ſchwerlich irgendwo dauernd über die Monarchie davontragen. Den wahren Grund hat ſchon der hellſichtige Briſſot angegeben, indem er am 26. Juli von 1792 ſagte: „Les hommes attachent au mot de Roi une vertu magique, qui preserve leur propriété.“

Allein im piemonteſiſchen Hauptquartier fuhr man trotzdem fort, den Mazziniſmus für mächtiger zu halten, als er war, und demnach zu fürchten. Man glaubte denſelben am nachdruckſamſten unſchädlich zu machen durch Führung „großer Schläge“ gegen den Nationalfeind, welche Schläge die Vorzüge des Monarchiſmus und vollends die Vorzüge des konſtitutionellen Monarchiſmus eines Karlo Alberto, der ja den Mailändern ſchon am 23. April hatte eröffnen laſſen, „es ſtehe dem tapferen lombardiſchen Volke zu, die Form ſeiner Regierung ſelbſt zu beſtimmen“, — auch den verſtockteſten Republikanern einleuchtend machen müßten. Hiezu kam der Drang, in Italien oder wenigſtens in Oberitalien „vollendete Thatſachen“ zu ſchaffen, bevor die fremde Diplomatie ihre zudringliche Schnüffelnaſe und ihre nicht knotenlöſenden, ſondern knotenſchürzenden Zappelhände — (die Naſe ſchnüffelte und die Hände zappelten bereits) — in die italiſchen Angelegenheiten ſtecken könnte. Endlich galt es auch, den ſehr übelriechenden Eindruck, welchen eine neuerliche Demonſtration des Papſtes hervorgebracht hatte, durch kriegeriſches Geräuſch zu erſticken.

Ach, der liebe Pio-Nono-Schwindel war auch ſchon ausgeſchwindelt! Am 29. April kriegte er ein ſolches Loch, daß der ganze Wind, welcher ihn ſchwellen gemacht hatte, daraus entwich. Der aufgeblaſene Schemen des „Regenerators der Kirche“, des „Meſſias und Heilands von Italien“ fiel kläglich zuſammen und aus dem „angelo di Vaticano“ wurde wieder ein ordinärer „Statthalter Chriſti“. Es war nicht ſeine Schuld, daß Millionen von Dummlingen die lächerlichſte aller Lügen, die Lüge von einem „liberalen“ Papſt geglaubt hatten. An dem genannten April-

tage that Pius, angeblich ohne Vorwissen seiner „konstitutionellen“ Minister, an das versammelte Kardinalkollegium eine „Allokution“, worin er zunächst in sehr deutlicher Sprache gegen
jeden Zusammenhang des heiligen Stuhls mit der italischen Revolution Protest einlegte. Insbesondere verwahrte er sich gegen
jede ihm unterstellte Billigung der wideröstreichischen Erhebung
in der Lombardei, denn eine solche Billigung könnte ja „die Deutschen bestimmen, daß sie aus Rachelust eine Trennung von der
päpstlichen Kurie anstrebten“. Im weiteren nahm der Papst
mißbilligenden Bezug auf die neueste kriegerische Gestaltung der
Dinge in Oberitalien, wo ja dermalen 7000 Mann reguläre
Schlüsselsoldaten unter dem General Durando und an 10,000
kirchenstaatliche Freischärler unter Ferrari's Führung gegen Öst-
reich in Waffen standen. Denn Durando war, einem Befehle
Karl Alberts nachkommend, mit seinem Korps am 21. April über
den Po gegangen und rückte nun, gefolgt von dem ganzen Freiharst Ferrari's, aufwärts an die Piave, einem östreichischen
Korps entgegen, welches unter dem General Nugent aus dem
Friaul herabkam, um Venedig von der Landseite einzuschließen.
Nach Ankunft der Nachricht von Durando's Poübergang hatte
sein „konstitutionelles“ Ministerium dem Papst einmüthig gerathen, sich nicht nur in die vollendete Thatsache zu finden und
zu fügen, sondern auch so zu sagen an die Spitze der Kriegsüh-
rung für die nationale Unabhängigkeit sich zu stellen — auch der
nachmalige Hauptreaktionswütherichminister des Ex-Engels vom
Batikan, der Kardinal Antonelli, hatte als damaliger „konstitutioneller“ Minister diesem Rathschlag seiner Kollegen beigestimmt
und nicht nur das: der schamlose Heuchler hatte auch geäußert,
nur sein Kardinalpurpur hielte ihn ab, selber den Degen für die
italische Sache umzuschnallen. Man kann eben in Darstellung
der Geschichte des „tollen“ Jahres keinen Schritt thun, ohne
entweder über einen ausbündigen Narren oder aber über einen
ausbündigeren Schurken zu stolpern.... Schließlich erklärte der

Papst in seiner Allokution geradezu, er hätte seine Truppen an die Gränze rücken lassen — (sie waren aber schon darüber hinaus) — nur zu dem Zwecke, den Kirchenstaat vor Gebietsverletzungen zu wahren, und fügte diesem noch hinzu: „Wenn jetzt etliche verlangen, daß auch wir mit den anderen Fürsten und Völkern Italiens den Oestreichern Krieg ansagen sollten, so achten wir es angezeigt, klar und offen kundzumachen, daß dies keineswegs unsere Absicht ist, da wir gemäß unserer höchsten apostolischen Würde alle Völkerstämme und Nationen mit gleicher väterlicher Liebe umfassen. Sollten sich aber dessen ungeachtet unter unseren Unterthanen solche finden, welche sich durch das Beispiel der anderen Italiener hinreißen ließen, so werden wir die Mittel haben, ihren Eifer zu bändigen."

Mit diesen Worten hatte sich Pio Nono — wir werden später davon hören — einen Fluchtpaß geschrieben. Das „tolle" Jahr sollte ja unter vielen anderen erbaulichen Spektakeln auch einmal wieder das eines fliehenden — und wie! fliehenden — Statthalters Christi haben.

6.

Karlo Alberto also und seine Trafilatori hatten Ursache oder glaubten solche zu haben, irgendwie „große Schläge" zu thun, namentlich auch, damit ein gehoffter Siegesschrei die ihnen verteufelt quer gekommene „Ansprache" des Papstes, welchen daraufhin der Volkswitz nicht sehr witzig vom Pio Nono zum Pio No! No! herunterwortspielte, überschreien möchte.

Zu diesem Zwecke wurde beschlossen, von den Höhen von Sommakampagna her, wo das sardische Heer stand, einen Angriff zu unternehmen auf die Stellungen der Oestreicher, welche den westlich und südwestlich in halbstündiger Entfernung von Berona terrassenförmig ansteigenden Höhenzug besetzt hielten. Man

hoffte, sie rückwärts über diesen Höhenzug hinab und in die Fe=
stung zurück zu werfen. Man hoffte sogar noch mehr, nämlich
in der Verwirrung des vorausgesetzten östreichischen Rückzugs
einen Anfall auf Verona selbst versuchen zu können, zu dessen
Gelingen ein vorausgesetzter Aufstand der Veroneser mithelfen
sollte. Lauter glückliche Voraussetzungen soweit. Schade nur,
daß der alte Radetzky es sich nicht nehmen ließ, die Nachsätze
dazu anzugeben. Der Feldmarschall kannte die Vorzüge seiner
Position zu gut, um dieselbe nicht mit äußerster Zähigkeit festzu=
halten. Er ließ sich auch nicht überraschen, sondern bereitete
umsichtig den Empfang vor, welchen er der sardischen Armee bei
dem kleinen Dorfe Santa Lucia zutheilwerden lassen wollte,
welches, südwestlich von der Festung gelegen, dem linken Flügel
der Oestreicher zum Stützpunkte diente und für den Schlüssel zu
ihrer ganzen Stellung anzusehen war. Dieses Dorf gab der
Schlacht vom 6. Mai den Namen, welche mit ungleichen Streit=
kräften geschlagen wurde, indem die Oestreicher zwar außerhalb
Verona's gegen 30,000 Mann zur Verfügung, im Gefechte selbst
aber nicht mehr als 16 bis 18,000 Mann hatten, wogegen die
Italiener nach und nach 33 bis 35,000 Mann in's Feuer
brachten.

Am genannten Tage, frühmorgens, führte der Sardenkönig
sein Heer ostwärts zum Angriffe vor. Das Centrum sollte von
Sommakampagna, der rechte Flügel von Villafranka her auf
Santa Lucia fallen, woselbst vorerst nur 5 bis 6000 Oestreicher
mit 12 Kanonen standen. Darunter — es verdient bemerkt zu
werden — auch ein italisches Grenadierbataillon, welches sich
an diesem heißen Tage mit äußerster Tapferkeit gegen seine
„Compatrioti" und „Fratelli" schlug und auf den im Gewühle
des Treffens erhobenen Zuruf derselben: „Kommt, Brüder!
Hierher, unter die Fahne Italiens!" eine Generalsalve und:
„Avanti! Avanti!" zur Antwort gab. Radetzky machte das
Bataillon zum Dank für diese fahnentreue, obzwar sehr unita=

lische Haltung zu seiner Leibwache ... Für das Gelingen des
Angriffsplans von Karl Albert war es mißlich, daß seine drei
Heersäulen nicht gleichzeitig oder wenigstens rechtzeitig vor Santa
Lucia eintrafen. Der rechte Flügel stand gegen das Centrum so
weit zurück, daß er dieses nicht im günstigsten Augenblicke voll-
wuchtig zu unterstützen vermochte, und was den linken Flügel angeht,
so vermochte derselbe, auf seinem Anmarsche von den Oestreichern
erst zurückgehalten und dann zurückgeschlagen, gar nicht in den
Kampf am Entscheidungspunkt einzugreifen. Diese strategischen
Mängel und Mißlichkeiten schien aber die feurige Tapferkeit der
Italiener ausgleichen zu wollen. Mit der Losung: „Italia e
Carlo Alberto!" eilten die Regimenter fliegenden Laufes zum
Sturm auf Santa Lucia. Allein mit eiserner Zähigkeit hielten
die Oestreicher den Ort. Am heftigsten rollte und ras'te das
blutige Würfelspiel um den Kirchhof her, welchen der Oberst
Kopal mit zwei Jägerkompagnien wahrhaft heldisch vertheidigte.
Vergebens; denn kurz nach 1 Uhr wurde der Kirchhof erstürmt
und damit befand sich die ganze Stellung von Santa Lucia in den
Händen der Italiener.

Ein alle Kräfte zusammenfassender, rasch und energisch vorwärts in die Niederung hinab und auf Verona zu gethaner Druck und
Stoß würde möglicher Weise für die Oestreicher eine entscheidende
Katastrophe und für die Italiener ein glänzendes Ergebniß gehabt
haben. Allein abgesehen davon, daß die piemontesischen Truppen
durch das lange und harte Ringen um den Besitz von Santa Lucia
denn doch sehr mitgenommen waren und daß der linke Flügel der
Armee noch immer nicht auf der Walstatt eingetroffen war, ist
Karl Albert auch nicht der Mann gewesen, alles auf e i n e n Wurf
zu setzen. Nach der Art solcher halben Naturen, begnügte er
sich mit einem halben Erfolg, d. h. er wollte die genommene Stellung festhalten und glaubte es zu können.

Der alte Radetzky — eine Hofklike in Wien, zusammenge-
flickt aus einheimisch-hocharistokratischen Nichtsen, welche ihre

Stammbäume bis auf Bileams redende Eselin zurückführten, und
aus aller Herren Ländern hergelaufenen Don Ranubos und sonstigen
Mitessern, aus gehirnweichen Legitimitätsduselern und zu neuen
Betschwestern umgestandenen alten Buhlweibern, dieselbe Klike,
welche dann i. J. 1859 den Verlust der Lombardei für Oestreich
verschuldete, sie sprach nach den Jahren 1848—49 zu schuldigem
Danke von dem greisen Feldmarschall nur als von dem „alten
Esel Radetzky" — der alte Radetzky also sah seinerseits sehr klar,
um was es sich für ihn und für Oestreich an diesem 6. Maitag
handelte. Um nichts Geringeres als um die Einbuße Italiens.
Er durfte aus dem Kampfe nicht als ein Geschlagener hervorgehen, sonst war er ein Besiegter und war alles verloren. Daher blieb keine Wahl: Santa Lucia mußte wieder genommen
und die Piemontesen rückwärts über den Höhenzug hinabgejagt
werden. Er traf sogleich die nöthigen Anordnungen, ließ seine
Adjutanten rennen und sandte von Verona neue Brigaden gegen
die Terrasse vor. Das Dorf oder vielmehr der Trümmerhaufen,
welcher jetzt Santa Lucia vorstellte, wurde heute zum zweiten mal
ein Sturmobjekt. Aber die ersten Stürme der Oestreicher, mit
unzulänglichen Kräften unternommen, wurden von den Italienern gänzlich abgeschlagen. Da that der Alte seinen letzten
Wurf, indem er alles Fußvolk, was er in Verona zusammenraffen konnte, gegen die Höhen vorschickte und diesen Sturmangriff
durch das Feuer einer Batterie von Zwölfpfündern unterstützen
ließ. Das schlug durch. Um so mehr, als die Italiener in
Santa Lucia inzwischen erfahren hatten, daß ihr linker Flügel in
seiner ihm zugewiesenen Aufgabe, d. h. in seinem Angriff auf
Croce Bianca vollständig gescheitert und durch den rechten Flügel der Oestreicher zu fluchtähnlichem Rückzuge gezwungen worden sei. Abends 4 Uhr gab Karl Albert den Befehl, Santa
Lucia zu räumen und den Rückzug anzutreten, und nach Einbruch
der Nacht standen beide Heere wieder da, wo sie vor Tagesanbruch gestanden hatten. Der östreichische Bulletinismus log, die

Oeftreicher hätten an diefem Tage 72 Todte, 190 Verwundete und 87 Gefangene eingebüßt; in Wahrheit hatten fie 900 Mann verloren und die Piemontefen 1300, oder gar 1500, obzwar der piemontefifche Bulletinismus feinerfeits diefen Verluft auf 757 herunterlog. Oeftreichifchen Berichten zufolge fpielten in diefer Schlacht von Santa Lucia auch die famofen „Teufelmaften" eine Rolle. Man habe nämlich piemontefifche Soldaten in den Vorderreihen als Teufel mit Hörnern, Krallen und Schwänzen ausftaffirt, um die „stupidi Croati" zu erfchrecken, und mehr als 60 folcher Maften feien von den fiegenden Oeftreichern auf dem Schlachtfeld erbeutet worden *).

Die materiellen Ergebniffe des blutigen Tages von Santa Lucia waren gering, aber die moralifchen groß. Karlo Alberto hatte nicht gefiegt, war vielmehr zurückgetrieben worden und das wurde ihm von feinen Landsleuten fofort als Schuld ange= fchrieben. Rabetzky feinerfeits hatte den Plan des Feindes ver= eitelt, hatte durch den Schlachttag vom 6. Mai feinem Heere Selbftvertrauen und Zuverficht zurückgegeben und die italifche Strohrenommifterei vom Hinwegblafen der Oeftreicher aus Ita= lien vor aller Welt in ihrer ganzen Nichtigkeit aufgezeigt. Zwar erhafchte der Sardenkönig oder, wenn man will, die italifche Nationalfache fpäter noch da und dort ein flüchtiges Lächeln der Glücksgöttin; allein das erfte Zurückweichen der favoyifchen Fahne vor der öftreichifchen am 6. Mai kündigte dennoch eine Wendung zu Ungunften Italiens an und zwar um fo deutlicher, da fich in demfelben Monat in Rom und Neapel bedrohlichfte Umfchwünge entweder vorbereiteten oder auch vollzogen und die

---

*) Der verdiente Verfaffer der „Storia militare di Piemonte", Pinelli, bezeichnet (p. III, c. 3) diefe Teufelmaftenhiftorie als ein abgefchmacktes, von dem „öftreichifchen Veteranen" (Schönhals) erfundenes Märchen, be= ftreitet daffelbe aber fo zornheftig, daß er uns fehr geneigt macht, daran zu glauben.

Thatſache, daß Italien von nirgendsher werkthätige Hilfe erhalten würde, immer nackter heraustrat.

7.

Dieſſeits der Alpen vermochte man nicht ſo bald zu erkennen, daß es mit dem ſtolzen „L'Italia farà da ſe"! wenige
Wochen, nachdem es geſprochen worden, ſchon ziemlich hoffnungslos beſtellt war, und außerdem trug ſich das wiener Kabinett
mit der durchaus grundloſen Beſorgniß, dem italiſchen Aufſtand
könnte von ſeiten Frankreichs, der Schweiz und Englands that-
ſächliche Unterſtützung zutheil werden.

Was Frankreich angeht, ſo legte die proviſoriſche Regierung
der Pſeudorepublik vom Februar der italiſchen Bewegung gegenüber dieſelbe Unfähigkeit und Unbehilflichkeit an den Tag, welche
ihr Amtiren überhaupt kennzeichneten, und außerdem auch die
wohlbekannte franzöſiſche Selbſtſucht. Sogar der politiſche
Lyriker und lyriſche Politiker Lamartine verhehlte ſeine Unluſt
nicht, an den Gränzen Frankreichs einen großen italiſchen Staat
erſtehen zu ſehen, welcher „bis vor die Thore von Lyon reichen
würde", und meinte, da ja dieſer ganze Staat „wieder einmal
Oeſtreich in die Hände fallen könnte", ſo würde Frankreich gut-
thun, ſich den Beſitz von Savoyen und Nizza „unterpfandweiſe"
zum voraus zu ſichern. Dazu kam es jedoch nicht, wohl aber
ſahen die wechſelnden Gewalthaber in Paris die Bildung eines
italiſchen oder auch nur eines oberitaliſchen Einheitſtaats mit
denſelben grünen Scheel- und Neidaugen an, womit ſie gleichzeitig
auch auf die deutſchen Einheitsbeſtrebungen blickten. Nachdem
Cavaignacs Stiefelfuchs Baſtide Miniſter der auswärtigen
Angelegenheiten geworden, that er dem franzöſiſchen Geſandten

in Turin, natürlich zu weiterer Mittheilung, zu wissen, daß „eine lombardische und eine venetianische Republik" — d. h. ohnmächtige Kleinstaaten — ein Recht auf die „Protektion" Frankreichs hätten. Das war deutlich genug: die cavaignac'sche Kameraderie wollte so wenig ein mächtiges Italien als ein mächtiges Deutschland. Die französische Nationalversammlung hatte sich allerdings schon am 24. Mai für die Unabhängigkeit Italiens ausgesprochen, allein das war und blieb eine Phrase. Um so mehr, als später, im August, der Diktator Cavaignac angesichts der Versammlung konstatiren konnte, daß die Italiener die Hilfe Frankreichs nicht nur nicht angerufen, sondern auch dieselbe ausdrücklich sich verbeten hätten. Und warum denn nicht? Die Italiener konnten doch wahrlich noch nicht vergessen haben, welche Sorte von „Freiheit und Gleichheit" ihnen die Franzosen am Ende des 18. Jahrhunderts „auf den Spitzen der Bajonnette" über die Alpen herübergebracht hatten.

Die Schweiz fand sich durchaus nicht gestimmt oder veranlaßt, einen Finger oder gar eine Hand in den heißen italischen Brei zu stecken. Nichts liegt den nüchtern-praktischen Schweizern ferner als Kosmopolitik. Die revolutionären Bewegungen von 1848 kamen ihnen sehr gelegen; aber nur, weil ihnen dadurch ermöglicht wurde, die Ernte ihres Sonderbundkrieges, d. h. die Bundesreform, ungestört und unbehelligt unter Dach und Fach zu bringen. Zwar fochten etliche Hunderte schweizerischer Freischärler, der großen Mehrzahl nach Tessiner, in den Reihen der Lombarden und Venetianer, allein die Eidgenossenschaft als solche wies jeden Interventionsgedanken, nach dieser oder jener Richtung hin, weit von sich und hielt streng an dem schweizerischen Prinzip der Neutralität. Als daher der Sardenkönig am 6. April der Schweiz in aller Form ein Schutz- und Trutzbündniß anbieten ließ, sagte die damals in eidgenössischen Dingen noch amtirende Tagsatzung höflich, aber entschieden nein. Den Staatsmännern, welche die Bundesbehörde leiteten, mochte

3 *

es auch persönlich wohlthun, einen König zu beforben, welcher in
schamlosester Weise wenige Monate zuvor den jesuitischen Son=
derbund in der Schweiz aufgemuntert und unterstützt hatte.

Von seinen Nachbarn im Westen und Norden hatte also
Italien nichts zu erwarten. Dagegen nahm sich England der
italischen Sache in seiner Weise an, d. h. es suchte sich diploma=
tisch vermittelnd zwischen Oestreich und die Italiener zu stellen,
predigte den beiden streitenden Parteien Mäßigung und Frieden
und ließ daneben das italische Wirrsal, wie das festländische
überhaupt, durch seine Fabrikanten und Spekulanten gehörig
ausbeuten. Für den Erzhumbuger Palmerston, der in England
regierte, war das ein gefundenes Essen und er setzte sich so recht
mit Behagen vor die appetitliche Schüssel. Da konnte man sich
wieder einmal wichtig machen, daß es eine Art hatte, und noch
dazu ohne das geringste Risiko! Da konnte man ohne alle Ver=
unföstigung den „liberalen Staatsmann" heraushängen, dem
„alten Alliirten" Oestreich eins an's Bein geben und doch zu=
gleich als „erbweisheitlicher" Hort der konservativen Interessen
im Allgemeinen und als der Retter des besagten alten Alliirten
im Besonderen sich darstellen. Das punctum saliens bei alle=
dem war für die englische Politik dieses, in Italien keine Re=
publik aufkommen zu lassen, Oestreich zu dem (etwas vergrößer=
ten) Sardinien, wie zur italischen Nationalität überhaupt, in
ein leiblich gutes Verhältniß zu setzen, auf solcher Basis den
Frieden in Oberitalien möglichst rasch herbeizuführen und dadurch
die Gefahr einer so oder so herbeigeführten kriegerischen Da=
zwischenkunft der Franzosen abzuwenden. Demgemäß ertheilte
Palmerston den diplomatischen Agenten seine Instruktionen und
diese, insbesondere die englischen Gesandten in Wien (Ponsonby)
und Turin (Abercromby), gingen an's Werk, welches um so
besseren Fortgang zu versprechen schien, als das östreichische
Kabinett (Ficquelmont) die englische Vermittelung förmlich an=
sprach.

Graf Ficquelmont, welcher die italischen Zustände aus eigener Anschauung genau kannte und zweifelsohne der Ueberzeugung war, daß das Aufhörenmüssen der östreichischen Herrschaft in Italien, welche einzig und allein auf die Kraft des Säbels gestellt war, ja doch nur eine Frage der Zeit sei, war inmitten aller der zahllosen Bedrängnisse, die seine Verwaltung umgaben, hinsichtlich Italiens zu großen, zu größten Zugeständnissen bereit. Er hatte von seinem Gesichtspunkt aus vollständig recht, wenn er, als der Kampf in der Lombardei im April vor dem Festungsviereck einstweilen zum Stehen gekommen war, die Stunde gekommen glaubte, einen aufrichtigen Frieden zwischen Oestreich und Italien herzustellen. Das war der Zweck der Sendungen, womit er den Freiherrn Hummelauer nach England und den Grafen Hartig nach Italien betraute. Der letztere erließ schon am 19. April von Görz aus im Namen seines Kaisers eine Frieden und Versöhnung athmende Ansprache an die Italiener des lombardisch-venetianischen Königreichs, richtete aber damit nichts aus und richtete überhaupt nichts aus. Hummelauer machte sich am 14. Mai von Wien nach London auf den Weg, um die Vermittelung des englischen Kabinetts, d. h. Lord Palmerstons anzurufen, und zwar auf Grund von Instruktionen, in welchen Ficquelmont vorschlug, Lombardo-Venetien zu einem unter der Souverainetät des Kaisers von Oestreich stehenden und im Uebrigen selbstständigen Königreich mit nationaler Verwaltung zu machen, zu einem Staat, zu welchem auch die Herzogthümer Parma und Modena geschlagen werden könnten. Ein Erzherzog sollte als Vicekönig der Repräsentant dieser Personalunion des zu schaffenden oberitalischen Königreichs mit dem Hause Lothringen-Habsburg sein. Zu dieser Machenschaft, welche nur eine ins Italische übersetzte zweite Auflage des Kongreß-Polens von 1814, traurigen Andenkens, war, schüttelte der angerufene Vermittler den Kopf. Nun zog Hummelauer seine „geheime" Instruktion zu Rathe und erklärte, er

sei zur Aufstellung einer Friedensbasis bevollmächtigt, kraft
welcher Oestreich auf die Lombardei verzichten wollte unter der
Bedingung, daß diese einen verhältnißmäßigen Theil der öst=
reichischen Staatsschuld auf sich nähme; Venetien aber sollte bei
Oestreich bleiben, jedoch nur als ein mit der östreichischen Dyna=
stie personalunionistisch verbundenes, selbstständig und national
verwaltetes Land. Am 3. Juni erklärte Palmerston, dessen
staatsmännische Größe eines der dümmsten Ammenmärchen des
an derartigen Ammenmärchen so reichen 19. Jahrhunderts ist,
auf dieser Basis nähme England die Vermittelung über sich.
Der alte Schäker that aber nichts als hin= und herschwatzen und
derweilen wandte sich das Blatt auf dem oberitalischen Kriegs=
schauplatze und auf der Halbinsel überhaupt so sehr zu Gunsten
Oestreichs, daß der Freiherr von Wessenberg, welcher an des
schmählich hinweggekatzenmusizirten Ficquelmont (s. S. 167 bis
168) Stelle getreten war, am 16. Juni nach London meldete, er
könnte die von seinem Vorgänger im Ministerium aufgestellten
Bedingungen eines Abkommens mit Italien und folglich auch die
hierauf basirte Vermittelung Palmerstons nicht anerkennen.

8.

Zu diesem Ausgange der palmerston'schen Vermittelungs=
posse hatte der alte Radetzky wohl das meiste beigetragen. Nach
dem Tag von Santa Lucia war der Marschall so getrost, daß der
Sinn aller seiner nach Wien gerichteten Depeschen war: „Schickt
mir Verstärkungen und ich steh' euch dafür, daß der Doppeladler
Italien nicht aus seinen Fängen läßt". Der Kriegsminister
Latour begriff, wie seines Ortes gezeigt worden, vollkommen die
Wichtigkeit radetzky'scher Beharrlichkeit für das Haus Lothringen=

Habsburg und that eifrigst, was er konnte, um dem Begehren
des Marschalls zu entsprechen und denselben zu befähigen, von
der Vertheidigung zum Angriff überzugehen.
Die Sachen angesehen, wie sie anzusehen sind, d. h. vom
Standpunkt historischer Gerechtigkeit, muß überhaupt laut gesagt
werden, daß in dem großen Trubel und Strubel von 1848 unter
den Dienern des genannten Kaiserhauses neben sehr vielen
Nullen doch auch manche höchst tüchtige Zähler zum Vorschein
gekommen sind. Ein solcher, obzwar nicht gerade ein großer, war
auch der Feldzeugmeister Graf Nugent, welcher das in Görz sich
sammelnde Hilfsheer für Radetzky befehligte und gen Verona
herabführen sollte. Am 16. April brach er auf mit seinen 22
bis 23,000 Mann und seinen 65 Kanonen, überschritt den
Isonzo, zwang das aufgestandene Udine zur Kapitulation, ging
am 25. April über den Tagliamento und zog am 30. in Belluno
ein. Der ganze Marsch war zugleich eine Wiederunterwerfung
des Friauls gewesen. An der unteren Piave standen die kirchenstaatlichen Freiwilligen unter Ferrari und die päpstlichen Truppen
unter Durando, mitsammen nahezu 15,000 Mann, um Nugent
den Weg nach Treviso zu sperren. Bei dem schlechten Einvernehmen zwischen Ferrari und Durando vermochten die Oestreicher
die Freischaren ungeachtet tapferster Gegenwehr umzurennen und
zu zerstäuben, worauf Durando, welcher seinen Waffenbruder
schnöde im Stiche gelassen hatte, nach Mestre retirirte. Nugent
nahm Treviso, erkrankte aber und übergab das Kommando an
den Grafen Thurn, welcher General den Befehl Radetzky's,
möglich schnell zu ihm heranzukommen, mit großer Raschheit
ausführte. Am 22. Mai trat demnach die Spitze der thurn'-
schen Heersäule mit der Armee des Marschalls in Verbindung.
Radetzky that nun aber den Mißgriff, der von Gewaltmärschen
erschöpften Truppe die Wegnahme der inzwischen von Durando
besetzten Stadt Vicenza zuzumuthen, welches Unternehmen miß-
lang. Vicenza wurde durch die schweizerischen Soldtruppen des

Papstes im Zusammenwirken mit der Einwohnerschaft muthvoll
und erfolgreich vertheidigt. Das nugent=thurn'sche Korps mußte
davon ablassen und rückte am 25. Mai in Verona ein. Der
Marschall hatte jetzt 50,000 Mann mit 151 Feldgeschützen unter
seinen Fahnen und in der Person des kürzlich bei ihm einge=
troffenen Feldzeugmeisters Heß einen Generalquartiermeister,
welcher ein solcher war. Der zweiundachtzigjährige Feldherr
glaubte nun seinerseits die Zeit gekommen, „große Schläge" zu
thun; allein er täuschte sich, s e i n e Zeit war noch nicht da.
Noch begünstigte das Kriegsglück seinen Gegner, den Sarden=
könig, mehr als ihn, aber freilich nicht mehr für lange.

Karl Albert ließ sich nach dem Treffen von Santa Lucia
den großen Fehler zu schulden kommen, in seiner Stellung zu
Sommakampagna drei Wochen unthätig zu verträdeln. Er
wähnte, zunächst genug gethan zu haben, wenn er den Fortgang
der Belagerung von Peschiera sicherte, während doch seine Haupt=
aufgabe in dieser Zeit hätte sein müssen, mit aller Macht die
Verstärkung Radetzky's durch Nugent=Thurn zu verhindern. Der
östreichische Marschall, dem die Nachricht von Hummelauers
Friedenssendung nach London die soldatische Besorgniß einflößte,
er könnte, so er sich nicht eilte, alle seine Mühewaltung, Ober=
italien für Oestreich zu halten, durch einen hastigen und nach
seinem Gefühle schmählichen Friedensschluß vereitelt sehen, be=
schloß zu einem Hauptschlag gegen die Italiener auszuholen,
mittels dessen das sardische Heer aus seiner Stellung getrieben,
Peschiera entsetzt und die direkte Verbindung mit Tirol durch
das Etschthal her= und sichergestellt werden sollte. Der hierzu
von Heß entworfene strategische Plan war ganz gut, aber die
Ausführung blieb hinter dem Entwurfe weit zurück und der
Schlag ging fehl.

Am Abend des 27. Mai zogen die Oestreicher, 40,000
Mann mit 140 Geschützen aus Verona, bewerkstelligten fast
angesichts der piemontesischen Stellungen bei Sommakampagna

einen südwärtsigen Flankenmarsch und waren am folgenden
Abend in Mantua. Im Gefolge Radetzky's ritt auf diesem
Marsche der junge, kaum dem Knabenalter entwachsene Erzherzog
Franz Joseph, der Neffe des armen unzurechnungsfähigen
Kaisers Ferdinand, welcher dermalen in der Hofburg zu Inns-
bruck seine Blumen begoß, kopfschüttelnd, weil er über die merkwürdig lange „Spazierfahrt" von Wien dorthin nicht recht ins
Klare zu kommen vermochte. Von Mantua aus wollten die
Oestreicher zunächst das westlich von der Festung stehende und
dieselbe blokirende, mit dem linken Flügel an Kurtatone, mit
dem rechten an Montanara gelehnte toskanische Korps von
8000 Mann, welches der tapfere General Laugier befehligte,
angreifen, umzingeln und aufreiben, um nach Beseitigung dieses
Hindernisses die piemontesische Armee in der linken Flanke und
im Rücken zu fassen. Jenes gelang, dieses nicht, und zwar
darum nicht, weil die Toskaner, mit Ausnahme ihrer Reiterei,
die sich erbärmlich benahm, einen viel zäheren Widerstand leisteten, als irgendwer erwartet hatte. Die Studentenharste und
Bürgerwehrfähnlein, aus welchen Laugiers Korps gutentheils
zusammengesetzt war, zeigten an diesem 29. Mai, wo die Oestreicher von Mantua übermächtig auf sie herausfielen, daß es für
Kämpfer, welche ein großer Gedanke befeuert und welche, wohl-
verstanden, unter guter Führung stehen, doch keiner jahrelangen
Drillerei und Kasernenlungerei bedarf, um geschickt und beharrlich zu streiten und glorreich zu sterben. Auch die italischen Professoren faßten und thaten ihre patriotischen Pflichten etwas anders als ihre 118 deutsche Kollegen, welche in der Paulskirche
ihre Reden redeten oder schwiegen. Beim Sturm der Oestreicher auf Kurtatone fiel der berühmte neapolitanische Professor
Pilla an der Spitze des von ihm befehligten Studentenbanners
und wurde sein Kollege Montanelli schwer verwundet.

Ueberhaupt erfordert es die Gerechtigkeit, frank und frei
und wiederholt anzuerkennen, daß in den Jahren 1848—49 der

Liberalismus in Italien, auch in seinen blasseren Schattirungen, durchschnittlich ganz unverhältnißmäßig mehr Muth und Opfer-fähigkeit erwiesen hat als in Deutschland. Und doch war auch der deutsche Liberalismus damals noch nicht in die unter dem Strich ge-legene Region von — Klugheit hinuntergesunken, allwo er sich später behaglich einrichtete, wie das von einem so praktischen Geschäfts-mann wohl erwartet werden konnte. Die Literatur ist ihm selbstverständlich in jene behagliche Gegend gefolgt, um einen Patriotismus zu kultiviren, welcher vor dem früher üblichen den großen Vortheil voraushat, patriotisch zu scheinen und zugleich höchst ungefährlich zu sein. In Wahrheit, das Gefährlichste, was die deutschen Herren Patrioten vom 1866ger Stil riskiren, ist, daß ihnen ein rother Adler oder brauner Spatz vierter Sorte in's Knopfloch fliegt . . .

Die Erstürmung von Kurtatone, wobei der General Fürst Felix von Schwarzenberg — nachmals als östreichischer Premier-minister Hauptmacher der in der Wolle schwarzgelb gefärbten Rückwütherei — das Beste that, entschied das Treffen, natürlich zu Gunsten der Oestreicher, wie es denn unter den obwaltenden Umständen gar nicht anders entschieden werden konnte. Aber die standhafte, hingebungsvolle Gegenwehr, welche die italische Jugend an diesem Tage dem übermächtigen Feinde entgegen-stellte, macht den 27. Mai von 1848 zu einem hellleuchtenden italischen Ruhmestag. Und der bei Kurtatone und Montanara geleistete Widerstand war auch ausreichend, Radetzky's Plan zu stören; denn er verschaffte der Armee Karl Alberts Zeit, sich auf den ihr zugedachten Angriff vorzubereiten. Wäre diese Armee besser geführt worden, als sie geführt wurde, so hätte sie den Toskanern Hilfe bringen müssen und können.

Am 30. Mai vollführten die Oestreicher am Mincio bei Goito ihren Angriff auf das königliche Heer. Allein dieser An-griff war keine Ueberraschung mehr und außerdem klappten die Angriffsdispositionen weder strategisch recht zusammen, noch wurden sie taktisch mit der nöthigen Energie praktizirt. Dieser 30. Mai war kein Ehrentag weder für den alten Radetzky noch ein Glanz= tag für die östreichische Armee. Es spukte an diesem Tage unter den kaiserlichen Fahnen wieder einmal das alte superkluge Ge= spenst der „weiten Umgehungen", welches sich schon zur Zeit des trefflichen Erzherzogs Karl so häufig und stets zum Unheil dieser Fahnen hatte sehen lassen. Das Korps des Generals d'Aspre, welches behufs einer Umgehung des rechten Flügels der Piemon= tesen allzu weit westwärts entsendet war, fehlte zur entscheiden= den Stunde auf der Walstatt und so ging die Schlacht für die Oestreicher verloren. Gewonnen wäre dieselbe für sie nur ge= wesen, falls sie ihre Absicht, Goito's, als eines „Punkts von höchster Wichtigkeit", sich zu bemächtigen, durchgesetzt hätten. Nach dem Mißlingen ihres Plans verschanzten sie sich angesichts des Feindes in und um Rivalta, aber in der Nacht vom 3. auf den 4. Juni gingen sie, ohne weiter etwas zu versuchen, nach Mantua zurück. Die Piemontesen wollen ihren Sieg bei Goito mit einem Verlust von 400 Mann erkauft haben, wogegen die Oestreicher 1200 eingebüßt hätten, welche Zahl hinwieder die letzteren auf die Hälfte herabmindern. Am Abend des 30. Mai kam dem Sardenkönig noch eine zweite Siegespost zu, die Nach= richt von der Uebergabe der Festung Peschiera, welche von ihrer mehr als halb verhungerten Besatzung nicht mehr länger hatte gehalten werden können.

9.

Der fromme Sardenkönig stimmte ein Tedeum an und hielt eine Siegesparade ab. Im Uebrigen wußte er mit und aus seinem Erfolge wiederum nichts zu machen, gar nichts. Er, der ungeachtet aller seiner Frömmigkeit im Macchiavelli doch nicht

so ganz unbewandert war, hätte sich erinnern sollen, daß der alte
Meister der Friedens- und Kriegspolitik die flüchtige Göttin Gelegenheit sagen läßt:

> „Am Hinterkopf ist mir kein Haar zu finden;
> Drum wird mir stets vergeblich nachgestellt,
> Wenn man mich einmal ließ vorüberschwinden."

Sie kam nicht wieder, die am Hinterkopf Unbehaarte, nie
wieder. Das Treffen vom 30. Mai bei Goito und die Einnahme von Peschiera markirten den Höhepunkt italischen Kriegs-
glücks. Der wahrhaft rasende Jubelschall, welcher darob in
ganz Oberitalien aufschlug, sollte binnen wenigen Wochen ganz
anderen Tönen platzmachen und das überschwängliche Frohlocken
in Verzweiflungsschreie umschlagen.

Der alte Radetzky befand sich nach dem Fehlschlag vom 30.
Mai wieder arg in der Klemme. Denn mehr noch als nächst-
liegende Schwierigkeiten bedrängten ihn solche fernher. Zwar
hätte seine Lage in Mantua geradezu eine verzweifelte werden
können, ja müssen, wenn Karl Albert, statt ein Betbruder und
Paradeliebhaber zu sein, ein General gewesen wäre, welcher nach
dem bei Goito davongetragenen Siege rasch und nachdrucksam gethan hätte, was er thun mußte: nämlich entweder die Oestreicher
schon am 31. Mai wieder bei Rivalta energisch angreifen, wozu
sein Heer nicht nur den feurigsten Willen, sondern auch die nöthige Kraft hatte; oder aber, nachdem die Oestreicher nach Mantua zurückgegangen, mit seiner ganzen Macht zwischen diese Festung und Verona sich werfen, um in dieser Stellung den alten
Radetzky zu einer entscheidenden Schlacht zu zwingen. Aber was
hilft es, von einem verdorrten Baum zu verlangen, daß er Blüthen bringen und Früchte tragen soll? Der Sardenkönig war
ein verdorrter Baum, von welchem ein richtig sehender und ur-
theilsfähiger Soldat, der mitdabei war, Major Pinelli, ganz
gut nachgewiesen hat, daß derselbe in keiner Weise das Zeug zu

dem hatte, was er hätte vorstellen, sein und thun sollen. Karl
Alberts ganze Persönlichkeit paßt zu einem Nationalbannerherrn
ungefähr so, wie die deutschen Märzminister zu Staatsmännern
paßten, d. h. gar nicht. Pinelli sah ihn am 7. April, als, nach
dem Einfall der Piemontesen in die Lombardei, die 3. Division
bei Azola in Schlachtordnung aufgestellt war, um den vorüber=
kommenden König zu begrüßen. „Bei seinem Erscheinen wider=
hallte die Luft vom „Evviva il re!" der Soldaten. Aber statt
den Truppen zuzulächeln oder denselben irgendwie seine Zufrie=
denheit zu bezeugen, flog der König spornstreichs an ihnen vor=
bei, bleichen Gesichts, wie ein Schuldbewußter und mehr einem
Flüchtling denn einem Könige gleich. Auch hat er während der
ganzen Dauer des Krieges nie ein Wort des Mitgefühls oder
Trostes für die Leiden der Soldaten zu finden gewußt. Allzeit
bleich und abgespannt, wie er war, bewirkte seine Erscheinung,
statt die Truppen zu ermuthigen, nur eine Herabstimmung der=
selben, indem er mit seinem gespenstigen Aussehen ein Vorbote
von Unheil und Niederlagen zu sein schien."

Mit einem solchen Gegner fertigzuwerden durfte der greise
Marschall noch immer hoffen. Wären ihm nur nicht andere
Hemmnisse schwer auf dem Nacken gelegen! Das schwerste war
wohl die Nachricht aus Wien, daß die Zusendung von Verstär=
kungen vorderhand eingestellt seien, weil man unter englischer
Vermittelung zu einem Frieden mit dem Sardenkönig zu gelangen
hoffe. Dieser Nachricht war die Weisung an Radetzky beigege=
ben, derselbe solle unverzüglich Unterhandlungen über einen Waf=
fenstillstand mit Karl Albert einleiten. Das ging aber dem Alten
gegen den Mann, so sehr, daß er alsbald den Fürsten Schwar=
zenberg gen Innsbruck eilen hieß mit seiner, des Marschalls,
Bitte, diesen peinlichen Auftrag von ihm zu nehmen. Dann
ging er sofort daran, den Fehlschlag von Goito gutzumachen und
den italischen Jubilirern und Illuminirern zu zeigen, daß es trotz alle=
dem mit dem Schwarzgelb in Italien noch nicht Matthäi am letzten sei.

In Wahrheit, bei näherem Zusehen war der Monatsab=
schluß vom Mai für die Sache der Fremd= und Zwingherrschaft
auf der appenninischen Halbinsel keineswegs ungünstig. Denn
was diese Sache durch die neuerlichen (unfruchtbaren, weil un=
ausgenützten) piemontesischen Erfolge in Oberitalien scheinbar
gewonnen, das hatte sie derweil in Mittel= und Unteritalien
wirklich verloren. Zwar der rückwärtige Fühler, die „Allofu=
tion" des Papstes vom 29. April, war noch um ein Weilchen zu
früh herausgestreckt worden. Selbiger erwies sich als ein Stich
in ein Hornissennest, als ein um so mehr herausfordernder Stich,
als eine große Anzahl von römischen Familien mit vollem Rechte
fürchteten, die päpstliche Erklärung könnte und müßte den Oest=
reichern Veranlassung geben, die kirchenstaatlichen Soldaten und
Freiwilligen, welche ihnen gegenüber standen, nicht nach den
Grundsätzen des Kriegsrechts, sondern vielmehr als vogelfreie
Banditen zu behandeln. Das Hornissennest begann daher schon
am 30. April auszubrechen und zu schwärmen: Abordnungen
von 31 Klubbs erschienen im Quirinal, in drohender Weise
die Verleugnung der Allofution und die Fortführung des Krieges
gegen Oestreich fordernd. Der Er=Engel des Vatikans, damals
schon, ohne es zu wissen, ein bloßes, obzwar derzeit fernher ge=
handhabtes Sprachrohr in den Händen des Jesuitengenerals,
stellte sich an, d. h. man ließ ihn so sich anstellen, als sei seine
„Ansprache" das harmloseste Ding von der Welt. Er willigte
auch ein, den Messer Farini an den Sardenkönig abzusenden,
um diesem förmlich und traktatmäßig das Oberkommando über
die sämmtlichen im Felde stehenden kirchenstaatlichen Streitkräfte
zu übertragen; aber am folgenden Tage (1. Mai) drohte er doch
in einer „Ansprache an das römische Volk", daß er sich unter
Umständen bewogen sehen könnte, „die geistige Gewalt, welche
Gott uns gegeben, nicht unthätig in unseren Händen zu lassen".
Freilich, mit mittelalterlichen Ach= und Krachmitteln, mit Bann=
blitzen und Interdiktedonnern, war dazumal in Rom nicht viel

zu machen: die abenteuerliche Blitz= und Donnermaschine würde, aus der Rumpelkammer der Kirchengeschichte hervorgeholt, mit unermeßlichem Gelächter empfangen worden sein. Die schlangen= klugen Leute, welche die Papst=Marionette tanzen ließen, wußten das wohl. Ebenso, daß man, bis ihre Zeit wieder gekommen wäre, ein sehr unangenehm sich machendes Publikum von Klubb= horniffen mit etlichem trikolorem Gegaukel amüsiren müßte. Da= her wurde der Marionette zeitweilig noch einmal das allerdings schon sehr fadenscheinig gewordene Nationalpapstmäntelchen um= gehangen. Pius mußte am 2. Mai an den Kaiser von Oestreich einen Schreibebrief auffetzen, worin er den genannten Monarchen dringlich aufforderte, „einem Krieg ein Ende zu machen, welcher ja doch die Gemüther der Lombarden und Venetianer nicht für Oestreich zu erobern vermöge. Die edle deutsche Nation" — (großer Gott, was hatte die mit Lombardo=Venetien zu schaffen?) — möge die unheilvolle Herrschaft in eine freundliche Nach= barschaft umwandeln und hochherzig die italische als eine Schwe= fter anerkennen". Zwei Tage später mußte der Papst das Mi= nisterium Antonelli entlassen und ein durchweg aus Nichtgeist= lichen bestehendes, an dessen Spitze der alte Karbonaro Graf Mamiani trat, sich gefallen lassen. Alle die päpstlichen Fügungen und Schmiegungen waren jedoch bloße Scheinsiege der italischen Sache; denn daß die Lenker der liberal und national gaukeln= den, aber zu dieser Zeit gegen die nationale und liberale Bewegung bereits todfeindselig verhetzten Papst=Puppe nur ihrer Zeit harrten, um für alle diese Fügungen und Schmie= gungen vollwichtige Rache zu nehmen, wird schon durch die eine Thatsache bewiesen, daß Napier, der englische Geschäftsträger in Neapel, schon am 4. Mai nach Hause melden konnte, Pius habe beim König Ferdinand anfragen lassen, ob er, so er sich im Falle sähe, Rom zu verlassen, im Neapolitanischen eine ehrenvolle Auf= nahme und sichere Freistätte finden würde. Die Marionette=

lenker hatten also bereits im April geplant, was im November
zur Ausführung kommen sollte.

Wissende haben mit Recht auf den Zusammenhang der in
Rom vorerst gedachten Reaktion mit der in Neapel im Mai schon
vollbrachten hingewiesen, welcher Zusammenhang übrigens auf
der Hand liegt. König Ferdinand der Zweite konnte aus der
gemeldeten Anfrage von seiten des Papstes unschwer heraus=
hören, daß das ganze Gewicht der Autorität des Statthalters
Christi, welches vom Juni 1846 ab dem italischen und liberalen
Vorwärts zu baß gekommen war, jetzt auf die Seite des Rück=
wärts hinübergerückt werden sollte oder bereits hinübergerückt
sei. Der König nahm daraus ab, das widerwärtige Heuchelspiel
eines konstitutionellen Patrioten, welches er sich seit Januar seinen
„Einfaltpinseln“ und „Schwachköpfen“ von Ministern gegen=
über (vgl. I, 63) hatte auferlegen müssen, könnte bald zu Ende
sein. Inzwischen führte er, wie man gestehen muß, diese Rolle
nicht übel durch. Freilich, die lieben liberalen Maccheronimaier
am Fuße des Vesuv ließen sich von allerhöchsten Herrschaften
nicht weniger gern nasführen als die lieben liberalen Biermaier
im Norden der Alpen. Ferdinand lauerte demnach auf einen
günstigen Moment, die Maske abzuwerfen, und es ist selbstver=
ständlich, daß er die im Lande umlaufenden Fäden der Rück=
wärtserei, sowie die nach auswärts reichenden, mit seinen Wün=
schen zusammenknüpfte.

Die Verhältnisse, wie sie, ohne Illusionsbrille angesehen,
waren, kamen diesen echtköniglichen Wünschen zu Hilfe. Die neapo=
litanische „Revolution“ hatte keinen der Berge von Unflat, welche
durch eine vielhundertjährige Tyrannei im Lande aufgethürmt
worden, weggesäubert. Der Liberalismus hatte, als er obenauf
gekommen, auch hier, wie überall, seine impotente Hammelsnatur
erwiesen. Auf einem Boden, welcher mit Eisen und Feuer hätte
gereinigt und dann gründlich umgeackert werden müssen, stellte
er seine konstitutionelle Schaukel auf und erwartete, diese Ma=

schine würde Wunder wirken. Ach, besser als die arme Schaukel verstanden sich auf's Wunderwirken jene Bürgerwehrleute, welche, als der dem „neuen Wesen" natürlich abgeneigte heilige Januarius sein Blutflüssigwerdenwunder am 1. Mai nicht verrichten wollte, dem Herrn Erzbischof sehr deutlich erklärten, besagtes Blutflüssigwerdenwunder m ü ß t e geschehen. Und siehe, es geschah. Mit Heiligen und Bonzen muß man sehr deutlich reden, falls man sie zur Raison bringen will. Die Schaukel ging derweil auf und ab, vermochte aber mit ihrem eintönigen Spiel ein nach drastisch-grellen Schauspielen gierendes Volk, wie das neapolitanische war, nicht zu befriedigen. Die ehrlichen Patrioten hatten die radikale Arbeit, welche schlechterdings hätte gethan werden sollen, nicht thun wollen oder können und die Folge hievon war, daß die unehrliche Wühlerei, das schmutzige Gassenlumpenthum sich unterstand, diese Arbeit thun zu wollen und zu können. Die Stadt Neapel wurde geradezu eine Latrine, in welche alle Menschenjauche Italiens zusammenfloß. Aus dieser Prämisse ergab sich wiederum nothwendig die Konklusion, daß der „ruhige Bürger" zum Angstweib, der Besitzende zum Wimmerling wurde, und hieraus als Facit des ganzen Rechenexempels, daß, wenn nicht gerade die Mehrzahl, so doch eine starke Minderheit der Bourgeoisie — vom Grundbesitz-, Hof-, Kasernen- und Kanzlei-Adel gar nicht zu reden — nach der guten alten frommen Zeit des Absolutismus heimlich sich zurücksehnte. Der König wußte das, merkte es sich und ließ, um die Angstweiber noch ängstlicher und die Wimmerlinge noch wimmerlicher zu machen, unter der Hand das Märchen vom Bestehen einer kommunistischen Verschwörung in Umlauf setzen. Die Thatsache seiner eigenen absolutistischen Verschwörung wurde begreiflicher Weise von den aufrichtigen Konstitutionellen wie von den radikalen Widerborbonikern ebenfalls fleißig kolportirt und es würde ein ganz anderes Wunder als das januarische Blutflüssigwer-

den erforderlich gewesen sein, um zu verhindern, daß diese That=
sache und jenes Märchen mitsammen tüchtig Unheil stifteten.

Es kam am 15. Mai zum Ausbruch. Auf diesen Tag war
die Eröffnung des neapolitanischen Parlaments anberaumt, zu
welchem einen Monat zuvor die Wahlen stattgefunden hatten.
Noch am 10. Mai, während die Abgeordneten sich schon in der
Hauptstadt zu sammeln anfingen, schauspielte Ferdinand konsti=
tutionell und national. Denn an diesem Tage beschloß mit aus=
drücklicher Genehmigung des Königs der Ministerrath, daß be=
hufs der energischen Führung des nationalen Unabhängigkeits=
krieges gegen Oestreich eine Schutz= und Trutzallianz mit der
sardischen Regierung unverzüglich geschlossen werden sollte. Drei
Tage darauf versammelten sich die Abgeordneten im Stadthause
(Monte Oliveto) zu einer vorläufigen Besprechung und da gab
es lärmende, im Grunde ganz lächerliche konstitutionelle Haar=
spaltereien über die Frage, ob der König, wie er ankündigen ließ,
die Konstitution vom 10. Februar so, wie sie war, beschwören
sollte oder aber, wie die Minister wollten, mit dem Zusatz der
Weiterbildung. Der Borbone in seinem Palaste mochte befrie=
digt lächeln, als er von dieser unglaublichen Dummheit hörte.
Am folgenden Tage dieselbe Krimskramerei im Monte Oliveto,
nur noch mit viel mehr Gestikulation und Geschrei. Abordnungen
gingen an die Minister und an den König. Jene erklärten, auch
s i e verständen, wie sie ja das schon bei ihrem Eintritt in's Amt
angezeigt hätten, unter der zu beschwörenden Verfassung eine
weiterzubildende; dieser sagte, er hätte nichts gegen das „Ent=
wickeln" der Konstitution, sähe aber nicht ein, warum er sowohl
als die Abgeordneten dieselbe nicht so, wie sie nun einmal wäre,
beschwören sollten. Die Abordnung und die Mehrzahl der Par=
lamentsdeputirten gaben sich mit dieser nichtssagenden Antwort
zufrieden. Allein der Zank hatte außerhalb des Monte Oliveto
schon andere als parlamentarische Formen angenommen, barri=
kadologische nämlich, und die konstitutionellen Konfusii wurden

von den radikalen Konfuſiſſimi, welche, hauptſächlich aus Kalabrien gekommen, von der Wiedererweckung der parthenopäiſchen
Republik träumten — unter einem Volke von Sklaven und Fe-
tiſchgläubigen von Republik und Demokratie träumten! — und
in der Fieberhitze ihrer Träume gänzlich vergaßen, daß der verhaßte Borbone nicht allein einheimiſche Truppen, ſondern auch
verläßliche ſchweizeriſche Soldregimenter zur Verfügung hatte.

Während der zwiſchen dem Stadthaus und dem Palaſt hin-
und hergehenden Verhandlungen, häuften ſich die Volksmaſſen
um den Monte Oliveto und kalabreſiſche Widerborboniker predigten daſelbſt das barrikadiſche Evangelium. Mit Beifall und
Erfolg; denn bald begannen im Toledo, jener toſenden Haupt-
ſtraße Neapels, ſowie in den anſtoßenden Gaſſen, die „ultimae
populi rationes“ ſich zu erheben, wobei, wie es hieß, Franzoſen
von der gerade im Hafen liegenden Flotte des Admirals Baudin
den willigen Naturalismus der Neapolitaner mit ihrer barrika-
dologiſchen Kenntniß und Erfahrung unterſtützten. Auch im
Palaſte war man derweil nicht müſſig geweſen und hatte der
König die Beſetzung wichtiger Plätze der Stadt mit Truppen angeordnet. Er mochte mit großer Genugthuung einen gewaltſamen Zuſammenſtoß erwarten, aber er war ſchlau genug, die
Initiative ſeinen Gegnern zu überlaſſen. Er ſtand auch nicht
an, noch einen Verſuch zur Vermeidung dieſes Zuſammenſtoßes
zu machen, wohl wiſſend, daß er, da die „Feuerſpeier“ einmal
am Werke waren, damit wenig oder nichts riſkirte. Demzufolge
ſchickte er einen ſeiner Miniſter zu den Abgeordneten und ließ
dieſen entbieten, er ſei bereit, das Parlament noch am ſelbigen
Tage zu eröffnen, und ſollte der Eid der Deputirten dieſe Formel
haben: „Ich ſchwöre Treue dem konſtitutionellen Könige Ferdinand dem Zweiten und der Konſtitution, wie ſie von den beiden
Kammern in Gemeinſchaft mit dem König umgebildet und entwickelt werden wird“. Dieſe Bewilligung war ein Meiſterzug
von Ferdinand: er wußte, daß er damit die Konſtitutionellen

vollkommen zufriedenstellte; aber auch, daß diese das Heft ber=
malen schon nicht mehr in Händen hätten, demnach ohnmächtig
wären, den Losbruch der Radikalen hintanzuhalten, und durch
diese ihre Impotenz selbst ihm den willkommenen Vorwand lie=
ferten, wie mit dem Radikalismus, so auch mit dem Liberalis=
mus abzufahren und beide mitsammen in dieselbe Grube zu ver=
scharren.

Diese königliche Rechnung hat sich als richtig herausgestellt.
Es war ganz umsonst, daß die Konstitutionellen die ganze Nacht
hindurch sich alle erdenkliche Mühe gaben, die Einstellung des
Barrikadenbau's und die Beseitigung der improvisirten Volks=
bewaffnung zuwegezubringen. In der Morgenfrühe des 15.
Mai mußten sie ihre Ohnmacht erkennen und erkannten dieselbe
so sehr, daß das rath= und thatlose Ministerium seine Entlassung
anbot. Ferdinand ließ das einstweilen unbeachtet; denn er war
entschlossen, ministerlos und in seiner Weise vorzugehen, in wel=
cher Absicht ihn eine Abordnung von seiten der Lazzaroni, welche
ihm die guten Dienste dieser Horde anzubieten im Palast erschien,
nur bestärken konnte. Die Barrikadenleute thaten ihm auch den
Gefallen, anzufangen. Um 11 Uhr morgens wurde von einer
gewaltigen am unteren Ende des Toledo beim Palast Cirella
aufgethürmten Barrikade herab auf die Truppen geschossen,
welche um das königliche Schloß her aufgestellt waren. Ein
Bataillon von der neapolitanischen Garde erwiderte sofort das
Feuer und machte, unterstützt von anderen Bataillonen, einen
Sturmangriff auf die Barrikaden des Toledo. Allein dieser
Angriff war ein schwachmattischer und die ganze Sache hätte für
Ferdinand sehr schief gehen können, falls er nicht seine nahezu
6000 schweizerische Landsknechte zur Hand gehabt. Sobald
diese in den Kampf eingriffen, und sie griffen sofort ein, war der=
selbe schon entschieden; denn die heftige Gegenwehr, welche sie
da und dort, z. B. bei und in den Palästen Cirella, Benucci und
Gravina fanden, steigerte nur die erbitterte Energie dieser Söld=

linge, welche durch die Verhöhnungen und Beschimpfungen, die sie in letzter Zeit überreichlich erfahren hatten, ohnehin gereizt genug waren. Urtheilsfähige Augenzeugen und Mithandelnde haben festgestellt, daß es ganz überflüssig gewesen, das schwere Geschütz in den Straßen und von den Kastellen herab spielen zu lassen. Aber wann hätte ein echter Bourbon dem Kitzel widerstanden, seinen Bourbonismus leuchten zu lassen? Ferdinand der Zweite mußte sich doch seinen historischen Namen verdienen — „Re Bomba" — und das ging nicht ohne Anwendung von Bomben und Granaten und Kartätschen. Als die Minister gingen, ihn um Erbarmen für die Stadt anzuflehen, jagte er sie mit dem wohlverdienten Fußtritt zum Palast hinaus, die Zeit des Erbarmens sei vorüber und die Stunde, Rechenschaft abzulegen, auch für sie gekommen. Ein Versuch der Liberalen, den im Hafen liegenden Admiral Baudin zu irgendwelcher Dazwischenkunft zu bestimmen, war ganz eitel. Seine Instruktion verböte ihm jede Einmischung aufs bestimmteste, sagte er. Die französische Bastardrepublik von 1848 hat ja überall, wie im Innern, so nach außen eine Politik der Unfähigkeit und Feigheit, eine vollendete Lumpenpolitik eingehalten.

Nachdem die Barrikaden genommen worden und jeder Widerstand erstickt war, zeigte sich das glücklich wiederhergestellte absolute Königthum Sr. Majestät des Königs Bombe im Vollglanz: der treubiedere Lazzaronismus und die entzügelte Soldatenfurie tanzten die ganze Nacht hindurch mitsammen eine solenne Mord-, Raub- und Nothzüchtigungs-Tarantella. Am folgenden Tage (16. Mai) umgab sich Ferdinand mit einem Ministerium von nickenden Nullen, stäubte dann die Parlamentsdeputirten, soweit er sie nicht greifen ließ, heim und die Bürgerwehr auseinander, knebelte die Presse wieder, erklärte den Belagerungszustand und rief seine Armee aus Oberitalien heim. Der alte Kämpe der weiland parthenopäischen Republik, General Pepe, welcher, wie wir wissen, diese inzwischen auf ihrem Marsche bis

Bologna gekommene neapolitanische Armee befehligte, suchte sie vergebens mit sich über den Po und, trotz der Umkehrsordre des Königs Bombe, in den Krieg für die nationale Sache fortzureißen. Nur 1500 Mann, meist Freischärler, folgten dem Braven über den Strom und nach Venedig, bei dessen heldischer Vertheidigung ihr Führer und sie Zeugniß ablegten, daß auch neapolitanische Mütter tapfere Männer zu gebären verstünden.

Jetzt, da die elende Schaukel umbombardirt war, jetzt, als das Blödauge des Liberalismus erkennen mußte, daß Ferdinand „ein König jeder Zoll" sei, jetzt, da es zu spät war, hätten die Herren Liberalen die Spitze der Revolution, welche sie krummgebogen, in das konstitutionelle Lirumlarum umgebogen hatten, gerne wieder aufgerichtet. Es konnte nicht gelingen: der Aufstand, welchen sie mit Hilfe der Sizilianer in Kalabrien in Scene zu setzen versuchten, kam gar nicht zu rechtem Aufstehen und wurde rasch und blutig niedergedrückt. König Bombe zeigte der Welt, daß und wie man die Frage einer h a l b e n Revolution mit einer g a n z e n Reaktion beantworten müßte. Er wurde der bewunderte und bejubelte Heros der Kontrerevolution in ganz Europa und zwar von rechtswegen. Der weiße bourbonische Schrecken legte seine raffinirt grausame Hand auf das Land und rüstete sich, dieselbe bei der ersten günstigen Gelegenheit auch nach der Insel Sizilien hinüberzustrecken. Der Herr Graf von Lebzeltern, östreichischer Gesandter in Neapel, welcher während der Episode konstitutioneller Schaukelei und nationaler Gaukelei nur noch als „Privatmann" daselbst sich aufgehalten hatte, mochte sich jetzt schmunzelnd die Hände reiben. Der erste thatsächliche und glückliche Rückstoß gegen den großen Vorstoß von 1848 war gethan.

10.

Die alsbaldige Einwirkung des in Rom von dem Papste gewollten, in Neapel von dem Bourbon vollzogenen Umschlags auf den Gang der Dinge in Oberitalien ließ nicht auf sich warten. Der alte Radetzky konnte sich dem unfähigen Zauberer von Sardenkönig gegenüber um so freier bewegen, als er sich jetzo vom Rücken her sicherer fühlte denn etliche Wochen zuvor, wo er ganz Italien gegen sich gehabt hatte. Er brütete auch nicht lange über sein bei Goito fehlgeschlagenes Unternehmen, sondern sann vielmehr auf ein neues, welches darauf abzielte, in den Besitz von Vicenza zu gelangen, was den Hauptschlüssel der Hauptverbindungslinie mit daheim wieder erlangen hieß, sodann seinen Truppen die Hilfsmittel zu sichern, welche das venetianische Festland bot, und endlich den neuen Verstärkungen, welche im Betrage von 14,000 Mann unter der Führung des Generals Welden das obere Piavethal herabzusteigen sich anschickten, die Hand zu reichen. Am 5. Juni brachen die Oestreicher von Mantua auf in drei Kolonnen. Eine derselben ließ der Marschall über Villafontana nach Verona zurückgehen, um das feindliche Hauptquartier glauben zu machen, seine ganze Bewegung habe nur die verstärkte Sicherung der genannten Festung und der Stellung von Santa Lucia zum Zwecke. Mit den zwei anderen Kolonnen aber wandte sich der Alte auf Legnagno, überschritt dort die Etsch und stand am 9. Juni südlich von Vicenza, in einem Halbkreis aufmarschirt, wohl 30,000 Mann stark mit 120 Geschützen. In der von ihrer Verbindung mit dem sardischen Heer abgeschnittenen Stadt lag, wie wir wissen, Durando mit 10,000 Freiwilligen und regulärpäpstlichen Soldaten, worunter auch schweizerische Soldbataillone, deren Landsknechteschicksal es war, hier am Fuße des Monte Berico für das zu fechten, gegen was ihre Mitlandsknechte neuerlich am Fuße des Vesuv gefochten hatten. Diese grelle Darlegung des Wesens der Landsknechtschaft hat stark mitgeholfen, solchen Makel aus dem Wappenschild der schweizerischen Eidgenossenschaft endlich zu tilgen. Durando's Heerschar zur Seite standen 6000 vicentiner Bürgerwehrmänner und Römer und Schweizer und Vicentiner waren gleichermaßen entschlossen, die Stadt zu halten. So haben sie auch redlich gethan, bis zur äußersten Möglichkeit. Der Angriff, bei dessen Einleitung und Durchführung der östreichische Feldherr natürlich von seiner Uebermacht Gebrauch machte, geschah am 10. Juni und die hartnäckige Kampfarbeit währte bis tief in die Nacht hinein. Da war dann die Lage von Vicenza und seinen Vertheidigern so hoffnungslos, daß Durando, falls er die Stadt nicht unfehlbarer Vernichtung weihen wollte, kapituliren mußte. Radetzky gewährte Bedingungen, welche bei Lage der Sachen milde genannt werden mußten. Die kirchenstaatlichen Truppen sollten am folgenden Tage mit ihren Waffen, Geschützen und Fahnen von Vicenza ab und über den Po zurück ziehen, aber verpflichtet sein, in den drei nächsten Monaten nicht gegen Oestreich zu fechten. Den Abziehenden könnte sich von den Vicentinern anschließen, wer wollte. Es schlossen sich ihnen wirklich viele an, auch viele Vicentinerinnen. Die Oestreicher begleiteten den bunten Auszug mit nicht sehr zarten Kasernenspässen, aber der alte Radetzky besuchte die verwundet in den Lazarethen liegenden Vertheidiger von Vicenza und lobte ihre Tapferkeit. Hierauf nahm der Marschall rasch Padua, wodurch die Handreichung mit dem auf Treviso rückenden Welden ermöglicht wurde, entsandte auch eine Brigade nach dem Thal d'Arsa und bis Roveredo hinauf, um mit einem weiteren dort angesammelten Verstärkungskorps die Verbindung herzustellen, und folgte schließlich seinem Gewalthaufen zurück nach Verona.

Der Sardenkönig, den man endlich dazu gebracht hatte, doch auch wieder etwas zu thun, wähnte diesen Gewalthaufen noch droben in Vicenza, als er am 14. Juni eine Umgehung der Terrassen von Santa Lucia versuchte, um Verona zu überfallen.

Aber die Oestreicher waren schon wieder an Ort und Stelle, wie=
sen den schlechtgeführten Versuch ab und dieser endigte mit einem
übelgeordneten Rückzug der Piemontesen. Die ganze Situation
gestaltete sich für Karl Albert von da ab immer mißlicher. Die
verlorene Hoffnung auf Zuzug aus Toskana, Rom und Neapel
mußte niederschlagend wirken. Die schlechte Armeeverwaltung
ließ im Lager einen Mangel einreißen, welcher, verbunden mit
den Wirkungen der Strapazen, der Hitze und des schlechten Was=
sers das Heer decimirte. Tausende und wieder Tausende von
Soldaten lagen in den Spitälern. Zu Anfang des Monats
Juli hatte der Sardenkönig sicherlich nicht mehr als 46,000
Mann unter den Fahnen, während Rabetzky nach Heranziehung
seiner Reserven zu gleicher Zeit oder doch wenig später in und
um Verona allein nahezu 60,000 Mann hatte und die Gesammt=
streitmacht Oestreichs auf italischem Boden im genannten Mo=
nat auf mehr als 100,000 Mann anwuchs. Was wollte es
dieser massigen, der Hand eines rechten Lenkers gehorchenden
östreichischen Heermaschine gegenüber bedeuten, daß der kühne
und geschickte, kaltblütige zugleich und feurige Bandenführer
Giuseppe Garibaldi an der Spitze seiner freischärlichen „Alpen=
jäger", am Fuße der Alpen den Kleinkrieg führend, die Oestreicher
in ihrem Rücken vielfach belästigte? Seine zeitweiligen Erfolge
konnten, weil eben nur im „kleinen Kriege" errungen, in der
Wagschale der großen Entscheidungen nicht schwer wiegen. Aber
der Mann, welchen der Mutter Italia Ruf von der Führung
des Guerillaskrieges in den Savannen von Montevideo weg und
heimwärts gerufen hatte, war bestimmt, mittels später vollbrach=
ter Thaten der von einer Mythen=Gloriole umgebene Heros der
italischen, ja der europäischen Demokratie zu werden, eine Cha=
rakterfigur, ein Typus, in welchem alles zur Erscheinung kam, was
die demokratische Idee Edles, Großes und Selbstloses hat. . . .
Wenig oder gar nichts auch wog in der Wage des Krieges, daß die
Lombardei mittels einer auf Anordnung der mailänder proviso=

rischen Regierung vorgenommenen Volksabstimmung am 29. Mai
ihre sofortige Vereinigung mit dem Königreich Sardinien beschloß und daß auch das Parlament der kaum wieder erstandenen
Republik Venedig am 4. Juli die „Fusion" mit dem Königreiche
dekretirte. Was konnte Venedig, welches zu dieser Zeit schon so
ziemlich auf seine Lagunen eingeschränkt war, was konnte auch
die Lombardei mit ihren unorganisirten, noch dazu durch heftigen
Parteihader gelähmten Kräften dem Sardenkönig helfen? Nichts,
was der Rede werth war.

Zu Ende Juni's wiegte man sich in Mailand, Turin und
anderen oberitalischen Städten noch in stolzen Illusionen hinsichtlich der Sachlage und warf den Gedanken eines Friedens,
etwa mit dem Mincio als Gränzlinie, weit hinweg. Die Italiener hätten damals gewiß jeden, der ihnen gesagt hätte, daß, um
diese Gränzlinie zu gewinnen, zuvor erst die ganze Macht Frankreichs an ihrer Seite kämpfen müßte, für einen Verräther aus-
geschrieen oder als einen Verräther gelyncht. Und wer ihnen
vollends gesagt hätte, daß ein deutsches Heer und zwar in
Böhmen das Festungsviereck und Venedig für sie erobern würde,
den hätten sie für den Narren aller Narren erklärt oder, wo möglich, zweimal gelyncht. Es gibt doch keine tollere Komödie als
die Weltgeschichte, obzwar auch keine traurigere ... Wohl, zu
Ende Juni's also drückte der englische Gesandte in Turin, Abercromby, die herrschende Stimmung ganz richtig und getreu aus,
wenn er am 30. des Monats an Lord Palmerston schrieb: „Ich
halte dafür, daß jede italische Regierung, welche mit Oestreich
auf einer anderen Basis als der einer vollständigen Räumung
des Landes (von seiten der Oestreicher) Friedensunterhandlungen
anknüpfen wollte, von dem ganzen übrigen Italien des Verraths
an der gemeinsamen Sache bezichtigt werden würde (would be
looked upon and treated by the rest of Italy as traitors to
the cause)." Aber auch im Hauptquartier Radetzky's wäre
ein Sprecher für den Frieden übel gefahren. Das an den greisen

Marschall gerichtete Poetenwort: „In deinem Lager ist Oester-
reich!" war jetzt zur Wirklichkeit geworden, und bevor wenigstens
die schwarzgelbe Fahne im Triumph wieder auf die Spitze des
Doms von Mailand getragen wäre, durfte hier von Waffenruhe
nicht die Rede sein.

Nach dem abgewiesenen Versuch der Italiener auf Verona
hielten sich beide kriegführenden Parteien etliche Wochen ruhig.
Radetzky zog Verstärkungen heran und Karl Albert machte es
ebenso, konnte es aber in nicht so ausreichendem Maße thun wie
sein Gegner. Das lombardische Geschrei in seinem Rücken über
seine ewige Zauberei, ja Verrätherei wurde aber so arg, daß der
König sich bewogen fand, wiederum den Angriffsweg zu versuchen.
Am 12. Juli begannen die Bewegungen der sardischen Armee.
Ihr strategischer Lenker, General Bava, beging den Fehler, sie
in eine 7 deutsche Meilen lange Linie auseinander zu zerren,
oder vielmehr er ließ die Auseinanderzerrung zu, dem Eigensinn
des Königs zu Gefallen. Der äußerste linke Flügel des Heeres
stand in Rivoli, das Centrum zwischen Verona und Mantua, der
rechte Flügel blokirte die letztgenannte Festung von der Südseite.
Man sieht leicht, wie sehr diese Dehnung und Dünnung den
Gegner zu Durchbruchstößen reizen mußte. Einen solchen beschloß Radetzky alsbald zu thun, nachdem er von dem unwandba-
ren Gorzkowsky, Kommandant von Mantua, die Meldung erhalten hatte, der Feind habe in seinen festen Stellungen auf den Höhen
von Sommakampagna und Sona nur wenig Mannschaft zurückgelassen. Und so war es: statt, wie bisher, 30,000 Mann hüteten jetzt
nur noch 8000 jene wichtige Position. Der östreichische Feldherr
liebte es durchaus nicht, zu abenteuern, sondern vielmehr, möglichst sicher zu gehen. So warf er denn im Morgengrauen des
23. Juli, nach einer furchtbaren Gewitternacht, zwei Sturmkolonnen, die eine unter Wratislaw (14,000 Mann), die andere
unter d'Aspre (15,000 Mann), welchen er überdies eine sehr
starke Reserve unter Wocher (18,000 Mann) folgen ließ, von

Verona aus überraschend auf die feindlichen Verschanzungen.
Die Hüter derselben wehrten sich mannhaft stundenlang gegen
die übermächtigen Angriffe, mußten aber doch den ganzen Höhenzug aufgeben, welcher sich um Mittag in den Händen der Oestreicher befand, — ein sehr beträchtlicher Gewinnst. Die Verona
bedrohende Stellung war genommen, das Centrum der sardischen
Armee durchbrochen und die beiden Flügel derselben so ausein-
andergeschoben, daß die Herstellung einer Verbindung zwischen ihnen
nur auf weiten Umwegen bewerkstelligt werden konnte.

Am folgenden Tage schien sich das Kriegsglück wieder dem
Sardenkönig zuwenden zu wollen. Während frühmorgens Radetzky den Mincio bei Salionze unterhalb Peschiera's überbrücken
ließ, den Fluß überschritt und den linken Flügel der sardischen
Armee unter General Sonnaz zu fluchtähnlichem Rückzug nach
Volta drängte, war Karl Albert mit seiner Hauptmacht aus den
sumpfigen Bivouaks bei Mantua aufgebrochen und nordwärts
marschirt, um eine Wiederverbindung mit Sonnaz und anderen
seiner noch am Gardasee stehenden Truppentheile zu suchen. Am
23. Juli war sein Hauptquartier in Marmirolo und er vernahm
den Kanonenlärm von Sommakampagna her, richtete aber wunderlicher Weise seinen Weitermarsch nicht direkt dorthin, sondern
auf Villafranka. Der Marsch war ein sehr verlustvoller. Die
Sonne glühte erbarmungslos hernieder, der Mundvorrath war
knapp oder ganz ausgegangen, die von Hitze, Hunger und Durst
verzehrten Soldaten fielen zu Hunderten rechts und links hin.
Der östreichische Marschall, voraussetzend, die Italiener würden
handeln, wie es der gesunde Menschenverstand und die Kriegs-
kunst forderte, d. h. alle Muskeln anspannen, um so rasch, wie
möglich, ihre sämmtlichen Streitkräfte auf dem rechten Ufer des
Mincio zu vereinigen, hatte inzwischen seinen ganzen Gewalthaufen zum Ueberschreiten des Flusses in Marsch gesetzt, um
drüben diese vorausgesetzte Vereinigung zu hintertreiben. Auf
dem linken Mincioufer stand am 24. Juli von der operirenden

öſtreichiſchen Armee nur noch die 8000 Mann ſtarke Brigade Clam-
Gallas und zwar in Cuſtozza. Radetzky, welcher von dem eine
Wegſtunde nordwärts von Valeggio gelegenen Monte Vento
herab die Bewegungen ſeiner Truppen lenkte, hatte der von dem
General Simbſchen kommandirten Brigade Lichtenſtein, welche
in Sanguinetto geſtanden war, den Befehl zugehen laſſen, auf
Villafranka zu rücken und die Brigade Clam in Cuſtozza abzu-
löſen, — ein Befehl, welcher dem Sardenkönig Gelegenheit gab,
ſeinen letzten Glückswurf zu thun. Denn als der lichtenſtein'ſche
Harſt, 7—8000 Mann ſtark, in der glühenden Mittagshitze des
24. Juli Sommakampagna erreicht hatte und nach gründlicher
als nöthig mit Wein geſtilltem Durſte nicht ſehr feſt aufgeſchloſ-
ſen nach Cuſtozza weiterzog, wurde er von Villafranka aus durch
die Piemonteſen mit großer Uebermacht angegriffen, mit einem
Ungeſtüm und Erfolg, welcher nicht nur die Brigade vernichtete,
ſondern auch den ganzen Höhenzug von Sommakampagna bis
Cuſtozza herab wieder in italiſche Gewalt brachte.

Der Sardenkönig hätte jetzt, wenn er raſch handelte, ſeine
Verbindung mit Sonnaz, deſſen Standort in Volta er kannte,
zuwegebringen können; allein der Erfolg vom 24. Juli wirkte ſo
ſinnbethörend, daß Karl Albert, welcher des Wahns lebte, er
hätte den ganzen linken Flügel der Oeſtreicher geſchlagen, in der
Meinung beſtärkt wurde, ſein tolldreiſtes Herumabenteuern zwiſchen den feindlichen Armeekorps und Feſtungen ſei das Wahre.
Er ſollte bald eines anderen belehrt werden. Denn der alte
Radetzky, welchen der Untergang der Lichtenſteiner doppelt wur-
men mußte, weil er denſelben ſeiner eigenen Unvorſichtigkeit auf
Rechnung zu ſetzen hatte, brannte darauf, die Scharte auszu-
wetzen. Er wetzte ſie aus, aber nur mit größter Anſtrengung;
denn in der entſcheidenden Schlacht von Cuſtozza-Sommakam-
pagna, welche am 25. Juli geſchlagen wurde, haben die Italiener
gegen die feindliche Uebermacht, gegen die Ungunſt ihrer Stellung, gegen die Glühhitze, gegen Hunger und Durſt mit ruhm-

vollster Mannhaftigkeit und Ausdauer gerungen. Es war ein
schrecklicher Ringkampf. Karl Albert und seine beiden Söhne,
die Herzoge von Savoyen und Genua, gaben ihren Truppen das
Beispiel vollendeter Todesverachtung und auch der alte Radetzky
ritt mitten ins Feuer.

Zum Glück für die Oestreicher war ihr Mincioübergang
nur erst theilweise bewerkstelligt, als die Befehle des Marschalls
ergingen, umzuwenden und gen Osten und Südosten Front zu
machen. Diese Front, am Morgen des 25. Juli gebildet, reichte
von Valeggio, wo Wratislaws Korps den rechten Flügel bildete,
über Oliosi, wo Wochers Korps als Centrum stand, bis nach
Castelnuovo hinauf, wo d'Aspre's Korps den linken Flügel formirte. Karl Albert mußte nun, um noch Rettung zu finden, den
Rath Bava's annehmen, welcher dahin ging, alle am linken Ufer
des Mincio vorhandenen Kräfte — sie betrugen höchstens 20,000
Mann, während Radetzky 35,000 in seiner Schlachtlinie hatte
und außerdem das eben aus Tirol gekommene thurn'sche Korps
von 10,000 Mann, sowie die Besatzungen von Verona und
Mantua — zu einem Gewaltstoß auf Valeggio zusammenzu-
fassen, um dort durchzubrechen, die Minciobrücke und die Verbindung mit Sonnaz zu gewinnen, welcher General befehligt
werden sollte — und wirklich befehligt wurde, aber zu spät —
seinerseits von Westen her auf Valeggio loszugehen. Allein der
König verschmähte diesen bei Lage der Sachen besten Rath.
Er beschloß, die Höhen von Sommakampagna festzuhalten und
zugleich Valeggio anzugreifen, eine Doppelaktion, zu welcher seine
Streitkräfte lange nicht ausreichten. So ging denn die Schlacht,
wie sie gehen mußte, da die Piemontesen an den Kampfstellen
gegen eine dreifache Uebermacht zu fechten hatten.

Zur achten Morgenstunde ließ Karl Albert die Trommeln
zum Angriff auf Valeggio rühren und wenig später begannen
d'Aspre von Nordwesten her und der Kommandant von Verona,
General Haynau, von Osten her ihre Angriffsbewegungen auf

Sona und Sommakampagna. Hier ging es am heißesten her und erst Nachmittags 3 Uhr wurde nach beharrlichstem Wider- stand der rechte Flügel des sardischen Heeres durch die mit Macht vordrückenden Oestreicher über den Südabhang des Höhenzuges gen Villafranka hinabgestoßen. Aber der Stoß war nachhaltig genug, auch das piemontesische Centrum bei Custozza wanken zu machen. Bei einbrechender Nacht mußte von Villafranka aus, um welches her die geschlagene Armee sich zusammengeschoben hatte, über Quaberni der Rückzug zum und über den Mincio an- getreten werden. Es war ein Rückzug von Tapfern, welcher dem Feinde geradezu imponirte. In der Nachhut ritt Karl Albert, „regungslos wie ein Krucifix" den Kugeln der Verfolger trotzend. Die Oestreicher bekennen, an diesem Entscheidungstage an Todten, Verwundeten und „Vermißten" 67 Offiziere und 1967 Soldaten eingebüßt zu haben, während die Italiener sagen, sie ihrerseits hätten 629 Todte und 270 Gefangene auf der Walstatt zurückgelassen.

Der Rückzug währte die ganze Nacht und den Morgen des folgenden Tages. Er ging auf Goito, wo Sonnaz, von Volta aufgebrochen, mit seinen nahezu 8000 Mann zu dem Könige stieß. Dieser schickte das Korps nach Volta zurück; aber als sich dasselbe Abends dem Orte näherte, fand es dort schon die Vor- truppen d'Aspre's. Sonnaz beschloß den Sturm und ein ganz scheusälig wilder Kampf wüthete in den Gassen des Städtchens die Nacht hindurch. Italiener und Oestreicher zeihen einander gegenseitig gräulicher Unthaten, welche in dieser Mordnacht be- gangen worden, und beide mit Recht. Sonnaz mußte bei Tages- anbruch weichen, da die Oestreicher rasch sich verstärkten, er- hielt aber von Goito her ebenfalls Verstärkungen und den Be- fehl, Volta schlechterdings zu nehmen. Er versuchte es vergeblich, denn schon stand d'Aspre's ganzes Korps in und um Volta. Sonnaz zog mit seinen Truppen, die fast Uebermenschliches ge- leistet hatten, am 27. Juli rückwärts gen Süden auf Cerlungo.

Noch bewiesen auch auf diesem Rückzug Reiterei und Artillerie eine imponirend heldische Haltung; aber mit der Infanterie war es aus. Es war überhaupt aus mit der Sache Karl Alberts. Das Gefecht bei Volta war nur ein letzter Verzweiflungsstreich gewesen, dessen Ausgang furchtbar lockernd, lösend und demoralisirend auf die besiegte Armee des Königs wirkte, welche den 40,000 Mann Oestreichern, die am 27. Juli auf dem rechten Ufer des Mincio standen — Radetzky hatte das wocher'sche Korps dem von d'Aspre geführten nachgeschoben und das wratislaw'sche bei Valeggio übergehen lassen — unmöglich mehr standhalten konnte. Ein energisches Nachbrücken der Oestreicher mußte über das königliche Heer Vernichtung oder wenigstens vollständige Auflösung bringen.

Doch genug und übergenug der Kriegsgeschichten und dem Ende zu! Am 28. Juli sandte Karl Albert drei seiner Generale zum östreichischen Marschall, um einen Waffenstillstand vorzuschlagen. Radetzky wollte denselben gewähren unter Bedingungen, welche in Betracht der Verhältnisse gemäßigt genannt werden mußten: — Zurückgehen der Piemontesen hinter die Adda, Aufhebung der Blokade von Triest mittels Heimrufung der sardischen Flotte, Aufgeben Venedigs, Fahrenlassen von Parma und Modena und Räumung der Festungen Peschiera, Rocco d'Anfo und Pizzighettone. Aber mit Annahme dieser Bedingungen hätte ja das Haus Savoyen von wegen des versuchten Verschluckens der lombardischen „Artischoke" thatsächlich Reue und Leid gemacht und hätte die „Spada d'Italia" ihre Ohnmacht, die Nationalsache aufrecht zu halten, eingestanden. Das durfte nicht sein oder wenigstens hoffte man durch Weiterführung des Krieges solcher Demüthigung zu entgehen. Weiter zurück jedoch mußte man, das unterstand gar keiner Frage, sondern nur, in welcher Richtung? Man wußte im sardischen Generalstabe recht gut, daß es das Beste, ja einzig Richtige wäre, südwärts über den Po zu gehen, um hinter der Schutzlinie desselben der decimirten, er-

schöpsten und demoralisirten Armee wieder Halt, Erholung und
Auffrischung zu verschaffen. Allein das hieß ja Mailand preisgeben,
die Hauptstadt der Lombardei so zu sagen an's Messer liefern.
Was würde das für ein wüthendes Geschrei über Verrath her=
vorrufen! So ging denn der Rückzug statt fürwärts gen Westen,
immer weiter gen Westen, nachdem der Versuch, hinter dem
Oglio Stellung zu nehmen, sofort mißlungen war. General
Bava, welcher faktisch das Heer kommandirte, leitete den Rück=
zug mit Geschicklichkeit und Unerschrockenheit. Seine Reiterei
und Artillerie wußte den Oestreichern das allzu hastige Nachsetzen
nach da und dort zu verleiden. Am Abend vom 1. August war er in
Lodi, hinter der Adda, wo er sich zu setzen gedachte. Allein der
Befehl des Königs, mit der ganzen Streitmacht zum Schutze
Mailands eilends sich aufzumachen, rief ihn weiter nordwestwärts.
Dorthin drückte nun auch Radetzky mit aller Macht, nachdem er
zu seinem nicht geringen Erstaunen erfahren, daß der Feind das
Räthlichste, d. h. die Ausbeugung gen Süden und über den Po,
verschmäht hatte.

In Mailand hatte man noch am 26. Juli unmäßig über
den Sieg gefrohlockt, welchen die Piemontesen am 24. über die
Lichtensteiner bei Sommakampagna davongetragen, und hatte
zahllose Eddivas für Karlo Alberto zum Himmel „aufdonnern“
lassen. In dieses Gedonner schnitt nun die Nachricht vom Ausgange
der Schlacht bei Custozza wie ein grimmiger Hohnpfiff hinein.
Die Mailänder wollten zunächst schlechterdings nicht daran glau=
ben; allein die Hiobsposten drängten sich und bestätigten einander.
Nach überwundenem erstem Schrecken machte man noch heroische
Grimassen, haselirte vom „Krieg bis auf's Messer“ und vom
Sichbegraben unter den Trümmern der bis aufs Aeußerste zu
vertheidigenden Stadt, so die „deutschen Barbaren“ einen An=
griff auf dieselbe wagten. Worte voll Wind, sonst nichts.
Man war eben jetzt auch in Mailand nicht mehr im März,
sondern im August: die Blüthen des „Völkerfrühlings“ waren

längst welk vom Baume der Zeit gefallen, ohne Früchte angesetzt
zu haben.

Am 3. August beim Tagesgrauen kam der König von Lodi
her vor Mailand an und nahm vor dem „römischen" Thore
außerhalb der Stadt im Albergo San Giorgio sein Quartier.
Ihm folgte sein geschlagenes Heer, alles in allem weniger als
30,000 Mann, welchen der östreichische Marschall mit wenigstens
50,000 Mann nachsetzte, so daß seine leichten Vortruppen nicht
viel später als die Piemontesen vor Mailand eintrafen. Nachdem
dann Karl Albert im Einverständniß mit der provisorischen Regierung und der Mehrzahl der Bevölkerung beschlossen hatte, unter
den Mauern der Stadt noch einmal zu schlagen und diese selbst
nachdrücklich zu vertheidigen, verlegte er sein Hauptquartier in
den nahe bei der Skala gelegenen Palazzo Greppi. Klüger
freilich wäre es für ihn gewesen, gar nicht in die Stadt herein-
zukommen; denn sein Entschluß ging ja doch, wie bald offenbar
wurde, nicht so weit, mit den Trümmern seiner Armee unter den
Trümmern von Mailand sich zu begraben. Hiezu hätten auch
seine über den kalten Empfang, der ihnen von seiten der Mailänder geworden, sehr verstimmten Generale sicherlich ihre Zustimmung nicht gegeben. Derweil schien die Noth, sowie die
Erinnerung an die Märztage die Bevölkerung aufflammen zu
machen. Thore und Straßen wurden barrikadirt, eine nach
Waffen schreiende Menge füllte die öffentlichen Plätze, mit dem
Gerassel der piemontesischen Trommeln mischte sich das Geheul
der Sturmglocken, schöne Frauen und schönere Mädchen trugen
den Vertheidigern der Wälle Speise und Trank zu, kurz viel guter
Wille, aber nirgends Vertrauen erweckendes Organisiren, festes
Lenken und verständiges Gehorchen, sondern nur Trubel, Tumult
und Strohfeuer.

In der Morgenfrühe des 4. August dröhnte das Kanonen-
gebrumm der anrückenden Oestreicher nach Mailand herein. Es
kam näher und näher. Die Piemontesen schlugen sich den Tag

über mit gewohnter Tapferkeit gegen die auf den nach Lodi und Pavia führenden Straßen herandrängenden östreichischen Kolonnen.
Aber diese gewannen doch so sehr Boden, daß mit Einbruch der
Nacht sämmtliche Truppen in die Stadt zurückgezogen werden
mußten. Nun eiliger Kriegsrath im Palazzo Greppi. Ist Mailand zu halten? frug der König. Nein, Majestät! entgegneten
die Generale. — Ihr meint, wir müßten auf die Rettung unseres eigenen Heeres bedacht sein? — So meinen wir, als gute
Piemontesen und als gute Italiener, denn auf der Existenz von
Eurer Majestät Armee beruht trotz alledem die Zukunftshoffnung
Italiens. — Aber das Schicksal dieser Stadt? — Allgemeines
Achselzucken, welches zu deutsch bedeutete: Das Hemd liegt uns
näher als der Rock.

Kurz darauf ritten zwei piemontesische Generale auf der
Straße nach Lodi. Um Mitternacht gelangten sie nach San
Donato, wo sich Radetzky's Hauptquartier befand. Ich gewähre
die erbetene Kapitulation, sagte der Alte. — Aber die Bedingungen, Excellenza? Wir bieten die Räumung der Lombardei
gegen die Zusicherung freien Abzugs unserer Truppen aus Mailand. — Einverstanden. — Und gegen Sicherung des Lebens
und Eigenthums der Einwohner. — Ich gewähre den Mailändern 12 Stunden Frist zum Abzug und werde sie der Gnade
meines Kaisers empfehlen. Was dieser über sie verhängen wird,
weiß ich nicht; ich meinerseits kann nur für die Mannszucht
meiner Soldaten gutstehen . . .

Am folgenden Morgen verwunderten sich die Mailänder,
daß alles so still bliebe. Dann lief die Sage um, der König
habe kapitulirt. Sie fand keinen Glauben. Zwei arme Teufel,
welche die Sensationsnachricht auf den Domplatz brachten, wurden für verkleidete Oestreicher gehalten, welche zwischen Lombarden und Piemontesen Zwietracht stiften wollten, und vom
„Volke" in Stücke zerrissen. Aber die Kapitulation war doch
eine Thatsache. Als sie nicht mehr bestritten werden konnte,

brach der Pöbel los und Karl Albert erntete den Undank des
Nichterfolgs. Die gegen ihn verübten Schandbübereien hätten
dem Manne, welcher, was auch seine Fehler waren, sein und
seiner Söhne Leben so oft für die Mailänder eingesetzt hatte,
unter allen Umständen erspart werden sollen, — erspart werden
sollen trotz des kläglichen Schwankens sogar, in welches er jetzt
wieder verfiel. Freilich, seine Lage war schrecklich. Die Stadt
glich an diesem 5. August einem brandenden Meere von Anarchie.
Die Sturmglocken heulten von hundert Thürmen, die Menge
wälzte sich geifernd und brüllend durch die Straßen, unter gräu-
lichen Verwünschungen „Tod dem Verräther von König!"
drohend. Vor dem Palazzo Greppi ballte sich ein tausend-
gliedriger Lumpenklumpen, fistulirte in allen Tönen der Wuth-
skala zu den Fenstern hinauf, stürzte die königlichen Reisewagen,
die vor dem Thore standen, um und verstopfte dasselbe damit,
damit dem „Verräther" die „Flucht" unmöglich wäre. Es hatte
aber doch den Anschein, daß nicht allein der süße und der saure Pöbel
gegen die Kapitulation und für verzweifelte Vertheidigung sei.
Denn zwei Mitglieder der provisorischen Regierung, Litta und
Anelli, überbrachten dem König einen förmlichen Protest gegen
die Uebergabe und zugleich die Versicherung, Mailand sei zur
äußersten Gegenwehr entschlossen. Daraufhin sagte der König:
„Nun wohl, so will auch ich bis auf den letzten Mann fechten." Der
unglückliche Mann, zur Stunde von seinen Truppen ganz abgeschnitten, mußte der Pöbelei auch noch den Gefallen thun, auf
den Balkon hinauszutreten und seine Erklärung zu wiederholen.
„Gut, so zerreißt die Kapitulation!" schrie die Menge hinauf
und der König zog ein Papier hervor und zerriß es. Unter
wüthendem Beifallshalloh natürlich.

Aber die wüste Posse schlug Abends wieder ins Gefährliche
um. Es hieß, und zwar mit Wahrheit, der Erzbischof sei mit
dem Podesta unter Vorwissen des Königs zum Radetzky hinaus-
gegangen, um für die Stadt erträgliche Uebergabebedingungen

nachzusuchen. Sofort wieder Volksraserei vor dem Palazzo
Greppi, in das Gebrüll „Tod dem Verräther! Tod dem Be=
trüger!" hinein krachten Schüsse, Kugeln schlugen in die Fenster=
scheiben des königlichen Gemachs, die Rotten rannten Thor und
Thüren ein und die wüste Flut schwoll die Treppen hinan, hielt
aber doch inne vor den entblößten Degen der Offiziere im Vor=
zimmer. Entschlossener Widerstand, ja nur der Anschein von
solchem bringt rebellische Sklaven stets zum Stehen. Dem
Oberst Lamarmora und dem Cavaliere Torelli gelang es, diesem
abscheulichen Intermezzo im Schlußakt einer nationalen Tragödie
ein Ende zu machen. Sie kletterten von einem Balkon des
Palastes hinunter, eilten nach den Wällen und holten von dort
ein Bataillon Garde und eine Kompagnie Bersaglieri zur
Rettung und Befreiung des Königs herbei. Die anrückenden
Truppen stäubten das tobende Pack auseinander, nahmen dann
den König in ihre Mitte und so ging er, seinen ältesten Sohn an
der Seite, nach dem Kollegium Calchi Taegi, wo General Bava
sein Quartier hatte. Hier gab Karl Albert dem General
Salasco, seinem Generalquartiermeister, Vollmacht, die Verein=
barung, welche der Podesta und der Erzbischof inzwischen mit
Radetzky wegen Uebergabe der Stadt abgeschlossen hatten, auch
in seinem Namen zu unterzeichnen. Der Feldmarschall versprach
in diesem Aktenstücke Schonung Mailands und bewilligte freien
Abzug allen Leuten, welche die Stadt verlassen wollten, bis zur
achten Abendstunde des 6. August; nur müßten die Ausziehenden
die nach Magenta führende Straße einschlagen. Das sardische
Heer sollte seinen Abzug sofort beginnen und in zwei Märschen
den Tessin hinter sich bringen. Um 8 Uhr Morgens würden die
Oestreicher das „römische" Thor, um Mittag die Stadt besetzen.

An diesem 6. August brach Karl Albert schon 2 Stunden
nach Mitternacht aus dem Kollegium auf, um die Stadt durch
das Vercelli=Thor zu verlassen. Es war ein bitterer Weg für
ihn, denn die Pöbelhorden wachten und ließen die Häuserwände

links und rechts von ihrem rasenden „Tod dem Verräther!"
widerhallen. Da und dort machten sie Miene, sich auf die
Schutzwache des Königs zu stürzen, und beim Thore selbst mußte
man mit Waffengewalt ihm und seinem Gefolge freien Paß
schaffen. Also verließ die „Spada d'Italia", der Mann, für
welchen nur wenige Tage zuvor in Mailand hunderttausend
Evvivas zum Himmel „aufgedonnert" hatten, unter Flüchen,
Verwünschungen und Todesdrohungen wie ein gehetzter Flüchtling diese Stadt. Geordnet und schweigend folgte ihm sein
Heer, Groll im Herzen, aber denselben bändigend und der urtheilslosen, wankelmüthigen und feigen Canaglia, von welcher
diese braven Soldaten mit Lästerungen überschüttet, ja sogar von
Fenstern herab und hinter Gartenmauern hervor meuchlerisch be-
schossen wurden, nur Blicke der Verachtung gönnend.

Die Morgensonne beschien ein herzzerreißendes Schauspiel,
das an Scenen erinnerte, welche im Mittelalter während der
Kämpfe der italischen Republiken mit Friedrich dem Rothbart
auf lombardischem Boden gespielt hatten. Ein Drittel der Einwohnerschaft verließ Herd und Haus und Heim: an 60,000
Mailänder und Mailänderinnen jedes Alters zogen ins Exil.

Wer von den Besitzenden in der Stadt zurückblieb, welche
etliche Stunden lang gänzlich dem Belieben anarchischer Pöbelei
preisgegeben war, mußte sich sehr unbehaglich fühlen. Es drohte
sichtbar Wüstestes, denn unter dem wohlfeilen Vorwand, „Verräther" aufzuspüren und zu bestrafen, ließen sich alle bübischen
Gelüste und verbrecherischen Triebe befriedigen*). Schon hob
auch wirklich das Plündern reicher Häuser, z. B. der Palazzi
Visconti und Litta durch die Canaglia an. Der Podesta begab

---

*) Depesche des schweizerischen Konsuls (Reymond) aus Mailand
vom 7. August 1848: „Les cris à la trahison s'élevèrent de toutes parts
et pendant quelques heures nous nous trouvâmes sans autorités au mi-
lieu d'une population désespérée, qui menaçoit de se porter à des excès."
Wie sticht dieser Satz ab gegen den folgenden, der Depesche Reymonds vom

sich daher eilends wieder hinaus ins östreichische Hauptquartier, um den Marschall zu bitten, das Einrücken seiner Truppen früher stattfinden zu lassen, als bie Uebereinkunft bestimmte. Das mai= länder Bürgerthum sah sich demnach in der Lage, gegen ihre eigenen Landsleute und Stadtgenossen den Schutz der „barbari tedeschi", der „stupidi Austriaci" anzurufen, — einer der häßlichsten Schmutzlecke auf den Blättern der italischen Revo= lutionsgeschichte. Im Uebrigen ist es wahr und die massen= hafte Auswanderung der Einwohnerschaft hat es bewiesen, daß es von seiten vieler Mailänder ernstgemeint war, wenn sie er= klärten, lieber das Aergste dulden als die Oestreicher wiederum innerhalb der Mauern ihrer Vaterstadt sehen zu wollen.

Um 10 Uhr Morgens am 6. August zog demzufolge der öst= reichische Sieger an der Spitze von d'Aspre's Heerschaar in die wiedereroberte Hauptstadt der Lombardei ein. Wenn die sar= dischen Truppen auf ihrem Marsche rückwärts blickten, konnten sie noch die schwarzgelben Fahnen auf den Thürmen Mailands flattern sehen. Am Abend ließ der Feldmarschall den Erlaß ausgehen, daß er vorläufig die Militär= und Civilregierung der Lombardei an sich genommen habe. Die eiserne Hand des Martialgesetzes streckte sich über das Land aus, der Säbel war in allem die erste und letzte Instanz. Natürlich fühlte und be= nahm sich der verhaßte „Weißkittel" als Sieger, hielt aber Mannszucht. Die Anordnungen des Feldmarschalls zeugten — selbst wuthschäumende Italianissimi haben das nicht zu leugnen gewagt — von Mäßigung und Milde. Allein trotzdem legte sich lastend eine Wolke unsäglicher Trauer auf die Stadt. Da und dort lüftet sich ein Zipfel dieser Wolke und läßt in dem

---

23. März entnommen: — „Impossible de décrire l'enthousiasme du pays et sa ferme volonté de reconquérir son indépendance. L'ordre le plus admirable n'a pas cessé un moment de régner dans la ville, tout le monde était au poste du devoir.". S. B. A. Diese beiden Stellen er= zählen eine ganze Geschichte.

düsteren Gemälde einen schneidigen Zug von Humor wahr-
nehmen. So, wenn östreichische Soldaten, in eine Kunstgalerie
einquartiert, die Statuen hellenischer Götter und Göttinnen als
Aufhängeständer benützten und da einem Apoll eine ungarische
Grenadiermütze aufgesetzt, dort die Patrontasche eines Gränzers
einer Venus als Gürtel umgebunden wurde.

Am 9. August kam der zwischen Oestreich und Sardinien
vereinbarte Waffenstillstand zum Abschlusse, vorläufig auf
6 Wochen, jedoch beiderseitig mit Inaussichtnahme einer Ver-
längerung. Er nahm die bisherige Gränze zwischen den beiden
Staaten als Demarkationslinie an und hatte zum Hauptinhalt
die gänzliche Räumung der Lombardei, Parma's, Modena's, Pia-
cenza's, sowie Venedigs von sardischen Land- und Marinestreit-
kräften. Am 10. August richtete Karl Albert von Vigevano aus
ein würdig gehaltenes Manifest an die „Völker des Königreichs", welches mit den Worten schloß: „Die Sache der Unabhängigkeit Italiens ist noch nicht verloren!" Die Fahne dieser
Sache ließ jetzt nur noch Garibaldi im Felde flattern; allein
dies Flattern währte wenige Tage. Der kühne Bandenführer
war, als er den Anmarsch der Oestreicher auf Mailand erfahren,
mit seinem Freikorps von 4000 Mann von den Abhängen der
Alpen herabgestiegen und bis Monza vorgegangen, um den Mailändern zu Hilfe zu eilen. Die Kapitulation der Stadt machte
dies unmöglich und Garibaldi wandte sich nach Como und
Varese zurück, um in jenen Gegenden den kleinen Krieg gegen
die Oestreicher fortzusetzen, hatte aber, am letztgenannten Ort
angekommen, von seinen 4000 Freischärlern nur noch 2000; die
Hälfte hatte sich unterwegs „seitwärts in die Büsche" geschlagen.
Trotzdem harrte der Führer noch aus. Er marschirte von
Varese nach Arona, bemächtigte sich dort etlicher Dampfboote,
setzte seine Schar darauf und landete mit ihr am 16. August bei
Luino am Ostufer des Lago Maggiore, von wo er eine dort
stehende schwache östreichische Truppenabtheilung vertrieb. Ra-

detzky ließ nun das ganze Korps d'Aspre's gegen diesen Versuch, einen „Volkskrieg" anzufachen, aufbrechen. Die noch mehr zusammengeschmolzene und sehr erschöpfte Freischar wurde am 26. August bei Murazzone mit Uebermacht überfallen und nach tapferer, aber hoffnungsloser Gegenwehr vollständig zersprengt. Garibaldi selber rettete sich mit wenigen Kameraden über den See und nach der Schweiz. Der erste Akt der nationalen Erhebung Italiens war zu Ende . . .

Also hat die zweiundachtzigjährige Greisenhand Radetzky's den Doppeladler wieder nach Mailand zurückgetragen. Aber das triumphirende Finale des Radetzky-Marsches sollte erst im März des folgenden Jahres aufgespielt werden.

VIII.

Eljen und Zivio.

1.

Die parifer Junifchlacht und die Niederwerfung des ita=
lifchen Nationalbanners durch Radetzky verkündigten fehenden
Augen und hörenden Ohren unwiderfprechlich, daß die Sache der
Völker verfpielt fei. Denkende Demokraten in Deutfchland
fühlten das wohl, und wenn fie weiterhin noch mittthaten —
was fie übrigens auch hätten bleiben laffen können — fo gefchah
es nur der eigenen und der Ehre der Partei wegen. Sie fanden
es unfchicflich, einer halb oder ganz verlorenen Sache ten
Rücken zu kehren. Was die Redenrafpeler und Paragraphen=
hafpeler betraf, die merkten natürlich nicht, welche Stunde es an
der Glocke der Jahresuhr gefchlagen hatte, fondern rafpelten und
hafpelten emfig weiter, als wäre nichts gefchehen. Noch mehr,
diefe edlen, edleren und edelften Männer waren über die Siege
Cavaignacs und Radetzky's feelenvergnügt. Jetzt endlich, mein=
ten fie, fei für gehörige Windftille geforgt, fo daß fie ihr Reichs=
verfaffungskartenhaus und dergleichen papierene Babelbauten
mehr ungeftört in die Luft thürmen könnten. Eine der rührend=
ften Blödfinnigkeiten, welche jemals gefchehen find. Aber „in
dem kindifchen Spiele" mußte doch wohl ein „tiefer Sinn" liegen;
denn die es fpielten, waren ja lauter „Staatsmänner".

Diese guten, besseren und besten Männer deutscher Nation waren wie eigens dazu angefertigt, die Rolle von betrogenen Betrügern mit der ganzen Gravität und Grandezza der Bieder= maierei zu spielen, und die Rolle ließ sich im Sommer von 1848 noch ohne allzu große Mühwaltung durchführen, da in Wien so= wohl als auch in Berlin die Märzdekoration noch nicht von der politischen Schaubühne weggeschafft worden war. Die Auguren des Konstitutionalismus durften einander noch ansehen, ohne sich ins Gesicht zu lachen, und die Haruspices des Parlamentarismus konnten noch mit wichtigster Miene weitergrübeln in den Ge= därmen ihres totgeborenen Wechselbalges, ohne durch die Unge= müthlichkeiten, welche Belagerungszustand und Standrecht mit sich zu bringen pflegen, in diesen ihren „staatsmännischen" Arbeiten gestört zu werden . . .

Drunten in der Donaustadt war es nach den Maitumulten zeitweilig leiblich ruhig geworden. Die Krakeelokratie hatte sich heiser geschrieen und die Lumpagogie mußte sich auf Bierbänken und in Schnapsbuden erst zu neuen Großthaten stärken. Beide Sorten von unheiliger Canaille, von Hundepack im verwegensten Wortsinne, duckten einstweilen unter, maßen das feste Zusammen= halten von Aula und Garde, d. h. von Studentenlegion und Bürgerwehr, die Aufrechthaltung der Ordnung verbürgte. Unter diesem Schutze regierte der gute Herr von Pillersdorff weiter, so gut es eben gehen wollte, indem er seinen Kollegen Doblhoff an das kaiserliche Hoflager nach Innsbruck sandte, damit derselbe so zu sagen ein Kleister wäre, welcher das dermalen in partibus fidelium residirende so zu sagen Staatsoberhaupt mit der Centralregierung in Wien zusammenleimte. Selbstverständlich hatte Herr von Doblhoff die Neben=, d. h. die Hauptaufgabe, in der tiroler Hofburg darüber zu wachen, daß die theuren „März= errungenschaften" keinen Schaden litten. Ach, diese Errungen= schaften hatten eine bedenkliche Aehnlichkeit mit der „federlosen Brut", welche in des alten Horatius Epode von „Schlangen"

bedroht wird. Auch in der Weihrauchatmosphäre der inns=
brucker Burg war an solchen Reptilien keineswegs Mangel, nur
daß sie auf zwei Beinen schlichen, spitzenbesetzte Unterröcke, auch
Generaladjutantenhosen, Diplomatenfräcke und Kammerherrn=
schlüssel trugen, und der arme Doblhoff hätte zu dem guten
Blumenzüchter Ferdinand sagen können wie der römische Poet
zum Mäcenas:

> „Comes minore sum futurus in metu,
> Qui major absentes habet,
> Ut adsidens inplumibus pullis avis
> Serpentium adlapsus timet."

Herr von Doblhoff hat sicherlich das Schlangengezische nicht
ganz überhört, aber den wirklichen und vollen Sinn desselben hat
er nicht verstanden. Es gab ja Angenehmeres für ihn zu hören,
wie z. B. jenes aus der tiroler Hofburg ergangene kaiserliche
Manifest vom 8. Juni, welches den Kaiser erklären ließ, daß er
zwar durch die Art und Weise, wie er zur Gewährung eines
„konstituirenden" Reichstags veranlaßt worden, „tief verletzt"
sei, daß er aber trotzdem „die Sache selbst festhalten" werde und
daß es „sein sehnlichstes Verlangen, die baldige Eröffnung des
Reichstages in Wien möglich zu sehen". Die Blicke des Hofes
waren eben damals noch allzu ängstlich auf die noch nicht sehr be=
ruhigende Sachlage in der Lombardei gerichtet, als daß man sich
getraut hätte, eine andere Sprache zu führen. Die geführte
klang in den Ohren der wiener Bürgerschaft sehr lieblich und
steigerte noch ihre Sehnsucht nach der Rückkehr des Kaisers*).

---

*) Depesche Effingers vom 7. Juni: „Die große Mehrzahl der Be=
völkerung Wiens wünscht die Rückkehr des Kaisers sehnlich." Vom
28. Juli: „Was die Gemüther in Wien am meisten beschäftigt, ist die
Rückkehr des Kaisers. Die regierende Kaiserin und die Erzherzogin Sophie,
welche jede auf ihre Gemahle den größten Einfluß üben, sind der Verlegung
der Residenz nach Wien durchaus entgegen, so lange die Kaiserstadt nicht
Garantien für die Sicherheit des Hofes bietet." S. B. A.

Da aber einflußreiche Damen die Sommerfrische im Thale des
Inn sehr begreiflicher und verzeihlicher Weise erquicklicher fanden
als die Heimkehr in die schwüle Donaunieberung, so verzögerte
sich die kaiserliche Wiederübersiedelung nach Wien so sehr, daß
Pillersdorff und Doblhoff höchst dringend anriethen, wenigstens
einen Stellvertreter der Person des Kaisers zu ernennen, um den
Reichstag zu eröffnen und überhaupt der Centralregierung durch
seine Anwesenheit mehr Halt und Gewicht zu geben. Der
passendste Stellvertreter, riethen die Minister weiter, wäre der
Erzherzog Johann, welcher, auch seiner Wahl zum deutschen
Reichsverweser schon gewiß, dazumal so recht „Hans Dampf in
allen Gassen" gewesen ist, freilich ohne in irgendeiner Gasse
etwas zu thun als biedermännisch schwatzen. Die lenkenden
Hände in der innsbrucker Burg ließen demzufolge den willigen
Ferdinand am 15. Juni ein Patent unterzeichnen, kraft dessen
der Erzherzog zu seinem Stellvertreter ernannt wurde, um „alle
ihm als konstitutionellem Kaiser zustehenden Regierungsgeschäfte
zu leiten". Der Erzherzog nahm an, und da er wenige Tage
darauf auch die ihm zugefallene deutsche Reichsverwesung annahm, so hansdampfte er eine Weile wie ein Weberschifflein
zwischen Wien und Frankfurt und Frankfurt und Wien hin und
her, obzwar ohne etwas zu weben, was sich sehen lassen konnte.
Noch bevor jedoch der Erzherzog bei der Eröffnung des Reichstags als Alterego des Kaisers figuriren konnte, brach das Ministerium Pillersdorff unter der Wucht eines vom „Sicherheitsausschuß" und vom „Demokratischen Verein" gemeinsam gegen dasselbe geschleuderten Mißtrauenvotums zusammen, hauptsächlich,
weil sich in den Weichselzopf seiner Verlegenheiten noch ein neuer
Strang eingeflochten hatte, der slavische Aufstandsversuch in
Prag und dessen Folgen.

2.

Auch durch die slavischen Völker, nicht einmal das russische ganz ausgenommen (s. II, 1, S. 128), zitterten heftig die Erdbeben=schwingungen von 1848; weniger jedoch, viel weniger die frei=heitlich=humane Begeisterung als vielmehr den exklusiv=natio=nalen oder, noch genauer zu sprechen, den Rasse=Instinkt weckend. Dieser erhob sich denn auch mit der ganzen wilden Frische halb=barbarischer Jugendlichkeit und es bedurfte nur des festen Willens der slavischen Führer, um mittels dieser wilden Kraft den öst=reichischen Kaiserstaat zu zertrümmern, in welchem ja die Slaven die zahlreichste Rasse waren.

Das Ideal des Panslavismus, welches den slavischen Wort=führern ersten Ranges vorschwebte, konnte zu einer solchen Zer=trümmerungsarbeit reizen. Allein maßen die Identifizirung des Panslavismus mit russischem Panczarismus sich nicht umgehen ließ, mußte es so schlauen Kalkulirern, wie Palacky, Pinkar, Rieger und ihre Mithäuptlinge waren, unzeitgemäß erscheinen, die Verwirklichung des panslavistischen Ideals schon jetzt anzu=streben. Demzufolge wollte man sich darauf beschränken, vorder=hand ein slavisches Oestreich zu schaffen, um das Deutschthum wie das Magharenthum im Kaiserstaat vom Slaventhum auf=saugen, verzehren, verschlingen zu machen. Diese beabsichtigte Verschlingung brauchte man selbstverständlich nicht an die große Glocke zu hängen und die guten Deutschöstreicher, nämlich die liberalen und radikalen, hörten auch nichts davon läuten. Selbst dann noch nicht, als die widerdeutschen Einfädelungen zwischen den Nord= und Südslaven, welche Einfädelungen mitten durch die innsbrucker Burg liefen, schon so dick gesponnen waren, daß man sie bei Tag mit Händen greifen und bei Nacht die Nasen daran stoßen konnte.

Dem großen Haufen der Slaven war diese Verslavung

Oeftreichs am leichteften mundgerecht zu machen. Die panfla=
viftifche Chimäre —

Vorn ein Bär und hinten ein Schwein, in der Mitt' eine Schlange —
wie felbige von den Kollar und Schafarik poetifch gezeugt
und archäologifch aufgepäppelt worden, war Kaviar für die
Menge, eine abftrakt = literarifche Tiftelei, welche keine prak=
tifche Wirkung thun konnte. Die Polen, wenigftens alle ur=
theilsfähigen, haben den Schwindel des Panflavismus immer
für das angefehen, was er war und ift, nämlich für ein Werk=
zeug der Ruffifizirung, und da fie die Ruffen, d. h. die echten,
die Moskowiter, für gar kein flavifches Volk gelten laffen, fon=
dern für einen finnifch=tatarifchen Mifchmafch halten, fo hätten
fie fich auch i. J. 1848 folgerichtig von dem panflavifchen Spek=
takel fernhalten müffen und hätten fich wirklich ferngehalten,
wenn das wiener Minifterium fich zu einigen Zugeftändniffen
gegen fie herbeigelaffen haben würde. Die Czechen dagegen
waren die eifrigften Macher des Spektakels. Sie verlangten die
Herftellung ihrer heiligen Wenzelkrone, fowie die Einverleibung
von Mähren und Oeftreichifch = Schlefien in das wiederherzu=
ftellende Czechenreich, und kamen auf den Einfall, die ganze
übrige Slaverei zu einem Piedeftal zu machen, auf welchem ihre,
die czechifche Größe um fo imponirender vor den erftaunten
Blicken der Welt erfcheinen follte. Dies der Sinn des „Slaven=
kongreffes", welcher mittels pompofen Aufrufs an alle „Slaven=
brüder" nach Prag eingeladen und am 2. Juni mit fo viel
Klingelei und Klapperei, als man aufbringen konnte, mit dem
grellen Flitterftaat einer halbafiatifchen Maskerade eröffnet
wurde. Viel Meffelefen und Meffehören mußte natürlich auch
mitdabeifein, worüber fich der Atheift und Kommunift Bakunin,
der einzige anwefende Ruffe, gehörig erbaut haben mag. Aus
Nord und Süd und Oft waren die Slavenbrüder gekommen,
mitfammen 340. Den böhmifchen Grafen und Baronen, welche
bislang mitpanflavifirt hatten, erfchien aber das Ding bei

näherem Zusehen nicht mehr recht geheuerlich, maßen das von
den Czechen aufgestellte Schwarzgelb in allerhand andere, sehr
andere Farben hinüberzuschillern begann. Der designirte Kon-
greßpräsident, ein Graf Joseph Thun, wollte daher den Vorsitz
nicht führen und so übernahm Palacky denselben, hoffend, die
Verhandlungen in das Geleise der czechischen Wünsche zu lenken,
welche, wie schon erwähnt worden, auf Schaffung eines großen
Czechenreichs und mittels desselben auf eine Slavisirung Oestreichs mit Beibehaltung der lothringisch-habsburgischen Dynastie
abzielten. Palacky und die übrigen Häuptlinge der Czechen
wollten demnach die Versammlung der „Slavenbrüder" zu einer
großartigen Demonstration für ein schwarzgelb-slavisches Oestreich und gegen das dermalen schwarzrothgoldig schwärmende
Deutschöstreich, wie gegen das grünweißroth konstituirte Ungarn
machen.

Der Verlauf des Kongresses gestaltete sich aber nicht gerade
diesen Wünschen gemäß, obzwar die östreichischen Südslaven,
Kroaten, Serben und Illyrier im Hasse gegen das Deutschthum
und gegen den Magyarismus mit den Czechen wirklich höchst
slavenbrüderlich sympathisirten. Doch aber gaben die Südslaven auch wieder sehr deutlich ihre Sonderinteressen kund, wie
denn z. B. die guten Slovenen in ihrer Bescheidenheit nur die
Errichtung eines „Königreichs Slovenien" forderten. Es fehlte
nur noch, daß die Slovaken oder Hannaken die Herstellung eines
slovakischen oder hannakischen Kaiserthums verlangt hätten. Den
Polen ihrerseits war an der Erhaltung oder Neuschaffung Oestreichs wenig oder gar nichts gelegen. Sie wollten eine europäische
Revolution, weil sie nur von dieser die Wiederherstellung ihres
Vaterlandes erwarten konnten. Bakunin endlich und einige
Gleichgesinnte warfen in die Masse der ohnehin schon sattsam
widerhaarigen Ansichten und Wünsche noch das heftige Ferment
sozialistisch-radikaler Theorien. So verstand man sich denn alles
offiziellen Bruderschaftjubels ungeachtet nicht so recht; nicht

einmal sprachlich, obzwar ein gelehrter Czeche den blühenden
Blödsinn hatte ausgehen laſſen, „von der Küſte Iſtriens bis zum
Eismeere Sibiriens herrſche dieſelbe edle Slavenſprache, mit ganz
unweſentlichen mundartlichen Verſchiedenheiten". Das iſt gerade
ſo wahr, wie wenn man ſagen wollte: Weil etliche wenige ſprach=
kundige Deutſche die Schriftſpracheform der ſämmtlichen germa=
niſchen Idiome verſtehen, welche von den Alpen im Süden bis
zu den Grampian=Bergen und bis Hammerfeſt im Norden, ſowie
von Antwerpen und dem Haag im Weſten bis zur Weichſel und
zur Leitha im Oſten geſprochen werden, herrſcht auf dem be=
zeichneten Länderraum die deutſche Sprache. Schwindel!

Die uferloſe Rednerei der Verſammlung wurde zum großen
Mißvergnügen der praktiſche Ziele verfolgenden Czechen nament=
lich durch Bakunin und durch den Polen Libelt aus Poſen in das
breitausgeſchwemmte Adreſſenbett jener Tage geleitet und mit
dem bodenloſen Phraſenſtrom, welcher in dieſem Bette dahinglitt
ſchwamm auch das „Manifeſt", welches die vereinigten Slaven=
brüder an Europa zu erlaſſen beſchloſſen, in den Ozean der Ver=
geſſenheit hinab. Ein wunderlich Ding übrigens, dieſes Mani=
feſt, auch ſo eine rare 1848ger Kurioſität! Koſmopolitiſch=über=
ſchwänglich=warmbrüderlich gehalten und doch auch wieder nur
eine ziemlich ſchwülſtige Um= und Ueberphraſung des bekannten
Drohworts von Kollar: „Alle Raſſen Europa's haben ihr
Wort ſchon geſprochen; jetzt iſt die Reihe, zu reden, an uns
Slaven."

Der Kongreß wäre wohl harmlos im Sande der Zungen=
müdigkeit und Langeweile verlaufen, wenn nicht die czechiſche
Studentenſchaft, welche ſelbſtverſtändlich ſehr lärmend mitthat,
einen andern Ausgang herbeigeführt hätte, — einen Ausgang,
welcher durch die Rechnung der czechiſchen Führer einen ſehr un=
willkommenen Strich machte und ihre Verſtändigung, wie über=
haupt die der öſtreichiſchen Slaven, mit der leitenden Hofpartei,
wenn auch nicht in Frage ſtellte, ſo doch verzögerte. Die Lorbeern

der wiener Aula ließen die czechischen Studenten nicht schlafen. Warum sollte nicht auch in Prag eine akademische Legion das große Wort führen? Warum sollte die studentische Jugend in der Stadt des heiligen Nepomuk nicht ebenfalls einen praktischen Kursus der Barrikadologie durchmachen? Die jungen Leute vermochten die Subtilitäten der Politik und Diplomatik der Czechenführer nicht zu fassen. Sie vermochten auch nicht zu begreifen, warum die Kroaten- und Serbenhäuptlinge, welchen das Feuer des Magharismus auf den Nägeln brannte, ein so großes Gewicht auf das schwarzgelbe Einverständniß mit der Hofkamarilla legten. Sie meinten: Ringsum machte und macht man Revolution, warum sollten wir nicht auch eine machen? Was thun wir sonst mit unsern Phantasieuniformen, mit unsern Fahnen, Säbeln und Büchsen? Hiezu kam nun noch die Steigerung solcher jugendlichen Erhitzung durch den Pomp und Lärm des Kongresses. Da die „Slavenbrüder" doch einmal beisammen sind, warum sollten sie nicht sofort eine slavische Großthat thun? Die Polen schürten nach Kräften, weil sie ihrer Gewohnheit gemäß in jedem aufglimmenden Funken schon einen europäischen Brand sehen. Auch von anderer Seite wurde geschürt, nämlich durch den jungen Slovaken Turanski, welcher bei den Kongreßparaden als das verkörperte Ideal eines slavischen Bartmanns, als ein slavischer Bakchus barbatus und Fahnenträger glänzte, im Uebrigen aber ein Spion und Agent des ungarischen Ministeriums war, welches die eine gegen das Magharenthum gerichtete Spitze des Slavenkongresses gar merklich fühlte und deßhalb den verschlagenen Schönbartmann aus der Slovakei beauftragt hatte, zu versuchen, ob sich diese Spitze irgendwie in das Nebelheim einer saftigen Eselei hineinlenken ließe. Kossuth und seine Kollegen wußten gar wohl, das superlativisch klassische aller klassischen deutschen Dichterworte laute:

> „Unfehlbar reussirt,
> Wer auf die Dummheit spekulirt."

Die Spekulation schlug auch diesmal ein, wobei es dem
oder den Spekulanten sehr zu statten kam, daß eine so ver=
haßte Persönlichkeit, wie der Fürst Alfred von Windischgrätz war,
das Generalkommando in Prag und Böhmen innehatte. In
diesem General war nicht allein die schwarzgelbe, sondern die
Junkerei als „Ding an sich" petrifizirt und man hatte Grund,
ihm das übrigens schon sehr altgebackene geflügelte Wort anzu=
lügen: „Der Mensch fängt erst beim Baron an". Man muß
jedoch dem Fürsten die historische Gerechtigkeit widerfahren lassen,
daß er sich keineswegs herausfordernd benahm. Im Gegentheil,
er bewies gegenüber dem Krakeelen seiner lieben „Slavenbrüder"
eine große Langmuth und hat sich aus dem Takte der Mäßigung
auch dadurch nicht bringen lassen, daß nach losgebrochener Re=
volte seine Frau durch eine verirrte Kugel hinter dem Fenster
ihres Zimmers getödtet wurde. Man muß sich eben erinnern,
daß zu dieser Zeit — zu Anfang Juni's — den Militär= und
Civilgewalten in Oestreich der im März abgeschnittene Kamm
noch nicht wieder nachgewachsen war, wie er es etliche Monate
später wieder gewesen ist. Trotz dieser Zurückhaltung des Ge=
nerals ging es los in Prag, rein „zufällig" natürlich, wie ja da=
zumal der liebe Zufall überall den Nothhelfer machen mußte.
Die Stiftung eines „Vereins für Ruhe und Ordnung" von seiten
schwarzgelb gesinnter Deutschen, welche als brave Germanen,
bravere Philister und bravste Unterthanen die Polizei anriefen
und vor Windischgrätz kratzfußten, machte den siedenden Topf
slavisch=studentischen Thatendrangs überkochen.

. Am Pfingstmontag (12. Juni) kam eine der gewohnten
Slavenbrüderparaden an dem Palaste des Fürsten Windischgrätz
vorbei in dem Augenblicke, als aus demselben eine Abordnung
des deutschen Ruhe= und Ordnungsvereins herauskam. Bei
ihrem Anblick, sagt die deutsche Lesart, brachen die vereinigten
Slavenbrüder in katzenmusikalische Töne aus. Erlogen! sagt
die czechische Lesart, wir sangen eine unserer Nationalhymnen.

6*

Beide Lesarten lassen sich unschwer vereinigen, denn sie gehen nur subjektiv auseinander, sind aber objektiv gleich wahr. Jedenfalls klang der slavische Hymnus in den Ohren der Soldaten, welche im Hofe des fürstlichen Palastes als Schutzwache aufgestellt waren, wie eine deutsche Katzenmusik, und maßen sie dieselbe an ihren General abressirt glaubten, so drangen sie aus dem Portal hervor und zerstreuten mit gefälltem Bajonett, welches aber vorderhand keinen Schaden that, die angesammelte Menge. Sofort schrie es durch die Gassen: „Man bringt uns um! Barrikaden! Barrikaden!" Solche wurden denn auch gebaut, aber keineswegs mit großem Heroismus vertheidigt. Der ganze Aufstandsversuch darf nicht nur, sondern muß auch als einer der dümmsten Dummen-Jungen-Streiche verurtheilt werden, welche im „tollen" Jahre gemacht worden sind. Er hatte weder Ziel noch Plan, weder Führung noch Nachhalt. Nur dem ganz unzeitigen Zaudern des Windischgrätz war es zuzuschreiben, daß sich das dumme Ding etliche Tage lang schläfrig fortspann. Als der Fürst die Truppen aus der Stadt zog, mit denselben die umliegenden Höhen besetzte und am 16. Juni ein paar Granaten nach Prag hineinwerfen ließ, ergab sich der Aufstand, welcher inzwischen von der Einsetzung einer provisorischen Regierung und eines czechischen Ministeriums, sowie von der Errichtung einer czechischen Nationalarmee geschwatzt hatte, auf Gnade und Ungnade. Windischgrätz zog als Sieger wieder in die Stadt ein, ließ massenhafte Verhaftungen vornehmen, verkündete das Martialgesetz und unterstellte das Böhmerland der Herrschaft des Säbels.

Unter sothanen Umständen verdunstete der panslavische Kongreßschwindel in aller Stille. Daß und wie er zum Windischgrätzismus umgeschlagen, war natürlich eine große Freudenpost für die Insassen der innsbrucker Burg. Auch Kossuth und seine Kollegen rieben sich in Pesth vergnügt die Hände. Dieses magharische Vergnügen war aber von sehr kurzer Dauer. Denn bald wurde kund, daß der jämmerliche Ausgang der mit Trom-

peten und Pauken angekündigten und eröffneten Slavenbruder-
schaftposse zwar sehr dem dynastischen Schwarzgelb, nicht im
geringsten aber dem ungarischen Weißgrünroth zu gute kommen
würde. Im Gegentheil, ganz im Gegentheil! Denn die Czechen,
Kroaten und Serben — wir meinen die Häuptlinge und nur
auf diese kam es an — sahen nach der leichten Niederbrückung
der radikal-slavischen prager Revolte das Heil des Slaventhums
nur noch im ergebensten Anschluß an den Hof, welcher — so
fabelten sie sich vor — ihre treuunterthänigen Dienste damit belohnen würde, daß er ihnen nach wieder unterdrücktem Deutschthum und Magyarismus Raum und Macht gäbe, Oestreich zu
verslaven. Wie bekannt, hat auch nach eingetroffenen Voraussetzungen der östreichische Hof zeitweilig wirklich die Miene angenommen, diese Verslavung zuzulassen. Aber es war nur ein
zeitweiliges Spiel, und als endlich den Slaven das Narrenseil,
woran man sie so lange herumgeführt hatte, in ihren Nasen allzu
unangenehm sich fühlbar machte, wollten sie sich, vorab die Czechen,
ebenfalls unangenehm machen und hatten in ihrer tiefverletzten
Eitelkeit kein Hehl, daß sie darauf brannten, bei erster bester Gelegenheit in die Arme der panslavischen Panagia Moskavia sich
zu stürzen.

3.

Die Bevölkerung von Wien, d. h. die beweglicheren Elemente derselben fanden und fühlten sich den Sommer von 1848
über in der Lage und Stimmung eines Menschen, welchem das
Bewußtsein, etwas, was er ganz hätte thun können und sollen,
nur halb gethan zu haben, keine Ruhe läßt und der dem unablässig juckenden Reize preisgegeben ist, das Versäumte nachzuholen,
ohne doch wirklich die Kraft zu besitzen, das unerquickliche Halbe
zu einem runden Ganzen zu machen.

Solche Zwitterhaftigkeit führt nothwendig zu himmelschreienden Albernheiten, wie sie denn der wiener „Sicherheitsausschuß" und der „Demokratische Verein" reichlich zu begehen sich nicht nehmen ließen. Die Stupidas Stupiditatum war aber, daß sich die beiden Hauptorgane der wiener Bewegung mittels etlicher abgegriffener Phrasen verleiten ließen, für die czechische Pfingstlümmelei in Prag nachträglich Partei zu nehmen, so sehr, daß sie den Minister Pillersdorff zu sprengen beschlossen, weil derselbe den Windischgrätz nicht vom Kommando entfernen wollte. Allerdings lagen sie mit dem Minister schon vorher im Streit in betreff der Wahlart zum östreichischen Reichstag, sowie in betreff der für diesen provisorisch festgesetzten Geschäftsordnung. Unmittelbar vor der Eröffnung des Reichstags explodirte dann die widerpillersdorff'sche Mine, nachdem der arme Mann von Minister das laue Wasser gemüthlicher Beschwörungen erfolglos auf den brennenden Leitstrick gegossen hatte. Am 8. Juli faßte der Sicherheitsausschuß die Resolution: „Die Träger des alten Systems sind unbedingt aus dem Kabinett zu entfernen. Doblhoff ist mit der Bildung eines neuen Ministeriums zu betrauen, in welchem außer Wessenberg kein Mitglied des jetzigen sitzen soll." Noch im Juli von 1848, wunderlich zu sagen, hatten derartige Resolutionen etwas zu bedeuten, viel sogar. Wenn man unwidersprochenen Berichten von demokratischer Seite glauben darf, hat der kaiserliche Alterego und erzherzogliche Hans Dampf in allen Gassen in dieser Angelegenheit eine sehr zweideutige Rolle gespielt. Er sagte zu einer Abordnung des Demokratenvereins, welche gekommen war, die Forderung des Sicherheitsausschusses zu unterstützen: „Auch ich bin von der Unzulänglichkeit des Ministeriums vollkommen überzeugt und werde das Nöthige verfügen." Noch am selbigen Tag nahm er die angebotene Entlassung Pillersdorffs an, mit welchem Sommaruga und Baumgartner ausschieden, und im Begriffe, zur Uebernahme der Reichsverwesung nach Frankfurt abzufahren, beauftragte er

Herrn Doblhoff, ein neues Kabinett zu bilden. Am 19. Juli trat dasselbe ins Amt, für flüchtig blickende Augen ganz so gebildet, wie die Bewegungspartei es wünschen mochte, für scharfsehende nicht. Denn die Resolution des Sicherheitsausschusses war mit nichten vollständig erfüllt worden. Zwar konnte es für gleichgiltig gelten, daß der unvermeidliche Finanzminister Kraus aus dem alten ins neue Ministerium herübergenommen war; aber von ganz anderer Bedeutung ist es gewesen, daß das Gleiche mit dem Kriegsminister Latour geschah. Dieser Punkt war offenbar für den Hof bei der neuen Kabinettsbildung der wesentlichste, der einzig wesentliche. Mochten die halbliberalen und ganzliberalen Minister schwatzen und Gesetze fabriziren, wenn nur die Armeeleitung in den Händen eines getreuesten Schwarzgelben blieb. Sicherlich hat der Erzherzog Johann die Sache ebenso angesehen und in diesem Sinne geleitet. Denn der Prinz war keineswegs ein Dummrian, wofür man ihn verschrieen hat, sondern vielmehr ein Pfiffikus Schmerle. Wenn Heine ihn sagen ließ:

„Nicht mit dem Verstand, nein, mit dem Gemüth
Will ich mein Volk regieren:
Ich bin kein Diplomatikus
Und kann nicht politisiren —"

so war das fehlgeschossen, weit fehlgeschossen. Der Erzherzog hatte freilich weder das Zeug noch auch nur den Willen, groß zu handeln und Bedeutendes zu thun; aber was sich mit kleinen Mitteln, mit Listen und Pfiffen für das Haus Lothringen-Habsburg thun ließ, das hat er in Wien wie in Frankfurt richtig gethan.

Neben Wessenberg, Latour, Kraus und Doblhoff traten neu ins Ministerium der vulgärliberale Fabrikant Hornbostel, der unbedeutende Journalist Schwarzer und der von Pinseln demokratisch angemalte Advokat Bach, jedenfalls der zeitgemäßeste seiner Kollegen. Ob er damals schon förmlich in den Dienst und

Sold des Hofes getreten war und allerhöchsten Frauenzimmern
das Gnadenfutter aus der Hand fraß, ist ungewiß und sogar
zweifelhaft. Die Waare mußte doch erst im Ministerschafts-
schaufenster stehen und die Wünschbarkeit ihrer Erwerbung ad
oculos demonstriren. Als Herr Bach um seiner enormen, insbesondere konkordatischen Verdienste willen vom Sonnenstral
der Hofgunst später so warm getroffen wurde, daß aus der Ad-
vokatenpuppe der Schmetterling Freiherr von Bach kroch, haben
zeitwidrig altfränkische Menschen, welche noch immer das kreuz-
lahme Steckenpferd Prinzip zu reiten sich nicht schämen, den edlen
Freiherrn einen Renegaten und Verräther gescholten. Ein un-
befangenes Urtheil dagegen wird lauten, daß der Herr von Bach,
wenn er kein Jesuit von der kurzen Robe war, einer von der
langen zu sein verdient hätte. Aber nein, damit würde, recht
erwogen, sowohl dem edlen Freiherrn als auch der ebenso edlen
Gesellschaft Jesu schnödes Unrecht angethan. Denn diese reitet
ja ebenfalls Prinzip und ist von ihrer Gründung an bis heute
konsequent geblieben. Nein, Herr von Bach war kein Jesuit.
Er gehört vielmehr dem heiligen Bataillon der Kautschukmänner
an, welches sich Anno 1848 und nachher aus allen Parteien und
Fraktionen rekrutirte und zur Größe einer Armee anschwoll.

Höchst verdiente Leute, diese Kautschukmänner! Ganz die
Menschen- und Politikersorte, wie unsere und alle Zeit sie will
und braucht. Und unter den Kautschukigen sind hinwieder die
Kautschukigsten jene, welche aus dem Lager der Revolution sich
herübergedrückt, gewunden oder geschnellt haben. Das ist der
potenzirte Kautschuk, die richtige Kautschukessenz. Thurmhoch
erhaben über das dumme Vorurtheil der Gesinnungstreue und
Charakterhaftigkeit, überaus gewandt und praktisch, in allen Sät-
teln gerecht, überall daheim, wo gute Beköstigung vorhanden,
stets bereit, zu dienen, für gehörige Remuneration versteht sich,
heute auf Verlangen den Tanz um den Freiheitsbaum mithopsend,
morgen auf Verlangen im königlichen Vorzimmer unterthänigst

ersterbend, immer eifrig darauf aus, dem allgemeinen Besten,
welches rein zufällig zugleich ihr besonderstes ist, das „schwere
Opfer" ihrer persönlichen Ansicht zu bringen. Solche Leute
müssen wir haben! Die taugen ganz anders als jene von Rechts=
wegen perhorrescirten „Hypochonder", „Sonderlinge" und
„Hochmuthsnarren", die schon durch ihr bloßes Beiseitestehen
die Weltfirma Lump und Komp. beleidigen, welche Grund hat,
zu argwöhnen, jeder, der nicht mitlumpt, wolle ihre Lumperei
verklagen. Brauchbar und verbrauchbar muß man sein, wenn
man dem Staat, der Kirche, der Gesellschaft nützen will. Zum
Henker mit der Idealsratze, zum Teufel mit der Tugendgrimasse
und es lebe der Kautschuk! Das ist der wahre Stoff! Der läßt
sich je nach Bedarf zu parlamentarischen Holbermännchen, libe=
ralen oder illiberalen Ministern, tonsurirten oder gescheitelten
Bonzen, Katheder= und Kanzelcharlatanen, Weltverbesserern und
Bibelverwässerern, Gassendemagogen und Hofpädagogen, Spio=
nen, Sbirren und Diplomaten recken und strecken, gießen und
pressen. Unbezahlbare und doch zugleich bezahlbare Kerle, die
Kautschukigen! Unumgänglich, unausweichlich, unersetzlich, „Mäd=
chen für alles"! Heute roth, morgen blau, grün, weiß, schwarz,
grau, gelb, braun, as you like it. In dieser Stunde scheckig
wie die Klapperschlange, in der nächsten farblos wie das Gift
der Borgias. Als Volksschmeichler aus dem Bett, als Fürsten=
fürchtigkeitsheuchler in das Bett. Die Woche über erschreckliche
Atheisten, Sonntags erweckliche Christen. Montags Affenmen=
schentheoretiker, Dienstags Messepraktiker. Mittwochs einem
Weiberemanzipationskomité sich angliedern, Donnerstags den
Konservativen sich anbiedern. Am Freitag den Kommunisten
etwas vorschwindeln, am Samstag den Pietisten ein bißchen nach=
kindeln. Morgens vom Lob der konstitutionellen Monarchie
öffentlich überfließen, Mittags die siegreiche Säbelbrutalität
emphatisch laut begrüßen, Abends einen Privatbrief „mit republi=

kanischem Gruß und Handschlag" beschließen. Vivat der Kaut=
schuk!

———

4.

Noch hatte das neue Ministerium nicht zu amten begonnen,
als der „konstituirende" Reichstag in Wien zusammentrat. Die
Zahl von 383 Abgeordneten, welche — mit Ausschluß Ungarns
und seiner „Nebenländer" — die Völker Oestreichs nach der
Hauptstadt entsenden sollten, ist nie ganz voll gewesen. Zum
Sitzungslokal war die kaiserliche Reitbahn bei der Hofburg her=
gerichtet worden, aber es wurde daraus keine Manége wie jene bei
den Tuilerien, in welcher die Konstituante, die Legislative und
die Konvention debattirt haben, so debattirt haben, daß ihr De=
battiren Handeln war.

Am 10. Juli versammelten sich die Reichstagsmänner zu einer
ersten vorbereitenden Sitzung. Da schon sträubten sich die na=
tionalen Widerborstigkeiten, welche hier zusammengezwängt waren,
unsanft gegen einander auf. Zunächst, wie leicht begreiflich, in
Form des Sprachenhaders. Es ließ sich nicht vertuschen, daß
nicht die Hälfte der Mitglieder des Reichstags der deutschen
Sprache kundig war. Der Wunsch der Deutschen ging natür=
lich auf Erklärung ihrer Sprache zur Geschäftssprache der
Versammlung; aber sie wagten es doch nicht, ihren Wunsch in
Form eines Beschlusses durchzudrücken, und so überließ man die
Verhandlungen von vornherein allen Zufällen eines babylonischen
Sprachenwirrsals. Zehn Tage nachher bestellte der Reichstag
seinen Vorstand und die Majorität machte der Stadt Wien das
Kompliment, einen ihrer Vertreter, den Advokaten Schmitt, eine
Null im Frack, zum Präsidenten zu wählen. Dieser Strohpräsi=
dent verschwand gänzlich vor dem ersten Vicepräsidenten Stro=
bach, einem Czechen, welcher, abwechselnd mit dem zweiten Vice=

präsidenten Smolka, einem Polen, die Verhandlungen des Reichs=
tags vom Anfang bis zum Ende geleitet hat.

Die Vicepräsidentenwahl hatte schon die Thatsache klar ge=
macht, daß das slavische Element in der Versammlung obenauf
war, wie es denn, sobald die slavische Bevölkerung des Kaiser=
staats an den Wahlen sich betheiligte, auch gar nicht anders sein
konnte. Und sie hatte sich betheiligt, lebhaft und eigenthümlich
genug. Diese unglücklichen slavischen Landbevölkerungen, deren
Nacken vom Robotjoch wundgescheuert waren, hatten nichts davon
wissen wollen, ihre „Herren" zu Vertretern zu wählen. Der in=
grimmige und nur allzu gerechtfertigte Haß gegen den Adel ist
überhaupt ein Charaktermerkmal der östreichischen Bewegung ge=
wesen. Es war auch in der Zusammensetzung des Reichstags so
deutlich ausgeprägt, daß von allen den hocharistokratischen Namen
des Kaiserstaats nur der des Grafen Stadion daselbst vorkam
und neben diesem die Namen von kaum einem Halbdutzend pol=
nischer Edelleute. Galizien hatte 36 Bauern in den Reichstag
gewählt, nicht etwa durch die dorfnovellistische Schniegel= und
Biegelmaschine gegangene Bauern, sondern waldursprüngliches
Gewächs, slavische Naturbauern, welche mit Seife und Kamm
gerade so bekannt waren wie mit Göthe's Gedichten und Beetho=
vens Symphonieen. Die Bauerschaft ist überhaupt in diesem
Reichstag so stark vertreten gewesen, wie noch in keinem Parla=
ment: es waren nicht weniger als 92 leibhafte Bauern da, welche
demnach nahezu ein Viertel von der Versammlung ausmachten.
Die dunkelsten Ehrenmänner sandte selbstverständlich Tirol, eine
ganze schwarze Bande, eine Sammlung von „Dicken und Dün=
nen", an welchen der „Wiener Poet" seine Freude gehabt hätte,
obzwar die Dünnen keineswegs von den Dicken verschluckt wurden*).

---

*) „Mächt'gen, schweren Folianten glichen einstens jene Dicken,
„„Allgemeines großes Kochbuch"" stand als Inschrift auf dem Rücken.
Einem schmalen, kleinen Büchlein sind die Dünnen gleich fürwahr,
„„Kurzgefaßte Gaunerstücklein"" beut das Titelblatt euch dar.

Man konnte wähnen, die ägyptische Finsterniß in eigener
Person habe da, wo die tiroler Abordnung platznahm, sich nie-
dergelassen, im Centrum. Allmälig sprenkelte sich jedoch viel
Gelbheit dazwischen und später centralisirte sich hier die schwarzgelbe Hofpartei, welche mit den die Hauptbevölkerung der Rechten
bildenden Czechen nur dann nicht Hand in Hand ging, wann gar
zu wild widerdeutsch gezecht wurde. Der General der Czechen
war Palacky, kein Redner, aber ein Meister der Klubbtaktik, ihr
erstes Sprachrohr Rieger. Die Linke war die deutschnationale
und zugleich demokratische Partei. Ihr Wille ist sehr stark gewesen, aber das Fleisch schwach. Recht brave Leute im Allgemeinen, aber auch viel Kehricht im Besonderen. Sie hätten gern
die französische Revolution, die große nämlich, ins Deutsche oder
vielmehr ins Wienerische übersetzt, brachten es aber bloß zu
lyrischen Variationen über das große Thema im Bilderstil von
Anastasius Grün, nur weit weniger geschmackvoll. Im Grunde
lauter Anläufer, diese guten Linkser, denn sie kamen über Anläufe
nie hinaus und ohne feste Führung und Disciplin, wie sie waren,
liefen sie gewöhnlich ins Blaue. Im Uebrigen: wer könnte verlangen wollen, daß inmitten des gränzenlosen Wirrsals, welches
damals Oestreich hieß, mittels der parlamentarischen Tretmühle
etwas Großes hätte zuwegegebracht werden sollen? Und doch
w u r d e etwas Großes damit zuwegegebracht: die Entjochung

Mit der Grobheit und der Dummheit hattet einst den Kampf,
ihr Alten,
Doch der Schlauheit und der Tücke müssen wir die Stange halten.
Einstens rannten euch die Dicken mit dem Wanst die Thüren ein,
Doch es kriechen jetzt die Dünnen uns durch's Schlüsselloch herein.
Ach, ihr Dicken, steiget wieder lebend aus der Todesurne!
Doch mit altem gutem Magen! Werdet christliche Saturne
Und verschlingt den magern Nachwuchs! O, dann sind wir beider los,
Denn nicht lange mehr kann leben, wer solch' gift'ge Kost genoß."
Spaziergänge eines Wiener Poeten, 3. A., S. 18.

des Bauers, welchem erst durch diesen Reichstag die Möglichkeit
eröffnet worden ist, ein Mensch zu werden.

Am 22. Juli las der wieder aus Frankfurt zurückgerannte
Stellvertreter des Kaisers die Thronrede ab, ein seltsam Ding,
worin im Orakelton de rebus omnibus et quibusdam aliis
gesprochen wurde, in einem Athemzuge von der Gleichberech=
tigung aller Nationalitäten des Kaiserstaats und von der Noth=
wendigkeit eines festen Anschlusses an Deutschland, ebenso von
der Achtung vor den Freiheitsbestrebungen der Italiener und von
der Behauptung der östreichischen Waffenehre. Die Versamm=
lung wurde so zu sagen nach Nebelheim versetzt mittels dieser
nebulosen Phrase: „Der Reichstag ist berufen, das große Werk
der Wiedergeburt des Vaterlandes zu vollbringen. Die Befesti=
gung der erworbenen Freiheit verlangt sein offenes, unabhängiges
Zusammenwirken in der Feststellung der Verfassung." Nur nach
einer Richtung hin sprach die Thronrede sehr deutlich, nach der
Geldseite hin: sie kündigte „außerordentliche finanzielle Maß=
regeln" an, was man aber doch falsch verstand. Die Börsen=
barone fürchteten nämlich, es könnte ein unliebsames Vorgehen
gegen die Staatsgläubiger gemeint sein, so daß man etwa den
größten und geschwollensten Blutigeln ein bißchen Salz auf
den Bauch zu streuen beabsichtigte. Die hochwürdige Klerisei
ihrerseits besorgte, die nicht genug zu verdammende Revolution
könnte gar auf den Einfall kommen, eine kirchenräuberische Hand
gegen den ungeheuerlichen, bis zum Bersten vollgestopften Pfaf=
fensack auszustrecken. Die erlauchte Aristokratie ängstigte sich,
die Steuerschröpfpumpe des Staats dürfte fürderhin nachdruck=
samer als bislang an ihre Besitzungen gelegt werden. Eitles
Fürchten! Es galt zunächst und hauptsächlich nur, die Anleihe=
pumpe, in welche die Märzangst der Geldleute einen Leck ge=
macht, wieder zu kalfatern und in Thätigkeit zu setzen.

Es ist diese Pumpe bekanntlich eines der sinnreichsten In=
strumente, welche der menschliche Witz jemals erdacht und kon=

struirt hat, der wahre Triumph moderner Staatsmechanik. Man
macht dadurch die Zukunft zum Bürgen für die Gegenwart; man
entzieht damit dem übergesunden Tolpatsch-Volk nicht nur in der
gegenwärtigen Generation, sondern auch vorweg für alle zukünf-
tigen Generationen die überschüssigen Säfte, welche ihn, mit dem
feisten und loyalen Doktor Luther zu reden, leicht „zu muthwillig"
machen könnten. Nun, die Gefahr dieses Zumuthwilligwerdens
ist nicht allzu groß, so lange die besagte sinnreiche Maschine in
die Kasse e i n e s der Söhne des alten Amschel Rothschild nicht
weniger als 1600 Millionen hineinpumpt. Eine himmlische
„Staatswirthschaft", den gegenwärtigen und künftigen Geschlech-
tern den Ertrag ihres Schweißes abzust—aatsanleihen, das muß
man sagen. Freilich meinen schwarzsichtige Seher, es könnte doch
einmal in die Stumpfsinnsnacht des armen Tolpatsch unversehens
ein lichter Moment fallen und in diesem lichten Moment könnte
er sich veranlaßt sehen, den berühmten schiller'schen Freudelieb-
vers „Unser Schuldbuch sei vernichtet!" zu einer historischen
Thatsache zu machen. Allein tröstet euch, Millionen- und Milliar-
denpolype, tröstet euch! Ihr werdet weitersaugen können. Wenn
heute das alte „Schuldbuch" wirklich vernichtet werden sollte, so
würde schon morgen ein neues angelegt. Denn die Dummheit
währet ewiglich!

5.

Der Reichstag bemühte sich redlich, alle Register der Zeit-
phraseologie den guten Wienern vorzuorgeln; allein die große
Frage für diese blieb doch immer: Kommt der Kaiser zurück oder
bleibt er weg? So mußte sich denn auch das östreichische Parlament alles Ernstes mit diesem Problem beschäftigen, dessen Lösung
ja auch und zwar sehr, in seinem eigenen Interesse lag. Denn
die Anwesenheit des Kaisers gab der Thätigkeit des Reichstags
doch erst die rechte Weihe und zugleich schien die Anwesenheit der

kaiferlichen Familie in Wien eine Bürgfchaft zu bieten gegen die
dunkeln Machenfchaften, die hinter den Kuliffen fpielten und welche
von nicht allzu dickhäutigen Leuten wohl gefühlt wurden, wenn
fchon fie keine aktenmäßigen Beweife für das Vorhandenfein derfelben beibringen konnten.

Nach einer fchauderhaften, riefenbandwurmigen Schwätzerei,
welche fich darum drehte, ob man die Rückkehr des Kaifers „erbitten" oder aber „fordern" follte — nebenbei wurde alles Ern-
ftes auch darüber debattirt, ob man den Kaifer mit „Euer Majeftät" oder „Euere Majeftät" anreden müßte — gewann endlich das „Fordern" die Oberhand und eine Reichstagsdeputation
trug eine mit den Unterfchriften und (bäuerifchen) Kreuzmalereien
fämmtlicher Mitglieder des Parlaments verfehene Adreffe nach
Innsbruck, welche forderte, daß der Kaifer nach Wien zurückkehre.
Ob diefe Forderung erfüllt worden wäre, falls nicht die günftige
fchwarzgelbe Wendung der Dinge in Italien den Hof mit neuer
Zuverficht erfüllt hätte, fteht dahin. So aber ließen die Draht-
führer und Drahtführerinnen des Hofpuppenfpiels den guten
Ferdinand nach Wien zurückkehren und kehrten felber mit ihm
zurück, am 12. Auguft. Die Freude der Wiener war groß*).
Der Reichstag feinerfeits warf fich ftolz in die Bruft, der Welt
gezeigt zu haben, daß er feine „Forderungen" durchzufetzen vermöge.

Gerade in diefen Tagen that er das Befte, was ihm überhaupt zu thun gelang. Schon am 26. Juli hatte fich eins der
jüngften Mitglieder des Reichstags erhoben, um einen Antrag zu
ftellen, welcher diefe gute That, die Emanzipation der Bauern,
einleitete. Ein junger Mann, gerade von der Hochfchule gekommen, blond, blauäugig, fchmächtig, ein verkörpertes Stück öftreichifcher Freiheitslyrik, Hans Kudlich, einer der Abgeordneten

---

*) Effinger am 15. Auguft: „Die am 12. erfolgte Rückkehr des Kai-
fers mit feiner Familie hat bei der großen Mehrzahl der Bevölkerung aufrichtigen Jubel erregt." S. B. A.

aus Oestreichisch=Schlesien, beantragte auf der Rednerbühne: „Die
Versammlung möge erklären: Von nun an ist das Unterthänig=
keitsverhältniß sammt allen daraus entsprungenen Rechten und
Pflichten aufgehoben, vorbehaltlich der Bestimmungen, ob und
wie eine Entschädigung zu leisten sei." Jubelnde Zustimmung
von allen Seiten des Hauses, nur ganz wenige, gar nicht hörbare
Stimmen ausgenommen. Allein dieser Zustimmungsjubel hatte
doch nicht die Energie jener glorreichen Augustnacht von 1789,
welche das Mittelalter in Frankreich wegwischte. Kudlich und seine
Parteigenossen ließen sich in ihrem edlen Anlauf aufhalten dadurch,
daß sie sich in die höchst weitschichtigen und verwickelten Einzeln=
heiten der Robotfrage hineinmanövriren ließen. Dadurch wurde
der Schlageindruck vereitelt und eine Bandwurmdebatte herbei=
geführt, in welcher die unerquicklichste Rabulisterei hinüber und
herüber sich breitmachte. Politisch klug, ja am klügsten wäre es,
wie man richtig bemerkt hat, gewesen, den Bauern zunächst nicht
die ganze Hand, sondern nur etliche Finger zu geben, d. h. die
Entschädigungsfrage ungelöf't über den Köpfen der Bauern schwe=
ben zu lassen. Damit hätte man den bäuerischen Eigennutz fort=
während in Spannung und demnach fest an die Sache der Be=
wegung gekettet erhalten. Es ist ja überhaupt ein Grundfehler
der sogenannten deutschen Revolution von 1848 gewesen, daß sie
der plumpen Selbstsucht der Bauern viel zu frühe und zu voll=
ständige Befriedigung gewährte. Kudlich und seine Freunde er=
kannten das auch, aber zu spät. Als der Antragsteller am 11.
August seinen zweimal verbesserten und erweiterten Antrag be=
gründete, meinte er, „mit der Entscheidung der Entschädigungs=
frage hat es keine Eile, da die Bauern gewiß zufrieden sind, wenn
sie auch erst nach Wochen erfahren, ob sie entschädigen sollen."
Allein die Gegner der Linken merkten die Absicht und wurden da=
durch keineswegs verstimmt. Im Gegentheil, sie waren sehr
froh, daß in Gestalt der Entschädigungsfrage ihnen eine zweihen=
kelige Handhabe dazu geboten wurde, erstens in den Augen der

Bauern die Linke zu verdächtigen, als ob diese die genannte Frage für unwichtig ansähe, und zweitens durch eine rasche und billige Lösung dieser Frage die Mehrheit der Bauern der konservativen Partei zu verpflichten.

Die langwierige Debatte drehte sich auch nur noch um die Angel der Entschädigungs- oder Nichtentschädigungsfrage. Mehrere bäuerische Redner gaben hierbei der ganzen Inbrunst ihres Adelhasses nicht unberedten Ausdruck und zwar deutsche und slavische Bauern gleichermaßen. Mit nicht geringem Entsetzen vernahm die im Reichstage sitzende östreichische Bureaukratie diese Auslassungen. Eine seit Jahrhunderten stumme Sklaverei hatte plötzlich Stimme bekommen, eine Stimme, bei deren Tönen man die Stöße einer sozialen Erderschütterung zu spüren glaubte, als reckte und streckte der gefesselte Tolpatsch-Titan drunten im Tartarus seiner Knechtschaft unwillig die Glieder. Diese Wirkung brachte vor allen der bukowiner Bauer Kapuszczak hervor, dessen gebrochenes Deutsch wie grollende Donnerschläge klang und in dessen Augen ein Widerschein der galizischen Mordbrandflammen von 1846 glühte, als er die Mißhandlungen aufzählte, welche die „Herren" den Bauern angethan hatten, und zum Schlusse ausrief: „Dafür sollen wir noch Entschädigung geben? Ich sage: Nein! Die Peitschen und Knuten, welche auf unsere Köpfe gefallen sind und um unsere ermüdeten Körper sich gewickelt haben, damit sollen die Herren sich begnügen, das soll ihre Entschädigung sein!" Ein deutschöstreicher Bauer, Brandl, sagte schlecht und recht: „Es ist klar, der gesunde Menschenverstand sagt es: wir zahlen keine Entschädigung."

Sie zahlten sie aber doch. Man muß ja nicht an den gesunden Menschenverstand appelliren, wenn man etwas durchsetzen will; denn das ist eine Instanz, deren Verdikte nicht vollstreckt werden. Es zeigte sich bald, daß die Mehrheit der Versammlung für die Leistung einer Entschädigung war, deren Unumgänglichkeit am einschneidendsten durch einen Herrn Helfert, auch

einem Ueberläufer aus dem liberalen Lager ins konservative,
dargelegt und vertheidigt wurde. Erst in der 14. dieser Verhandlung gewidmeten Sitzung sprach sich die Regierung ihrerseits
aus. Der Minister Bach erklärte im Namen derselben, daß sie
„für unentgeltliche Aufhebung des p e r s ö n l i c h e n Unterthanen-
verbandes sei, dagegen eine Entschädigung für die d i n g l i c h e
Entlastung des Bodens als durch das Recht und die politische
Klugheit geboten ansehe. Das Ministerium werde mit der Entschädigung stehen oder fallen.“ Das zog. Man war kaum aus
einer Ministerkrise heraus, sollte man schon wieder in eine hinein? Für Gewährung einer Entschädigung bildete sich eine kom-
pakte Majorität. Kudlich und seine Genossen nahmen nun in
ihren Antrag die Bestimmung auf, daß die den Grundherren zu
bietende Entschädigung der Staat zu leisten habe, und bei der
artikelweisen Abstimmung gewann dieser Paragraph eine Majorität von 48 Stimmen. Allein der kudlich'sche Antrag als Ganzes wurde mit einer Majorität von 4 Stimmen verworfen, gegenüber einem durch Lasser formulirten, in welchem die Leistung
einer „billigen Entschädigung“ an den gewesenen „Guts-, Zehnt-
und Vogtherrn“ dem neuen Gutsbesitzer zugewiesen war. Dies
Endergebniß rührte mit davon her, daß die armen slavischen
Bauern, von welchen nur wenige den deutschgeführten Verhandlungen zu folgen vermocht hatten und bei den Abstimmungen
nicht allein im figürlichen, sondern auch im natürlichen Sinne
zwischen den Parteien hin- und hergezerrt wurden, zuletzt ganz
verdonnert und verdattert geworden waren und nicht mehr recht
wußten, wofür sie stimmten. Am 7. September fand die ganze
Sache mit und durch Zustimmung der Regierung ihre volle Erledigung und diese „Errungenschaft“ der östreichischen „Revolution“, die Bauernemanzipation, die Entjochung der Bauerschaft
vom Mittelalter, war, wie die größte, so auch eine bleibende.
Selbst im Hochstadium ihres Triumphdeliriums wagte nachmals
die Gegenrevolution diese unberechenbar wichtige Neuerung nicht

anzutasten, indem sie sich noch immer mit Grauen der Blicke und Worte eines Kapuszczak und anderer Bauern erinnerte und es klüglich unterließ, den auf seiner Errungenschaft eingedämmerten Riesen-Tolpatsch wieder zu wecken.

In der That, er dämmerte, duselte und schlief ein auf seiner Errungenschaft. Bevor er das that, wollte er aber doch zeigen, daß auch er Lebensart verstände: — am Abend des 24. September brachten 10,000 Bauern, aus allen Gegenden Oestreichs gekommen, dem Hans Kublich einen Dankfackelzug dar. Damit aber hatten der Kublich und die Revolution ihren Lohn dahin. Der östreichische Bauer machte es gerade so, wie der bairische, schwäbische, hessische u. s. w. Er war fortan für Ruhe und Ordnung. Er hatte ja sein „Sächle", knöpfte seine Tasche zu und that nicht mehr mit. Dank vom Menschen zu erwarten, ist Unverschämtheit; Dank vom Volke zu hoffen, ist Narrheit.

<hr>

6.

Derweil im wiener Reichstage der nationale Gegensatz von Deutsch und Slavisch seine drohende Schroffheit vorderhand noch zu der politischen Parteiformel Liberal und Konservativ herabzumildern versuchte, häkelten höfische Hände den nationalen Gegensatz zwischen Magyarisch und Slavisch in der „Osthälfte" des Reichs glücklich in einen Knoten zusammen, welcher gewaltsam zerhauen werden mußte. Die, wie wir wissen, schon früher zu Faden geschlagene Allianz des Hofes mit den Slaven wurde jetzt festgenäht, wobei aber anzumerken, daß der Hof zuvörderst nur mit den Südslaven paktirte, die Polen dagegen, weil „unverbesserlich rebellionlustig", gar nicht und die Czechen, weil „zur Stunde noch zu liberal", nur von fernher in Betracht zog. Bloß die Südslaven, Kroaten, Serben-Raitzen und Walachen schienen

primitiv und naiv genug zu sein, um in ihrer Unschuld Flügel-
kleide als Kanonenfutter im Interesse des wiederherzustellenden
Absolutismus verwendet zu werden. Und doch wäre sogar die
Naivetät dieser „Natursöhne" nicht naiv genug gewesen, sich zu
dem angegebenen Zwecke verwenden zu lassen, so die magyarische
Eitelkeit, Ueberhebung und Eigensucht die von Innsbruck und
Schönbrunn ausgehenden höfischen Ränke und Schwänke nicht
mächtig gefördert hätten. In Wahrheit, der Magyarismus selber
half emsig das Südslaventhum zu dem Arm gestalten, welcher dem
wiener Hofe die Kastanien der Reaktion aus dem magyarischen
Feuer langte.

Niemals hätte Jellacic, welcher zwar die Gabe besaß, seine
kroatischen Landsleute auf gut kroatisch zu behandeln, sowie die
weitere, die angeborene Schlauheit des Halbbarbaren mit dem
Firniß einer mittelmäßigen Gymnasialbildung — er brachte es
darin bis zur Verseftoppelung — zu überstreichen, im Uebrigen
aber ein unbedeutender Mensch und ein ordinärer Vorzimmer-
general war, — ja, niemals hätte Jellacic unternehmen können,
was er unternahm, falls ihm nicht Kossuth, als Haupttypus der
magyarischen Ausschließlichkeit genommen, die Wege gebahnt
hätte. Man muß nicht im Namen der Freiheit und Selbstbestimmung pomphafte Reden halten und dann diese Freiheit und
Selbstbestimmung für die 5 Millionen Magyaren allein in Anspruch nehmen, während — von 1½ Millionen Deutschen ganz
abgesehen — 6,155,603 Slaven im Lande leben. Die Slaven,
also die Mehrzahl der Bevölkerung des „Landes der Magyaren",
sollten allerdings bei Vertheilung der Märzerrungenschaften nicht
ganz leer ausgehen, ja wohl! Die Herren Magyaren waren so
großmüthig, für sich selber nur den Freiheitsbraten in Anspruch
zu nehmen, den Heloten Slaven aber die Knochen zu überlassen.
Mit dem ganzen Uebermuth eines glücklichen Komödianten — es
steckte ihm überhaupt ein gutes Stück von einem solchen im Leibe
— hat Kossuth von vornherein das Slaventhum herausgefordert,

vor den Kopf gestoßen und ins Hoflager hinübergetrieben. Dieser höchstbegabte Mensch war ein Magyar höchster Potenz, oder spielte wenigstens den Magyaren im Superlativ und nur blödsichtige Thoren konnten sich dadurch täuschen lassen, daß der ungarische Agitator es mitunter für passend und zweckdienlich fand, seinen durchaus selbst-süchtigen Magyarismus mit einem kosmopolitischen Phrasen-schleier zu drapiren. Dieser Phrasenschleier schien auch wohl mitunter ins Schwarzrothgoldne zu schillern. Wenn dann die gemüthlichen Deutschen sich durch diesen Schein täuschen ließen, um so schlimmer für sie. Die ungemüthlichen Slaven sahen schärfer, sie erkannten durch alle Redensartendraperien hindurch den eisern egoistischen Magyarismus. Diese Erkenntniß war auch nicht eben eine große Kunst: — in dem am 14. April von 1848 ins Amt getretenen verantwortlichen Ministerium der Krone Ungarn befand sich kein einziger Slave. Das hieß für die Slaven etwas zu frühe und zu ungenirt den Deckel vom ma-gyarischen Topf thun.

Der Märzsturm war keineswegs wirkungslos über die süd-slavischen Völkerstämme hingegangen. Auch sie waren aufge-stürmt worden, auch sie fühlten Bedürfniß und Willen, mitzu-handeln in dem stürmischen Drama der Zeit. Von der Ostspitze des Banats bis zur Westspitze Kroatiens zuckte der Gedanke: Die Selbstständigkeit der Krone Ungarn ist uns schon recht, aber unter der Bedingung und Voraussetzung völliger Gleichbe-rechtigung der Slaven mit den Magyaren im ganzen Umfange des Gebietes dieser Krone; wo nicht, wollen wir immer noch lieber den Kaiser in Wien als das Ministerium in Pesth zum Herrn haben. Die Südslaven sagten das auch nicht etwa nur leise, sondern laut. Sie besprachen und formulirten ihre Wünsche, rubrizirten sie in 17 Paragraphen und entsandten damit eine Abordnung an das neue ungarische Ministerium. Im Namen-desselben gab Kossuth der Deputation den hochmüthigen Bescheid, die auf Anerkennung der Gleichberechtigung ihrer Sprache und Na-

tionalität abzielenden Wünsche der Südslaven seien unstatthaft; es
existire im ganzen Umfange der ungarischen Monarchie offiziell nur
e i n e Nationalität, die magyarische, und die Regierung würde
eines jeden anderen Völkerstammes etwaiges Unterfangen, natio=
nale Rechte sich anmaßen zu wollen, mit Gewalt niederzuhalten
wissen.

Das hieß der anhebenden oder angehobenen ungarischen
Revolution die Diagnose stellen: Du wirst zu Grunde gehen!
Sie ging zu Grunde an ihrer Ungerechtigkeit gegen die Slaven.
So lange die Menschen und die Völker nicht verstehen, gerecht zu
sein, verdienen sie nicht, frei zu sein. Das ist ein Gemeinplatz,
freilich; aber es ist ein Gemeinplatz, welcher nie gemein werden
kann, weil ihn die Gemeinheit nie begreifen und beherzigen wird.
Der gemeldete Ausgang der Abordnung nach Pesth war der An=
fang der südslavischen Erhebung gegen das Magyarenthum, einer
Erhebung, in deren Verlauf namenlose Gräuel verübt wurden,
Gräuel, welche an die Mongolenzüge und an die Zeit Iwans des
Schrecklichen erinnerten. Aber sie dürfen keineswegs n u r den
Slaven auf Rechnung gesetzt werden; auch die Magyaren haben
dabei dem „reinen Asiatenthum", dessen sie sich rühmen, gelegentlich
vollauf Ehre gemacht. Wer Lust hat, im Einzelnen zu erfahren, was
ein Rassenkampf zwischen noch so recht „rassenhaften" Völkern zu
bedeuten hat, der mag sich dieses Scheusälige genauer ansehen.

7.

Noch war das brausende E l j e n ! womit der Amtsantritt
des neuen ungarischen Ministeriums in Budapesth begrüßt wurde,
nicht verhallt, als schon vom Süden her zur Antwort bedeutungs=
voll das slavische Z i v i o! erscholl.

Mit dem Zusammenprall dieser zwei nationalen Jauchzlaute und Vivatschreie prallten zwei Nationalitäten, zweierlei Rassen wüthend auf einander.

Man muß es den Slaven zu ihrer Ehre nachsagen: sie handelten anfangs aus sich heraus, keineswegs nur von außen her gestoßen, keineswegs vom Hofe gegängelt. Die Kroaten stemmten und steiften sich darauf, daß ihr Land seit Jahrhunderten ein Königreich gewesen, durchaus nicht dem Königreiche Ungarn einverleibt, sondern nur mit demselben verbunden. Jetzt, erklärten sie, wollten sie diesen Verband lösen, ja sie betrachteten denselben bereits als gelös't und Kroatien als unmittelbar unter die Staaten der östreichischen Kaiserkrone eingereiht. Sofort vorgenommene kriegerische Rüstungen gaben dieser Erklärung einen für die Magyaren sehr unliebsamen Nachdruck, so daß man sich in Budapesth veranlaßt sah, versöhnliche Schritte zu thun. Aber man that sie zu spät. Man hatte gewähnt, die Slaven würden sich gewohnter Weise vor dem Hochmuth des alleinseligmachenden Magyarismus beugen, und hatte gar nicht daran gedacht, daß der Sturm, welcher die Magyaren aufrüttelte, auch andere Leute nicht würde weiterschlafen lassen. Wie in Kroatien, so rührte es sich den ganzen Banat entlang. Auch hier brach das Slaventhum gegen den herrschenden Magyarismus in offene Erhebung aus. Karlowitz und Neusatz waren die Sammel- und Brennpunkte derselben. In der ersteren Stadt tagte am 1. Mai die große serbische „Nationalversammlung" (Skupschtina), zu welcher die serbischen Klans in Kroatien, Slavonien und Syrmien, in der Bacska und im Banat Bevollmächtigte entsendet hatten und welcher der Erzbischof-Metropolit Josip Rajacic vorsaß. Die Skupschtina erließ eine förmliche Selbstständigkeitserklärung der serbischen Nation, indem sie, im Namen dieser auf die alten Verträge mit dem Hause Oestreich sich berufend, ihre Geneigtheit zur Erneuerung derselben aussprach, aber nur unter der Voraussetzung, daß Oestreichisch-Serbien mit den andern unter Haus Oestreich stehenden

Kronländern gleichberechtigt sei. Dann stellte die Versammlung
die altnationalen höchsten Aemter wieder her, ein kirchliches und
ein politisches, und wählte zum Patriarchen den Erzbischof Ra=
jacic und zum Wojwoden den Gränzeroberst Sjuplikac. Endlich
bestellte die Skupschtina einen Nationalausschuß („Glavni
odbor"), welcher die Beschlüsse der Versammlung zur Ausfüh=
rung bringen und überhaupt alles zur Wiedererlangung und
Wahrung der Rechte serbischer Nation Nöthige und Zweckdien=
liche vorkehren und thun sollte. In diesem ausführenden Komité
gab bald das jüngste Mitglied, Georg Stratimirovic, gewesener
Husarenleutnant, den Ton an. Er hatte in seinem Wesen viel
Gemeinsames mit dem Kroaten Jellacic, unter anderem die Sucht,
deutsche Verse zu machen. Er schwärmte für Uhland. Daneben
aber waren wildrevolutionäre Instinkte in ihm lebendig und er
hauptsächlich trieb seine Landsleute zur Waffenerhebung gegen
die Magyaren. Eine der ersten Vorkehrungen des Odbor war
die Sendung einer Deputation an den Kaiserhof, um diesem die
Wünsche und Forderungen der Serben vorzutragen. Zur gleichen
Zeit also, wo die Kroaten durch Vermittelung ihres neuen Banus
Jellacic mit dem Hof in enge Beziehungen traten, zur gleichen
Zeit, wo die Häuptlinge der Czechen solche Beziehungen einfädel=
ten, um das Deutschthum zu paralysiren, suchten auch die Serben
am Hof eine Stütze gegen das Magyarenthum zu gewinnen. So
wurden in Prag, in Agram und Karlowitz die Maschen des Netzes
geknüpft, welches man dem Deutschthum und dem Magyarismus
zugleich über die Köpfe werfen zu können hoffte, um die also Ver=
strickten und Gebändigten dem künftig in Oestreich herrschenden
Slaventhum unterthänig zu machen. Der Hof ließ die Slaven
mit diesem stolzen Traumbild spielen, während er ihre sehr realen
Dienste annahm und zu s e i n e n Zwecken ausnützte.

Politische Kinder haben von wegen der „Unsittlichkeit" die=
ser Politik des Hofes die Hände über den Fallhütchen zusammen=
geschlagen und ein groß Geschrei verführt. Als ob es jemals

eine „sittliche" Politik in der Welt gegeben hätte! Als ob es
jemals eine solche hätte geben können! „Idealnarren" allerdings
haben mitunter Versuche mit einer „sittlichen" Politik gemacht,
sind aber damit bekanntlich schlecht gefahren, sehr schlecht. Man
muß den Menschen nicht mehr zumuthen, als sie vertragen kön=
nen. Sie vertragen nur ihnen Gleichartiges. Das Edle und Er=
habene ist für die Dichtung gut, nicht für die Wirklichkeit. Im
Uebrigen ist ja streitig, was sittlich und was unsittlich. Die Ge=
lehrten sind noch nicht darüber einig. Der Bauer, welcher seine
Milch verfälscht; der Chemiker, welcher aus Pferde= und Hunde=
fett Alpenbutter macht oder auf dem Dachboden seines Hauses
alle möglichen Weinsorten wachsen läßt; die fromme ältliche
Dame, welche das gelegentlich von einem Bruder im Herrn em=
pfangene Kind beseitigt, damit denen, „so da drinnen", kein
Aergerniß, und denen, „so da draußen", kein Vergnügen bereitet
werde; der hochwürdige Pater mit dem Schaufelhut, welchem
ein fetter Erbschaftschlich gelingt, indem er den rechtmäßigen Er=
ben ad majorem dei gloriam verschwinden läßt; der Groß=
schwindler, welcher zu Gunsten eines „höchst zeitgemäßen" Aktien=
unternehmens alle Trommeln der Presse rühren und alle Trom=
peten des Zauberers Kredit blasen läßt, um nach glücklich ge=
schorenem Schaf Publikum die künstlich aufgetriebene Schwindel=
blase platzen zu lassen; der Gelehrte, welcher wider sein besseres
Wissen einen Mitgelehrten, weil derselbe entweder sein Katheder=
konkurrent ist oder nicht in das Bockshorn derselben Partei bläs't,
herunterhubelt: — sie alle treiben in ihrer Art Politik und
keinem wird es auch nur entfernt einfallen, daß ihre Politik eine
unsittliche. Im Gegentheil, sie alle halten sich für „respektabel",
für höchst respektabel und werden auch von den Leuten dafür ge=
halten. Natürlich nur so lange, als ihre Politik Erfolg hat, als
es ihnen damit gelingt, ihre „Fortune zu poussiren". Unsittlich
ist nur das Mißlingen, in der sogenannten „hohen", wie in der
allerniedrigsten Politik. Ueber diese Grundbegriffe der politischen,

der realpolitiſchen Ethik ſollte man ſich doch endlich verſtändigt
haben. An Zeit dazu hat es wahrlich nicht gefehlt. Aber man
hat ſich ja darüber verſtändigt, o, man hat! Wer heutzutage noch
ſo „paradox" ſein wollte, den Ariſteides zu ſpielen, oder gar ſo
paradoxeſt, ein Ariſteides zu ſein, müßte ſofort in eine mit Kork
gepolſterte Zwangszelle geſperrt werden und zwar von Rechts-
und Geſellſchaftsſicherheitwegen. Andere Zeiten, andere Sitten;
andere Vögel, andere Lieder. Hört man jedoch genau hin, ſo iſt
es immer daſſelbe Lied, die alte Leier. Die Athener haben bekanntlich den Ariſteides auch aus Athen hinausgeſchmiſſen. Warum
war er ſo unverſchämt, beſſer zu ſein als ſie? — — —

———

8.

Die öſtreichiſche Gegenrevolution beſaß alſo in Folge der Einfädelungen zwiſchen dem Hof und dem Jellacic eine Armee, die Kroaten,
die Südſlaven überhaupt. Die Magyaren ihrerſeits unterſchätzten
anfangs die Bedeutung dieſer aus dem Widerſtand gegen ihre Ma-
gyariſirungswuth entſprungene Streitmacht. Sie wähnten ſodann,
da die im Süden aufgeſtiegene Wetterwolke mehr und mehr als blitz-
und donnerträchtig ſich erwies, durch drohend ſporenklirrendes
Auftreten in den Hofburgen zu Wien und Innsbruck das herandrohende Gewitter beſchwören zu können. Dabei überſahen ſie
völlig, daß Haus Lothringen-Habsburg ſich als mit ihnen im
Kriegszuſtande befindlich betrachtete und, die Verhältniſſe lothrin-
giſch-habsburgiſch angeſehen, betrachten mußte. Denn auf Grund
ihrer März- und Aprilerrungenſchaften wollten ja die Ungarn,
daß ihr Land, d. h. das ganze Ländergebiet, welches ſie als das
der „heiligen Stephanskrone" anſprachen, von dem übrigen
Oeſtreich abgetrennt ſei und mit demſelben nur noch das ſchwache,

bei guter Gelegenheit wohl auch entzweizuschneidende Band der dynastischen Personalunion gemein habe. Sie wollten von einem Kaiser Ferdinand von Oestreich gar nicht mehr wissen, sondern nur von einem König Ferdinand von Ungarn. Verfassungsmäßig waren sie hierzu allerdings berechtigt. Aber wie es der ungarische König Ferdinand anstellen sollte, zu vergessen, daß er auch östreichischer Kaiser war, das wußten die Herren Magyaren sicherlich nicht anzugeben. Der gute Ferdinand hätte ja fortwährend mit dem Doktor Faust jammern müssen:

> „Zwei Seelen wohnen, ach, in meiner Brust;
> Die eine will sich von der andern trennen —"

vorausgesetzt nämlich, daß er jemals vom Göthe und vom Faust läuten gehört. Diese ganze ungarische Königsfiktion war eben nichts als eine jener läppischen Schnurrpfeifereien, welche die Dogmen des Köhlerglaubens der Monarchie bilden.

Gewiß hatten die Magyaren auf ausschließlich-magyarischem Standpunkt ganz recht, wenn sie sich als völlig selbstständig und unabhängig gebärdeten. Und so thaten sie. Sie schickten den trefflichen Szalay als ungarischen Gesandten nach Frankfurt, um mit der deutschen Centralgewalt — (wer war denn diese? Ein östreichischer Erzherzog) — als Macht mit Macht zu verhandeln. Sie sympathisirten nicht nur laut mit den gegen Oestreich aufgestandenen Italienern, sondern verweigerten anfangs ihrem Könige die Mittel zur Fortführung des Krieges mit Karl Albert, da ja ihr König in Italien nichts zu suchen hätte, was an und für sich ganz richtig war. Sie riefen die unter der schwarzgelben Fahne stehenden ungarischen Regimenter heim und sie verwarfen die Mittragung der östreichischen Staatsschuldenlast. Alles ganz korrekt magyarisch, wohl und gut. Aber wenn nun der Kaiser von Oestreich, welcher zufällig auch den König von Ungarn im Leibe hatte, die ganze Angelegenheit von seinem Standpunkt aus ansah, was dann? Dann mußte der Kaiser Ferdinand noth-

wendig mit dem König Ferdinand in Krieg gerathen. Und so
geschah es. Wenn nun aber schon im Frieden alle Mittel erlaubt
sind, welche Erfolg versprechen oder gar haben, wie vollends erst
im Kriege! Das hätten die Magyaren bedenken müssen. Der
Hof, schrieen sie, übt gegen uns unerhörte Falschheit, Tücke und
Verrätherei! Bewahre, entgegnete der Hof, nur Kriegslisten,
eitel Kriegslisten, nichts als Kriegslisten! Natürlich bekam von
den beiden streitenden Parteien schließlich die Recht, welche am
meisten einzusetzen hatte.

Im Juni von 1848 war aber der Hof noch lange nicht so
weit. Er sah sich dermalen noch genöthigt, sehr kriegslistig zu
sein. Die in naturwüchsig-barbarischem Stil begonnene und fortgesetzte Schilderhebung der Serben und Kompagnie gegen den Magyarismus brachten das Ministerium in Pesth soweit, daß es das
Vaterland in Gefahr erklärte und den am innsbrucker Hoflager
als Aufpasser weilenden Fürsten Paul Esterhazy, Minister des
Auswärtigen, drängte, den „König" Ferdinand zu drängen, d. h.
demselben eine entschieden widerslavische und antijellacic'sche
Kundgebung abzudrängen. Der gute Ferdinand unterschrieb
demzufolge jenes berühmte und berüchtigte Manifest vom 10.
Juni, welches, ganz im magyarischen Sinne verfaßt, den Kroaten
und sonstigen Südslaven die feierliche Versicherung gab, es sei
keine Rede davon, daß man sie magyarisiren wollte. Sie sollten
sich also den Gesetzen und Einrichtungen der unter der heiligen
Stephanskrone vereinigten Länder fügen. Dann kam ein heftiger
Zornerguß gegen den „ungehorsamen" Banus Jellacic, welcher
einen Rechtfertigungsprozeß zu bestehen haben würde und, bis er
sich gerechtfertigt hätte, seiner Banuswürde und übrigen Aemter
enthoben sei. Schon vorher war Jellacic auf die drohende
Sprache hin, welche Esterhazy im Auftrage des ungarischen Ministeriums führte, zur Verantwortung nach Innsbruck berufen
worden und dorthin machte er sich, ohne von seiner Absetzung zu
wissen, an der Spitze einer kroatisch-serbischen Abordnung auf,

welche dem Kaiser die Versicherung bringen sollte, daß Haus Oestreich auf die Treue der Südslaven bauen könnte.

Der Ban oder eigentlich Nichtmehr-Ban oder noch eigent- licher Dennoch-Ban kam nicht wie ein Angeklagter, sondern wie ein Helfer und Heiland. Seine Reise war, namentlich im glau- benseinigen Tirol, ein Triumphzug. Als er in Innsbruck ange- langt, setzte sich der Fürst Esterhazy, wie ihm seine Regierung vorgeschrieben hatte, auf das höchste Roß des Magharenthums und verlangte, daß Jellacic weder vom Kaiser noch von einem Mitgliede der kaiserlichen Familie empfangen würde, ohne daß er, Esterhazy, mitdabei wäre. Allein man ließ den magharischen Magnaten und Minister auf seinem hohen Rosse sitzen oder viel- mehr man wußte ihm ein dynastisches X für ein ungarisches U zu machen, indem man in die allgemeine Begeisterung und Rüh- rung, welche der Banus-Poet zu wecken wußte, auch ihn sehr ge- schickt hineinzog. Auf der Hof- und Staatsbühne, welche zeit- weilig in der innsbrucker Burg aufgeschlagen war, ging eine feierliche Audienz-Aktion in Scene, bei welcher die „ganze kaiser- liche Familie in Thränen zerfloß" oder doch nahezu schwamm und deren offizielles Resultat war, daß dem vielgeschäftigen Müssiggänger, dem Erzherzog Johann, auch noch die Kleinigkeit zugeschanzt wurde, „die inneren Zerwürfnisse in dem Gesammtreich Ungarn gütlich beizulegen". Der Erzherzog wußte, wie das ge- meint war. Von einer Entsetzung des Banus war keine Rede mehr, von dem ganzen Manifest vom 10. Juni auch nicht mit einem Worte, so daß Jellacic, sagt man, erst auf seiner Rückreise durch ein zufällig ihm zu Handen kommendes Zeitungsblatt da- von Kunde erhielt. Hinter den Kulissen besagter Hof- und Staatsbühne war selbstverständlich ganz anderes gewispert und gelispelt worden als das auf der Bühne dem erzherzoglichen Stellvertreter des Kaisers Zugemuthete.

Der Banus trug von Innsbruck die Gewißheit mit fort, daß der Hof unter allen Umständen sein Verbündeter. Er ge-

bärdete sich von da ab als Retter der Dynastie und des Kaiser-
reichs und spielte seine Heldenrolle mit leidlichem Anstand. Er
war in seinen guten Momenten ein Schauspieler von Nummer 2;
aber man muß ihm die Gerechtigkeit anthun, zu sagen, daß er,
wenigstens zeitweilig, nur seine Ueberzeugung spielte. Es ist
glaublich, daß der Mann, wie er den Wienern vorrednerte, in
Momenten poetasterlicher Schwärmerei an ein „großes, kräftiges,
freies Oestreich" glaubte und ebenso an die Dynastie Lothringen-
Habsburg. Jedenfalls jubelten ihm die Wiener zu, als er, kaum
von Innsbruck nach Agram zurückgekehrt, nach Wien eilte, um mit
dem daselbst anwesenden ungarischen Ministerpräsidenten Batthyanyi über „die gütliche Beilegung der inneren Zerwürfnisse" zu verhandeln, d. h. Spiegelfechterei zu treiben. Jellacic forderte unbedingt die Vereinigung des ungarischen Kriegs- und Finanz-
ministeriums mit dem östreichischen, was, falls es stattfand, die
„Selbstständigkeit" Ungarns zu Mondschein auf der Donau gemacht hätte. Natürlich verlief die Konferenz ganz resultatlos und,
wieder in Agram, betrieb jetzt der Ban emsig die kriegerischen
Rüstungen, welche ihn befähigen sollten, der ungarischen Selbstständigkeit gewaltsam ein Ende zu machen.

9.

Es bedurfte auf Seite der Ungarn nicht eben eines feinen
Merkers, um die Ansicht zu gewinnen, daß Hof und Slaverei
einander gefunden und sich verständigt hätten. Diese Ansicht
mußte die Magyaren aneifern, ihrerseits ebenfalls ein verläß-
liches Bündniß zu suchen, und dieses konnte nur in Deutsch-Oestreich zu finden sein. Da wäre nun freilich wieder einmal die
„ehrlichste" Politik die „beste" gewesen. Deutschthum und

Magyarismus, ehrlich zu Schutz und Trutz verbunden, hätten ohne Zweifel der zu Innsbruck eingesegneten Ehe des Kroatis= mus mit der Hofkabale Trotz zu bieten vermocht. Man ver= schloß sich in Budapesth dieser Einsicht keineswegs, allein die magyarische Selbstgefälligkeit ging so ins Märchenhafte, daß sie das Deutschthum, d. h. die wiener Bewegungspartei, wohl als Werkzeug gebrauchen wollte, nicht aber als gleichberechtigten Bundesgenossen anerkennen zu müssen glaubte.

Diese Dummheit hat dann im Oktober die wiener Demo= kratie an's Messer geliefert und Ungarn bundesgenossenlos in einen Verzweiflungskampf gestürzt. Die Galgen von Arad mußten dann die Standrechtsmordschüsse der Brigittenau sühnen. Diese Schüsse wären nicht gefallen, jene Galgen nicht errichtet worden, wenn Kossuth und die Magyaren die Allianz mit den Wienern nicht als eine Gelegenheitsintrike, sondern als eine prinzipielle und thatsächliche Nothwendigkeit aufgefaßt und be= handelt hätten. Aber das Vernünftige, Ehrliche und Rechte durfte und konnte ja auch hier nicht geschehen: es wäre dem Weltlauf zu sehr gegen den Strich gegangen....

Am 5. Juli wurde zu Pesth der auf Grund der Verfassungs= reform neugewählte ungarische Reichstag feierlich eröffnet. Die mittelalterlich ständische Gliederung dieser Nationalversammlung („Nemzetgyülés“) in ein Oberhaus („Felsö-ház“) und in ein Unterhaus („Alsó-ház“) war beibehalten worden. Doch hatte das erstere, die frühere Magnatentafel („Magnások' táblája“), jetzt nur noch die Bedeutung eines Gespenstes, das man unbeachtet herumwanken läßt. Im Verlaufe der Ereignisse ver= dunstete dann das Gespenst, aber mit demselben keineswegs zu= gleich das magyarische Junkerthum. Ueberhaupt gehört viel Einfalt und Unwissenheit dazu, sich einreden zu lassen, der Ma= gyarismus habe i. J. 1848 oder später aufgehört, wesentlich junkerlich zu sein. Allerdings putzte er seinen „Attila“ bei Gelegenheit, wenn es ihm gerade paßte, auch mit weltbürger=

lichen Ideenborten und Humanitätsphrasenquasten heraus und
steckte Freiheits- und Gleichheitsfedern auf den Hut; allein sobald und solange er sich Herr wußte, ließ er den mittelalter-
frohen und nationalbornirten Junker im Vollglanz sehen, Stock-
prügel aufmessend, Juden hetzend, im Hochgefühle rassenhafter
Asiatigkeit sich blähend.

König Ferdinand war durch „schwere Krankheit" verhindert,
seinem Versprechen gemäß den Reichstag in Person zu eröffnen.
Statt seiner that es der Palatin, Erzherzog Stephan, welcher
auch bald auspalatinirt haben wird. Die Stimmung der großen
Mehrheit der Versammlung entsprach den Anschauungen, von
welchen die Mehrzahl der Mitglieder des Ministeriums ausging,
d. h. den vulgärliberalen. Ein Häuflein von etwa 35 Deputirten, unter denen die Madarász, Palóczy, Teleky, Perczel,
Nyáry, Irinyi vorragten, bekannte sich zu radikaleren Ansichten
und bildete den Stamm der Partei, welche später die Losreißung
Ungarns vom Hause Lothringen-Habsburg durchzusetzen unternahm. Vorderhand war dieses Häuflein noch ohne Bedeutung
und Einfluß. Kossuth machte sich so wenig aus diesen Radikalen,
daß er sie gelegentlich verhöhnte oder beschimpfte, sie „Wühler"
und „Rebellen" schalt, ganz im Märzministerstil, — ein Beweis,
daß der ungarische Agitator im Juli noch gar nicht wußte, wo-
hinaus er wollte. Die Hofkabale sorgte jedoch für einen Weg-
weiser.

Daß übrigens Kossuth der leitende Mann und Minister
war, wurde sofort klar, als der Reichstag seine Verhandlungen
begonnen hatte. Am 11. Juli zeichnete er in einer seiner großen
Reden die Situation und diese Situationszeichnung war, genau
angesehen, schon eine Kriegserklärung gegen den wiener Hof, ein-
gewickelt in den Nachweis, daß dieser, im Bunde mit dem „Rebellen"
Jellacic, Ungarn mit Krieg bedrohte, falls Ungarn auf die von dem
genannten „Rebellen" auf der resultatlos gebliebenen wiener Konferenz gestellte Forderungen nicht einginge, d. h. seine kaum ge-

wonnene Selbstständigkeit wieder aufgäbe. Schließlich bean=
tragte der Redner, die Versammlung möge zu dem Zwecke, „ent=
weder einen ehrenhaften Frieden vermitteln oder aber einen
erfolgreichen Kampf führen zu können", dem Ministerium Voll=
macht geben, eine Armee von 200,000 Mann aufzustellen, und
zur Ausrüstung und zum Unterhalt derselben für 1 Jahr die
Summe von 42 Millionen Gulden bewilligen. Ein Gegner des
Ministeriums, Nyary, war es, welcher zuerst aufstand und mit
emporgehobener Hand ausrief: „Wir geben sie (megadjuk)!"
Soldaten und Millionen wurden mit begeisterter Einmütigkeit
bewilligt. Indeß hoffte die Mehrzahl der Minister noch immer,
auf erträgliche Bedingungen hin mit dem Hofe paktiren zu
können, und brachte daher die Forderung vor das Haus, die
Sache Oestreichs in Italien mit Soldaten und Geld zu unter=
stützen. Batthyanyi, Deak, Eötvös und Szechenyi wähnten durch
eine solche Dienstwilligkeit den wiener Hof von seinem Bündnisse
mit den Slaven abzubringen. Sie handelten dabei gewiß in
gutem Glauben. Kossuth dagegen gab sich dazu her, diese Forde=
rung mit seinem Talent zu unterstützen, während er doch mit der ita=
lischen Revolution so sehr sympathisirte, daß er in der Debatte
sagte, er „freue sich immer von ganzer Seele, wenn er von einem
Sieg der Italiener höre". Er suchte nun mittels der Spring=
stange der Sophisterei über den klaffenden Spalt dieses Wider=
spruches hinwegzukommen, indem er äußerte, „ als Minister müsse
er die Empfindungen unterdrücken, welche er als Privatmann
habe". Man sieht, der ungarische Agitator war kein Mensch
aus e i n e m Metall und Guß, sondern eben auch nur ein Misch=
geschöpf, eine Kompilation, wie die moderne Gesellschaft solche
zuwegeschustert und braucht, ein geschickter Rollenwechseler, heute
in der rothen Bluse, morgen im Diplomatenfrack spielend. Und
doch hinwieder war ein zu voller Funke vom echten Central=
sonnenfeuer in dieses Mannes Seele gefallen und doch war
Kossuth hinwieder zu heiß= und hochherzig, als daß er durch alle

Farben und Farbenschattirungen sich so korrekt hätte hindurch=
chamäleonisiren können, wie es ein richtiger „Staatsmann"
können muß. Wenn man seine Laufbahn im Ganzen und Großen
betrachtet, hat man die Empfindung, als sähe man einen
Sonnenstral durch eine Pfütze schleifen. Wer wirken will in
dieser Welt, darf sich nicht darum kümmern, daß seine Schuhe
schmutzig werden; denn er muß durch allerhand Schlamm und
Koth waten, bis an die Knöchel, bis an die Kniee — thut nichts.
Wenn ihm der Koth nur nicht über dem Kopfe zusammenschlägt
und — ein Sonnenstral bleibt, auch in eine Pfütze gefallen, doch
immer ein Sonnenstral.

Die radikale Opposition zeigte, daß Haus Oestreich, wenn
in Italien Sieger, seine siegreichen Waffen sofort gegen Ungarn
wenden würde, und daß es demnach wahrhaft kretinisch, von
ungarischer Seite den Hof in den Stand zu setzen, in Italien
siegen zu können. Das war so einleuchtend, daß ein Kind es
verstehen und begreifen mußte. Allein der Liberalismus von
1848 hat bekanntlich seine „staatsmännische" Weisheit gerade
d a r e i n gesetzt, dem gesunden Menschenverstand bei jeder Ge=
legenheit einen Esel zu bohren. Das Gesundmenschenverständige
zu thun, war diesen Herren „Staatsmännern" viel zu einfach
und naheliegend. Man mußte erst Verwickelungen schaffen,
mußte gar weit ausholen, um seine Staatsmännischkeit recht
leuchten lassen zu können. So that man auch in Budapesth, wo
das Ministerium sich nicht schämte, seine Kurzsichtigkeit und
Energielosigkeit mit der elenden Rabulisterei zu maskiren, Ungarn
sollte ja seinen König nicht im Kriege gegen die italische Nation,
sondern nur im Kriege gegen den sardischen „Usurpator" Karlo
Alberto unterstützen. Etwas Miserableres hat selbst der Libera=
lismus der frankfurter Paulskirche kaum ausgetiftelt. Aber mit
236 gegen 33 Stimmen wurde der ministerielle Blödsinn von
der Versammlung gutgeheißen.

Selbstverständlich verfehlte derselbe die beabsichtigte Wir=

kung auf den Hof ganz und gar und hatte sich der ungarische
Liberalismus rein umsonst blamirt. Die „getreuen" Serben,
die „lieben kroatischen Waffenbrüder" wurden vom Hof aus fort»
während beschmeichelt, gehätschelt und nach Kräften unterstützt.
Trotz der argen Geldklemme, worin das wiener Ministerium
steckte, wußte es der Kriegsminister Latour doch möglich zu machen,
dem Banus Zellacic Geld und Rüstzeug zukommen zu laffen.
Der Ban organisirte demnach ganz offen eine kriegerische Inva»
sion, welche dem „magharischen Sonderwesen" und der „Rebel=
lion" Ungarns vernichtend zu Leibe gehen sollte. In der Bacska
wüthete der „wilde Raitzen=Krieg" immer wüster. Der Patriarch
Rajacic durchzog im Aufzug eines alten serbischen Heiligen und
Märthrers das Land, predigte das Kreuz gegen die Magharen
und setzte Preise auf die Köpfe derselben.

Während also das slavische Zivio immer lauter, drohender
und schon als offenkundige Kriegslosung vom Süden herauf»
gellte, quälte sich das Eljen, d. h. der magharische Konstitutiona»
lismus, das ungarische Ministerium, noch mit den Formen und
Formeln der „verfassungsmäßigen" Monarchie herum. Nach
der Rückkehr des Hofes aus Innsbruck nach Wien war mittels
„königlichen" Erlasses dem Erzherzog=Palatin seine Vollmacht
als Alterego des „Königs" entzogen worden, weil „Se. Majestät
die Regierung seiner Länder wieder selbst übernommen habe".
Der Ton dieses vom 14. August datirten Erlasses, wie anderer
Erlasse aus derselben Zeit, beurkundet recht deutlich, wie sehr die
rabetzkhischen Siegesmixturen den armen kranken Ferdinand schon
gestärkt hatten. Verfassungsgemäß mußte daher die Bestätigung
aller Beschlüsse der ungarischen Nationalversammlung fürder
beim Könige selber geholt werden. Nun war es aber, um die
Serben bändigen und dem erwarteten Einfall der Kroaten wider»
stehen zu können, für Ungarn eine dringende Nothwendigkeit,
daß die von der Versammlung betreffs der Heerbildung und der
Finanzen gefaßten Beschlüsse sofort Gesetzeskraft erlangten. Jede

8 *

Minute war kostbar. Der Premier Batthyanyi und der Justizminister Deak eilten daher nach Wien, um die königliche Sanktion dieser Beschlüsse zu erwirken; allein der arme Ferdinand
war jetzt plötzlich wieder „so übelauf", daß man ihm kein Unterschreiben zumuthen konnte, und die beiden magyarischen Minister
konnten ihre Ungeduld und ihren Verdruß länger als eine Woche
im kaiserlichen Vorzimmer feilhaben.

10.

Wenn der „ruhige Bürger" von Wien der Hoffnung sich
hingegeben hatte, die Rückkehr des Kaisers würde „den Wühlern
endlich das Handwerk legen", so wurde noch im Monat August
diese Hoffnung zu schanden. Die in der Hofburg oder vielmehr
im Schlosse Schönbrunn residirende Gegenrevolution war dermalen noch lange nicht stark genug, offenes Spiel zu spielen und
die Verwirklichung des franz-metternichtigen Staatsideals der
Kirchhofruhe ohne Umstände zurückzuführen. Mußte der Hof
doch das Schauderhafte, ja geradezu Erduntergangmäßige und
Jüngstemtaggleiche erleben und geschehen lassen, daß am Festtag
von Mariä Himmelfahrt ein ungeheuer großes Plakat an den
Stephansdom angeklebt wurde, worin die Lehren des Deutsch-
katholicismus dargelegt und empfohlen waren. Für solchen
Frevel konnte es wahrlich keine geringere Buße geben als das
Konkordat von 1855. Der deutschkatholische Schwindel war
übrigens zu ohnmächtig, um etwas anderes als ein bißchen
Rummel und Tummel herbeizuführen. Schon nach etlichen
Tagen platzte das Windei, wie denn überhaupt die klägliche
Halbheit, welche den Bewegungen von 1848 durchgängig an-
haftete, es am allerwenigsten auf religiösem Gebiet zu einer

rechten That bringen konnte. Dazu gehört Leidenschaft, Mär-
thyrergeist, Fanatismus. Die halbe Revolution von 1848 hatte
aber nicht den Fanatismus und die Leidenschaft zu Eltern, sondern den Zweifel und die Blasirtheit. Daher die Impotenz des
skrophulösen Balgs.

Vom 20. bis 23. August krawallten in den Vorstädten von
Wien die Arbeiter, welchen bei dem Stillstande mancher Hand-
werke und Fabriken die Regierung früher von staatswegen Arbeit
angewiesen — so à la pariser Nationalwerkstätten — allerhand
nutzlose Erdarbeiten u. f. w., neuerdings aber den Lohn um
5 Kreuzer täglich vermindert hatte. Dieser Fünfkreuzerkrawall
wurde von der Regierung mit Hilfe der sehr willigen „Garden",
d. h. der wiener Bürgerwehr, leicht unterdrückt, und da die Aula
zum großen Aerger des Bürgerthums Miene gemacht hatte, auf
die Seite des Proletariats zu treten, so trat eine Spaltung
zwischen Bürgerwehr und Stubentenlegion ein, welche das
Ministerium, rasch und entschieden zugreifend, zur Sprengung
der letzteren hätte benützen können. Hatte sich doch die Legion
bei den guten Wienern zur Stunde auch unpopulär gemacht durch
ihr jugendlich-übermüthig-taktloses Gebaren am 19. August, als
sie mitsammt der Bürgerwehr vor dem Kaiser Revue passirte.
Statt in das dem Kaiser, welcher an den hofkabalischen Machenschaften gewiß sehr unschuldig war, gebrachte Vivat miteinzustimmen, hatte die Musikbande der Legion das Fuchsenlied: „Was
kommt dort von der Höh'?" intonirt, — ein recht guter schlechter
Witz; aber Bummelwitze gehören in die Kneipe, nicht in die Politik.
Nicht nur der „ruhige", sondern der Bürger überhaupt sah daher
die Aula scheel an: er witterte dort republikanische und proletarische Tendenzen *). Der Regierung war es vorbehalten,

---

*) Depesche Essingers (seine letzte) vom 22. August: „Seit mehreren
Tagen herrscht wieder große Aufregung. Zu den politischen Elementen
derselben gesellen sich nun auch religiöse. Ronge ist von den Anhängern

biefen ihr fo günftigen Spalt wieder auszufüllen und zwar mittels ihrer Handhabung der ungarischen Frage. Diese Handhabung näherte die wiener Bevölkerung und Bürgerwehr, wenigftens die Mehrzahl derfelben, wieder dem revolutionär geftimm-
ten Studententhum. Es mußte ja felbft fo gutmüthigen Leuten,
wie die Wiener waren, die Galle aufregen, wenn fie mitanfahen,
wie der Hof mit den Slaven fich verfchwor, zunächft um die
Magyaren zu treffen und hinter diefen dann den deutfchöft-
reichifchen Liberalismus.

Bedenkt man, wie fehr das Minifterium am 23. Auguft
das Heft in Händen hatte, daß es des Arbeiterkrawalls fo leicht
Meifter geworden, daß in diefen Tagen die fo lange gefürchtete
oberfte Direktion der fouveränen Katzenmufik, ter Sicherheits-
ausfchuß, ftill und auf Nimmerwiederkehr bachab gegangen, fowie
endlich, daß die Bürgerwehr willig und entfchloffen war, der
Sache vernunftgemäßer Ordnung ihren Arm zu leihen — bedenkt
man das alles, fo kann man fich kaum des Gedankens erwehren,
die Regierung oder vielmehr die hinter derfelben agirende Hofkabale habe mit aller Abficht eine neue Krifis heraufbefchwören
wollen, um Gelegenheit zu erhalten, den echten fchwarzgelben
Gewalttrumpf auf den Staatstifch zu hauen und des vormärzlichen Despotismus ganze Herrlichkeit wieder aufzurichten. Hier-

---

des Deutfchkatholicismus hierher gerufen worden. Mittlerweile ließen
einige Geiftliche und zahlreiche Studenten es fich angelegen fein, den Boden
für feine Lehre vorzubereiten. Auf der andern Seite haben die Mitglieder
der akademifchen Legion theils dadurch, theils weil fie bei der neulichen
Mufterung der Nationalgarde allein dem Kaifer ein Vivat zu bringen unter-
ließen und durch die von ihrer Mufikbande gewählte Melodie gefliffentlich
Mangel an Ehrerbietung zeigten, theils weil fie bei der Kunde von der bal-
digen Ankunft Heckers(?) in ftürmifchen Jubel ausbrachen und ihre Hoffnungen auf die Republik offen an den Tag legten, fich einen großen Theil
der Bevölkerung Wiens und der Nationalgarde zu Gegnern gemacht.“
S. W. A.

auf scheint auch die Lässigkeit hinzudeuten, womit man von seiten
des Hofes, in dessen Geheimnisse nur der Kriegsminister Latour
und wohl auch schon dessen Kollege Bach eingeweiht waren, der
Organisirung einer Aufstandspartei zusah, welche hauptsächlich
durch den rastlosen Taufenau betrieben wurde und welche in dem
Demokratenverein ihren Mittelpunkt hatte. Von hier aus wurden eine Menge von Vereinen, welche sich zu gleichen Anschauungen bekannten — darunter auch ein rabikaler Damen-
klubb, in welchem es viele alte und junge Fräulein und keine
Jungfer gab — einer straffen Leitung unterworfen. Ob der
Demokratenverein oder wenigstens die Leiter desselben, das im
Gasthaus „Zur Ente" tagende „Centralkomité der rabikalen
Vereine", worin neben Taufenau der Journalist Becher, die
gewesenen Offiziere Fenner von Fenneberg und Kuchenbäcker,
sowie abwechselnd andere saßen, z. B. der unheimliche polnische
Jude und schieläugige Barbiergesell Chaizes, — ob dieses wiener
Centralkomité mit magyarischen Führern, namentlich mit Franz
Pulszky, schon um diese Zeit, d. h. zu Ende Augusts und zu An-
fang Septembers, in Verbindung gestanden habe, ist mit Be-
stimmtheit weder zu bejahen noch zu verneinen. Aktenmäßige
Beweise existiren weder für noch wider; aber sehr groß ist die
Wahrscheinlichkeit einer solchen Verbindung. Die wiener Demokratie und der Magyarismus waren ja durch die Verhältnisse
förmlich auf einander angewiesen und zu einander hingedrängt.
Das Unglück für beide Theile ist nur gewesen, daß, um es abermals zu sagen, diese naturnothwendige Allianz von seiten der
Ungarn nur als nebensächlich, nur als eine Gelegenheitsintrike
behandelt wurde, welche man heute aufnehmen und morgen fallen
lassen dürfte.

11.

Der Hof ließ demnach den wiener Radikalismus einstweilen gewähren und begnügte sich, durch seine Kreaturen denselben beschimpfen und reizen zu lassen. Dies geschah insbesondere durch ein Schandblatt schändlichster Sorte, die schwarzgelbe „Geißel", deren herausfordernde kothspritzende Schläge manches von dem Verabscheuungswerthen, was im Oktober geschehen ist, zu verantworten haben. Der Handhaber dieser Geißel, ein gewisser Böhringer, that Wunder; denn er vollbrachte das Unmögliche: er überschmutzte einen Tudora, überbosheitete einen Chaizes und überblutbengelte einen Häfner. Es ist aber eine Thatsache, daß das Klatschen dieser Geißel im August und September einer Menge von Leuten wohlgefiel, welche noch im Juni und Juli die Unflätereien der antihöfischen Blätter und Blättchen mit Wollust verschluckt hatten. Der Schmutzböhringer gab ja nur in seiner Weise der Sehnsucht des Philisters nach seinen Backhändln, seinem Regiekanaster, seinem Prater und Sperl der vormärzlichen Zeit frakturbuchstabendeutlichen Ausdruck. Freilich, derselbe Philister, welcher im August und September nach Ruhe und Ordnung lechzte, leistete im Oktober der Bewegungspartei, als sie wieder einen revolutionären Anlauf nahm, nicht einmal passiven, geschweige aktiven Widerstand.

Im Reichsrath war die Stellung der Linken, der deutschöstreichischen, mit radikalen Polen durchsprenkelten Vorschrittspartei ganz mißlich und unbehaglich. Sie ahnte nicht nur das vom Hofe mit Hilfe der demselben affiliirten Mitglieder des Ministeriums gespielte Spiel, sie sah ganz deutlich in dasselbe hinein. Aber was konnte sie der czechischen Rechten und dem schwarzgelben Centrum gegenüber machen? Nichts. Denn heftige Reden halten und dazu mit der Faust auf den Tisch klopfen war soviel wie nichts. Verlangten die Linkser auf dem Wege der

Interpellation Auskunft vom Ministerium, so gab dasselbe ent=
weder ganz nichtssagende oder ausweichende Antworten. Darin
war besonders der Herr Bach stark, bei dem schon die Freiherrn=
schuppen ansetzten und welcher sich aalglatt durch die Fragen=
klippen schlängelte, dabei sehr viel von den „konstitutionell monar=
chischen Grundsätzen der Regierung" sprechend. Man wußte ja
draußen in Schönbrunn sehr wohl, daß das nur Mundleim war,
um Gimpel damit zu fangen. Der Mann qualifizirte sich merk=
würdig rasch zum Reaktionsminister. Er übertraf fürwahr alle
seine zeitgenössischen mitliberalen Mitminister in Deutschland
und Frankreich an Geschwindigkeit, was viel sagen wollte. Er
voltigirte so hübsch, daß es ihm von allen den andern Umsattelern
kein einziger so recht nachmachen konnte. Gewiß, in vollstem
Maße verdiente er, Standrechts = und Konkordatszeitminister,
sowie Ambassador bei Sr. Heiligkeit zu werden.

Die Czechen gaben mitunter dem Hof und Ministerium ein
Momento, daß es Zeit wäre, auch mit ihnen sich zu verständigen,
wie man mit den Südslaven gethan. Sie waren ja von Herzen
gern dabei, Deutschthum und Magyarismus unterdrücken zu
helfen, vorausgesetzt, daß bei der Machtvertheilung ihnen ein er=
kleckliches Stück zufiele. Der babylonische Sprachenwirrwarr
im Reichstagssale gab dem Czechenthum Gelegenheit, einen
Mahnschrei auszustoßen, welcher in Schönbrunn draußen gehört
werden sollte. So war er wenigstens gemeint. Am 11. Sep=
tember kamen Anträge zur Verhandlung, dem Mangel an Ver=
ständniß der Debatten von seiten vieler Abgeordneten wenigstens
einigermaßen abzuhelfen dadurch, daß die Abstimmungsfragen in
den verschiedenen Sprachen (deutsch, italisch, polnisch, czechisch,
ruthenisch, rumänisch) formulirt und gestellt werden sollten, eine
Forderung, die gar nichts Unbilliges hatte, wenn man überhaupt
wollte, daß eine nicht geringe Anzahl von Abgeordneten müßte,
über was und wie sie abstimmten. Der Deutschböhme Borrosch,
ein wohlmeinender, aber gar linkischer Linker, suchte nachzuweisen,

daß im öſtreichiſchen Reichstag die deutſche Sprache mit Noth=
wendigkeit die parlamentariſche Staatsſprache ſei, was aller=
dings richtig. Aber der täppiſche Redner tappte in einen ſlavi=
ſchen Ameiſenhaufen mit ſeiner Aeußerung: „Die, welche kein
Deutſch verſtehen, mögen an ihrer Stelle Männer wählen laſſen,
welche des Deutſchen kundig ſind“ — und ſtach in ein czechiſches
Weſpenneſt, indem er, zur Rechten gewendet, von Spielen mit
„Nationalitätsliebhabereien“ redete. Aufſprang der ganze
Czechismus, mit geballter Fauſt den Widerruf fordernd, und
durch den lange nicht zu ſtillenden Tumult hindurch ſchnitt
gellend die zornbebende Stimme Riegers: „Das Recht, in un=
ſerer Nationalſprache hier zu reden, ſteht uns nicht weniger zu
als den Deutſchen. Wir Slaven bilden bei weitem die größere
Macht dieſes Staates. Durch u n ſ e r Geld, durch u n ſ e r Blut
wird Oeſtreich erhalten. Nur ſo lange w i r wollen, wird es
beſtehen!“ Ludwig Löhner, ohne Frage einer der bedeutendſten
Köpfe der Verſammlung, ſuchte die borroſch'ſche Taktloſigkeit
gutzumachen durch eine taktvoll verſöhnliche Rede, worin er die
verſchiedenen Nationalitäten aufforderte, den Sprachenzwiſt
wegzuſtoßen „wie eine zwiſchen uns gekrochene Schlange“ und
einträchtig und mannhaft zuſammenzuſtehen gegen die heran=
drohende Gegenrevolution. Dieſe beſchwörende Stimme war
aber ſelbſtverſtändlich nur die eines Predigers in der
Wüſte . . . .
     Derweil ſich alſo in der Hauptſtadt Oeſtreichs die Zünd=
ſtoffe zu einer neuen Brunſt häuften, ſtieg auch drunten in Buda=
peſth die Aufregung von Stunde zu Stunde. Um ſo höher und
heftiger, als die bislang von ſeiten der ungariſchen Regierung
getroffenen militäriſchen Maßnahmen ſehr ſchlechte Erfolge ge=
habt hatten. Wiederholte gegen die Raitzen=Serben unter=
nommene Angriffe waren gänzlich geſcheitert und von den Ange=
griffenen mit neuen, von allen Gräueln begleiteten Einbrüchen
in magyariſche Landſchaften vergolten worden. Täglich konnte

auch von Kroatien her der Einbruch des Banus in Ungarn erwartet werden.

Bei sothanen Umständen konnte sich Kossuth unmöglich verhehlen, daß man bei einer Krisis angelangt sei, wo es hieß:
Biegen oder brechen. Es war schlechterdings unmöglich, länger
in dem Zirkel konstitutioneller Fiktionen und Illusionen sich
herumzudrehen. Hatte doch der wiener Hof in letzter Zeit deutlich genug ausgesprochen, daß er alles, was in den ungarischen
Angelegenheiten seit dem März geschehen war, für „ungesetzlich"
ansähe. Es geschah dies mittels einer „Denkschrift", welche am
21. August vom östreichischen Ministerium dem Erzherzog-
Palatin übersandt und von diesem dem ungarischen Ministerium
zugefertigt war. Darin hieß es, „die ungarischen Märzerrungenschaften widersprächen ebensosehr der „„Pragmatischen Sanktion""" als den Bedürfnissen der Gesammtmonarchie und der
Kaiser sei gar nicht berechtigt gewesen, ein unabhängiges ungarisches Ministerium zu ernennen". Ferner, „es sei eine unbedingte Nothwendigkeit, die seit dem März in der ungarischen
Regierung angenommenen Einrichtungen nach den Bedürfnissen
der Gesammtmonarchie zu ändern und gemeinsam mit dem öst-
reichisch-deutschen Ministerium Anstalten zu treffen, damit die Einheit der Monarchie gesichert würde". Das stimmte ganz mit den
Forderungen des Zellacic und hieß zum Magyarismus sagen:
Mach' ein Ende mit deinem stolzen Traum von Selbstständigkeit!

Statt dessen rang aber der Traum gewaltig, Wirklichkeit zu
werden. Kossuth hielt es an der Zeit, schon jetzt merken zu
lassen, daß Ungarn nicht um des Hauses Lothringen-Habsburg
willen da sei und wohl auch ohne dasselbe existiren könnte. Am
4. September gab er in der Nationalversammlung die Erklärung
ab, er sei überzeugt, daß der „gegenwärtige Zustand bald ein
Ende nehmen müßte oder die Nation gezwungen wäre, für eine
vollziehende Gewalt zu sorgen, welche die Mittel zu ihrer
Verfahrungsweise nicht aus dem Gesetze, sondern aus der Gefahr

des Vaterlandes schöpfen würde. Die Nation wird außerordent-
licher Gewalten bedürfen". Innerhalb wie außerhalb der Versammlung wurde diese Aeußerung verstanden, wie sie gemeint
war, und hörende Ohren verstanden dieselbe auch droben in
Wien *). Kossuth, welcher schon zu dieser Zeit, zu Anfang Septembers, thatsächlich die Geschicke seines Landes diktatorisch
lenkte, schlug jedoch noch einen letzten Versuch vor, den König
mit der Nation zu verständigen. Eine Deputation von 100 Mitgliedern des Unterhauses sollte nach Wien gehen und den König
zum energischen Einschreiten gegen den kroatisch-serbischen Aufstand auffordern. Binnen höchstens 48 Stunden müßte diese
Abordnung eine klare und bestimmte Antwort haben. Die Versammlung genehmigte den Vorschlag, das Oberhaus trat bei und
mehrte die Deputation um 20 seiner eigenen Mitglieder. Pazmandy, der Präsident der Nationalversammlung, führte die Abordnung am 5. September nach Wien, wo sie am folgenden Tag
eintraf und von der Bevölkerung sehr sympathisch empfangen
wurde. Das demokratische Centralkomité und die magyarischen
Agenten hatten nicht erfolglos daran gearbeitet, die Wiener
dahin aufzuklären, daß so, wie die Sachen lägen, die Interessen
der Deutschöstreicher und die der Ungarn Hand in Hand gingen.

Die beiden ungarischen Minister Batthyanyi und Deak,
welche, wie wir wissen, seit 10 Tagen in Wien gevorzimmert
hatten, gaben ihren Landsleuten wenig tröstlichen Bescheid. Indessen wurde nach etwelchen Weiterungen ausgemacht, daß am
9. September nach Mittag die ungarische Abordnung im schönbrunner Schlosse von ihrem „König" Ferdinand empfangen

---

*) Depesche Kern's (Nachfolgers von Effinger) vom 12. September:
„Wie mich ein in Pesth etablirter Schweizer, der mit einflußreichen Mitgliedern des ungarischen Reichstags persönlich bekannt ist, versicherte, geht
in Ungarn die Stimmung vorherrschend dahin, sich von Oestreich gänzlich
zu trennen und Kossuth zum Diktator auszurufen, wenn Oestreich keine
Unterstützung gegen Kroatien gewähre." S. B. A.

werden sollte. Die Deputation hatte sich demzufolge am genannten Tage zu Wien in der ehemaligen siebenbürgischen Hof-
kanzlei versammelt und wollte gerade nach Schönbrunn aufbrechen, als eine Nummer der „Agramer Zeitung" hereingebracht
wurde, deren Inhalt die Magyaren überzeugen mußte, daß
Deputatschaft und Audienz nur noch eine alberne und widerwärtige Posse seien. In der Zeitung stand ein vom 4. September
datirtes, von keinem ungarischen Minister und überhaupt nicht
gegengezeichnetes „Handbillet" des Kaisers — man sieht, der liebe
Absolutismus fühlte sich bereits wieder vollberechtigt und nahezu
vollgekräftigt — kraft dessen Jellacic, der gesetzlich von seinen
Würden und Aemtern suspendirte „Hochverräther", um „seiner
Treue und Anhänglichkeit an die Dynastie willen" in seine
„Banalwürde und alle seine militärischen Bedienstungen" wieder-
rum eingesetzt wurde. Das hieß den Ungarn sagen: Der Hof
erklärt in Gemeinschaft mit den Kroaten und Serben euch den
offenen Krieg. Diese Machenschaft verbutzte die Deputirten zuerst
so sehr, daß sie gar nicht daran glauben konnten und annahmen,
das „Handbillet" sei unecht. Pulszky eilte um Aufklärung zum
Baron Wessenberg, dem östreichischen Minister des Auswärtigen.
Wessenberg sagte: „Ein sauberer Streich das! Ich weiß nichts
davon, aber echt ist das Handbillet." Als Pulszky mit diesem
Trost zu seinen Gefährten zurückkam, brach der Unwille derselben
los. Viele wollten sofort heim nach Pesth, doch fügten sich dann
alle der Meinung, man müßte die „Posse" zu Ende spielen,
maßen sie einmal angefangen sei.

Der gute „König" Ferdinand mußte an diesem Tage so zu
sagen die Rolle des Briefträgers spielen. Nachdem ihm nämlich
im Audienzsal zu Schönbrunn Pazmandy als Sprecher der
Deputation die Beschwerden und Forderungen der ungarischen
Nationalversammlung vorgelesen hatte — das Dokument lang-
weilte den König beträchtlich und war auch sehr lang — zog er
die Antwort, welche man ihm in die Tasche gesteckt hatte, hervor

und las dieselbe ab, „stotternd“, wie die Ungarn respektwidrig wahrnahmen. Gute Unterthanen haben die heilige Verpflich= tung, in ihrem Monarchen unter allen Umständen einen Halb= ober gar einen Ganzgott zu erblicken und ein solcher stottert nicht. Ferdinandus Rex redete oder las vielmehr — uff! ein verteufelt schweres Geschäft, das Königsein und Regieren! — sein Pensum ab, worin ihm zugeschrieben war, daß „es sein fester Wille sei, die Gesetze, Rechte und die Integrität des Reichs seiner unga= rischen Krone seinem königlichen Eide gemäß aufrecht zu er= halten“. Im Uebrigen würde er „seine Entschlüsse im Wege des Ministeriums in kurzmöglichster Frist kundgeben“. Die Herren Magyaren sahen sich einen Augenblick fragend an, ob sie auch recht gehört hätten. Dann machten sie Kehrt, verließen ohne weiter ein Wort zu sagen den Audienzsal und fuhren auf gera= dem Wege zum Nabor, ihrem Dampfer, welcher sie am Prater erwartete. Während das Schiff seinen Kiel Preßburg zukehrte und die Donau hinabschwamm, wurde eine rothe Flagge auf die Gaffel gehißt. Der Krieg war erklärt.

<hr />

12.

Er war sogar schon losgebrochen und zwar nicht allein von der Seite der „wilden Raitzen“ her.

An demselben 9. September, an welchem Ferdinandus Rex im Schlosse zu Schönbrunn der magyarischen Abordnung vorge= lesen hatte, daß er „die Gesetze, Rechte und die Integrität des Reichs seiner ungarischen Krone seinem Eide gemäß aufrecht er= halten werde“, an demselben Tage machte der Banus Jellacic den authentischen Kommentar zu diesem Texte bekannt, indem er aus Kroatien in Ungarn einbrach, die kolossale Lüge in Prokla= mationsform vor sich hertragend, „er komme nicht als Feind,

sondern er eile als Freund den loyalen Unterthanen des konstitutionellen Königs zu Hilfe, um dieselben vom Joch einer verhaßten, unfähigen und rebellischen Regierung zu befreien". Der
Bund der zwei schönen Seelen, die Allianz der Hofkamarilla und
der Slaverei zeigte ihre Ersprießlichkeit deutlich auf in der Thatsache, daß der Kroatenhäuptling zu seinem Unternehmen recht
gut gerüstet und vorbereitet war. Er hatte unter seiner persönlichen Führung einen aus Kerntruppen bestehenden Gewalthaufen
von etwa 20,000 Mann und außerdem zwei Flügelkorps und
eine Reserve von zusammen nahezu 35,000 Mann, welche letzteren größtentheils aus kroatischen Landstürmlern bestanden. Nicht
allein der Anzahl nach war diese Streitmacht der ihr zunächst
entgegenstehenden ungarischen weit überlegen, sondern auch hinsichtlich der Ausrüstung und Uebung. Sie wurde auch von
Leuten vom Handwerk befehligt, von kaiserlichen Generalen,
Stabs= und Subalternoffizieren.

Der Einbruch des Banus geschah von Kopreinetz her über
Olegrad auf Groß=Kanischa zu. Er trieb die von einem Jämmer-
ling, dem Grafen Adam Teleky, kommandirten Magyaren
(4 Bataillone reguläre Infanterie, 4 Bataillone Bürgerwehr,
3 Husarenschwadronen und 9000 Landstürmler) vor sich her bis
nach Keßthely am nordwestlichen Ende des Plattensee's. Die Verblüffung und Verwirrung in den Reihen der Ungarn war gränzen-
los, was hauptsächlich daher rührte, daß viele ihrer Offiziere gar
nicht wußten, ob sie gegen oder mit Jellacic fechten sollten, der
im Auftrag des Königs zu kommen behauptete und den Rang
eines Feldmarschall=Leutnants hatte. Sie sandten deßhalb eine
Abordnung zum Banus mit dem Gesuche, ihnen die schriftliche
Ermächtigung von seiten des Königs zum Einmarsch in Ungarn
zu zeigen. Eine solche konnte aber Jellacic nicht aufweisen, weil
er keine hatte. Man wollte sich im schönbrunner Schlosse doch
noch immer die Möglichkeit bewahren, den kroatischen Heiland je
nach Umständen anzuerkennen oder zu verleugnen. Ein später

aufgefangener Brief des Banus an den Kriegsminister Latour — welcher bekanntlich öffentlich und amtlich fortwährend versicherte, mit Jellacic in keiner „Geschäftsverbindung" zu stehen — hat dargethan, daß dem kroatischen Heiland diese Zurückhaltung des Hofes unangenehm genug war. Er drang in diesem Briefe darauf, als „kaiserlicher Bevollmächtigter a u ch ö f f e n t l i ch" anerkannt zu werden. Er war ja ein Splitter von einem Poeten und mußte also Phantasie genug besitzen, sich vorstellen zu können, daß „der Dank vom Hause Oestreich" mitunter seltsame Formen annimmt....

In Budapesth hatte man inzwischen den hingeworfenen Fehdehandschuh aufgenommen. Zur gleichen Zeit erfuhr man daselbst das Scheitern der Abordnung nach Wien und den Einbruch des Banus. Die Aufregung war fieberhaft, die Erbitterung namenlos. Jetzt geschah es, daß der Magharismus aus der konstitutionellen Illusion heraus und in die Wirklichkeit der Selbsthilfe herein trat. Die Transaktion hörte auf, die Revolution hob an.

Unmittelbar nach der Heimkehr der 120 Deputirten aus Wien hatte das Ministerium Batthyanyi-Kossuth abgedankt, weil die verfassungsmäßigen Auskunftsmittel erschöpft seien. Der Erzherzog-Palatin ließ hierauf der Nationalversammlung die Erklärung zugehen, er habe dem Könige bereits einen neuen Premier vorgeschlagen und werde, bis die königliche Entscheidung herabgelange, die oberste Leitung der Regierung an sich nehmen. Allein Deak, Szemere und Kossuth vereitelten diese Absicht des Erzherzogs, dessen Stellung eine ebenso unhaltbare als beklagenswerthe war, da er aufrichtige Sympathien für Ungarn hegte und doch nicht Mann genug war, um die Nabelschnur, welche ihn mit der Mutter-Dynastie verband, entzweizureißen. Kossuth erklärte nach dem Vorgange von Deak und Szemere in der Nationalversammlung das Schreiben des Palatins für nichtig, weil es ungesetzlich, weil der Gegenzeichnung eines Ministers ermangelnd.

Die Regierung könne überhaupt nur von verantwortlichen Ministern geleitet werden, fuhr er fort und, hingerissen von einem
revolutionären Impuls, sprang er von seinem Sitz auf der Depu-
tirtenbank auf, ging zu dem Sessel, welchen er am Ministertisch
eingenommen hatte, setzte sich darauf und rief aus: „Noch bin
ich Minister und d e n will ich sehen, der, solange ich auf diesem
meinem Sitze innerhalb der Gränzen des Gesetzes Befehle er-
theile, ohne Gegenzeichnung eines verantwortlichen Ministers
Gegenbefehle zu geben wagt". Das hieß erklären: Ich ergreife
die Diktatur. Und die Versammlung war damit einverstanden.
Sie beauftragte Kossuth, unverzüglich ein neues Ministerium zu
bilden und das Präsidium desselben zu führen. Allerdings ist
die kossuth'sche Diktatur formell noch eine Weile bestritten worden, indem Batthhanyi, in Verbindung einerseits mit dem Palatin, andererseits mit den gemäßigt Liberalen wie Eötvös, Deak
und Erböhh, noch immer die Hoffnung nicht aufgab, zu einem
Kompromiß mit dem wiener Hofe zu gelangen, und diesem die
Bildung eines Kabinettes vorschlagen ließ, in welchem Kossuth
nicht sitzen sollte und welches er selbst präsidiren wollte unter
der Bedingung, daß dem Kroatenban unverzüglich der Befehl
zum Rückmarsch aus Ungarn zuginge. Der Hof verwarf diese
Bedingung, verwarf die batthhanyische Kombination und wollte
überhaupt kein ungarisches Ministerium mehr haben. So blieb
denn von jener Sitzung der Nationalversammlung am 11. September an, wo Kossuth ausgerufen hatte: „Noch bin ich Minister!" die oberste Gewalt bei diesem.

In derselben Sitzung noch hatte er die patriotische Aufregung und die maghharische Zornwallung geschickt und rasch benützt,. um weittragende Beschlüsse zu erwirken. So den finan-
ziellen, daß das Finanzministerium zur Ausgabe von Fünfgulden-
noten ermächtigt sein soll — damit begann die später mit Dampf
arbeitende kossuth'sche Banknotenpresse ihre Thätigkeit — so den
kriegerischen, daß in ganz Ungarn die Werbung für die nationale

Armee im Nationalstil sofort begonnen werden sollte. Sämmtliche
außer Landes stehenden ungarischen Soldaten sollten bei ihren
patriotischen Pflichten zur Heimkehr aufgefordert werden. Alle
Linientruppen sollten in das neue Nationalheer eintreten, dessen
gesammte Streiter „Honved" (Vaterlandsvertheidiger) heißen
und erhöhten Sold beziehen würden. Die Wirkung dieser Beschlüsse, deren Bedeutung Kossuth mittels einer meisterhaft auf
die Gefühle und Leidenschaften des Magyarismus berechneten
Proklamation (vom 20. September) den Massen klar und an-
nehmlich zu machen wußte, war außerordentlich. Die Stimme
des Agitators hatte in dieser Ansprache etwas vom Dröhnen einer
Weltgerichtsposaune. Sie rief zaubermächtig das streitbare Volk
der Pußten zuhauf. Jede Csarda wurde ein Werbeplatz für die
nationale Sache und das weite Ungarland wandelte sich wieder
zu dem, was es zu Attila's Zeiten gewesen, zu einem tosenden
Kriegslager.

Bevor dies geschah und geschehen konnte, sah Budapesth ein
vormals helles Licht, welches in der vormärzlichen Zeit über das
ganze Land hingeleuchtet hatte, kläglich erlöschen, — das Licht,
welches unter der Schädeldecke des „großen Ungars" Stephan
Szechenyi gebrannt hatte. Der Graf gehörte zu den vielen Liberalen, welche überall in Europa i. J. 1848 nicht glauben wollten, nicht begreifen konnten, daß die herkömmlichen Hausmittel
der Opposition nicht mehr kleckten und daß man, nun das Kokettiren mit der Revolution ein Ende hatte, nicht gegen dieselbe
intrikiren dürfte, sondern mit ihr marschiren müßte, so man
überhaupt etwas ausrichten wollte. Er konnte es auch nicht ver-
winden, daß ihm und allen andern Kossuth über den Kopf wuchs,
um so weniger, da der hochgeborene Magnat in dem wuchskräf-
tigen Agitator eben nur den Plebejer und Roturier sah. Gern
hätte er seinen eigenen Frieden und den seines Landes mit Lothringen-Habsburg gemacht, falls der Friedensschluß nur Kossuth
und dessen Anhang gekostet hätte, wobei er freilich übersah, daß

dieser „Anhang" ein ganzes Volk. Und auf der andern Seite
krampfte es dem stolzen Patrioten doch wieder das Herz in der
Brust zusammen, wenn er das Spiel betrachtete, welches man in
der wiener Hofburg gegen Ungarn spielte. Dieser Strudel wider-
streitender Eindrücke, Ansichten, Wünsche und Befürchtungen riß
den Grafen hinunter. Gerade mitten in der Aufregung, in
welche die Nachricht von Jellacic's Drauübergang die Bevölkerung von Budapesth geworfen hatte, vernahm man, daß Szechenyi
seine Frau eilends nach Wien geschickt habe. In solchen gespann-
ten Lagen gewinnt bekanntlich auch das an sich Unbedeutendste
politische Bedeutung. Was sollte und wollte die Gräfin in
Wien? Diese Frage richtete auch Kossuth, in dessen Wohnung
Ministerrath gehalten wurde, an seinen Kollegen. Szechenyi erwiderte, seine Frau sei allerdings verreis't, aber nur, um, wie
alljährlich, einige Herbstwochen auf dem Lande zu verleben.
„Graf, sagte Kossuth scherzend, keine Intriken! oder, bei Gott, ich
schieße Ihnen eine Kugel durch den Kopf." Und dabei richtete
er lachend ein prächtiges Gewehr auf Szechenyi, welches er gerade in der Hand hielt und wenige Minuten zuvor seinen Kollegen
als ein untertags erhaltenes Geschenk gezeigt hatte. Drei Tage
später ging in der Stadt die Rede, der Graf sei wahnsinnig geworden. Sie fand keinen Glauben, was den Justizminister Deak
veranlaßte, zu sagen: „Sonderbar, so lange er bei Verstand war,
sagte man, daß er ein Narr sei, und nun er den Verstand verloren
hat, will man, er sei gescheit". Aber an demselben Tage erschien
Szechenyi in dem Ministerrath, welcher abermals bei Kossuth
stattfand. Plötzlich ging er hinaus, kam nach einer Weile wieder
herein, blickte mit fahrigen Augen umher und schickte sich dann
abermals zum Fortgehen an. „Wohin, Szechenyi?" fragte ihn
Batthyanyi. „Ich bitt' euch, erwiderte der Graf mit einer an
ihm doppelt auffallenden demüthigen Stimme und Gebärde — ich
bitt' euch, laßt mich! Ich bin krank; seht mich an, wie krank ich
bin". Damit schlug er seine Rockärmel zurück und zeigte seine

Handgelenke, deren Pulse im heftigsten Fiebertakt gingen. Darauf
Batthyanyi: „Aber warum bist du nicht sogleich fortgegangen?
Mach', daß du nach Hause und zu Bette kommst." Der Graf
verließ das Zimmer, trat aber plötzlich wieder herein und bis zum
Berathungstische vor, wo er mit beschwörend gefalteten Händen
und flehender Stimme sagte: „Ich bitt' euch, laßt mich nicht er-
schießen!" Dann ging er und zwei Stunden darauf kam sein
Arzt mit der Meldung: „Der Graf ist entschieden wahnsinnig".

13.

Auch auf ein Mitglied des kaiserlichen Hauses fiel wuchtig
die mehr und mehr ins Unlösliche verknäuelte ungarische Frage,
auf den Erzherzog-Palatin Stephan, der freilich nicht das Zeug
hatte, so ganz Unklares zu klären und einen derartigen Knäuel
auseinanderzuwickeln. Ueberdies sah ihn die wiener Hofkabale
mit scheelen Blicken an und die Magyaren trauten ihm nicht.
Da aber im Rathe der magyarischen Leiter die „gemäßigten Liberalen" dermalen doch noch immer die Oberhand hatten — Stunden ausgenommen, wo Kossuths radikaler Feuereifer alles mit sich
fortriß — so machten sie einen Versuch, den „Statthalter des
Königs" zur Abwehr der Kroatengefahr zu verwenden, ein Versuch, der nur kläglich scheitern konnte. Die Nationalversammlung forderte am 15. September den Erzherzog auf, sich zur
Armee zu begeben und dieselbe zu kommandiren, da er ja ungarischem Rechte gemäß in Kriegszeiten Generalkapitän sei. Stephan erklärte, der Aufforderung entsprechen zu wollen, fragte
aber in Wien an, ob er dürfte. Von dort kam öffentlich die
Antwort herab: Ja freilich! im Geheimen aber die Weisung,
schlechterdings in keinen Kampf mit dem Banus sich einzulassen.

Der arme Erzherzog suchte diesen Widerspruch dahin zu vermitteln, daß er den Kroatenhäuptling mittels Unterhandlung und Ueberredung aus Ungarn wegzuschaffen unternahm, — ein ganz lächerliches Unternehmen, wenn man wußte, daß Zellacic den Palatin seit lange mit unverhohlener Verachtung behandelte. Der Erzherzog begab sich an den Plattensee und ließ den Ban zu einer Zusammenkunft laden, welche am Bord des Dampfers Kisfaluby auf dem Wasser inmitten beider Ufer stattfinden sollte, damit Zellacic hinsichtlich seiner persönlichen Sicherheit ganz ruhig sein könnte. Der Ban versprach schriftlich, zu kommen. Er kam aber nicht, sondern ließ am Ufer durch seine Offiziere eine ganz elende Komödie aufführen, als ob diese dem Worte des Palatins nicht trauten und ihren Anführer mit Gewalt zurückhielten. Die Unterhandlung fiel demnach ins Wasser, noch bevor sie begonnen hatte, und der Erzherzog mußte jetzt, wenn er ein rechter Palatin war, den Ungarsäbel gegen den Kroaten ziehen. Er war aber kein rechter Palatin, sondern nur ein Erzherzog. Er kehrte am 21. September nach Ofen zurück, verließ jedoch in der nächsten Nacht heimlich seinen Posten oder vielmehr Nichtposten, fuhr auf einem Bauernwägelchen über die Gränze, meldete sich in Schönbrunn, wurde aber gar nicht vorgelassen, gab seine Entlassung, die auf der Stelle angenommen wurde, und verließ hierauf unverzüglich Oestreich, um es nie wieder zu betreten. Das „tolle" Jahr machte sich also unter anderen Nebenschwänken auch diesen, das Haus Lothringen-Habsburg mit einem Exilirten zu versehen.

Die Friedens- und Verständigungsversuche von seiten der Magyaren waren aber noch nicht zu Ende. Gleichzeitig mit dem in das Wasser des Plattensee's gefallenen, machte die National-versammlung einen anderen und zwar diesen, den östreichischen Reichstag um seine Vermittlung zwischen der ungarischen Nation und ihrem König anzugehen. Die Versammlung wählte am 18. September auf Kossuths Antrag — („Senden wir Gesandte

nach Wien, aber nicht an den verrätherischen Hof, sondern an
das Volk") — eine Abordnung von 12 Deputirten (Deak, Göt=
vös, Pulßky, Szemere u. s. w.), welchen sich 4 Magnaten zuge=
sellten, mit dem Auftrage, im Reichstagssale zu Wien die Be=
schwerden der ungarischen Nation vorzubringen und die Inter=
vention der Volksvertreter Oestreichs anzusprechen. Sehr wahr=
scheinlich hat Kossuth diesen Schritt angerathen weniger in der
Hoffnung, die nachgesuchte Intervention gewährt zu sehen — denn
er mußte doch wohl die Uebermacht der vereinigten Czechen und
Schwarzgelben im wiener Reichstage kennen — als vielmehr
darum, weil er in dem Auftreten der Deputation in Wien mit
Recht ein sehr wirksames Agitationsmittel erkannte. War es
doch für Ungarn ungeheuer wichtig, auch in Wien die Dinge wie=
der auf die revolutionäre Bahn zu werfen und dadurch dem Ba=
nus die Hof= und Regierungsstütze wegzuschlagen. Es liegt auch
auf der Hand, daß der Agitator seinen Vertrauten unter den
„Gesandten an das Volk" dahin abzielende Weisungen mitgab.

Am 19. September legte die ungarische Abordnung dem
Reichstagspräsidenten Strobach ihr Beglaubigungsschreiben vor
und bat um Gehör beim Reichstag. Der Präsident setzte diesen
hievon in Kenntniß mit dem Hinzufügen, die Bestimmung der
Geschäftsordnung, welche die Zulassung von Abordnungen im
Hause verbiete, lege ihm die Pflicht auf, den Ungarn den ver=
langten Eintritt zu versagen. Damit war der Entschluß und
Beschluß der Mehrheit schon angezeigt und vorweggenommen.

Mit Fug hat man gesagt, diese Sitzung des östreichischen
Reichstags von 1848 sei bei weitem die wichtigste von allen ge=
wesen. Ueber die Zulassung oder nicht Zulassung der ungarischen
Deputation, d. h. über die Verbrüderung oder Nichtverbrüderung
des cisleithanischen mit dem transleithanischen Konstitutionalis=
mus, über die Allianz oder Nichtallianz der östreichischen und der
ungarischen Märzerrungenschaften debattirend, verhandelte das
Haus nicht weniger über sein eigenes Schicksal als über das Un=

garns. Es sprach sich sein eigenes Vernichtungsurtheil durch den
Mund der czechisch-schwarzgelben Majorität, deren Hauptredner
Rieger die Gemeinheit beging, zu höhnen: „Soll die Depu=
tation eingelassen werden, damit wir die prächtigen Kostüme und
schönen Bärte der ritterlichen Magyaren bewundern können?"
Allerdings hatten die Slaven wenig oder gar keine Ursache, den
Magyaren hold zu sein; allein wer immer über seine Nase hin=
auszusehen vermochte, mußte erkennen, daß hier anderes als
nationale Sympathien oder Antipathien in Frage kam, daß es
sich darum handelte, das von der Hofkabale geknüpfte Netz der
Rückwärtserei zu zerreißen. Aber die Herren Czechen knüpften
ja selber mit an diesem Netze, weil die genasführten Thoren sich
mit der Illusion kitzelten, sie würden schließlich die Auswerfer
desselben sein.

Die Debatte hätte sich geschäftsordnungsmäßig bloß um
den lächerlichen Formalismus der Geschäftsordnung drehen sollen,
konnte das aber nicht: das Materielle der Frage brannte durch
das Papier der Geschäftsordnung hindurch den Reichstagsmit=
gliedern allzu heiß auf die Nägel. Die Redner der Linken, die
Goldmark, Violand, Borrosch, Löhner und andere, enthüllten
mehr und weniger geschickt den Kern der Sache, welcher kein
anderer war als die Frage: Will sich die Volksvertretung Oest=
reichs zu Schutz und Trutz mit der Nationalrepräsentation Un=
garns verbinden, um mittels dieses Schutz= und Trutzbündnisses
der Gegenrevolution Halt zu gebieten, oder nicht? Löhner hat
an diesem Tage, wie allseitig bezeugt wird, sein Bestes gethan.
Seine Beweisführung war von tabelloser Logik, seine Beschwörung
von echtem Pathos getragen. Es war die Warnung eines Propheten,
als er sagte: „Wenn Ungarn ganz darniederliegt, dann ist es zu spät,
dann wird die Hand des Demokraten vergeblich in das Schwert
fallen, welches der Krieger schwingt; dann mögen die Völker,
die hier im Kreise sitzen, sich beschämt aus demselben schleichen,
denn man wird ihnen sagen: Sie ließen ihr Brudervolk morden,

um balb alle geknechtet zu werden!" Selbstverständlich warnte der Prophet umsonst. Viel besser gefielen der Mehrheit die aalglatten Redeschlängelungen, welche der Minister Bach ausführte und die den Kanzleitrost paraphrasirten, die ungarische Frage könne ja einmal später Gegenstand einer umfassenden, prinzipiellen Debatte werden. Noch einmal wies Löhner warnend auf die Zukunft: — „Wenn der politische Vortheil, das sogenannte Staatswohl dem gegenwärtigen Ministerium das Recht gibt, die ungarische Verfassung zu brechen, kann nicht ein künftiges Ministerium das Staatswohl und den politischen Vortheil ebenfalls als Rechtsgrund anrufen, gegen uns und die östreichische Verfassung einzuschreiten?" Vergebens! Mit 186 gegen 108 Stimmen gelangte zur Annahme der von Helfert gestellte Antrag, die Geschäftsordnung aufrecht zu halten, d. h. die Ungarn abzuweisen.

Die Abordnung fuhr spät am Abend noch heimwärts nach Budapesth. Nicht ohne einigen Trost mit sich zu nehmen. Es war ihr nach der Entscheidung in der kaiserlichen Reitschule vor ihrem Absteigequartier „Zur Stadt Frankfurt" eine großartige vom Demokratenverein angeregte Volksovation dargebracht worden, als deren Sprachrohr Tausenau die „Schacherpolitik" des Ministeriums brandmarkte und den „elenden" Reichstag verwünschte, beifügend, das Volk von Wien werde den Magyaren beistehen.

Und das war ein Versprechen, welches redlich gehalten worden ist. Hätte nur der Magyarismus die ausgestreckte Hand der wiener Oktoberrevolution aufrichtig und energisch ergriffen! Er machte aber hiezu nur einen halben und schwächlichen Versuch und das war seine Schuld und wurde sein Verderben.

———————

14.

Am 25. September hatte der vielgeplagte kaiserlich könig=
liche Unterschreiber zu Schönbrunn wieder viel zu thun. Es
mußten zwei Manifeste unterschrieben werden, deren Inhalt Oel
in das zu Budapesth glimmende Revolutionsfeuer goß; denn die=
ser Inhalt wurde drunten in der Hauptstadt Ungarns anders
interpretirt, als man droben in Schönbrunn erwarten mochte.
Bekanntlich kommt ja bei Verfassungen, Gesetzen, Manifesten
u. f. w. alles auf die Interpretation an und hat es die 2. Hälfte
des 19. Jahrhunderts in dieser Kunst wunderbar weit gebracht,
so weit, daß es für einen richtig konstitutionellen Minister nur
noch ein Spaß ist, jeden Verfassungsparagraphen just in sein
Gegentheil herumzuinterpretiren.

Ferdinandus V. manifestirte: 1) Der Feldmarschall=Leutnant
Graf Lamberg ist zum königlichen Kommissär ernannt, sowie zum
Oberbefehlshaber aller in Ungarn stehenden Streitkräfte, sowohl
der regulären Truppen als der Nationalgarden. Selbiger Graf
Lamberg soll sich sofort in das ungarische Lager verfügen, um
zwischen „dem zur östreichischen Gesammtmonarchie gehörenden
Ungarn und dessen Nebenländern" (b. h. zwischen Magyaren
und Slaven) Ruhe und Frieden herzustellen. 2) Das gesammte
ungarische Militär soll allsogleich zu den kaiserlich=königlichen
Fahnen zurückkehren.

Die königlichen Manifeste gelangten am 27. September
nach Pesth und am Abend dieses Tages zur Kenntniß des außer=
ordentlich versammelten Parlaments. Mataraß las die Akten=
stücke vor und erklärte dieselben, als der Gegenzeichnung durch
einen ungarischen Minister ermangelnd, für gesetzwidrig. Kossuth,
soeben von einer agitatorischen Rundreise zurückgekehrt und durch die
enthusiastische Zustimmung, welche er überall gefunden, in seinen
Anschauungen bestärkt, Kossuth wies nach, daß diese königlichen

Manifeste nichts bezweckten als die Vernichtung der Verfassung, d. h. der Selbstständigkeit Ungarns. Sie müßten daher für ungesetzlich und ungiltig erklärt werden. Das Haus erhob sich wie ein Mann. Allgemeine Beistimmung demnach, wobei frei- lich angemerkt werden muß, daß an diesem Tage, wie fortan überhaupt, die Fraktion, als deren Stimmführer Deak und Eöt- vös galten, parlamentarisch nicht mehr mitthat: die Liberalen räumten, da ihre Versuche, mit dem Hofe zu paktiren, mißlungen waren, den Radikalen das Feld. Mit fliegender Feder entwarf dann Kossuth eine feuersprühende Proklamation „der Repräsen- tanten der Nation an das ungarische Volk und insbesondere an alle Truppen und bewaffneten Scharen", worin die Ernennung und Sendung des Grafen Lamberg für „ungesetzlich, ungiltig und ohne Kraft" erklärt und den Truppen eingeschärft wurde, „den Gesetzen des Landes und ihren Pflichten, welche sie mit dem Eid auf die Verfassung beschworen haben, treu zu bleiben". An- nahme, Druck und Ausgabe dieses Aufrufs, kraft dessen der Graf Lamberg und alle, welche ihm gehorchen sollten, noch ausdrücklich der „auf Verletzung der Konstitution und der nationalen Freiheit gesetzten Strafe" verfallen erklärt waren.

Neben dieser parlamentarischen Interpretation und Zurück- weisung der königlichen Manifeste lief ein von Batthyanyi und Gleichgestimmten gemachter Versuch her, die Mission Lambergs als Handhabe zu dem noch immer erstrebten Kompromiß mit dem Hofe zu benützen. Der genannte Magnat, welcher sich dazumal noch als Quasi-Ministerpräsident betrachten konnte, maßen eine offizielle Entscheidung über die zuletzt von ihm vorgeschlagene Ministerkombination nicht aus Wien herabgelangt war, wollte in Uebereinstimmung mit seinen Freunden den Grafen Lamberg, welcher ihm persönlich ebenfalls befremdet war, zu bewegen suchen, alle ungesetzlichen Maßnahmen zu vermeiden, sowie mit den königlichen Manifesten in der Hand dem Banus ein weiteres Vorrücken zu wehren. Dies zu erreichen war nicht unmöglich,

denn man durfte bei Lamberg ehrlichen Willen, die ungarischen
Wirren in billiger Weise zu schlichten, wohl voraussetzen. Beweis hierfür ist, daß der Graf, auf ungarischem Boden angelangt, sich nach Pesth wandte, um die gesetzliche Gegenzeichnung
seiner Vollmacht durch Batthyanyi einzuholen. Gerade dieser
gesetzliche Sinn führte den unglücklichen Mann in den Tod. Er
traf den gesuchten Batthyanyi nicht in Pesth, denn dieser war in
der Voraussetzung, Lamberg würde sich sofort entweder zur ungarischen oder zur kroatischen Armee begeben haben, in das ungarische Lager geeilt, um den königlichen Kommissär daselbst zu
treffen.

Graf Lamberg langte in der Hauptstadt Ungarns an, als
diese gerade wie ein Hexenkessel kochte und brodelte. Der 28.
September war für Budapesth einer jener Tage, wo alle glosten-
den Unheilsbrände zu einer qualmbeschmutzten Flamme zusam-
men- und aufschlagen. Vom frühen Morgen an füllten Volkshaufen in fieberhaft zappelnder Aufregung Straßen und Plätze.
Wahre Botschaften mischten sich mit falschen und die letzteren
wurden selbstverständlich von der Menge begierig gehört und
lieber geglaubt als die ersteren. Man erfuhr den Inhalt der
königlichen Manifeste und die von der Nationalversammlung dagegen getroffenen Vorkehrungen. Aus dem Lager war die Kunde
gekommen, daß die Kroaten noch immer im Vormarsch und die
Magyaren noch immer im Rückmarsch begriffen seien, ja daß
Jellacic, der Todfeind Ungarns, bereits Stuhlweißenburg erreicht
habe. Wir sind verrathen! zeterte es da. Wo sind die Landesverräther? Auf sie! brüllte es dort. Und wieder hieß es, die
Schwarzgelben seien daran, die heilige Stephanskrone, das Palladium des Landes, von Ofen nach Wien zu schaffen, — ein Gerücht, welches die Leidenschaften zur Wuth entflammte. Weiterhin
schrie einer dem andern zu, der „Verräther“ Lamberg sei gekommen, um Ungarn im Namen des Kaisers von Oestreich zu ver-
gewaltigen; er befinde sich drüben in der Citadelle von Ofen.

Schon seien die Thore derselben gesperrt, die Kanonen auf den Wällen aufgefahren, die Mündungen derselben nach Pesth herübergerichtet und das Bombardement könne jeden Augenblick beginnen. Auf diese gläubig hingenommene Fabel gab die Menge in ihrem Angstgrimm, welcher bekanntlich sehr grausam ist, wüthend zur Antwort: Waffen! Waffen! Nieder mit dem Verräther Lamberg!

So hatte der Unsinn sein Ziel und es hätte müssen mit unrechten Dingen zugehen, so er dasselbe verfehlte. Der Zufall, dumm und sinnlos, wie er selber ist, erweist sich allzeit dem Dummen und Sinnlosen hilfreich.

Während Tausende, bewaffnet mit allem, was sich gerade den raffenden Händen darbot, über die Schiffsbrücke nach Ofen hinüberströmten, um die Schließung der Festung und das gefabelte Bombardement zu verhindern, irrte das gesuchte Opfer magyarischen Angstgrimms in Pesth herum, ärgerlich, Batthyanyi nicht finden zu können, und unschlüssig, was er beginnen sollte. Endlich entschloß er sich, nach dem Reichstagshause zu gehen, gab aber unterwegs diese Absicht wieder auf und nahm einen Fiaker, um nach Ofen hinüberzufahren. Am Ende der Schiffbrücke angelangt, wird er erkannt und mit Schmähungen und Drohungen überhäuft. Um Schlimmeres zu verhüten, umgibt ein Trupp Bürgerwehrmänner aus eigenem Antriebe schirmend den Wagen, erklärt, um den Volkszorn zu stillen und einen schandbaren Exceß abzuwehren, den Grafen als verhaftet und unternimmt das mühsälige Werk, den Gefangenen durch die tobenden Haufen nach Pesth zurückzubringen. Es mißlingt. Der Zug gelangt nur bis in die Nähe der Kapelle, welche mitten auf der Brücke steht. Hier stockt er, denn eine neue Rotte, von Pesth herkommend, strömt ihm entgegen. Kaum hört diese Bande, hier bringe man den „Verräther", gegen welchen die Nationalversammlung Tags zuvor die Strafe der Konstitutionsverletzung verhängt habe, so wirft sie sich wüthend auf den Wagen, reißt

unter dem tausendstimmigen Gebrülle: „Nieder mit dem Landes=
verräther!" den unglücklichen Mann aus dem Wagen und nach
wenigen Minuten liegt sein zerhauener, zerschlagener, zerfetzter
und zerstampfter Leichnam auf den Bohlen der Brücke.

15.

Die ungarische Nationalversammlung und der wiener Hof
bezichtigten einander gegenseitig der intellektuellen Urheberschaft
dieses Mordes, mit dessen Begehung jede Aussicht auf eine Ver=
ständigung zwischen Schönbrunn und Budapesth dahinwar. Es
wurde von seiten der Nationalversammlung die pesther Munizi=
palität zu einer strengen Untersuchung und Ahndung dieser
„Volksjustiz" aufgefordert; aber das blieb ein bloßes Wort, ob=
zwar man den Hauptmörder, einen Kerl Namens Koloßh, ganz
gut kannte. Er ist erst nach Niederwerfung der ungarischen Re=
volution, zur Zeit, als das blutige Rachegericht des kaiser=
lichen Hofes über Ungarn erging, gefaßt und hingerichtet
worden.

Kossuth und die radikale Partei erkannten unschwer, daß
die Ermordung Lambergs den Reichstagsbeschlüssen vom 27. Sep=
tember gleichsam das Siegel aufdrückte. Sie konnten nicht mehr
zurück, sondern mußten vorwärts, sofern sie sich und ihr Land
nicht auf Gnade, d. h. Ungnade an den Hof ergeben wollten.
Das zu wollen waren sie aber weit entfernt. Sie gingen also
vorwärts. Noch in derselben Sitzung, in welcher die National=
versammlung am 28. September die Untersuchung hinsichtlich des
Mordes auf der Schiffsbrücke anordnete, gab sie Ungarn eine
oberste Regierungsbehörde, indem sie beschloß: „Maßen gegen=
wärtig kein eigentliches Ministerium besteht, das Land aber nicht

ohne Regierung sein kann, so wird die vollziehende Gewalt einstweilen dem (schon früher bestellten) Landesvertheidigungsausschuß
übertragen". Dieser Ausschuß, welchem Kossuth vorsaß, hatte
fortan die oberste Gewalt in Händen. Die überwiegende Mehrzahl der Mitglieder bestand aus Radikalen, wie Nyary, Szemere,
Madaraß und anderen; doch fanden sich darin auch Liberal-
Konservative, wie Pazmandy und Meßaros.

Der glänzende Magnat Graf Ludwig Batthyanyi trat in
den Hintergrund der zeitgeschichtlichen Bühne zurück. Er hatte
bis zur äußersten Möglichkeit versucht, die Eingebungen seines
Patriotismus mit der konstitutionellen Illusion zu verbinden.
Sobald er Lambergs Ernennung erfahren, hatte er sich zur Gegenzeichnung derselben bereit erklärt. Zu diesem Zwecke eilte er,
nachdem er den gesuchten Grafen nicht im ungarischen Lager gefunden, nach Pesth zurück. Unterwegs erfuhr er, was Schreckliches
am 28. September auf der Brücke zwischen Ofen und Pesth geschehen. Noch immer von der fixen Idee beherrscht, daß eine Verständigung mit dem Hofe möglich, ging er eilends nach Wien,
um dort seine Quasi-Premierministerschaft niederzulegen und die
rechtmäßige Bestellung eines neuen Ministeriums für Ungarn zu
empfehlen. Ein königliches Handschreiben zeigte ihm an, daß
sein Rücktritt angenommen und ein gewisser Baron Vay zu
seinem Nachfolger ernannt sei. Batthyanyi fand diese Ernennung
korrekt und gegenzeichnete dieselbe. Allein wenige Tage darauf
erschien das kaiserliche Manifest vom 3. Oktober, welches der
ungarischen Nation förmlich den Krieg ansagte. Dieses Manifest erklärte die ungarische Nationalversammlung für aufgelös't
und ihre Beschlüsse für nichtig, erklärte Ungarn in Belagerungszustand und der Herrschaft des Martialgesetzes unterworfen, ernannte den Kroatenbanus zum Oberbefehlshaber aller ungarischen
Truppen und Nationalgarden und bestellte selbigen Banus zum
königlichen Kommissär mit unbeschränkter Vollmacht, so zwar,
daß, „was der Banus verordnen, verfügen, beschließen und be-

fehlen wird, als mit unserer allerhöchsten königlichen Macht ver-
ordnet, verfügt, beschlossen und befohlen anzusehen ist". Dieser
Erlaß, welcher die Magyaren der unbeschränkten Gewalt ihres
Todfeindes anheimgab oder wenigstens anheimzugeben beabsichtigte, stach endlich dem guten Batthyanyi den konstitutionellen
Vertrauensstaar. Er war aber doch noch naiv genug, einem gewissen Baron Recsey, welche obskure Kreatur der Hof mittels
klingenden Gründen bestimmt hatte, die unter solchen Umständen
possenhafte Rolle eines Ministerpräsidenten zu übernehmen, Vorwürfe wegen seines „inkonstitutionellen" Verhaltens zu machen.
Dann ging er nach Ungarn zurück, trat in ein Freiwilligenkorps,
brach durch einen Sturz seines Pferdes den Arm, wurde im November vom Wahlbezirk Oedenburg in den Reichstag nach Pesth
abgeordnet, lehnte den ihm angebotenen Vorsitz im Landesvertheidigungsausschuß ab und verschwand in der parlamentarischen
Menge, was ihn aber nicht vor der standrechtlichen Ermordung
schützte, als die Zeit gekommen, wo Ungarn gehaynaut wurde.

Vielleicht hätte man sich in Schönbrunn doch besonnen, den
Jellacicismus so offen über Ungarn zu verhängen, wie durch das
Manifest vom 3. Oktober geschah, so man schon genau wußte,
daß und wie inzwischen bei der ersten einigermaßen ernsthaften
Probe die Gloriole, welche — wenigstens in den Augen der Hofkabale — das Haupt des kroatischen Helden, Helfers und Heilands
umleuchtete, erblichen war.

Diese Erbleichung hatte am 29. September stattgefunden,
an welchem das jetzo vom General Moga befehligte magyarische
Heer vom passiven Widerstand gegen die kroatische Invasion
zum aktiven übergegangen war. Er hatte bei Pakozd, Velencze
und Sukoro Stellung genommen, um dem Banus ein weiteres
Vordringen zu wehren. Jellacic, auf seine numerische Uebermacht
und die bessere Geübtheit seiner Truppen vertrauend, suchte diese
Stellungen am genannten Tage mit Gewalt zu durchbrechen,
scheiterte aber mit diesem Unternehmen vollständig. Seine roth-

mänteligen Szereffaner jagten den jungen magyarischen Truppen
den erwarteten gewaltigen Schrecken keineswegs ein. Besonders
gut hielt sich die ungarische Artillerie. Die ganze Einleitung und
Leitung des Angriffs erwies klärlich, daß der Ban den Weg vom
vorzimmerlichen Säbelraffeler zum Bataillengeneral schlechter=
dings nicht zu finden wußte. Im Uebrigen war das Treffen eins
von jenen, in welchen entsetzlich viel geblasen, getrommelt und ge=
schossen, aber wenig Blut vergossen wird. Nachdem man einan=
der fünf Stunden lang ankanonirt hatte, kalkulirte Held Jellacic
mit Sir Hudibras:

> „Wer flieht, kann wieder ins Gefecht;
> Wer bleibt und fällt, der kann das nicht:
> Drum wer da weicht zur rechten Zeit,
> Ist in der Kriegskunst schon sehr weit —"

und retirirte gen Stuhlweißenburg. Wunderlich genug retirir=
ten auch die Ungarn am nächsten Tage, um in einer rückwärts
bei Martonvasar gelegenen festeren Stellung der weiteren An=
griffe von seiten des Banus gewärtig zu sein. General Moga
war eben weit entfernt, ein Vorwärts= und Drauflosgänger zu
sein. Er gehörte zum Geschlechte der Kunktatores Kunktatorum.
Ueberdies hegte der Herr General und hegten mit ihm viele
seiner Offiziere ziemlich lebhafte Skrupel, ob sie auch rechtthäten,
gegen die schwarzgelbe Fahne anzugehen, welche da drüben flat=
terte. Sie hatten ja lange Jahre selber unter dieser Fahne ge=
standen; so was verwindet und vergißt sich nicht so leicht. Auch
konnte man die Soldaten nicht tadeln, daß ihnen das Hexenein=
maleins des konstitutionellen Staatsrechts nicht in den Kopf ging,
welches wollte, daß sie „für ihren König" und doch auch gegen
ihren König föchten, weil derselbe zugleich der Kaiser war. Ein
verzwickter, ja geradezu verrückter Kasus allerdings!

    Gar nicht skrupelhaft, sondern sehr resolut dreingreifend
erwies sich ein anderer magyarischer Offizier, der Honved=Major

Arthur Görgei, deſſen Name in dieſen Anfängen des ungariſchen
Revolutionskampfes zum erſten mal auftauchte, um bald alle
anderen, ſogar den Namen Koſſuths, zu überglänzen und dann
ſchließlich ein Gegenſtand des Abſcheu's ſeiner Landsleute zu
werden, weil ſie in dem Träger deſſelben nur noch den „Ver=
räther von Vilagos" ſahen. Er freilich hat mit der eiſenfeſten
und eiſigkalten Logik, welche all ſein Denken regelte, die Brand=
markung zurückgewieſen und noch i. J. 1867, als der furchtbare
Vorwurf ſich erneuert hatte, ſeinen Landsleuten zugerufen: „Ihr
lehrtet und lehrt noch heute: — „„Die Waffenſtreckung von Vi=
lagos war ein Akt der Verrätherei"". Eure Lehre iſt falſch, denn
jene Kataſtrophe war nur der konkrete, erſchütternd wahre Aus=
druck der Situation" .... Görgei, der von allen in der zweiten
Hälfte des 19. Jahrhunderts auf die geſchichtliche Bühne getre=
tenen Menſchen am weiteſten davon entfernt war, ein Gefühle=
rich und Sentimentalitätspolitiker zu ſein, ſah die Erhebung ſeines
Landes von vornherein für ein mathematiſches Problem an,
welches unter Umſtänden gelöſt und zwar, unter Umſtänden,
durch ihn und n u r durch ihn gelöſt werden könnte. Wie alle
ſcharfverſtändigen und folgerichtigdenkenden Menſchen war er
Ironiker, aber nur im Sinne jener Ironie, welche, urſprünglich
glühendquillende Empfindung, nachmals gefrorenes Herzblut
worden iſt. Früher Leutnant bei den Palatinalhuſaren, hatte
er, müde, rechts und links vornehme Nullen. ſich vorgezogen zu
ſehen, den Dienſt quittirt, um die ſtrenge Schule der exakten
Wiſſenſchaften und zugleich die noch ſtrengere der Noth, ja des
Hungers durchzumachen. Er war aus dieſen Schulen hervor=
gegangen als ein überlegener Kopf, kühler Kalkulator und Men=
ſchenverächter, ſeiner Kraft völlig bewußt, ſo ſehr, daß ihm nur
ein Hochplatz · genügte, und zwar ein Hochplatz, welcher nur für
E i n e n Raum hatte. So fand ihn der Ausbruch der ungariſchen
Revolution, welche den ſeine Dienſte Anbietenden zuerſt im mili=
täriſch=techniſchen Fache verwendete. Zu Ende Auguſts zum

Befehlshaber der mobilen Honved im Kreise diesseits der Theiß
mit der Hauptstation Szolnok ernannt, hielt er zu Ende Septem=
bers die Donauinsel Esepel unterhalb Budapesth besetzt, um eine
allfällige Stromüberschreitung des Ban oder der Untergenerale
desselben Roth und Philippovic zu vereiteln. Sowie die Ope=
rationen ernstlicher begonnen hatten, trat das kriegerische Genie
des eben in sein dreißigstes Lebensjahr getretenen Honved=Ma=
jors so merkbar hervor, daß er gar bald den Augen vieler seiner
Landsleute — auch den Augen Kossuths — als der prädestinirte
Feldherr des Magyarismus erschien. Dies insbesondere vom
7. Oktober an, an welchem Tage in Folge der zweckmäßigen An=
ordnungen Görgei's das jellacic'sche Reservekorps unter Roth
vor einem magyarischen Heerhaufen, welcher dem Namen nach
von Perczel, thatsächlich jedoch von Görgei kommandirt wurde, bei
Ozora die Waffen strecken mußte. Etliche Tage früher schon
hatte aber eine That Görgei's die allgemeine Aufmerksamkeit auf
ihn gelenkt, eine That, welche furchtbar deutlich offenbarte, von
welchem Metall der Mann sei. Am 29. September hatten die
Vorposten des Honved=Majors den Grafen Eugen Zichy aufge=
griffen. Der Graf, auch als Bauernschinder verrufen, war auf
dem verdächtigen Wege nach Kalozd begriffen, wo das Eintreffen
der jellacic'schen Reserve erwartet wurde. Bei dem Aufgegrif=
fenen fand man einen kroatischen Schutzbrief in Form eines
Schreibens des Banus an den General Roth, in seinem Wagen
ein Bündel der kaiserlichen Proklamationen vom 25. September.
Ohne alles Bedenken und Zaudern stellte Görgei den verdächtigen
Magnaten als „Vaterlandsverräther" vor ein „Standrecht",
dem er selber vorsaß. Er hat in seinen i. J. 1852 gedruckten
Denkwürdigkeiten den Schluß der Prozedur mit bezeichnendem
Lakonismus erzählt. „Ich erkannte, daß Graf Zichy die Ver=
brechen, deren er angeklagt war, wirklich begangen, dadurch sein
Leben verwirkt und die Strafe der Hinrichtung durch den Strang
verdient habe. Dies Urtheil wurde von dem gesammten Stand=

rechte einstimmig angenommen und nach erfolgter geistlicher
Tröstung des Delinquenten an demselben vollzogen . . . ."

Derweil hatte es der kroatische Held, Helfer und Heiland
räthlich gefunden, den ungarischen Boden, welcher etwas heißer
war, als er erwartet haben mochte, zu verlassen, obzwar ihm nur
ein Moga gegenüberstand, dessen Feldherrngenie nicht größer und
nicht kleiner war als sein eigenes. Nach dem Treffen vom 29.
September war zwischen den beiden ebenbürtigen Gegnern eine
dreitägige Waffenruhe vereinbart worden, wahrscheinlich um in
Muße die Todten zu begraben, deren hüben und drüben zusammen
nicht zwei Dutzende vorhanden. Diesen Waffenstillstand benützte
der heldenmüthige Ban, um sich „seitwärts in die Büsche" zu
schlagen. In einem von magyarischen Husaren aufgefangenen
Briefe gab er die Gründe an. „Meine Operationsbasis fing an
durch feindliche Einbrücke bedroht zu werden. Ofen mit den bei-
habenden Mitteln zu nehmen war unmöglich, da ungarische
Truppen fanatisirt gegen die meinigen fochten. Ich benützte also
einen mit den Gegnern abgeschlossenen dreitägigen Waffenstillstand zu einer Flankenbewegung gegen Raab, um auf fester
Basis zu stehen und Verstärkungen an mich zu ziehen. Ich bin
der thunlichsten Unterstützung vom k. k. Kriegsministerium gewärtig." Die „feste Basis" bei Raab erschien aber dem Banus
sofort nicht mehr fest genug und mittels einer weiteren Reihe
von „Flankenbewegungen" gelangte er über Ungarisch-Altenburg
und Kitsee auf deutschen Boden, allwo er am 7. October bei
Haimburg stand. So endete die Fanfaronade des jellacic'schen
Einbruchs in Ungarn. Die Kroatenoffiziere hätten im September ihren Frauen und Liebchen nicht zu schreiben gebraucht, diese
sollten ihre Antworten nach Budapesth adressiren.

IX.

Frankfurter September.

1.

„Vergeffen Sie nicht, daß es noch Fürsten in Deutschland gibt und daß ich einer derselben bin!"

So Friedrich Wilhelm der Vierte am 14. August von 1848 in Köln zum Herrn von Gagern, welcher an der Spitze einer Abordnung der deutschen Nationalverfammlung rheinab gekommen war, um den 600sten Tag der Grundsteinlegung zum Kölner Dom mitzufeiern. Diese Feier sollte zugleich eine Art Fühler und Probe sein, wie es denn mit der von der preußisch-kaiserlichen Partei im Parlamente geplanten deutschen Kaiser-schaft des Preußenkönigs werden würde. Eine ganz absonderlich überflüssige Statistenrolle spielte hierbei der Reichsverweser Johann ohne Land, welchen man auch mit nach Köln geschleppt hatte.

Die Probe fiel aber wenig tröstlich und ermuthigend aus. Der König ließ den Herrn Parlamentspräsidenten geradezu ab-fahren, indem er ihm mit den erwähnten Worten deutlich genug sagte, die vom Herrn von Gagern im Mai proklamirte nationale Souveränetät des Parlaments sei ein Schwindel, an welchen jetzt, im August nur noch Schwachköpfe glauben könnten.

Man sieht, die potsdamer Wiederstrammungskur hatte gut angeschlagen. Was man aber nicht sieht, ist, daß der so zu sagen Holzschlägelwink gefürchtet und dem Liberalismus den Dippel gebohrt hätte. Herr von Gagern und seine Mitdeputirten kehrten ebenso vernagelt aus Köln zurück, als sie hingegangen waren. Der Achtel-, Viertel- und Halbliberalismus, welcher die „staatsmännische" Mehrheit des Parlaments bildete, merkte gar nicht, daß er zur Zeit bereits anhalts- und rückhaltslos in der Luft schwebte. Er hatte ja alles Ersinnliche gethan, um das Volk von sich abzustoßen, und zugleich hatte er durch das Austrumpfen seiner fabelhaft anmaßlichen Einbildung, daß in ihm die Souveränetät der Nation koncentrirt sei, die Fürsten sammt Anhang gereizt und herausgefordert, — dieselben Fürsten, welche es dem Liberalismus ohnehin nicht verzeihen konnten, daß er im März ihr Retter gewesen war.

Vorausgesetzt, daß der im August wiedergestrammte Absolutismus, vorab der königlich preußische, überhaupt noch zu einem Kompromiß mit der so zu sagen „Revolution" geneigt war, mußte der Liberalismus so rasch als möglich so ein Kompromiß abschließen und folglich das deutsche Verfassungswerk von dem Luftboden einer souveränen Machtvollkommenheitstheorie auf die festere Basis der Vereinbarungspraxis hinüberstellen. Statt dessen beliebte es den Herren „Staatsmännern", das bislang gespielte ebenso alberne als unsittliche Doppelspiel weiter zu spielen. Sie wähnten, dadurch, daß sie sich den Anschein gaben — denn mehr als Schein und Schatten war es ja doch nicht — auf dem „Einzig und Allein" des Vorparlaments zu beharren, das Interesse der Massen für ihre, der Parlamentsmehrheit, Sache festzuhalten und dadurch den Höfen, Sakristeien, Kanzleien und sogar Kasernen zu imponiren. Auf der andern Seite wollten die Herren „Staatsmänner" bei jeder Gelegenheit sehen lassen, wie gut sie mit den Höfen, Sakristeien, Kanzleien und Kasernen standen, um dadurch den Massen zu imponiren. Und mit solcher jammer-

seligen Gaukelei und Schaukelei getraute man sich das Riesenwerk
der Neugestaltung Deutschlands zu fördern, welches Werk im
Hochsommer von 1848 schon ein hoffnungsloses geworden war.

Allein die souveränen Dünkellinge, welche von den beiden
Großkophta's der Rückwärtserei, Radowitz und Schmerling,
souverän gegängelt wurden, dämmerten, duselten und dahlten
weiter im Nebel ihrer Staatsmännischkeit. Sicherlich hat die
Welt nicht zum zweiten mal gesehen, daß so viele gescheite Män=
ner mitsammen einen solchen Klumpen von Thorheit ausmach=
ten. Die Offenbarungen dieser Thorheit versetzten Einen unschwer
ins Innerste von Borneo. So z. B. wenn die Parlamentsmehr=
heit eilends auf die von der Gegenrevolution ausgesteckte Leim=
ruthe einer beträchtlichen Vermehrung der stehenden Heere „be=
hufs der Stärkung der nationalen Wehrkraft" ging und dadurch
der Reaktion 900,000 Soldaten zur Verfügung stellte. Am
15. Juli erhob das Parlament mit 303 gegen 149 Stimmen den
hierauf zielenden Antrag des „Reichsministeriums", dessen Haupt=
macher Herr von Schmerling war, zum Beschluß. D i e s e m
Beschlusse nachzukommen beeilten sich die Höfe. Als spät am
Abend vom 15. Juli die Epopten der Rückwärtsmysterien aus
ihrem Klubb heimgingen, hörte man einen — es war in der
„mondhellen" Schnurgasse — sagen: „Jetzt haben wir gewon=
nen, jetzt erdrücken wir mit 900,000 Armen die Revolution.
Die Throne sind gerettet!" — „Und die Altäre!" fügte ein
anderer hinzu.

2.

Die gewaltlose deutsche Centralgewalt ist von Anfang an ein
lächerliches Möbel gewesen und nur um so lächerlicher, je weitschich=
tiger es konstruirt war. Der Herr Reichsverweser konnte höchstens

ein bißchen intrifeln, befehlen konnte er nicht. Denn womit wollte er sich denn Gehorsam erzwingen? Er war im Grunde eine mitleidswerthe Figur. Sein Bruder, der boshafte Tartuffe Franz, muß sich noch im Grabe darüber gefreut haben.

Zu Anfang Augufts vervollständigte der Reichsverweser sein Reichsministerium. Fürst Leiningen wurde Präsident, Herr von Schmerling bekam das Innere, der unzweideutige hamburger Advokat Hecscher das Auswärtige, General von Peucker den Krieg, Beckerath die Finanzen, Mohl die Juftiz, Duckwitz den Handel. Diesen Herren wurde eine ganze Bande von „Unterstaatssekretären" beigegeben: man hatte so viele gute Freunde zu belohnen — unter anderen auch die Herren Bassermann und Mathy — und die Reichskrippe war ja vorderhand gefüllt. Wie schamlos man noch im Hochsommer von seiten der Partei, welche die deutsche Bewegung verunschickt hatte, mit den zeitläufigen Phrasen handirte, bewies Herr von Schmerling, indem er seine Minifterschaft antrat mit der auf der Rednerbühne des Parlaments gegebenen Versicherung, daß „die Centralgewalt einstehen werde für die bürgerliche Freiheit und Unabhängigkeit Deutschlands". Johann ohne Land ließ auch deutsche Reichsgesandte ausgehen in die Welt. Die kamen aber schön an, wo sie nämlich überhaupt ankamen! Der weiße Czar wollte von einem solchen Sendling überhaupt nichts wissen, in London trieb man mit dem „Reichsgesandten" Herrn von Andrian höfliches, in Paris mit dem „Reichsgesandten" Herrn von Raumer unhöfliches Gespötte. Zum Ueberfluß hatte Preußen in der Person des Generals von Willisen einen Extraagenten nach Paris geschickt, um den Schritten des Reichsgesandten entgegenzuwirken, und der arme Reichsprofessor Raumer ließ sich von seinem „Freunde" Willisen an einem so armsdicken Narrenseil herumführen, daß die reichsprofessorgesandtschaftliche Naivetät rein unglaublich sein würde, falls nicht der Gesandte selber mit anerkennenswerth historischer Treue

sein Herumgeführtwerden geschildert und bezeugt hätte. Die
ganze Summe der reichsgewaltlichen Diplomatik reduzirte sich
auf eine Null, aber auf eine Null, welche weitbauchig genug war,
die dicke Schmach der Annahme des Waffenstillstands von Malmö
in sich aufzunehmen.

Derweil betrieb das Parlament als Hauptgeschäft die gründ-
liche, gründlichere und gründlichste Drescherei des Idealstrohs
der Grundrechte-Berathung, welche bekanntlich zu Ende gekommen
ist, nachdem in Deutschland, wie überall in Europa, das dauer-
hafteste aller Grundrechte, die Gewalt, wieder obenauf war.
Zwischenhinein trieb die Versammlung auch höhere und höchste
Politik. Der Debattirklubb in Sankt Paul mußte sich doch auch
an solchen Gegenständen üben, wie die Aufnahme Posens oder
wenigstens der Hälfte von Posen in den deutschen Bund und der
Waffenstillstand von Malmö gewesen sind. Der Humor davon
war, daß die emsigen Redekunstbeflissenen glaubten oder auch sich
anstellten, zu glauben, sie hätten über die in Rede stehenden Angelegenheiten ein entscheidendes oder gar das entscheidende Wort
zu sprechen. Mit derselben Flügelkleidsunschuldmiene, womit
der Reichsgesandte Herr Friedrich von Raumer in Paris vom
Pontius zum Pilatus und vom Pilatus zum Pontius, d. h. vom
Cavaignac zum Bastide und vom Bastide zum Cavaignac sich
schicken ließ — welcher letztere an seinem Schreibtische sitzen blieb,
„in Papieren kramend", wenn der deutsche Reichsgesandte zur
Audienz bei ihm erschien — ja mit derselben Flügelkleidunschuld-
miene hielten sich, und zwar noch im Juli und August, gar viele
Insassen der Paulskirche für die Träger einer Machtvollkommenheit, welche etwa der des römischen Senats zur Zeit seiner Macht-
höhe gleichkäme.

Nachdem die polnische Insurrektion in Posen schon im Mai
durch die preußischen Truppen niedergetreten worden, war die
Verhandlung der posener Frage durch das deutsche Parlament zu
Ausgang Juli's nur noch eine anachronistische Redeübung, um

deren Resultat sich die preußische Regierung entweder gar nicht oder jedenfalls nur soweit kümmern würde, als es ihr gerade paßte. Aber geredet mußte nun einmal sein. Dabei konnte es selbstverständlich nicht ausbleiben, daß die Debatte von der Frage, ob ein kleinerer oder größerer Theil von Posen, weil von Deutschen bewohnt, für deutsches Land zu erklären sei, alsbald zu der großen Frage von Polens Sein oder Nichtsein sich erhob. Die Linke, ihren Hauptsprecher Blum vorschickend, ging darauf aus, als Ergebniß der ganzen Verhandlung ein prinzipielles Verdikt zu Gunsten der polnischen Nationalität zu erwirken, eine späte Wortsühne so zu sagen für die Thatsünde der Vernichtung des polnischen Staats. Es gelang ihr nicht, obgleich ihr die beredte Stimme des einzigen in der Versammlung sitzenden Polen zu Hilfe kam, die Stimme des Priesters Janisczewski, dessen nicht weniger den Verstand als das Gefühl ansprechende, von der ganzen Glut polnischer Vaterlandsliebe durchwärmten und doch maßvoll-edel gehaltenen Beschwörungen einen tiefen Eindruck hervorbrachten. Dem Polen gebührt der erste Preis in diesem Rednerturnier, welches am Grabhügel der lebendig eingesargten Polonia abgehalten wurde. Am nachdrucksamsten sprach gegen Polen und für die deutschen Interessen Herr Wilhelm Jordan, dessen Rede ein Salto war, womit er von der Linken zur Rechten hinübersprang, um am letzteren Orte die Bestallung eines „Marineraths“ der deutschen Zukunftsmarine aufzulesen*). Einen großen Sturm erregte Arnold Ruge mit seinem bei dieser Gelegenheit gesprochenen: „Wir müssen wünschen, daß die Tyrannen

---

*) Herr Jordan hat nachmals seinen Sprung dichterisch zu rechtfertigen gesucht. Sein Mysterium „Demiurgos“ (1852—54) ist eine dreibändige oratio pro domo in Versen. Es enthält eine Menge von wahrhaft glänzenden Stellen und ist auch als Ganzes von Bedeutung, indem es vortrefflich nachweis't, wie ein deutscher Idealiker zum Philister und ein deutscher Freigeist zum Pietisten wird.

der Italiener, die Tilly der neueren Zeit, die Radetzky geschlagen werden". Das Schwarzgelb im Sale brauste wüthend auf und das Schwarzweiß zeterte getreulich mit. Für ein heiteres Intermezzo sorgte der Herr Fürst Lichnowsky, welcher als echtborussischer Junker mit der deutschen Grammatik auf gespanntem Fuße stand und das lapidarische Diktum von sich gab: „Das historische Recht hat kein Datum nicht." Die prinzipielle Entscheidung der Versammlung fiel gegen die Linke und gegen Polen aus. Der Schwerpunkt der ganzen Verhandlung lag augenscheinlich in der Annahme oder Verwerfung des von Schaffrath beantragten Wahrspruchs: „Die deutsche Nationalversammlung erklärt die Theilung Polens für ein schmachvolles Unrecht und sie erkennt die heilige Pflicht des deutschen Volkes, zur Wiederherstellung eines selbstständigen Polens mitzuwirken". Mit 331 Stimmen gegen 101 wurde diese Erklärung verworfen.

3.

Das Vorparlament hatte zu seiner Zeit edler entschieden (vgl. II, 1, S. 28). Damals hatte der Champagnerschaum der Märzbegeisterung noch geperlt; jetzt war die Bierhefe der gemeinen Wirklichkeit obenauf. Das ist immer der Verlauf der weltgeschichtlichen Bewegungen und Erhebungen: rein und schön geht zu Anfang der Stern der Zukunftshoffnungen auf, um schließlich in dem Sumpf der Lebensprosa kläglich zu erlöschen. Mit Idealpolitik beginnen die Revolutionen, aber, bald zur Erkenntniß gelangt, daß sie ihre Idee nicht zu verwirklichen vermögen, endigen sie mit stumpfer Hingabe an die Interessen einer egoistischen Realpolitik. Es ist ja dafür gesorgt, daß die Bäume nicht in den Himmel wachsen, und nicht weniger dafür, daß die

Völker nach Jahrtausenden noch so große Kinder sein werden, wie sie vor Jahrtausenden schon waren.

Hat einmal eine Partei sich auf die schiefe Ebene der Prinziplosigkeit gesetzt, so muß sie dieselbe hinabrutschen, um, am untern Ende angekommen, alles hinzunehmen, was die herrschenden Gewalten ihr bieten. Sie thut das, nennt es aber „mit Thatsachen rechnen", mit denselben Thatsachen, welche sie mittels der eigenen Erbärmlichkeit möglich machte und herbeiführen half.

Die Abstimmung vom 27. Juli in Sachen Polens hatte gezeigt, daß die große Mehrheit des deutschen Parlaments mit der idealschönen Freiheitsfrage, wie sie im März gestellt worden, nichts mehr zu thun haben wollte. Die Linke mußte schon jetzt einsehen, daß es eine Thorheit, sich noch länger an dem paulskirchlichen Nationalschwatz zu betheiligen. Sie mochte jedoch hoffen, daß die Mehrheit, nachdem dieselbe den freiheitlichen Standpunkt aufgegeben hatte, wenigstens den Standpunkt der nationalen Interessepolitik standhafter vertheidigen, gemeinschaftlich mit ihr vertheidigen würde. Nichtillusionäre sagten freilich vorher, daß diese Hoffnung eine täuschende, indem das weitere Hinabrutschen der Majorität auf der besagten schiefen Ebene eine zwingende Nothwendigkeit sei. Der September brachte die traurige Bestätigung dieser Vorhersagung; denn er brachte die Abstimmung über den berüchtigten Waffenstillstand von Malmö, welchen von seiten des Parlaments anzuerkennen soviel hieß, als das mit so großbrodigen Phrasen proklamirte Recht Schleswig-Holsteins wiederum den Dänen preisgeben. Man bot der Mehrheit diese Schmach als vollendete Thatsache, und maßen „Staatsmänner" nur mit Thatsachen rechnen, rechneten sie natürlich auch mit dieser, d. h. sie steckten, nachdem sie sich ein bißchen phraseologisch gespreizt hatten, die Schmach gehorsamst ein. Dieselben Leute, welche in der Polenfrage so berserkerisch mit dem „Schwerte Germania's" gerasselt hatten, weil es so ungefährlich war, auf

dem Grab eines Volkes großhansig herumzutrampeln, dieselben
Leute behielten jetzt das besagte Schwert wohlweislich in der
Scheide, weil der König von Preußen merken ließ, sein geliebter
Schwager Czar wollte es nicht haben, daß die schleswig-holstei-
nischen Rebellen noch länger gegen ihren legitimen Herrn und
Gebieter, den Dänenkönig, unterstützt würden. ·

Das Motiv, welches den berliner Hof im April bestimmt
hatte, Truppen nach den Elbherzogthümern zu senden, war längst
hinfällig geworden. Die Armee hatte sich „rehabilitirt", was
übrigens auch gar nicht nöthig gewesen wäre. Wenigstens war
es höchst überflüssig in den Augen der ungeheuren Mehrzahl der
Bewohner Berlins und des gesammten preußischen Staats,
welche den kurzen revolutionären Märzbierrausch schon lange
ausgeschlafen hatten und zur ordonnanzmäßigen Stimmung königlich preußischer Unterthanschaft zurückgekehrt waren. Es ist nicht
wahr, daß die im Juli ins Leben getretene „Kreuz-Zeitung" nur
Ausdruck und Organ einer „kleinen, aber mächtigen Partei" gewesen. Sie war vielmehr Ausdruck und Organ des echten Bo-
russenthums, welches sich wieder völlig auf sich selber besonnen,
seine Märzverblüffung verwunden und das Schwarzweiß mit
Bewußtsein dem Schwarzrothgold entgegengestellt hatte, d. h.
das Preußenthum dem Deutschthum. Hunderttausende von
„liberalen" Philistern, welche öffentlich über die Kreuzzeitungs-
partei schimpften, waren insgeheim der Fahne dieser Partei zu-
geschworen und, ohne es sich selber einzugestehen, eifrige Affiliirte
des „Treubunds", welcher, in den höfisch-junkerlich-pietistischen
Kreisen wurzelnd, an geschickter Thätigkeit und weitreichendem
Erfolg alle populären Klubbs und Vereine mitsammen aufwog
und bald weit überwog. Ganz natürlich! Die Treubündler
wußten ganz bestimmt, was sie wollten: die Herstellung, Stram-
mung und Straffung des Gottesgnadenthums, während die
Klübbler und Vereinler fortfuhren, mit der demokratischen Phra-
senstange im konstitutionellen Nebel herumzufahren. Eine feine

Schicksalsironie lag übrigens darin, daß die Servilen und Mucker genöthigt waren, zu ihren Reagitationszwecken der demokratischen Agitationsmittel, wie das Vereinswesen sie darbot, sich zu bedienen. Es war geradezu spaßhaft mitanzusehen, wie die heftigsten Feinde der Demokratie mit den Formen derselben hantirten.

Der Treubündelei mußte die Unterstützung der schleswig-holsteinischen „Rebellen" ein Gräuel sein. Die geheimen Oberen des Treubundes, die Mystiker und Mucker bei Hofe, hatten auch von vornherein dafür gesorgt, daß dieser Gräuel keine allzu großen Dimensionen gewänne. Ihre Bemühungen wurden von auswärtsher mächtig unterstützt. Der Neidhammel England erhob ein lautes Geblöke, daß, wenn die Elbeherzogthümer deutsch wären, Deutschland dazu kommen würde, ja müßte, eine Seemacht zu werden. Die Oligarchie, welche England regiert, die selbstsüchtigste Menschensorte, welche existirt, strengte sich nach Kräften an, diese Möglichkeit zu verhindern. Der Erzhumburger Palmerston ging, sobald es galt, Deutschland tückische Streiche zu spielen, Hand in Hand mit dem Czaren. Dieser, welcher die Ostsee für einen russischen See anzusehen gewohnt war, fühlte sich natürlich zum Schutzherrn Dänemarks berufen und war gar zärtlich um seine dänischen Vasallen besorgt. Auch um seine preußischen; denn daß Czar Nikolai seinen lieben Schwager Friedrich Wilhelm den Vierten durchweg auf Vasallenfuß behandelte, könnten nur Hofhistorici und Kronsyndici bestreiten wollen. Die czarische Diplomatie blies daher in Potsdam bald die sanfte Flöte freundschaftlicher Besorgniß und Warnung, bald strich sie den Brummbaß der Drohung, um dem Skandal einer Unterstützung der schleswig-holsteinischen Rebellion seitens der Krone Preußen ein Ende zu machen.

Auch den nicht eben großen Fleck, wo Friedrich Wilhelm gutmüthig war, wußten die Gegner besagter „Rebellion" geschickt zu treffen, indem sie dafür sorgten, daß all das Jammer-

und Zetergeschrei, welches die Geschäftsleute in den preußischen
Ostseestädten und anderwärts über die Beeinträchtigung ihrer
Interessen durch die dänische Kaperei erhoben, dem Könige zu
Ohren kam, unterwegs natürlich noch zweckdienlich verstärkt und
romantisch variirt, damit es den königlichen Ohren leichter ein=
ginge. Wie hätte ein so frommer und gutmüthiger Herr der=
artigen Beschwörungen widerstehen können? Er widerstand auch
wirklich nicht, und was seine liberalen Strohmänner von „kon=
stitutionellen" Ministern anging, so waren dieselben viel zu gute
Preußen, um einen andern Willen haben zu wollen als ihr
königlicher Herr. Außerdem konnte man ja, falls sich die Stroh=
männer etwa unangenehm machen wollten, über ihre Köpfe
hinweg machenschaften, wie es der Mucker= und Mystikerklike
beliebte.

4.

Wer in der Paulskirche und anderwärts nicht zu der heiligen
Duselmannschaft gehörte, welche in Friedrich Wilhelm um jeden
Preis und unter allen Umständen den dreimal sakrosankten deut=
schen Kaiser sehen wollte und darum schon jetzt alles von dieser
Majestät Ausgehende als über allen Zweifel erhaben, als voll=
kommen gut und vollendet anerkannte, der hatte freilich schon im
April und Mai über die preußische Kriegführung in den Herzog=
thümern bedenklich den Kopf schütteln müssen.

Der ganze Krieg verhielt sich zu einem wirklichen, wie der
Marschall „Druff" zum Marschall „Vorwärts". Es war ein
Scheinkrieg, welcher je nach den Schwankungen der königlichen
Stimmung zu Potsdam eine ernstere oder weniger ernste Miene
annahm. Wir dürfen wohl glauben, daß diese Komödie nicht

sehr nach dem persönlichen Geschmacke des Generals Wrangel gewesen ist. War in Berlin auf Anbringen von seiten der frankfurter Parlamentsmehrheit, in welcher die Schleswig-Holsteiner, Dahlmann voran, eine gewichtige Stimme besaßen, die Erinnerung obenauf, daß nicht allein das preußische Ministerium, sondern Friedrich Wilhelm selber es öffentlich ausgesprochen hatte, die Ehre Preußens erforderte, daß der ihm von Deutschland übertragene Krieg gegen Dänemark energisch zu Ende geführt werden müßte, so erhielt Wrangel den Befehl, vorwärts zu gehen, gen Jütland und nach Jütland hinein. Verstummte dagegen diese Erinnerung vor dem Gemurmel christlich-germanischer Litaneien oder vor den Tönen der czarischen Flöte oder des czarischen Brummbasses, so ging dem preußischen General der Befehl zu: Rückwärts! Rückwärts! und unsern guten Freunden, den dänischen Feinden, ja nicht zu wehe gethan!

Es untersteht gar keinem Zweifel, daß dieses Nichtszuwehethun dem Marschall Wrangel schon bei seinem Abgange in die Herzogthümer eingeschärft worden sein mußte. Denn sonst wäre das Verhalten des preußischen Generals an jenem 23. April, wo das Dannevirke bei Schleswig von den Deutschen erstürmt, die Dänen geschlagen und zum Rückzuge genöthigt wurden, schlechterdings unerklärlich. Die deutsche Uebermacht war so beträchtlich, der Geist der Truppen so trefflich, daß es nur des guten Willens von seiten des Obergenerals bedurft hätte, um das gesammte dänische Heer aufzureiben oder zur Waffenstreckung zu zwingen. Allein Wrangel wollte nicht, durfte nicht wollen. Es windete zur Zeit gerade stark russisch in Berlin. Inmitten der Schlacht, als alles im besten Zuge war, ließ der Marschall Appell blasen und eine Gefechtspause von einer Stunde eintreten, sagend: „Ich will jetzt zu Mittag essen und ich will in Ruhe essen." Es wurde 3 Uhr Nachmittags, bis dieses wichtige Marschallsgeschäft beendigt war und dem Marschall „Druff" die Lust anzukommen schien, die Dänen wieder etwas zu beunruhigen.

Sie standen zur Stunde mit ihrer Hauptmacht in und um
Gottorf. Wrangel nahm eine lange Besichtigung der feindlichen
Stellung mittels des Fernrohrs vor und sagte dann zu dem
Prinzen Friedrich von Schleswig-Holstein-Noer, dem Befehliger
der Schleswig-Holsteiner: „Ich denke, wir hören für heute auf.“
— „Excellenz, entgegnete der Prinz, werden mir verzeihen, wenn
ich dagegen remonstrire, und zwar weil wir morgen früh dann
gerade dasselbe zu wiederholen haben werden, was wir so eben
glücklich ausführten. Die Stellung des Feindes ist, so lange er
im Besitze des Schlosses Gottorf und der Hauptlandstraße bleibt,
völlig so stark als die von ihm verlassene. Jetzt ist sie nicht gehörig besetzt und der Feind durch das heutige Gefecht erschüttert,
wo hingegen unsere Truppen in gehobener Stimmung sind.
Wenn Sie mir erlauben, die drüben aufgestellte Batterie zu vertreiben und den Thiergarten zu besetzen, dann muß das Schloß
geräumt werden.“ — Worauf der Marschall „Druff“: „Nein,
ich will für heute aufhören.“ Während dieses Gesprächs hatte
sich die schleswig-holsteinische Kolonne schon zum Angriffe formirt, brannte darauf, vorzugehen, und fielen die Jäger bereits
in einer Plänklerkette aus. Aber der Marschall „Druff“, dies
wahrnehmend, sagte wiederum zu dem Prinzen: „Ich sage
Ihnen, wir wollen aufhören. Verstehen Sie mir?“ In Folge
dieses wrangel'schen Drauflosgehens konnten die Dänen am
Abend ihre Stellung bei Gottorf räumen und ihren Rückzug
gen Flensburg bewerkstelligen. Daß man „unsre guten Freunde
die Feinde“*) entwischen lassen wollte, geht schon aus den
Anordnungen zur Schlacht vom 23. April hervor. Sorgte man
doch dafür, daß kaum die Hälfte der deutschen Truppen wirklich
zum Schlagen kam. Am 24. sodann wäre es leicht gewesen,
gleichzeitig mit den Dänen bei und in Flensburg anzukommen

---

*) „Viv' nos amis,
    Nos amis les eun 'mis!“   Béranger.

und denselben ihre Artillerie abzunehmen; allein da hätte ja der
Spaß des Scheinstegs aufgehört und der Ernst des Seinkriegs
angefangen. Zu berücksichtigen, daß ein solcher Scheinkrieg doch
immerhin so vielen braven Männern nutzlos das Leben kostete,
hieß natürlich der christlich-romantischen Frömmigkeit zu viel gesunden Menschenverstand und zu viel natürliches Gefühl zumuthen. Es mußte auch noch viel Wasser die Spree hinab-
schleichen, bis man in Berlin zur Einsicht kam, daß man anders-
wohin horchen müßte als nach Petersburg und London, so man
Deutschland in Preußen aufgehen machen wollte.

Daß man mit vollem Bewußtsein die Scheinkriegsgaukelei
in Scene gesetzt hatte, steht historisch fest seit Ende Juni's von
1848, allwo zu nicht geringer Ueberraschung und großem Leib-
wesen der Duselmänner in Sankt Paul die berüchtigte wildenbruch'sche Note vom 8. April in englischen, französischen und
deutschen Zeitungen erschien, wohin sie vielleicht durch dänische
Veranstaltung den Weg gefunden oder noch wahrscheinlicher durch
englische, in Folge einer Anwandelung Lord Palmerstons, dem
berliner Hofe wieder mal eine Probe von palmerston'schen
„Tricks" zu geben. Genug, es kam zu Tage, daß die preußische
Regierung das bekannte Axiom, die ehrlichste Politik sei die
beste, folgendermaßen interpretirt habe. Während sie öffentlich die Kriegführung in den Elbherzogthümern als eine nationale
Pflicht und Nothwendigkeit übernommen hatte, war sie zugleich
im Geheimen bemüht gewesen, an den Hof von Kopenhagen die Versicherung gelangen zu lassen, daß die Sache nicht so ernst gemeint
sei. Vor ihren nach Holstein marschirenden Truppen her sandte
sie einen geheimen Agenten, den Herrn Major von Wildenbruch,
welcher beauftragt war, Sr. Majestät von Dänemark auseinanderzusetzen, daß Preußen der Aufforderung von seiten des
deutschen Bundes, in den Herzogthümern zu interveniren, unmöglich sich habe entziehen können, daß es aber, falls Dänemark
Vernunft annähme, seinerseits alles thun wollte und würde, um

die Streitfrage zwischen Schleswig-Holstein und Dänemark zu
einem billigen Ausgleiche zu bringen.

Der kopenhagener Hof nahm aber keine Vernunft an,
konnte auch keine annehmen, maßen er von der „eiderdänischen“
Partei beherrscht wurde, welche Krieg schnaubte und von nichts
wissen wollte als von einer gewaltsamen Niederwerfung der
schleswig-holstein'schen „Rebellen“. Das dänische Kabinett bedeutete daher den Herrn von Wildenbruch, mit seinen preußischen
Vermittelungsvorschlägen hinzugehen, von woher er gekommen.
Das war für den Geheimgesandten der Großmacht Preußen noch
nicht dänischgrob genug. Er hatte Befehl, nachdem ihm der
dänische Minister des Auswärtigen auf die rechte Wange geschlagen, nun auch noch die linke hinzuhalten. Es haugwitzelte
eben damals bedenklich in Berlin und man trieb daselbst wieder
einmal Politik nach dem Muster von 1805—6. Man wollte
da etwas und dort etwas und that überall nur Halbes. Wenn
das preußische Kabinett befürchtete, durch ein ernstes und ent-
schiedenes Anfassen der schleswig-holstein'schen Sache eine europäische Koalition gegen sich heraufzubeschwören — welche Furcht
übrigens nur ein sehr leicht zu bannendes Tagesgespenst war —
so konnte es ja das Anfassen überhaupt bleiben lassen. Es hat
ja durch die Art und Weise seines damaligen Anfassens und
Wiederfahrenlassens doch nur Unheil über die Herzogthümer
gebracht.

Die Note, welche Herr von Wildenbruch am 8. April von
Sonderburg aus an Se. Excellenz den königlich dänischen
Minister der auswärtigen Angelegenheiten richtete, läßt keinen
Zweifel über die wirklichen Absichten aufkommen, welche den
berliner Hof leiteten, als er in Schleswig-Holstein intervenirte.
„Preußen — heißt es in diesem merkwürdigen Aktenstücke —
wünscht vor allen Dingen die Herzogthümer ihrem König-Herzog
zu erhalten und ist gleich weit entfernt davon, seinem eigenen
Interesse oder dem Ehrgeize dritter Personen dienen zu wollen.

Einzig der Wunsch, die radikalen und republikanischen Elemente Deutschlands zu verhindern, sich unheilbringend einzumischen, bewog Preußen zu den gethanen Schritten. Das Einrücken preußischer Truppen in Holstein hatte den Zweck, das Bundes= gebiet zu sichern und zu verhindern, daß die republikanischen Elemente Deutschlands, an welche die Herzogthümer als letztes Mittel der Selbsterhaltung hätten appelliren können, sich der Sache bemächtigten." Das also war des Pudels Kern? Die lächerliche Angst vor dem Schatten eines Schattens war die „deutsche", war die „nationale" Politik Preußens! Nicht zum Schutze der von seiten Dänemarks brutalisirten Schleswig=Hol= steiner, nein, sondern um „vor allen Dingen die Herzogthümer ihrem König=Herzog", dem Dänenkönig, „zu erhalten", hatte sich Preußen bewaffnet aufgemacht. Gewiß, der arme Marschall „Druff" oder vielmehr Nichtdruff, sowie seine Offiziere und Soldaten waren tief zu beklagen, daß sie dazu verdammt ge= wesen, durch ihren Feldzug nur einen Kommentar zu dem kläg= lichen Text der wildenbruch'schen Note zu liefern. Wäre ein Mann an der Spitze des preußischen Staates gestanden, so würde ihnen dieses traurige Geschäft erspart worden sein.

Im Uebrigen darf und soll nicht verschwiegen werden, daß die Bevölkerung der Herzogthümer, wie viel guter Wille und braver Muth insbesondere in der Jugend vorhanden war, für ihre Befreiung bei weitem nicht that, was sie thun konnte. Zu einem guten Theil war an diesem Nichtgenugthun die offen= kundige Unfähigkeit und Kraftlosigkeit der Leute schuld, welche das Vertrauen ihrer Mitbürger auf die Stühle der provisorischen Regierung gesetzt hatte; zu einem größeren Theile aber noch das Bauernphlegma und der Bauerngeiz, welche jeder unbefangene Beobachter als Merkmale des schleswig=holsteinischen Volks= charakters wird erkennen müssen. Dieser Volkscharakter ist jedes Antriebs zu großen Entschlüssen, kühnen Wagnissen und schweren Opfern aus sich heraus bar und ledig. Solchen norddeutschen

Bauernnaturen, wie sie nun einmal im Laufe der Zeit geworden sind, wird es nicht im Traume einfallen, von sich aus und selbstständig vorzugehen. Sie erwarten alle Impulse von oben herab, sie müssen und wollen kommandirt werden. Die Mitglieder der Regierung waren aber Kommandanten daß Gott erbarm', den einzigen Theodor Olshausen ausgenommen, welcher ja unter seinen konservativen und viertelsliberalen Kollegen nicht aufkommen konnte. Er war und blieb unter den Leitern der halben, lahmen und lauen Schleswig-Holsteinerei der einzige Charaktermann.

Alle Veranstaltungen der Regierung hatten einen kleinlichen, bäuerisch-knauserigen Zuschnitt. Die Schweizer haben dafür das treffliche Wort knorzig. Ja, es war eine stümperhafte Knorzerei von A bis Z. Was wollte denn das sagen, daß man höchstens 2 Prozent der Bevölkerung unter die Fahnen rief? Durfte man denn einem Volke, das um seine nationale Selbstständigkeit und politische Unabhängigkeit kämpfen sollte, nicht mehr zumuthen? Mit Recht hat man gegenüber solchem Geknorze daran erinnert, daß Preußen, das zerrissene, arme, ausgesogene, ausgepreßte Preußen i. J. 1813 nicht weniger als 5 Prozent seiner Bevölkerung unter Waffen stellte. Und wie verschwindet vollends die vielbesungene Schleswig-Holsteinerei, wenn man sie an Hingebung, Opferfreudigkeit, Verachtung des Todes und Schlimmeren als des Todes mit den Insurrektionen Polens vergleicht, vorab mit der von 1863! Alles Leid, welches die Dänen den Bewohnern der Elbherzogthümer angethan, ist nur ein Flämmchen Fegfeuer im Vergleich mit der Hölle voll Weh, Wuth und Verzweifelung, zu welcher der Czarismus Polen gemacht hat, und die Kämpfe der Schleswig-Holsteiner gegen die Dänen verhalten sich zu denen der Polen gegen die Moskowiter, wie ein Feldmanöver sich zu einer Feldschlacht verhält. Auch die Ungarn sind in der Zeit von 1848—49 mit ihrem Gut und Blut ganz anders verschwenderisch gewesen als die schleswig-

holſteiniſchen Edelleute und Bauern. Selbſtverſtändlich ſoll mit
alledem kein Tadel ausgeſprochen, ſondern nur eine Thatſache
konſtatirt werden, — eine Thatſache, welche wohl geeignet wäre,
Schwachköpfen von Deutſchbümmlern zu zeigen, daß ſie gut-
thäten, ihr Schmeichelſüßholz etwas weniger häufig der Nation
vorzuraſpeln.

.

5.

Sogar ein Scheinkrieg hatte ausgereicht, im April die
Dänen aus Schleswig wegzufegen, und im Mai ſtand Wrangel
in Jütland. Das Feſtland war demnach für Dänemark verloren; aber es dachte keineswegs an Nachgiebigkeit und die von
ſeiten des deutſchen Bundestags halb und halb angekündigte
Abſicht, Schleswig zum deutſchen Bunde zu ſchlagen, bot den
Feinden Deutſchlands, welche der kopenhagener Hof immer
dringender um Hilfe anging, bot in erſter Linie Rußland und
Schweden, in zweiter England eine formale Handhabe zur Einmiſchung. Rußland und Schweden verſchritten ſofort zu offenen
Drohungen, ja zu drohenden Handlungen. Die erſtere Macht
rüſtete geräuſchvoll und kündigte das Erſcheinen einer ruſſiſchen
Flotte in der Oſtſee an, die zweite ließ ſchon am 9. Mai durch
ihren Geſandten in Berlin erklären, ſie werde den Dänen ein
Hilfskorps zuſenden, ſammelte Truppen bei Malmö und ſchiffte
an 5000 Mann nach der däniſchen Inſel Fühnen herüber.

In Berlin regierten kein großer Kurfürſt und kein großer
König, ſondern nur ein ſchwachherziger Romantiker und impotente Märzminiſter. Es wäre daher eine ſchreiende Unbilligkeit
geweſen, von ſolchen Kräften zu verlangen, daß ſie die allerdings
ſchwierige und gefährlich ausſehende Sachlage bewältigten.

Davon konnte um so weniger die Rede sein, als ja Dänemark,
Rußland, Schweden, England und wer sonst noch Deutschland
feindwar, am höfisch-christlichen Germanenthum einen eifrigen
und mächtigen Verbündeten hatten, welcher den Untergang der
schleswig-holsteinischen „Rebellion" von ganzem Herzen herbeiwünschte, obzwar ein näheres Zusehen sofort hätte klarmachen
müssen, daß die Sache der Herzogthümer, weit entfernt, eine
revolutionäre zu sein, vielmehr eine durch und durch konservative
war. Es wurde demnach zum Rückzug geblasen, und maßen
Lord Palmerston begreiflicherweise das Erscheinen einer russischen
Flotte im Belt und einen langwierigen Kriegstrubel um die Ostsee herum für mit den englischen Interessen nicht sehr verträglich
ansehen mußte, so verhandelte er eifrig mit dem preußischen Gesandten, um Preußen eine nicht gar zu unehrenhafte Rückzugs-
basis gewinnen zu helfen. Der Lord kam endlich mit Herrn von
Bunsen überein, daß als Voraussetzung von Friedensunterhandlungen die Räumung nicht nur Jütlands, sondern auch Schleswigs von seiten der deutschen Truppen stattfinden und als
Friedensgrundlage die Abtrennung des südlichen (deutschen)
Schleswigs vom nördlichen (dänischen) angenommen werden
sollte. Die preußische Regierung theilte diese Vereinbarung
dem damals noch amtenden Bundestage mit und dieser trat mit
etwelcher Verklausulirung derselben bei.

　　Alsbald begann Wrangel seinen Rückzug, die Bewohner
der deutschen Bezirke von Nordschleswig der dänischen Rache
preisgebend. Am 28. Mai stand er bereits rückwärts in Flensburg. Weil nun der Starke muthig zurückwich, ging der
Schwache frech vor. Die Dänen hatten kaum wahrgenommen,
daß und wie der berliner Hof durch russische, ja sogar durch
schwedische Drohungen sich einschüchtern ließ, als sie gegen
Preußen und Deutschland in einer so übermüthigen, höhnischen
und herausfordernden Manier auftraten, auftreten durften, daß
alle Welt mit Händen greifen konnte, die deutschen Fürsten und

Völker seien die gutmüthigsten Menschen unter dem Himmel und auch die besten Christen, welche getreulich ihres hochgeliebten lohalen Doktor Luthers Lehre befolgten: — „Ein Christ ist ganz und gar Passivus, der nur leidet; der Christ muß sich, ohne den geringsten Widerstand zu versuchen, geduldig schinden und drücken lassen." Dänemark verwarf die von England zuwege-gemachte, von Preußen und dem deutschen Bund angenommene Unterhandlungsbasis und stellte seinerseits eine auf, deren An-nahme von seiten Deutschlands mit dem Aufgeben der Herzog-thümer gleichbedeutend gewesen wäre. Noch angesichts der zur Eider zurückweichenden preußischen Armee begannen die der-selben folgenden Dänen in Schleswig gegen die Deutschen aller-hand Brutalitäten, welche freilich unter weniger guten Christen und Lutheranern etwas ganz anderes hervorgerufen hätten als die Absendung einer Klage- und Bittgesandtschaft an die Insaßen der Schwatzbude von Sankt Paul. Die provisorische Regierung der Herzogthümer benahm sich in dieser Krisis noch jämmerlicher, als ihrer Zusammensetzung nach von ihr erwartet werden mußte, was doch viel sagen will. Nirgends, weder von seiten der Re-gierung, noch von seiten des Volkes, auch nur ein ernstlicher An-lauf, auf die eigene Kraft sich zu stemmen, nicht der Schatten eines Schattens vom „furor teutonicus". Da waren denn doch die alten Ditmarsen ganz andere Kerle gewesen. Auch die Re-gierung schickte eins ihrer Mitglieder als Bittgesandten nach Frankfurt. Die Unfähigkeit und Thatkraftlosigkeit gingen bei der Ohnmacht betteln.

Die Art und Weise, wie das deutsche Parlament die also vor sein Forum gebrachte schleswig-holsteinische Sache anfaßte, mußte jedem Unbefangenen die Ueberzeugung aufbringen, daß aus der Paulskirche nie etwas anderes hervorgehen würde als phraseologischer Dunst und Tiftel. Was wäre aus Frankreich geworden, wenn 1792 — 93 in der Manége bei den Tuilerien nicht andere Leute gesessen hätten, als 1848 — 49 in Sankt Paul

faßen? Der Parlamentsausschuß für völkerrechtliche und inter-
nationale Verhältnisse — schon in derartigen kanzleischnörkel-
haften Benamsungen liegt eine ganze Charakteristik der Pauls-
kirchelei — brachte auf Anregung der schleswig-holsteinischen
Sendlinge am 3. Juni durch seinen Sprecher Dahlmann einen
Wasch-mir-den-Pelz-aber-mach'-ihn-nicht-naß-Antrag ein, über
welchen dann mit aller Gemüthlichkeit am 8. und 9. Bericht er-
stattet und gerednert wurde. So ungeheuer gründlich, daß sich
vor Ungeduld die Balken hätten biegen sollen. Der Doktrinarismus erging sich breitspurigst und die Kathebrarier waren
fürchterlich. Wenn hierbei überhaupt hätte Heiterkeit aufkommen
können, müßte es geschehen sein, als Herr von Schmerling, derzeit noch Präsident des Bundestags und baldigst Reichsminister,
seiner "sittlichen Entrüstung" über die "zweideutige Diplomatie"
im Allgemeinen und über die elende, "strafbare" Weise, womit
der Bundestag früher die schleswig-holsteinische Angelegenheit
behandelt hatte, im Besonderen von der Rednerbühne herab
Ausdruck gab, schließlich erklärend, daß er "nur e i n e Pflicht der
Regierungen kenne, die Pflicht, die Interessen der Völker mit
aller Kraft zu vertheidigen". In der Debatte und Beschlußfassung kam wieder die ganze Zwitterhaftigkeit der deutschen Bewegung vom Jahre 1848 kläglich zu Tage: — auf der einen
Seite der juckende Kitzel, einmal etwas Rechtes oder überhaupt
nur etwas zu thun; auf der andern das beengende Gefühl, nichts
zu können, und das noch mehr beengende, nicht einmal recht wollen
zu können. Der deutsche Doktrinarismus verhielt sich zu der
That, wie in Puschkins "Springquell von Bachtschißarai" der
Eunuch zur Odaliske. Der Antragsteller Dahlmann stellte die
richtige Prämisse auf: "Wenn in der schleswig'schen Sache nicht
geschieht, was recht ist, so ist der deutschen Sache das Haupt abgeschlagen;" aber eine richtige Schlußfolgerung daraus zu ziehen
wagte er nicht, sondern nur "in alter deutscher Bescheidenheit"
— ("„ Bescheidenheit die schönste Zier, doch kommt man weiter

ohne ihr *") — Lendenlahmes zu beantragen. Das lange Ge=
rede nahm dann ein jämmerliches Ende. Herr Waitz hatte ben
Antrag gestellt: „Die deutsche Nationalversammlung anerkennt
die schleswig'sche Sache als eine zu ihrer Wirksamkeit gehörende
Angelegenheit deutscher Nation; sie beschließt, daß energische
Mittel zur Fortführung des Krieges ergriffen werden, und end=
lich, daß die Genehmigung des abzuschließenden Friedens der
Nationalversammlung vorbehalten werde." Dieser von einem
höchst konservativen Reichsprofessor gestellte Antrag war aber der
Mehrheit noch nicht zahm und nichtssagend genug. Sie nahm
daher nur den ersten, den reinphrasenhaften Theil desselben an,
verwarf jedoch den zweiten, der möglicher Weise zur Möglichkeit
einer That hätte führen können, mit nicht weniger als 275 gegen
200 Stimmen. Die Leiter der Majorität wußten natürlich sehr
wohl, daß der berliner Hof den Scheinkrieg in den Herzog=
thümern nur begonnen hatte, um, wildenbruchisch zu sprechen,
dieselben „ihrem König-Herzog zu erhalten". Mit diesem Be=
schlusse gab das Parlament die schleswig=holsteinische Sache auf
und stellte dieselbe der Willkür des Zufalls, d. h. der potsdämi=
schen Staatsromantik anheim.

Diese erhielt in dem Ministerium Hansemann=Auerswald,
welches zu Ende Juni's aufkam, ein noch gefügigeres Rück=
wärtserei-Werkzeug, als sie in dem abgetretenen Ministerium
Kamphausen besessen hatte, und zögerte demzufolge nicht lange
mehr, dem „revolutionären Skandal" in den Elbherzogthümern
zu Gunsten des Dänenkönigs ein Ende zu bereiten. Hatte doch
dieses „Skandal" inzwischen Miene gemacht, sich auf eigene
Füße zu stellen und in einer Weise vorzugehen, welche deutlich
genug zeigte, daß, falls die provisorische Regierung sattsam Ver=
stand und Willen gehabt hätte, die Kräfte der Herzogthümer
flüssig zu machen und zu verwenden, die Schleswig=Holsteiner
der dänischen Macht wohl hätten die Stange halten können.
Am 7. Juni geschah unter Führung des aus Baiern gekommenen

Majors von der Tann die glänzendste deutsche Waffenthat des Feldzugs. Der tann'sche Freiharst überfiel bei Hoptrup ein fünffach stärkeres dänisches Linientruppenkorps und warf dasselbe in panischen Schrecken und in die Flucht. Zweiundzwanzig Tage später fochten auch die schleswig-holsteinischen Regulären bei Hadersleben tapfer und glücklich und zwangen die Dänen zum Rückzug nach Jütland.

Der deutsche Angriff auf Hadersleben hing aber mit den diplomatischen Verhandlungen so zusammen. Lord Palmerston fand die Anwesenheit eines von dem Großfürsten Konstantin befehligten russischen Geschwaders auf der Rhede von Kopenhagen sehr unbequem. Als der Großfürst gar noch allzu deutlich merken ließ, daß es ihn heftig gelüstete, sich mit seinen Schiffen des prächtigen Hafens von Kiel zu bemächtigen, mußte ihm der englische Gesandte in Kopenhagen erklären, England betrachte jede Berührung schleswig-holsteinischen Gebiets durch die Russen als einen Kriegsfall. Derselbe Gesandte gab dann bei der dänischen Regierung die Erklärung ab, daß England in Festhaltung der von ihm aufgestellten Unterhandlungsbasis die Räumung Schleswigs seitens der Dänen fordere. Zur gleichen Zeit drückte die englische Diplomatie auch in Berlin die Ansicht durch, man müßte, um die Dänen zum Frieden geneigt zu machen, denselben wieder etwas Ernst zeigen und demnach Schleswig abermals von ihnen säubern. Das zu thun, erhielt hierauf der inzwischen unthätig bei Flensburg gestandene preußische Marschall Befehl. Er setzte sich nordwärts in Bewegung, schickte die schleswig-holsteinischen Truppen voran und diese schlugen, wie gemeldet, die Dänen bei Hadersleben am 29. Juni. Das in alledem offenkundig gewordene zeitweilige Herübemeigen Englands auf die deutsche Seite mußte denn doch die Freunde und Freundinnen des Dänenkönigs am Hofe von Potsdam mahnen, ihre widerschleswig-holsteinischen Antipathien etwas hintanzuhalten. Auch das Ministerium Hansemann fühlte das Mißliche,

seine Laufbahn mit einem augenscheinlichen Verrath an Deutschland zu beginnen. Der Starke, obzwar unmuthig, that sogar
so, als wollte er wieder einen Schritt vorwärts thun und wirklich und wahrhaftig die deutsche Nation zur Behauptung ihrer
Ehre und Würde aufrufen. Das war aber, wie bald klar werden sollte, ein richtiges „Man-so-thun".

6.

Zugleich mit dem Befehl an Wrangel, wieder nordwärts
vorzugehen, hatte das berliner Kabinett den Grafen Pourtalès
nach Schweden gesandt mit Vorschlägen zu Unterhandlungen,
auf welche der stockholmer Hof bereitwillig einging, da er gar
wohl wußte, daß alle nicht bloß phantasirenden, sondern auch
denkenden Bewohner des armen Landes der Betheiligung an
einem kostspieligen, im Interesse des Phantasiebildes eines Groß-
skandinaviens zu unternehmenden Kriegsabenteuer entschieden
abgeneigt waren. Preußens Vorschläge trugen überdies so sehr
die Färbung der „alten deutschen Bescheidenheit", daß Schweden
seine Zustimmung unschwer geben konnte. Mit dieser Zustimmung begab sich Herr von Pourtalès von Malmö zum
Marschall Wrangel, um diesen seitens der preußischen Regierung
aufzufordern, mit den Dänen über einen Waffenstillstand zu
unterhandeln. Der Marschall, welchen das ewige „Vorwärts!"
nein, „Rückwärts", wieder „Vorwärts" und abermals „Rückwärts!" sehr unwirsch gemacht haben mußte, kam dieser Aufforderung übellaunig nach und demnach wurden zu Bellevue bei
Kolding Unterhandlungen eröffnet, während gleichzeitig auch zu
Malmö und London unterhandelt ward. Es sprach in diesem
Wirrsal von diplomatischem Krimskrams alles und jedes mit,

ausgenommen die Ehre Deutschlands, welches ideologische Ding
man selbstverständlich nicht zu Worte kommen ließ.

Am 19. Juli hatte man zu Bellevue einen vorläufigen
Entwurf zum Waffenstillstandsschluß vereinbart. Jetzt machte
aber Preußen die Schwenkung, zu erklären, mit der Einsetzung
der deutschen Reichsverwesung sei sein vom Bundestag ausge=
stelltes Mandat, die deutsche Sache in den Herzogthümern zu
führen, erloschen und folglich könne der Waffenstillstand nur mit
Genehmigung des Reichsverwesers zum wirklichen Abschlusse
kommen. Es bedarf keiner eingehenden Erörterung, daß dieser
preußische Schachzug in einer Stunde gethan wurde, allwo in
der potsdamer Staatsromantik gerade wieder momentan jene
Märzstimmung obenauf war, welche das Aufgehen Preußens in
Deutschland proklamirt hatte. Natürlich war am Tage darauf
diese Stimmung schon wieder umgestimmt. Die Feinde Deutsch=
lands wußten auch recht gut, was von solchen heroischen An=
läufen der preußischen Diplomatie zu halten sei, und richteten
nach diesem ihrem Wissen ihr Handeln ein.

Dänemark gab sofort die Erklärung ab, auf den Vorbehalt
einer Genehmigung oder Verwerfung des Waffenstillstands durch
den Reichsverweser ließe es sich gar nicht ein. Schweden blies
in dasselbe Horn, sagend, es hätte seine Vermittelung in der
Sache nur Preußen angeboten, nur mit diesem sei unterhandelt
worden, nur mit diesem wäre ein Abschluß möglich. Schlimmer
war, daß Lord Palmerston zur Abwechselung den englischen
Spieß wieder einmal gegen Deutschland drehte, indem er am
25. Juli in Berlin erklären ließ, England würde sich jeder wei=
teren Vermittelungsthätigkeit enthalten und von den Verhand=
lungen ganz zurückziehen, so Preußen neue Weiterungen machte
und die ganze Angelegenheit nicht beförderlich zu einem befrie=
digenden Abschlusse brächte. Sogar der zeitige Diktator der
französischen Pseudorepublik, Holzkopf Cavaignac, fand sich be=
müssigt, in Berlin andeuten zu lassen, daß Frankreich sich

veranlaßt sehen könnte, für seinen alten Allirten Dänemark einzutreten.

Und siehe, es residirte kein großer Fritz in Sanssouci, sondern Friedrich Wilhelm der Vierte.

Das preußische Kabinett begehrte vom Reichsverweser die Vollmacht, einen Waffenstillstand mit Dänemark abzuschließen. Der Reichsverweser gab diese Vollmacht, jedoch mit der Klausel, daß während des Waffenstillstands in den Herzogthümern die von der provisorischen Regierung ausgegangenen Gesetze und Verordnungen in Kraft bleiben sollten. Mit dieser Vollmacht versehen, reis'te der preußische General von Below am 12. August von Berlin nach Malmö, um den Waffenstillstand abzuschließen. Die deutsche Reichsverwesung schickte, weil sie doch auch so zu sagen mitdabeisein wollte, ihrerseits den Unterstaatssekretär Max von Gagern nach Malmö; allein derselbe kam nicht weiter als bis Rendsburg, wo er sattsam Zeit hatte, über die Bedeutung eines Unterstaatssekretärs der deutschen Centralgewalt nachzudenken. Der Geniestreich, welchen Herr Heinrich von Gagern mit seinem „kühnen Griff" gemacht hatte, einen östreichischen Erzherzog zum Reichsverweser zu greifen, zeigte sich überhaupt im ganzen Verlaufe der schleswig-holsteinischen Angelegenheit in seinem Vollglanze. Der östreichische Reichsverweser besaß nicht guten Willen und Einfluß genug, um die wiener Regierung zu vermögen, in dieser Sache wenigstens einigen Anstand zu beobachten. Während Deutschland mit Dänemark Krieg führte und die Dänen deutsche Schiffe kaperten, blieb die östreichische Regierung mit Dänemark in freundschaftlichen Beziehungen und hatte nicht einmal so viel Schicklichkeitsgefühl, ihren Gesandten aus Kopenhagen abzurufen oder dem dänischen Gesandten in Wien seine Pässe zu geben. Selbstverständlich weigerte sich auch Oestreich, sein bundesgesetzliches Truppenkontingent zu stellen, als die Reichsverwesung sich den ephemeren Anschein gab, einen deutschen „Reichskrieg" gegen Dänemark und dessen Verbündete führen zu wollen.

Bei den Unterhandlungen in Malmö stellte sich zuvörderst
heraus, daß Preußen und Deutschland, welchem Oestreich jede
Hilfe versagte, allein stehen würden, falls der Krieg seinen Fort=
gang haben sollte. Rußland und Schweden hatten in diesem
Falle den Dänen thatsächliche Hilfeleistung bestimmt zugesichert.
England und Frankreich ihrerseits hatten wenigstens eine drohend
widerdeutsche Haltung angenommen. Preußen war daher, soviel
ist gewiß, zu Malmö nicht auf Rosen gebettet.

Und siehe, es residirte in Sanssouci kein großer Fritz, son=
dern Friedrich Wilhelm der Vierte.

Demnach wich der Starke muthig zurück, immer weiter
zurück. Das schwache Dänemark blies die Backen auf und
diktirte die Waffenstillstandsbedingungen, die von allem, was
Preußen und Deutschland früher gefordert hatten, so ziemlich
das Gegentheil waren. Von dem Vorbehalt einer Ratifikation
des Waffenstillstands durch den Reichsverweser wollten die
Dänen nichts wissen und die Preußen gaben auch hierin nach.
Am 26. August kam der Abschluß zustande. Der Waffenstill=
stand sollte 7 Monate währen, also gerade für eine Zeit, in
welcher die Dänen mit ihrer Flotte wenig oder nichts ausrichten
konnten. Kraft der übrigen Bedingungen wurden in der That
„die Herzogthümer ihrem König=Herzog erhalten" und konnte
sich demnach der berliner Hof über seine in Malmö gespielte
Rolle damit trösten, daß er ja daselbst erreicht habe, was er von
Anfang an gewollt. Alle seit dem 17. März durch die proviso=
rische Regierung erlassenen Gesetze und Verordnungen sollten
null und nichtig sein und diese Regierung selbst einer andern
Platz machen, welche für die Dauer des Waffenstillstands durch
Dänemark und Preußen gemeinsam aus Eingeborenen bestellt
und von dem Grafen Karl von Moltke, welcher Herr mit dem
Herrn von Scheel=Plessen um die Palme des Verhaßtseins in
den Herzogthümern stritt, präsidirt sein sollte. Die Insel
Alsen sollte von den Dänen, ein Theil Holsteins von deutschen

Truppen befetzt gehalten werden. Alle Schleswiger müßten sofort aus der schleswig-holsteinischen Armee ausscheiden.

Da man mit einigem Grund besorgt hatte, die zur Zeit in Kiel tagende, aus allgemeinen Wahlen hervorgegangene schleswig-holsteinische „Landesversammlung" könnte der Annahme und Durchführung des Waffenstillstandes Schwierigkeiten bereiten oder wohl gar die schmähliche Machenschaft ganz verwerfen, so hatte man mittels einer preußischen Intrike, zu deren Durchführung der Herr „Reichsminister" Heckscher sich hergab, dieses Hinderniß aus dem Wege geräumt. Er beauftragte den in Rendsburg unterstaatssekretärliche Maulaffen feilhabenden Herrn Max von Gagern, der schleswig-holsteinischen Regierung vorzuplauschen, es sei höchst räthlich, für die Landesversammlung eine „kurze" Vertagung eintreten zu laffen, weil „die Beschlüffe derselben möglicher Weise den Stand der Dinge, wie er bei der Einleitung der Unterhandlungen (in Malmö) vorliege, leicht ändern könnten". Von der provisorischen Regierung konnte man, so, wie sie war, erwarten, daß sie bereitwillig auf diesen Schwindel eingehen würde. Sie empfahl, gegen den Einspruch Olshausens, der Landesversammlung, sich zu vertagen, worauf der Genannte aus der Regierung austrat mit der Erklärung: „Meine Rolle hier ist ausgespielt. Die Akte, welche jetzt zu unterzeichnen sind, werden meinen Grundsätzen zuwiderlaufen und dem Lande zum Unsegen sein." Auch so ein steifnackiger „Prinzipnarr", wie unsere Zeit sie nicht brauchen kann. Spricht von „Grundsätzen" und handelt sogar darnach; weg mit ihm! Die schleswig-holsteinische Landesversammlung, welche keineswegs auf der Höhe ihrer Aufgabe stand, ließ sich durch die jämmerliche Regierung mitverjämmerlichen. Sie beschloß ihre Vertagung: das Land war glücklich mundtodt gemacht.

7.

Am 1. September ging eine erste Sage vom Abschluß und
Inhalt des malmöer Waffenstillstands in der Paulskirche um.
Bestimmtes wollte auch das „Reichsministerium" noch nicht
wissen. In der Stadt Frankfurt und ihrer Nachbarschaft regten
die Gerüchte von der „Schmach von Malmö" die Massen beträchtlich auf. Der Volksinstinkt fühlte ganz richtig, daß damit
„der deutschen Sache das Haupt abgeschlagen sei". Leider hat
es der mit Recht empörte Masseninstinkt zu weiter nichts gebracht
als zu einer ungeheuren Dummheit. Die guten Deutschen werden im Revolutionmachen allzeit wahre Bönhasen sein. Sie
können es in diesem Geschäfte allenfalls nur zu etwas bringen,
wenn ein König sie dazu und dabei kommandirt. Das Jahr 1866
hat hierfür den Beweis beigebracht.

Wenn jemals etwas geeignet war, eine ganze Nation wie
einen Mann aufspringen zu machen, um mit dem Schwerte, mit
dem Dreschflegel, mit dem Messer in der Faust Protest einzulegen, so war es das schmachvolle Preisgeben der Schleswig-
Holsteiner durch den malmöer Waffenstillstandsschluß. Hunderttausende, ja wohl Millionen von deutschen Sängerkehlen hatten
seit Jahren das „Schleswig-Holstein meerumschlungen" — hergeleiert, jetzt aber, wo es einmal statt des Geleiers und Toast-
schoppenstechens einer That, einer Anstrengung, eines Opfers
bedurfte, da blieben die singenden und schoppenstechenden Hunderttausende und Millionen deutschgemüthlich zu Hause und gebar
der kreisende Berg des nationalen Zornes nur eine garstige
Maus: den frankfurter Septemberputsch, dessen spottwohlfeile
Niederwerfung der Rückwärtserei auch den Muth gab, alles
energische Handeln der schleswig-holsteinischen Landesversammlung und Bevölkerung, wozu sich dieselben auf die erste Kunde
von den Waffenstillstandsbedingungen ermannen zu wollen

schienen, zu verhindern und vereiteln. Deutschland hat durch seine bei dieser Gelegenheit gezeigte Haltung, d. h. Nichthaltung die Richtigkeit des Erfahrungsfatzes, daß alle Civilisation etwas Entnervendes habe, auf's neue erwiesen. Hat sie es vollends zu einer gewissen Verallgemeinerung des Nationalwohlstandes gebracht, so wird sie in der Regel identisch mit Verphilisterung. Damit soll natürlich nicht gesagt sein, daß die Deutschen „mit hoher obrigkeitlicher Bewilligung" nicht tapfer für Schleswig= Holstein eingestanden wären. Aber die hohe obrigkeitliche Be= willigung wurde versagt und folglich steckte Germania die Schandepistel von Malmö treuunterthänigst an den Spiegel.

Was die Mehrheit in der Paulskirche anging, so führte sie sich bei diesem Anlaß gerade so auf, wie jeder Nichtvertrauens= duseler von ihr erwarten mußte. Erst am 4. September theilte der Herr Reichsminister Heckscher den Inhalt des Waffenstill= standinstruments dem Parlament amtlich mit, wobei er die Be= merkung herauswürgen mußte, „die Bedingungen wichen aller= dings wesentlich von denen ab, unter welchen Preußen von der Centralgewalt Vollmacht zum Abschluß erhalten hätte". Da nun die Reichsverwesung nur im Einvernehmen mit der Nationalver= sammlung über Krieg und Frieden entscheiden könne, so bringe sie die Sache vor das Parlament. Am folgenden Tage fand die bezügliche Debatte statt. Dahlmann, als Berichterstatter der Mehrheit des völkerrechtlichen Ausschusses, erlebte an diesem 5. September den höchsten Ehrentag seines Lebens. Obzwar ein schlechter Redner, fand er doch ergreifende Brusttöne, um der Versammlung den Antrag: „Die Sistirung der zur Ausführung des abgeschlossenen Waffenstillstands erforderlichen militärischen und sonstigen Maßregeln zu beschließen" — zur Annahme zu empfehlen. „Dürfen wir — schloß er — unser eigenes Fleisch und Blut verrathen, unsere deutschen Mitbürger dem Untergang überliefern? Wahren Sie die Einheit Deutschlands, sie ist ge= fährdet! Diese Einheit soll durch den Waffenstillstand zersetzt

und zerbrochen werden. Beugen Sie sich, Sie werden ihr ehe=
mals stolzes Haupt nimmer wieder erheben!" Der Herr von
Schmerling drohte im Falle der Annahme des Antrags mit dem
Rücktritte des Reichsministeriums, als ob das wunder was für
ein Unglück gewesen wäre. Mit besonderer Beeiferung sprach
gegen den dahlmann'schen Antrag und für den Waffenstillstand
Herr Bassermann, in innigstem Seelenbunde mit den Herren von
Radowitz und Lichnowsky, welcher letztere zu jener Zeit neben
verschiedenen anderen Staats=, Herzens= und Schuldenaktionen
in Gemeinschaft mit der vielgeliebten Herzogin von Sagan das
Projekt einer Theilung Deutschlands zwischen Oestreich und
Preußen mit dem Main als Theilungslinie betrieb, ein Projekt,
an welchem auch die Hände von Damen gearbeitet haben sollen,
deren eine in der wiener Hofburg schaltete, deren andere im
potsdamer Schlosse waltete. In Wien hat man es aber bei der
Einfädelung bewenden lassen, als man merkte, daß man auf
einem weit bequemeren Wege dahin gelangen könnte, die Ober=
herrlichkeit über Deutschland, Preußen inbegriffen, wieder zu er=
langen, wie man sie zur guten alten metternichtigen Zeit besessen
hatte. Mit andern Worten, man merkte drunten an der Donau,
daß droben an der Spree nicht einmal ein kleiner, geschweige ein
großer Fritz regierte, sondern Friedrich Wilhelm der Vierte
romantisirte . . . . .

Dahlmanns Antrag ging mit einer kleinen Mehrheit durch
(mit 238 gegen 221 Stimmen), worüber im ersten Augenblick
in der frankfurter Christen= und wahrscheinlich auch Judenheit
ein großer Jubel losbrach. Beiden mitsammen stiegen aber so=
fort große Bedenken auf, maßen die „Werthpapierche" in ihren
feuerfesten Schränken vor Angst zu knistern begannen. Unmittel=
bar nach der heroischen Beschlußfassung hatte man das stolze
Gefühl: Ja, wir Deutsche lassen uns nicht im Bart kratzen, von
der ganzen Welt nicht! Aber das hielt gar nicht lange vor. Ein
ganzes Heer von bedenklichen „Wenn" und bedrohlichen „Aber"

warf sich auf die helbischen Fühleriche und trieb das ganze Wort=
helbenthum in die Flucht.

Den armen Dahlmann trifft der gerechte Tadel, etwas an=
gefangen zu haben, was er nicht durchzuführen vermochte, ja
nicht einmal durchführen wollte. Der Gute hatte sich wohl in
der Hoffnung gewiegt, daß mittels einer Wortschlacht alles abzu=
machen sein würde. Als aber statt der blassen Phrase die
robuste That an ihn herantrat und zu ihm sagte: Du hast um
mich gefreit; nun wohl, da bin ich, heirate mich! da entsetzte
sich der Kathedrarier und begann zu schlottern und zu stottern:
So war es nicht gemeint.

Das Ministerium Schmerling=Heckscher bot noch am Abend
des 5. Septembers dem Reichsverweser seinen Amtsaustritt an,
welcher angenommen wurde. Der Erzherzog, unschwer voraus=
sehend, was bei dieser parlamentarischen Komödie herauskommen
würde, beauftragte ganz korrekt konstitutionell Herrn Dahlmann mit
der Bildung eines neuen Reichsministeriums. Wäre nun wirk=
lich das Reichsprofessorenthum, welches ja in Dahlmann gipfelte,
so „staatsmännisch" gewesen, wie zu sein es sich rühmte, so
mußte es jetzt, wenn irgendeinmal, seine Staatsmännischkeit
herauskehren. Die „rohe" Linke hatte doch wohl nicht so un=
recht, wenn sie durch den Mund von Karl Vogt am 7. September
die Ansicht aussprach, Dahlmann, welcher ja das Reichsministe=
rium gestürzt hatte und die Verwerfung des Waffenstillstands
wollte, müßte auf alle Fälle das Ministerium übernehmen, und
wäre es für noch so kurze Zeit, um als Reichsminister den aus
den Herzogthümern abziehenden deutschen Truppen Halt zu ge=
bieten und also die Ausführung des Waffenstillstandes thatsäch=
lich zu hindern. Selbstverständlich hätte die Logik der Sachlage
Herrn Dahlmann gezwungen, die Mitglieder seines Ministeriums
aus den Reihen der Linken zu nehmen, welche ihn ja am 5. Sep=
tember siegen gemacht hatte.

Allein damit war der Kernpunkt der ganzen Frage bloßge=

legt, der Kernpunkt, vor dessen bloßer Berührung schon alle die
Herren „Staatsmänner" zurückschauderten. Wollte man im
Sinne des Beschlusses vom 5. September vorgehen, den Waffenstillstand verwerfen und ein demokratisches Reichsministerium
schaffen, so mußte man alles wagen, um alles zu gewinnen.
Man mußte nicht nur Konvent spielen, man mußte Konvent
sein. Man mußte Deutschland in ein Heerlager verwandeln,
Armeen aus dem Boden stampfen und im Nothfalle gegen halb
Europa „Krieg bis auf's Messer!" nicht nur erklären, sondern
auch führen. Konnte man das alles? Vielleicht, wenn mit
äußerster Geschicklichkeit und äußerster Energie zugleich gehandelt
worden wäre. In den Massen war damals noch unendlich viel
mehr guter Wille vorhanden als im Frühling des folgenden
Jahres, wo längst erkannt worden, aus welcher Sorte von
„Staatsmännern" die Mehrheit der „souveränen" Nationalversammlung bestand und daß die Paulskirche, der Grandezza
ihres parlamentarischen Apparats ungeachtet, nichts als eine
ordinäre Schwatz- und Klatschbude.

Eine Politik großer Entschlüsse und Wagnisse einem „Buch
in Hosen" anzusinnen war jedoch thöricht. Das arme Buch,
betitelt „Dahlmanns Politik", blätterte sich etliche Tage lang in
tausend Unschlüssigkeiten und Nöthen zwischen der Rechten und
der Linken hin und her und gab dann am 11. September sein
Mandat dem Reichsverweser zurück.

Derweil hatte der berliner Hof in London, Petersburg und
Kopenhagen alle seine diplomatischen Muskeln angestrengt, um
einige der verletzendsten Bedingungen aus dem Waffenstillstands-
entwurf herauszukriegen. Dabei stellte er sich an, zu glauben,
daß die Herren „Staatsmänner" in Frankfurt wirklich so viel
Mannheit aufzuwenden hätten, verzweifelte Entschlüsse zu fassen,
und gab dem Czar und Lord Palmerston zu bedenken, was für
ein unberechenbares Ding die revolutionär entfesselte deutsche
Nationalkraft werden könnte. Sintemalen nun der Deutschen

daß an der Newa, an der Themse und am Sund durch das
Nachgeben Preußens und der deutschen Reichsverwesung vorderhand sattsam befriedigt war, konnte das preußische Ministerium
am 11. September nach Frankfurt berichten, Dänemark verzichte
darauf, den Herrn Grafen Karl Moltke als Regierungspräsi-
denten in den Herzogthümern zu installiren, und wolle sich auch
herbeilassen, über andere für Schleswig-Holstein und Deutschland besonders herbe Bedingungen des Waffenstillstands weiter
zu unterhandeln. Wind und Worte, natürlich, nichts weiter;
aber sie reichten aus, die paulskirchliche Mehrheit zur Minderheit zu machen. Die meisten „Staatsmänner" waren ganz
unbeschreiblich froh, an den Strohhalm der erwähnten Schein-
koncessionen sich anklammern zu können. Doch konnten sich wohl
selbst auf den Bänken der Rechten sitzende Ehrenmänner eines
Achselzuckens der Verachtung nicht enthalten, als sie mitansehen
mußten, wie Vertreter Schleswig-Holsteins sich beeiferten, ihr
Heimatland wiederum den Dänen zu überliefern; denn nicht begreifen, daß der Sinn des Waffenstillstands kein anderer war,
hätte ja polizeiwidrig naiv sein geheißen. Die Herren Franke,
Droysen, Michelsen und Neergaard brachten also am 14. September den Antrag ein, die Nationalversammlung wolle beschließen, die Vollziehung des Waffenstillstandes nicht länger zu
hindern. Damit stimmte sachlich ein Antrag überein, welchen
die Mehrheit des völkerrechtlichen Ausschusses eingebracht, während die Minderheit dieses Ausschusses beantragt hatte, an der
Verwerfung des Waffenstillstandes festzuhalten und die Centralgewalt aufzufordern, die zur Fortsetzung des Krieges nothwendigen Maßregeln zu ergreifen, sofern Dänemark keine Neigung
zeigen sollte, sogleich mit derselben in Friedensunterhandlungen
einzutreten.

Das Wortgefecht über diese Anträge wüthete drei volle Tage.
Es kamen dabei die rarsten Staatsmännischkeiten vor, z. B. diese,
daß einer der angesehensten Reichsprofessoren für den Minder-

heitsantrag rednete und sodann dagegen stimmte. Im Uebrigen
wurde nicht nur viel, sondern auch gut geredet, für und wider.
Mit größerer Feinheit, als man ihm gewöhnlich zutraute, spielte
Vogt darauf an, daß sich Preußen durch sein Verhalten in der
obschwebenden Sache nicht gerade ein glänzendes Zeugniß für
seine Befähigung zur deutschen Kaiserschaft ausgestellt habe.
Derselbe Redner traf auch den Nerv der ganzen Situation, indem er offen und ehrlich aussprach, daß die Versammlung, so sie
mehr thun wollte als schwatzen, zum Konvent sich wandeln, die
nationale Leidenschaft aufrufen und die Volkskraft entfesseln
müßte. Je wahrer und richtiger dies war, um so mehr erschau-
derten die Schwatzweiber davor und diese bildeten in Sankt Paul
die Mehrheit. Zahlreiche „Bücher in Hosen" vollends geriethen
in stille Wuth oder brachen in laute aus über das Unerhörte,
Unerfaßbare, daß ein Professor — dessen Professorthum freilich
unter der Schädeldecke statt im Podex saß — so „frevelhaft
destruktive Tendenzen" nicht nur hätte, sondern auch ausspräche.
Wollte man den Unterschied zwischen einer bloß auf Einbildung
und Selbstüberschätzung beruhender „Staatsmännischkeit" und
einem wirklich und wahrhaft staatsmännischem Talent recht
greifbar merken, so mußte man hören, wie am 16. September
Herr von Vincke und Robert Blum sprachen. Die Rede des
ersteren war nur eine Skandalhochzeit des preußisch-staatsjunker-
lichen Dünkels mit der schwachmattischen Rabulisterei. Blum
erreichte an diesem Tage den Zenithpunkt seiner Bedeutung als
Politiker und Redner. Er hat nie weiser und nie besser gesprochen. Seine Beweisführung mußte überzeugen, wenn eben
in Plattschädel und Mattherzen die Beweisgründe der Mannhaftigkeit und nationalen Ehrgefühls überhaupt Eingang finden
könnten. Meisterhaft insbesondere war Blums Ausführung,
daß die Parlamentsmehrheit, falls sie es mit ihrem Bestreben,
die Revolution zu schließen, ernst nähme, den Waffenstillstand
verwerfen müßte, weil ja die Hinnahme der Schmach desselben

zweifelsohne ein neues revolutionäres Ferment abgeben würde. Seltsam traf es sich, daß Blum auf der Rednerbühne abgelöst wurde durch den Fürsten Lichnowsky, welcher selbstverständlich „mit Aufopferung seiner besseren Ueberzeugung" für den Waffen= stillstand sprach, aber ernster und gemessener, als er sonst that. Es war unmöglich, charakteristischere Typen des Gegensatzes von Volksthum und Junkerthum zu finden als Blum und Lichnowsky. In Figur, Haltung, Gebaren, Anschauungs=, Denk= und Rede= weise verkörperten sie diesen Gegensatz in seiner schärfsten Zu= spitzung. Und Beiden stand ein tragischer Ausgang so nahe! Dem einen war es bestimmt, vom vornehmen, dem andern, vom gemeinen Pöbel gemordet zu werden.... Von seiten der Linken haben am 16. September noch Löwe und Ludwig Simon beson= ders nachdrucksam und beredt die Argumente des gesunden Men= schenverstandes und der patriotischen Pflicht gegen die Genehmi= gung der Schmach von Malmö ins Treffen geführt. Umsonst. Angstphilistäa war obenauf. Mit 285 gegen 237 Stimmen wurde der Antrag der Ausschußminderheit verworfen und mit 257 gegen 236 der Antrag von Franke, Droysen und Konsorten angenommen. Die deutschen Liedertafeln konnten jetzt singen: „Schleswig=Holstein dänenumschlungen".

8.

Abends 8 Uhr war die Abstimmung zu Ende und diese Stunde markirte in Wahrheit und Wirklichkeit zugleich auch das Ende des ersten Parlaments deutscher Nation.

Mit Riesenbuchstaben hat sich diese Versammlung am 16. September von 1848 ein Armuths= nicht nur, sondern geradezu ein Nichtigkeitszeugniß ausgestellt. Kein denkender Mensch er=

wartete von diesem Tag an noch etwas von ihr. Das Parlament war jetzt schlechterbings nur noch ein Plapperment. Das Geplapper und Geplauder ging zwar in der Paulskirche noch viele Monate lang weiter, aber es biente nur dazu, die unendliche Makulatur der stenographischen Protokolle aufzuhäufen.

Die Linke mußte nach dem Beschluß vom 16. September sofort in Masse austreten, so sie die Mitschuld des zwecklosen Weiterschwatzens und des mark- und machtlosen parlamentarischen Weiterschwindelns nicht auf sich laden wollte. Sie trat nicht aus, sie zog es vor, mit weiter zu schwatzen in der Schwatzbude, und darum war es nur ein gerechter, obzwar grausamer Spott der Nemesis, wenn gerade 9 Monate später die Linkser brutal weggewischt wurden von der politischen Bühne, sang- und klang- und klaglos weggewischt.

Vorausgesetzt, die Deutschen wären Revolutionskünstler, was sie nicht sind, und vorausgesetzt ferner, Frankfurt wäre eine große Stadt gewesen, so würde mit der Entrüstung des Volkes über eine „souveräne Nationalversammlung", welche am 16. September Schleswig-Holstein, Deutschland und sich selber aufgegeben hatte, viel zu machen gewesen sein. Es ging doch durch ganz Südwestdeutschland eine tüchtige Zornregung und bot namentlich die Jugend, die jüngeren Altersstufen der Bürgerwehren inbegriffen, ein gutes und williges Thatmaterial. Sicher ist, wenn das Parlament einmüthig die schwarzrothgoldene Fahne aufgepflanzt hätte, so war ein gewaltiger nationaler Aufschwung dazumal noch möglich. Allein alle diese Voraussetzungen blieben Voraussetzungen. Es fehlte den aufgeregten Massen ein leitender Gedanke und ein organisirender Kopf. Man wollte losschlagen, losschlagen gegen die „verrätherische" Parlamentsmehrheit und gegen die Rückwärtserei überhaupt, welche nirgends zu sehen der gute Doktor Eisenmann, einer der unfreiwilligen Komiker der Paulskirche, in seinem stupenden, um nicht zu sagen stupiden Vertrauensdusel behauptet hatte. Aber wofür wollte man los-

schlagen? Wie? Wo? Wann? Womit? Ein superlativischer
Losschläger, was doch wohl der athletische Rothbartmann
Germain Metternich aus Mainz gewesen ist, beantwortete diese
wohlberechtigten Fragen damit, daß er von seinem allerdings be-
wunderungswürdig muskulösen Arme Rock- und Hembärmel streifte,
sagend: „Die Zeit des Schwatzens ist vorbei; unsere Arme
müssen die Freiheit und das Vaterland retten". Arme Freiheit!
Armes Vaterland!

Wie sich die Linke des Parlaments zu dem voraussichtlichen
Putsch stellte, war ohne Widerrede ganz kläglich anzusehen und
lieferte einen traurigen Beweis mehr für die Richtigkeit des
Satzes, daß der Parlamentarismus auch auf tüchtige Naturen
eine demoralisirende Wirkung übe. Die parlamentarische Demokratie von Sankt Paul eiertanzte mühsäligst auf der schmalen
Gränzlinie zwischen Gesetzlichkeit und Ungesetzlichkeit. Die Put-
scherische wollten daher auch nichts von diesen „Bourgeois" wissen,
— eine geschichtlich sehr beachtenswerthe Thatsache. Nicht etwa
darum, weil dieselbe die von der Rechten des Parlaments
auf die Linke geworfene Bezichtigung, daß die letztere mit den
„Rothen" zur Herbeiführung des Putsches konspirirt hätte, von
vornherein entkräftete; sondern vielmehr deßhalb, weil jetzt zum
ersten mal im „tollen" Jahr auf deutschem Boden mit voller
Bestimmtheit und Offenheit die Narrethei sich breitmachte, nur
im Proletariat und durch das Proletariat sei Heil zu suchen und
zu schaffen. Als ob nicht die ganze Weltgeschichte eine nie unter-
brochene Kette von Beweisen wäre, daß niemals irgendein erkleck-
licher, geschweige vollends ein nachhaltiger Vorschritt der menschlichen Gesellschaft vor sich gegangen ohne Mitdabeisein und Mitthun
der besitzenden Klassen.

Es ist ja auch gar nicht anders möglich. Denn der Besitz
repräsentirt nicht allein das Geldkapital, sondern auch das Kul-
turkapital. Ein armes Volk ist stets zugleich ein mehr oder weniger barbarisches. Der Reichthum muß ein Civilisator sein,

mag er wollen oder nicht. Das Reichsein aller ist aber der kin=
dische Traum wohlmeinender Thoren oder die lügnerische Lock=
pfeife schlauer Schelme. Die „Ursachen der Ungleichheit unter
den Menschen" werden nie zu beseitigen sein, und wenn noch
hundert Rousseau's Bücher darüber schrieben. Der Kommunis=
mus ist ein wüster Schnapsrauschtraum, die rousseau'sche De=
mokratie dagegen die lichte Vision eines jugendlichen Phantasten.
Die Landsgemeindekantone der Urschweiz sind eine Karikatur die=
ser Vision. Verwirklicht wird sie nie und war sie nie. Aber das
perikleische Athen? Wohl, das perikleische Athen hat für eine
kurze Weile das demokratische Ideal halbwegs zu verwirklichen
vermocht, weil für die Tausende von attischen Bürgern die Hun=
derttausende von attischen Sklaven arbeiteten, weil sich die Freien
zu den Unfreien verhielten wie 1 zu 4 und demnach die idealschöne
Marmorgestalt perikleischer Demokratie auf dem breiten Sockel
der Sklaverei stand.

Seit 1848 hat sich eine Bande von Erzschelmen aufgethan,
welche die Beschmeichelung des Proletariats ganz handwerks=
mäßig treiben und nebenbei von diesem Handwerk auch mehr
oder weniger splendid leben. Ein Hauptagitationsmittel dieser
gaunerhaften Demagogie ist der schamlose Mißbrauch, welchen
sie mit den Worten „Arbeit" und „Arbeiter" treibt, dem Hand=
arbeiter vorlügend, nur s e i n e Arbeit sei überhaupt eine. Die
Folgen dieser frevelhaften Beschwindelung des armen genasführ=
ten Proletariats werden kommen, werden sicherlich kommen, wie
eben jedes einmal in Gang gebrachte Unheil seinen Verlauf haben
muß. Alle Warnungen dagegen werden so vergeblich sein wie
die, welche hier ein Mann niederschreibt, dessen Herz all sein
Lebenlang für das Volk geschlagen und der, seit er zu denken be=
gann, für das Wohl desselben gedacht, nach Kräften gearbeitet
und die Sache der Armen und Unterdrückten geführt hat. Trau=
riges Loos, mit einem Blick in die Zukunft begabt zu sein! Denn
kommen wird der Tag, wo, bis zur äußersten Wuth gegen ein=

ander verhetzt, Arbeit und Kapital antreten zum Mordkampf um
Sein oder Nichtsein. Ja, eine europäische Junischlacht
wird geschlagen werden. Und wer wird Sieger sein in
diesem Gräuelkampf? Der Besitz, wie ja derselbe überall und
allzeit schließlich den Sieg davongetragen hat, davontragen mußte.
Und ein erbarmungsloser Sieger wird er sein, der für alle Angst=
pein, die er ausgestanden, Ersatz sucht in einer unerhörten Rache=
orgie. Wehe dannzumal den Besiegten! Es ist gar nicht un=
möglich, nein, es ist vielmehr wahrscheinlich, daß den Besitzlosen
dann wiederum das Joch der Leibeigenschaft, der Sklaverei in
brutalster Gestalt auf den zu Boden gebeugten Nacken gelegt
wird ... Lacht nicht! Eure Kinder oder Enkel könnten es schwer
zu büßen haben. In der erhabensten aller Dichtungen, in der
Religion von Alt=Iran, besiegt allerdings der lichte Ormuzd
schließlich den dunkeln Ahriman, nicht aber in der Wirklichkeit.
Denn das Dumme oder, was dasselbe, das Böse ist ein imma=
nenter Theil des Weltplans oder des — Weltzufalls und zwar
der weitaus größere und mächtigere Theil.

9.

Aufgeregte Volkshaufen umstanden am Abend des 16. Sep=
tembers die Paulskirche, der Abstimmung drinnen harrend. Als
dieselbe geschehen war, brach drinnen und draußen ein Rumoren
und Rasaunen los, wie es sonst nur die wiener Katzenmusik in
ihren geräuschvollsten Tagen und zügellosesten Nächten aufzuwen=
den wußte. Im Innern der Rotunde von Sankt Paul, welche
geradezu beleuchtet genug war, um „die Dunkelheit sichtbar zu
machen", schwirrte ein tausendstimmiges Gerufe, Gezische, Ge=
pfeise, Gegrunze und Gebrülle durcheinander. Die Mehrheit

und die Minderheit schnellten und warfen einander Tadels- und
Drohworte zu, die Galerieen schütteten einen Strom von Hohn
und Schimpf in den Sal herab. Endlich schlug durch das Chaos
dieser Teufelsmette der Schrei: „Zur Stadtallee! Zur Volksberathung!"

Diese „Volksberathung", d. h. ein krakeelokratisches Tu-
multiren, fand dann auch statt, zu Füßen der schwanthaler'schen
Göthestatue. Wenn die Seele des alten Olympiers für etliche
Minuten in die erzene Brust seines Standbildes hätte zurückkeh-
ren können, er würde, auf die tobende Menge niederblickend, mit
Achselzucken sein eigen Wort citirt haben:

> „Was ich mir gefallen lasse?
> Zuschlagen muß die Masse!
> Dann ist sie respektabel,
> Urtheilen gelingt ihr miserabel."

Aber, ach, auch das Zuschlagen gelang ihr nur miserabel. Der
Putsch putschte an diesem Abend ganz gemein. Die vollständige
Plan- und Ziellosigkeit des Tumults offenbarte sich, wie denn
alles Gefabel von einer von langer Hand her angelegten, durch
die Linke des Parlaments oder wenigstens durch zahlreiche Mitglieder derselben geleiteten „rothrepublikanischen Erhebungsver-
schwörung" weiter nichts als Gefabel war und blieb. Am Abend
des 16. Septembers kam es überhaupt nur zu einem katzenmusi-
kalischen Krawall, der leicht durch die frankfurter Bürgerwehr
zerstäubt werden konnte, falls diese nicht ebenfalls durch den Waf-
fenstillstandsbeschluß zu verstimmt gewesen wäre, um ernstlich
einzuschreiten zu wollen. Eine etwas bedrohlichere Miene nahm
der Krawall gegen die Westendhall an, den Versammlungsort
des linken Centrums, welches für Malmö gestimmt hatte. Das
Haus wurde theilweise verwüstet und es gab etliche spaßhafte
Fluchtscenen, welche freilich für die Betreffenden nicht sehr spaßhaft
waren. Der Turnvater Jahn, welcher auch besser gethan hätte,

daheim in Freiburg an der Unstrut zu bleiben, statt die ohnehin
sattsam zahlreiche Sammlung von Mumien in der Paulskirche
um eine zu vermehren, ja, der alte Jahn machte bei dieser Gele=
genheit seine letzte Turnfahrt. Er turnfuhr nämlich, um nicht,
wie er mit einigem Grund fürchtete, getheert und gefedert zu
werden, unter ein Kanapee oder, wie eine andere Lesart will,
unter das Gestelle eines Küchenmagdbettes.

Die Nacht über wurde in der Stadt und möglich weithin
in der Umgegend gewirkt und geweibelt, um am folgenden Tage eine
„Volksdemonstration" im großen Stil in Scene zu setzen, was
um so leichter, als der 17. September ein Sonntag war. Die
Bahnzüge brachten denn auch von allen Seiten allerlei Volk her=
bei, sehr allerlei. Denn es befand sich darunter ganz unzweifel=
haft auch welches von der Sorte, welche man in der Schweiz
„Hundwaare" und allüberall „Canaille" nennt. Vor dem Aller=
heiligenthore Frankfurts dehnt sich eine weite Matte hin, die
Pfingstweide. Hier trat um 4 Uhr Abends die Volksversamm=
lung in Berathung, 10 oder gar 20,000 Köpfe stark, der Mehr=
zahl nach völlig unbewaffnet, darunter etliche hundert „Hecker=
hüte" mit rothem Federschmuck. Der Obmann eines frankfur=
ter Klubbs, welcher den vormärzlich=idyllischen Namen „Mon=
tagskränzchen" führte, ließ, um den Volkszornstrom in den unge=
fährlichen Schwatzkanal zu leiten, als Vorsitzender der Versamm=
lung eine Adresse an das Parlament vorschlagen, worin die
Abstimmung vom vorigen Tage gelinde getadelt wurde. Dieses
Gericht war nicht nach dem Geschmacke der aufgeregten Massen.
Sie schrieen nach mehr Pfeffer. Die guten Montagskränzler
verzogen sich. Es wurde ein Anlauf zum Jakobinismus genom=
men, natürlich nur in Phrasen, wie „Man muß jetzt Fraktur
schreiben!" u. dgl. m. Zwischen die aufwieglerischen Reden schob
sich zur Abwechselung wohl auch wieder eine abwieglerische hin=
ein. Endlich gelangte man mit viel Geschrei und wenig Wolle
zu dem Beschlusse, die 258 Paulskirchler, welche der Schmach

von Malmö beigestimmt hatten, für „Verräther am deutschen
Volke, an der deutschen Freiheit und Ehre zu erklären" und diesen Beschluß durch eine Abordnung dem Parlament anzeigen zu
lassen. Auch wurden die Zuzügler aus der Umgegend aufgefordert, in Frankfurt zu bleiben oder doch morgen wieder zu kommen, um den Volksbeschlüssen „Nachdruck zu geben". Schließlich
zogen starke Haufen in die Stadt und vor das „Deutsche Haus",
das Klubblokal der Linken, wo diese so eben den aus ihrer Mitte
gekommenen Antrag, in Masse aus dem Parlament zu treten,
verhandelt und mit allen gegen 19 Stimmen abgeworfen hatte.
Dem darüber in nicht eben gewählten Ausdrücken aufbegehrenden
Volke trat Vogt mit energischen, Venedey mit rührenden Worten
entgegen, wofür jener gehöhnt und dieser gehudelt wurde. Die
eiertänzliche Halbheit der Linkser erbos'te übrigens das Volk so
sehr, daß große Scharen, und zwar gerade die besseren Elemente,
heimwärts zogen, um nicht wiederzukommen.

Unter solchen Umständen glaubte der Senat von Frankfurt
auf die Sicherheit der Stadt und der Paulskirche Bedacht nehmen
zu müssen; um so mehr, als die ganzen militärischen Hilfsmittel,
über welche man zur Stunde verfügte, in 1 Bataillon Kurhessen
bestand, das überdies nicht für sehr zuverlässig galt. Im Einverständniß mit dem wieder geleimten Reichsministerium Schmerling — Herr Heckscher war ausgekniffen und mußte leider zu
Höchst am Main, wo er erkannt worden, die Volkskritik seiner
Diplomatik an seinem eigenen Leibe erfahren; er entging nur
mit knapper Noth dem „Richter Lynch" — also im Einverstänt-
niß mit dem Ministerium telegraphirte der Senat um Truppen
nach Mainz, aus welcher Bundesfestung dann auch in der Nacht
2 Bataillone Oestreicher und Preußen auf der Eisenbahn eintrafen. Nachmittags vom 18. September kamen dann auch von
Darmstadt her darmhessische Reiterei und Artillerie. Abends
verfügte man über nahezu 12,000 Mann.

Am Morgen dieses Tages hatte man die Truppen zum

Schutze der Paulskirche aufgestellt, doch so, daß der Schein einer
„Berathung unter dem Zwange der Bajonnette" vermieden werden sollte, was aber nur zur Folge hatte, daß die Zugänge schlecht
besetzt waren. Die Stadt trug eine düstere Physionomie. Die
Magazine und Läden waren geschlossen. Rings in den Straßen
und Gassen um die Paulskirche her finsterblickendes Volk, drohende
Rufe gegen die „Verräther" ausstoßend. In der Kirche selbst
nach eröffneter Sitzung ein summendes Hin- und Hertasten, welches der Präsident Gagern nur mühsam zu bewältigen vermochte.
Mitglieder der äußersten Linken stellten dringliche Anträge. So
Rühl aus Hanau: In Betracht, daß es sehr zweifelhaft, ob die
Versammlung noch das Vertrauen des deutschen Volkes besäße,
sollte sie sofort Neuwahlen beschließen und einem aus denselben
hervorgehenden Parlamente den Platz räumen. So Trützschler:
Die östreichischen und preußischen Truppen sofort nach Mainz
zurückzusenden. Nach Abwerfung beider Anträge durch Vernei-
nung der Vorfrage der Dringlichkeit wurde Tagesordnung beschlossen, nämlich Berathung des Grundrechteparagraphen: „Die
Wissenschaft und ihre Lehre ist frei". Natürlich war die Debatte, welche zu dem Hallohen draußen in schneidendem Kontrast
stand, nur eine Komödie, welche noch nicht lange gespielt hatte,
als Volkshaufen die Thüren an der Nordseite des Gebäudes ein-
zurennen versuchten. Ein Bajonnettangriff preußischer Truppen
verjagte jedoch die Thürenbestürmer und bei dieser Gelegenheit
wurde ein alter Mann — ein „ganz unschuldiger" Zuschauer,
wie es hieß — niedergestoßen.

Das gab Veranlassung, den Racheschrei durch die ganze
Stadt erschallen zu lassen, und der Barrikadenbau begann. Wäre
die Bürgerwehr dem schlagenden Generalmarschtrommelruf gefolgt, sie hätte dieses Beginnen leicht vereiteln können; aber sie
kam nicht, vielleicht beruhigt dadurch, daß die Barrikadenbauer
überall an die Hausthüren, insbesondere an die Thüren notorisch
reicher Leute die Worte schrieben: „Das Eigenthum ist heilig;

Tod den Dieben!" Die Altstadt mit ihrem engen Gassengewinde
bot ein sehr vortheilhaftes Barrikadenterrain. Daß aber unter
den Augen der Truppen der Barrikadenbau überhaupt gestattet
wurde, bleibt eine der zahllosen im „tollen" Jahre begangenen
Unverantwortlichkeiten. Erst nach 2 Uhr begann der Angriff
auf die inzwischen in aller Gemüthlichkeit vollendeten Barrikaden
auf dem Liebfrauenberge, in der Döngesgasse, in der Schnurgasse
und auf der Zeil, da, wo die Hasengasse in dieselbe mündet.

Es ist eine von der rückwärtsigen Verleumdung nicht umzu-
stoßende Thatsache, daß die Mitglieder der Linken durch den Losbruch des Kampfes sehr überrascht waren*). Sie hatten ja Tags
zuvor nicht nur mit allen Kräften abgewiegelt, sondern auch nicht
einmal Entschlossenheit genug finden können, der Paulskirche den
Rücken zu kehren und des Schwatzes süßer Gewohnheit zu ent-
sagen. Sie waren es ja auch gestern gewesen, welche durch ihre
Unentschlossenheit den Heimzug gerade der tüchtigsten von den
auf der Pfingstweide versammelten Streitkräften verursacht hatten.

---

*) Moritz Hartmann, Parlamentsmitglied, ein Augenzeuge und Mit-
handelnder, dessen Wahrhaftigkeit keinem Zweifel untersteht, erzählt („Demokratische Studien" 1861, S. 167): „In der Sitzung des 18. waren die
Linken von dem plötzlichen Sturm auf die Paulskirche ebenso überrascht und
durch die Gewandtheit, womit der dicke Gsförer bei dieser Gelegenheit (aus
Angst) die Wände hinankletterte gleich einer Riesenspinne, ebenso erfreut
wie die Rechten. Nach der kurzen Sitzung waren sie es, welche über die
militärische Machtentfaltung in den Straßen erstaunten. Sie hielten sie
für überflüssig; sie wußten ja, daß es keinen Aufstand geben sollte, daß die
ungeheure Mehrheit der Kampflustigen abgezogen war. Auf der Neuen
Kräm stand eine preußische Kompagnie und sah Gewehr bei Fuß zu, wie
ungefähr vier Männer, nicht fünfzehn Schritte entfernt, eine erbärmliche
Barrikade bauten. Eine Dame, die ich am Arme hatte, äußerte den Wunsch,
auch einmal eine Barrikade zu sehen, und der preußische Hauptmann hatte
das kaum gehört, als er die Reihen öffnete, die Dame höflich einlud, vorzu-
treten, und ihr die Honneurs der Barrikade machte. Zwei Mann hätten
hingereicht, die Barrikade mit ihren Gewehrkolben zu zerstören."

Man muß ihnen aber die Gerechtigkeit widerfahren lassen, zu sagen, daß sie redlich thaten, was sie konnten, um die Einstellung des von A bis Z ganz sinnlosen Kampfes herbeizuführen. Ihre mit Bloßstellung des eigenen Lebens unternommenen Bemühungen hatten nur einen scheinbaren Erfolg, der ein wirklicher nicht werden konnte, weil es Leute gab, denen ein kleines Ding von Aufständchen höchst willkommen war, um mit möglichst großem Spektakel diese „Revolution" niederschlagen zu können, deren Inscenirung man mit schamlosester Verleugnung alles Wahrheits-gefühls der Linken des Parlaments zulog. Die gemeinten Leute haben den Aufstand recht eigentlich werden und wachsen lassen, so-weit er es überhaupt zu einem Wachsthum brachte. Man hatte dem Monsieur Cavaignac und Konsorten etwas abgelernt. Wie man im Juni in Paris die Wirklichkeit der „rothen Republik" absicht-lich soweit hatte gedeihen lassen, daß man ihr mit rechtem Ge-räusch den Garaus machen könnte, so wollte man im September in Frankfurt dreinkartätschen — auf den Schemen und Schein einer „rothrepublikanischen" Erhebung. Unser Augenzeuge Hart-mann hat gewiß recht, wenn er sagt: „Herrn von Schmerling gehört der Ruhm, schon zwei Jahre vor Louis Napoleon sich einen großen Feind erfunden und über den erfundenen Feind einen großen Sieg davongetragen zu haben." Aber diesem muß hin-zugefügt werden, daß eine rasende Pöbelbande durch ihr scheuß-liges Thun den Machthabern einen stichhaltigen Vorwand lieferte, den frankfurter Septemberputschfrosch zu einem Revolutionsochsen aufzublasen, damit sie demselben mit dem Knalleffekt eines Kar-tätschenpuffs das Leben ausblasen könnten.

10.

Als man die Barrikaden soweit hatte errichten laſſen, daß
man ſie mit einigem Anſtande angreifen konnte, begann zur ſchon
angegebenen Zeit und an den gemeldeten Stellen der Angriff.
Zunächſt nur mittels Gewehrfeuers, weil die aus Darmſtadt her=
beigerufene Artillerie noch nicht zur Hand. Es war viel Volk
hinter den Barrikaden, aber nur wenige wirkliche Kämpfer, ſo daß die
verhältnißmäßig lange Vertheidigung der improviſirten Bollwerke
ganz unbegreiflich wäre, falls nicht Ortsunkenntniß der Angreifer und
ihrer Führer die Sache begreiflich machte. Offiziere und Soldaten
gingen übrigens entſchloſſen vor. Die Illuſion, daß die Truppen
nicht auf ihre „Brüder" vom Volke ſchießen würden, hat ſich,
wie im Jahre 1848 ſo häufig, auch hier als ſolche herausge=
ſtellt. Tüchtig zum Schießen kommandirt, werden überhaupt
Soldaten allzeit und überall auf jedes und alles Schießbare
ſchießen. Gegen 4 Uhr Abends war der größte Theil der weſt=
lichen Stadttheile den Aufſtändiſchen entriſſen, aber noch ging
der Kampf in den öſtlichen weiter, insbeſondere in der Allerhei=
ligengaſſe und in der Fahrgaſſe nach dem Main zu. Bei der
Brücke erhob ſich eine ſtarke Barrikade, welche durch ihre aus
guten Scharfſchützen beſtehende Beſatzung hartnäckig vertheidigt
wurde. Um 4½ Uhr trat ein Waffenſtillſtand ein.

Anſtrengungen von Mitgliedern der Parlamentslinken hat=
ten denſelben herbeigeführt *). Sowie die erſte Salve der an=

---

*) Die Erzählung, welche Hartmann (a. a. O. 168 fg.) gibt, iſt ein
hiſtoriſches Dokument. Sie hat alſo das Recht, wenigſtens auszüglich hier
zu ſtehen . . . . . . „Wir liefen nach allen Seiten und fanden bald mehrere
Mitglieder der Linken, die ebenſo aufgeregt herbeieilten. Im Deutſchen Hof
trafen wir einige andere verſammelt. Jetzt wurde der Entſchluß gefaßt,
zum Reichsverweſer zu gehen und von ihm einen Befehl zum Einſtellen des

greifenden Truppen getrachtet hatte, waren sie bemüht gewesen, beim Reichsverweser und beim Reichsministerium die Verhinderung des Blutvergießens zu erwirken, wie nicht minder, die In-

Feuers zu erlangen. Er war leider nicht im taxis'schen Hause und wir waren gezwungen, ihn in seinem Landhause auf der bockenheimer Chaussée aufzusuchen. In einem so wichtigen Moment war er auf dem Lande! Er ließ uns zwar nicht lange warten, aber überflüssig lange sprach er über seine Politik, über die gegenwärtige Lage der Dinge u. dgl. m., bis ihn Raveaux unterbrach und den gewünschten Befehl zum Einstellen des Feuers, zur Beilegung des nutzlosen Kampfes verlangte. Da erfuhren wir erst, daß wir umsonst gekommen waren. Der Reichsverweser konnte nichts thun; er bedauerte, er habe ja verantwortliche Minister, und dabei gab er halb mit Mienen halb mit Worten zu verstehen, daß das Institut der Verantwortlichkeit nicht immer viel tauge. Er entließ uns mit einem an den Reichskriegsminister von Peucker gerichteten nichtssagenden Zettel. Alle Beredtsamkeit Blums, Vogts, L. Simons, alles Stürmen des alten Grützner und alles Zureden von Raveaux, dem schwer zu widerstehen war und für den der Reichsverweser immer eine große Vorliebe an den Tag legte, hatten nichts genützt. Der Reichsverweser bedauerte sehr, aber er blieb unerschütterlich, ruhig und kalt.... Wir eilten, ins Ministerium zu kommen, wo wir Herrn von Peucker und Herrn von Schmerling fanden. Beide betrachteten den Zettel des Reichsverwesers, wußten, was davon zu halten, und legten ihn auf den Tisch. Der Kriegsminister nahm unsere Bitte mit noch mehr abstoßender Kälte auf als der Reichsverweser. Er verschanzte sich hinter das militärische point d'honneur; man könne die Truppen nicht zurückziehen, das sei gegen die Ehre. Sie aber gegen ein elendes Häuflein vorwärts marschiren zu lassen, gegen ein Häuflein, das sich, unangegriffen, verlaufen hätte, und unnütz Blut zu vergießen, das war nicht gegen die Ehre. Wir sahen bald ein, daß es den Ministern vorzugsweise darum zu thun war, eine Revolution, die man im Keime hätte erdrücken können, mit Lärm niederzuschlagen. Doch ließen wir nicht ab mit Beschwören, mit Bitten, mit Gründen. Aber die Herren hatten ihre Gründe. Mittlerweile war auch Herr von Gagern eingetreten. Er stand bei Seite und schwieg, in seine gewöhnliche Würde gehüllt. Wir, Grützner und ich, wandten uns an ihn mit der Bitte, doch auch ein Wort zu sagen. Herr von Gagern antwortete mit jenem ihm eigenen Pathos im tiefsten Baß: In Dinge, die mich nichts angehen, mische ich mich nicht! Endlich nach langer Arbeit wies uns

13*

furgenten zum Aufgeben eines ziel= und hoffnungslosen Kampfes
zu vermögen. Beides war ober schien ihnen gelungen, als die
Nachricht von der furchtbaren inzwischen vor dem friedberger

Herr von Peucker an den östreichischen General von Nobili, der die Truppen
kommandirte. Mit geringer Hoffnung begaben wir uns nach der Haupt=
wache, aber General Nobili beschämte unsere Hoffnungslosigkeit. Mit der
liebenswürdigsten Bereitwilligkeit ging er, wenigstens zum Theil, auf unsere
Wünsche ein und bewilligte einen Waffenstillstand von anderthalb Stunden.
Während dieser Zeit sollten die Truppen auf eine gewisse Distanz von den
Barrikaden zurückgezogen werden, wenn wir es dahinbrächten, daß die In=
surgenten ihr Feuer einstellten. Unterdessen könnte man vielleicht zu einer
Lösung kommen. Den Major von Bobbien, Parlamentsmitglied, der zu=
gegen war, bat er, uns zu begleiten und als Militär den Truppen die Nach=
richt von dem Waffenstillstand zu bringen. Im Sturmschritte liefen wir die
öde Zeil hinab und riefen: Frieden! und schwenkten unsere Taschentücher
als weiße Friedensfahnen. An der Konstablerwache, wo die Hauptmasse
der Truppen aufgestellt war und das heftigste Feuern stattfand, trat Herr
von Bobbien seinem Auftrage gemäß in die Wachtstube, nachdem er uns
ein spöttisches: Jetzt vorwärts, meine Herren! zugerufen hatte. Soldaten
halten den Muth für ein Privilegium ihres Standes. Es haben aber an
diesem höchstgefährlichen Punkte alle diese bürgerlichen Abgeordneten ihre
Pflicht aus Menschlichkeit ebenso gut gethan, wie sie irgendein Soldat aus
point d'honneur gethan haben würde. Wir standen in einem mehrfachen
Kreuzfeuer. Die Insurgenten schossen aus den Fenstern mehrerer Häuser
und hinter zwei großen Barrikaden am Eingange der Allerheiligengasse und
hinter dem Konstablerwachthause. Viele ihrer Kugeln klatschten vor uns
auf's Straßenpflaster, da sie von der Höhe herabkamen. Die Soldaten
standen in verschiedenen Gruppen vor und hinter uns und schossen außer=
dem aus der Konstablerwache, die ebenfalls hinter uns war. Die Kugeln, die
an unseren Ohren vorbeisausten, kamen von den Seiten, von vorn und hinten.
Mit dem Wehen unserer Tücher war nichts gethan, obwohl wir zwischen
den Kämpfenden standen; ebenso wenig nützten Rufe und Zureden. Wir
waren gezwungen, den Soldaten einzeln es zuzurufen, daß Waffenstillstand
sei, und sie an den Armen zu fassen, um sie zurückzuführen. Aber sie sträub=
ten sich. Die drüben sollten zuerst zu schießen aufhören. Dies schien die
allgemeine Meinung und wir verließen die Soldaten, um die Barrikaden zu
erklimmen, auf die sie zu schießen fortfuhren und aus deren Lücken die Auf=

Thore vorgefallenen Katastrophe den Herren im taxis'schen
Palast Veranlassung gab, die Kanonen spielen zu laffen.

Während innerhalb der Stadt Parlamentsmitglieder von der
Linken muthvolle Anstrengungen machten, dem Blutvergießen Ein-

---

ständischen hervorschoffen. Als ich oben anlangte, sah ich den alten Schlöffel schon drüben bemüht, das Volk zurückzuhalten. Ludwig Simon kroch
mit mir zugleich auf die Barrikade. Ich ermunterte ihn, schnell hinabzu-
springen, während ich rittlings auf der Barrikade sitzend mein Tuch schwenkte
und nach beiden Seiten hin: Waffenstillstand! Friede! rief. Nach und
nach verstummte das Knallen und ich sprang hinab. In demselben Augenblicke war wieder Gefahr da, daß die Feindseligkeiten aufgenommen würden.
Aus einem Hause brachte man einen Todten hervor, der seine Wunde auf der
Stirne trug. Die Weiber stürzten sich mit Geschrei auf die Leiche und die
Männer kamen wieder in Aufregung und eilten nach vorn, um zu feuern.
Wir hatten die größte Mühe, sie abzuhalten. Der alte Schlöffel mit seinem
langen halbgrauen Bart und dem schönen Gesichte war rührend anzusehen, wie er hin und her ging und bat und beschwor und sich mit ausge-
breiteten Armen vor die Barrikade stellte, um die Kombattanten davon abzuwehren. Hinter der Barrikade sah es eigenthümlich aus. Eine Menge
Volkes, aber nur sehr wenige Bewaffnete, so wenige, daß wir erstaunt
waren, wie ihr Widerstand gegen so zahlreiche Truppen so lange habe dauern
können. Ein Theil der Abgeordneten kehrte in den taxis'schen Palast zurück, um, wie sie hofften, die Sache zu Ende zu bringen; ein kleiner Theil
blieb hinter den Barrikaden, um über Aufrechthaltung des Waffenstillstandes zu wachen und die Insurgenten zum Verlassen ihrer Stellungen zu
bereden. Es gelang uns, viele vom Kampf abzubringen, indem wir ihnen
die Nutz- und Zwecklosigkeit ferneren Blutvergießens vorstellten".... Als
sich unser Zeuge etwas später ebenfalls zum taxis'schen Palast begab, um zu
erfahren, wie es mit der definitiven Friedensschließung bestellt wäre, vernahm er unterwegs, daß Fürst Lichnowsky ermordet sei, und wurde von
einer Rotte wüthender frankfurter Angstphilister bedroht und beschimpft.
Auf der Zeil brau'te eine Batterie barmherzischer Zwölfpfünder an ihm vorüber. Auf der Treppe des taxis'schen Palastes fand er seine Kollegen. Man
zog sie hin und sie konnten nichts erlangen. „Einer derselben, Löwe von
Kalbe, sagte mir achselzuckend: Wir sind betrogen; der ganze Waffenstillstand hat nur dazu gedient, Zeit zu gewinnen und die Kanonen abzuwarten.
Jetzt wird man mitrailliren.... Ich eilte zur Barrikade zurück, aber die

halt zu thun, wurde draußen vor den Thoren ein grauenhafter Doppel-
morb verübt. Der Fürst Lichnowsky war nach dem Losbruch des
Kampfes zu Pferde gestiegen, um vor die Stadt zu reiten. Ob er
dies thun wollte, um, wie einige behaupteten, den Reichsverweser
zu besuchen, oder um, wie andere sagten, die Umgebung der
Stadt auszuforschen, auf Rekognoscirung auszureiten, jedenfalls
war sein Ausritt zu solcher Stunde eine große Unklugheit. Denn
es ist sicher, daß Herr von Lichnowsky der volksverhaßteste In-
sasse der Paulskirche war. Er hatte den Haß der Menge bei
verschiedenen Gelegenheiten, obzwar weniger aus berechnender
Bosheit als vielmehr in junkerlichem Uebermuth, geradezu herausgefordert und mußte also wissen, daß es für ihn an diesem
18. September in und um Frankfurt nicht geheuer sei. Nicht
etwa zur Entschuldigung der schändlichen Mordthat sei dies gesagt, sondern nur zur Miterklärung. Für solche Gräuel ist überhaupt nie und nimmer eine Entschuldigung zulässig und innerhalb
der ganzen demokratischen Partei von 1848 hat sich keine Zunge
gefunden, welche ruchlos genug gewesen wäre bei der Nachricht von
Lichnowsky's und Auerswalds Ermordung jenes grausame Hohn-

Zeil war abgeschlossen und mit Artillerie besetzt, an ein Durchkommen nicht
mehr zu denken. Die Kanonen donnerten und von Zeit zu Zeit beleuchtete
ein Blitz von der Konstablerwache her auf unheimliche Weise die ganze
Straße. Es war schon spät am Abend. Ich tröstete mich mit dem Gedanken, daß auch die wenigen Kämpfer bei der Ankunft der Artillerie, gegen
die sie nichts vermochten, ihren Posten verlassen haben würden. Das war
im Allgemeinen auch der Fall; die Kanonen donnerten mit großer Tapferkeit gegen Steinhaufen und umgestürzte Karren. Am folgenden Tage entsetzte man sich beim Anblick der Allerheiligenapotheke und der benachbarten
Häuser, wie arg diese von den Kugeln zugerichtet waren, und schloß daraus,
was man der Absicht gemäß schließen sollte, daß nämlich der Kampf ein
furchtbarer gewesen sein und daß das Reichsministerium an dieser Stelle
einen gewaltigen Feind niedergeworfen haben müsse. Aber gerade diese
Kugeln haben keinen Menschen wehgethan und die ganze Kanonade war eine
Fanfaronade."

wort zu schnellen, welches bei Gelegenheit der Windischgräßirung Blums die Zunge eines Reichsministers geschnellt hat: — „Wer sich in Gefahr begibt, kommt darin um". Das ist das Schreckliche bei allen großen Vorschrittsversuchen und Vorschrittsthaten der Weltgeschichte, daß die Sturmwellen den Bodensatz der Zeit aufwühlen. Was bannzumal in den Kreisen der Gebildeten edelste Begeisterung ist, wird in den Massen zu zielloser Leidenschaft und vollends in der Grundsuppe der Massen, im Pöbelgesindel, zur wüsten Wuth, welche die Bestie im Menschen entfesselt. Leider ist dabei die Frage nicht zu umgehen, was abscheulicher, die Mordsprünge dieser Bestie oder von seiten der siegreichen Gewalt mit kaltem Kalkul angeordnete Blutthaten? Die Antwort kann nur für solche zweifelhaft sein, welche überhaupt für Gerechtigkeit keinen Sinn und kein Gefühl haben.

Mitleidswerth war, daß Lichnowsky noch einen Freund, den preußischen General von Auerswald, Parlamentsmitglied, mit sich ins Verderben riß. Denn der General wurde eben nur als Begleiter des Verhaßten ermordet. Dieser hatte den Freund beim taxis'schen Palaste getroffen und ihn beredet, ein Pferd aus dem Stalle des Kriegsminister Peucker zu nehmen und mitzureiten. Sie kamen vor das eschenheimer Thor, hörten aber dort, daß die Straße gen Bockenheim durch streifende Volksscharen unsicher gemacht sei, und wandten sich daher rechtshin auf einen zum friedberger Thore führenden Weg. Außerhalb dieses Thors streckt sich eine Straße aufwärts, die sich dann also gabelt, daß die rechte Zinke gen Friedberg geht, während die linke eine Vorstadtstraße bildet, deren Häuser mit Gärten untermischt sind oder wenigstens damals noch waren. Eine Pöbelbande, keine Barrikadenkämpfer, sondern bare Canaille, bummelte zur selbigen Zeit dort umher. Kaum wurde diese Rotte Lichnowsky's ansichtig, als sie mit Halloh und Hussah die Jagd auf den „Volksfeind" begann. Die verfolgten, umzingelten, mit Steinwürfen und Stockschlägen angegriffenen Reiter hätten wohl mit raschem Ent-

schlusse die Kette der Verfolger noch zu durchbrechen vermocht,
aber das Plötzliche des Anfalls hat, wie es scheint, einen kraft-
lähmenden Eindruck auf sie gemacht. Statt rasch zur Stadt zu-
rückzustreben, verwickeln sie sich in den Kreuz- und Querwegen
zwischen den Gärtenumzäunungen. Derweil verdichtet sich der
Verfolgerkreis um sie her. Sie steigen von den Pferden, weil
sie zu Fuß unbemerkter entrinnen zu können glauben. Aber der
Jagdruf ist ihnen auf den Fersen. Da suchen sie Zuflucht in dem
Hause des Gärtners Schmidt, welcher großherzig die gefährliche
Gastfreiheit übt, die Verfolgten verbirgt und die drohenden Fragen der heranstürmenden Verfolger, ob die „Verräther" da seien,
muthig verneint. Er findet keinen Glauben. Die Rotte bricht
ins Haus und durchstöbert es. General Auerswald wird aus
einer Bodenkammer, wo er sich verborgen, herunter, vor das
Haus, zum Garten hinaus gezerrt. Vergebens bittet sie der bedrängte Mann, sein Leben zu schonen, um seiner vielen Kinder
willen, welche vor kurzem die Mutter verloren hätten. „Hunds-
waare" aber ist in solchen Augenblicken blind und taub vor wöl-
fischer Wuth, und damit dem Schandbild ein schändlichster Zug
nicht fehle, findet sich unter der Bande auch eine Vettel von Dirne,
welche die Männer geifernd zum Morde aufreizt. Der Flehende
wird zu Boden geschlagen, und wie er sich wieder aufrichten will,
erst durch den Leib und dann tödtlich durch den Kopf geschossen.
Dann kehren die Mordbuben mit gesteigerter Raserei zum schmidt-
schen Hause zurück, durchsuchen es abermals und finden den im
Keller versteckten Lichnowsky. Sie schleppen ihn hinauf und hinaus, an der Leiche seines Freundes vorbei, nach der Pappelallee,
welche den über die bornheimer Haide führenden Weg säumt.
Da blinkt ein Rettungsstral. Der Doktor Hodes, welcher in
Bornheim wohnt, kommt von dorther. Mit einem Blick die
furchtbare Sachlage gewahrend wirft er sich zwischen das Opfer
und die Opferer. Merkend, daß hier Gründe der Menschlichkeit
nicht giltig, weiß der gute Doktor die Rotte glücklich zu bereden,

wie wichtig es werden könnte, den Fürsten als Pfand und Geißel in Händen zu ·haben. Darum soll man den Gefangenen nach Bornheim führen und vorderhand dort verwahren. Diese „Politik" leuchtet der Rotte ein. Sie wollen den Fürsten nach Bornheim schaffen und setzen sich in Marsch. Da, halbwegs, juckt es einen der Kerle, einen Lappen von Lichnowsky's Rock als „Andenken an diesen Tag" haben zu wollen. Wie er nun den Gefangenen am Kleide zupft, kehrt sich dieser um und, statt die Absicht des Burschen zu verstehen und derselben mit guter Manier entgegenzukommen, hält er das Zupfen für ein Signal zum Angriff auf ihn und gibt nun dieses Signal selber, indem er einem von der Bande das Gewehr entreißt. Sofort trifft ihn ein Gewehrkolbenschlag auf den Kopf. Taumelnd macht er einen Seitensprung nach den Pappeln zu. Umsonst breitet der Doktor seine Arme aus, um den Anschlag der Gewehre auf den Unglücklichen abzuwehren. Ein Schuß fällt und, in den Unterleib getroffen, stürzt der Fürst zusammen. Den Daliegenden treffen dann noch mehrere Schüsse. Brutal wird der Doktor verhindert, dem zum Tode Verwundeten Beistand zu leisten. Erst das Herankommen preußischer Soldaten verscheucht die Mörder. In die Stadt getragen, ist Lichnowsky im Armenspital „Zum heiligen Geist" nach Mitternacht verschieden, unter e i n e m Dache mit sterbenden Barrikadenkämpfern . . .

Zur 9. Abendstunde war in der Stadt jeder Funke von Widerstand gegen die Truppen ausgetreten. Von den auf den Barrikaden Gefallenen gehörten 7 der Bewohnerschaft von Frankfurt an. Der Todten waren sonst nicht viele. Der abendlich ins Werk gesetzte Kartätschenpuff war nur das Präludium zum Belagerungszustand, welchen Herr von Schmerling am folgenden Tage zu verkündigen sich beeilte. Wie seit dem Juni in Frankreich, trat vom September an auch in Deutschland an die Stelle der Freiheitsidee die Thatsache des Säbels. In der Schwatzbude zum Sankt Paul wurde übrigens unverdrossen weitergeschwatzt.

Als ein klägliches Nachspiel zum frankfurter Putsch grasfirte
im babischen Oberlande der „Struvelpeter"; aber nicht weit und
nicht lange. Am 21. September überschritt Struve mit einer
nicht sehr großen Anzahl von Freunden und Exilgefährten bei
Basel die Schweizergränze, um einen Einfall ins Großherzogthum
Baden zu thun und „für's erste in Lörrach das republikanische
Hauptquartier aufzuschlagen". Das wurde dann auch glücklich vollbracht und von Lörrach aus proklamirte Gustav Struve „im Namen
der provisorischen Regierung" am 22. September alles Ernstes
„die deutsche Republik". Sie führte ein sehr kurzlebiges Dasein.
Schon zwei Tage darauf, Sonntags den 24. September, zersprengte der babische General Hoffmann den struvelpeter'schen
Freiharst bei Staufen vollständig, worauf die Soldaten ihren
leichten Sieg mit Verübung barbarischer Grausamkeiten an gefangenen Freischärlern und Nichtfreischärlern feierten. Struve
selbst wurde am folgenden Tage auf seinem Fluchtweg nach der
Schweiz sammt seiner Frau zu Wehr unweit Schopfheim von
Bürgerwehrleuten angehalten und zum Gefangenen gemacht. Diesmal war kein wackerer „Hannes" da, um den Gefangenen abermals zu befreien. Aber noch etwas war nicht da, nämlich die
16,700 Gulden „Raubgelder", womit nach der bestimmten Versicherung des liberalen Professors Häusser das struve'sche Ehe-
paar „davonfuhr"*).

---

*) Denkwürdigkeiten z. Gesch. d. bad. Revolution, S. 146. Als
Struve nach vieljährigem Exil aus Amerika zurückkehrte und diese Anschul-
digung erfuhr, forderte er den Urheber und Verbreiter derselben öffentlich
und wiederholt auf, die notorische Lüge zurückzunehmen oder, wenn nicht,
für einen infamen Lügner zu gelten. Man hätte zwar nicht von dem liberalen Parteiskribenten Häusser, aber doch von dem H i s t o r i k e r Häusser erwarten dürfen, daß er einem wissenblich oder unwissenblich verleumdeten
Gegner Gerechtigkeit widerfahren ließe. Diese Erwartung blieb unerfüllt.
„Ketzern braucht man nicht Treue und Glauben zu halten", sagte die kirchliche
Orthodoxie des Mittelalters. „Gegen Nichtliberale sind alle Kampfmittel erlaubt", sagt nicht, aber denkt und bethätigt der alleinseligmachende Liberalismus.

Der Liberalismus, welcher im Herbste von 1848 sein Handinhandgehen mit der Rückwärtserei schon als selbstverständlich
ansah, bekannte und erwies, hat sich große Mühe gegeben,
den frankfurter Putsch und den Struvelpeter in Zusammenhang
zu bringen und aus diesen planlosen Improvisationen ein weit-
verzweigtes „destruktives" Komplott zu machen. Diese Bemühung
hat nur Lügen und Verleumdungen zu Tage gefördert, welche
freilich die „besten und edelsten Männer Deutschlands" keineswegs zurücknahmen, als sie derselben überwiesen wurden. Auf
der andern Seite ist gewiß: Die Thatsache, daß es noch im
Herbste von 1848 Leute gab und zwar Leute von fünf gesunden
Sinnen, welche wähnten, im September noch müßte gelingen,
was schon im April so gänzlich mißlungen war, diese Thatsache
könnte mit Ehren in den „Kinder- und Hausmärchen" der Ge-
brüder Grimm stehen.

X.

Wiener Oktober.

1.

Heutzutage *), wo nach glücklich vollzogenem „Ausgleich mit Ungarn" die Zerbröckelung Oestreichs unaufhaltsam begonnen zu haben scheint, wird es keinem denkenden Menschen und unbefangenen Urtheiler mehr einfallen, den östreichischen Hof ernstlich tadeln zu wollen, daß derselbe i. J. 1848 von s e i n e m Gesichtspunkt aus und in s e i n e r Weise es versuchte, die Reichseinheit aufrechtzuhalten. Die Mittel, welche der leitende Hofkreis und die in seinem Vertrauen stehenden Minister und Generale hiebei in Anwendung brachten, standen freilich in keinem Moralkodex; aber wann und wo sind denn bei der Gründung oder Erhaltung von Staaten bloß oder überhaupt moralische Mittel in Anwendung gebracht worden? Ihr werdet einwerfen, es gäbe wenigstens e i n e n Staat auf Erden, welcher einer rein moralischen Gründung sich zu rühmen habe, nämlich die Neu-Englandstaaten, aus welchen die große nordamerikanische Union hervorgegangen **).

---

*) Auf der Schwelle zum Jahre 1870.

**) Sehr schön sagt die treffliche deutsche Geschichtschreiberin dieser Gründung, Talvj (Frau Robinson): „Kein Staat in der Welt kann sich

Zugegeben. Allein diese eine glänzende Ausnahme illustrirt nur die Regel und diese Regel ist das Recht, denn sie ist die Macht. Die reale Politik hat nicht mit Idealismen und Katechismen zu rechnen, ihre Karbinalziffern sind die Menschenselbstsucht und die Völkerbummheit.

Die schönbrunner Hofpolitik hatte ganz richtig erkannt, daß den Magharismus niederwerfen der Revolution und Rebellion überhaupt den Lebensnerv durchschneiden hieße. Ihr thätigstes Werkzeug, der Kriegsminister Latour, handelte dieser Erkenntniß gemäß. Wie der schlagende Puls der Sein- oder Nichtsseinfrage für Oestreich im Sommer im Lager Radetzky's gewesen, so war er im Herbst in Ungarn. Latour, welcher den Kroatensachem für einen weit tüchtigeren Mann halten mochte, als derselbe wirklich war, that das Mögliche, um Jellacic in den Stand zu setzen, die ungarischen „Rebellen" zu bändigen. Der Kriegsminister ließ auch dann nicht von seinen Anstrengungen ab, als der kroatische Held in den ersten Tagen des Oktobers jene „Flankenmärsche" angetreten hatte, welche eigentlich Fluchtmärsche waren und die Armee

---

einer so rein moralischen Basis rühmen wie diejenigen der nordamerikanischen Freistaaten, die unter dem gemeinsamen Namen von Neu-England begriffen werden. Ruhmsucht, Herrschbegierde und der edle Drang nach Unabhängigkeit haben Reiche gestiftet, Ehrgeiz und Goldburst haben neue Regionen entdeckt und erobert; aber keines dieser Motive, wie Großes sie auch sonst immer hervorgebracht, hatte Antheil an dem Entschluß des Häufleins heldenmüthiger Männer, die das Vaterland mit der Wildniß vertauschten, um dem Herrn einen Tempel zu bauen, in welchem allein sie ihn nach ihrem Gewissen anbeten zu können glaubten und in Formen, die sie allein dem Höchsten wohlgefällig wähnten. Eng verwoben wie in ihrer Ueberzeugung das Diesseits und Jenseits des Christen, ward dieser Tempel zugleich auch die Grundfeste ihres bürgerlichen Daseins und ein Gebäude erhob sich unter ihren schaffenden Händen, im Umkreis von dessen starken Mauern zuerst Menschenrechte an die Stelle von Staatsrechten traten, Freiheit an die Stelle von Freiheiten, Gleichheit an die Stelle von Herrschaft und Dienstbarkeit."

des Banus, für die man so viel gethan und auf die man so große
Hoffnungen gesetzt hatte, rückwärts aus Ungarn heraus und auf
deutschöstreichischen Boden führten. Jellacic sollte um jeden
Preis in den Stand gesetzt werden, wieder angriffsweise gegen
die Magyaren vorzugehen, und Latour ließ sich daher durch keinerlei Rücksicht abhalten, alle verfügbaren Truppen zur Verstärkung des Banus marschiren zu lassen. Die hierdurch angeregten
und von Tag zu Tag heftiger werdenden Drohungen der wiener
Demokratie nahm er für das gäng und gäbe gewordene krakeelo-
kratische Rumoren, an welches man sich nachgerade gewöhnt
hatte. Man sprach wohl in den „intimen" höfischen Kreisen von
bellenden, aber nichtbeißenden Hunden. Möglich auch, daß die
„Eingeweihtesten" den Gedanken nicht zurückwiesen, die chronische
Krankheit der wiener „Anarchie" einer akuten Krisis entgegenzu-
treiben, um je eher je lieber das hippokratische Recept in Anwendung bringen zu können: „Quod medicamenta non sanant,
ferrum sanat."

Das kaiserliche Manifest vom 3. Oktober that in Wien nicht
geringere Wirkung als in Budapesth. Wie jenseits der Leitha
wurde es auch diesseits derselben als eine Kriegserklärung des
altöstreichischen Absolutismus gegen sämmtliche „Märzerrungenschaften" angesehen. Die wiener Demokratie, welche naiv genug war, an die ihr durch Pulszky und andere magyarische Agenten vorgespiegelte Solidarität mit den Ungarn zu glauben, nahm
sich der Sache derselben als ihrer eigenen an. Auf der ganzen
Linie ihrer Organisation wurde das Alarmsignal gegeben. Die
Klubbs traten in fieberische Thätigkeit und das in der „Ente"
sitzende „Centralkomité" gab die Losung aus: Gemeinsam mit
den Ungarn gegen die „Kroatenhorden" und gegen die hinter denselben stehende Kamarilla!

Soweit war allerdings eine entschiedene Neigung, die „ul-
timas rationes populi", die Barrikaden, wieder einmal in Anwendung zu bringen, vielleicht sogar ein bestimmter Aufstands-

plan vorhanden. Allein über den Aufstand als solchen hinaus
erstreckte sich der Plan jedenfalls nicht. Es ist mit voller Bestimmtheit zu sagen, daß innerhalb Wiens nicht ein einziger
Mensch athmete, welcher sich ohne alle Brimborien die Frage
vorgelegt: Was dann? Was nachher? und irgendwelche artiku-
lirte Antwort darauf gefunden und gegeben hätte. Etliche wenige
Brauseköpfe mochten allerdings, indem sie auf Vernichtung dessen,
was alles sie unter „Kamarilla" sich dachten, ausgingen, das
ungeheuerliche Phantasiestück einer östreichischen Republik träumen; allein dieser Traum durfte sich ja gar nicht hervorwagen
angesichts der unbedingt herrschenden konstitutionellen Fiktion,
welche in der Aufmunterung und Unterstützung von Soldaten-
meutereien, Barrikadenbauten, Zeughausplünderungen, Minister-
morden u. dgl. m. nichts sehen wollte als Mittel, von einem übelberathenen Kaiser an einen besser zu berathenden zu appelliren.

Nun sollte man aber doch eigentlich „vernunftbegabten"
Wesen nicht die Schmach anthun, sie einer solchen Dummheit für
fähig zu halten, und darum hat man ausreichenden Grund für die
Annahme, die wiener Oktoberrevolution habe zwar wohl dunkel
gefühlt, aber schlechterdings nicht klar gewußt, was sie gewollt.
In Wahrheit, man ist berechtigt, zu erklären: Das weitaus Gescheiteste, ja einzig Gescheite, was diese Revolution machte, war
jene Karikatur, welche Wien in vollem Aufstande darstellte und
darüber den Herrgott, der verwundert aus den Wolken auf das
aufständische Getümmel und Gewühle herabschaute, während aus
seinem Munde die Worte gingen: „Ich bin zwar bekanntlich all-
wissend; was aber die Wiener jetzt wollen, weiß ich wahrhaftig
nicht."

2.

Latour trug kein Bedenken, auch die Garnison der Hauptstadt von Tag zu Tag mehr zu schwächen, um den Ban zu verstärken, und diese Unbedenklichkeit des Kriegsministers machte die
Flattermine der wiener Oktoberrevolution explodiren.

Am 5. Oktober ward ein italisches Grenadierregiment zum
Abmarsch in das Lager des Jellacic befehligt. Unzufrieden mit
dieser Bestimmung machte es Miene, zu meutern, und konnte nur
unter starker Kavalleriebedeckung eingeeisenbahnt werden. Am
folgenden Tage sollten diesen italischen Zwangskämpfern gegen
Ungarn deutsche Grenadiere folgen, das Bataillon Richter, welches in Wien ganz eingelebt war, viele Beziehungen zur Aula
hatte, der es die Drillmeister geliefert, und mit dem Proletariat
der Vorstadt Gumpendorf sich duzte. Man sagte den Soldaten:
Laßt euch von der dreimal vermaledeiten Kamarilla nicht auf die
Schlachtbank führen, noch dazu als Waffengefährten der Kroaten!
und dieses Mahnwort klang um so angenehmer in Grenadierohren, als es von Gläsergeläute in den Vorstadtkneipen
begleitet wurde. Eine Abordnung der gumpendorfer Bürgerwehr ging den Kriegsminister an, den Marschbefehl für das
Bataillon zurückzunehmen, was aber Latour verweigerte.
Der Abmarsch blieb auf den Morgen des 6. Oktobers angesetzt, merkwürdiger Weise aber sorgte der Minister in keiner
Weise dafür, daß dieser Abmarsch, wenn nöthig, erzwungen
werden könnte. Das Kriegsministerium sowohl als alle übrigen
Behörden ließen der bedrohlichen Gährung, von welcher sie doch
Kunde haben mußten, freien Lauf. Freilich war auch die Bürgerschaft von Wien noch am 5. Oktober ganz sorglos. Niemand, nicht einmal die Mitglieder des „Centralkomité" ausgenommen, ahnte einen so nahebevorstehenden Ausbruch. Die

Bürgerwehr der Vorstadt Mariahilf entsandte am 5. Oktober
eine Abordnung nach Schönbrunn, um in aller Loyalität den
Kaiser zu dem Fest ihrer Fahnenweihe einzuladen, welche am
8. stattfinden sollte, und es kennzeichnet die ganze Unklarheit und
Verschwommenheit der östreichischen Bewegung, daß diese Bürger=
offiziere, bevor sie zur Audienz gingen, ihre schwarzrothgoldenen
Bänder abnahmen, „aus Achtung für unseren guten Kaiser",
während doch die schwarzrothgoldene Fahne auf dem schön=
brunner Schlosse flatterte. Einer dieser guten wiener Bürger,
der Bezirkschef Braun, suchte spät am Abend die in und außer=
halb ihrer Kaserne in Gumpendorf tumultirenden Grenadiere zu
beschwichtigen. Als er auf eine Gruppe der Soldaten hinein=
redete, sie möchten ihre Betten aufsuchen, um für den morgigen
Marsch gehörig auszuschlafen, sagte ihm ein Grenadier: „Mein
Herr Hauptmann, wir gehen nicht fort; wir bleiben da".
Und, in der That, sie blieben da. Vor 9 Uhr Morgens
waren am 6. Oktober zahlreiche Abtheilungen der Bürgerwehr
und Massen von Arbeitern in Bewegung, um den Abmarsch der
Grenadiere zu verhindern. Auch die akademische Legion nahm
ihre Waffen auf und marschirte zur Taborbrücke, um dem
„Willen des souveränen Volkes" Geltung schaffen zu helfen.
Die endlich getroffenen militärischen Maßnahmen, um den kriegs=
ministerlichen Marschbefehl zur Ausführung zu bringen, waren
verspätet und unzulänglich. Es waren nur ein galizisches Infan=
teriebataillon und etliche Schwadronen Kürassiere aufgeboten und
zur Stelle, um den Abmarsch der Grenadiere zu decken, d. h. zu
erzwingen. Diese Truppen standen mit zwei Kanonen theils auf
der ersten Taborbrücke — die zweite war von der Volksmasse
beinahe ganz abgetragen — theils mit einer dritten Kanone am
andern Ufer. Das Bataillon Richter war zwar endlich aus seiner
Kaserne gerückt, kam aber mit aufgelös'ten Reihen und mit
Bürgerwehrleuten bunt gemischt bei der großen Taborbrücke an,
sehr willig, den von studentischer und bürgerlicher Seite an die

Soldaten gerichteten Aufforderungen, nicht ins Kroatenlager sich
führen zu lassen, nachzukommen. In dem Wirrsal von Rednerei,
sonstigem Geschrei, Barrikadenbauversuchen, Eisenbahnschienen-
aufreißen und anderen Kampfvorbereitungen, welches sich auf den
Brücken und um dieselben her zusammenknäuelte, waren deutlich
zu unterscheiden die fieberhaft heftigen Bewegungen und gellenden
Wortstachelungen magyarischer Agenten. Der General Bredy,
welcher Befehl hatte, mit den erwähnten geringen militärischen
Hilfsmitteln den Abmarsch der Grenadiere zu decken, hätte denselben vielleicht erzwingen können, falls er rasch zu- und durch-
griff. Er war aber auch kein rechter Durchgreifer und hat dann
sein verspätetes Zugreifen mit dem Leben bezahlt.

Derweil sich draußen an der Donau die Anfänge der Katastrophe also einfädelten, hatte sich drinnen in der Stadt die
wachsende Aufregung doch auch den obersten Behörden mälig
merkbar gemacht. Der Ministerrath trat im Kriegsministerium
zusammen und erfuhr vom Inhaber desselben, daß keine ausreichende Truppenzahl in der Stadt, um allfällige Unruhen
niederzuhalten. So mußte denn die Frage aufgeworfen werden,
ob auf die Bürgerwehr zu bauen und zu vertrauen sei. Die
hierüber eingezogenen Erkundigungen lieferten das Ergebniß,
daß die Nationalgarden der meisten Vorstädte durchweg unzu-
verlässig, die der inneren Stadt allerdings vorwiegend „schwarzgelb" gesinnt, aber höchstens auf 6000 Mann anzuschlagen
seien, wobei es noch sehr fraglich, wie viele davon dem Rufe der
Alarmtrommel wirklich folgen würden. Diese Neuigkeiten ver-
längerten die Ministergesichter um ein Beträchtliches und nach
einem verlegenen Schweigen äußerte Graf Latour, daß ihm, falls
es wirklich zu bedeutenderen Unordnungen käme, unter sothanen
Umständen nichts erübrigen würde, als die sämmtlichen militärischen Kräfte, welche im Augenblicke zur Hand, außerhalb
der Stadt zu vereinigen, um sie der demoralisirenden Berührung
mit den Volksmassen zu entziehen. Auch dieser Beschluß gelangte

aber dann doch nicht zu rechtzeitiger und exakter Ausführung, wie denn das ganze ministerielle Gebaren am 6. Oktober ein so schwankendes und widerspruchsvolles gewesen, daß man berechtigt ist, zu sagen, dieses Ministerium sei vor dem ersten Anhauch des Orkans zusammengefallen wie ein Kartenhaus.

. Auch vom Reichstag ist kein wirksames Eingreifen in die Krisis versucht worden. Er hielt an diesem Oktobertage keine Plenarsitzung und vergebens bestürmten Mitglieder der Linken den Präsidenten Strobach, eine solche zu veranstalten. Wäre es geschehen, so würde, da ja die Minister sicherlich auf ihrer Bank im Reichstagsale gesessen hätten, der Geschichte Wiens wohl der wüste Mordklex erspart worden sein, welche der 6. Oktober auf ihre Blätter sudelte. Viele Reichstägler begaben sich nach Ablehnung ihrer Forderung von seiten des Präsidenten nach dem Kriegsministerium und thaten im Vorzimmer des Ministerraths einen heftigen Debattirklubb auf, welcher aber natürlich auch nichts als Worte zu Tage förderte.

Um 11 Uhr kam draußen an den Taborbrücken die Stockung in Fluß, in blutigen Leiber. Da die Grenadiere vom Bataillon Richter immer sichtbarlicher Miene machten, förmlich mit den sie umringenden Volkshaufen sich zu verbrüdern, so schien es dem General Bredy sehr an der Zeit, ihren Abmarsch zu erzwingen, um so mehr, da Arbeiterscharen der Kanonen sich zu bemächtigen große Lust verriethen. Ein erster Versuch, die Geschütze zu annexiren, konnte noch mittels Worten zurückgewiesen werden. Einen zweiten, der nicht lange auf sich warten ließ, befahl der General mittels einer Salve abzuweisen, indem er zugleich anordnete, die Verbindung zwischen den Brücken wiederherzustellen und die Grenadiere mit Gewalt zum Weitermarsch zu treiben. Es war zu spät. Proletarier warfen sich auf die Geschütze. Feuer! rief der General dem galizischen Bataillon zu. Die Salve krachte und eine Anzahl Todter und Verwundeter lag am Boden. Aber das Geknatter war noch nicht verhallt, als es

14*

schon seine Entgegnung erhielt durch eine Salve, welche die auf dem Eisenbahndamm aufgestellte Studentenlegion gab. Der General sank todt, sein Stabschef, der Oberstleutnant Klein, tödtlich verwundet vom Pferde. Ein kurzer, aber erbitterter Kampf entspann sich, in welchem die deutschen Grenadiere gemein= same Sache mit dem Volke machten und der vollständig zu Gunsten des letzteren endigte. Die erste Kanone, welche dem Militär entrissen worden, wurde gegen dasselbe gekehrt und von einem Arbeiter mittels eines Zündhölzchens losgebrannt. Der ganze Raum zwischen den beiden Brücken war mit Todten und Schwerverwundeten bestreut. Die kaiserliche Infanterie und Kavallerie mußten sich, schwach und führerlos, wie sie waren, schließlich eilig zurückziehen und ihre Geschütze im Stiche lassen.

Kaum hatte das Schießen draußen am Donauufer begonnen, als ein Mensch im Legionärkleide in einem Fiaker wie rasend durch die Jägerzeile jagte, schreiend: „Sie schießen mit Kanonen auf das Volk! Zu den Waffen! Zu den Waffen!" Andere Send= linge stürmten die sämmtlichen Stadtquartiere auf. Bald heul= ten von allen Thürmen die Sturmglocken, die Alarmtrommeln rasselten und die Straßen füllten sich mit Bürgerwehrleuten, deren Mehrzahl aber, ein deutliches Zeichen ihrer Stimmung, zur Aula eilte, als zu ihrem selbstverständlichen Sammelpunkt. Was sich von Truppen in der inneren Stadt befand, wurde mit Ausnahme eines Bataillon vom Regiment Nassau und drei Pionierkompagnien, entweder nach Schönbrunn oder nach der Leopoldsvorstadt geschickt. Um 12½ Uhr zogen die Sieger vom Tabor triumphirend in die Stadt ein. Die genommenen Kanonen führten sie mit sich, den Hut des getödteten Generals ließen sie sich wie eine Trophäe vorantragen. Dann wurden die Thore geschlossen und die Geschütze der Bürgerwehr auf den Wällen aufgepflanzt. Hierbei schien die Absicht obzuwalten, das unruhige, jeder Veränderung geneigte Kleinbürgerthum und Proletariat der Vorstädte von der inneren Stadt und ihrem

konservativ gesinnten Großbürgerthum abzusperren. Allein wenn
das wirklich beabsichtigt war, so wurde es doch nicht aus- und
durchgeführt. Denn kurz nach Mittag hatten die vorstädtischen
Elemente auch im inneren Stadtring entschieden die Oberhand,
sintemalen, wie zu erwarten stand, die gut schwarzgelb gesinnten
Bürger der ungeheuren Mehrzahl nach als „Angströhrenkorps"
sich organisirten, d. h. in ihre Häuser sich verschlossen. Viele
dieser „ruhigen" Bürger wandelte auch trotz der vorgerückten
Jahreszeit plötzlich ein krankhaftes Gelüste nach Landluft an und
es begann schon an diesem Tage jener Exodus der Reichen aus
Wien, welcher in den nächsten Wochen ein so massenhafter
wurde, daß alle benachbarten Dörfer und Städtchen mit „Back-
händlnfressern" und „Meerschaumcigarrenspitzlern" vollgestopft
waren. Im lustigen Baden allein sollen an 20,000 solcher aus
Wien geflüchteten Ruhe- und Ordnungsphilister zusammenge-
pökelt gewesen sein und hieß deßhalb der Ort jetzo „Schwarz-
gelbowicz".

Von der östreichischen Hauptstadt nahm Nachmittags am
6. Oktober die Anarchie ohne weitere Förmlichkeiten Besitz. Das
Ministerium war, bevor der Abend gekommen, auseinander-
geronnen. Einzelne Tropfen desselben, Bach, Wessenberg
u. s. w. sickerten durch die Linien und wurden erst in Prag
wieder sichtbar. Zurück blieben der unglückliche Latour und der
unausrottbare Kraus. Dieser harrte während der ganzen Dauer
der Oktoberrevolution auf seinem Posten aus. Nicht nur auf
seinem, sondern auf allen Posten. Denn er war nicht allein
Finanzminister, sondern auch Minister des Innern, des Kriegs,
des Unterrichts, der Justiz, der öffentlichen Arbeiten, kurz der
Minister für alles, ein wirklicher und wahrhafter Minister-
Proteus. Gewiß, eine nie dagewesene Absonderlichkeit, daß der
Minister eines Monarchen, dessen Armeen die empörte Hauptstadt blockiren, berennen und bombardiren, in dieser selbigen
Hauptstadt im Namen desselbigen Monarchen ruhig weiteramtet.

Da sage man noch, es gebe nichts Neues unter der Sonne!
Ueberhaupt hatte diese tragische Oktoberrevolutionsposse etwas
verrückt Gemüthliches. War doch die Masse der wiener Rebellen
weit entfernt, ihrem „guten" Kaiser etwas anhaben zu wollen.
Im Gegentheil, diese wunderlichen Revoluzer glaubten in allem
Ernste, sie stünden in Waffen für ihren guten Ferdinandl gegen
das urböse Ding, die „Kamarillerl", worunter sie sich ungefähr
so etwas wie des Teufels Großmutter vorstellten. Die Figur
jenes wiener Proletariers, welcher sich am 6. Oktober kampf=
müde den Schweiß abwischte mit den Worten: „Wie sich doch
unsereiner plagen muß für den Kaiser!" war eine wahrhaft
typische.

3.

Eigenthümlich ist an diesem wiener Revolutionsstück sofann
gewesen, daß es nicht in allmäliger Steigerung zu einem Wuth=
krampfe der Leidenschaft gedieh, sondern daß die Gradation um=
gekehrt mit dem Superlativ begann. Freilich kann man auch
sagen, die Ermordung Latours sei nur das Platzen eines häß=
lichen Geschwürs gewesen, welches schon den ganzen Sommer
her geschwärt hatte. Der Kriegsminister hatte am emsigsten und
entschiedensten den Gedanken des Hofes zu verwirklichen ge=
trachtet und folgerichtig mußte er das Hauptziel des zur wilden
Flamme aufgeschürten Volkshasses sein.

In diese Flamme, welche ohnehin schon hoch genug loderte,
goß noch Oel ein bedauerlicher Auftritt, welcher in den ersten
Nachmittagsstunden auf dem Stephansplatze stattbatte. Bürger=
wehr vom Kärthner=Viertel sollte und wollte den Thurm des
Doms besetzen, um das Sturmläuten zu verhindern. Allein

bevor sie den Thurm erreichte, ging droben schon die Sturmglocke und der auf dem Platze versammelte Pöbel verhöhnte die
Kärthner-Viertler als „Schwarzgelbe". In diesem Augenblicke
rückte eine Abtheilung Bürgerwehr aus der Vorstadt Wieden
heran, man weiß nicht, warum? Inmitten des pöbelhaften
Johlens, Grunzens und Pfeifens geht ein Schuß los. Die
Wiedener wähnen sich von den Kärthnern angegriffen, lösen sich
in Plänklerschwärme auf und eröffnen ein lebhaftes Feuer auf die
„Schwarzgelben". Diese geben das Feuer zurück, müssen aber
weichen, flüchten in den Dom und verschließen das Thor hinter
sich. Allein die wüthenden Wiedener stoßen das Thor ein und
der Kampf tobt am Fuße der Altäre weiter, bis die Kärnthner
völlig unterliegen. Das kurze Stück wiener Bürgerkriegs hat
15 Todte gekostet und 95 zum Theil schwere Verwundungen verursacht. Eine noch bedeutsamere Folge dieses Kampfes war, daß
von da ab die „Stadtgarden", d. h. die Bürgerwehrleute der
eigentlichen, inneren Stadt, mit ganz wenigen Ausnahmen von
der Bühne verschwanden und demnach die Vorstädter in Wien
durchweg obenauf waren.

Zugleich mit den blutigen Scenen beim und im Stephansdom oder ganz kurz darauf spielten ähnliche auf dem Platz „Am
Hof", wo dazumal — ungefähr um 2 Uhr Nachmittags — noch
der Ministerrath im alten Hofkriegrathsgebäude versammelt
war, sowie am „Graben", in der Bognergasse und auf der
„Freiung". Ueberall wurde das wenig zahlreiche und noch dazu
ungeschickt verzettelte Militär — die Hauptmasse desselben war
schon aus der Stadt entfernt — von vorstädtischer Bürgerwehr,
studentischen Legionären und mit langen Eisenstangen bewaffneten Arbeiterscharen blindwüthend angegriffen. Mehrere Stadt-
viertel bedeckten sich mit Barrikaden, Geschütze donnerten, Kar-
tätschensaat prasselte in die Häuserwände, die Sturmglocken
heulten unablässig — kurz, die ganze Höllenbreughelei eines
Straßenkampfes war wieder einmal los. Und noch dazu würgten

sich die Menschen hüben und drüben, ohne eigentlich zu wissen, warum oder wozu, ohne eine bestimmte Führung, Losung und Absicht. Aber der Kampf selbst steigerte, wie das immer zu geschehen pflegt, den Zornrausch der Massen und machte sie gierig nach Unheil und Blut.

Die allenthalben umzingelten, hart mitgenommenen und zurückgedrängten Truppen gaben Straße für Straße auf und zogen sich auf das josephstädter Glacis zurück. Das Kriegsministerium am Hof war demnach preisgegeben, denn auf die Grenadierkompagnie, welche die Wache desselben bildete, war kein Verlaß. Schon hielten die Pöbelrotten das Gebäude blockirt, dessen Thor zu verschließen und zu verrammeln nur mühselig noch gelungen war, und wüste Drohungen wurden zu den Fenstern emporgekreischt. Aus dem chaotischen Gebrülle gellte ominös artikulirt das Wort „abkrageln" heraus. Es ist aber dieser Pöbelschrei doch mehr nur der zusammenfassende Ausdruck der herrschenden Wuthstimmung gewesen als ein Beweis für die nachmals erhobene Behauptung, der bald darauf erfolgte Gräuel sei planmäßig vorbereitet und verwirklicht worden. Diese Behauptung hat später selbst das willkürlichst amtliche Umspringen mit den Thatsachen nicht zu erweisen vermocht. Der Kriegsminister Latour war das Ziel des Volkszorns, gewiß; allein dessenungeachtet ist seine Ermordung keine planmäßige gewesen, sondern sie war eine gräßliche Stegreifdichtung der bis zum Wahnsinn entzündeten Pöbelphantasie.

Das voltaire'sche „Tigeraffenthum" gilt nicht vom französischen Volke allein, sondern, die Völker unbefangen angesehen, von jedem. Die „gemüthliche" Oestreicherei hatte den Sommer über oft genug den Affen sehen lassen, am 6. Oktober machte sie zur Abwechselung mal einen richtigen Tigersprung.

Die Lage der in dem Kriegsgebäude am Hof eingesperrten und blockirten Minister, Generale, Beamten und Offiziere war eine höchst peinliche. Vielleicht hätte ein rascher Entschluß und

deſſen energiſche Ausführung die blockirende Menge ſchrecken und
zerſtäuben können. Im Hofraume ſtand ein mit Kartätſchen ge=
ladenes Geſchütz. Hätte man das Thor plötzlich aufgeriſſen, die
Kanone ihre Ladung in die Horde draußen hineinſpeien und die
160 Mann der Grenadierwache mit gefülltem Bajonnett nach=
drücken laſſen, ſo würde der Platz wohl geſäubert worden ſein.
Mehrere Offiziere riethen zu ſolchem Vorgehen; allein Latour
verweigerte die Erlaubniß, weil er, wie er ſagte, kein Blutbad
wollte. Kurz zuvor hatte er auch den Truppen auf dem joſeph=
ſtädter Glacis den Befehl zugefertigt, das Feuer einzuſtellen.
Der unglückliche Mann hatte von dem ganzen Ernſt der Lage
offenbar keine klare Vorſtellung.

Kurz nach 3 Uhr erſchien der Miniſter Hornboſtl im nur
ſpärlich gefüllten Reichstagsſale, zeigte an, daß die Truppen auf
Latours Befehl das Feuern eingeſtellt hätten, und beſchwor die
Verſammlung, das Ihrige zur Beſchwichtigung des Volkes zu
thun. „Iſt das Leben der Miniſter geſichert?" fragte der Ab=
geordnete Borroſch. „Nein", entgegnete Hornboſtl, worauf
ſogleich die Entſendung einer Reichstagsdeputation zum Schutze
der Bedrohten beantragt und beſchloſſen wurde. Die Deputirten
Borroſch, Smolla, Goldmark, Fiſchhof und Sierakowski machten
ſich eiligſt zum Kriegsgebäude auf.

Sie kamen dort an, als das Unheil ſchon in vollem Zuge
und die Pöbelbande Meiſter des Gebäudes war. Der Kriegs=
miniſter ſelber hatte das Thor zu öffnen befohlen und der Wache
unterſagt, von den Waffen Gebrauch zu machen. Gewehr im
Arm ſahen die auf dem Hof, auf den Treppen und Korridoren
aufgeſtellten Soldaten der Entwickelung des Morddrama's zu.

Ob Latour wähnte, durch dieſen Beweis von Vertrauen den
Tiger zu zähmen? Ob er glaubte, durch ſorgloſes Preisgeben
der eigenen Perſon dem Affen zu imponiren? Im einen wie im
anderen Falle irrte er ſich.

Während die Menge durch das geöffnete Thor hereinſtrömte

und rasch die verschiedenen Theile des weitschichtigen Gebäudes
zu überfluten begann, gelang es den Ministern Bach, Weissenberg
und Doblhoff hinauszukommen. Der erstere wäre wohl übel
gefahren, falls er nicht so glücklich gewesen, die Uniform eines
Bürgerwehrkanoniers zu erwischen und in dieser Verkleidung zu
entwischen. Möglich, daß der Mann an diesem Tage die Ueberzeugung gewann, es wäre rathsam, mehrbesagten Tigeraffen in
einen Konkordatskäfig zu sperren. Auch verschiedene Generale
und Offiziere bewerkstelligten in theilweise nicht gerade heroischen
Vermummungen ihren Rückzug aus dem Hause.

Endlich befanden sich bei dem Kriegsminister nur noch etliche
Adjutanten und sein Kammerdiener. Da scholl immer näher und
drohender der Ruf: „Wo ist der Kriegsminister? Wir müssen
ihn haben!" Die äußerste Gefahr enthüllte sich ihm plötzlich.
Wie derselben entfliehen? Vielleicht durch die Kirche? (Das
Gebäude war ehemals ein Jesuitenkollegium.) Hastiger, aber
vergeblicher Versuch: die Verbindungsthüre war vermauert.
„Excellenz, weg mit der Generalsuniform!" Der General ließ
sich von seinem Kammerdiener einen bürgerlichen Anzug reichen,
und nachdem er denselben angethan, verließ er, dem Drängen der
Adjutanten nachgebend, seine im zweiten Stockwerke gelegene
Amtswohnung und suchte im Dachgeschoß ein Versteck, wozu eine
Art von Räucherkammer geeignet schien. Einem der Adjutanten
glückte es, mitten durch das Gebrodel der Menge hindurch und
auf das josephstädter Glacis zu gelangen, wo er die Truppen
aufforderte, zur Rettung des Ministers herbeizueilen. Umsonst.
Offiziere und Soldaten, ganz perplex durch die Ereignisse des
Tages, rührten sich nicht von der Stelle.

Inzwischen war die Reichstagsdeputation im Kriegsgebäude
angelangt. Ihre Beschwichtigungsbemühungen schienen anzuschlagen. Der populäre Borrosch insbesondere redete im Hofe
mit scheinbar größtem Erfolge zu der Menge, welche er beschwor,
keine Gewaltthat gegen den Minister zu begehen, der, versicherte

er, in Anklagestand versetzt werden sollte. Unglücklicher Weise
ließ sich „Vater Borrosch" durch den ihm unter diesem Titel ge-
zollten Beifall zu dem Wahne verleiten, er hätte hier glücklich
seinen Zweck erreicht und es sei deßhalb seine Pflicht, auch anderwärts den Friedensprediger zu machen. Kaum war er weggegangen oder vielmehr weggeritten — denn man hatte ihn auf ein
Pferd gehoben — als das Gebrülle nach dem Kriegsminister
abermals losging.

Der verfemte Mann hatte sich so eben aus seiner Wohnung
entfernt, als die Haufen in dieselbe eindrangen, das Geräthe
zerschmissen und alle Papiere des Ministers „als Beweise seines
Verraths" zusammenrafften. Einem Proletarier stach ein prächtiges Rasierzeug in die Augen; er wollte es einstecken, aber ein
Legionär von der Aula nahm es ihm ab und legte es wieder an
seinen Platz mit der Mahnung: „Wir sind nicht hierherge-
kommen, um zu plündern!" Drunten auf dem Hofe zeterte derweil eine wilde Bande immer ungestümer: „Heraus mit dem
Verräther! Er muß abgekragelt sein!" Wüthende Kerle stürmten die Treppen hinan und suchend und fluchend durch alle Stockwerke und Korridore.

Gerade jetzt gelang es endlich dem treuen Adjutanten des
Bedrohten, dem Hauptmann Niewiadomski, den Vicepräsidenten
des Reichstags, Herrn Smolka, und dessen Kollegen die Treppen
hinaufzulootsen. Die Herren mußten aber sofort erkennen, daß
gegenüber diesem Wirrsal von Wuth und Wahnsinn ihre bloße
Gegenwart und ihre beschwichtigenden Reden keine Wirkung
thäten. Smolka schlug daher vor, Latour sollte sofort seine
Abdankung erklären und zwar schriftlich. Daraufhin wollten die
Reichstagsdeputirten ihn unter ihren Schutz nehmen und etwa
unter dem Vorgeben, daß er ein Gefangener sei und vor Gericht
gestellt werden würde, den seiner Würden und Aemter entkleideten
alten Mann in das bürgerliche Zeughaus hinüberretten. Durch
einen Offizier von diesem Plan in Kenntniß gesetzt, verließ

Latour seinen Schlupfwinkel und schrieb in einem Zimmer des
vierten Stockwerks seine Abdankung nieder: — „Mit Genehmi=
gung Sr. Majestät bin ich bereit, meine Stelle als Kriegs=
minister niederzulegen". Mit dieser Urkunde eilte Smolka ins
dritte Stockwerk hinab, bis wohin die Volkswoge ihren Abschaum
bereits emporgespritzt hatte, und las den Tobenden dieselbe mit
lauter Stimme vor. Umsonst. Die Rotte schritt über diese
zwischen sie und ihr Opfer gestellte papierene Schutzwehr hin=
weg, schreiend: „Aha, der Halunke ist also da? Er muß abge=
tragelt sein, er muß gehenkt werden!"

Mit Noth erreichten Smolka und sein Mitdeputirter
Sierakowski noch vor der Bande das vierte Stockwerk wieder:
allein Latour durfte es nicht wagen, sein früheres Versteck wieder
aufzusuchen, weil der Gang, den er hätte durchschreiten müssen,
schon von einzelnen Eindringlingen aufgespürt war. Er suchte
daher in einem geheimen Gemach eine augenblickliche Verguns.
Smolka, Fischhof und Sierakowski gesellten sich einen Bürger=
wehroffizier, einen Offizier der akademischen Legion und einen
Arbeiter und unternahmen mit eigener Lebensgefahr die Rettung
des Generals. Wenn das Pack denselben in seinem Verstecke
auffand, so war er unbedingt verloren. Die Reichstagsmit=
glieder verbürgten sich daher dem tobenden Gesindel, welches sie
übrigens kaum respektirte, sie wollten den Minister herbeischaffen
und denselben der Justiz überliefern, falls sich eine gehörige An=
zahl von Männern mit Schwur und Handschlag verpflichtete,
sein Leben zu schützen. Sofort drängten sich etwa 20 Bürger=
wehrmänner und Arbeiter eifrig aus dem Pöbelknäuel, welcher
den Korridor im vierten Stockwerk verstopfte, hervor und
schwuren, zweifelsohne aus aufrichtigem Herzen, den Abgeord=
neten zu, das in sie gesetzte Vertrauen zu rechtfertigen.

Latour hatte in seinem Schlupfwinkel diese Verhandlung
gehört und trat jetzt heraus mit den Worten: „Hier bin ich.
Ich habe Kugeln und Bajonnette nicht gescheut und fürchte auch

Dolche nicht; denn ich bin ein ehrlicher Mann und habe ein
gutes Gewissen". Der alte Herr hatte auf seinem Stand=
punkte ganz recht. Er hatte als Monarchist von der strikten
Observanz gehandelt und nur Katechismusmoralisten und sonstige
„Ideologen" konnten es „unmoralisch" finden, daß er seine
„Geschäftsverbindung" mit dem Kroatenban öffentlich abzu=
leugnen „sich veranlaßt gesehen". Man ist doch fürwahr nicht
dazu Minister, immer und überall die Wahrheit zu sagen!

Von den Reichstagsmitgliedern und seinen geschworenen
Beschützern umringt, wurde der unglückliche General, an dessen
einer Seite sein Adjutant Graf Gondrecourt, an dessen anderer
Fischhof sich hielt, die kleine Treppe, welche bei dem Brunnen im
Hof ausmündete, hinabgebracht; höchst mühsälig, denn die Treppe
war enge und bei jedem ihrer Absätze gesellten sich von den ver=
schiedenen Theilen des Gebäudes her neue Scharen zu dem Zuge.
Schon während dieses Herabsteigens mußte das Schlimmste be=
fürchtet werden, denn das drohende Geheul des hinten nach=
drängenden Gesindels verrieth nur zu deutlich, daß hier jede
Beschwörung ein leerer Schall, jede Mahnung zur Gerechtigkeit
oder zum Mitleid ein in dem wüsten Getobe ungehört ver=
hallendes Wort sei.

Kaum hatte sein Geleite den Minister endlich auf den Hof=
raum gebracht, als das Scheußliche geschah. Das Hundepack
warf sich mit Tigergebrüll auf sein Opfer. Vergeblich alle die
Anstrengungen Smolka's, Fischhof's, Sierakowski's, Gondre=
courts, der Bürgerwehrmänner und Arbeiter, sich zwischen die
lechzende Meute und den gehetzten Greis zu werfen, diesen mit
ihren Armen, mit ihren Leibern zu decken gegen die beim Er=
scheinen Latours losrasende Orgie der Barbarei.

In Wahrheit, eine solche, nicht ein vorherbedachtes, von
langer Hand her angelegtes Verbrechen war der Mord des
Generals. Ist doch aktenmäßig festgestellt, daß die drei nach=
mals ausgemittelten und zum Galgen verurtheilten Hauptmörder

(Bramboſch, Jurkovic und Wangler) keineswegs mit mörderi-
ſchen Abſichten zum Kriegsgebäude gekommen, ſondern erſt von
dem daſelbſt um ſie hertobenden Mordwuthrauſch angeſteckt worden ſind. Eine grauſame Schickſalsironie lag darin, daß unter
den drei bezeichneten Hauptmördern des Kriegsminiſters, den
man als einen Mitverſchworenen des Kroatenbanus tödtete, auch
ein Kroate ſich befand (Jurkovic).

Wann auf dieſer unſerer bekanntlich muſterhaft eingerichteten
Erde etwas Vernünftiges, Rechtes, Edles, Großes geſchehen ſoll,
dann drängen ſicherlich hundert Zufälle hemmend und hindernd
ſich dazwiſchen; das Dumme dagegen, das Schlechte, Niederträchtige, Abſcheuliche hat allzeit freie Bahn. Das Gute kann
geſchehen, das Böſe muß geſchehen.

Latour hielt ſich, als er den Hofraum betreten hatte, nur
noch mit Hilfe ſeiner Beſchützer aufrecht. Unter einem vergitterten Fenſter ſtellten ſie ſich noch einmal ſchirmend um ihn
her. Es half nichts. Sie wurden weggedrängt, weggezerrt,
weggeſtoßen und von rechtsher und linksher zielten mörderiſche
Hiebe und Stöße auf das Opfer. In demſelben Augenblick traf
von hinten ein Hammerſchlag und von ſeitwärtsher ein Säbelhieb
den Kopf des Generals, worauf Hieb- und Stoßwaffen aller
Art ſeinen Leib zermarterten. Er ſank zu Boden. Aber die
Kanibalen riſſen den noch Lebenden empor, ſchlangen ihm eine
Schnur um den Hals und henkten ihn an einen der Eiſenſtäbe
des Fenſtergitters. Die Schnur riß, doch die Wuth der Barbaren war noch nicht geſättigt. Sie ſchleiften die blutige, aber
noch röchelnde Maſſe, welche Latour geweſen war, zum Hofe
hinaus auf den freien Platz vor dem Kriegsgebäude und knüpften
ſie dort zum zweitenmal an einen Gaslaternenpfahl auf, welcher
vor der Hauptwache ſtand.

Und die Grenadiere, welche die Hauptwache beſetzt hielten,
ließen das geſchehen, Gewehr bei Fuß! Und der Hauptmann,
welcher ſie befehligte, rührte keinen Finger, ſondern ſagte achſel-

zuckend: „Der letzte mir zugekommene Befehl lautet, nicht ein=
zuschreiten". Ganz fabelhaft, aber doch buchstäblich wahr!

Auch dem also hängenden Leichnam fuhren die Kanibalen
Kanibalisches anzuthun fort. Die Kleider waren dem Todten
abgerissen, bis in den dunkelnden Abend hinein trieb das Hunde=
pack Schimpf und Spott mit ihm und zersetzte ihn mit Schüssen,
Hieben und Stichen*). Gassenbuben umtanzten, Schandlieder
johlend, den Marterpfahl, Gassendirnen schauten lachend und
händeklatschend zu. In die Schwärze dieses Gräuels herein fiel
nur ein Stral menschlichen Gefühls: — ein Legionär von der
Aula kaufte in der Nachbarschaft ein Leintuch und bedeckte mit
demselben die verstümmelten Ueberreste des Opfers ....

Derweil war der Reichstagssal der Schauplatz tumultarischer
Scenen. Der Präsident Strobach hatte sich anfänglich gewei=
gert, die von der Linken geforderte Sitzung zu eröffnen, weil die
Zahl der anwesenden Mitglieder keine beschlußfähige sei. End=
lich hatte er sich gefügt, als aber um 5 Uhr Smolka, Fischhof und
Sierakowski hereinkamen und der letztgenannte die lakonische
Meldung machte: „Latour ist todt; er hängt an einem Laternen=
pfahl am Hof" — als zugleich mit dieser Schreckensbotschaft
bewaffnete Arbeiter nicht nur auf den Galerien, sondern auch im
Sale erschienen, da fühlte der Czeche Strobach den Präsidenten=
stuhl unter sich glühen, daß es nicht zum Aushalten war. Er
stand daher auf, wand sich während des anarchischen Hin= und
Herrebens, welches sich an Sierakowski's Meldung und das Er=
scheinen der bewaffneten Arbeiter knüpfte, noch eine Weile zwi=
schen dem Bureau und der Thüre herum und verfloß dann auf
— Nimmerwiederkehr. Es wehte an diesem Tage überhaupt ein
schneidend widerczechischer Luftzug in Wien. Begreiflich daher,

---

*) Depesche Kerns vom 7. October: ... „Ich sah es selbst, wie der
hängende Leichnam gestern Abend um 6 Uhr noch mit Bajonnetten durch=
stochen wurde." S. B. A.

daß die Häuptlinge der Czechen, die Rieger, Hawliczek und andere,
bereits den Staub Wiens von ihren Stiefeln geschüttelt und gen
Prag sich aufgemacht hatten, allwo sie dann mit den fahrenden
Ministern Wessenberg und Bach konferenzelten. Das also von
den Häuptlingen schon am 6. Oktober gegebene Beispiel muthigen
Zurückweichens wurde in den zunächstfolgenden Tagen von der
czechischen Mannschaft im Reichstage befolgt. Die Bänke der
Rechten leerten sich demnach. An der Stelle des verflossenen
Strobachs übernahm Smolka den Vorsitz und der Reichstag,
welcher sich permanent erklärte, faßte in der Nacht vom 6. auf
den 7. Oktober eine Menge von Beschlüssen. Er bestellte einen
„Sicherheitsausschuß", der in Gemeinschaft mit den Regierungs-
behörden für die Wiederherstellung und Aufrechterhaltung der
Ordnung sorgen sollte; er erließ einen Aufruf „An das Volk",
worin dasselbe zur Gesetzlichkeit ermahnt und „die Sicherheit der
Stadt Wien, die Unverletzlichkeit des Reichstages und des Throns
und dadurch die Wohlfahrt der Monarchie unter den Schutz der
wiener Nationalgarde gestellt wurde"; er beauftragte den Herrn von
Pillersdorff, eine Adresse an den Kaiser zu entwerfen, worin dieser um Gewährung einer allgemeinen Amnestie, um Zurücknahme
des Manifestes vom 3. Oktober und um Einsetzung eines volks-
thümlichen Ministeriums, in welchem die beiden „ehrlichen Männer" Doblhoff und Hornbostl sitzen sollten, angegangen wurde;
er entsandte den Verfasser dieser Adresse als Träger derselben
unter Beigabe der Deputirten Skoda, Lubomirski, Hornbostl und
Borrosch sofort nach Schönbrunn; er schickte auch eine Abordnung an den Grafen Karl von Auersperg, kommandirenden General von Niederöstreich, mit der Bitte, nichts gegen die Stadt
zu unternehmen und von jedem Angriff auf das Volk abzustehen.

Der Herr General war diesem Wunsche schon Abends zuvorgekommen. Er gehörte nicht zu den Menschen, welche für
kritische Situationen gemacht sind, d. h. zur Beherrschung der-

selben Fähigkeiten und Thatkraft genug besitzen. Er hielt sich an den Nachmittags ihm zugekommenen, von Weissenberg und Latour unterzeichneten Befehl: „Das Feuer ist allenthalben ein= zustellen" — und unternahm auch dann nichts, als der im Kriegs= gebäude verübte Gräuel ruchbar geworden. Entgegen der An= sicht des Fürsten Felix von Schwarzenberg, welcher vorschlug, am Abend vom josephstädter Glacis aus mit den Truppen durch das Franzthor in die Stadt einzustürmen, ließ Auersperg seine Streitkräfte vom Glacis aufbrechen und dieselben im Schwarzen= berggarten und beim Belvedere Stellung nehmen, rathlos, was weiter zu thun.

4.

Spät in der Nacht gelangte die reichstägliche Abordnung nach Schönbrunn und sie wurde so huldvoll empfangen, daß man meinen könnte, das, was in Wien geschehen war, sei in dem kai= serlichen Sommerschlosse noch nicht vollständig bekannt gewesen. Da jedoch diese Annahme als unmöglich zu verwerfen ist, so muß man glauben, nur der gute Ferdinand selber sei zur Stunde, als die Deputation ihm aufwartete, noch nicht von der Ermordung Latours unterrichtet gewesen. Wäre er es bereits gewesen, er hätte sicherlich nicht mit solcher Ruhe und Fassung sich zu geben vermocht, wie er that. Was die Hofleute angeht, so hätten sie keine sein müssen, falls sie ihre Mienen und Zungen nicht soweit in ihrer Gewalt gehabt, um die Deputirten nicht merken zu lassen, wie man im Schlosse gestimmt sei und was man vor= bereitete, gerade während die kaiserliche Majestät der Abordnung des Reichstags Versicherungen gab, welche nicht beruhigender hätten lauten können. Die Abgeordneten waren so glücklich, das nicht nur mündlich, sondern auch schwarz auf weiß gegebene Ver=

sprechen des gutmüthigen Monarchen, daß er ein neues „volks=
thümliches" Ministerium berufen werde, mit nach Wien zurück=
nehmen zu können. Se. Majestät hatte die Liebenswürdigkeit so
weit getrieben, dem wiener Volke noch ein ausdrückliches Kom=
pliment zu machen, sagend, er „hoffe, daß dasselbe zur Wieder=
herstellung eines geordneten und gesetzlichen Zustandes kräftig
mitwirken werde".

Die Rückkehr der Deputation mit so tröstlichem Bescheid
erregte große Freude im Reichstagssal, und als die Sitzung
frühmorgens am 7. Oktober geschlossen wurde, behaupteten nicht
wenige der Mitglieder, das Morgenroth einer besseren Zukunft
aufgehen zu sehen. Aber, ach, „Morgenroth, Abendkoth".

Maßen die „ehrlichste Politik allzeit die beste", waren in
Schönbrunn, während droben im Audienzzimmer der gute Ferdi=
nand so versöhnlich und tröstlich zu den Reichstäglern geredet
hatte oder reden gemacht worden, drunten in den Ställen die
Pferde zur Flucht angeschirrt und war zugleich im kaiserlichen
Kabinett ein Manifest in der Mache, welches, zusammengehalten
mit den der reichstäglichen Abordnung gleichzeitig gegebenen Ver=
sicherungen das berühmte Axiom von der ehrlichsten Politik als
der besten so zu sagen in Farbendruck illustrirte. Dieses Mani=
fest ließ sich sehr scharf aus gegen die Ermordung Latours und
zwar selbstverständlich mit vollem Recht, wenn auch die Phrase:
„Wien ist mit Brand und Mord erfüllt" — mehr Dichtung als
Wahrheit enthielt. Wirklich großartig, geradezu kolossal wurde
aber die Manifestdichtung, wenn sie den Kaiser schließlich aus=
rufen ließ, er „verlasse die Nähe der Hauptstadt, um Mittel zu
finden, der unterjochten Bevölkerung von Wien Hilfe zu bringen und
die bedrohte Freiheit zu retten". Darum, „wer Oestreich, wer
die Freiheit liebt, schare sich um seinen Kaiser!"

Nachdem dieses Aktenstück verfertigt und von dem immer
dienstwilligen Unterschreiber unterfertigt war, machte sich der Hof
vollends reisefertig und verließ zur siebenten Morgenstunde unter

dem Geleite einer Brigade von Kerntruppen Schönbrunn. Auch diese zweite Flucht schien wiederum ins glaubenseinige Tirol gehen zu wollen; allein in Wahrheit ging sie die Donau aufwärts bis Krems, überschritt am 9. Oktober daselbst den Strom, machte eine scharfe Wendung nach rechtshin und fand am 14. ihr Ziel in der mährischen Stadt und Festung Olmütz. Man mußte den Slaven ein Pfand allerhöchsten Vertrauens geben; sie hatten sich schon so sehr um das Haus Lothringen-Habsburg verdient gemacht! Inmitten einer slavischen Bevölkerung das kaiserliche Hoflager aufschlagen, hieß den Häuptlingen der Slaven sagen: Ihr sollt künftig in Oestreich die erste Geige, will sagen Gußle spielen.

Derweil der kaiserliche Fluchtzug zunächst gen Sieghartskirchen unterwegs war, erschien der Minister für alles, Herr Kraus, in der Vormittagssitzung des Reichstags und eröffnete, daß ein „Mann von der Hofburgwache" ein kaiserliches Manifest überbracht hätte mit der Aufforderung, dasselbe gegenzuzeichnen, was ihm aber seine konstitutionelle Gesinnung und beziehungsweise Entrüstung zu thun nicht erlaubte. Er lege darum das Aktenstück auf den Tisch des Hauses nieder „zu beliebigem Gebrauche".

Aber lesen mußte man doch das Ding. Allgemeine Verblüffung darnach. Die „gemäßigt liberale" Mehrheit der Versammlung hatte sich so eben noch so wohlig gefühlt in der Gewißheit, mit Ihrer kaiserlich königlichen Majestät eigentlich doch e i n Herz und e i n e Seele zu sein. Und jetzt? Ja, wie stand denn nun eigentlich der Reichstag zum Kaiser? Wer auf diese Frage eine runde und nette Antwort hätte geben können! Aber, was da? Nur nicht verzagt! Der Parlamentarismus weiß für alles Rath. Ist der Kaiser fort, so haben wir doch noch einen kaiserlichen Minister und zwar einen Minister für alles und noch dazu einen Minister, welcher so eben korrekt und korrektest konstitutionell geredet hat, der allerliebste Gummi-Kraus! An den also wollen wir uns halten und ihm auch, aus schuldiger Dankbarkeit, sofort die Forterhebung der Steuern für ein volles Jahr, sowie die beliebige Benützung des Bankkredits bewilligen. Dadurch geben wir uns erstens den Anschein, als hätten wir noch etwas zu bedeuten, und beurkunden zweitens, daß wir·unsträflich loyal. Ueberhaupt ist es das Gescheiteste, wenn wir so thun, als wäre gar nichts vorgefallen, als gäbe es keinen 6. Oktober. Wir sind und bleiben Sr. kaiserlich königlichen Majestät allergetreuester Reichstag, debattiren weiter, parlamentiren Vormittags mit der Revolution und Nachmittags mit dem Hofe, richten heute eine Proklamation an das Volk und morgen eine Supplik an den Kaiser, kurzum, wie unser lieber Kraus ein Minister für alles ist, so sind wir unsererseits ein Reichstag für alles und für alle. „Medio tutissimi ibimus".

5.

Der General, welcher nach der Meinung des Hofes die wiener Revolution zu bändigen bestimmt war, der Fürst von Windischgrätz, hatte sich diese Rolle schon zum voraus selber zugetheilt. Seitdem er das freilich sehr leichte Probestück, das prager Pfingststrohfeuerlein auszublasen, abgelegt, war er ein Hauptvertrauter der herrschenden Hofklike gewesen und hatte die Kaiserin, Ferdinands Frau, fortwährend mit ihm gebriefwechselt, — selbstverständlich hinter dem Rücken des „konstitutionellen" Ministeriums, ja sogar hinter dem Rücken Latours. Dieser Brief=wechsel, welcher unter anderen Fragen auch schon im Sommer die erörterte, ob man den guten Ferdinand abdanken machen sollte, hatte den Fürsten in seiner Ueberzeugung, zum Retter der Dynastie, des Throns und des Altars, der guten alten frommen

Zeit im Allgemeinen und der Junkerherrlichkeit im Besonderen förmlich prädestinirt zu sein, sehr bestärkt. Er hatte auch auf den Antritt seiner Retterrolle hin vorläufige Zurüstungen gemacht und insbesondere mit verschiedenen Generalen für gewisse Fälle Verabredung getroffen: alles hinter dem Rücken des „konstitutionellen" Ministeriums; denn „die ehrlichste Politik ist immer die beste".

Am 8. Oktober erschienen die beiden Czechenhäuptlinge Rieger und Hawliczek, flüchtig aus Wien angelangt, auf dem Hradschin bei Windischgrätz und brachten demselben die erste bestimmtere Kunde von dem zwei Tage zuvor in der Donaustadt Geschehenen. Am folgenden Morgen wurde er durch den Grafen Moritz Palffy verständigt, daß der Hof auf der Fahrt gen Olmütz begriffen sei, worauf der Fürst dem fahrenden Hofe sofort den Rath zugehen ließ, mit dem Reichstag in keinerlei Unterhandlung sich einzulassen und den Fürsten Felix von Schwarzenberg zum Minister zu ernennen. Dann machte er die meisten in Böhmen stehenden Truppen (10 Bataillone Infanterie, 3 Bataillone Jäger, 24 Schwadronen Reiterei, 54 Geschütze mit der nöthigen Bedienungsmannschaft) marschfertig gen Wien und sandte Eilboten nach Brünn und Krakau, um von den dort kommandirenden Generalen die schleunige Entsendung aller verfügbaren Truppen in derselben Richtung zu verlangen, welchem Verlangen mit möglichster Eile entsprochen wurde. Auch mit dem General Auersperg und mit dem Kroatenban setzte sich der Fürst in Verbindung und zwar als Oberbefehlshaber, da er schon seit Ende Juni's im Besitz eines kaiserlichen Handschreibens war, kraft dessen ihm „für den eintretenden Fall" der „unbeschränkte Befehl" über alle Truppen der Monarchie, mit Ausnahme der Armee Radetzky's, übertragen wurde. Am 16. Oktober ist dann der Inhalt dieses geheimen Handschreibens in einem öffentlichen Manifest ausgesprochen worden.

Derweil sammelte sich die Masse der aus Wien entwichenen

czechischen Reichstagsabgeordneten, durchsprenkelt mit sonstigen
slavischen und schwarzgelben Deputirten, in Prag, that sich als
Sonderreichstag auf und czechte gehörig, zum schmunzelnden
Vergnügen der Herren Bach, Wessenberg und Stadion, welche
ebenfalls in Prag eingekehrt waren und die Czecherei nach Kräften
stachelten und steiften. Als der wiener Reichstag alle abwesen-
den Mitglieder aufforderte, binnen 14 Tagen wieder in seinem
Schoße zu erscheinen, leistete die czechische Kollegialität in der
Infamie das Aeußerste, indem der prager Sonderreichstag eine
Erklärung ausgehen ließ, in welcher die wiener Linke deutlich genug als Verursächerin der Ermordung Latours bezeichnet war,
ja sogar einzelne Mitglieder mit Namennennung der reaktionären
Rache signalisirt wurden. Man sieht, die Herren Czechen machten
sich immer würdiger, ihr Ideal, russische Leibeigene zu werden,
verwirklicht zu sehen (vgl. Bd. I, S. 317).

Das Ideal militärischer Unfähigkeit konnte man zur gleichen
Zeit in der Umgebung von Wien verwirklicht sehen und zwar in
dem Lager des Herrn General von Auersperg und in dem Lager
des Herrn Banus von Jellacic gleichermaßen. Der Stern des
letzteren, welcher Stern nie etwas anderes gewesen als ein küm-
merliches Talglicht, von dem Winde der Hofgunst momentan zu
einer qualmenden Fackel an- und aufgeblasen, war in raschestem
Sinken begriffen. Aus dem Mythus vom kroatischen Helden,
Helfer und Heiland wurde die klägliche Wirklichkeit eines ordi-
nären Subalternoffiziers. Vom ungarischen Boden flankenmärsch-
lich auf deutschen geflohen, wußte sich der Banus weder zu rathen
noch zu helfen und verbarg seine Rath- und Thatlosigkeit nur
kläglich hinter Rauschbauschphrasen, welche er von seinem Hauptquartier Rothneusiedl ausgehen ließ ("Als Staatsdiener bin ich
verpflichtet, der Anarchie zu steuern; als Soldat zeigt mir der
Donner der Geschütze meine Marschdirektion", und dergleichen
Horribilikribrifaxereien mehr). Wäre es mit der obersten Leitung der revolutionären Kräfte in Wien nicht so elendiglich be-

stellt gewesen, wie es war, ein umsichtig geordneter und energisch geführter Angriffsstoß von dorther würde den Kroatensachem sammt seinen krebsrothmänteligen Szeressanern und sonstigen naturkindlichen Barbaren aus dem Felde geblasen haben. Nur dem Unverstand und der Schlaffheit, welche, wie in Wien, so auch im ungarischen Lager obenauf waren, hatte es Jellacic zu verdanken, daß er nicht zwischen zwei Feuer genommen und zwischen denselben zerrieben wurde. Man muß ihm die Gerechtigkeit widerfahren lassen, daß er wenigstens nicht so dumm war wie seine Gegner; denn er kannte die Gefährlichkeit seiner Lage besser als diese. Am 10. Oktober hatte er eine Zusammenkunft mit Auersperg und wurde dabei verabredet, daß der letztere seine Aufstellung im Schwarzenberggarten und Belvedere verlassen und seine Truppen mit denen des Banus vereinigen sollte. Dieser, welcher, wie wir wissen, stark war in „Flankenmärschen", schlug dann vor, die beiden vereinigten Heerhaufen sollten mitsammen einen Flankenmarsch um Wien herum ausführen und sich donauaufwärts bis Krems „rückwärts koncentriren", um dort den Anmarsch der Windischgrätzer aus Böhmen abzuwarten. In Folge dessen räumte Auersperg am 12. Oktober seine angegebene Stellung in so kopfloser Hast, daß Offiziere und Soldaten ihr Gepäck dahintenlassen mußten. Doch kam es nicht zu der flankenmärschlichen Flucht nach Krems, weil ja weder die Wiener noch die Ungarn etwas gegen die beiden kaiserlichen Generale unternahmen*). Man ließ denselben Zeit und Raum, in aller Gemüthlichkeit ihre Stellungen so zu wählen, zu nehmen und zu sichern, daß sie mit ihren Truppen Wien vom Süden und Westen

---

*) Daß man von Wien aus gerade dazumal etwas Rechtes unternehmen konnte, ist Thatsache. Die Stimmung konnte nicht besser sein. Depesche Kerns vom 13. Oktober: „Die Bewaffnung in der Stadt geht ununterbrochen fort und wird durch den allgemein kriegerischen Geist, der darin herrscht, kräftig unterstützt." S. B. A.

her halbzirkelig umspannten. Am 14. Oktober hatte Auersperg
sein Hauptquartier in Inzersdorf, Jellacic in Zwölfaxing. Vom
11. Oktober an schossen sich wiener Streifscharen mit den Kroaten
herum, welche, wie versichert wird, täglich ihre Offiziere fragten:
„Gospodine, wann marschiren wir gegen Ola?" unter welcher
Aula sie sich irgendein fabelhaftes Monstrum vorstellten, wie
sie denn auch des festen Glaubens gelebt haben sollen, sie stän=
den statt vor Wien vor Budapesth, um solches zu stürmen und
zu plündern, wobei sie sich nur verwunderten, wo denn die ge=
stickten ungarischen Hosen hingekommen wären. Inzwischen
haus'ten die „Natursöhne" in der Umgegend, wie es von ihnen
erwartet werden mußte. Die Rückwärtserei hat später, nach
Sättigung ihrer Wuth, in einer wunderähnlichen Anwandelung von
Scham für gutgefunden, alle Ausschreitungen und Ausschweifungen
der Soldaten während der Belagerung und der Einnahme Wiens
zu leugnen. Es ist aber ebenso notorisch als begreiflich, daß die
mittels der Losung „Rache für Latour!" fanatisirte Soldateska
— keineswegs die Kroaten allein — das Rächeramt übte, wie
sie es verstand. Dieses Verständniß wurde, der Meinung der
Wiener zufolge, schon am 12. Oktober klargelegt durch die Auf=
findung eines gräßlich verstümmelten Leichnams, welchen die ab=
gezogenen Truppen Auerspergs im Schwarzenberggarten zurück=
gelassen hatten *).

6.

Bevor Windischgrätz seinen in Marsch gesetzten Truppen
zur Donau folgte, begab er sich nach Olmütz, wo er am 15. Okto=

---

*) Herr Berthold Auerbach hat in seinem „Tagebuch aus Wien" (1849)
unterm 12. Oktober (S. 91) als Augenzeuge darüber also ausgesagt: ...

ber eintraf. Er war jetzo der Hort, Helfer und Heiland des Hofes und für einen solchen konnte man doch nicht weniger thun, als ihn zum Feldmarschall ernennen. Der windischgrätzische Feldmarschall-nimbus ist freilich etliche Monate später, wie jedermann weiß, auf den ungarischen Pußten kläglich verblichen. Vorderhand jedoch stralte er hell, weil die Moga und Messenhauser nicht die Leute waren, seinen Glanz zu trüben.

Zweifelsohne hat während der Anwesenheit des neuge-backenen Feldmarschalls, am kaiserlichen Hoflager der Ge-

-----

„Im Hofe der Aula brau'te und tof'te es wie ein Sturm. Man hatte die Leiche eines Studenten gebracht, die man nach dem Abzuge des Militärs vom Belvedere dort gefunden. Die Leiche war schauderhaft verstümmelt, die Zunge ausgeschnitten, die Augen ausgestochen, der Mund aufgeschlitzt bis zu den Ohren, die Nase abgehackt, der Bauch aufgeschlitzt, alle Raserei des zum Ungeheuer gewordenen Menschen war verübt. Ein Heulen und Racherufen, herzerschütternd wie noch nie, hörte ich hier. Die Frauen zer-flossen in Thränen und Wehklagen und die Männer hoben ihre Waffen zum Himmel und schwuren Rache an dem Hause Habsburg. Ich sah einen alten wohlbeleibten Mann, die hellen Thränen liefen ihm über die Wangen und er konnte nur noch heiser die Worte rufen: „Rache an Habsburg! So läßt uns der gute Kaiser ermorden, weil ein Einziger ermordet worden." Ich sah hier das empörte Herz des gutmüthigsten Volkes und erkannte, wohin man es treiben kann durch schmählichen Verrath. „Zum Reichstag! Zum Reichstag!" erschollen plötzlich Stimmen und „Zum Reichstag!" schrie alles. Mit einer schwarzen Fahne vorauf trug man die Leiche hin, die Reichstags-mitglieder mußten sehen, wie die Truppen des Kaisers mit seinem Volke umgingen. Schuselka kam herab und beruhigte mit wenigen Worten das zum Aeußersten gereizte Volk, und als der Abgeordnete Fürst Lubomirski die Leiche sah, verfiel er plötzlich in Wahnsinn." Mit dieser Aussage halte man die Darstellung zusammen, welche der schwarzgelbe Dunder in seiner „Denkschrift über die wiener Oktoberrevolution" (S. 320 fg.) von diesem Abenteuer gibt und welche in die Spitze ausläuft, die „Leiche sei ohne Zweifel so zugerichtet worden, um das Volk zu erbittern". Selbstverständlich wird für diese aus der Luft gegriffene Behauptung nicht der Schatten eines Be-weises beigebracht, während die Auffindung des geschändeten Todten im schwarzenbergischen Garten aktenbeweiskräftig festgestellt ist.

danke, den guten Ferdinand in den Stand zu setzen, ungestört
von Unterschreibungs- und anderen Regierungsmühen der Blu-
menzucht sich widmen zu können, bestimmtere Gestalt gewonnen.
Es gab Leute am Hofe, welche dem Kaiser sein märzliches „Ich
laß nit schießen!" nie verziehen hatten. Bei dem, was den Ansichten und Wünschen der Kamarilla zufolge nothwendig gethan
werden mußte, um den alten Glanz von Thron und Altar wiederherzustellen, brauchte man einen Unterschreiber, welcher
nicht so blutscheu war wie der Ich-Laß-Nit-Schießen-Bota-
niker.

Sodann mußte in Olmütz zur Sprache kommen, welches System gegenüber der ganzen Sachlage in Anwendung gebracht und
eingehalten werden sollte, das der unmittelbaren oder das der
mittelbaren, das der nackten Gewalt oder das der vorläufig noch
konstitutionell verschämt verhüllten. Der Hof zerfiel über diese
Frage in zwei Parteien. Die eine wollte, daß der Reichstag sofort aufgelös't, über ganz Oestreich der Belagerungszustand verhängt und Windischgrätz mit unbeschränkter Vollmacht, geradezu
mit der Diktatur bekleidet würde. Die andere meinte, es sei doch
klüger, vorderhand den konstitutionellen Schein zu wahren, den
Reichstag, welcher ja ohnehin gerade dermalen so vortreffliche
Dienste leistete, indem er mittels seiner Schwatzopiate die Kraft der
Oktoberrevolution paralysirte, fortbestehen zu lassen, aber denselben, sobald es thunlich, aus der Hauptstadt hinweg und in
irgendein obskures böhmakisches oder slovakisches oder hannaki-
sches Nest zu verlegen, damit er sich daselbst mit Verfertigung
von Verfassungsparagraphen harmlos die Zeit vertriebe. Die
zweite Ansicht trug es über die erste davon, was sich wohl unschwer hauptsächlich aus der Rücksicht erklärt, daß dazumal das
„rebellische" Ungarn noch nicht niedergeworfen war. Der zum
Premierminister bestimmte Fürst Felix von Schwarzenberg, ein
ausgebrannter Genüßling mit glasigen Fischaugen, aber schlau,
gewandt und resolut, hatte bringend zu dieser zeitweiligen Bei-

behaltung des konstitutionellen Formschwindels gerathen und war
hierin unterstützt worden durch die Czechenhäuptlinge von Prag
her, welche vor rückwärtigen Ueberstürzungen warnten, weil sie
es schon im Hinblick auf ihre eigene landsmännische Bauersame
ungerathen finden mußten, daß der Hof seinen vormärzlichen Ge-
lüsten allzu freien Lauf ließe. Selbst Windischgrätz fügte sich,
unter der Bedingung jedoch, daß man ihn — die Eroberung von
Wien vorausgesetzt — dort in s e i n e r Weise für Ruhe und Ordnung, Thron und Altar arbeiten ließe und daß das in der Mache
begriffene neue Ministerium keinen wichtigen Schritt thäte ohne
sein Mitwissen und seine Zustimmung.

Ja, man war denn doch in Olmütz des Sieges über die
„fluchwürdige Revolution" noch keineswegs so sicher, daß man
ohne weiteres die Brummbaßsprache der Gewalt zu reden schon
sich getraut hätte. Im Gegentheil, man flötete sanft und süß
nach Noten, nach Märznoten. Denn „die ehrlichste Politik ist
die beste". Der arme Kaiser Ferdinand hatte wiederum viel zu
thun in jenen Tagen. Am 15. Oktober mußte er ein Manifest
an die Bauern der Monarchie unterschreiben, worin denselben
die Erhaltung i h r e r Märzerrungenschaften auf's neue feierlich
zugesichert wurde. Am 19. Oktober sodann erschien eine Tags zuvor
von Sr. Majestät unterschriebene Proklamation, worin der Kaiser
„mit seinem fürstlichen Worte den Völkern Oestreichs alle denselben gewährten Rechte und Freiheiten" verbürgte, sowie die vor
der Oktoberrevolution vom Reichstage gefaßten Beschlüsse be-
stätigte und schließlich seinen „festen Willen" erklärte, daß das
angefangene Verfassungswerk vom konstituirenden Reichstage
fortgesetzt und vollendet werde.

Derweil man aber den guten Ferdinand dermaßen in der konstitutionellen Fistel zu den Völkern Oestreichs sprechen ließ, schickte sich der
neue Feldmarschall an, mit Kanonenmäulern zu den Wienern zu reden.
Während der Anschickung hiezu, ja sogar nachdem besagte Mäuler
bereits sich aufgethan hatten, handirte der Reichstag noch immer

mit der dummen konstitutionellen Fiktion, resolvirte, dekretirte,
referirte, deputirte, protestirte, schickte Boten nach Olmütz, nach
Frankfurt, an Auersperg, an Jellacic, horchte dahin, wisperte
dorthin, unterhandelte hier, beschwor dort, wiegelte auf, wiegelte
ab, wollte alles vermitteln und vermantschte alles. Wäre dieses
parlamentarische Gezappel nicht so schädlich gewesen, wie es in
Wahrheit war, man hätte vor Lachen darüber Thränen vergießen
mögen. Es war aber entschieden schädlich, weil es die Thatkraft
der wiener Bevölkerung, welche unglücklicher Weise in dieser
Versammlung die höchste Autorität erblickte, mittels Einflößung
der kretinischen Mixtur „Revolution auf gesetzlichem Boden",
die auch anderwärts so unheilvoll gewirkt hatte, einschläferte und
vergiftete. Es war eine ganz verrückte Situation, daß eine Versammlung, welche innerhalb der Stadt die oberste Entscheidung
ansprach und übte, außerhalb der Stadt so ohnmächtig und ein-
flußlos war wie eine Sammlung von Gipsfiguren. Herr Kraus,
welcher mit Vorwissen und Bewilligung des Hofes seine Aller-
weltsministerrolle spielte, lenkte den Reichstag an dem Gängel-
und Gaukelbande der Legalität.

Freilich waren noch zwei andere Behörden da, welche mit
und neben dem Minister Kraus und neben dem Reichstage regierten, was das Zeug hielt: der am 7. Oktober eingesetzte Gemeinderath und der Studentenausschuß. Allein beide hinderten
einander mehr, als sie sich in die Hände arbeiteten, und appellirten und rekurrirten dann doch wieder in allem und jedem an
den Reichstag, der seinerseits an den Allerweltminister appellirte
und rekurrirte. Noch einmal: eine gegen ihren Kaiser empörte,
gegen die sie belagernden Truppen desselben fechtende Stadt in
letzter Instanz von einem kaiserlichen Minister regiert — die purste
Verrücktheit! Rabelais und Swift hätten Tolleres nicht zu ersinnen
vermocht und jedenfalls war diese ungemüthliche Anarchie die
Gipfelung des „tollen" Jahres.

Aber aus dieser tragischen Narrethei glänzt eine Thatsache

hervor wie ein Stern aus Wolken: die Uneigennützigkeit, Gutmüthigkeit und Opferwilligkeit der kleinbürgerlichen und proletarischen Bevölkerung von Wien. Nachdem sich die langangesam-
melte und künstlich vermehrte Elektricität des Volkszorns am
6. Oktober in einem Mordblitz entladen hatte, trat die angeborene wienerische Gutherzigkeit und Leichtlebigkeit wieder voll in ihr
Recht. Ebenso der wienerische Humor, welcher insbesondere in
der „Mobilgarde" seine Vertreter hatte. Dieses Korps vereinigte
die jüngeren und beweglicheren Kräfte der Bürgerwehr, sowie auch
die habenichtsigeren, was weder der Munterkeit noch der Tapferkeit desselben Abbruch that. Es war ein lustiges Volk, diese
Mobilen, und Robert Blum hat wohl zum letzten mal in seinem
Leben gelacht, als so ein Mobiler am 26. Oktober mitten im
Kampfgetöse mit vollendeter Virtuosität das Pfeifen, Surren und
Brummen der verschiedenen Geschosse auf ihrer Flugbahn und
bei ihrem Einschlagen nachmachte. Daß es in einer belagerten
und bombardirten Stadt an einzelnen Excessen unmöglich fehlen
konnte, ist leicht einzusehen; allein solche Vergehungen wurden
rasch und strengstens geahndet, wie denn ein Mobiler, der einem
Weibe Gewalt angethan, auf der Stelle erschossen worden ist.
Daß es aber in einer belagerten und bombardirten Stadt noch
niemals so ordentlich und ehrlich zu- und hergegangen, wie es im
Oktober von 1848 in Wien zu- und herging, vermag nur die
Parteiverbohrtheit zu leugnen. Was vermögen aber die Lügen
der Parteiverbohrtheit und der Angstphilisterei gegen Thatsachen
wie die, daß, obzwar das Volk Herr der ganzen Stadt war, die
Schätze der Bank, welche ein einziger Mann bewachte, vollkommen
sicher blieben und daß an dem gar nicht bewachten Palaste des
Windischgrätz, während dieser Wien bombardirte, nicht eine Fen-
sterscheibe zerbrochen, nicht ein Klingelgriff abgerissen wurde?
Fürwahr, ein großer Führer hätte mit dieser Bevölkerung Großes
vollführen können. Jammerschade um die vielen herrlichen Kräfte,
die hier nutzlos zu Grunde gingen.

Gar nichts Löbliches ist dagegen von der ländlichen Bevölkerung in der Umgegend von Wien zu sagen. Die Bauern ließen
ihren rohen Egoismus in seiner ganzen Ruppigkeit sehen. Alle
Bemühungen Kudlichs und anderer, die Bauerschaft zu bewegen,
sich zu einem „Landsturm" zusammenzuthun und dem bedrängten
Wien Hilfe zu leisten, scheiterten kläglich. Es war ganz eitel,
den Bauern auseinanderzusetzen, wie unberechenbar wichtig es
sei, die Hauptstadt nicht der Säbelbrutalität verfallen zu lassen.
„Was geht das uns an?" sagten sie; „wir haben keine Robot
mehr und das andere ist uns gleich". Damit noch nicht genug:
die bäuerisch-pfiffige Herzlosigkeit stand auch nicht an, aus der
Bedrängniß Wiens möglichst großen Vortheil zu ziehen. Je
mehr die Einschließung der Stadt und damit auch die Noth in
derselben zunahm, um so unverschämtere Wucherpreise forderten die Bauern für ihre Marktprodukte. Von weither kamen
den Wienern allerdings viele Sympathiebezeugungen zu. Die
Städtebevölkerungen von Deutschöstreich mußten ja fühlen, daß
Wien trotz all der dort waltenden Unklarheit den Kampf gegen
slavischen Despotismus führte. Allein zumeist ließen sie es eben
auch bei leeren Sympathiebezeugungen bewenden. Thatsächliche
Hilfe, d. h. Zuzüge bewaffneter Mannschaft schickten in nennenswerther Weise nur Brünn, Graz und etwa noch Salzburg.

Daß die Wiener auch von dem Schwatzklubb in Sankt Paul
zu Frankfurt, sowie vom deutschen Reichsverweser und Reichsministerium etwas hofften, erweist unwiderleglich ihre kindliche
Naivetät. Reichsverweser und Reichsministerium schmerlingelten,
d. h. sie sandten am 13. Oktober die zwei Parlamentsnullen
Welcker und Mosle als „Reichskommissäre" mit einer „Mission
des Friedens und der Versöhnung" nach Wien oder eigentlich
nach Olmütz, welche Mission einer der traurigsten Späße war,
welche das Jahr 1848 gesehen hat. Man trieb mit diesen Reichskommissären allenthalben Ulk, am offenkundigsten im windisch-
grätzischen Hauptquartier; sie aber waren so reichskommissärisch

vernagelt, daß sie nicht einmal merkten, wie man sie uskte und uzte.

Im deutschen Plapperment wurde am 12. Oktober durch den Oestreicher Berger der Dringlichkeitantrag eingebracht, „die Versammlung möge anerkennen und erklären, daß der konstituirende Reichstag und die heldenmüthige Bevölkerung Wiens sich um das Vaterland wohlverdient gemacht" — fiel aber natürlich durch. Daraufhin beschlossen die beiden Fraktionen der Linken, ihrerseits eine Sympathiebezeugungsdeputation nach Wien zu entsenden, und bestellten dieselbe aus den Herren Blum, Fröbel, Hartmann und Trampusch. Wie der letztere zur Ehre dieser Sendung kam, wußte kein Mensch und er selber am wenigsten zu sagen. Die Abordnung gelangte am 17. Oktober nach Wien und wurde mit großem Halloh empfangen. Im Uebrigen vermochten die frankfurter Deputirten innerhalb Wiens der Oktoberrevolution im Grunde gerade so wenig zu nützen, als die außerhalb herumduselnden „Reichskommissäre" derselben zu schaden vermochten. Als der Kampf losgebrochen war, konnten es Blum, Hartmann und Fröbel nicht ehrenhaft finden, sich demselben zu entziehen. Sie traten also in ein von dem tapfern Haugk, einem gewesenen kaiserlichen Offizier, organisirtes Elitekorps.

Ob Robert Blum aus Hoffnung, ob aus Verzweiflung nach Wien gegangen? Man weiß es nicht. Wahrscheinlich ging er im Oktober nach Wien, um den ungeheuren Fehler zu sühnen, welchen er im September in Frankfurt begangen hatte, als er statt die revolutionären Kräfte zu entfesseln dieselben vielmehr lahmlegen half. Aber die Reue kam zu spät. Die wiener Oktoberrevolution war schon allzusehr verfahren, um noch ins richtige Geleise gelenkt werden zu können. Und war überhaupt Blum der Mann dazu, so eine Lenkung zu unternehmen und durchzuführen? Nein. Er ging an der eigenen wie an der Halbheit der ganzen Bewegung von 1848 zu Grunde, einer der beklagenswerthesten Blutzeugen für die Wahrheit von Saint-Just's Aus-

fpruch: „Ceux qui font les révolutions à demi, ne font que
creuser leurs tombeaux". Aber freilich, derselbe Citoyen
Saint-Juft hat sich auch nur sein Grab gegraben, indem er
eine ganze Revolution mitmachte.

7.

Derweil die von Windischgräß in Bewegung gesetzten Trup-
penmaffen vom Norden und Osten her Wien sich näherten, um
die Umschließung der Stadt zu vollenden, was am 19. Oktober
geschehen war, begann auf den Reichstagsbänken in der kaiserlichen Reitschule die Verschwindsucht so merklich zu grassiren, daß
nur nothbürftig die beschlußfähige Anzahl von Mitgliedern zu-
sammenblieb. Zugleich sah sich die Versammlung sehr wider
ihren Willen mehr und mehr genöthigt, einigermaßen „Konventle"
zu spielen. Sie tröstete sich darüber mit der lächerlichen Selbst-
belügung, daß sie keineswegs mit dem Kaifer im Kriege sei, fondern nur Wien vor dem Jellacic und dem Windischgräß schütze,
welche Generale „den Willen des Kaifers mißachteten", demnach
so zu sagen Rebellen seien, deren „Vollmachten" folglich der
Reichstag von rechtswegen für „ungiltig", deren Maßnahmen
er für „ungesetzlich" erklären müßte und wirklich erklärte.

Natürlich mußten in dieser Erklärung der wiener Gemeinderath, der Studentenausschuß, das demokratische Centralkomité,
sowie die sämmtlichen nichtschwarzgelben Bestandtheile der Bürgerwehr die Aufforderung erblicken, den Widerstand gegen die
„rebellischen Generale" zu organisiren und zu leisten. Um so
mehr, da ja das kaiferliche Finanzminifterium nicht anstand, die
vom Reichstage behufs dieser Organifation und Leistung bewil-
ligten Geldmittel beizuschaffen, obzwar nur „vorschußweife". So

wurden dem Gemeinderathe zunächst 200,000 Gulden vorge-
schossen. Die betreffende Beschlußfassung in der Reitschule hatte
ein konservatives Mitglied — es gab noch solche rarae aves daselbst — für seine Person also motivirt: „Wenn wir die bezahlen, welche hereinschießen, so sehe ich nicht ein, warum wir
nicht auch die bezahlen sollten, welche hinausschießen." Der
ganze Babelwirrwar der wiener Oktobertage ist in diesem Votum
enthalten.

Die oberste Leitung der Vertheidigung Wiens war beim
Oberkommando der Bürgerwehr. Verschiedene Inhaber dieser
Stelle — Streffleur, Scherzer, Braun, Spitzhütl — waren seit
dem 6. Oktober dampfgeschwind aufgetaucht und noch dampfge-
schwinder wieder untergetaucht. Angesichts nun der herandrohenden
Entscheidung schlugen die demokratischen Vereine zum Oberkommandanten vor den gewesenen kaiserlichen Oberleutnant und
jetzigen Literaten Wenzel Messenhauser und am 12. Oktober
ernannte das kaiserliche Ministerium des Innern im Einverständniß mit dem reichstäglichen Sicherheitsausschuß den Vorgeschlagenen wirklich zum provisorischen Befehliger der wiener Nationalgarde. Die Wahl war so eine himmelschreiend verfehlte, daß
sich eigentlich alle Pflastersteine von Wien hätten dagegen empören
sollen. Der arme Messenhauser ist die gutmüthigste, ehrlichste,
uneigennützigste, blondeste Oestreicherseele von der Welt gewesen;
aber einen schlechteren Oberkommandanten Wiens unter den obschwebenden Umständen zu finden, war schlechterdings unmöglich.
An Muth zwar hat es ihm keineswegs gefehlt — bewies er doch
schon superlativischen Muth dadurch, daß er sich nicht besann, an
einen Platz zu treten, wo er so ganz und gar nicht am Platze war.
Da hätte es eines Mannes bedurft mit einer Seele von Stahl
und einer Hand von Eisen, eines Durchgreifers und Niedertre-
ters, welcher an seine Aufgabe gegangen wäre mit dem Bewußtsein, daß hier alles gewagt werden müßte, um etwas zu gewinnen,
und welcher nicht davor zurückgeschrocken sein würde, Wien, so es

nöthig, zu einem Sagunt oder Saragossa zu machen. Statt ein
solcher Mann zu sein, war Messenhauser — ganz abgesehen von
der Unzulänglichkeit seiner militärischen Befähigung — ein wohlmeinender Sentimentalerling, ein lyrischer Träumer und Phantast, völlig besessen von dem Narrenwahn, alle Menschen seien
im Grunde so gutmüthige Kerle wie er selbst. Auch als Oberkommandant lyrisirte und bombastisirte er weiter, wie er es als
Novellist getrieben hatte. Seine oberkommandantlichen Stilübungen waren häufig ganz läppisch und täppisch, geradezu kindisch. Seine Schwäche wurde durch seine Umgebung — er hatte
nicht einmal Willenskraft genug, notorische Schwarzgelbe aus
seinem Stabe zu entfernen -- mißleitet und mißbraucht. Wenn
sich sein Gebaren ab und zu etwas energischer anließ, so war er
nur das Sprachrohr des Willens seines ersten Feldadjutanten,
des gewesenen Jägerleutnants Fenner von Fenneberg, in dessen
Adern — wie er wenigstens selber sich zu rühmen pflegte — kein
treuunterthänig-tirolisches, sondern vielmehr italisch-heißes Blut
rollte. Fenneberg, welcher sich nach seinem Austritt aus der Armee
etliche Jahre auf dem Felde der süddeutschen Tagespresse herumge-
tummelt hatte, lebte der Ueberzeugung, daß, wer den Zweck
wollte, auch die Mittel wollen müßte und daß man mit Senti-
mentalität und Lyrik in einer Revolution nicht weit käme. An
Talent und Willen überragte er Messenhauser weit, ohne doch
weder an Gaben noch an Charakter auch nur annähernd zu jener
Höhe hinanzuragen, auf welcher ein Mann stehen mußte, der aus
dem wiener Oktober etwas Rechtes machen konnte.

Etwas, viel sogar von dem Zeuge zu einem solchen Manne
hatte der polnische General Bem, welcher seine Schule in den
napoleonischen Feldzügen begonnen und im polnischen Insur-
rektionskriege von 1830—31 vollendet hatte. Gleich vielen
seiner Landsleute war er nach dem 6. Oktober nach Wien geeilt.
Diese Polen müssen ja überall, wo die Trommel der Revolution
gerührt wird, mitdabeisein, kämpfende Proteste gegen das Ver-

brechen der Theilung ihres Vaterlandes, sechtende Beweise, daß, wie es im „Dombrowskiego" heißt, „Polen noch nicht todt, so lange Polen leben". Bem erklärte, er sei nach Wien gekommen, um „als Mitglied der lemberger Nationalgarde den hohen Reichstag zu unterstützen und die Truppen, welche sich gegen denselben empört hätten, mit allen Kräften zu bekämpfen". Meissenhauser, welcher den General wohl von früher her gekannt haben mag, übertrug demselben die Organisation und Leitung der Verthei-digung sämmtlicher Linien und Außenwälle der Stadt und Bem hat sich, wie bekannt, dieser Aufgabe vollständig gewachsen ge-zeigt. Allein weiter vermochte er es nicht zu bringen. Um seine Eigenschaften als Soldat und Revolutionsmann zur vollen Ent-faltung und Wirksamkeit zu bringen, hätte seine Stellung eine diktatorische sein müssen; aber hieran war bei dem jämmerlichen Gaukel- und Schaukelspiel, welches der Reichstag trieb, natürlich nicht zu denken. Auch ist dem Polen hinderlich gewesen, daß er der deutschen Sprache nicht mächtig war. Aufhenken („aufänkén") und erschießen („erschießén") waren die ihm geläufigsten teutschen Worte. Er praktizirte dieselben auch bei passender Gelegenheit unbedenklich und wußte sich überhaupt in gehörigen Respekt zu setzen, sogar bei den Mobilsten unter den Mobilen. Im Uebrigen sagt man ihm nach, er habe schon wenige Tage nach seiner An-kunft in Wien erkannt, daß es unmöglich, die Stadt mit gewöhn-lichen Mitteln lange gegen die kaiserlichen Truppen zu halten. Er mußte auch einsehen, daß, wie die Sachen lagen, nicht zu hoffen sei, man würde zu außergewöhnlichen Mitteln greifen, und deßhalb bereitete er sich bei Zeiten auf den Ausgang des Abenteuers vor, indem er verschiedene östreichische Offizieruni-formen seinem Gepäcke beilegte, um passende Verkleidungen bei der Hand zu haben.

Es ist aber ganz thöricht, zu glauben und zu sagen, ein so scharfverständiger Mann, wie dieser Pole gewesen ist, hätte aus bloßer Lust am Wirrwar die Vertheidigung einer für die Dauer

als unhaltbar erkannten Stadt mitgeleitet. Dem hatte einen
ganz vernünftigen Grund, die Vertheidigung Wiens zu versuchen,
nämlich die bestimmte Erwartung, die Ungarn müßten und würden alles daran setzen, die wiener Demokratie nicht dem Windischgrätzismus unterliegen zu lassen. Es war ja das den Magharen
vom eigensten Interesse geboten. Hinter einem siegreichen und
mächtigen Ungarn aber sah der Pole die lebendigbegrabene Polonia wieder aus ihrem Grabe sich erheben. Dem wußte daher ganz gut, was er that, als er versuchte, Wien halten zu
helfen, bis die Magharen Entsatz brächten. Er irrte nur darin,
daß er wähnte, das Vernünftige müßte geschehen, während wie
immer das Unvernünftige geschah, weil es geschehen mußte.

8.

Windischgrätz traf am 19. Oktober von Olmütz her in Lun-
benburg ein, wo er zunächst sein Hauptquartier aufschlug, um
von dort am folgenden Tag eine Proklamation „An die Bewohner Wiens“ zu richten, worin er bekanntgab, daß er „mit
allen Vollmachten ausgerüstet sei, um dem dermalen herrschenden
gesetzlosen Zustand ohne Zeitverlust ein Ziel zu setzen“, und
schließlich die Hauptstadt sammt Vorstädten und Umgebung in
Belagerungszustand erklärte. Am 22. Oktober hatte er sein
Hauptquartier in Stammersdorf und hier gab er einer Abordnung
des wiener Gemeinderaths Audienz in einer Weise, daß über seine
Absichten kein Zweifel mehr bleiben konnte. Er forderte die sofortige und unbedingte Uebergabe der Stadt und vollständige Entwaffnung der Bevölkerung. Auch nach dieser Erklärung des
Fürsten beging der lyrische Messenhauser noch die hyperlyrische
Naivetät, in einer Zuschrift an Windischgrätz, als an den „Be-

fehlshaber der am linken Donauufer sich koncentrirenden Truppen", diesen aufzufordern, die Zufuhr von Lebensmitteln nach
Wien nicht zu hemmen und nicht die „ungeheure Verantwortung
auf sich zu laden, das nahebevorstehende Versöhnungswerk zwischen Monarch und Volk durch vorgreifende Akte der Feindselig-
keit zu stören". Schon um dieses kindlichen Dokumentes willen
hätte Windischgräz, falls er, von Menschengefühl gar nicht zu
reden, auch nur eine blasse Vorstellung von Humor besessen, den unfreiwilligen Humoristen Messenhauser nicht erschießen lassen dürfen.

Am 22. Ottober hatten auch die zwei Kahlmäuser von
deutschen Reichskommissären, die Herren Welcker und Mosle,
die Ehre, zu Stammersdorf vor den kaiserlichen Feldmarschall
gelassen zu werden, nachdem sie sich's an der „Generalstafel"
hatten wohlschmecken lassen. Der ihnen im Zimmer des Fürsten
gereichte Nachtisch war um so unschmackhafter. Welcker stellte
sich in Positur und rednerte den Windischgräz staatslexikonisch an.
Allein der Angerednerte fuhr mitten in die Phrasenwelckerei hinein mit der unangenehmen Bemerkung: „Es scheint fast, als ob
Sie für die wiener Volkssouverainetät Partei nähmen". Darob
erschrak der weiland rabikale Staatslexikoner, maßen er sich erinnern mußte, daß er selber noch vor wenigen Monaten die Volkssouverainetät heftig gepredigt hatte, und salbaderte dem Fürsten
einiges vom Reichsverweser und von ihren, der Reichskommissäre,
Vollmachten vor. Worauf Windischgräz: „Reichsverweser?
Geht mich nichts an. Ihre Vollmachten? Brauche sie gar nicht
zu sehen. Oestreich bedarf der Paulskirche nicht; es wird den
Kampf um sein Bestehen allein ausfechten". Damit konnten die
Herren Reichskommissäre abgehen; seufzend, vermuthlich. Trotz
dieses Abgefahrenseins hatte aber Herr Welcker die Stirne, am
29. November in der Paulskirche lang und breit von den Be-
willigungen zu deklamiren, welche Windischgräz in Folge der
reichskommissärlichen Dazwischenkunst den Wienern gemacht habe,
— eine welcker'sche Dichtung von A bis Z.

Während die kaiserlichen Generäle in aller Gemächlichkeit ihre Maßnahmen zur völligen Einschließung Wiens trafen und zur Ausführung brachten, herrschte drunten an der Leitha in der Stimmung und in den Operationen der ungarischen Armee das kläglichste Schwanken. Mitschuld daran war freilich das zwitter= hafte Gebaren des östreichischen Reichstags, welcher hinsichtlich eines festen und entschiedenen Handinhandgehens mit den Ungarn nicht schlüssig werden konnte. Die ungarische Nationalversamm= lung hatte schon am 10. Oktober eine Erklärung an den wiener Reichstag gerichtet, worin sie thatsächlich die Hilfe Ungarns an= bot. Aber die Versammlung der Halblinge in der Hofreitschule hatte dies Anerbieten dem Gemeinderath übermittelt, der Ge= meinderath übermittelte es wiederum dem permanenten Reichs= tagsausschuß und dieser ließ die ganze Sache gemüthlich liegen, weil er „keine Zeit zur Erörterung derselben habe"!!! Wenn aber die Herren von der Permanenz Jexe waren oder wenigstens wie solche sich darstellten, so brauchten es die Ungarn darum nicht ebenso zu machen. Sie mußten, um sich selber zu retten, alles aufbieten, Wien zu retten, sogar wider den Willen der Wiener. Es war ein ungeheurer Mißgriff des ungarischen Reichs= tags, am 14. Oktober zu erklären, daß, „da die östreichische Na= tion sich des Beistandes unserer Truppen nicht bedienen will", die ungarische Armee auf die Beschützung des eigenen Vaterlan= des sich zu beschränken habe.

Diesem Beschlusse gegenüber machte sich aber die Räthlich= keit, ja die Nothwendigkeit, die Gränze zu überschreiten und den Wienern Hilfe zu bringen, sofort wieder geltend. Kossuth — sein Todfeind Görgei hat es bezeugt — erkannte diese Nothwen= digkeit ganz klar und sein Fehler ist nur gewesen, daß er nicht zur rechten Zeit sein ganzes unermeßliches Ansehen darange= setzt hat, seine richtige Ansicht durchzusetzen. Seinem Antriebe war es zweifelsohne zuzuschreiben, daß die Ungarn, trotz des Reichstagsbeschlusses vom 14. Oktober, schon drei Tage hernach und dann wieder am 21. Oktober den Gränzfluß überschritten, um Jellacic anzugreifen. Allein beide male wurde dieser Offen= sivversuch wieder aufgegeben; das zweite mal unter dem Vor= geben, daß man erst Kossuth abwarten müßte, welcher mit einer Verstärkung von 12,000 Mann und mehreren Batterien unter= wegs sei. Der General Moga war eben — der General Moga, d. h. er verhielt sich zu einem Befehlshaber des ungarischen Heeres, wie er in dieser Lage hätte sein sollen, gerade so, wie sich der gute Messenhauser zu einem Oberkommandanten verhielt, wie einen solchen Wien gerade im Oktober von 1848 brauchte.

Der Präsident des Landesvertheidigungsausschusses von Ungarn führte wirklich die angegebene Verstärkung in Moga's Lager, worauf in Nikelsdorf ein großer Kriegsrath stattfand, um die brennende Frage des Tages zu entscheiden. Kossuth — so erzählt Görgei — eröffnete die Berathung mit einer darauf be= rechneten Rede, die Ueberschreitung der Landesgränze zu Gunsten des belagerten Wiens als eine für Ungarn moralische Nothwen= digkeit, jeden Gedanken an deren Unterlassung als einen unehren= haften hinzustellen. „Noch steht Wien — so schloß er seine Rede — noch ist der Muth seiner Bewohner, unserer treuesten Ver= bündeten gegen die Angriffe der reaktionären Feldherrn, unge= brochen. Allein ohne unsere Hilfe müssen sie dennoch unterliegen, denn sie kämpfen einen zu ungleichen Kampf. Darum lassen Sie uns eilen, meine Herren, eine Schuld abzutragen, welche uns, eingedenk dessen, was wir unsern Brüdern in Wien verdanken, geheiligt erscheinen muß. Wir müssen den Wienern zu Hilfe! die Ehre der Nation erheischt dies von uns". Görgei nahm, als seine älteren und · im Range höher stehenden Kameraden schwiegen, das Wort, um sich aus militärisch=technischen Gründen — von politischen verstünde er nichts, sagte er — gegen eine Angriffsbewegung auszusprechen. Die Sachlage kam ihm dabei zu statten, namentlich auch die ganz unzweifelhafte numerische Ueberlegenheit der kaiserlichen Truppen, welche in der Stärke

von 100,000 Mann ober barüber in den verschiedenen Lagern
um Wien her standen und 265 Geschütze hatten, während die
ungarische Armee an der Leitha kaum mehr als 20,000 geübte
Soldaten, ebensoviele Landstürmler und etwa 50 Kanonen zählte.
„Aber — fragte Kossuth, nachdem Görgei seine Auseinandersetzung beendigt hatte — wie hoch schlagen Sie denn die Bege-
sterung an, welche meine Ansprache der Truppen hervorzurufen
vermag?" Und Görgei dagegen: „Im Lager und unmittelbar
nach der Anrede sehr hoch, nach erlittenen Strapazen und angesichts des Feindes sehr gering".

Kossuth vermochte in Nikelsdorf nicht durchzubringen. Moga
und mit ihm gewiß die größere Anzahl der höheren Offiziere
hatten von der unberechenbaren politischen Wichtigkeit des von
Kossuth gewollten und gewünschten Unternehmens keine Vorstellung; auch konnte man es diesen Männern kaum verübeln, wenn
sie sich noch immer mehr denn halb als kaiserlich königliche
Offiziere fühlten und deßhalb Bedenken trugen, gegen einen
kaiserlichen Feldmarschall zu fechten. Was aber den gemeinen
Mann im ungarischen Heere betraf, so hätte der ebenso gut eine
Gleichung dritten Grades zu lösen vermocht wie das Problem,
warum denn er, der Maghar, für die Rettung von diesem Wien
seine Haut zu Markte tragen sollte. Es kümmerte ihn keinen
Pfifferling, dieses Wien, denn, sagte er, seinen Schnurrbart
zwirbelnd: „Es gehört ja nur dem Deutschen!" Trotz alledem
gab der ungarische Agitator, welcher hinter dem fallenden Wien
schon das fallende Budapesth erblicken mochte, noch nicht nach.
Im ungarischen Lager zu Parendorf setzte er noch einmal die
Hebel seiner Logik und seiner Beredsamkeit an und allmälig gelang es ihm, Offiziere und Soldaten für seine Ansicht zu gewinnen. Von Parendorf aus hat er auch am 25. Oktober eine Botschaft
an Windischgrätz abgehen lassen, eine Art Ultimatum, worin gefordert war die Entwaffnung des Kroatenheers, sowie die offene
und unzweideutige Anerkennung der vom König unlängst sanktio-

nirten Verfassung Ungarns und endlich die Aufhebung der Belagerung Wiens. Bei Bewilligung dieser Bedingungen würde
die ungarische Armee die Leitha nicht überschreiten.

Der Träger dieser Botschaft war der Honvedoberst Ivanka.
Er kehrte nicht wieder nach Parendorf zurück, denn er wurde mit
grober Verletzung des Völkerrechts im Lager des Kroatenbanus
zurückgehalten. Der kaiserliche Feldmarschall fand es nicht der
Mühe werth, das ungarische Ultimatum zu beantworten, sondern
sagte nur: „Mit Rebellen unterhandle ich nicht". Die Ungarn
haben ihm das nachmals heimgezahlt, mit Zinsen. Vorderhand
beseitigte die Aufnahme, welche Kossuths Vorschläge im kaiserlichen Lager gefunden, jede Opposition im ungarischen. Kossuth
schien daher — so meldet Görgei — bloß noch „nähere Nachrichten
von Wien abwarten zu wollen; als aber statt deren immer nur
der Donner des groben Geschützes von der Hauptstadt bis zu
uns herüberbrang, da hieß es endlich, es sei keine Zeit mehr zu
verlieren, und die Vorrückung begann am 28. Oktober."
Es war zu spät und die rechte Zeit schon verloren.

9.

Der Belagerer Wiens hatte derweil sein Hauptquartier
nach Hetzendorf verlegt und erließ von hier am 23. Oktober abermals eine Proklamation, in welcher der Stadt und ihren Vertheidigern eine Unterwerfungsfrist von 48 Stunden gegeben und
im einzelnen blutroth auseinandergesetzt war, was der Herr
Fürst unter Belagerungszustand und Standrecht verstand. „Erschießen! Aufänken!" würde Bem gesagt haben. Die Versammlung in der Reitschule orgelte zur Antwort auf dieses Proklam
wieder einmal ihre Protestmelodie ab und mit Wissen und Willen

des Sicherheitsausschusses begab sich am folgenden Tage Herr von Pillersdorff nach Hetzendorf, um einen Sturm auf des Feldmarschalls harten Sinn zu versuchen. Selbstverständlich ließ Windischgrätz den weiland Märzminister schon als solchen abfahren, noch derber, wo möglich, denn zwei Tage zuvor die kahlmäusenden Reichskommissäre. Mit dem Bescheide des Fürsten: „Mit Rebellen unterhandle ich nicht, sondern ich fordere unbedingte Unterwerfung" — konnte Pillersdorff hingehen, woher er gekommen. Der Reichstag erklärte an demselben 24. Oktober, das in der Proklamation des Fürsten vom 23. „bekundete Verfahren sei nicht nur ungesetzlich, sondern ebensosehr feindlich gegen die Rechte des Volkes wie des erblichen konstitutionellen Throns". Am folgenden Tage beantwortete der arme Messenhauser den Windischgrätzismus vom 23. Oktober mit einer fürchterlich langen Messenhauserei, worin unter vielem anderen auch dieses gesagt war: „Mitbürger! Nie hat ein übermüthiger Brennus sich in so schauerlicher Hochfahrt als Feind des ganzen Menschengeschlechtes erklärt. Nie sind die gerechten Wünsche und Ansprüche eines mündigen Volkes erbarmungsloser in den Staub getreten worden. Das sanfteste Gemüth, der sorgloseste Träumer, der armseligste Gedankenmensch (sic!) muß über eine solche Sprache mit brennendem Zorn und unauslöschlicher Entrüstung erfüllt sein. Mitbürger! Auch ich erkenne in der Sprache des Fürsten Windischgrätz als einzelnes Individuum einen Verrath, eine Sünde gegen die Natur. Was müssen meine Empfindungen als derjenige sein, der von dem hohen Reichstage mit dem Auftrage betraut worden, unsere herrliche Stadt, zur Zeit die merkwürdigste des ganzen Erdkreises, gegen einen solchen Feind in Vertheidigungszustand zu setzen? Mitbürger, urtheilt!" Ja wohl, urtheilt!

Auch droben in Olmütz wurde in jenen Tagen im Proklamiren wieder Erkleckliches geleistet. Am 22. Oktober nämlich erging daselbst eine von Wessenberg gegengezeichnete Proklamation, worin „Wir Ferdinand der Erste, konstitutioneller Kaiser von Oestreich, König von Ungarn u. s. w." uns bewogen fanden, „anzuordnen, daß der Reichstag seine Sitzungen in Wien alsobald unterbreche" — und „Wir berufen denselben auf den 15. November nach der Stadt Kremsier, wo er in der Lage sein wird, sich ungestört und ununterbrochen seiner Aufgabe der Ausarbeitung einer den Interessen unserer Staaten entsprechenden Verfassung ausschließlich widmen zu können".

Während man aber in Olmütz noch konstitutionell gaukelte, hatte der absolutistische Ernst vor den Linien von Wien angehoben. Nachdem das Geplänkel schon seit Wochen gegenseitig im Gange gewesen, begannen am 23. Oktober die Kanonen mitzusprechen. Die Geschütze der Belagerer scheinen zuerst von Ottakring her gegen die hernalser Linie gespielt zu haben. Zum großen Aerger eines Dienstmädchens, welches auf dem Walle Wäsche zum Trocknen aufgehangen hatte und, als die Kugeln dort einzuschlagen begannen, über den Windischgrätz und das „dumme Herschießen" scheltend hinauflief, um die Wäsche abzunehmen, welchem heldischen Thun die zuschauenden Bürgerwehrleute lachenden Beifall spendeten. Weit ernsteren Charakters als hier erwies sich der begonnene Kampf an der nußdorfer Linie und bei den Taborbrücken. Am letzteren Orte ging er bis in die Nacht hinein fort und das Gebrülle der Geschütze scholl dumpf bis zur Aula hinein, wo Robert Blum gerade eine große Rede hielt, in deren Verlauf er für sich selber wie für seine frankfurter Mitdeputirten die Verpflichtung übernahm, in Wien zu bleiben und mitzukämpfen. In dieser Nacht schlugen auch die ersten Feuersbrünste — ein Holzmagazin in der Spittelau und das Gasthaus „Zum Auge Gottes" vor der nußdorfer Linie waren während der Gefechte am Abend in Brand gerathen — zum düstern Spätherbsthimmel auf und diese Illumination nahm dann von Nacht zu Nacht größere Dimensionen an.

Ein heißer Kampftag war der 26. Oktober, wo den ganzen

Tag über auf der ganzen Linie von Nußdorf bis St. Marx gestritten wurde. Am Abend des Tages hatten die kaiserlichen
Truppen die Brigittenau und den Prater in ihrer Gewalt,
hatten die Vertheidiger Wiens in die inneren Vorstädte zurück-
gedrängt und konnten, wie Sachverständige mit Bestimmtheit
behaupten, durch die Jägerzeil bis zur Ferdinandsbrücke oder
gar noch über diese in die innere Stadt eindringen. Allein es
geschah nicht. Der Feldmarschall scheint an diesem Abend entweder zu dem Axiom „der Tapferkeit bester Theil ist Vorsicht"
— sich bekannt oder aber schon so fest sich vorgenommen zu
haben, die Hauptsache am 28. Oktober zu thun, daß er nicht
mehr davon abgehen wollte. Er nahm daher am Abend des 26.
seine Truppen sogar theilweise aus den gewonnenen Stellungen
wieder zurück und wollte überhaupt die Gefechte dieses Tages nur für
eine „Rekognition" angesehen wissen. Das Beste in der Vertheidigung geschah da, wo der alte Bem war; allein allenthalben fanden es denn doch die Truppen viel schwerer, mit den
wiener Bürgerwehrleuten, Studenten und Arbeitern fertig zu
werden, als sie sich eingebildet hatten.

In Wahrheit, nur die Verleumdung hat die Tapferkeit der
Vertheidiger Wiens anzutasten gewagt. Der hier vorhandene
Kämpferstoff hat sich trotz der höchst mangelhaften Organisation
und großentheils unzulänglichen Führung als ein guter bewährt.
Aus diesem Oktober-Wien hätte ein großer Mann Großes zu
machen vermocht trotz alledem. Aber, ach, wo war in jenem
Oktober, wo war überhaupt im Jahre 1848 ein wahrhaft
großer Mann, ein Nummer-Eins-Mann? Nirgends.

10.

Zur achten Morgenstunde am 28. Oktober eröffnete Windischgrätz auf der ganzen von seinen Truppen gehaltenen Belagerungslinie ein heftiges Geschützfeuer, welches sich bis gegen Mittag hin noch fortwährend steigerte. Dem kaum begonnenen gab von der Stadt her das Geroll der Alarmtrommeln und das Geheul der Sturmglocken Antwort. Der alte Stephansdom hatte sich's schwerlich jemals träumen lassen, daß einst so ein Tag kommen würde, wo die große Brummglocke seines Thurmes das Signal geben würde zum allgemeinen wiener Sturmgeläute „für die deutsche Freiheit".

Denn das ist doch — Mandarinen und Bonzen mögen sagen, was sie wollen — zwar nicht der klare Gedanke, aber doch der richtige Instinkt gewesen, welcher die wiener Oktoberrevolution gemacht hatte, und daß die Deutschen das bedrängte Wien so schmachvoll im Stiche ließen, vermehrt die Anzahl, die Unzahl der traurigen Beweise aus dem Jahre 1848, wie aus dem ganzen Verlauf ihrer Geschichte, daß sie zu selbstständigem Handeln schlechterdings unfähig und nur zum Kommandirtwerden da sind. Wann dereinst, wie Pessimisten prophezeien, da, wo jetzt Deutschland, ein slavisch-czarischer Sumpf sein wird, dann mag die Zeit kommen, wo da und dort noch ein einsamer Patriot des Kleinbürgerthums und Proletariats von Wien, wie es im Oktober von 1848 war, trauervoll dankbar gedenken und seufzend flüstern wird: Ihr hattet doch recht!

Während der allgemeinen Kanonade formirten die Belagerer ihre Sturmkolonnen, um damit gegen die schwächsten Punkte vorzugehen, gegen die Niederungen am Donaukanal, die erdberger und kleinnußdorfer Linie, sowie gegen die Leopoldstadt. Der auf der Höhe des Stephansthurmes auslugende Beobachtungsposten meldete diese Vorbereitungen und es wurden die möglichen Gegenvorkehrungen getroffen. Der Hauptangriffsstoß

war, wie mit Sicherheit zu erwarten, gegen die Jägerzeil gerichtet, demnach gegen ein Vorstadtviertel, welches „von einem
ungeheuren Troß bediensteter und pensionirter Beamten, alten
Militäristen und reichen Philistern bewohnt", d. h. von seinen
Bewohnern nicht vertheidigt war.   Allein Bem war ja da mit
den Mobilen und dem Eliteforps.   Zwei gewaltige Barrikaden
deckten die Jägerzeil, die eine beim Praterstern, die zweite bei
der Einmündung der Sterngasse aufgethürmt.   Auf dieser kommandirte Bem selber, umringt von der Blüthe der wiener,
grazer, salzburger und brünner Jugend.   Die Praterstern-
barrikade erlag rasch dem Ansturm der Windischgrätzer, welche
sofort von dorther eine Batterie in Thätigkeit setzten und die
Jägerzeil, sowie die Sterngassebarrikade mit einem Kugelregen
begossen.   Zwei Stunden lang währte dieses Granaten- und
Kartätschenfeuer, worauf eine aus Grenadieren verschiedener Regimenter formirte Sturmkolonne den Anlauf auf das unerschütterte
Bollwerk unternahm.   Dreimal vergebens.   Es war ein mörderisches Kämpfen und die Truppen hatten große Verluste, weil
nicht allein von den Zinnen der Barrikade, sondern ringsher aus
allen Fenstern, Dach- und Kellerlucken ein heftiges Feuer auf sie
sprühte.

Derweil war aber, gegen 3 Uhr Nachmittags, die „Landstraße" in die Gewalt der Angreifer gefallen.   Eine halbe
Stunde später erschienen ihre vordringenden Kolonnen von der
Weißgerbergasse und der Hauptstraße her am Rande des Glacis,
brachten zwei Batterien vor und warfen Granaten nach der
inneren Stadt hinein.   Die Jägerzeil und überhaupt die Leopoldstadt waren demnach nicht mehr zu halten.   Die Sterngassebarrikade mußte von ihren Vertheidigern geräumt und ein eiliger
Rückzug hinter den Donaukanal angetreten werden.   Der tapfere
Haugk rettete bei diesem Rückzug noch etliche Geschütze über die
Brücke in die innere Stadt hinüber.

Das Gesammtresultat des 28. Oktobers war, daß Windischgräß am Abend sich als Sieger fühlen konnte, wie er auch that. Die kaiserlichen Truppen hatten die ihnen gestellte Aufgabe erfüllt. Sie befanden sich im vollen Besitze der Vorstädte Landstraße, Rennweg, Leopoldstadt und Jägerzeil, standen also hart vor den Wällen der inneren Stadt. In diesen Vorstädten nun begann, als die Nacht hereingebrochen war, jene Gräuelwirthschaft von seiten der Soldaten, welche zu leugnen selbst in der Wolle schwarzgelb gefärbte Berichterstatter nicht unternommen haben. So ein Zeuge sagt z. B. über das Gräßliche, was in der Nacht vom 28. auf den 29. Oktober in der Johannagasse geschah: — „Erst gegen 4 Uhr früh hörte das Plündern und Würgen auf und die Soldaten wurden zusammengezogen. Am 30. Oktober führte man 57 Leichen aus dieser einzigen Gasse fort, die Leichen solcher nicht mitgerechnet, welche das Militär aus den Häusern geholt, über dem Walle auf den Feldern erschossen und auch daselbst begraben hatte. Man hält sie alle für schuldlose Opfer, denn waren auch einige darunter Nationalgarbisten, so konnte ihnen das nicht sträflich sein. Sie waren außer Dienst, trugen keine Waffen. So viel ist gewiß, daß von allen 57 Todten nicht einer in der Gegenwehr gefallen, und ebenso sicher ist, daß keines der Häuser in der Johannagasse durch das Bombardement angezündet wurde, sondern einzig und allein durch die Rache und den Muthwillen der Soldaten, mitunter auf das Geheiß der Offiziere"*). Ein anderer Berichterstatter, den angezogenen an Schwarzgelbheit, wo

---

*) Dunder, Denkschrift, S. 769. Der Verfasser hat mit verdankenswerther Redlichkeit S. 756 — 778 alle die schrecklichen Einzelnheiten der soldatischen Gräuelwirthschaft während dieser Schreckensnacht gesammelt. Slaven waren die Verüber dieser Gräuel, aber keineswegs Kroaten, sondern vorzugsweise Czechen und Galizier von den Regimentern Latour und Baumgarten. Einer Jägerkompagnie hatte der Oberst anempfohlen, ja geradezu befohlen, „sobald sie nach Wien kämen, das Kind im Mutterleibe nicht zu verschonen." Dunder, 777.

möglich, noch übertreffend, ist doch ebenfalls ehrlich genug, zu bekennen, daß es „von seiten der siegestrunkenen Soldaten überhaupt gräulich zuging"*).

In der Nacht „sah Wien aus, als wäre es unter eine rothe Glasglocke gestellt", sagt ein Augenzeuge. Schon zwischen 6 und 7 Uhr Abends waren vom Stephansthurm herab nicht weniger als 26 Brandstellen signalisirt. Nach eingebrochener Dunkelheit schwamm die Luftschicht über der Stadt in allen Abstufungen feuriger Glut, vom düsteren Gelbroth bis zur dunkelsten Blutröthe.

Und vor den Thoren stand die rothe Reaktion, zum Einbruch bereit.

11.

Der 28. Oktober war ohne Frage der entscheidende Tag. Allerdings hatte ein großer Theil der Vertheidiger, welche die innere Stadt, sowie die Vorstädte Wieden, Schottenfeld, Neubau, Josephsstadt noch hielten, den Muth keineswegs verloren, obzwar Proviant wie Munition schon vom 27. Oktober an sehr knapp waren, und Mobilgarden, Arbeiter und übergetretene Soldaten wollten nicht dulden, daß man von Waffenstreckung und Uebergabe spräche. Allein in der überwiegenden Masse der Bevölkerung war unstreitig die Ueberzeugung obenauf, daß weiterer Widerstand vergeblich und alles aus und vorbei sei.

Auch die Führung wurde von diesem Gefühl angefaßt und

---

*) G. v. S . . . . . n: Geschichte Oestreichs vom Ausgange des Oktoberaufstandes, I, 271. Für die Vorgänge innerhalb des belagerten Wiens ist der fleißige Dunder durchweg der Gewährsmann des Herrn v. S . . . . . n.

gab demselben nach. Nach Vertobung des Kampflärms an den Linien rathschlagten die Führer im Hauptquartier des Oberkommando's in der Stallburg. Messenhauser gab die Erklärung ab, es sei nach den Ergebnissen des heutigen Tages an eine Weiterführung der Vertheidigung nicht mehr zu denken. Er schlage daher vor, eine Abordnung an den Feldmarschall zu senden, um denselben um die Gewährung „halbwegs menschlicher" Uebergabebedingungen anzugehen. Es erhob sich kein nennenswerther Widerspruch und wurden sofort 4 Abgeordnete bezeichnet, welchen auf Messenhausers Aufforderung der Gemeinderath 3 seiner Mitglieder beigab. Auch der Reichstag wurde eingeladen, an der Deputation sich zu betheiligen, verweigerte aber seine Betheiligung. Die Herren vom Parlamentarismus waren plötzlich zu der Einsicht gekommen, daß „die Sache den Reichstag nichts anginge", welche Einsicht ganz in der Ordnung, denn die „Sache" war ja eine verlorene.

Bem hat an diesen Verhandlungen nicht theilgenommen. Er hatte nach dem Verlust der großen Barrikade auf der Jägerzeil sofort erkannt, daß es mit Wien zu Ende und demnach seine Rolle daselbst ausgespielt sei. Nachdem er seinen erschöpften Leib durch einen mehrstündigen Schlaf gestärkt hatte, fuhr er nach Mitternacht auf die Wieden, wo er in den Gasthäusern „Zum Apfel" und „Zum Lamm" noch zwei Tage verbrachte, um dann aus Wien zu verschwinden. Sei es, daß er, wie einige wollen, als kaiserlicher General verkleidet am hellen Tage mit einer Ordonnanz hinter sich davongeritten; sei es, daß er, wie andere sagen, bei nächtlichem Dunkel in einem Nachen die Donau hinabgeschwommen; sei es, wie dritte behaupten, daß er sich gar in einem Sarge durch die Linien hatte schmuggeln lassen. Genug, er tauchte in Ungarn wieder auf und hat dann im folgenden Jahr in Siebenbürgen den Oestreichern und Russen sehr „j'leidg'= werdt", schweizerisch zu reden.

Beim Tagesgrauen des 29. Oktobers schrieben Blum und

Fröbel in der „Stadt London" ihr Gesuch um Entlassung aus
dem haug'schen Elitekorps nieder. Auch Blum hatte demnach
jede Hoffnung, daß sich der Kampf weiterführen ließe, auf=
gegeben.

Im Laufe des Vormittags suchte die an Windischgräz ent=
sendete Abordnung den Fürsten in seinem Hauptquartier Hetzen=
dorf, traf ihn aber nicht dort, sondern auf dem laaer Berg. Er
erklärte kurzab, er wollte eine Waffenruhe von 12 Stunden be=
willigen unter der Voraussetzung, daß kein Angriff auf seine
Truppen stattfände. Im Uebrigen erwarte er, daß die Stadt
noch im Laufe des Tages sich unterwerfen werde. Als einer der
Deputirten ein Wort zu Gunsten der Erhaltung der akademischen
Legion wagte, schnitt es ihm der Feldmarschall ab mit dem
Scheltsatz: „Nein, diese Rotzbubenwirthschaft muß aufhören!"
— eine Windischgrätzisirung des „Vae victis!" welcher man
Deutlichkeit nicht absprechen konnte.

Derweil bandwurmte der arme Messenhauser drinnen in der
Stadt wieder einmal als Proklamator, indem er darzuthun sich
bemühte, daß und warum den kaiserlichen Truppen nicht länger
zu widerstehen sei. Auf dem Schwulste seiner Auseinandersetzung
schwamm wie ein Fettauge auf einer Wassersuppe der zwar sehr
triviale, aber unbestreitbar wahre Satz: „Mit Redensarten
schlägt man keinen Gegner". Schließlich machte er bekannt,
daß nach der Rückkehr der Abordnung aus dem feindlichen Haupt=
quartier die sämmtlichen bewaffneten Korps abstimmen, Kom=
pagnie für Kompagnie abstimmen sollten, ob Fortführung des
Kampfes oder Unterwerfung stattfinden müßte.

Daraufhin geflügelte und keineswegs sanftmüthige Be=
rathungen unter den Bewaffneten. „Hitzköpfe! Tollhäusler!
Unheilstifter!" scholl es hier, „Schwarzgelbe! Feiglinge! Ver=
räther!" schrie es dort. An einem Rathschlag des Studenten=
ausschusses nahmen auch Blum und Fröbel theil und beide
sprachen für die Kapitulation. Zur gleichen Stunde wollte man

vom Stephansthurm aus bei Schwechat herankommende Truppen-
massen bemerkt haben. Natürlich hieß es: Die Ungarn kommen!
Messenhauser bestieg selber den Thurm, mit ihm sein Stab.
Man sah keine Ungarn in jener Richtung, sondern nur kaiser-
liches Volk. „Es ist alles aus", sagte der Oberkommandant im
Herabsteigen.

Um 4 Uhr Abends kamen die delegirten Vertrauensmänner
der verschiedenen Korps im Hofe der Stallburg zusammen und
hielten dann im großen Redoutensal ihren Rath, wobei es gerade
so herging, wie es bei derartigen Berathungen über eine verlorene Sache allzeit und überall herzugehen pflegt, d. h. tumultuarisch, unerquicklich und unersprießlich. Als Resultat der End-
abstimmung verkündete schließlich Messenhauser, daß die Mehrheit
für Kapitulation sei, konnte aber nur mühsälig durch diese Mehrheit
mit heiler Haut zum Sale hinausgebracht werden, um dem
Gemeinderath das Ergebniß anzuzeigen. „Verräther!" zeterte
es ihm nach. Ach, das wurde jetzt ein sehr geläufiges Wort in
Wien. In dem anarchischen Durcheinander der nächsten Tage
ist aber offenbar das ekelhafteste Ingrediens die Feigheit des
wiener Philisters gewesen, d. h. der auf den verschiedenen
Sprossen der Brozenskala stehenden Spülichtmenschen, welche,
soweit das Ungeziefer nicht ausgewandert war, zur Stunde noch
vor jedem Kalabreser von der Aula tief sich bückten, um ein paar
Tage später den Speichel jedes rothmänteligen Barbaren von
Szereßaner zu lecken. Auch dieses war jedoch ganz in der Ordnung und müßte man sich nur verwundern, so es anders gewesen
wäre; „denn aus Gemeinem ist der Mensch gemacht".

Am späten Abend ließ Messenhauser ein Plakat anschlagen,
welches die im Redoutensal geschehene Abstimmung kundgab und
die Thatsache, daß alles aus sei, überflüssig weitschweifig para-
phrasirte, im gewohnten Stil. „Jetzt, da es kein diplomatisches
Geheimniß mehr ist, das ich mit bekümmertem Herzen in meiner
Brust zu verschließen hätte, kann ich unsere Schwäche offen dar-

17*

legen, nämlich: mit der angeftrengteften Thätigkeit, mit Ver=
ſchwendung von Geldmitteln haben wir nur ſoviel Munition er=
zeugen können, daß nur noch für 4 Stunden allgemeiner Ver=
theidigung Vorrath da iſt." Das Plakat wurde vielerorten vom
Volke herabgeriſſen mit Gloſſen dieſer Art: „Der Betrüger!
Jetzt kriecht er zum Kreuz. Hat er nicht früher ſchon gewußt,
daß wir kein Pulver haben?" Ein Nationalgardift fragte ſeinen
Nebenmann: „Warum will man die Stadt übergeben"? —
„Aus Mangel an Munition". — „Nein, ſchrie ein dritter, aus
Ueberfluß an Verrath!" Da und dort wurden wohl auch wilde
Drohungen laut. Ein Legionär rief aus: „Zündet der Kaiſer
unſere Vorſtädte an, warum ſollten wir ſeine Hofburg nicht ein=
äſchern?" Es blieb bei der Drohung. Jenneberg ſtellte Mobil=
garden zum Schutze des Kaiſerpalaſtes auf. Von den am 6. Ok=
tober zum wiener Volk übergegangenen Soldaten hörte man, wie
ſie zu zwei und zwei die Verabredung trafen, einander gegen=
ſeitig zu erſchießen, wenn die Uebergabe der Stadt erfolgte.

Zwei Stunden vor Mitternacht machte ſich eine Abordnung
des Gemeinderaths, durch ein Mitglied des Studentenausſchuſſes
verſtärkt, nach dem Hauptquartier des Feldmarſchalls auf den
Weg, um demſelben die bedingungsloſe Unterwerfung der Stadt
anzuzeigen. Sie langte ſpät in Hetzendorf an. Ihr Sprecher
entledigte ſich ſeines Auftrags, machte aufmerkſam, daß es wohl=
gethan wäre, die Truppen möglichſt bald einrücken zu laſſen, und
richtete dann noch einige Bitten „an die Herzensgüte des Fürſten".
Dieſe Bitten wünſchten Gnade für die abgefallenen Soldaten,
freien Abzug für die akademiſche Legion, Päſſe für alle, welche
Wien oder Oeſtreich verlaſſen wollten. „Nein, nein", rief
Windiſchgrätz aus, „das kann nicht ſein!" Er ſtieß ſich nament=
lich an der zweiten der vorgebrachten Bitten. Dann bedenkend,
daß er noch nicht in der Stadt drinnen, fügte er hinzu: „Ich
werde alles thun, was ſich mit meiner Ehre und mit meinem
Gewiſſen verträgt." Wie nichtsſagend dieſe Verſicherung, konn=

ten die Deputirten daraus entnehmen, daß Windischgrätz ihnen
bringend aufgab, dafür zu sorgen, daß solche Personen, die er
als in erster Linie seiner Rache verfallen bezeichnete, ja nicht ent-
kämen.

Es war inzwischen Morgen geworden, und während die
Abordnung mit ihrem untröstlichen Bescheide nach der Stadt
zurückkehrte, schickte der Feldmarschall nach Olmütz die Blitz-
depesche: „Wien hat sich unbedingt unterworfen; die kaiserlichen
Truppen besetzen heute die Stadt."

12.

„Heute", d. h. am 30. Oktober von 1848, wurde aber
noch nichts daraus.

Im Laufe des Vormittags verbreitete sich nämlich in der
Stadt abermals die Kunde: „Die Ungarn kommen!" und dieser
Hoffnungstral entwölkte sofort wieder die düsteren Gesichter.
Frühmorgens hatte man merkwürdig viele „Angströhren" in den
Straßen gesehen, sogar auf den Köpfen von Legionären und
Mobilen; etliche Stunden später waren die Chlinder wieder
verschwunden und grassirte der Kalabreser wie in seinen stolzesten
Tagen.

Die Ungarn kamen nun freilich nicht, machten aber doch
einen Versuch, zu kommen, obzwar wieder nur einen schwächlichen.
Man war im kaiserlichen Lager seit der Sendung Ivanka's auf
diesen Versuch gefaßt und hatte Windischgrätz an den Kroatenban
den Befehl erlassen, daß dieser nur einen Theil seiner Streitkräfte gegen Wien verwenden, den andern aber gebrauchen sollte,
die Leithalinie scharf im Auge zu behalten.

So fand denn das ungarische Heer, nachdem es am 28. Oktober die Leitha und am 29. die Fischa überschritten hatte, um
Wien zu Hilfe zu kommen, die kaiserlichen Truppen wohlvor-

bereitet auf seinem Wege, als Moga am Morgen des 30. Oktobers zum Angriff auf die östreichischen Stellungen bei Schwechat und Mannswerd vorschritt. Anfangs mit Erfolg. Auf dem rechten Flügel ging der verwegene Honvebmajor Graf Guyon an der Spitze eines Bataillons Szekler und eines Bataillons pesther Freiwilligen so energisch vor, daß er Mannswerd im Sturme nahm und den überlegenen Feind, Gränzer und Szeressaner, hinauswarf. Das magyarische Centrum richtete seinen Angriff auf Schwechat und war ebenfalls im Vorschreiten begriffen, als ihm Moga Halt gebot, aus Besorgniß, seinen linken Flügel durch kaiserliche Kavallerie umgangen zu sehen. Damit kam das Ganze erst ins Stocken und bann ins Schwanken und die totale Unfähigkeit des Generals, eine Schlacht zu lenken, barst so handgreiflich aus, daß sich nicht ohne einen Anschein von Wahrscheinlichkeit in der Armee und im Lande das Geschrei verbreiten konnte, Moga habe bei Schwechat das ganze Heer dem Windischgrätz in die Hände spielen wollen. Der Herr General wäre aber hierzu viel zu untüchtig gewesen; er war eben auch eine jener vielen Nullen, welche im Jahre 1848 auf Stellen standen, wo Nenner hingehört hätten.

So einer wäre zur Zeit, als bei Schwechat mehr nur kanonirt als gekämpft wurde, auch drinnen in Wien sehr am Platze gewesen. Gewiß hätte es sich dann ermöglichen lassen, von der Stadt aus eine Anstrengung zu machen, welche dem ungarischen Entsatzversuch zur Unterstützung gereichen konnte. Es geschah nichts der Art und die Magyaren, Kossuth voran, haben dieses Nichtgeschehen nachmals als Grund angegeben, warum sie von Schwechat, nachdem ganze Bataillone ihres Landsturms eine wahre Virtuosität im Davonlaufen entwickelt hatten, retirirten, ohne das Geringste ausgerichtet zu haben*). Am 31. Oktober

---

*) Das Treffen bei Schwechat war nur ein beiderseitiges vergebliches Warten. „Wartete Zellacic auf das Hervorbrechen des Fürsten Lichtenstein (mit der kaiserlichen Reiterei, welche auf die linke Flanke der Ungarn

stand die ungarische Armee schon wieder hinter der Leitha. Ihr mißlungener Hilfebringungsversuch war ein großes Unglück für Wien. Denn er blies dort den schon völlig gesunkenen Widerstandswillen noch einmal zu einer fieberischen Thätigkeit an, wodurch natürlich die Erbitterung der kaiserlichen Generale und Soldaten, vorab des Feldmarschalls selbst, entsprechend gesteigert wurde. Es heißt nur den menschlichen Leidenschaften, wie sie einmal sind, gerecht werden, wenn man behauptet, daß gar manche „Begnadigung" zu Pulver und Blei im November unterblieben sein würde, wenn Windischgrätz schon am 30. Oktober, wie er zum voraus triumphirend nach Olmütz gemeldet hatte, in Wien hätte einziehen können. Verletzte Eitelkeit ist eine Pfäffin: sie verzeiht nie.

Inzwischen hatte der trügerische Hoffnungsstral in Wien seine Wirkung gethan. Volkshaufen wälzten sich mit dem Rufe: „Die Ungarn sind da! Eljen! Kossuth kommt!" durch die Straßen, die schon verödete Aula wimmelte und wuselte wieder plötzlich von bewaffnetem Leben, die Arbeiter nahmen ihr Wehr wieder auf, eine Bande von mehr oder weniger häßlichen Amazonen marschirte über den Burgplatz, das Gewehr auf der Schulter, Studenten warfen sich auf Pferde, um auch in den Vorstädten, soweit dieselben noch nicht von den kaiserlichen Truppen besetzt waren, die frohe Botschaft zu verkünden und zu neuem Widerstande aufzufordern, und an den Straßenecken erschien ein überschwängliches Plakat, zu „einem letzten glorreichen Kampf" auffordernd und den Schlußtrumpf ausspielend: „Es

---

fallen sollte), so wartete Kossuth (der zugegen war) auf das Hervorbrechen der Wiener. Jeden Augenblick hoffte er die Kolonnen der Aufständischen im Rücken der kaiserlichen Truppen ausfallen zu sehen, das Krachen ihrer Geschütze zu vernehmen." G. v. S . . . . n, a. a. O. I, 353. Die vollständige Nullität, sowie der üble Wille Moga's erhellen am deutlichsten aus Görgei's Referat über das schwechater Treffen. M. L. u. W. i. U. I, 74 fg.

wird auf allen Punkten der Erde unser schönster Titel sein, zu sagen: Ich war ein Wiener! Ich war dabei!"

Der arme Messenhauser konnte als grundgutmüthiger Mensch nichts abschlagen als sein Proklamationenwasser. Seiner besseren Einsicht zum Trotz ließ er sich durch die in der Stallburg auf ihn gemachten Bestürmungen bewegen, das Oberkommando fortzuführen oder wieder aufzunehmen, wenigstens halb und halb. Dem Ansinnen, sofort einen Ausfall ins Werk zu richten, setzte er den Einwurf entgegen, man müßte doch vorher wissen, wie es sich denn eigentlich mit dem Kommen der Ungarn verhielte. Zu diesem Zwecke bestieg er um 11 Uhr Vormittags den Stephansthurm, nachdem er noch bemerkt hatte, man „sei mit den Ungarn schon oft angeschmiert worden; auch sei die Kapitulation bereits abgeschlossen" — wie denn gerade zu dieser Stunde draußen in Hetzendorf Abgeordnete des Gemeinderaths mit Windischgrätz über die Modalitäten des Einzugs der Truppen verhandelten. Blum und Fröbel hatten schon zuvor den Thurm bestiegen und jener hatte im Hinaufsteigen geäußert, er glaube nicht an das ungarische Heil und die Wiederaufnahme des Widerstandes sei gewiß fruchtlos.

Droben in dem Thurmwächterlugaus sammelte sich nach und nach eine zahlreiche Gesellschaft um Messenhauser; auch Smolka war da, der Präsident des Reichstags, ebenso Mitglieder des Gemeinderaths und Offiziere der akademischen Legion. Die Fernrohre wurden eifrig gehandhabt und je weniger der Nebel zu sehen gestattete, um so mehr wollten die Leute sehen und gesehen haben. Drunten auf dem Domplatze wimmelte und wogte es von Volk, nach frohen Botschaften von droben lechzend. Messenhauser, welcher die Kapitulation gehalten wissen wollte, war nicht dafür, irgendeinen Bericht hinunterzugeben, welcher falsche Hoffnungen erregen und dadurch die Verwirrung steigern könnte. Dann ließ er sich aber doch bewegen, ein Blatt Papier hinunterzuschicken mit den von ihm darauf geschriebenen Worten:

„Man sieht deutlich ein Gefecht hinter Kaiser-Ebersdorf, ohne die kämpfenden Truppen oder den Gang des Treffens ausnehmen (unterscheiden) zu können." Diese doch ganz inhaltslose Kunde that drunten richtig die Wirkung, dem Widerstandswunsch neues Leben zu geben, so sehr, daß einzelne Scharen auf eigene Faust den Kampf gegen die Truppen da und dort wieder eröffneten. So draußen an der Lerchenfelder und an der mariahilfer Linie. Um 1 Uhr Nachmittags kam eine zweite Botschaft vom Thurme herab: — „Die Schlacht scheint sich gegen Oberlaa und Inzersdorf zu ziehen. Der Nebel verhindert eine klare Ansicht. Bis jetzt scheinen die Ungarn im siegreichen Vorschreiten begriffen zu sein. Im Falle ein geschlagenes Heer sich den Mauern der Stadt nähern sollte, so wird es Pflicht aller Wehrkörper sein, sich auch ohne Kommando unter das Gewehr zu stellen."

Dieser Beisatz konnte unmöglich anders gedeutet werden als: Falls die kaiserlichen Truppen durch die Ungarn an die Mauern Wiens gedrängt werden, wollen wir, die Wiener, mit aller Macht auf sie hinausfallen und ihre Niederlage vollenden. Daß aber in dieser Absicht, schon in der bloßen Absicht ein Bruch der Kapitulation enthalten war, wird kein unbefangener Urtheiler bestreiten wollen. Zur Entschuldigung läßt sich freilich etwa anführen, daß die Kapitulation eine ganz formlose war, ja sogar diesen Namen eigentlich gar nicht verdiente, da ja Windischgrätz im Grunde gar nichts gewährleistet, keine Bedingungen bewilligt, sondern nur in ganz nebelhafter Weise davon geredet hatte, die Wiener würden ihn milder finden, als sie erwartet hätten. Die nachmals als nicht unrichtig bewährte Ansicht der Wiener über die windischgrätzische „Milde" hat jedenfalls die meisten, welche die am 29. Oktober schon bei Seite gestellten Waffen am 30. wieder aufnahmen, zu ihrem verzweifelten Beginnen bestimmt.

Die Hoffnungen dieser Kämpfer, welche von den Basteien der inneren Stadt aus, wie da und dort in den Vorstädten und

an den Linien, das Feuer wieder eröffneten, stiegen beträchtlich,
als um 2 Uhr ein dritter Zettel vom Stephansthurme herabkam,
welcher besagte, die Schlacht ziehe sich seit einer halben Stunde
offenbar näher gegen Wien heran, was ja nur in Folge eines
siegreichen Vorschreitens der Ungarn geschehen konnte. Die
Wahrheit war aber, daß es nicht geschah und daß das vermeint-
liche Vorschreiten ein wirkliches Rückschreiten gewesen ist.
Windischgrätz, welcher vom laaer Berg aus dem schwechater
Treffen zusah, sagte, als er in seinem Rücken die Kanonen von
den Basteien Wiens donnern hörte: „Jetzt muß die Stadt bom-
bardirt werden und Messenhauser wird hängen." Daß er es
übrigens nicht auf den armen Messenhauser allein abgesehen
hatte, beweis't die Thatsache, daß schon etliche Stunden früher
in Hetzendorf seine Bevollmächtigten von den mit ihnen unter-
handelnden Deputirten des Gemeinderaths vor allem die Aus-
lieferung von 14 namentlich bezeichneten Männern forderten,
worunter Messenhauser, Haugk, Fenneberg, Gritzner, Becher.
Man sieht, die „Milde" des Feldmarschalls hatte sich schon vor
dem „Kapitulationsbruch" deutlich angekündigt.

Inzwischen war es in dem Thurmwartstübchen auf dem
Sankt Stephan ziemlich leer geworden; denn als sich die Illusion, daß die Ungarn näher und näher kämen, nicht mehr hatte
halten lassen, war einer nach dem andern hinabgeschlichen.
Desto wilder und turbulenter ging es drunten her, am turbulen-
testen im Studentenausschuß, allwo sich alles zusammenthat, zu-
sammenwirrte, zusammenknäuelte, was überhaupt noch wie Leitung und Lenkung aussah. Messenhauser war nahe der höchsten
Spitze des Stephansthurmes auf dem hölzernen Balkon zurückgeblieben, mechanisch seinen Tubus handhabend. Er war ganz
zusammengeknickt. Nur Herr Berthold Auerbach und der Reichs-
tagsdeputirte Goldmark waren noch bei ihm. Das sinnverwir-
rende Getöse, welches die Stadt erfüllte und in welchem
tausenderlei Schreie, Alarmgetrommel, Geschützkrachen, Sturm-

geläute und Waffengeklirr zusammenquollen, drang dumpf herauf.
Und Bote auf Bote kam aufwärts gestürmt mit dem Verlangen,
Messenhauser sollte den Befehl zum Angriff auf die Leopoldstadt
geben. Er gab den Befehl nicht, verbot aber auch den Angriff
nicht. Und wieder kam ein Student, keuchend und roth vor
Hast, und brachte eine schriftliche Aufforderung vom Studentenausschuß, Messenhauser sollte sein Oberkommando niederlegen.
„Was sagen Sie dazu?" fragte er die Herren Goldmark und
Auerbach, welche beide meinten, er müßte der Zumuthung sich
weigern, maßen er ja sein Amt nicht vom Studentenkomité, sondern vom Reichstag und Ministerium erhalten hätte. Messenhauser schrieb mit Bleistift seine Weigerung auf ein Blatt Papier,
und als der Bote weggegangen, unterhielt er sich mit Auerbach
über Pläne zu dramatischen Arbeiten, welche er künftig auszuführen beabsichtigte.

Eine heraufkommende Abordnung des Studentenausschusses
machte diesen Träumereien ein Ende. In schroffer Weise wurde
Messenhauser aufgefordert, sofort als untauglich und energielos,
wie er sei, abzudanken; Fenneberg sei statt seiner zum Oberkommandanten ausersehen und müßte es sein. Zuletzt sagte man
ihm geradezu: Abdankung oder Tod! Der Bedrohte gab nach,
erklärte, er wollte drunten im Hauptquartier in der Stallburg
seine Abdankung vollziehen, und verließ den Thurm.

Fenneberg war inzwischen von den Legionären, den Mobilen
und Arbeitern bereits als Oberkommandant ausgerufen worden
und gebärdete sich als solcher, bildete einen neuen Generalstab
und versammelte in der Aula einen Kriegsrath, welcher aber nur
zu dem wenig tröstlichen Schlusse kam, falls „es mit den Ungarn
nicht ganz aus und vorbei sei, so lasse sich die Stadt noch 4 Tage
halten; andernfalls sei jede Vertheidigung nutzlos."

Das Chaos begann. Messenhauser hatte seine Abdankung
dem permanenten Reichstagsausschuß angezeigt; die Herren von
der Permanenz riethen ihm mehr mittels Winken als Worten,

sich mit Fenneberg zu verständigen, und versanken hierauf in
Dunkel und Schweigen. In der Stallburg wollte man von dem
„Terroristen" Fenneberg nichts wissen, ebensowenig im Ge=
meinderath, welcher an Messenhauser die Aufforderung richtete,
nicht zu weichen. Der Nichtsabschlagenkönner konnte auch dieses
nicht abschlagen und that wieder, als wäre er noch Ober=
kommandant. Allein da Fenneberg fortfuhr, auch so zu thun,
ließ sich Messenhauser bestimmen, denselben zum Mitoberkom=
mandanten anzunehmen, was bei einer persönlichen Zusammen=
kunft der beiden, welche nachtschlafender Weile im Gasthause
„Zum rothen Igel" stattfand, ausgemacht wurde.

Der liberale Träumer und der radikale Phantast theilten
sich demnach in ein Nichts, denn etwas anderes ist dieses wiener
„Oberkommando" zur Stunde nicht mehr gewesen. Von Orga=
nisation und Plan war bei dem Widerstand, welcher noch ge=
leistet wurde, überhaupt keine Rede mehr. Der einzelne Mann
und die einzelne Schar handelten überall nach eigenem Ermessen
und es war dieses Handeln nur noch das krampfige Zucken der
wiener Oktoberrevolution in ihrer Agonie.

13.

Frühmorgens am 31. erschien nach einer unter sinn= und
zwecklosem Getobe verflossenen Nacht wiederum eine Abordnung
des Gemeinderaths in Hetzendorf, um den Feldmarschall zu ver=
mögen, seine Truppen so rasch wie möglich in die Stadt rücken
zu lassen, um Pöbelexcesse zu verhüten. Der Fürst erwiderte, er
müßte sich zuvor vollständig zum Meister der Vorstädte machen
und gewärtige, daß inzwischen auch in der inneren Stadt die
Waffenniederlegung vor sich ginge.

Der Gemeinderath und das Oberkommando hätten dies gerne zuwegegebracht, hatten aber zu diesem Behufe nichts als Worte. Messenhauser, Fenneberg, Haugk erließen Kund=machungen und Aufrufe, die allesammt darauf hinausliefen, es sei nichts mehr zu machen und man müsse sich in das Unvermeid=liche fügen. Allein die tobende Menge wollte nicht hören, nicht sehen und die Basteien wimmelten von bewaffnetem Volk, welches in anarchischem Gewusel wähnte, den Truppen den Eintritt in die Stadt wehren zu können.

Um Mittag waren die Truppen, die gebändigten Vorstädte hinter sich, auf dem Glacis aufmarschirt. Aber das Signal zu ihrem Einrücken, das Aufhissen der schwarzgelben Fahne auf dem Sankt Stephan blieb aus. Der Gemeinderath hatte die Fahne geschickt, aber sie wurde auf dem Domplatz in tausend Stücke zer=rissen. Der Gemeinderath sandte eine Deputation zum Burg=thor hinaus, um dem Feldmarschall Wien feierlich zu übergeben; allein hinter den Deputirten wurde das Burgthor wieder zuge=schlagen und verrammelt. Sofort wurden auf den Basteien die Kanonen gegen die Truppen losgebrannt, die Sturmglocke auf dem Stephansthurm schlug an und die tolle Herausforderung wurde von den Truppen auf der Stelle angenommen.

Windischgrätz ließ seine schon zuvor in Bereitschaft gehal=tenen Batterien spielen und das Bombardement hob an, Nach=mittags 3 Uhr. Die Stadt, insbesondere die Gegend um die Stallburg und die Reitschule her, wurde mit Vollkugeln, Bomben, Granaten, glühenden Bällen und Raketen überschüttet. Feuer schlug da und dort auf, das Getöse war so furchtbar, als „bräche der jüngste Tag herein". Das Hinausschießen der Vertheidiger verhallte gegen dieses Hereinschießen „wie das schwache Stammeln eines Kindes gegen das Rollen des Donners", sagt der Ohrenzeuge Pichler. „Schlag auf Schlag wie ein riesiges Anpochen an einen Felsenberg dröhnte es und über den Häuptern flogen die Brandraketen zischend hin", meldet

der Ohrenzeuge Auerbach. Die Mitglieder der Reichstagsper=
manenz befanden sich wohl in der allerungemüthlichsten Lage in
ihrem am Josephsplatze gelegenen Sitzungszimmer. Einer der
Permanenten, Füster, erzählt: „Es war, als lagerten zwanzig
Gewitter über Wien; so blitzte und donnerte es mehrere Stun=
den hindurch". Und ein anderer, Schufelka: „Die Schüsse
prasselten so nahe bei uns und die Kugeln fielen so dicht auf dem
Josephsplatz nieder, daß starke Nerven dazu gehörten, die ruhige
Fassung zu behaupten".

Das Bombardement wirkte, wie erwartet werden mußte.
Nachdem es etliche Stunden gerast hatte, war die Kraft des
Widerstandes gelähmt, gebrochen, zerstoben. Die Basteien, die
Plätze, die Straßen waren leer. Nur da und dort hielt sich noch
ein Häuflein verzweifelnd zusammen, aufrecht und in Waffen.
Um 5½ brach das erste Kroatenbataillon durch das eingeschossene
Burgthor in die Stadt.

Die letzten Augenblicke des Bombardements und der Gegen=
wehr, die letzten Athemzüge der wiener Oktoberrevolution hat
der Augenzeuge Hartmann so geschildert: — „Auf dem Bauern=
markte hörten wir plötzlich die Lärmtrommel, die durch den Don=
ner der Kanonen, das Platzen der Bomben und fallenden Schutt
einen wahrhaft unheimlichen und zugleich sehr aufregenden Schall
hören ließ. Auf dem Hohenmarkt sahen wir, woher der Ton
kam. Dieser Platz war leer und öde, wie um diese Zeit alle
Gassen und Plätze; die Einwohner hatten sich in die Keller ge=
flüchtet und hielten sich in den innersten Räumen der Häuser.
Ueber den großen menschenleeren Platz schritt ein einziger, unge=
fähr fünfzigjähriger Proletarier; vor ihm ging ein kleiner, viel=
leicht zehnjähriger Junge. Der trug eine große schwarzroth=
goldene Fahne, der Alte schlug die Trommel. Er sah nicht rechts,
er sah nicht links; die Bomben flogen über seinen Kopf, sie
platzten vor ihm, hinter ihm; er schritt vorwärts, gemessenen
Ganges und schlug den Generalmarsch und er schlug, als wollte

er eine gestorbene Welt aus dem Todesschlafe wecken. Und der
Knabe mit der Fahne ging ruhig vor ihm. Wir blieben starr
bei diesem Schauspiel und Thränen traten uns in die Augen.
Lieber Freund, sagten wir ihm endlich, lassen Sie das; es ist
alles aus. Nein, antwortete der Alte, sie müssen heraus, sie
müssen noch einmal heraus: die Sache darf nicht verloren sein!
So sprechend ging er immer weiter und schlug die Trommel,
daß sie den Kanonendonner überhallte, und der Knabe trug ruhig
seine Fahne und sah nach allen Seiten, ob sie nicht kämen. Sie
kamen nicht.... Die Abenddämmerung senkte sich schon leise
herab, als wir wieder auf dem Graben ankamen. Da schwiegen
plötzlich die Kanonen; es wurde ganz stille. Nach ungefähr
zehn Minuten kamen vom Kohlmarkt her und liefen über den
Graben dem Stephansplatze zu an 30 Studenten und Proletarier.
Laufend sahen sie rückwärts, als ob sie besorgten, verfolgt zu wer=
den. Wieder nach einigen Minuten kam Becher mit dem Degen
in der Hand desselben Weges, gefolgt von einer noch kleineren
Schar. Auch sie sahen sich um, während sie raschen Schrittes
über den Graben gingen. Nicht zwei Minuten darauf erschienen
die Kaiserlichen auf dem Platze des Grabens, eine Kompagnie
mit gefälltem Bajonett, aber ängstlich nach den Fenstern links
und rechts blickend und fortwährend „Gut Freund! Gut Freund!"
rufend. Die Offiziere schwenkten ihre Degen grüßend zu den
Fenstern hinauf und riefen ebenfalls „Gut Freund!" Das Volk,
welches die Soldaten plötzlich umgab, verhielt sich still. Da ge=
schah aber etwas Ueberraschendes. Wie auf ein gegebenes
Zeichen öffneten sich hundert Fenster, die seit drei Wochen ver=
schlossen und verhüllt gewesen, — sie füllten sich, hunderte von
Taschentüchern wehten den Soldaten entgegen und „Vivat der
Kaiser!" erscholl es von allen Seiten. Das war wie ein Signal
für das Volk: ein ungeheures Pfeifen erstickte die loyalen Rufe
in Gegenwart, selbst in der Mitte der Sieger, die so eben, frei=
lich sehr schüchtern ihren Triumpheinzug hielten. Und das

pfeifende Volk begleitete die Sieger bis auf den Stock-Am-Eisen-
plaß. Von dorther kamen noch einige Schüsse. Sie kamen von
Becher. Noch einmal hatte er sich aufgestellt und empfing die
Sieger mitten in der besiegten Stadt mit einer letzten Salve.
Dann ward es still. Die Nacht sank herab. Der Vorhang
fiel nach einem großen Drama und die Orgie der Rache begann **).

- - - -- -   - - -

14.

Am 1. November blähte sich eine kolossale schwarzgelbe
Fahne auf dem Sankt Stephan. Der schwarzrothgoldene Märztraum Wiens, welcher zuletzt in das Oktoberfieber umgeschlagen,
war ausgeträumt.

Sachverständige meinten, die besagte schwarzgelbe Fahne
hätte beträchtlich rascher und mit viel geringeren Opfern auf den
Stephansthurm gebracht werden können, so der Herr Fürst von
Windischgräß ein anderer General gewesen wäre, als er war.
Dem mag so sein; gewiß aber ist, daß der Herr Fürst ganz der
rechte Mann dazu war, das „Wehe den Besiegten!" tüchtig zu
praktiziren und die schwarzgelbe Rache am Schwarzrothgold
gründlich zu vollstrecken, — so gründlich, daß der Holzkopf Cavaignac in Paris, der Junischlächter, in heller Freude in dem
östreichischen Feldmarschall einen Mitgesellschaftsretter begrüßte.

Das Standrecht herrschte souverän in Wien und die Denun-
ciation wurde förmlich aufgemuntert, ja prämirt, was ganz überflüssig war; denn die gränzenlose Niederträchtigkeit des aus
seinen Schlupfwinkeln wieder hervorgekrochenen wiener Philisterthums schwelgte in Angeberei.

- - - -- - -

*) Demokratische Studien (1861), S. 213 fg.

Wohl denen, welchen es gelang, durch die Linien zu ent=
kommen, bevor der Mordgriff des Standrechts sie faßte*). In
ganz abenteuerlicher Weise entkam Fenneberg: in einem Back=
trog unter einer Teigschichte liegend wurde er vor die Linie ge=
tragen. Messenhauser, die blonde Träumerseele, stellte sich aus
freien Stücken dem Standgericht. Er wurde am 16. November
erschossen. Becher acht Tage später.

Im ersten Taumel der Rachsucht gingen die Verhaftungen
so ins unsinnig Massenhafte, daß in den ersten Tagen des De=
zembers 1540 Personen aus der Haft entlassen werden mußten,
weil schlechterdings nichts auf sie zu bringen war. Die Thätig=
keit des Standrechts ging bis zum 9. Mai von 1849 fort. Sie
förderte als Resultat eine Liste von 145 Verurtheilungen zu
Tage, in welcher Liste das „Erschießen" und „Hängen" mit
„Gassenlaufen", „schwerem Kerker" und „Schanzarbeit" ab=
wechselt**). Vollstreckt wurden 24 Todesurtheile. Wie viele
Gefangene während der Kämpfe vom 26. bis 31. Oktober von
der Soldateska ohne weitere Förmlichkeit massakrirt worden sind,
wird wohl niemals aktenmäßig festzustellen sein. Ebenso wenig
die Zahl der Opfer, welche unmittelbar nach der Einnahme der
Stadt „auf höheren Befehl" vor den Linien füsilirt wurden.
Man schätzt, daß in der Vertheidigung Wiens von den Verthei=
digern 5—6000 gefallen seien. Der Gesammtverlust der Trup=
pen ist amtlich auf 56 Offiziere, 1142 Soldaten und 70 Pferde
angegeben.

Am 9. November ging in Wien das düstere Gerücht um, Ro=
bert Blum sei frühmorgens erschossen worden. Am folgenden Tage

---

*) M. C. Gritzner, einer dieser Glücklichen, hat in den ersten Kapiteln
seines Buches „Flüchtlingsleben" (1867) eine sehr anschauliche Schilderung
der Drangsale und Gefahren gegeben, von welchen so ein Entkommen
umringt war.

**) Die ganze Liste ist gedruckt bei Dunker, S. 903 fg.

meldete die amtliche „Wiener Zeitung" — es gab nur noch diese, der Belagerungszustand hatte die gesammte übrige Presse aufge= fressen — daß Blum, „Buchhändler aus Leipzig, wegen auf= rührerischer Reden und bewaffneten Widerstandes gegen die kaiserlichen Truppen zum Tode durch den Strang verurtheilt und in Ermangelung eines Freimannes die Sentenz mit Pulver und Blei durch Erschießen am 9. November vollzogen worden".

Zugleich mit Blum war auch Fröbel verhaftet und ebenfalls zum Tode durch den Strang verurtheilt worden. Windischgrätz begnadigte ihn aber, wie es hieß und wie Fröbel selber glaubte, einer von ihm früher verfaßten Flugschrift wegen, welche östreich= freundlich aussah*). Die Sache ist aber wohl diese, daß der Herr Fürst an e i n e r Nummer „Deutsches Parlamentsmitglied" in seiner Todesrubrik genug hatte. Man mochte dem Slaven auch begreiflich gemacht haben, daß er durch die Tödtung Blums das Deutschthum und den Demokratismus ganz anders treffen würde als durch die Tödtung Fröbels. Böse Zungen wollten sogar nachmals behaupten, Windischgrätz, den selbst seine ausge= schämtesten Speichellecker nicht gerade für einen Hellseher hielten, habe Herrn Fröbel laufen lassen, weil er doch hellsichtig genug gewesen, in dem damaligen Republikaner den künftigen Leib= publizisten des Herrn von Schmerling zu erkennen.

Daß Blum in der Morgenfrühe des 9. Novembers auf der Brigittenau die Todeskugeln mannhaft und gefaßt empfing, weiß

---

*) Herr Fröbel scheint übrigens der Schutzkraft seiner östreichfreund= lichen Flugschrift nicht sehr getraut zu haben; denn er sprach schon vor dem Beginn des Bombardements den Schutz der schweizerischen Gesandtschaft an. Depesche Steigers (Nachfolgers von Kern) vom 14. November: „In Beziehung auf den zum Strang verurtheilten, aber begnadigten Julius Fröbel theile ich mit, daß derselbe einen Tag, bevor das Bombardement gegen Wien eröffnet war, zu mir kam, indem er den Schutz der schweizerischen Gesandtschaft in Anspruch nehmen wollte, vorgebend, daß er zülicher Bürger sei". S. B. A.

jedermann. Die deutsche Demokratie wird ihres Märtyrers eingedenk bleiben.

Sein Tod hat zu einem der widerlichsten Auftritte in dem langen Possenspiel des ersten deutschen Parlaments Veranlassung gegeben. Daß Blums Erschießung in Hinblick auf das zum Schutze der Parlamentsmitglieder erlassene „Reichsgesetz" vom 30. September 1848 ein Standrechtsmord gewesen, war sonnenklar. Der Ermordete hatte auch so fest auf diesen Gesetzesschutz vertraut, daß er, nachdem der windischgrätzische Schrecken auf Wien gefallen, gar nicht an Flucht gedacht. Er war auch erst am 4. November verhaftet worden. Aber freilich, der östreichische Justizminister Bach wußte den Mord zu rechtfertigen dadurch, daß er erklärte, das „Reichsgesetz" vom 30. September sei in Oestreich niemals verkündigt worden und überhaupt — jetzt, wo das Schwarzgelb siegreich vom Sankt Stephan wehte, ging man mit der Sprache heraus — anerkenne Oestreich ein Gesetzgebungsrecht der frankfurter Versammlung nicht.

Auf einen am 14. November durch Ludwig Simon gestellten Antrag hin wurde zwei Tage später in der Paulskirche so zu sagen einmüthig beschlossen, „gegen die Tödtung des Abgeordneten Blum feierliche Verwahrung einzulegen und das Reichsministerium zur Bestrafung der unmittelbaren und mittelbaren Schuldtragenden aufzufordern". Eins der windigsten Windeier, welche jemals in Sankt Paul gelegt worden sind. Wer sollte denn diesen hochtrabenden Beschluß ausführen? Reichsverwesung und Reichsministerium. Reichsverweser war ein schwarzgelber Erzherzog und Reichspremierminister ein schwarzgelbster „Edler von". Dieser Edle von Schmerling konnte dann auch seinen guten Humor über eine so kolossal naive Zumuthung so wenig verbeißen, daß er während der Verhandlungen über dieselbe dem Ermordeten vom 9. November den Witz ins Grab nachschleuderte: „Wer sich in Gefahr begibt, kommt darin um". Er hatte gut witzeln und höhnen, er kannte ja die Plappermentsmehrheit,

welche richtig vor der Kühnheit ihres Beschlusses vom 16. November so erschrak, daß sie nichts mehr davon wissen wollte und
sogar aus blasser Furcht, revolutionär zu erscheinen, nicht einmal
mehr wagte, eine ebenfalls beantragte und beschlossene parlamentarische Todtenfeier für Blum wirklich zu begehen.

15.

Die Staberl-Komödie der Fortsetzung des östreichischen
Reichstags ging zu Kremsier in der Hannakei am 22. November
in Scene. Die Mitglieder der deutschen Linken hatten den
deutschen Dulbermuth, mitzustaberln, d. h. sich von den übermüthigen Czechen verhöhnen und tyrannisiren zu lassen. Im
. Uebrigen war diese ganze Kremsier-Farce bald versunken und
verschollen.

Daß der siegreiche Säbel von jetzt an in Oestreich den Takt
schlug, war natürlich und sogar nothwendig. Die Massen des
Volkes hatten sich zu den neuen Ideen ebenso gleichgiltig-träge
und theilnahmelos verhalten wie anderwärts, die liberalen
Führer so unfähig, feige und zweideutig wie allenthalben. Der
Versuch, den Konstitutionalismus zu gründen und zu handhaben,
war kläglich gescheitert, dagegen waren die nationalen Widerborstigkeiten der Bevölkerungen Oestreichs in ganzer Schärfe zum
Vorschein gekommen. Wer sollte dieselben niederhalten, wenn
nicht der allmächtige Säbel? Für Oestreich, wie es nun einmal
war, konnte es nur eine Magna Charta geben und die hieß
Belagerungszustand. Einen ganz und gar nur nach mittelalter-
lichen Maximen und Praktiken zusammengebrachten und bis zur
Märzkatastrophe mittelalterlich gebliebenen Staat — welcher
Begriff übrigens für Oestreich gar nicht paßt — kann man

nicht von heute auf morgen unter die moderne Schablone bringen.

Wäre Ungarn im November von 1848 ebenfalls schon nie= dergeworfen gewesen, wie Wien, d. h. Deutschöstreich es war, so hätte man am Hoflager von Olmütz sicherlich der konstitutionellen Gaukelei sofort den Laufpaß gegeben. Dafür bürgte schon die Schaffung des neuen Ministeriums, in welchem der Fürst Felix Schwarzenberg die erste und der Graf Franz Stadion die zweite Stelle einnahm. Neben diesen zwei entschiedenen Absolutisten wurden in das neue Kabinett zugelassen der Allerwelt=Kraus, dem man doch für seine Mitlahmlegung der Oktoberrevolution ein bißchen Erkenntlichkeit bezeigen mußte, und der handirliche Bach, in welchem der leitende Hofkreis den richtigen Rautschul= mann erkannt hatte, der gelenkig genug, aus einem weiland Märzminister ein künftiger Konkordatsminister zu werden, gegen „anständige Verköstigung" versteht sich. Bruck wurde Handels= minister und ein Ritter von Thinnfeld Ackerbauminister.

Das am 21. November zustandegekommene Ministerium Schwarzenberg=Stadion gab am 27. sein Programm aus, an dessen Spitze eine konstitutionelle Grimasse stand, welche zu schneiden den beiden Hauptministern schwer genug angekommen sein mag. Sie hielten sich dafür schadlos, indem sie im weiteren Verlauf des Aktenstückes den unlängst von Radetzky in einem vom 9. November datirten Schreiben aufgestellten Satz: „Oestreich wird sich eher von Deutschland als von Oestreich trennen" — also variirten: „Erst wenn das verjüngte Oestreich und das ver= jüngte Deutschland zur neuen und festen Form gelangt sind, wird es möglich sein, ihre gegenseitigen Beziehungen staatlich zu bestimmen". In's Slavische übersetzt hieß es das: Wir küm= mern uns keinen Deut mehr um Deutschland. Die Czechen hatten also vollauf Ursache, diese Stelle des ministeriellen Pro= gramms, als sie im improvisirten Reichstagssale zu Kremsier zur Vorlesung kam, mit Beifall zu überschütten. Der Anstand hätte es nun freilich erfordert — wenigstens konnten „Pedanten“ so meinen — daß die östreichischen Deputirten aus der Paulskirche in Frankfurt sofort heimberufen worden wären; denn wie sollten sie dort noch eine deutsche Reichsverfassung mitmachen helfen, welcher zum voraus jede Geltung und Bedeutung für Oestreich abgesprochen war, und das Ministerium Schwarzenberg-Stadion überhaupt nur ein internationales Verhältniß zwischen Oestreich und Deutschland in nebelgraue Aussicht stellte? Allein dieses Ministerium hatte anderes zu thun als mit den Gesetzen des Anstandes und der guten Lebensart sich zu schaffen zu machen. Zudem verschlug es ja gar nichts, die Oestreicher den paulskirchlichen Nationalschwatz noch fernerweit mitschwatzen zu lassen und konnte die Thatsache dieses Mitschwatzens vielleicht auch noch zu einer Handhabe werden, die schließliche Gestaltung der deutschen Sache im östreichischen Sinne zu bestimmen.

Die Einsetzung des Ministeriums vom 21. November war die Einleitung zum eigentlichen Finale der östreichischen Oktoberbewegung. Dieses Finale spielte im erzbischöflichen Palast in Olmütz, wo derzeit die kaiserliche Residenz, zur achten Morgenstunde am 2. Dezember. Die kaiserliche Familie war versammelt, der Hof in Gala, und um der bevorstehenden Haupt- und Staatsaktion die richtige zeitgemäße Weihe zu geben, waren auch die beiden „Siegeshelden“ Windischgrätz und Jellacic, welchen vor etlichen Tagen Czar Nikolai eine Belobigungsnote zugefertigt hatte, aus Wien herbeschieden worden.

Es handelte sich darum, den im Kreise der Eingeweihten längst vorbereiteten Thronwechsel zu vollziehen. Kaiser Ferdinand war ein gewissenhafter Herr und man brauchte bei der jetzo inaugurirten Politik einen obersten Repräsentanten der Staatsgewalt, welcher sich nicht durch Erinnerungen an verpfändete Worte und feierliche Versprechungen unbequem machte.

Drüben in Kremsier war später am Tage der Reichstag zu einer außerordentlichen Sitzung versammelt. Nach langem

Harren der Versammlung erschien der Ministerpräsident Schwarzenberg und brachte diese Erklärung vor: „Heute hat in Olmütz
ein Akt von weltgeschichtlicher Bedeutung stattgefunden. Kaiser
Ferdinand hat unwiderruflich abgedankt, sein Bruder, der Erzherzog Franz Karl auf sein Nachfolgerecht verzichtet und dessen
Sohn als Kaiser Franz Joseph der Erste den östreichischen Thron
bestiegen".

Der neue Kaiser war am 1. Dezember „großjährig" erklärt
worden. Er zählte 18 Jahre. Kaiser, Könige, Herzoge und Fürsten, bis zum Großherrn von Flachsenfingen herab, genießen des
löblichen Vorrechts, reif, mündig, großjährig zu sein in einem
Alter, wann andere Menschenkinder noch in den Knabenschuhen
herumlaufen. Es ist dies zweifelsohne eines der sinnreichsten
Dogmen der monarchischen Religion, so sakrosankt-mysteriös wie
nur irgendein Dreieinigkeit- oder Unbefleckte-Empfängniß-My-
sterium. Wenn schon in Republiken die alte Geschichte „Wem
Gott ein Amt gibt, dem gibt er auch Verstand" — tagtäglich neu
wird, was muß Gott anständiger Weise erst in Monarchieen
solchen verleihen, welchen er Kronen gibt! Es ist fürwahr nicht
auszudenken. Man muß schon ein Somnambulerich sein, um von
diesem Mirakelhaften auch nur eine blasse Vorstellung bekommen
zu können.

Von einer selbstständigen Regierung des achtzehnjährigen
Kaisers, an welchem man neben kriegerischem Muth auch noch
andere gute Eigenschaften rühmte, konnte im Ernste natürlich gar
keine Rede sein. Am 5. März von 1849 wurde eine Art von
Verfassung für Gesammtöstreich oktrohirt und am folgenden Tage
darauf, nachdem während der Nacht Goldmark, Kudlich, Violand
und Füster wohlweislich aus Kremsier entwichen waren, dem
Reichstagsschattenspiel soldatisch-barsch ein Ende gemacht. Später hat man dann, wie bekannt, dieses Phantom von Verfassung
in die historische Rumpelkammer geworfen und ist zum „korrekten"
Absolutismus, zur guten alten frommen Metternichtigkeit ohne

konstitutionelle Mentalreservation zurückgekehrt. Dabei mochten
die Deutschöstreicher, falls ihnen das Lachen nicht überhaupt ver-
gangen war, schadenfroh darüber lachen, daß jetzt auch den Herren
Czechen und übrigen Slavenbrüdern der „Dank vom Hause
Oestreich" gezollt wurde, in Gestalt eines Fußtritts, über dessen
Wohlangebrachtheit kein Zweifel aufkommen konnte.

XI.

Berliner November.

1.

„Die schwarzgelbe Fahne flattert triumphirend auf dem Sankt Stephan". Hei, das klang schön, klang in hellfrohen Durtönen gen Potsdam hinauf, allwohin die Märzpost: „Das schwarzrothgoldene Banner ist auf der wiener Hofburg aufgepflanzt" — so molltontraurig erklungen war, daß der tafelnde König Messer und Gabel niederzulegen allerhöchst sich bewogen gefunden hatte. Das war aber schon so lange her, daß nur noch Leute, welche an langem Gedächtniß litten, davon sprachen. Im „Katechismus für den deutschen Unterthan, wie er sein soll" — lautet bekanntlich der Artikel 1111: „Ein regelrecht beschränktunterthanverständiger Deutscher erinnert sich niemals an etwas, an was seine von Gottes Gnaden angestammten Könige, Groß und Kleinherzoge, Ganz, Halb, Viertel, Zehntel und HundertstelFürsten nicht erinnert sein wollen".

Ja, in den ersten Novembertagen von 1848 gab es fröhliche Gesichter im Schlosse zu Potsdam. Nun der schwarzgelbe Contrerevolutionstrumpf mit solchem Erfolg ausgespielt worden, warum sollte der schwarzweiße nicht ebenfalls ausgespielt werden? Kein Grund, fürwahr, warum nicht. Laßt den Marschall

Druff seine Schuldigkeit thun! Was Se. Excellenz der Windisch=
grätz konnte, kann Se. Excellenz der Wrangel auch.

Die guten Oestreicher haben sich im Jahre 1866 sehr lächer=
lich gemacht, als sie weinerlich schmälten, die Preußen seien ihnen
überall zuvorgekommen „mit affenartiger Geschwindigkeit". Viel
weniger lächerlich wäre es gewesen, wenn sie im Jahre 1848 ge=
sagt hätten, die Preußen seien hinter ihnen hergekommen mit
affenartiger — Geschwindigkeit nicht gerade, aber doch Ge=
lehrigkeit.

In Wahrheit, der berliner November war ein Abklatsch
vom wiener Oktober, abgerechnet das Schießen aus Kanonen und
Büchsen, das Werfen von Bomben und Granaten, sowie die
„Begnadigungen zu Pulver und Blei". Die Berliner waren
denn doch zu gebildete Leute, zu wohlerzogene Unterthanen, um
es bis zur Anwendung derartiger drastischer Argumente kommen
zu lassen. Bei ihnen reichte man aus mit dem Belagerungszu=
stand ohne Belagerung. Sie ertrugen auch den Belagerungs=
zustand mit bester Manier und trösteten sich mit des weiland
königlich preußischen Staatsphilosophen Hegel Hanswurstorakel=
spruch: „Alles Wirkliche ist vernünftig".

Krone und Volk in Berlin und Preußen hatten sich ja im
März nur ein bißchen mißverstanden. Jetzt, im November, fan=
den sie beide das richtige, ganze und volle Verständniß wieder,
d. h. die Krone befahl und das Volk gehorchte.

Man muß übrigens dem preußischen Volke, zumal in den
„alten" Provinzen, die historische Gerechtigkeit widerfahren
lassen, daß es in seiner Masse von dem „Schwindelhaferbrot"
des „tollen" Jahres gar nicht gegessen hat. Nur die Bevölke=
rungen der Städte, insbesondere der größeren, waren „auflüpfisch",
was mit unpreußisch völlig identisch, und die Gelehrten der Um=
kehr dachten sinnreich und korrekt, als sie alles Ernstes vorschlu=
gen, alle Städte unerbittlich auf eine bestimmte Einwohnerzahl
zurückzuführen und fortan keine mehr über das von der „Mit=

Gott-Für-König-Und-Vaterland-Kreuzzeitung" genauer anzuge-
bende königlich preußische Normalmaß hinauswachsen zu lassen.
Die Bauern in den Marken, in Pommern u. s. w. hatten von
einer „Konstitution" ungefähr dieselbe Vorstellung wie die
russischen Soldaten beim petersburger Dezemberaufstand von
1825 und es bedarf in Wahrheit schon eines hohen Grades von
Verbildung, um von dem konstitutionellen Nebel überhaupt eine
Vorstellung haben zu können. Die sogenannten Märzerrungenschaften waren demnach im Volke, das nur von Kommando und
Gehorsam wußte, ohne Boden, und wenn man damals in Berlin
über die guten Wirsitzer spottete, weil sie den Prinzen von
Preußen zu ihrem Abgeordneten für die Nationalversammlung
erkoren, so war das ein sehr einfältiges, weil ganz unpreußisches
Gespötte. Die Wirsitzer erwiesen durch diese ihre Wahlthat,
daß sie das Preußenthum viel besser verstanden als alle die berliner Klabberadätscher, Bubbel- und andere Maier. Während
dem preußischen und dem deutschen Liberalismus erst durch das Jahr
1866 der Staar soweit gestochen und der Dippel sofern gebohrt
worden ist, daß er zur Einsicht kam, die beste Karte und Konstitution sei das Haus Hohenzollern, haben die trefflichen Insassen
des wirsitzer Wahlkreises diese Einsicht allbereits i. J. 1848 be-
kundet und dadurch eine unvergänglich schöne und kulturgeschicht-
lich merkwürdige Illustration zu dem freilich etwas abgegriffenen
schiller'schen Diktum geliefert: „Was kein Verstand der Verständigen sieht, das übet in Einfalt ein kindlich Gemüth".

Der Prinz von Preußen erschien als Abgeordneter von
Wirsitz, nein, als Prinz von Preußen am 8. Juni in der Nationalversammlung. Er hatte in England seine Zeit nicht auf An-
eignung des konstitutionellen Jargon und des parlamentarischen
Galimatthias verwandt. Er bestieg in Generalsuniform, mit
dem Degen an der Seite, die Rednerbühne und hieß „die aus
allen Provinzen und allen Ständen hier versammelten Herren
herzlich willkommen". Das hieß sagen: Wir, die Hohenzollern,

haben euch gerufen und wir werden euch, sobald es uns gefällt,
auch wieder fortschicken; denn w i r kommandiren und i h r ge=
horcht: so war, ist und wird sein der Brauch in Preußen — „Mit
Gott für König und Vaterland!" Mit diesem Losungswort des
echten Preußenthums ging der Prinz ab und es gehörte eine
tüchtige Dosis von Traumbuselei dazu, nach diesem Auftritte
noch zu wähnen, in den Räumen der Singakademie oder im
königlichen Schauspielhause, wohin die „Nationalversammlung"
später übersiedelte, gäbe es ein so märchenhaftes Ding wie eine
preußische Volkssouveränetät.

2.

Das Festhalten an dieser Chimäre hat auch die Thätigkeit
der ehrlichen Vorschrittspartei in der Versammlung ganz uner=
quicklich und unersprießlich gemacht. Wer kann wirksam handeln,
wenn er auf Flugsand steht? Gewiß repräsentirten die Führer
und Sprecher dieser Partei, die Jakoby, Waldeck, Temme, Elsner,
Stein, Reichenbach, d'Ester, Borchardt, Jung, Berends und
andere, den Polen Cieszkowski nicht zu vergessen, eine achtungs=
werthe Summe von Intelligenz und auch das muß diesen preußi=
schen Demokraten zur Ehre nachgesagt werden, daß sich in ihren
Reihen keine solchen Apostaten und Judasse vorfanden wie in
denen der süddeutschen Demokratie: sie hatten keinen Mathy
aufzuweisen.   Denn die Ohm, Göbsche und Mitschurken, welche
später unter Begünstigung von seiten der Regierung das Ver=
rätherei= und Angebereigeschäft getrieben haben, gehörten einer
so niedrigen Ordnung der Zoologie an, daß von ihnen hier keine
Rede sein kann.   Allein die preußischen Demokraten verkannten
ganz und gar die Natur des preußischen Staates, für welche der

fanatische Royalist Ernst Moritz Arndt das sehr bezeichnende
Wort „königisch" erfunden hat, weil die Worte königlich und
monarchisch ihm nicht ausreichend schienen, das Ineinanderge=
wachsensein von Königthum und Preußenthum auszudrücken. Die
Linkser in der Singakademie redeten immerfort vom preußischen
Volke und hatten doch in Wirklichkeit nichts hinter sich als die
Bummler und Gassenschreier Berlins. Sie wähnten, das preu=
ßische Verfassungswerk bis hart an die Gränzmarke der Republik
vorrücken zu können, während es doch nur von der Krone abhing,
ob diese überhaupt so ein Ding wie eine Verfassung haben wollte
oder nicht.

Den Sommer über ließ man die Demokraten und ihren
Anhang mit diesem Wahne spielen, weil die potsdamer Wieder=
strammungskur noch nicht vollendet war. Genau im Verhält=
nisse zum Vorschritt dieser Kur wurden die demokratischen Müh=
waltungen, Anstrengungen und Abzappelungen, nicht in den
Sumpf der Rückwärtserei zu versinken, immer kläglicher anzu=
sehen. Je heftiger das Gezappel, desto rapider das Hinab=
plumpsen. Je großwortiger der Demokratismus, desto mächtiger
der Absolutismus. Der schließliche Appell der „Volksvertretung"
an das Volk fand keine andere Antwort als das „königische"
Kommandowort: Packt euch!

Die Linke konnte sich schon im Juni überzeugen, daß sie
nicht einmal in der Nationalversammlung, geschweige außerhalb
derselben, ihre Anschauungen obenauf zu bringen vermöchte. Als
am 8. Juni Herr Berends den Antrag einbrachte, die „Versamm=
lung wolle in Anerkennung der Revolution zu Protokoll erklären,
daß die Kämpfer des 18. und 19. März sich wohl um's Vater=
land verdient gemacht hätten" — da malte der Herr Minister=
präsident Kamphausen sofort das rothe Gespenst in erschrecklichen
Dimensionen auf die Salwand und am nächsten Tage wurde in
Folge dessen der im Grunde ganz harmlos gemeinte und so zu sagen
nur als Fühlhorn herausgesteckte berend'sche Antrag mit 196

gegen 177 Stimmen verworfen. Nach Beendigung der Sitzung
gab es dann draußen widerliche Auftritte, an denen sich aller=
dings nicht allein die Bummler und Krakeeler von Profession
thätlich betheiligten, sondern auch zahlreiche berliner Bürger
aus den Mittelklassen, welche zu dieser Zeit noch sich einbildeten,
auf ihre „glorreiche Revolution" stolz zu sein, und in dem ge=
meldeten Abstimmungsresultat eine Beschimpfung derselben er=
blickten. Mitglieder der Rechten wurden beim Hinausgehen mit
Schmähungen überhäuft, gestoßen und geschüttelt und die Mini=
ster selbst entgingen nur mittels studentischen Schutzes der Be=
kanntschaft mit den schlagenden Beweisgründen der Menge.

Zu derartigen Travestieen der Revolution vermochte es der
berliner „Volksgeist" zu dieser Zeit allenfalls noch zu bringen,
weiter zu nichts mehr. So eine Travestie ohne Tragweite und
Ziel war auch der Zeughaussturm in der Nacht vom 15. zum
16. Juni, veranlaßt durch die schon so lange schwärende Erbit=
terung der Arbeiter gegen das bürgerwehrliche Vorrecht der Be=
waffnung. Hätte das berliner Proletariat geschickte Organisa=
toren und tüchtige militärische Führer gehabt, so würde Berlin
noch vor Paris eine Junischlacht erlebt haben. So aber war
die Erstürmung und Plünderung des Zeughauses, welche eine
Menge von Zündnadelgewehren in die Hände von Proletariern
brachte, die, maßen die Handhabung noch ein amtliches Geheim=
niß, nichts damit anzufangen wußten — nur ein pöbelhafter
Bummelwitz der geräuschvollsten Sorte, eine Dummheit, welche
der Mehrheit der Bürgerschaft Berlins den Geschmack an der
„glorreichen Revolution" tief verleidete.

3.

Inzwischen war das Ministerium Kamphausen wie damals in Berlin so vieles andere „klüterig" geworden. Der Mohr von Köln hatte seine Dienste gethan und konnte gehen, wie denn überhaupt zu dieser Zeit die märzministerlichen Herren Mohren gehen zu können allbereits und allerorten anfingen. Am 15. Juni schob die Nationalversammlung den vom Ministerium vorgelegten Verfassungsentwurf sanft beiseite, der Zeughauskrawall gab dieser parlamentarischen Schlappe noch mehr Gewicht und am 20. Juni zeigte Herr Kamphausen seinen und seiner Kollegen Rücktritt an.

Fünf Tage später war das neue Ministerium Auerswald-Hansemann oder vielmehr Hansemann-Auerswald gebildet, in welchem Kühlwetter das Innere, Schreckenstein den Krieg, Märker die Justiz übernahm. Die übrigen Minister wählte man aus der Rechten und den Centren der Nationalversammlung: Milde erhielt den Handel, Gierke den Ackerbau, Rodbertus den Kultus. Der letztgenannte trat schon nach etlichen Tagen wieder aus, weil er deutscher als preußisch war und mit seinen Amtsgenossen in betreff der Stellung Preußens zum deutschen Parlament nicht stimmte. Am 26. Juni brachte Herr Hansemann das Programm der neuen Verwaltung vor, welche sich als ein „Ministerium der That" bezeichnen zu hören liebte und selber so bezeichnete. Warum? wissen weder Menschen noch Götter. Der ziel- und zwecklosen Krawalle und Putschversuche gab es ja unter diesem Ministerium nicht weniger als unter dem vorigen und auch das Verfassungswerk kam nicht besser vorwärts. Die beste nicht nur, sondern geradezu einzige That des „Ministeriums der That" ist eine Redethat gewesen, gethan von dem Justizminister Märker zu Gunsten der Abschaffung der Todesstrafe, also eine That von

zweifelhaftem Verdienste, weil nicht abzusehen, warum die Gesell=
schaft irgendwelches Bedenken haben sollte, gemeinschädliche
Menschen=Bestien oder Bestien=Menschen vom Erdboden wegzu=
wischen, wie man Gift= und Raubthiere wegtilgt. Derartige
Bestien=Menschen zu Menschen=Menschen machen zu wollen oder
zu können, ist ja doch nur eine empfindsame Marotte.

Ein Konflikt der Nationalversammlung mit dem Kabinett
hatte schon mehrmals gedroht, kam aber erst im August zum
hellen Ausbruch und zwar dann, als die gegensätzliche Stellung
von Bürgerthum und Soldatenthum der Erörterung sich auf=
drängte. Die nächste Veranlassung hiezu gaben mehr oder
weniger blutige Reibungen zwischen Soldaten und Volk, welche
da und dort vorgefallen waren. Ein besonders blutiger Zu=
sammenstoß hatte am 31. Juli in Schweidnitz stattgefunden,
wobei 14 Bürgerwehrmänner von den Soldaten todtgeschossen
waren, selbstverständlich auch wieder nur aus purem „Mißver=
ständniß". Denn maßen die Preußen sammt und sonders „ein
Volk in Waffen sind", so ist es schlechterdings unmöglich, daß
dieses Volk anders als aus Mißverständniß sich unter einander
todtschösse. In gänzlicher Verkennung des militärstaatlichen -
Charakters Preußens redeten die Linker in der Nationalver=
sammlung von der Nothwendigkeit einer ungesäumten und gründ=
lichen Reform des Heerwesens im Allgemeinen und des Offizier=
standes im Besonderen und so demoralisirend hatte der konstitu=
tionelle Schwindel bereits auf das Preußenthum zu wirken ange=
fangen, daß sogar die Mehrheit wunderlich genug diese Noth=
wendigkeit anzuerkennen Miene machte.

Am 9. August beschloß demzufolge das preußische Parla=
ment, der Kriegsminister sollte in einem Armeebefehl die Offiziere
vor der Betheiligung an rückwärtigen Machenschaften warnen
und es zugleich solchen Offizieren, welche sich in die neuen kon=
stitutionellen Staats= und Rechtsverhältnisse nicht hineinzufinden
vermöchten, zur Ehrenpflicht machen, ihren Abschied zu nehmen.

Das „Ministerium der That" that aber nichts in der angezeigten Richtung. Alsdann am 20. August bei Gelegenheit eines der üblichen Katzenmusikkonzerte dem nominellen Ministerpräsidenten die Fenster eingeschmissen wurden, brachte es ein Versammlungsgesetz, d. h. ein Widertumultgesetz ein und gab am 4. September die Erklärung ab, daß es den Beschluß der Versammlung vom 9. August nicht zur Ausführung bringen werde. Sofort stellte der Abgeordnete Stein den Antrag, die Minister zur Ausführung jenes Beschlusses, d. h. zur Erlassung des angegebenen Armeebefehls anzuhalten, und dieser Antrag wurde am 7. September mit 219 gegen 143 Stimmen angenommen.

Die Linke machte sich von der Bedeutung dieses Sieges über das Ministerium die überstiegensten Vorstellungen. Der Graf Reichenbach sagte zu der am Abend des Tages vor dem Klubbhaus seiner Partei (Hotel Mylius) versammelten Menge: „Der heutige Sieg in der Nationalversammlung ist erst die Verwirklichung der Revolution; das Volk und seine Vertreter haben sich geeinigt. Halten wir diese Vereinigung fest und wir können die Feuerschlünde verachten, die vor den Thoren Berlins stehen." Warum nicht gar? Als ob man Feuerschlünde mit Phrasen zustopfen könnte!

Von dem Nichtzugestopftsein derselben hätten sich die berliner Demokraten tagtäglich überzeugen können, so sie sich ein bißchen in der Umgegend von Berlin umsehen wollten. Denn es zog sich gerade in diesen Tagen ein Ring von nahezu 50,000 Soldaten mit Beigabe hinlänglich vieler „Feuerschlünde" allmälig mehr und mehr und enger und enger um die Hauptstadt zusammen, während mitten in dieser Hauptstadt schon im August ein „Junkerparlament" seine Verhandlungen und Beschlüsse — Beschlüsse vom trübsten feudalistischen Wasser — keck den Verhandlungen und Beschlüssen der Singakademiker entgegengestellt hatte, wohl wissend, daß ein Centner Feudalismus die Krone der Hohenzollern weniger beschwere als ein Hundertstelloth Demokratismus. So hatte ja

auch Friedrich der Große die Sache angesehen, indem er sich mit
dem Junkerthum dahin verglich, daß dieses, um in dem Weiter-
genuß seiner feudalen Privilegien zu bleiben, offizierlich und
bureaukratisch sich organisiren lassen und also die beiden Haupt-
hebel in der Staatsmaschine des aufgeklärten Despotismus abgeben mußte.

4.

Herr Hansemann und Kollegen nahmen am 9. September
ihre Entlassung, korrektest-konstitutionell dem Votum der Nationalversammlung vom 7. September weichend. Das Vergnügen
eines kleinen Machenschäftchens der Perfidie konnten sich hierbei die konstitutionellen Herren nicht versagen. Ganz parther-
mäßig nämlich schossen sie, im Fliehen rückwärts gewandt, den
Verdächtigungspfeil auf die Mehrheit der Nationalversammlung,
diese wollte sich quasi als ein Konvent aufthun. Die Spitze des
Pfeils war zwar mit der Baumwollephrase des ministeriellen
Entlassungsgesuches umwickelt: „Unserer Ansicht nach muß das
Prinzip, daß die Festsetzung von Verwaltungsmaßregeln der
Nationalversammlung nicht zustehe, aufrecht erhalten werden,
weil ohne dasselbe die konstitutionelle Monarchie nicht bestehen
kann" — wurde aber dessenungeachtet bitter empfunden.

Draußen freilich in Potsdam sehr angenehm. Man war
dort Herrn Hansemann und Komp. für diesen Partherschuß sehr
dankbar. Denn wenn sogar ein bürgerlicher Ministerpräsident
— was Herr Hansemann ja thatsächlich gewesen war — mit
einer solchen „übergreifenden" Volksvertretung, mit einem solchen
Quasi-Konvent nicht regieren zu können erklärte, so brauchte man
doch wahrlich mit solchen Uebergreifern und Konventlern nicht
länger Umstände zu machen. Der ganze Vorgang war übrigens

ein vorbildlicher für den preußischen Konstitutionalismus der
Zukunft. Die Lehre von der Theilung der Gewalten ist überhaupt nur ein theoretischer Schwindel oder eine schwindelhafte
Theorie. In ihrer Anwendung auf den Militärstaat Preußen
vollends kann sie nur der baarste Humbug sein. Dieser Militärstaat darf nie ein Parlament dulden, welches so verrückt ist, zu
wähnen und zu fordern, daß seine Beschlüsse ausgeführt werden
sollten und müßten, es wäre denn, daß diese Beschlüsse zum
voraus mit der Regierung abgekartet wären. So lange es ein
echtes Preußen gibt, wird die konstitutionelle Verfassung daselbst
nie etwas anderes sein als ein „zeitgemäßer" Formalismus, als
ein moderner Arabeskenschnörkel um das altpreußische Staats-
wappen her, als eine politische Kinderklapper für das große
Bourgeoisiekind. Die Preußen machen sich auch über das Wesen
ihres Konstitutionalismus keine Illusionen: dazu sind sie zu
scharfverständig. Aber dem Auslande gegenüber muß man an-
standshalber so thun, als machte man den Schwindel ganz ernst-
haft mit . . . .

In Potsdam stand unbedingt schon im August und September der Entschluß fest, mit dem ganzen „revolutionären Un-
wesen" möglichst bald abzufahren. Schade nur, daß die militärischen Vorbereitungen noch nicht vollendet waren, und noch
mehr schade, daß die wiener Oktoberrevolution störsam da-
zwischenfuhr. Wenn das Märzfeuer da drunten an der Donau
wieder so heftig aufloderte, konnte es möglicher Weise auch an
der Spree wieder unter der Asche hervorschlagen. Also noch ein
Weilchen Geduld; denn — sagte Friedrich Wilhelm der Vierte
— „Geduld überwindet Sauerkraut". Also lassen wir das
parlamentarische Sauerkraut noch ein bißchen gähren und
dampfen und sich einbilden, es sei das Haupt- und Staatsgericht
in Preußen. Bald wird kommen der Tag, wo man den ganzen
Kohl auf die Gasse wirft. Die Stimmung des leitenden Hofkreises machte sich freilich

im Organ desselben Luft, in der Kreuzzeitung, welche in jenen
Tagen wiederholt in ihren Spalten die „Furie" Republik schreck=
haft ihr Schlangenhaar schütteln und ihre Brandfackel schwingen
ließ. Auch redete sie davon, daß, wenn die Krone vor den An=
maßungen der Nationalversammlung jetzt zurückwiche, dieser
Rückzug „wahrscheinlich nur in England aufhören würde". In
den Provinzen ging die Rückwärtserei noch viel deutlicher mit
der Sprache heraus. Ein pommer'sches Junker= und Bonzen=
blatt triumphirte: „Bereits sind alle Vorkehrungen getroffen,
um jeden Augenblick das Bombardement von Berlin beginnen zu
können". In offizierlichen Kreisen sprach man, und zwar nicht
gerade in sammetbehandschuhten Ausdrücken, von der Räthlich=
keit, ja Nothwendigkeit einer Abdankung des Königs, weil der=
selbe nicht der Mann, das vormärzlich preußische Königthum
wieder herzustellen. Man that Friedrich Wilhelm dem Vierten
unrecht: dazu war er schon der Mann. Er brauchte ja auch
nur die frommen Herren und Damen seiner vertrauten Um=
gebung machen zu lassen. Die Frommen kennen überall und
allzeit am besten die Wege nach rückwärts ins Dunkel, wo sich so
allerliebst munkeln läßt. Sie sind bekanntlich auch stark in der
Kunst, durch Widersprüche sich nicht beirren zu lassen, und
nahmen also auch den Widerspruch auf sich, zugleich den libe=
ralen Nebensäuseler Beckerath und den Marschall Truff nach
Potsdam zu entbieten.

Der gute Beckerath, am 15. September aus Frankfurt an=
langend, sollte ein neues Ministerium bilden und man ließ ihm
das harmlose Vergnügen, ein liberales Programm comme il
faut aufzustellen. Ohne Zweifel war der liberale Fabriherr
von Krefeld nur verschrieben worden, um durch Aufstellung seines
Programms allen echten Preußen die kolossale Unverschämtheit
des Liberalismus handgreiflich zu demonstriren. Denn an dem=
selben 15. September, wo Herr Beckerath eintraf, erging die
Kabinettsordre, kraft welcher der König den Marschall Wrangel

zum „Oberbefehlshaber in den Marken" ernannte und zwar mit
Verleihung einer Machtvollkommenheit, wie sie ein preußischer
Unterthan bislang noch niemals besessen hatte. Am 17. September erließ der Marschall einen Armeebefehl, worin er so diktatorisch sich äußerte, als wäre er ein Blücher, welcher den Bonaparte im Bauche hätte. Die Kreuzzeitung begrüßte den Armeebefehl jubelnd als „die erste That der Regierung seit dem
März". Noch deutlicher ließ sich der Herr Marschall fünf Tage
später bei einer Truppenmusterung in Berlin aus, bei welcher
Gelegenheit er vor dem neugierig herumstehenden „Volke" stand-
redete. Er ließ da das geflügelte Wort fliegen, Berlin sei in
Folge der Revolution so heruntergekommen, daß „Gras in den
Straßen wachse", und wrangelte sich schließlich zu dem Kraft-
effekt hinauf: „Meine Truppen sind gut, die Schwerter haar-
scharf geschliffen, die Kugeln im Lauf!"

Und siehe, die Berliner merkten sich das und schrieben auf
ihre Fahne: „Passiver Widerstand."

5.

Herr Beckerath konnte schon am 17. September wieder
nach Frankfurt abreisen. Sein Programm war selbstverständlich
bei Hofe verworfen worden. Am 21. sodann kam aus Potsdam
ein königlicher Kabinettsbefehl, welcher die Einsetzung eines neuen
Ministeriums kundthat. Man nannte dasselbe nach seinen zwei
Hauptpersonen das Ministerium Pfuel-Eichmann.

Am folgenden Tage erschien das neue Kabinett in der
Nationalversammlung, welche seit dem 19. September im könig-
lichen Schauspielhause komödirte, und der Ministerpräsident
General Pfuel gab die Erklärung ab, die Regierung werde „auf

dem betretenen konstitutionellen Wege fortschreiten und reaktionären Bestrebungen mit aller Macht entgegentreten". Sodann
durch Kirchmann über die Bedeutung des wrangel'schen Armeebefehls interpellirt, kommentirte er dieses seltsamliche Aktenstück
in beruhigendster Weise. Der Herr „Oberbefehlshaber in die
Marken" sei eben ein alter Soldat, mit dessen Ausdrucksweise
man es nicht genauer nehmen dürfe als mit seiner Orthographie.
Jedenfalls stehe der Marschall unter den Befehlen des Kriegsministers und Kriegsminister sei er, Pfuel.

Zwei Tage darauf erließ der Herr Marschall, welcher überzeugt war, daß seine Orthographie die richtige, einen Tagsbefehl, worin er die um Berlin her stehenden Truppen aufforderte, sich marschfertig zu halten und auf 24 Stunden mit
Lebensmitteln zu versehen.

Es wurde aber noch nicht marschirt; denn ein Abwinken
kam von Potsdam und am 25. September fand auch die lang
herumgezogene Geschichte mit dem Erlaß an die Armee eine leid-
liche Erledigung, indem der Ministerpräsident den von der Hand
des Herrn von Unruh niedergeschriebenen Entwurf zu einem
solchen Erlaß annahm und zu dem seinigen machte. Das
Ministerium fuhr, mit Ausnahme des Herrn Eichmann, fort, zu
dem konstitutionellen Spiel eine gute Miene zu machen und den
Vorwurf, ein rückwärtiges zu sein, entschieden abzulehnen.
„Wir sind kein Ministerium der Reaktion — rief am 29. September der Finanzminister Bonin im königlichen Schauspielhause
aus — wir werden mit aller Entschiedenheit die Rechte des
Volkes schirmen, wo dieselben angegriffen werden sollten".

Das Hinhaltungsministerium Pfuel brachte demnach die
Sachen in erträglichen Frieden in den Oktober hinüber. In der
Nationalversammlung begannen die großen Redenturniere über
den von der hiezu bestellten Kommission vorgelegten Verfassungsentwurf. Hier that sich aber nun sofort die ungeheure Kluft
wieder auf, welche zwischen dem wirklichen Preußen und einem

konstitutionellen Preußen klafft. Es wurde am 12. Oktober durch
ein Mitglied der Linken, Schneider, beantragt, in der an die
Spitze des neuen Staatsgrundgesetzes zu stellenden Eingangsformel den Titel „Von Gottes Gnaden" zu streichen, weil derselbe wohl dem absoluten König eignete, nicht aber dem konstitutionellen anstände. Der Antrag wurde angenommen mit 217
gegen 134 Stimmen, ein Resultat, welches draußen in Potsdam
nicht wenigen Leuten große Freude bereitete. Denn d a r ü b e r,
wußte man, würde der König nicht hinwegkommen, d a s müßte er
als eine persönliche Beleidigung empfinden. Wie richtig diese Rechnung, wurde drei Tage später deutlich kund, als im Schlosse Bellevue verschiedene Abordnungen dem Könige Glückwünsche zu seinem
Geburtstage darbrachten. Der Präsident der Nationalversammlung, Herr Grabow, sprach in seiner Anrede die Hoffnung aus,
daß die neuen Institutionen die alten Bande zwischen Dynastie
und Volk noch fester knüpfen würden, und der König benützte
seine Gegenrede, um auf den Beschluß vom 12. Oktober eine
sehr deutliche Antwort zu geben. „Vergessen Sie nicht, meine
Herren, daß wir etwas vor anderen Völkern voraushaben: eine
Macht, die man dort (in Frankreich) nicht mehr zu kennen scheint,
e i n e   a n g e s t a m m t e   O b r i g k e i t   v o n   G o t t e s   G n a d e n.
Danken Sie Gott, daß Sie noch eine Obrigkeit von Gottes
Gnaden haben!" Herr Grabow sah in peinlicher Verblüffung
zu Boden. Da rief ihm der König zu: „Halten Sie den Kopf
oben! Ich habe noch einen starken Arm!" Zu einer Deputation der berliner Bürgerwehr sagte er: „Vergessen Sie nicht,
daß Sie die Waffen von m i r haben!" Entschiedener konnte das
glücklich wieder gestrammte Vollbewußtsein des Absolutismus
nicht sich offenbaren.

6.

Die Linke der Nationalversammlung gewährte einen wahrhaft komischen Anblick, wenn sie sich zu dieser Oktoberzeit zu gebaren fortfuhr, als blühten noch die Märzenveilchen. So am
16. Oktober, wo wiederum über die Verkündigungsformel der
Verfassung hin- und hergeschwatzt wurde und zwei Linkser den
Antrag aufwarfen, diese Formel müßte lauten: „Wir Friedrich
Wilhelm der Vierte, König von Preußen, verkünden hiermit die
von den Vertretern des Volkes beschlossene Verfassung". Denn
wir sind ja eine konstituirende Versammlung, wir sind die Mandatare der in dem Ballon der Phrase direkt aus Nubikukulien
geholten preußischen Volkssouveränetät. Der Antrag wurde
freilich mit großer Mehrheit abgeworfen; denn nicht allein die
Rückwärtser auf der Rechten, sondern viele Liberale, welche an
den garstigen Wechselbalg aus Windblasenheim, genannt Konstitutionalismus, ehrlich glaubten oder doch zu glauben sich einbildeten, fanden derartige 48ger Aprilspäßchen jetzt nicht mehr
zeitgemäß.

An demselben Tage tobte in verschiedenen Straßen der
Stadt ein Arbeiterkrawall, welcher von der Bürgerwehr nur mit
Mühe bewältigt wurde und auf beiden Seiten Todte und Verwundete hinterließ. Die Arbeiter verklagten dann die Bürgerwehr bei der Nationalversammlung, welche die Petition zu den
Akten legte, d. h. sie überwies dieselbe dem Justizminister „zu ge-
eigneter Erwägung", wobei während der Verhandlungen darüber
um das Schauspielhaus her wieder viel Geschrei, Gepfeife und
Gegrunze verübt wurde. Drinnen im Hause ging es nicht eben
viel sanfter her, als darauf im Fortgang der Verfassungsdebatte
die Verhältnisse des Großherzogthums Posen zur Sprache kamen.
Der leidenschaftliche Hader, welcher bei dieser Gelegenheit
zwischen der Rechten und der Linken losbrach, verleidete Herrn

Grabow den Vorsitz, zu welchem nach seinem Rücktritt Herr von
Unruh berufen ward. Vicepräsident wurde Herr Waldeck.

Diese Wahlresultate brachten die Verblendung der Linken
über die Sachlage auf den Gipfel. Weil sie zur Stunde über
eine Mehrheit von ein paar Dutzend Stimmen verfügte, wähnte
sie über Preußen verfügen zu können. Sie hätte wissen müssen,
daß Aprilsonne und Frauengunst verläßlicher sind als parlamentarische Mehrheiten. Am Morgen des 2. Juni von 1793 hatten
die armen Wolkenwandler von Girondisten die Mehrheit des
Konvents entschieden für sich; am Abend desselben Tages waren
sie von derselben Mehrheit geächtet. Aber gesetzt auch, die
Mehrheit der Versammlung im Schauspielhause blieb felsenfest,
was hatte es zu bedeuten? So viel wie nichts. Es stand ja
hinter ihr kein Volk, sondern nur die berliner Bummlerschaft.
Und nicht einmal diese ehrlich und aufrichtig, denn es untersteht
kaum noch einem Zweifel, daß das fistulirende, spektakelnde,
Fahnen, Fackeln und Stricke schwingende Pack, welches während
der letzten Oktobertage das Schauspielhaus blockirte, von heim-
lichen Hetzern der Rückwärtserei geleitet wurde. Man wollte
„mit der Revolution brechen" und bei derartigen Bruchopera-
tionen geht es bekanntlich überall und allzeit sehr unsauber her.
Um jedoch gerecht zu sein, muß man auch eingestehen, daß gerade
in diesen Tagen das altpreußische Junker-, Soldaten- und
Beamtenthum Grund hatte, zu sagen: Man will mir an's
Leben; ich bin im Falle der Nothwehr, Noth kennt kein Gebot
und darum helfe, was helfen mag.

Je trostloser und drohender nämlich für die Mehrheit der
Nationalversammlung die Sachen sich anließen, um so heftiger
ging sie ins Zeug, durch kühne Antragstellung und tapfere
Beschlußfassung Preußen zu demokratisiren, welches doch davon
schlechterdings nichts wissen wollte. Diese guten Linkser merkten
nicht, daß ihre radikalen Anträge und Beschlüsse weiter nichts
waren als die konvulsivischen Zuckungen eines im Todeskampfe

sich hin- und herwerfenden Sterbenden. Es ist, als hörte man aus dieser Versammlung den Verzweiflungsschrei herausgellen: „Morituri, popule, te salutant!"

In der Morgensitzung vom 31. Oktober wurde mit 200 gegen 153 Stimmen beschlossen: „Der Adel ist abgeschafft." Und weiter mit 208 gegen 115 Stimmen: „Die Führung adeliger Titel und Prädikate ist untersagt." Und ferner mit 196 gegen 140 Stimmen: „Die Orden und alle Titel, welche nicht ein Amt bezeichnen, sind aufgehoben." In der Abendsitzung kam, während draußen aufgestellte Bürgerwehrbataillone die Krakeelokratie nur mühsälig im Zaume hielten, ein Antrag von Waldeck zur Berathung, welcher verlangte, die preußische Regierung sollte mit allen ihren Mitteln und Kräften zum Schutze der in Wien gefährdeten Volksfreiheit einschreiten.

Und darüber berieth man alles Ernstes in Berlin zur selbigen Stunde, wo die Kroaten siegreich in das eroberte Wien einbrachen; zur selbigen Stunde, wo man draußen in Potsdam der Nachricht von diesem Einbruche sehnsüchtig entgegenharrte! Allah ist groß und die Narrheit ist seine Prophetin.

Zwar wurde der waldeck'sche Antrag abgelehnt, aber dafür dieser von Rodbertus formulirte mit 261 gegen 52 Stimmen angenommen: „Die Regierung Sr. Majestät soll aufgefordert werden, bei der deutschen Centralgewalt schleunige und energische Schritte zu thun, damit die in den deutschen Ländern Oestreichs gefährdete Volksfreiheit und die bedrohte Existenz des Reichstags in Wahrheit und mit Erfolg in Schutz genommen und der Friede hergestellt werde."

Das hieß, während schon die Flamme zum eigenen Dach herausschlug, mit einer Feuerspritze auf Umwegen zum brennenden Nachbarhause eilen. Aber so epidemisch wirkte das zappelnde Delirium des preußischen Parlamentarismus, daß selbst der Ministerpräsident Pfuel dem rodbertus'schen Antrag zustimmte.

Beim Herausgehen aus dem Schauspielhause in später Abendstunde trieb die versammelte Bummlerschaft mit den Mitgliedern
der Rechten allerhand Ulk in Worten, jedoch keinen thatsächlichen.

7.

Es ging dem Ende zu. Der November war da mit seinem
Laubfall.

Am 1. November schlich in Berlin die bange Sage herum,
der Alp des Windischgrätzismus läge auf Wien. Draußen in
Potsdam wußte man 24 Stunden später schon Bestimmteres und
Genaueres. Die Stunde der „rettenden Thaten" hatte geschlagen.

Am 2. November hielt die Nationalversammlung eine
Sitzung. Dem Vorsitzenden gingen zwei Schreiben zu. Als er
den Inhalt zur Kenntniß der Versammlung brachte, erfuhr diese,
daß in dem einen der General Pfuel anzeigte, er habe seine Entlassung genommen, und daß in dem andern der General Brandenburg, Oheim des Königs, ein Hohenzoller mit einem Schräg-
balken im Wappen, Sohn Friedrich Wilhelms des Zweiten von
dem Fräulein von Dönhoff, meldete, er sei mit der Bildung
eines neuen Ministeriums beauftragt. Das hieß ankündigen,
daß jetzo ohne weiteres Zögern „mit der Revolution gebrochen
werden sollte". Die Person des neuen Ministerpräsidenten gestattete hierüber nicht den leisesten Zweifel.

Herr Arntz beantragte nun eine Adresse an den König, welche
durch eine Abordnung der Versammlung nach Potsdam zu tragen
wäre. Es sollte darin ein förmlicher Protest gegen die Ernennung des Grafen Brandenburg ausgesprochen werden, welche

Ernennung geradezu als staatsgefährlich, weil „unzweifelhaft"
den Ausbruch einer Revolution hervorrufend, gekennzeichnet
wurde. Also eine Berufung von dem „nicht wohlunterrichteten"
Monarchen an den besser zu unterrichtenden, welcher schließlich
gebeten ward, „dem Lande durch ein volksthümliches Ministerium
eine neue Bürgschaft zu geben, daß Ew. Majestät Ansichten und
die Wünsche des Volkes im Einklange stehen". Die Adresse
wurde im angedeuteten Sinn und Stil entworfen, mit allen
gegen 3 Stimmen angenommen und Abends 6 machten sich 21
aus allen Fraktionen der Versammlung erwählte Abgeordnete
damit nach Potsdam auf den Weg.

Sie hatten Mühe, Gehör zu erlangen. Der königliche
Flügeladjutant, Herr von Manteuffel, weigerte sich anfänglich,
sie auch nur beim Könige zu melden, maßen ja „seit dem März
Deputationen bei Sr. Majestät nur in Gegenwart eines Ministers vorgelassen würden". Endlich wurde dieser hohnvolle konstitutionelle Strupel durch ein aus Berlin einlaufendes ministe-
rielles Telegramm beseitigt und die Audienz hatte statt.

Schon das finstere Schweigen, womit der König die Abordnung empfing, mußte dieser zeigen, daß sie vergebens gekommen. Herr von Unruh fragte, ob es Sr. Majestät genehm
sei, die Adresse der Nationalversammlung zu vernehmen. Friedrich
Wilhelm nickte steif und schweigend. Während der Präsident das
Aktenstück vorlas, zuckte der Monarch erst mit den Achseln und
kehrte dann dem Vorleser den Rücken zu. Widerwillig empfing
er nach beendigter Lesung das Blatt, drückte es in der Hand zusammen und wandte sich mit einer stummen Verneigung zum
Gehen. Bestürzt, wie er ist, zögert Herr von Unruh einen
Augenblick, den König anzusprechen. Da tritt Herr Jakoby vor
und sagt mit ruhiger Festigkeit: „Wir sind nicht allein gesendet,
um Ew. Majestät diese Adresse zu überbringen, sondern auch, um
Ihnen im Namen der Nationalversammlung Aufklärung zu

geben über die Lage des Landes. Wollen Ew. Majestät uns
Gehör schenken?"

„Nein!" versetzte Friedrich Wilhelm heftig und ging der
Thüre zu, aber bevor er in derselben verschwand, schlugen die
Worte Jakoby's an sein Ohr: „Das eben ist das Unglück der
Könige, daß sie die Wahrheit nicht hören wollen."

Die Thüre fuhr hinter dem Monarchen zu und die Abord=
nung war ohne Antwort entlassen.

Das loyale Preußenthum hat sich vor Entsetzen und Wuth
über die Aeußerung Jakoby's, welche ihren Urheber berühmt
machte, förmlich auf den Kopf gestellt und mit den Füßen ge=
zetert. Was, also zu einem Gesalbten des Herrn sprechen? Und
vollends ein Jude, ja ein Jude hatte also zu einem hochchrist=
lichen Könige gesprochen? Blasphemie! „Der Jude wird ver=
brannt" ·oder sollte es doch von staats= und rechtswegen
werden!

Jeder richtige Preuße — und die allgemeine Kasernendressur
sorgt ja dafür, daß unrichtige Preußen nur sporadisch vorkommen
können — jeder richtige Preuße sieht und fühlt fortwährend den
Krückstock des großen alten Fritz über sich schweben und das
nennen sie emphatisch ihr „Staatsbewußtsein". Außerhalb
Preußens, wo man dieses Stockscepterstaatsbewußtsein nicht hat,
fand man das Wort Jakoby's weder so schauderhaft verwegen
noch gar so blasphemisch. Menschen= und Weltkenner konnten
dasselbe auch nicht sehr originell finden, maßen es nur eine That=
sache aussprach, welche „so gemein wie Brombeeren". Im
Uebrigen hätte sich Friedrich Wilhelm der Vierte, falls er weniger
Phantasiemensch und mehr Verstandesmann gewesen, gar nicht
so sehr darüber zu erbosen gebraucht. Er wäre ja ganz in seinem
Rechte gewesen, wenn er gesagt hätte: Bah, es ist nicht weniger
das Unglück der Völker als der Könige, daß sie die Wahrheit
nicht hören wollen, und Sie selbst, mein lieber Herr Jakoby, sind
ja so unglücklich, die Wahrheit nicht hören zu wollen, daß Ihre

preußische Volkssouveränetät ein tolleres Märchen ist, als irgend-
eins im Talmud steht.

Die Wahrheit ist, daß die Wahrheit in Königspaläsien,
Edelhöfen, Bürgerhäusern und Proletarierhütten gleich schlecht
aufgenommen wird. Kein Wunder auch: das arme Ding ist ja
nackt, bringt nichts mit und hat nichts zu geben als sich selbst.
Eine saubere Bescheerung! Auf mit der Thüre und hinaus mit
dem Nichtsnutz!

- - - - - -

8.

Drei Mitglieder der Deputation — deren überwiegende
Mehrheit natürlich das Auftreten Jakoby's höchlich mißbilligte
— die Herren Kühlwetter, Mätzke und Gierke, wußten sich nach
Einbruch der Nacht noch eine Privataudienz bei Friedrich Wilhelm zu verschaffen. Sie wurden artig empfangen und der König
ließ sie ihre Bitten vorbringen, er möchte doch die Abordnung
nicht ohne Bescheid nach Berlin zurückkehren lassen. Halb-
scherzend gab er zur Antwort: „Ich kann ja ohne Anwesenheit
verantwortlicher Minister gar keinen Bescheid geben. Sehen
Sie, ich bin konstitutioneller als Sie selber." Dann, mit einem
nicht eben huldvollen Lächeln plötzlich in einen andern Ton über-
springend, fügte er aufbrausend hinzu: „Ich habe mich einmal
auf dieses verdammte konstitutionelle Schein- und Schaukelsystem
eingelassen und so will ich denn auch vorderhand noch dabei
bleiben. Sie, meine Herren, sind 5 Monate alt; für Ihre
Verhältnisse ist das schon ein ganz hübsches Alter. Aber meine
Dynastie ist 4 Jahrhunderte alt, eben so alt ist auch die ständische
Gliederung und, so wahr Gott lebt, meine Herren, Sie sollen sie
wieder haben!"

Die verblüfften Zuhörer fanden für gut, diese königliche
Auslassung einstweilen hinter dem Doppelgatter ihrer Zähne zu
verwahren. Die mittelalterlich-feudale Ratte vom Vormärz
rumorte demnach immer noch unter der Schädeldecke des Monarchen? Gewiß, so that sie. Wenn aber das „verdammte
konstitutionelle Schein- und Schaukelsystem" dem König in der
Seele zuwider war, so wird ein unbefangener Urtheiler ihm
dieses nur zur Ehre anrechnen. Er hatte einen löblichen Abscheu
davor, das zu sein, was Napoleon wachtstubengrob ein „konstitutionelles Mastschwein" genannt hatte. Friedrich Wilhelm der
Vierte war eine richtige deutsche Hamletnatur. Er wollte
Thaten thun und hatte doch nur Worte. Er fühlte in sich den
Beruf, einen rechten König vorzustellen, und hatte doch nicht das
Zeug dazu. Ein bekannter Bibelspruch zeichnet ihn unüber-
trefflich: — „Der Wille war stark, aber das Fleisch war
schwach"....

Am Nachmittag vom 3. November ging der Nationalversammlung eine königliche Antwortbotschaft auf ihre Adresse von
gestern zu. Schon die Eingangsformel „Wir Friedrich Wilhelm
von Gottes Gnaden König von Preußen" — signalisirte
den Inhalt, welcher besagte, daß es bei der Neubildung des
Ministeriums durch den General Grafen von Brandenburg,
welcher „der festen Begründung und gedeihlichen Entwickelung
der konstitutionellen Freiheiten mit Freudigkeit seine Kräfte widmen wird", bleiben müßte.

Die nächsten Tage verstrichen unter unfruchtbaren Bemühungen der Linken, durch Stellung von zuversichtlichen Anträgen zu imponiren, und unter vertraulicher Verständigung der
Rechten mit dem neuen in der Bildung begriffenen Kabinett.
Zur gleichen Zeit war in der Stadt und ihrer Umgebung viel
militärische Regung und Bewegung wahrzunehmen, die Kasernen
wurden reichlich verproviantirt, die Soldaten mit Munition versehen. Alle vom Präsidenten der Nationalversammlung ge-

machten Verfuche, die Ausführung des in Potsdam endgiltig
Beschlossenen hintanzuhalten, waren eitel.

Am 9. November war „Brandenburg in der Kammer",
d. h. das neue Ministerium stellte sich der Nationalverfammlung
vor, 4 Mann hoch: der Herr Ministerpräsident selber, der Freiherr von Manteuffel (Inneres), der Freiherr von Ladenberg
(Kult) und der General von Strotha (Krieg)*). Es würde
schwer, wenn nicht geradezu unmöglich gewesen sein, eine ausge-
prägtere Repräsentanz des richtigen preußischen Soldaten- und
Beamtenstaats aufzufinden, als diese 4 Herren bildeten.

Man wußte schon, was kommen sollte. Der Vorsitzende
ließ durch einen der Schriftführer eine königliche Botschaft ver-
lesen, worin mit Bezugnahme auf die tumultuarischen Auftritte
vom 31. Oktober die Nationalverfammlung, um die Ruhe und
Freiheit ihrer Berathungen zu sichern, nach Kremsier, will sagen
nach Brandenburg verlegt und bis zum 27. November vertagt
wurde. „Wir fordern daher — lautete der Schluß des Aktenstückes — die Versammlung auf, ihre Berathungen nach geschehener Verlefung unserer gegenwärtigen Botschaft sofort abzu-
brechen." Aus dem Kabinettstil ins Deutsche übersetzt: Packt
euch!

In das verlegene Schweigen wollte der Herr Ministerpräsident hineinreden. Der Vorsitzende machte ihn aufmerksam,
daß er vorher seine Erlaubniß nachsuchen müßte. Als dann
Herr von Unruh die Versammlung fragte, ob sie den Abbruch der

*) Das Ministerium wurde erst später ergänzt. Als es die Macht
hatte, zweifelten die klugen Leute, welche anfänglich Bedenken getragen, in
dieses Kabinett zu treten, nicht mehr an seinem Recht. Ein Herr von Rin-
telen hat bei dieser Gelegenheit das i. J. 1848 so vielfältigst illustrirte
Sprichwort von der „deutschen Gesinnungstreue, Ehrenhaftigkeit und Redlichkeit" auch seinerfeits hübsch illustrirt, indem er, der am 2. November die
Mißtrauensadresse gegen ein Ministerium Brandenburg mit nach Potsdam
getragen hatte, unter Brandenburg Justizminister wurde.

Sitzung beschließen wollte, erhob sich Graf Brandenburg wieder, erbat sich das Wort und sagte mit lauter Stimme: „Die Botschaft Sr. Majestät des Königs befiehlt den sofortigen Schluß der Berathung. Jede Fortsetzung derselben ist daher ungesetzlich. Ich protestire dagegen im Namen der Krone."

Sprach's und verließ mit seinen Herren Kollegen die Ministerbank und den Sal, gefolgt von 77 Mitgliedern der Rechten. Bürgerwehrmänner auf den Tribünen begleiteten diesen Abgang mit dem an den Präsidenten der Nationalversammlung gerichteten Ruf: „Verhaften! Verhaften!"

Es ist möglich, daß, falls der Präsident der Versammlung augenblicklich einen äußersten Entschluß gefaßt und der um das Schauspielhaus her aufgestellten Bürgerwehr die Verhaftung der Staatsstreichsminister befohlen hätte, diese Verhaftung bewerkstelligt und dadurch das Signal zu einer berliner Novemberrevolution gegeben worden wäre. Aber gewiß ist, daß in diesem Falle Berlin inmitten der richtigpreußischen Provinzen gerade so verlassen gestanden und gerade so traurig geendet haben würde wie Wien im Oktober. Es war aber keine Gefahr einer berliner Novemberrevolution vorhanden. Die Nationalversammlung war nicht dazu gemacht, einen kühnen Thatwurf zu wagen. Sie vertröbelte die entscheidende Stunde mit Wortschaumschlägerei und blöden Rechtsverwahrungen, während das Ministerium seine „rettenden Thaten" rücksichtslos weiterthat.

9.

Zur Mittagszeit am folgenden Tage rückten starke Truppenkolonnen durch das potsdamer, hallische und brandenburger Thor in die Stadt und ließen beim Vorbeimarsch unter den

Linden stolz ihre Geschütze und ihre ganze Kampfbereitschaft
sehen. Wer sich dagegen nach Erscheinen dieser 20,000 Mann
Soldaten nicht mehr sehen ließ, das waren jene „Gestalten",
welche noch kürzlich den Centralgewaltpostillon Bassermann in
den Straßen von Berlin so sehr erschreckt hatten, die „Vater
Karbe" und Kompagnie, die Generale und Generalissimi der
Bummlerschaft. Was die Bürgerwehr anlangt, so wäre dieselbe,
im rechten Augenblick aufgefordert, Tags zuvor wenigstens in
ihrer überwiegenden Mehrheit für das konstitutionelle Recht eingestanden; heute war es aber schon zu spät.

Die Nationalversammlung hatte gestern nach Entfernung
der Minister und der 77 Rechtser nahezu einmüthig zu erklären
beschlossen: „Die Versammlung findet keinen Grund, ihren Sitz
von Berlin zu verlegen oder ihre Berathungen zu vertagen. Sie
kann der Krone weder zu dem einen noch zu dem andern Schritte
das Recht zugestehen. Sie erklärt, daß sie die verantwortlichen
Beamten, welche der Krone zu der letzten Botschaft gerathen, nicht
für fähig erachtet, der Regierung des Landes vorzustehen, und
daß sich dieselben einer schweren Pflichtverletzung gegen die Krone,
das Land und die Versammlung schuldig gemacht haben".

Als diese Beschlüsse seitens des Vorsitzenden dem Grafen
von Brandenburg zugefertigt wurden, ließ dieser „an den Regie-
rungsrath von Unruh" zurückmelden: „Die Beschlüsse der Versammlung sind ungesetzlich und darum null und nichtig, die Abgeordneten aber, welche daran theilgenommen, schuldig eines
Vergehens wider die Verfassung, weil sie dem Befehle Sr. Majestät des Königs den schuldigen Gehorsam verweigert haben".
Das war nach langem Gemantsche und Gepantsche doch wieder
einmal eine richtige, runde und reguläre preußische Staatsbe-
wußtseinsprache. Der König befiehlt und das Volk gehorcht!
Punktum.

Der „passive Widerstand" that sich auf in der ganzen Kläglichkeit seiner Ohnmacht. Noch am 10. November ließen die

verſchiedenen Arbeitervereine der Nationalverſammlung ihre „Arme und ihr Herzblut" zur Vertheidigung der „Freiheiten des Volkes" anbieten, ſo deſſen Vertreter das Zeichen zum aktiven Widerſtande gegen den an ihnen geübten „Hochverrath" geben wollten. Die Nationalverſammlung erklärte ſich aber für ſtrengſte Vermeidung jedes blutigen Konflikts und beſchloß in Form einer Proklamation an das Volk einen Proteſt „gegen den gewaltſamen Hochverrath, verübt von den Räthen der Krone gegen die Vertretung der Nation".

Als Antwort auf dieſen Proteſt beſchloſſen die Räthe der Krone, den „Klubb Unruh", wie man im Dialekt des richtigen Preußenthums die Nationalverſammlung nannte, auf die Wanderſchaft zu ſchicken. Das Schauſpielhaus war ſeit dem Einmarſch der Truppen am 9. November von Abtheilungen derſelben umgeben. Am 10. ließ Herr von Unruh herausſagen, die Nationalverſammlung bedürfte und wollte keinen militäriſchen „Schutz", worauf der auf dem Platze anweſende Marſchall Wrangel hineinſagen ließ: „Die Truppen bleiben da. Die noch im Hauſe verſammelten Herren können heraus, aber nicht wieder hinein gehen. Eine Nationalverſammlung kenn' ich nicht und gibt es nicht, maßen ſelbige ſeit geſtern durch Se. Majeſtät den König vertagt iſt".

Der Präſident der Verſammlung that, was Präſidenten derartiger Verſammlungen unter ſolchen Umſtänden zu thun pflegen. Er „konſtatirte" die Gewalt und proteſtirte feierlich gegen dieſelbe. Dies gethan, verließ die Nationalverſammlung das Schauſpielhaus.

Den Vorſchriften der paſſiven Widerſtändlichkeit gehorſam, fuhr jedoch die Verſammlung zu tagen fort. Sie wurde eine Wanderverſammlung, zog erſt ins Hotel de Ruſſie, dann ins Schützenhaus, weiterhin in den Sal der Stadtverordneten, in die königſtädtiſche Halle und endlich ins Hotel Mielentz. Ueberall wurde ſie durch hierzu kommandirte Soldatesla ausgetrieben. Anfänglich noch unter großen Beileidsbezeugungen des Volkes.

Aber bald ließen auch diese nach und hörten endlich ganz auf. Man sah ja, daß die Versammlung vollständig machtlos war und folglich war sie rechtlos. Auch war schon am 12. November der Belagerungszustand über Berlin verhängt worden und demnach das Demonstriren nicht mehr ungefährlich.

Am 15. November ging im Sale Mielentz die jämmerliche Irrfahrt der preußischen Nationalversammlung zu Ende. Sie römerte sich in ihrer Sterbestunde noch zu dem Wagniß auf, die parlamentarische Haupt- und Generalsalve eines Steuerverweigerungsbeschlusses loszuschießen, um unmittelbar darauf durch ein Piket Soldaten an die Luft gesetzt zu werden. Sang- und klang- und klaglos. Auf der Straße herrschte laut- und theilnahmlose Stille. Es hatten sich zu diesem trübseligen Spektakel nicht einmal Neugierige eingefunden.

Die Spottgeburt von Parlament, welche vom 27. November an etliche Tage lang im Dom zu Brandenburg faselnd handirte, gewährt nicht das geringste Interesse, selbst nicht ein komisches. Dieses Nachspiel war zu dumm. Am 5. Dezember fiel endlich der Vorhang. Ein königlicher Kabinettsbefehl lös'te die Versammlung auf und zugleich oktroirte der König von Gottes Gnaden aus eigener Machtvollkommenheit eine Verfassung.

Also doch „ein Stück Papier" zwischen Krone und Volk? Freilich. Aber warum auch nicht? Man hatte ja die Macht, das Stück Papier „authentisch zu interpretiren".

XII.

Volksmündigkeit.

1.

Das „tolle“ Jahr hatte einen seines ganzen Verlaufes würdigen Schlußakt. Die vielgepriesene „Volksmündigkeit“ offenbarte sich noch einmal in der ganzen Größe ihrer Verlogenheit und stellte sich selber jenes naive Dummheitszeugniß aus, welches wie Hohngelächter der Schicksalsironie durch Europa gellte. Was ist Mündigkeit? Vollkommene Selbstbestimmung, Selbstbeherrschung und Selbstbeschränkung, d. h. höchste Sittlichkeit oder höchste Freiheit. Diese hat zu ihrer unumgänglichen Voraussetzung eine gediegene, umfassende und harmonische Bildung. Daraus folgt: nur der wahre Kulturmensch ist ein wirklich mündiger, freier und sittlicher Mensch. Daß umgekehrt Knechtschaft und Unsittlichkeit dieselbig sind oder daß wenigstens die Unfreiheit des Guten beßere Hälfte im Menschen ertödtet, das hat bekanntlich schon Homers „göttlicher“ Sauhirt Eumäos gewußt und gesagt: —

„Halb entnimmt ja die Tugend der weithinbonnernde Gott Zeus Jeglichem Mann, sobald der Knechtschaft Tag ihn ereilet“.

Konnte im Jahre 1848 von einer europäischen Volksmün=
digkeit im Allgemeinen und von einer französischen im Besonderen
unter denkenden und ernsthaften Männern die Rede sein? Nein!
Wie hätte denn das französische Volk zur Mündigkeit gelangt sein
sollen? Die große Revolution nahm einen ehrlichen Anlauf, ihm
eine Möglichkeit der Mündigwerdung zu verschaffen, blieb aber im
Blutschlamm des Terrorismus stecken, bevor sie etwas Entschei=
dendes gethan, d. h. bevor sie die alte materielle oder moralische
Einrichtung der Gesellschaft beseitigt hatte. Sie war nicht rasch,
entschlossen und geschickt genug gewesen, die eigentlichen Grund=
lagen der Despotie des Ancien Régime zu vernichten: den Ka=
tholicismus und die Centralisation. Daher gelang es der Säbel=
brutalität Bonaparte's so leicht, auf diesen Grundlagen die ganze
alte despotische Wirthschaft wieder aufzurichten, mit Aenderung
etlicher Formen und Namen. Das Wesen, das Sein der Re=
volution, d. h. die für die einzelnen Individuen wie für das
ganze Volk gegebene Möglichkeit, zur Selbstbestimmung sich em=
porzuarbeiten, hat der große Lügner und Betrüger zu Gunsten
der eigenen unersättlichen Tyrannenselbstsucht vernichtet; den
Schein dagegen hat er bestehen lassen, die Gleichheit, die Ega=
lité, weil dieser Schein die französische Nationaleitelkeit ange=
nehm kitzelte und doch weiter nichts bedeutete, nichts bedeuten
konnte, maßen politische Gleichberechtigung nur ein Wort, die
soziale Ungleichheit der Geburt, des Vermögens und der Bildung
aber eine Thatsache ist. Der Bonapartismus warf Frankreich
wieder ins Mittelalter zurück, aus welchem es sich allerdings nur
halb, aber doch immerhin halb herausgerungen hatte. Der
restaurirte Bourbonismus hielt es nach Kräften darin fest. Der
Anno 1830 inthronisirte Orleanismus, welcher in der Minister=
schaft des kalvinischen Jesuiten Guizot gipfelte, that ebenfalls
nichts, die mittelalterlichen Geistesfesseln des französischen Volkes
zu brechen. Die parlamentarische Komödie des Julikönigthums
spielte sich innerhalb eines enggeschlossenen Kreises ab, welcher

aus Mitgliedern der Geld-, Geburt-, Militär- und Beamten-
aristokratie mit Hinzufügung etlicher Dutzende von Tribune- und
Presse-Charlatanen gebildet war. Die Volksmassen auf dem
Lande wurden von dieser Komödie gar nicht berührt, sondern
gras'ten unter Führung ihrer geistlichen Leithämmel schäfig weiter, neben der ihnen im Beichtstuhl eingetrichterten katholischen
Mythologie höchstens noch von der Napoleonslegende, wie alte
Soldaten sie ihnen verlogen und Bänkelsänger sie ihnen vororgelten,
Notiz nehmend. Was die Arbeitermassen in den Städten anlangte, so waren diese Proletarier der Mehrheit nach freilich
nicht mehr mittelalterlich-kirchlich-aftergläubig, wohl aber glaubten sie an die Wahndogmen des Kommunismus und dieses die
allgemeine Nivellirung einer Zwangsarbeitkasernensklaverei pre-
digende Evangelium des Unsinns machte sie folgerichtig auch dem
plumpen Blendwerke der bonapartischen Erzlüge geneigt.

Und einem solchen Volke gab man das zweischneidige Messer
des allgemeinen Stimmrechts in die Hand und einem solchen
Volke sagte man: Entscheide souverän über dein Geschick! Hieß
das nicht die „erhabene Vernunft, die weise Gründerin des
Weltgebäudes, die Führerin der Sterne", dem „tollen Roß des
Aberwitzes" an den Schweif binden?

2.

Der Royalismus und Jesuitismus hatten mittels ihres
Sieges in der Junischlacht durch die „rothe" Republik hindurch
auch die „blaue" ins Herz getroffen. Um den Besitz der Sterbenden zankten sich die verschiedenen monarchischen Parteien als
um eine Spolie, welche ihnen unausweichlich zufallen müßte. In
diesem schamlos wüsten Hader mußten naturgemäß die ersten

Rollen Pfäfflingen wie Falloux und Montalembert oder Gauklern wie Thiers zutheilwerden.

Ganz kläglich war die Stellung, das Gehaben und Gebaren des bornirten Säbeldiktators Cavaignac. Er wurde als vollendeter Mannequin, natürlich ohne es zu merken, von den Jesuiten und Royalisten hin und her, vor und rückwärts geschoben, wie es ihnen gerade paßte. Ganz beiseite stellen konnten sie ihn aber noch nicht, sintemalen sie ihn sammt und sonders für die Eselsbrücke ansahen, über welche hin sie entweder zur bourbonischen oder zur orleanistischen Monarchie zurückkehren wollten. Cavaignac war also bis zum Oktober der obligate Präsidentschaftskandidat der Bourboniker und Orleanisten, soweit diese Parteien die Bourgeoisie Frankreichs beherrschten.

Ehrliche Republikaner, wie Grevy und Phat, gaben sich während der Verfassungsberathung in der Nationalversammlung große Mühe, die Wahl des ersten Präsidenten der jungen und doch schon sterbenden Republik nicht dem gefährlichen Lotteriespiel des allgemeinen Stimmrechts anheimzustellen. Sie wußten, wie es in Wahrheit und Wirklichkeit mit der Volksmündigkeit bestellt sei. Demokratisch maskirte Monarchisten dagegen, wie Herr von Tocqueville, und Schwarbelhännse, wie die ausgepreßte lyrische Limone Lamartine, waren darauf versessen, den Präsidenten aus der allgemeinen und direkten Volkswahl hervorgehen zu lassen. Selbstverständlich trugen Unverstand und Perfidie mitsammen über Vernunft und Ehrlichkeit den Sieg davon: die allgemeine und direkte Wahl des ersten Beamten der Republik durch das Volk wurde beschlossen, worauf die aufrichtigen Republikaner, welche in Cavaignacs Ministerium saßen, ihre Entlassung gaben, weil sie vernünftig und ehrlich gewollt hatten, daß die Präsidentenwahl der (neu zu wählenden) Nationalversammlung zugetheilt würde. An die Stelle der ausgetretenen drei Minister (Senard, Baulabelle und Refurt) ernannte der von den Royalisten gegängelte Cavaignac drei Monarchisten von notorischer Rück-

wärtsigkeit (Dufaure, Vivien und Freslon). Der Polizeipräfekt
Dufour nahm sofort seinen Abschied und schrieb an den Chef der
Exekutivgewalt: „Sie haben so eben ein Ministerium ernannt,
welches die Verkörperung der Kontrerevolution ist". Vergebens.
An diesem Holzkopf von Korporal prallten alle wohlgemeinten
Warnungen ab.

Spaßhaft war es übrigens, das Wettrennen und die Wett-
renner nach dem verlockenden Ziele der Präsidentschaft anzusehen. Die ganze Gesellschaft gemischt genug, aber ihre Mitglieder standen so ziemlich auf derselben Werthstufe. Da war
Herr von Lamartine, welcher die fixe Idee hatte, das allgemeine
Stimmrecht könnte gar nicht anders, als ihn zum Präsidenten zu
küren; er habe ja alle Stände und Klassen für sich. Denn die
Jugend müßte für ihn sein als für den Sänger Elvira's, die
Bourgeosie als für den Besieger der rothen Fahne im Februar,
das Volk als für den Verfasser des Girondisten-Romans und endlich
die Geistlichkeit, o, die müßte doch seiner religiösen Meditationen
und seiner meditirten Religiosität dankbar sich erinnern. Der
Marschall Bugeaud hegte nicht den geringsten Zweifel, daß der
beste Stoff, einen Präsidenten daraus zu machen, Se. Excellenz
der Herr Marschall Bugeaud sei. Der General Changarnier
theilte diese Bugeauderie nicht, sondern meinte, dieser beste Stoff
hieße General Changarnier. Die Bourbonier steiften den
dummdreisten Kamaschenknopf eine Weile in dieser Meinung,
weil sie wähnten, einen französischen Monk aus ihm machen zu
können, um ihren Henri V. aus Froschdorf zurückzuholen. Auch
der kleine Mann und große Gaukler Thiers stellte sich in die
Reihe der Präsidentschaftskandidaten; denn — Parbleu! —
hatte er nicht vor Zeiten ebenfalls eine „Geschichte der Revolution" geschrieben und darin dieselbe besuchsschwänzelt? Allein
Fuchs von Haus aus, merkte er bald, daß die Traube zu hoch
hing, um süß zu sein. Hatte er doch, um mit Hilfe der Pfaffen
in die Nationalversammlung hineinschlüpfen zu können, er, der

notorische Voltairien, den gläubigen Katholiken spielen müssen,
welcher insbesondere an die Nothwendigkeit der weltlichen Herrschaft des Papstes zu glauben mit der ganzen Schamlosigkeit eines
alten Intrikanten erklärte. Erst auf das ihm von dem Bischof
Fahet von Orleans ausgestellte Zeugniß hin: „Monsieur Thiers
ist augenscheinlich und ganz zu uns zurückgekehrt" — war er gewählt worden. Allein von lange her in allen unsauberen Kanälen
und unsaubersten Latrinen des parlamentarischen Ränkespiels
daheim, war es ihm bald gelungen, sich zum Chef des großen
widerrepublikanischen Komplotts aufzuwerfen, welches in der
Nationalversammlung gesponnen wurde, und Orleanisten,
Bourboniker und Jesuiten unter seinem Kommando marschiren zu
machen.

Diese ganze Bande von Indassen, welche, während sie eine
Verfassung für die Republik machten, dieser tagtäglich Gifttränke
und Dolchstöße beibrachten, schwankte lange, für welchen Präsidentschaftskandidaten sie sich entscheiden sollte. Die orleanistischen, legitimistischen, plutokratischen und jesuitischen Interessen
ließen sich doch nicht so ganz leicht vereinigen. Wie wäre es,
wenn man sich auf den orleanistischen Herrn von Broglie vereinigte oder auf den legitimistischen Herrn Berryer oder auf den
zwischen Orleanismus und Legitimismus ins Unerkennbare ver-
schimmernden Herrn von Molé? Aber diese Kandidaten zogen
schlechterdings nicht. Zwischenhinein schielte Renard-Thiers doch
wieder nach der Präsidentschaftstraube hinauf. Er band mit
Herrn Marrast an, welcher, weil er selber niemals einen Gedanken gehabt, in dem Nußknackerchen von Ränkeler ein ganzes
Gedankenfüllhorn erblickte. Monsieur Thiers gab dem gewesenen
Chefredakteur des „National" und dermaligen Vorsitzer der Nationalversammlung zu verstehen: Wenn Sie mich zum Präsidenten machen helfen, mach' ich Sie zum Vicepräsidenten der Republik. Allein die Klike des National wollte von ihrem theuren
Korporal Cavaignac nicht lassen. Monsieur Thiers verbiß seinen

Aerger nicht, sondern machte demselben in seinem Journal „Der Konstitutionnel" in Form von Ausfällen auf den General Luft. Etwas später, als es augenscheinlich, daß die Bourgeoisie in Paris und in den Provinzialstädten noch an der Kandidatur Ca- vaignac's festhielt, machte Herr Thiers Miene, diesem Zuge zu folgen, hielt aber wieder inne und schlich mit hängendem Schweife ins bonapartische Lager hinüber. Auch dieser schlaueste Schlau- maier unter seinen Landsleuten sah in Louis Bonaparte nur eine Uebergangspuppe.

3.

Am 26. September von 1848 erschien der Mann, welchen Proudhon schon am 7. Juni mit „einer Blitz und Donner in ihrem Schoße tragenden Wetterwolke" verglichen hatte, in der Nationalversammlung als ein von nicht weniger als 5 Departe- ments neugewählter Abgeordneter.

Wetterwolkenhaft sah der Sohn Hortense's nicht gerade aus. Eine unansehnliche schmächtige Figur, blasse, etwas ver- lebte Züge, eine aus dem Alten Testament herausgeschnittene Nase, müde und halbverschleierte Augen, ein zu ungarischen End- spitzen gedrehter und gewichster Schnurrbart, — das alles war weder im Einzelnen anziehend, noch im Ganzen imponirend. Napoleonisch sah der Repräsentant des Napoleonismus entschie- den nicht aus, aber auch nicht wie ein „Niais". Der „Prinz" hat sich vom ersten Augenblicke seines Auftretens auf diesem Boden von einer wahrhaft verteufelten Glätte geschickt und klug benom- men und die Summe seines Gebarens war, daß er aus der Hülle des unscheinbaren Bürgers Deputirten allfort den „Neffen des Onkels", den Träger der „idée napoléonienne" und den Prä- tendenten hervorschimmern zu lassen verstand.

Selbstverständlich lag ihm daran, schon am 26. September zu beweisen, daß er seinen Talleyrand innehätte und folglich wüßte, die Sprache sei dem Menschen gegeben, um seine Gedanken zu verbergen, oder zu deutsch, der Mensch verstehe zu reden, um das Gegentheil der Wahrheit zu sagen. Der Prinz bestieg die Tribüne und hielt eine Rede, an deren Eingang er seine Prätendentschaft für eine Verleumdung erklärte und in deren Verlauf er seine warme und dankbare Anhänglichkeit an die Republik zu betheuern suchte. „Nach 33 Jahren der Aechtung und Verbannung finde ich endlich mein Vaterland und alle meine bürgerlichen Rechte wieder. Die Republik hat mir dieses Glück bereitet, sie empfange daher meinen Schwur der Dankbarkeit, meinen Schwur der Hingebung (la république m'a fait ce bonheur, que la république recoive mon serment de reconnaissance, mon serment de devouement). Meine Handlungsweise, immer getragen vom Pflichtgefühl, immer beseelt von der Achtung vor dem Gesetz, wird den Beweis liefern, daß niemand entschlossener sein kann, als ich es bin, der Vertheidigung der Ordnung und der Befestigung der Republik sich zu weihen (à se devouer à la défense de l'ordre et à l'affermissement de la république)".

Es gehörte mit zu der planmäßigen Haltung, welche der Prinz sich vorgezeichnet hatte, daß er nur selten in den Sitzungen der Versammlung erschien. Immer nur dann, wann es nöthig war, wiederum eine Erklärung abzugeben, und diese Erklärungen waren stets geschickt darauf berechnet, die Besorgnisse der republikanisch gestimmten Arbeiterbevölkerung vor dem Bonapartismus einzulullen und zugleich den sämmtlichen Fraktionen der großen Partei der Rückwärtserei — sie selber nannte sich „le parti de l'ordre" — den Bonapartismus als ihre für den Augenblick einzig mögliche Fahne zu zeigen. Und das geschah mit bestem Erfolg. Mehr und mehr Bourbonier, Orleanisten, Börsenbarone und Jesuiten scharten sich um diese Fahne als um einen willkommenen Nothbehelf. Jedenfalls würde der Prinz, so kalkulirte diese Bande, ein handirliches Werkzeug zur Vernichtung der verhaßten Republik abgeben und wäre dann, wann er diesen Dienst gethan, leicht so oder so zu ersetzen.

Louis Bonaparte ließ die zum voraus betrogenen Betrüger mit ihren Einbildungen spielen, während seine Agenten in Paris wie in den Provinzen ihre schon sommerlang betriebenen Machenschaften verdoppelten und verdreifachten und namentlich dem Klerus alle Bürgschaften gaben, welche derselbe nur immer verlangte. Im Uebrigen lebte der Prinz in scheinbar harmloser Zurückgezogenheit in Auteuil, was ihn freilich nicht abhielt, nicht weniger auf dem Felde der Galanterie als auf dem der Politik seinem Hauptgegner eine glückliche Konkurrenz zu machen. Die Skandalchronik der pariser Salons wußte lachend zu erzählen, daß der liebenswürdige Prinz den steifen General bei der kolossalschönen Madame Kalergis ausgestochen habe, welche Heine im Romanzero als Geliebte des weißen Elephanten von Siam heinefirt hat *).

---

*) . . . . „Es mahnt die Statur
An Bimha, die Rieſin im Ramajana,
Und an der Epheſer große Diana.
Wie ſich die Gliedermaſſen wölben
Zum ſchönſten Bau! Es tragen dieſelben
Anmuthig und ſtolz zwei hohe Pilaſter
Von blendend weißem Alabaſter.
Das iſt Gott Amors koloſſale
Domkirche, der Liebe Kathedrale;
Als Lampe brennt im Tabernakel
Ein Herz, das ohne Falſch und Makel".

4.

Derweil war die Verfassung der Republik fertig gemacht
worden. Am 4. November nahm die Nationalversammlung
mittels ihres Haupt= und Schlußvotums mit 739 gegen 30
Stimmen dieses Staatsgrundgesetz an, welches Frankreich kon=
stituirte als „eine untheilbare demokratische Republik".

Es war gerade so, als beschaffte man eine prächtige Aus=
stattung für eine im Sterben liegende Braut.

Acht Tage später wurde die Konstitution auf der Place de
la Concorde feierlich verkündigt, bei heftigem Schneegestöber und
schneidendem Nordwind. Die ganze Ceremonie sah wie gefroren
aus. Niemand kümmerte sich darum. Man fragte nur noch:
Wer wird Präsident?

Kein Republikaner, soviel wurde von Tag zu Tag mehr ge=
wiß. Die beiden wirklich republikanischen Kandidaturen, die
demokratische von Ledru=Rollin und die sozialistische von Raspail,
sie waren von vornherein aussichtslos. Die quasirepublikanische
von Cavaignac verlor von Stunde zu Stunde an Boden, ins=
besondere in der Bauernwelt, welche von der Klerisei massenhaft
dem Bonapartismus zugeführt wurde. Auch im städtischen Pro=
letariat, soweit es nicht für Ledru und Raspail war, gewann der
„Prinz" zahlreiche Stimmen, weil diese Arbeiter lieber zehnmal
für einen beliebigen Bonaparte als einmal für den „Junischläch=
ter" Cavaignac stimmen wollten. Auswärtige Diplomaten be=
richteten schon zu Anfang Novembers nach Hause, daß die Wahl=
aktien Louis Bonaparte's hoch ständen, besonders in den Pro=
vinzen, und daß eine „Notabilität" nach der andern unter die
prinzliche Fahne sich stellte*).

---

*) Depesche Barmans vom 3. November: „On assure qu'en ce mo-
ment les chances sont tout à fait favorable à Louis-Napoléon". Vom

Monsieur Thiers, d. h. der Oberregisseur der royalistisch=jesuitischen Kabale, hatte zuletzt erkennen müssen, daß nur zwischen dem Prinzen und dem General die Wahl bliebe. Er machte in Form einer persönlichen Annäherung an Cavaignac einen Ver=such, zu erfahren, ob der General willfährig wäre, als Präsident ihn, den großen kleinen Thiers, zum Oberpräsidenten haben zu wollen. Der Versuch fiel übel aus. Cavaignac, gerade sehr schlecht gelaunt, blieb zugeknöpft und ließ den alten Kabalisten höflich abfahren, worauf der Abgefahrene sogleich zum Bonapar=tismus hinüberfuhr.

Er fand da eine ganz andere Aufnahme. Der „Prinz" er=wies sich so ehrerbietig gegen den Mythographen des Napoleonis=mus und erzeigte sich so gelehrig, so hingebend an den Thiersis=mus! Wird dieser „Niais" Präsident, kalkulirte Monsieur Thiers, so werde ich Oberpräsident sein. Man einigte sich un=schwer, maßen ja der Prinz mit wahrhaft kindlicher Pietät den Ansichten und Rathschlägen seines Mentors sich fügte und schmiegte, welcher Mentor später in einer Züchtlingszelle zu Mazas Gele=genheit erhielt, über diese prinzliche Pietät, Füg= und Schmieg=samkeit unliebsame Glossen zu machen. Nur ein Punkt machte Schwierigkeiten, der Geldpunkt. Die Wahlspesen waren sehr beträchtlich, woher die Mittel zur Bestreitung derselben nehmen? Der Prinz und die Apostel der bonapartischen Sekte hatten zwar viel Geld, aber das war aes alienum, also nicht gangbar. Herr Thiers schaffte Rath, d. h. er beschaffte von seiten etlicher Bör=senfürsten die nöthige Summe ($1\frac{1}{2}$ Millionen oder mehr?), gegen gehöriges Unterpfand, versteht sich. Dieses Unterpfand

---

11. November: „Les nouvelles des départements deviennent de plus en plus favorables à la candidature de Louis-Napoléon. En ce moment, les chances sont incontestablement en sa faveur. Il compte des amis très chauds et très actifs. On cite maintes notabilités qui s'y rallient". S. B. A.

war, daß der Prinz sich verpflichten mußte, nach seiner Erwählung
zum Präsidenten ein Ministerium Odilon Barrot-Falloux einzu-
setzen. Die „Partei der Ordnung" wollte demnach, daß in dem
Kabinette des neuen Staatsoberhaupts der parlamentarische
Schwatz und die Jesuiterei mitsammen Unzucht treiben sollten.
Uebrigens gibt es von der unbestreitbaren Thatsache, daß der
Bonapartismus zur Bestreitung der Wahlspesen kein Geld hatte,
daß ihm dieses vorgestreckt und demnach eine Präsidentschaft auf
Pump zuwegegebracht wurde, noch eine zweite Lesart, welche will,
das nöthige Geld sei aus der Kasse einer deutschen, mit der Familie
Bonaparte verschwägerten Majestät geflossen. Welche Lesart ist
nun die richtige? Höchst wahrscheinlich ist die erste und die
zweite, sind alle beide richtig und haben französisches Bourgeois-
geld und deutsches Fürstengeld „viribus unitis" die Präsidentschaft auf Pump bewirkt oder doch bewirken geholfen.

5.

So lagen im November die Sachen. Da geschah aber
drunten in Rom etwas, was der Präsidentenfrage eine andere
Wendung geben, d. h. den aus dem Blasbalg der Kirche kommenden Wahlwind auf die Flügel der Mühle Cavaignac's leiten
zu wollen schien.

Dieses etwas war, daß die alte Päpstin-Johanna-Fabel
für etliche Stunden zu einer Päpstin-Pia-Novelle wurde, welche
in Italien noch heute von sehr vielen und keineswegs den dümmsten Leuten als eine strenghistorische Novelle angesehen ist, obzwar von anderer Seite mit Bestimmtheit behauptet wird, Pio
Nono habe, als er in der Abenddämmerung des 24. November
aus dem Quirinal schlich, nicht die Sottana einer Kammeriera,

sonbern ben Kapotto eines Abbate angehabt. Zweifellos bagegen
ist, baß für bie Flucht bes Papstes vor allen eine Sottana, ein
Unterrock thätig gewesen, bie Frau Gräfin Spaur, Gemahlin bes
bairischen Gesanbten in Rom, eine geborene Italerin, welcher
frommen Dame bie römischen Patrioten, natürlich nur aus Rache-
bosheit, nachmals nachgesagt haben, sie hätte wie früher aus ber
Liebe eine Religion, so später aus ber Religion eine Liebe gemacht,
was im Deutschen etwas weniger zart, aber besto plastischer aus-
gebrückt wirb. Bei Albano wartete bie Gräfin mit ihrem Wagen
auf Se. Heiligkeit, welche von bem Herrn Grafen borthin kutschirt
wurbe. Der flüchtige Papst stieg in ben Wagen ber Dame unb
fort ging es, ber neapolitanischen Gränze unb Gaeta zu.

Wenn Pius ber Neunte Papst bleiben wollte — unb bas
wollte er sehr — so blieb ihm nach bem 15. November, an welchem
sein Ministerpräsibent Graf Rossi erbolcht unb er selbst im Palaste bes Quirinal von ben aufstänbischen Römern bestürmt wor-
ben war, nur noch bie Flucht übrig. In einem bemokratisirten
unb republikanisirten Rom war kein Platz für ihn. Es war lange
her, seit ber Zimmermann von Nazareth gesagt hatte: „Mein
Reich ist nicht von bieser Welt". Der sich ben Statthalter bes
armen Proletariers Jesus nannte, wollte Herr sein, wollte
„urbem et orbem" beherrschen; benn in biesem Epileptiker
von Papst spukte, seitbem ihm Jesuitenhänbe ben liberalen Traum
von 1846 aus ber Seele gewischt hatten, bas wilbe, bas ungeheuerliche Herrschergelüst eines siebenten Gregor unb eines britten
Innocenz. Am 15. November hatte er, zornig ben Boben
stampfenb, nur beklagt, baß bie mittelalterlich-päpstliche Blitz-
unb Donnermaschine ben Dienst versagte . . . .

Die Koterie bes „National", welche seit bem Juni Frankreich mißregierte unb wie nach innen so auch nach außen bas republikanische Prinzip verleugnete ober fälschte, hatte schon lange
mit bem Papstthum geliebäugelt. Die Politik bieser Pseubo-
republikaner war allenthalben ber Sache ber Völker feinblich, in

Deutschland, in Italien, in Frankreich selber. Mehr noch aller=
dings aus Dummheit und Unwissenheit als aus Verrätherei.
Als nun der französische Gesandte in Rom, der Duc d'Harcourt,
berichtete, daß Pius der Neunte aus Rom entweichen wollte,
wurde er angewiesen, dieser Papstflucht die Richtung nach
Frankreich zu geben, und wurden zu diesem Ende schleunigst
französische Kriegsdampfer nach Civitavecchia geschickt, um den
heiligen Flüchtling aufzunehmen. General Cavaignac wähnte,
daß er als Retter und Beschützer Sr. Heiligkeit die sämmtlichen
klerikalen Leithämmel und folglich auch die sämmtlichen gläubigen
Schafe für seine Präsidentschaftskandidatur gewinnen würde.
Hatte ihn der „Prinz" bei Madame Kalergis ausgestochen, so
wollte er den Prinzen bei Madame Eglise ausstechen.

Man war des Erfolgs der frommen Machenschaft so sicher,
daß man den Herrn Kultminister Freslon nach Marseille schickte,
um daselbst ehrfurchtvollst den flüchtigen Statthalter Christi zu
empfangen. Monsieur Freslon wartete aber umsonst in Marseille.
Wer nicht kam, war der sehnlich erhoffte Papst, welcher als
Wahlreklame für Cavaignac dienen sollte*). Pio Nono befand
sich zu jener Zeit schon ganz in den Krallen des Kardinals Anto=
nelli und dieser hatte es für passender erachtet, den Papst zum

---

*) Depesche Barmans vom 2. Dezember: „J'ai appris hier soir chez
M. Bastide la nouvelle du départ furtif du pape avec le dessein de s'em-
barquer à Gaëte sur un batiment français que M. d'Harcourt avait mis à
sa disposition. Le pape avait depuis plusieurs jours manifesté à ce di-
plomate l'intention de chercher un réfuge en France. Presque tous les
partis, flattés de la préférence accordée à la France, approuvent la con-
duite du gouvernement en ce qui concerne la protection personnelle
offerte au pape. Le clergé se montre surtout satisfait; s'il traduit cette
satisfaction en efforts pour la réussite de la candidature du général
Cavaignac, le résultat pourrait bien tourner en sa faveur." C. B. A.
Am 5. Dezember schrieb Herr Barman, die Regierungsleute seien höchst
ärgerlich, weil der Papst nicht nur nach Gaeta gegangen wäre, sondern auch
dort bleiben wollte.

König Bomba nach Gaeta als zum General Cavaignac nach Paris fliehen zu lassen. Der Duc b'Harcourt soll in ber Nacht nach der Flucht von Pio Nono mit einer ungeheuer langen und wunderlich gedrehten Nase im Quirinal herumgegangen sein.

Die Wahlreklame in der Tiara war also ausgeblieben und folglich wurde der Prinz bei Madame Eglise nicht ausgestochen.

Am 10. Dezember hatte die Präsidentenwahl statt und das Resultat der Stimmgebung war dieses: — Von 7,327,345 ab= gegebenen Stimmen hatte Louis Napoleon Bonaparte 5,434,226, Cavaignac 1,448,107, Ledru=Rollin 370,119, Raspail 36,920, Lamartine 17,910. Arme ausgepreßte lyrische Limone, man hat dir nur ein Bettelalmosen aus der Stimmurne verabreicht. Und zu diesem also höhnisch und verachtungsvoll Beseitigten hatten 9 Monate zuvor Millionen und wieder Millionen Franzosen als zu ihrem Abgott emporgejubelt. O Volksgunst, wohl that Barbier recht, dir den Kynismus an die Metzenstirne zu schleudern:

„La popularité! — c'est la grande impudique
  Qui tient dans ses bras l'univers,
  Qui, le ventre au soleil, comme la nymphe antique,
  Livre à qui veut ses flancs ouverts!"

Der Prinz war demnach Präsident.

Der Suffrage Universel hat, ein zweiter Nero, seine Mutter, die Republik, erst geschändet, bevor er sie erwürgte.

6.

Donnerstag den 20. Dezember 1848 ging das Vorspiel der Inthronisirung des „Erwählten von 5 Millionen" als Kaiser-in Scene, d. h. die Einführung und Beeidigung des Prinzen als Präsident der Republik.

21*

Eine starke Truppenmacht war aufgeboten, um diese Cere=
monie vor jeder etwaigen Störung zu hüten. Um die Tuilerien
her, in den Champs=Elysées, auf dem Eintrachtsplatze und rings
um das Palais Bourbon waren Infanterie, Kavallerie und
Artillerie aufgestellt. Alles hatte ein winterlich kaltes, düsteres
Aussehen und trübe dunkelte der Abend herein.

Auch im Innern des Parlamentshauses viel Entfaltung von
zweierlei Tuch. Der Sal der Pas=Perdus wimmelte von „großen"
Uniformen. Wo ein A—dler ist, da sammeln sich die Geier.
Witterten sie schon den Blutgeruch der Boulevardsschlächterei
vom 4. Dezember 1851 oder hörten sie die Lorbeern vom
Malakoff und von Solferino rauschen oder sahen sie die Gloire
von Querétaro glänzen?

Die Nationalversammlung verhandelte unter allgemeiner
Unaufmerksamkeit über unwichtige Sachen, als um 4 Uhr die
Gasflammen im Sal angezündet wurden. Zur gleichen Zeit
erschien der General Lebreton, Quästor der Versammlung, in
Galauniform an der Spitze einer Anzahl von Deputirten am
Eingang des Couloir zur Rechten. Es war die Wahlakten=
prüfungskommission, welche kam, ihren Bericht zu erstatten,
dessen Inhalt alle Welt schon kannte.

In demselben Augenblicke zeigte sich auch der Prinz Louis
Bonaparte im Sale, schwarz gekleidet, mit Band und Stern des
Großkreuzes der Ehrenlegion geschmückt.

Der Berichterstatter Waldeck-Rousseau theilte das Wahl-
resultat mit und schloß mit einer dem bisherigen Chef der Exekutivgewalt gewidmeten Dankphrase. Sowie er zu Ende, bestieg
der General Cavaignac die Rednerbühne, um zu erklären, daß
sämmtliche Minister Vormittags ihre Entlassung gegeben hätten
und daß er selbst die ihm von der Nationalversammlung anver-
trauten Vollmachten ihr hiermit zurückstelle.

Jetzt erhebt sich der Vorsitzende, Herr Armand Marrast,

und spricht mit lauter Stimme in das gespannte Schweigen hinein:

„Im Namen des französischen Volkes!

„In Erwägung, daß der Bürger Louis Napoleon Bonaparte, geboren zu Paris, die vorgeschriebenen Bedingungen der Wählbarkeit erfüllt, welche der Artikel 44 der Verfassung vorschreibt; in Erwägung ferner, daß derselbe bei der offenen und über das ganze Gebiet der Republik ausgedehnten Wahl die absolute Stimmenmehrheit erlangt hat: erklärt kraft der Artikel 47 und 48 der Verfassung die Nationalversammlung ihn zum Präsidenten der Republik vom heutigen Tage bis zum zweiten Sonntag im Mai von 1852. Dem Gesetze gemäß lade ich den Bürger Präsidenten der Republik ein, die Rednerbühne zu besteigen, um daselbst seinen Eid zu schwören.“

Der „Bürger“ Präsident Louis Napoleon Bonaparte besteigt die Tribune. Ob seinem Haupte schimmert wie eine boshafte Ironie die Devise der Februarrepublik: „Liberté — Egalité — Fraternité.“ Er wird sie auslöschen und mit Blutfarbe darüber schreiben: „L'empire c'est la paix.“ Die Rednerbühne selbst wird er in einen Spucknapf verwandeln, in welchen alle Speichelleckerei Frankreichs ihre Niedertracht entleert.

Ein dumpfes Geräusch durchwogt die Versammlung. Dort auf einer Bank zur Linken hoch oben kichert man laut. Vielleicht erinnert einer der Deputirten seine Kollegen an das sinnreiche Abenteuer von Boulogne mit dem gezähmten Adler und dem Speckbrocken im kleinen Hut von Austerlitz.

Der Präsident der Nationalversammlung stellt, mit seinem hölzernen Hammer aufklopfend, die Ruhe wieder her und sagt: „Ich werde die Formel des Eides lesen.“

Und er liest't:

„Im Angesichte Gottes und in Gegenwart des durch die Nationalversammlung repräsentirten französischen Volks schwöre

ich, der einen und untheilbaren demokratischen Republik treu zu
sein und alle Pflichten zu erfüllen, welche die Verfassung mir
auferlegt."

Der Bürger Präsident der Republik mit erhobener Hand:
„Ich schwör' es!"

Der Präsident der Nationalversammlung:
„Wir nehmen Gott und die Menschen zu Zeugen dieses
Schwurs."

Der Bürger Präsident der Republik:
„Die Wahl der Nation und der Eid, welchen ich so eben
geschworen, bestimmen mein künftiges Gebaren. Meine Pflicht
ist mir vorgezeichnet. Ich werde sie als Ehrenmann erfüllen.
Ich werde für Feinde des Vaterlandes alle ansehen, welche versuchen wollten, auf ungesetzlichem Wege das zu ändern, was ganz
Frankreich festgestellt hat."

Die ganze Versammlung erhebt sich und bricht wiederholt
in den Ruf aus: „Vive la république!"...

Dieser Ruf und jener Schwur sie paßten zu einander. Sie
waren einer des andern und der andere des einen vollkommen
würdig.

Wären die heiteren Olympier noch in Funktion, so hätte ein
homerischer Demodokos bei dem „Je le jure!" des „Bürger"
Präsidenten der Republik sicherlich Veranlassung gehabt, anzu-
stimmen:

„Ein unermeßliches Lachen entscholl den seligen Göttern"
— denn diese wußten ja, daß der Herrscher im Donnergewölk
Zeus der Eide von Verliebten lacht. Daß aber der Sohn von
Hortense Beauharnais verliebt war in eine Schöne, welche
Korona Imperialis hieß, das wußten zur Stunde nicht allein die
Götter, sondern auch die Menschen.

Und das Lebehoch auf die Republik, ausgebracht von den
Bourbonikern, Orleanisten, Bonapartisten und Jesuiten, welche
mitsammen weitaus die Mehrheit der Nationalversammlung

bildeten — das war der richtige Chor in der grotesken Tages-
posse des 20. Dezembers von 1848, welcher, was nicht fehlen
durfte, das gesammte offizielle Europa Beifall zuklatschte.

Wehe, wenn die Menschen den Sinn für das Komische und
die Lachmuskeln verlören!

Buddha spricht: Wir alle sind Galeoten, angeschmiedet an
die Ruderbank der Galeere Erdendasein.

Wohl, sei es. Aber die Tragödie Weltgeschichte schlägt
aus lauter Tragik zur Komödie um und wir haben Lachmuskeln.

Heiliger Humor, holder Tröster, hilf uns rudern!